NOMOSSTUDIUM

Prof. Dr. Stephan Schmitz-Herscheidt
Honorarprofessor an der Universität Münster,
Rechtsanwalt und Notar in Hamm

Dr. Benjamin Wagner, LL.M.
Rechtsanwalt in Hamburg

Zivilprozess- und Verhandlungstaktik

2. Auflage

Die Deutsche Nationalbibliothek verzeichnet diese Publikation in
der Deutschen Nationalbibliografie; detaillierte bibliografische
Daten sind im Internet über http://dnb.d-nb.de abrufbar.

ISBN 978-3-8487-8621-3 (Print)
ISBN 978-3-7489-3152-2 (ePDF)

2. Auflage 2023
© Nomos Verlagsgesellschaft, Baden-Baden 2023. Gesamtverantwortung für Druck
und Herstellung bei der Nomos Verlagsgesellschaft mbH & Co. KG. Alle Rechte, auch die
des Nachdrucks von Auszügen, der fotomechanischen Wiedergabe und der Übersetzung,
vorbehalten.

Vorwort zur 2. Auflage

Wir freuen uns, gut zweieinhalb Jahre nach Erscheinen unseres Werkes die zweite Auflage vorstellen zu können. Dessen Ziele und didaktisches Konzept sind unverändert. Jedoch haben wir jeden hierfür geeigneten Paragrafen um eine Zusammenfassung ergänzt, die nochmals die Strukturen der behandelten Materie herausstellen und dem Leser dadurch einfacher die Kontrolle ermöglichen soll, ob er diese zutreffend erfasst hat.

Die Neuauflage ist auch den aktuellen Entwicklungen der Gesetzgebung und Rechtsprechung geschuldet. So hat sich die Praxis des Zivilprozesses etwa dadurch nachhaltig verändert, dass seit dem 1.1.2022 anwaltliche Schriftsätze gem. § 130d ZPO nur noch als elektronisches Dokument beim Gericht eingereicht werden können, in der traditionellen „Papierform" vorgenommene Prozesshandlungen also unwirksam sind. Auch die aktuelle Rechtsprechung bewirkt mitunter nachhaltige Veränderungen. So hat etwa das BVerfG die ständige bisherige gerichtliche Praxis, einstweilige Verfügung durch Beschluss zu erlassen, ohne dass der Antragsgegner zuvor die Möglichkeit zur Stellungnahme haben musste, im Regelfall als Verletzung des Anspruchs auf rechtliches Gehör (Art. 103 Abs. 1 GG) beanstandet. Für Rechtsanwälte zieht dies zwangsläufig Änderungen im taktischen Vorgehen nach sich (dazu Rn. 664 f.).

Die Neuauflage berücksichtigt solche Rechtsentwicklungen sowie Rechtsprechung und Literatur bis Mitte Juni 2022. Allen Lesern sind wir weiterhin für jeden Hinweis zur Verbesserung unseres Buches dankbar und dafür gern unter

s.schmitz-herscheidt@heimann-partner.com bzw. benjamin.wagner@lebuhn.de

erreichbar. Besonderer Dank gebührt schließlich unverändert Herrn Dr. Peter Schmidt für die ausgezeichnete Unterstützung seitens des Lektorats des Nomos-Verlags.

Hamm und Hamburg im Juni 2022

Stephan Schmitz-Herscheidt   Benjamin Wagner

Vorbemerkung zur 1. Auflage

Das rechtswissenschaftliche Studium vermittelt den Studenten die Zusammenhänge des materiellen Rechts. Im Referendariat machen sie sich dann mit den Details des Prozessrechts vertraut. Damit sind die Grundlagen für ein erfolgreiches Anwaltsleben unzweifelhaft gelegt. Hinzu kommt aber noch ein weiterer Faktor, der in der nach wie vor vorrangig auf den Richterberuf ausgerichteten juristischen Ausbildung meist nur eine untergeordnete Rolle spielt: Anders als aus der Ausbildung gewohnt, wird der Rechtsanwalt in der Praxis nicht allein mit abgeschlossenen Sachverhalten konfrontiert, die „nur" noch auf eine rechtliche Subsumtion unter die einschlägigen gesetzlichen Bestimmungen warten, sondern von ihm wird häufig auch eine Rechtsgestaltung gefordert. Er muss beispielsweise Verträge aufsetzen. Deren Inhalt ist nicht selten erst das Ergebnis von Verhandlungen, in denen beide Vertragsparteien versuchen, das für sie bestmögliche Ergebnis zu erzielen. Wird der Rechtsanwalt dabei hinzugezogen, ist neben seinem ausgeprägten juristischen Sachverstand auch Verhandlungsgeschick gefragt. Dasselbe gilt, wenn ein Konflikt durch außergerichtliche Verhandlungen gelöst, d. h. eine gerichtliche Auseinandersetzung vermieden werden soll. In allen diesen Fällen wird dem Rechtsanwalt neben dem rechtlich richtigen auch ein taktisch geschicktes Vorgehen abverlangt. Dies gilt nicht zuletzt auch bei der anwaltlichen Führung von Zivilprozessen. Denn hier geht es darum, die von der Rechtsordnung zur Verfügung gestellten, materiellen-rechtlichen wie prozessualen Gestaltungsmöglichkeiten zu erkennen und geschickt einzusetzen, um die Interessen des Mandanten bestmöglich zu vertreten.

Diese taktischen Möglichkeiten im Zivilprozess und in außergerichtlichen Verhandlungen will das vorliegende Werk aufzeigen. Es ist hervorgegangen aus der Vorlesung des Autors Schmitz-Herscheidt an der Universität Münster zum Thema „Verhandlungsstrategien und forensische Praxis" im Rahmen des Schwerpunktbereiches „Rechtsgestaltung und Streitbeilegung". Gleichwohl richtet sich unser Buch nicht nur an Studenten und Referendare, sondern möchte auch Kollegen wertvolle Entscheidungshilfen bei taktischen Überlegungen und Entscheidungen bieten.

Rechtsprechung und Literatur sind bis Mitte Dezember 2019 berücksichtigt.

Für jeden Hinweis zur Verbesserung unseres Buches sind wir dankbar. Besonderer Dank gebührt schließlich Herrn Dr. Peter Schmidt für die ausgezeichnete Unterstützung seitens des Lektorats des Nomos-Verlags.

Hamm und Hamburg

Stephan Schmitz-Herscheidt   Benjamin Wagner

Inhaltsübersicht

Literaturverzeichnis   23

A. Prozesstaktik

Teil I Einleitung

§ 1	Was ist Prozesstaktik?	27
§ 2	Überblick über den Ablauf eines Zivilprozesses aus Anwaltssicht	30
§ 3	Die Verfahrensbeteiligten	33

Teil II Klage

§ 4	Vorbereitung der Klage	49
§ 5	Wer klagt?	56
§ 6	Wer wird verklagt?	60
§ 7	Wo wird geklagt?	64
§ 8	Sachvortrag und dessen prozessuale Beachtlichkeit	71
§ 9	Darlegungs- und Beweislast	78
§ 10	Beweisführung und Beweismittel	97
§ 11	Klageantrag und Streitgegenstand	117

Teil III Klageerwiderung und Widerklage

| § 12 | Klageerwiderung | 139 |
| § 13 | Widerklage | 155 |

Teil IV Mündliche Verhandlung

§ 14	Ablauf der mündlichen Verhandlung	161
§ 15	Präklusion wegen Verspätung und Gegenstrategien	175
§ 16	Anwaltliche Pflichten nach Urteilsverkündung	199

Teil V Sonstige Formen der Beendigung des Prozesses

§ 17	Erledigung	203
§ 18	Klagerücknahme	205
§ 19	Prozessvergleich	206

Inhaltsübersicht

Teil VI Berufung

§ 20	Zulässigkeit der Berufung	210
§ 21	Begründetheit der Berufung, Umfang der Überprüfung durch das Berufungsgericht	216
§ 22	Besonderheiten des Berufungsverfahrens	230

Teil VII Besondere Verfahrensarten

§ 23	Selbständiges Beweisverfahren	235
§ 24	Urkundenprozess	240
§ 25	Mahnverfahren	249
§ 26	Einstweiliger Rechtsschutz	255

B. Verhandlungstaktik

Teil I Einführung 273

Teil II Verhandlungsgrundlagen

§ 27	Verhandeln im anwaltlichen Bereich	275
§ 28	Grundformen des Verhandelns	276
§ 29	Grundbegriffe der Verhandlungsforschung	285
§ 30	Herausforderungen in (anwaltlichen) Verhandlungen	290

Teil III Planung und Ablauf von Verhandlungen

§ 31	Verhandlungsvorbereitung	294
§ 32	Verhandlungseinstieg („Warmlaufphase")	306
§ 33	Kernphase der Verhandlung	307
§ 34	Der Abschluss der Verhandlung	320
§ 35	Die Umsetzung des Vereinbarten	323
§ 36	Interne Nachbereitung der Verhandlung	323

Teil IV Psychologische Aspekte der Verhandlung

§ 37	Die Verhandlung als Kommunikationsprozess	325
§ 38	Heuristiken und kognitive Verzerrungen	330
§ 39	Emotionen in Verhandlungen	337

Stichwortverzeichnis 343

Inhalt

Vorbemerkung zur 1. Auflage — 7

Literaturverzeichnis — 23

A. Prozesstaktik

Teil I Einleitung

§ 1   Was ist Prozesstaktik? — 27
  I. Dispositionsmaxime — 27
  II. Beibringungsgrundsatz — 28
  III. Konsequenzen — 28
  IV. Zusammenfassung — 30

§ 2   Überblick über den Ablauf eines Zivilprozesses aus Anwaltssicht — 30
  I. Anhängigkeit und Rechtshängigkeit — 30
  II. Früher erster Termin oder schriftliches Vorverfahren — 30
  III. Mündliche Verhandlung — 32
  IV. Urteil und Rechtsmittel — 32
  V. Zusammenfassung — 32

§ 3   Die Verfahrensbeteiligten — 33
  I. Die Parteien, insbesondere Streitgenossenschaft — 33
    1. Einfache Streitgenossenschaft — 33
    2. Notwendige Streitgenossenschaft — 34
       a) Voraussetzungen — 34
       b) Rechtsfolgen — 35
  II. Beteiligung Dritter am Rechtsstreit — 36
    1. Nebenintervention — 36
       a) Voraussetzungen — 36
       b) Verfahren — 38
       c) Recht zur Unterstützung der Partei, § 67 ZPO — 38
          aa) Grundsatz — 38
          bb) Schranken — 39
       d) Nebeninterventionswirkung, § 68 ZPO — 40
       e) Sonderfall: streitgenössische Nebenintervention — 42
    2. Streitverkündung — 43
       a) Taktische Ziele der Streitverkündung — 43
       b) Voraussetzungen und Verfahren der Streitverkündung — 45
       c) Mögliche Reaktionen des Streitverkündeten und taktische Erwägungen — 46
  III. Zusammenfassung — 48

Teil II Klage

§ 4 Vorbereitung der Klage — 49
- I. Vorbemerkung: Wichtige Pflichten des Rechtsanwalts gegenüber seinem Mandanten — 49
  1. Umfassende Beratung und Interessenwahrnehmung bei optimaler rechtlicher Bearbeitung — 49
  2. Wahl des sichersten Weges — 51
  3. Weisungsgebundenheit — 51
- II. Einzelheiten zur Vorbereitung der Klage — 51
  1. Soll überhaupt geklagt werden? — 51
  2. Aufklärung des Sachverhaltes — 52
  3. Außergerichtliche Mahnung — 53
  4. Außergerichtliches Güteverfahren — 53
  5. Fristen — 54
  6. Wahl der optimalen Verfahrensart — 55
- III. Zusammenfassung — 55

§ 5 Wer klagt? — 56
- I. Aktivlegitimation — 56
- II. Ermittlung des Anspruchsinhabers — 56
- III. Abtretung — 57
  1. Abtretung zur Begründung der Aktivlegitimation — 57
  2. Abtretung zur Verbesserung der Beweissituation — 53
- IV. Prozessstandschaft — 59
- V. Zusammenfassung — 59

§ 6 Wer wird verklagt? — 60
- I. Mehrheit von Anspruchsgegnern, „Herausschießen" von Zeugen — 60
- II. GbR als Anspruchsgegnerin — 61
- III. Sorgfältige Bezeichnung des Beklagten — 62
- IV. Zusammenfassung — 63

§ 7 Wo wird geklagt? — 64
- I. Rechtsweg — 64
- II. Sachliche Zuständigkeit — 64
- III. Funktionelle Zuständigkeit — 65
- IV. Örtliche Zuständigkeit — 66
  1. Ausschließliche Gerichtsstände — 66
  2. Nicht ausschließliche Gerichtsstände — 66
     - a) Allgemeiner Gerichtsstand — 66
     - b) Besondere Gerichtsstände — 67
       - aa) Gerichtsstand der Mitgliedschaft, § 22 ZPO — 67
       - bb) Gerichtsstand der Erbschaft, § 27 ZPO — 67
       - cc) Gerichtsstand des Erfüllungsortes, § 29 ZPO — 67
       - dd) Gerichtsstand der unerlaubten Handlung, § 32 ZPO — 67
       - ee) Wettbewerbsrechtliche Streitigkeiten, § 14 UWG — 68
     - c) Prozesstaktische Erwägungen — 69
  3. Gerichtsstandsvereinbarungen — 69

	4.	Gerichtliche Bestimmung der Zuständigkeit	70
V.		Rügelose Verhandlung	70
VI.		Verweisung	70
VII.		Zusammenfassung	70

§ 8 Sachvortrag und dessen prozessuale Beachtlichkeit — 71
- I. Substantiierungslast — 71
  - 1. Bedeutung — 71
  - 2. Inhaltliche Anforderungen an die hinreichende Substantiierung — 72
    - a) Grundsatz — 72
    - b) Wechselwirkung mit gegnerischem Vortrag — 74
    - c) Bezugnahme auf Anlagen zum Schriftsatz — 75
  - 3. Hinweispflicht des Gerichts bei unzureichender Substantiierung — 75
- II. Vortrag „ins Blaue hinein" und wahrheitswidriger Vortrag — 75
- III. Haupt- und Hilfsvortrag — 76
- IV. Zusammenfassung — 78

§ 9 Darlegungs- und Beweislast — 78
- I. Bedeutung und grundsätzliche Verteilung — 78
- II. Sekundäre Darlegungslast — 80
  - 1. Bereicherungsrecht — 81
  - 2. Verletzung von Aufklärungspflichten — 82
- III. Umkehr der Beweislast — 84
  - 1. Gesetzliche Beweislastregeln — 84
  - 2. Gesetzliche Vermutungen — 85
    - a) Tatsachenvermutungen — 85
    - b) Rechtsvermutungen — 86
    - c) Exkurs: Unwiderlegliche Vermutungen — 87
  - 3. Tatsächliche Vermutungen — 87
    - a) Wiederholungsgefahr — 87
    - b) Vollständigkeit und Richtigkeit der Urkunde — 88
    - c) Wucherähnliches Rechtsgeschäft — 88
    - d) Beratungsgerechtes Verhalten — 89
  - 4. Materiell-rechtliche Anerkenntnisse — 89
- IV. Beweiserleichterungen — 91
  - 1. Ausgangspunkt: Vollbeweis — 91
  - 2. Gesetzliche Beweiserleichterungen — 91
    - a) § 287 ZPO — 92
    - b) § 252 BGB — 93
  - 3. Anscheinsbeweis = prima-facie-Beweis — 94
    - a) Pflichtverletzung — 94
    - b) Kausalität — 95
    - c) Beratungsgerechtes Verhalten — 95
  - 4. Beweisvereitelung — 96
- V. Zusammenfassung — 97

§ 10 Beweisführung und Beweismittel ... 97
   I. Allgemeine Grundsätze ... 97
      1. Erschöpfung der Beweismittel und Verbot der antizipierten Beweiswürdigung ... 97
      2. Hauptbeweis und Gegenbeweis ... 98
      3. Unmittelbarer und mittelbarer Beweis ... 99
      4. Beweisverwertungsverbote ... 100
      5. Strengbeweis und Freibeweis ... 100
      6. Eignung der Beweismittel ... 101
   II. Zeugenbeweis, §§ 373 ff. ZPO ... 101
      1. Beweisthema und Zeugnisfähigkeit ... 101
      2. Beweisantritt ... 103
      3. Potenziell parteiischer Zeuge ... 105
   III. Beweis durch Sachverständige, §§ 402 ff. ZPO ... 106
      1. Beweisthema ... 106
      2. Beweisantritt ... 107
      3. Sonderproblem: Informationsbeschaffung bei einer Partei ... 107
      4. Prozessuale Rechte nach Erstellung des Sachverständigengutachtens ... 108
   IV. Urkunden, §§ 415 ff. ZPO ... 110
      1. Beweiskraft ... 110
         a) Öffentliche Urkunden ... 110
         b) Privaturkunden ... 111
      2. Beweisantritt ... 113
   V. Parteivernehmung, §§ 445 ff. ZPO ... 114
      1. Vernehmung der gegnerischen Partei ... 114
      2. Vernehmung oder Anhörung der eigenen Partei ... 114
   VI. Zusammenfassung ... 116

§ 11 Klageantrag und Streitgegenstand ... 117
   I. Grundlagen ... 117
      1. Streitgegenstand und Anspruch im prozessualen Sinne ... 117
      2. Bedeutung des Streitgegenstandes ... 118
         a) Ne ultra petita ... 118
         b) Einrede der anderweitigen Rechtshängigkeit ... 118
         c) Verjährungshemmung ... 119
         d) Rechtskraft ... 119
      3. Beispiele ... 120
   II. Klageantrag ... 120
      1. Grundsätzliches ... 120
      2. Leistungsklagen ... 121
         a) Zahlungsklagen ... 121
            aa) Bezifferte Zahlungsanträge ... 121
            bb) Unbezifferte Zahlungsanträge ... 121
         b) Herausgabeanträge ... 122
         c) Freistellungsanträge ... 122
         d) Unterlassungsanträge ... 123
         e) Zug-um-Zug-Verurteilung ... 124
         f) Stufenklage ... 125

		3.	Feststellungsklagen	126
			a) Statthaftigkeit der Feststellungsklage	126
			b) Feststellungsinteresse	127
			c) Klage auf Feststellung einer Schadensersatzpflicht	127
			d) Negative Feststellungsklage	128
			e) Zwischenfeststellungsklage	129
		4.	Gestaltungsklagen	131
		5.	Haupt- und Hilfsanträge	131
			a) Vorbemerkung: Zulässigkeit bedingter Prozesshandlungen	131
			b) Konsequenzen für Klageanträge	132
	III.	Objektive Klagehäufung, insbes. Eventualklagehäufung		134
	IV.	Teilklage		135
		1.	Zulässigkeit	135
		2.	Taktische Überlegungen	136
			a) Absenkung des Kostenrisikos und Eventualwiderklage	136
			b) Bedingte Erweiterung der Teilklage	136
	V.	Zusammenfassung		138

Teil III Klageerwiderung und Widerklage

§ 12 Klageerwiderung — 139
- I. Fristen — 139
- II. Verteidigung gegen die Klage — 140
  1. Antragstellung — 140
  2. Aufbau möglichst vieler „Verteidigungslinien" — 141
  3. Prüfung der Schlüssigkeit der Klage — 141
  4. Bestreiten des klägerischen Vortrags zu anspruchsbegründenden Tatsachen — 142
     - a) Prozessuale Anforderungen an das Bestreiten — 143
       - aa) Nicht nur pauschales Bestreiten — 143
       - bb) Einfaches und qualifiziertes Bestreiten — 143
       - cc) Bestreiten mit Nichtwissen — 145
     - b) Gegenbeweis — 147
     - c) Richtiger Vortrag des Klägers; Vermeidung von Geständnissen — 147
  5. Einreden gegen die Klageforderung — 148
     - a) Taktisches Vorgehen bzgl. Formalia der Einrede — 148
     - b) Aufrechnung — 149
       - aa) Rechtsnatur, Formen, Darlegungs- und Beweislast — 149
       - bb) Rücknahme der Aufrechnung oder Änderung der Tilgungsreihenfolge — 150
       - cc) Gerichtliche Entscheidung — 151
- III. Verhalten bei begründeter Klage — 152
  1. Urteil oder Erledigung? — 152
  2. Mögliche Vermeidung von Kostennachteilen — 153
  3. Sonderfall: nicht leistungsfähiger Beklagter — 154
- IV. Zusammenfassung — 155

§ 13	**Widerklage**	155
	I. Bedeutung	155
	II. Zulässigkeit der Widerklage, insbesondere örtliche Zuständigkeit	155
	III. Eventualwiderklage	157
	IV. Drittwiderklage	159
	V. Zusammenfassung	160

Teil IV Mündliche Verhandlung

§ 14	**Ablauf der mündlichen Verhandlung**	161
	I. Teminierung, Aufhebung und Verlegung	161
	II. Gang der mündlichen Verhandlung	162
	1. Erörterung der Sach- und Rechtslage	163
	2. Vergleichsgespräche	164
	3. Persönliches Erscheinen und Anhörung der Parteien	164
	4. Beweisaufnahme	166
	a) Vernehmung von Zeugen	166
	aa) Frage nach eigener Wahrnehmung des Zeugen	169
	bb) Aufdeckung von Widersprüchen oder Unrichtigkeiten	169
	cc) Vereidigung des Zeugen?	170
	b) Vernehmung des Sachverständigen	170
	c) Verhandlung nach der Beweisaufnahme	170
	III. Schriftsatznachlass	171
	1. Schriftsatznachlass auf gerichtliche Hinweise, § 139 Abs. 5 ZPO	172
	2. Schriftsatznachlass auf gegnerischen Vortrag, § 283 ZPO	173
	3. Wiedereröffnung der mündlichen Verhandlung, § 156 ZPO	174
	IV. Zusammenfassung	174
§ 15	**Präklusion wegen Verspätung und Gegenstrategien**	175
	I. Zurückweisung verspäteten Vorbringens gem. § 296 ZPO	175
	1. Zurückweisung nach § 296 Abs. 1 ZPO	176
	a) Fristversäumung	176
	b) Keine Entschuldigung	176
	c) Verzögerung des Verfahrens	177
	aa) Verzögerungsbegriff	177
	bb) Entscheidungsreife	179
	cc) Schlüssiger, entscheidungserheblicher und streitiger Vortrag	180
	d) Keine Verletzung der Prozessförderungspflicht des Gerichts	181
	aa) Ordnungsgemäße Terminsvorbereitung nach § 273 ZPO	181
	bb) Richterliche Hinweispflicht gem. § 139 ZPO	182
	e) Rechtsfolgen	184
	2. Zurückweisung nach § 296 Abs. 2 ZPO	184
	a) Verletzung der allgemeinen Prozessförderungspflicht der Partei	184
	b) Grobe Nachlässigkeit	186
	c) Rechtsfolgen	186
	3. Notwendiger Inhalt des Vortrags	186
	II. Strategien zur Vermeidung der Präklusion wegen Verspätung	187
	1. Präsente Beweismittel	187

	2.	Flucht in die Säumnis	188
		a) Die Säumnis und ihre Folgen	188
		b) Taktisches Vorgehen	190
		c) Ausschluss einer Flucht in die Säumnis	192
		d) Gegenstrategien	192
		aa) Gegenvorbringen und Gegenbeweis	192
		bb) Entscheidung nach Aktenlage	193
		e) Fazit	195
	3.	Flucht in die Widerklage	195
	4.	Flucht in die Klageerweiterung oder -änderung	196
	5.	Flucht in die Klagerücknahme	198
III.	Zusammenfassung		198

§ 16 Anwaltliche Pflichten nach Urteilsverkündung 199
    I. Urteilsberichtigung wegen offenbarer Unrichtigkeit 199
    II. Tatbestandsberichtigung 200
    III. Urteilsergänzung 201
    IV. Beratung über Rechtsmittel 201

Teil V Sonstige Formen der Beendigung des Prozesses

§ 17 Erledigung 203
    Zusammenfassung 205

§ 18 Klagerücknahme 205

§ 19 Prozessvergleich 206
    I. Allgemeines 206
    II. Widerrufsvergleich 208
    III. Zwangsvollstreckung 208
    IV. Zusammenfassung 209

Teil VI Berufung

§ 20 Zulässigkeit der Berufung 210
    I. Statthaftigkeit und Beschwer 210
    II. Berufungseinlegung 211
    III. Berufungsbegründung 211
        1. Form und Frist 211
        2. Berufungsanträge 212
        3. Berufungsgründe 213
            a) Geltendmachung von Rechtsverletzungen 213
            b) Beanstandung der erstinstanzlichen Tatsachenfeststellungen 214
            c) Neue Angriffs- und Verteidigungsmittel 214
            d) Gegenstand der Berufungsrügen 215
            e) Bedeutung der Berufungsrügen 215
    IV. Zusammenfassung 216

§ 21	Begründetheit der Berufung, Umfang der Überprüfung durch das Berufungsgericht	216
I.	Beschränkung durch die Berufungsanträge	216
II.	Rechtsverletzungen	216
III.	Tatsächliche Grundlagen	217
	1. Zweifel an der Richtigkeit und Vollständigkeit der erstinstanzlichen Feststellungen	217
	a) Verfahrensfehler	217
	b) Zweifel trotz verfahrensfehlerfreier Feststellungen	218
	c) Beweisaufnahme durch das Berufungsgericht	219
	aa) Erneute Vernehmung von Zeugen durch das Berufungsgericht	219
	bb) Erneute Begutachtung durch den Sachverständigen	220
	2. Novenverbot und Ausnahmen	220
	a) Neuheit des Angriffs- und Verteidigungsmittels und Beweiskraft des erstinstanzlichen Tatbestandes	220
	aa) Keine Beweiskraft bei widersprüchlichem oder unklarem Tatbestand	221
	bb) Keine Bindungswirkung nach Tatbestandsberichtigungsantrag	222
	b) Zulässigkeit neuer Angriffs- und Verteidigungsmittel	223
	aa) § 531 Abs. 2 S. 1 Nr. 1 ZPO	223
	bb) § 531 Abs. 2 S. 1 Nr. 2 ZPO	225
	cc) § 531 Abs. 2 S. 1 Nr. 3 ZPO	226
	dd) Teleologische Reduktion: Berücksichtigung unstreitigen Vorbringens	228
	3. Verspätetes Vorbringen in der Berufungsinstanz	228
IV.	Zusammenfassung	229
§ 22	**Besonderheiten des Berufungsverfahrens**	**230**
I.	Berufungserwiderung	230
II.	Anschlussberufung	230
III.	Klageänderung, Aufrechnung und Widerklage in der Berufungsinstanz	232
IV.	Entscheidung über die Berufung	232
V.	Zusammenfassung	233

Teil VII Besondere Verfahrensarten

§ 23	Selbständiges Beweisverfahren	235
I.	Voraussetzungen	235
	1. Antrag	235
	2. § 485 Abs. 1 ZPO	235
	3. § 485 Abs. 2 ZPO	236
	4. Nicht erforderlich: Schlüssigkeit und Beweiserheblichkeit	237
II.	Taktische Ziele und Vorgehen	237
	1. Verjährungshemmung	237
	2. Beweissicherung	237
	3. Informationsbeschaffung	238
	4. Vergleichsbemühungen	239
III.	Zusammenfassung	239

§ 24	**Urkundenprozess**	240
I.	Statthaftigkeit des Urkundenprozesses	240
II.	Verfahren und taktisches Vorgehen	243
	1. Sonderregeln des Urkundenprozesses	243
	2. Mögliche Verläufe des Urkundenprozesses	244
	a) Unbegründete Klage	244
	b) Im Urkundenprozess unstatthafte Klage	244
	aa) Taktische Möglichkeiten des Beklagten zur Herbeiführung der Unstatthaftigkeit des Urkundenprozesses	244
	bb) Gegenstrategie des Klägers: Abstandnahme vom Urkundenprozess	245
	c) Vorbehaltsurteil und Nachverfahren	246
III.	Zusammenfassung	249
§ 25	**Mahnverfahren**	249
I.	Verfahren	249
II.	Taktische Ziele und Vorgehen	251
	1. Schnelle und kostengünstige Titulierung	251
	2. Verjährungshemmung	252
	a) Vorteile und Risiken des Mahnverfahrens	252
	b) Dauer der Verjährungshemmung und Gegenstrategien	253
III.	Zusammenfassung	255
§ 26	**Einstweiliger Rechtsschutz**	255
I.	Arrest und einstweilige Verfügung	255
II.	Arten einstweiliger Verfügungen	256
III.	Voraussetzungen und Inhalt der einstweiligen Verfügung	257
	1. Verfügungsanspruch	257
	2. Verfügungsgrund	257
	a) Allgemeines	257
	b) Verfügungsgrund bei Unterlassungsverfügungen	258
	c) Wettbewerbsrechtliche Dringlichkeitsvermutung	259
	3. Verbot der Vorwegnahme der Hauptsache	260
	4. Interessenabwägung	262
IV.	Verfahren	262
	1. Zuständigkeit	262
	2. Urteilsverfügung und Beschlussverfügung	263
	a) Urteilsverfügung	263
	b) Beschlussverfügung, Schutzschrift und Widerspruch	263
	c) Zurückweisung des Antrags auf Erlass einer einstweiligen Verfügung	265
	3. Prozessuale Besonderheiten des einstweiligen Verfügungsverfahrens	266
	a) Glaubhaftmachung und Beschränkung auf präsente Beweismittel	266
	b) Verfahrensbeschleunigung	268
	c) Berufung und Instanzenzug	269
	4. Vollziehung und Zustellung der einstweiligen Verfügung	269
V.	Zusammenfassung	272

B. Verhandlungstaktik

Teil I	Einführung	273

Teil II	Verhandlungsgrundlagen	
§ 27	**Verhandeln im anwaltlichen Bereich**	275
I.	Grundsatz; Definition	275
II.	Vertrags- und Konfliktverhandlungen	275
III.	Zusammenfassung	276
§ 28	**Grundformen des Verhandelns**	276
I.	Distributives Verhandeln	276
1.	Grundprinzip	276
2.	Hartes und weiches Verhandeln	277
II.	Integratives Verhandeln	279
1.	Grundprinzip	279
2.	Exkurs: Sachbezogenes Verhandeln nach dem Harvard-Konzept	281
a)	Trennung von Verhandlungsgegenstand und Beziehungsebene	282
b)	Konzentration auf Interessen statt auf Positionen	282
c)	Erarbeitung möglichst vieler Lösungsoptionen	283
d)	Bestehen auf objektive Beurteilungskriterien	284
e)	Heranziehen der BATNA	284
III.	Zusammenfassung	285
§ 29	**Grundbegriffe der Verhandlungsforschung**	286
I.	Positionen und Interessen	286
II.	Maximalziel	287
III.	Minimalziel („deal-breaker")	287
IV.	Der Einigungsbereich (ZOPA)	289
§ 30	**Herausforderungen in (anwaltlichen) Verhandlungen**	290
I.	Das Verhandlungsdilemma – Das Spannungsverhältnis zwischen Wertschöpfung und Wertbeanspruchung	290
II.	Das Verhandlungsdilemma als Grundproblem von Verhandlungen	291
III.	Management des Verhandlungsdilemmas	292
IV.	Zusammenfassung	293

Teil III	Planung und Ablauf von Verhandlungen	
§ 31	**Verhandlungsvorbereitung**	294
I.	Analyse der Parteien und Beteiligten der Verhandlung	295
II.	Verhandlungsthemen, Positionen und Interessen	296
III.	Maximalziele, Minimalziele und Nichteinigungsalternativen der Parteien	298
1.	Maximal- und Minimalziele	298
2.	Nichteinigungsalternativen	298
a)	Bedeutung	298

		b) Arten von Nichteinigungsalternativen	299
		c) Bewertung von Nichteinigungsalternativen	300
		aa) Grundsätzliches	300
		bb) Exkurs: Prozessrisikoanalyse als Instrument zur Bewertung von Nichteinigungsalternativen in Konfliktverhandlungen	301
	IV.	Identifizierung von Wertschöpfungsquellen und Entwicklung von Handlungsoptionen und Alternativlösungen	302
	V.	Festlegen der Prioritäten, Bewertungskriterien und der Eröffnungsposition; Ableitung einer Konzessionsstrategie	303
	VI.	Verhandlungslogistik	303
	VII.	Zusammenstellen des Verhandlungsteams; Rollenverteilung	304
	VIII.	Gesamtstrategie	305
	IX.	Zusammenfassung	305
§ 32		**Verhandlungseinstieg ("Warmlaufphase")**	306
	I.	Kennenlernphase; Beziehungsaufbau	306
	II.	Der äußere Rahmen und die Verhandlungsagenda	306
	III.	Zusammenfassung	307
§ 33		**Kernphase der Verhandlung**	307
	I.	Informationsphase	307
	II.	Wertschöpfungsphase ("value creation")	308
		1. Wertschöpfungsquellen	309
		a) Unterschiede zwischen den Parteien	309
		aa) Unterschiedliche Interessen und Präferenzen	310
		bb) Unterschiedliche Ressourcen, Fähigkeiten und Kosten	310
		cc) Unterschiedliche Prognosen	310
		dd) Individuelle Zeit- und Risikopräferenzen	311
		b) Gemeinsamkeiten zwischen den Verhandlungsparteien	312
		c) Größenvorteile und Verbundeffekte	313
		d) Reduzierung der Transaktionskosten	313
		2. Wertschöpfungstaktiken	313
	III.	Wertbeanspruchungsphase ("value claiming")	316
		1. Grundlagen der Wertbeanspruchung	317
		2. Techniken der Wertbeanspruchung	317
		a) Einigungsbereich abschätzen	317
		b) Die gegenseitigen Ausgangsforderungen	318
		c) Die Annäherung durch wechselseitige Konzessionen	318
		3. Typische Wertbeanspruchungstaktiken	319
	IV.	Zusammenfassung	320
§ 34		**Der Abschluss der Verhandlung**	320
	I.	Abbruch der Verhandlung	321
	II.	Einigung	321
	III.	Weiterverhandeln	322
	IV.	Vorläufige Übereinkunft samt Nachverhandlungs-Vereinbarung	322
	V.	Zusammenfassung	323

§ 35	Die Umsetzung des Vereinbarten	323
§ 36	Interne Nachbereitung der Verhandlung	323

Teil IV Psychologische Aspekte der Verhandlung

§ 37	**Die Verhandlung als Kommunikationsprozess**	325
I.	Grundprinzipien menschlicher Kommunikation	325
1.	Verbale und nonverbale Kommunikation	325
2.	Die vier Seiten einer Nachricht	326
II.	Kommunikationstechniken	327
1.	(Aktives) Zuhören	327
2.	Paraphrasieren und Verbalisieren	328
3.	Fragetechniken	329
III.	Zusammenfassung	330
§ 38	**Heuristiken und kognitive Verzerrungen**	330
I.	Fixed-pie assumption – Nullsummenannahme	331
II.	Escalation of Commitment, Sunk Costs Bias	331
III.	Anchoring and adjustment – Der Ankereffekt	332
IV.	Overconfidence-Bias – Selbstüberschätzungseffekt	333
V.	Reactive Devaluation – Reaktive Abwertung	334
VI.	Endowment-Effect – Der Besitztumseffekt	335
VII.	The winner's curse	335
VIII.	Framing	336
IX.	Zusammenfassung	337
§ 39	**Emotionen in Verhandlungen**	337
I.	Negative Emotionen und ihre Auswirkungen	338
II.	Umgang mit eigenen negativen Emotionen	339
III.	Umgang mit fremden negativen Emotionen	339
IV.	Taktischer Einsatz von negativen Emotionen	340
V.	Zusammenfassung	341

Stichwortverzeichnis 343

Literaturverzeichnis

Aderhold/Koch/Lenkaitis, Vertragsgestaltung, 4. Aufl., 2021

Allert, Erfolgreich verhandeln bei M&A-Transaktionen im Mittelstand, 2014

Anders/Gehle, ZPO, 80. Aufl., 2022 (zitiert: Anders/Gehle/Bearb.)

Bamberger/Roth/Hau/Poseck, BGB, 4. Aufl., 2019

Baumgärtel/Laumen/Prütting, Handbuch der Beweislast, 4. Aufl., 2018

Bazerman/Samuelson, I won the auction but I don't want the prize, in: Journal of Conflict Resolution, Vol. 27, No. 4, 1983, S. 618–634

Beck'scher Online-Großkommentar zum BGB (zitiert: BeckOGK-BGB/Bearbeiter)

Beck'scher Online-Kommentar zum BGB (zitiert: BeckOK-BGB/Bearbeiter)

Beck'scher Online-Kommentar zur ZPO (zitiert: BeckOK-ZPO/Bearbeiter)

Berneke/Schüttpelz, Die einstweilige Verfügung in Wettbewerbssachen, 4. Aufl., 2018

Born/Ghassemi-Tabar/Gehle (Hrsg.), Münchener Handbuch des Gesellschaftsrechts, Band 7, Gesellschaftsrechtliche Streitigkeiten (Corporate Litigation), 6. Aufl., 2020 (zitiert: MünchHdbGesR/Bearbeiter)

Brockner/Rubin, Entrapment in Escalating Conflicts: A Social Psychological Analysis, 1985

Brox/Walker, Zwangsvollstreckungsrecht, 12. Aufl., 2021

Bühring-Uhle/Eidenmüller/Nelle, Verhandlungsmanagement, 2. Aufl., 2017

Campagna/Mislin/Kong/Bottom, Strategic consequences of emotional misrepresentation in negotiation: The blowback effect, in: Journal of Applied Psychology, Vol 101(5), May 2016, S. 605–624

Craver, Effective Legal Negotiation and Settlement, 9. Edition, 2020

Duve/Eidenmüller/Hacke/Fries, Mediation in der Wirtschaft: Wege zum professionellen Konfliktmanagement, 3. Aufl., 2019

Egli, Anwaltliche Verhandlungsführung, in: Jusletter 27.9.2021

Epley/Gilovich, The Anchoring-and-Adjustment Heuristic: Why the Adjustments are Insufficient., in Psychological Science, Vol. 17, No. 4, S. 311–318.

Erman, BGB, 16. Aufl., 2020

Fahrendorf/Mennemeyer, Die Haftung des Rechtsanwalts, 10. Aufl., 2021

G. Fischer/Vill/D. Fischer/Pape/Chab, Handbuch der Anwaltshaftung unter Einbeziehung von Steuerberatern und Wirtschaftsprüfern, 5. Aufl., 2020

Fisher/Ury/Patton, Das Harvard Konzept: Die unschlagbare Methode für beste Verhandlungsergebnisse, 25. Aufl., 2015

Fisher/Shapiro, Building Agreement: using emotions as you negotiate, 2007

Galinsky/Mussweiler, First Offers as Anchors. The Role of Perspective-Taking and Negotiator Focus, in Journal of Personality and Social Psychology, 2001, Vol. 81, No. 4, S. 657–669

Gaul/Schilken/Becker-Eberhard, Zwangsvollstreckungsrecht, 12. Aufl., 2010

Geigel, Der Haftpflichtprozess, 28. Aufl., 2020

Gray, Negotiating With Your Nemesis, in: Negotiation Journal 2003, 19, 4, S. 299–310

Greger/von Münchhausen, Verhandlungs- und Konfliktmanagement für Anwälte, 2010

Grüneberg, BGB, 81. Aufl., 2022

Habersack/Casper/Löbbe, GmbHG, 3. Aufl., 2019 ff.

Haft, Verhandlung und Mediation: Die Alternative zum Rechtsstreit, 2. Aufl., 2000

Heussen/Pischel (Hrsg.), Handbuch Vertragsverhandlung und Vertragsmanagement: Planung, Verhandlung, Design und Durchführung von Verträgen, 4. Aufl., 2014

Holthausen, Entlastung und Generalbereinigung – unverzichtbare Instrumente zur Erlangung von Rechtssicherheit und persönlicher Haftungsbeschränkung, in: GmbHR 2019, S. 634–640

Hopt, HGB, 41. Aufl., 2022

Jung/Krebs, Die Vertragsverhandlung: Taktische, strategische und rechtliche Elemente, 2016

Kahneman/Knetsch/Thaler, Anomalies: The Endowment Effect, Loss Aversion, and Status Quo Bias, in: The Journal of Economic Perspective, Vol. 5, No. 1, 1991, S. 193–206

Kapfer, Kooperationsgewinne und ihre Quellen, in: MittBayNot 2001, S. 558–561

Köhler/Bornkamm/Feddersen, Gesetz gegen den unlauteren Wettbewerb, 40. Aufl., 2022

Lewicki/Barry/Saunders, Essentials of Negotiation, 7. Aufl., 2020

Lutter/Hommelhoff, GmbHG, 20. Aufl., 2020

Mnookin/Peppet/Tulumello, Beyond Winning; Negotiating to Create Value in Deals and Disputes, 2000

Münchener Kommentar zum BGB, Bände 1 bis 3 (§§ 1 bis 432), 9. Aufl., 2021 f., im übrigen: 8. Aufl., 2018 ff. (zitiert: MünchKommBGB/Bearb.)

Münchener Kommentar zum GmbHG, 4. Aufl., 2022 (zitiert: MünchKommGmbHG/Bearb.)

Münchener Kommentar zur Zivilprozessordnung, 6. Aufl., 2020 (zitiert: MünchKommZPO/Bearb.)

Musielak/Voit, ZPO, 19. Aufl., 2022

Musielak/Voit, Grundkurs ZPO, 15. Aufl., 2020

Noack/Servatius/Haas, GmbHG, 23. Aufl., 2022

Oberheim, Erfolgreiche Taktik im Zivilprozess, 8. Aufl., 2020

Ohly/Sosnitza, UWG, 7. Aufl., 2016

Literaturverzeichnis

Pfromm, Effektiver Verhandeln: Strategien und Taktiken für Anwälte, 2016

Pohlmann, Zivilprozessrecht, 5. Aufl., 2022

Ponschab/Schweizer, Kooperation statt Konfrontation, 2. Aufl., 2010

Raiffa, The Art and Science of Negotiation, 2003

Rinsche, Prozesstaktik, 4. Aufl., 1999

Risse/Morawietz, Prozessrisikoanalyse: Erfolgsaussichten vor Gericht bestimmen, 2017

Risse, Wirtschaftsmediation, 2. Aufl., 2022

Rosenberg/Schwab/Gottwald, Zivilprozessrecht, 18. Aufl., 2018

Rosette/Kopelman/Abbott, Good Grief! Anxiety Sours the Economic Benefits of First Offers, Group Decision and Negotiation 23, 2014, S. 629–647

Rosner/Winheller, Gelingende Kommunikation, 5. Aufl., 2019

Rosner/Winheller, Mediation und Verhandlungsführung: Theorie und Praxis des wertschöpfenden Verhandelns – nicht nur in Konflikten, 2012

Saenger, ZPO-Handkommentar, 9.. Aufl., 2021 (zitiert: Hk-ZPO/Bearb.)

Saenger/Aderhold/Lenkaitis/Speckmann, Handels- und Gesellschaftsrecht, 2. Aufl., 2011

Saner, Verhandlungstechnik, 2. Aufl., 2008

Schneider, Egon, Die Klage im Zivilprozess, 3. Aufl., 2007

Scholz, GmbHG, 12. Aufl., 2021

Schuschke/Walker/Kessen/Thole, Vollstreckung und Vorläufiger Rechtsschutz, 7. Aufl., 2020

Siedel, George, Negotiation for Success: Essential Strategies and Skills, 2014

Staub, HGB, Band 3 (§§ 105 – 160), 5. Aufl., 2009

Staudinger, BGB, Bearbeitung bis 6/2022

Stein/Jonas, ZPO, 23. Aufl., , 2014 ff.

Thaler, Anomalies: The Winner's Curse, in: The Journal of Economic Perspectives, Vol. 2, No. 1, 1988, S. 191–202

Thomas/Putzo, ZPO, 43. Aufl., 2022

Thompson, The Mind and Heart of the Negotiator, 6th edition, 2015

Tversky/Kahneman, Judgement under Uncertainty: Heuristics and Biases, in: Science, Vol. 185, No. 4157 (27 September 1974), S. 1124–1131

Tversky/Kahneman, The Framing of Decisions and the Psychology of Choice, in: Science, Vol. 211 (30 January 1981), S. 453–458

Wagner; Prozessrisikoanalyse: Ein Mittel zur Gewinnung rationalerer Entscheidungen in Unternehmen?, in: GmbHR 2018, R52-R54

Literaturverzeichnis

Walz (Hrsg.), Verhandlungstechnik für Notare, 2003

Wasilewski, Streitverhütung durch Rechtsanwälte: empirische Untersuchung von Umfang, Struktur und Bedingungen außergerichtlicher Beilegung zivilrechtlicher Streitigkeiten durch Rechtsanwälte, 1990

Wassermann, Kommentar zur Zivilprozessordnung (Reihe Alternativkommendare), 1987 (zitiert: AK-ZPO/Bearbeiter)

Weiss, The book of real-World negotiations: successful strategies from business, government, and daily life, 2020

Wieczorek/Schütze, ZPO, Bände 7 (§§ 511 – 591) und 11 (§§ 916 – 1066), 5. Aufl., 2019 ff., ansonsten: 4. Aufl., 2013 ff.

Zöller, ZPO, 34. Aufl., 2022

A. Prozesstaktik

Teil I
Einleitung

§ 1 Was ist Prozesstaktik?

Zivilprozesse sind erforderlich, weil die Parteien ihre privatrechtlichen Ansprüche – von engen Ausnahmen abgesehen, vgl. etwa § 229 BGB – nicht im Wege der Selbsthilfe durchsetzen dürfen, sondern vor den Gerichten geltend machen und diese hierüber entscheiden lassen müssen. Warum aber soll dafür eine (Prozess-)Taktik erforderlich sein? Darf denn über den Prozesserfolg entscheiden, welche Partei taktisch klüger agiert bzw. den cleversten Rechtsanwalt hat oder sich leisten kann? Muss der Ausgang eines Zivilprozesses nicht allein von zwei Faktoren abhängen, nämlich dem objektiven Sachverhalt und der gleichfalls objektiven Rechtslage? Dann müsste das Gericht „nur" diesen Sachverhalt ermitteln und darauf das materielle Recht fehlerfrei anwenden. Da es dafür ausgebildet ist (iura novit curia), wäre der Rechtsanwalt eigentlich überflüssig, ihm könnte allenfalls noch die Aufgabe zukommen, das Gericht objektiv richtig zu beraten.

Dass diese idealistische (oder auch naive) Betrachtung zu kurz greift und das Gesetz den Parteien taktische Entscheidungen nicht nur gestattet, sondern sogar von ihnen verlangt, zeigt bereits das materielle Recht. So bedürfen beispielsweise Gestaltungsrechte wie Anfechtungs-, Rücktritts- oder Kündigungsrechte der (rechtzeitigen) Ausübung, so dass der Berechtigte sein Recht zunächst erkennen und sich sodann entscheiden muss, ob er hiervon Gebrauch machen möchte oder der status quo für ihn vorteilhafter ist. Mitunter lässt ihm das Gesetz auch die Wahl zwischen verschiedenen Rechten, so etwa bei den kauf-, werk- oder mietvertraglichen Gewährleistungsrechten, so dass er – ggf mit anwaltlicher Beratung – entscheiden muss, welches Ziel er verfolgen will und wie dies zu erreichen ist. Auch das Zivilprozessrecht verlangt von den Parteien bzw. deren Prozessbevollmächtigten regelmäßig eine Entscheidung zwischen mehreren möglichen Vorgehensweisen. Denn der Zivilprozess wird durch zwei wesentliche Verfahrensgrundsätze geprägt, nämlich die Dispositionsmaxime und den Beibringungsgrundsatz.[1]

I. Dispositionsmaxime

Die Dispositionsmaxime bedeutet – im Gegensatz zur Offizialmaxime, die etwa für den Strafprozess gilt –, dass nicht das Gericht, sondern die Parteien die Freiheit und das Recht zur Verfügung über den Prozess im Ganzen, dh über den Streitgegenstand haben.[2] Das bedeutet insbesondere:

---

[1] Zu weiteren Verfahrensgrundsätzen, die an dieser Stelle keiner Erörterung bedürfen, vgl. etwa Rosenberg/Schwab/Gottwald, §§ 78 ff.
[2] Musielak/Voit, Rn. 205; Rosenberg/Schwab/Gottwald, § 76 Rn. 1.

A. Teil I Einleitung

- Der Prozess beginnt nur auf Initiative des Klägers, dh durch Klageerhebung.
- Der Kläger bestimmt den Streitgegenstand der Klage, d. h. nur er entscheidet, welcher Anspruch oder welche Ansprüche im prozessualen Sinne (zum Begriff Rn. 260) mit der Klage geltend gemacht werden. Für den Beklagten gilt entsprechendes in Bezug auf eine etwaige Widerklage.
- Das Gericht entscheidet nur über Anträge und darf nichts Anderes und nicht mehr zusprechen, als beantragt wurde (§ 308 Abs. 1 ZPO: ne ultra petita). Eine Ausnahme bildet etwa die Kostenentscheidung, die gem. § 308 Abs. 2 ZPO von Amts wegen ergeht.
- Die Parteien können durch Verzicht (§ 306 ZPO) oder Anerkenntnis (§ 307 ZPO) eine Sachentscheidung ohne sachliche Prüfung durch das Gericht herbeiführen.
- Die Parteien können den Rechtsstreit durch Klagerücknahme (§ 269 ZPO), Vergleichsabschluss oder übereinstimmende Erledigungserklärung (§ 91a ZPO) beenden.

II. Beibringungsgrundsatz

4 Der Beibringungsgrundsatz besagt, dass das Gericht den maßgeblichen Sachverhalt nicht von Amts wegen ermittelt (so beim Amtsermittlungsprinzip, das etwa in der Verwaltungs-, Sozial- und Finanzgerichtsbarkeit gilt), sondern die Parteien die Tatsachen, über die das Gericht entscheiden soll, vortragen und ggf. beweisen müssen.[3] Dies hat zwei Konsequenzen:

- Das Gericht berücksichtigt nur Tatsachen, die von den Parteien vorgetragen wurden. Bei deren rechtlicher Würdigung ist das Gericht demgegenüber frei und selbst an eine übereinstimmende Beurteilung der Parteien bzw. ihrer Anwälte nicht gebunden, sondern im Gegenteil verpflichtet, diese zu überprüfen.[4] Wie schon im römischen Recht gilt der Satz: „Da mihi facta, dabo tibi ius" (frei übersetzt: „Nenne mir die Fakten, ich werde die Rechtslage beurteilen."). Daraus folgt, dass zivilprozessual die Parteien nur den Sachverhalt vortragen müssen und die rechtliche Würdigung dem Gericht überlassen können („iura novit curia" = „Das Gericht kennt die Rechtslage"). Aus anwaltshaftungsrechtlichen Gründen darf sich der Rechtsanwalt allerdings nicht darauf verlassen, dass das Gericht die Rechtslage zutreffend beurteilt (Rn. 67 f.).
- Eine Beweiserhebung erfolgt grds. (Ausnahmen ergeben sich aus §§ 142, 144 ZPO, Rn. 234, 249) nur auf Antrag, dh sowohl die Tatsache, über die Beweis erhoben werden soll, als auch das Beweismittel müssen genau bezeichnet werden.

III. Konsequenzen

5 Dispositionsmaxime und Beibringungsgrundsatz führen dazu, dass der Ausgang des Prozesses nicht nur von der „objektiven" Sach- und Rechtslage und deren Beweisbarkeit abhängt, sondern auch von der sachgerechten Verfahrensführung durch die Parteien bzw. deren anwaltliche Vertreter. Nur wenn diese die notwendigen prozessualen

---

[3] Musielak/Voit, Rn. 208; Rosenberg/Schwab/Gottwald, § 77 Rn. 13.
[4] Vgl. BGHZ 212, 104, Tz. 10: „Wenn die Parteien übereinstimmend einen Rechtsbegriff gebrauchen, aber zusätzlich Umstände vortragen, nach denen die rechtliche Würdigung unzutreffend ist, sind nur Letztere für das Gericht beachtlich."

§ 1 Was ist Prozesstaktik?

Maßnahmen ergreifen, dh rechtzeitig die richtigen Anträge stellen und die notwendigen Tatsachen – ggf. unter Beweisantritt – vortragen, kann der Prozesserfolg erreicht werden. Der Rechtsanwalt muss daher entscheiden, welche prozessualen Mittel er zur sachgerechten Verfolgung der Interessen seines Mandanten sinnvollerweise einsetzen kann und muss. Dies erfordert nicht selten eine taktische Entscheidung zwischen mehreren denkbaren Alternativen, also eine Prozesstaktik. Mit diesem Begriff kann damit die sachgerechte Entscheidung zwischen verschiedenen materiellen und prozessualen Handlungsalternativen mit dem Ziel der bestmöglichen Erreichung eines konkreten, rechtmäßigen Prozessergebnisses bezeichnet werden.[5]

Grenze jeder Prozesstaktik ist selbstverständlich die **prozessuale Wahrheitspflicht**: Gem. § 138 Abs. 1 ZPO haben beide Parteien ihre Erklärungen über tatsächliche Umstände vollständig und der Wahrheit gemäß abzugeben. Dies begründet allerdings lediglich eine Pflicht zur subjektiven Wahrhaftigkeit, dh untersagt ist nur, wider besseres Wissen vorzutragen oder zu bestreiten. Erlaubt bleibt den Parteien dagegen etwa, Tatsachen vorzutragen, über die sie kein zuverlässiges Wissen besitzen und auch nicht erlangen können, die sie aber – etwa aufgrund von Schlussfolgerungen – für möglich oder wahrscheinlich halten. Auf eine solche Prozessführung sind die Parteien häufig sogar angewiesen, wenn sie nicht über eigene Kenntnisse verfügen.[6]

Die Wahrheitspflicht besteht nur in Bezug auf Tatsachen unter Einschluss von Rechtstatsachen (zum Begriff Rn. 76). Dagegen fallen reine Rechtsansichten oder Wertungen nicht unter § 138 Abs. 1 ZPO,[7] so dass der Rechtsanwalt auch eine für seinen Mandanten günstige Rechtsauffassung vertreten darf, die er persönlich für juristisch verfehlt hält.[8]

Teilweise wird vertreten, dass den Rechtsanwalt dieselben Pflichten aus § 138 Abs. 1 ZPO träfen wie die Partei.[9] Dies ist jedenfalls im Ergebnis zutreffend. Denn die Verletzung der Wahrheitspflicht ist als Prozessbetrug strafbar (§ 263 StGB).[10] Wer als Rechtsanwalt hieran wissentlich mitwirkt, macht sich folglich zumindest der Beihilfe, ggf. sogar der Mittäterschaft schuldig.[11] Außerdem ist das bewusste Verbreiten von Unwahrheiten dem Rechtsanwalt auch berufsrechtlich untersagt (§ 43a Abs. 3 S. 2 BRAO). Zu beachten ist aber, dass der Rechtsanwalt seinem Mandanten nicht nur glauben darf, sondern auch glauben muss, selbst wenn er gewisse Zweifel hat; erst wenn er den sicheren Eindruck gewinnt, dass sein Mandant ihn nicht wahrheitsgemäß

---

5 Vgl. Oberheim, Rn. 39; ähnlich auch Schöler MDR 2011, 522, wonach Prozesstaktik die sachgerechte Verfahrensführung unter Berücksichtigung der jeweiligen Prozesssituation bedeutet.
6 Vgl. zum Ganzen: BGH NJW 1986, 246, juris-Tz. 27; BGH NJW 1995, 2111, juris-Tz. 13; BGH NJW-RR 2003, 69, juris-Tz. 9 ff.; BGH ZIP 2018, 1173, Tz. 7; BGH NJW-RR 2019, 380, Tz. 11; BGH NJW 2020, 393, Tz. 9; BGH NJW 2020, 1740, Tz. 8; BGH wistra 2020, 379, Tz. 60; BGH NJW 2022, 935, Tz. 18; OLG Hamm GmbHR 2016, 1154, 1156 f.; Rosenberg/Schwab/Gottwald, § 65 Rn. 66; Musielak/Voit, Rn. 210; Zöller/Greger, § 138 Rn. 2 f.; MünchKommZPO/Fritsche, § 138 Rn. 2 f.
7 BGH JR 1958, 106 mAnm Schröder.
8 Vgl. MünchKommZPO/Fritsche, § 138 Rn. 2; Wieczorek/Schütze/Gerken, § 138 Rn. 9; Anders/Gehle/Anders, § 138 Rn. 11 f.
9 Anders/Gehle/Anders, § 138 Rn. 14; MünchKommZPO/Fritsche, § 138 Rn. 4.
10 Zur Vermeidung eines Widerspruchs zu § 138 Abs. 1 ZPO erfordert der subjektive Tatbestand dieses Deliktes grds. wissentlichen Falschvortrag (Prozessrechtsakzessorietät des Betrugstatbestands); auch bedingter Vorsatz kann nur bei Vortrag „ins Blaue hinein" (dazu Rn. 152) angenommen werden, vgl. BGH wistra 2020, 379, Tz. 58 ff.
11 Rosenberg/Schwab/Gottwald, § 65 Rn. 75.

informiert, wird er gehalten sein, zur Vermeidung einer Mitwirkung am Prozessbetrug das Mandat niederzulegen.[12]

IV. Zusammenfassung

9   1. Da der Zivilprozess von der Dispositionsmaxime und dem Beibringungsgrundsatz beherrscht und geprägt wird, hängt sein Ausgang auch davon ab, dass die Parteien bzw. deren Prozessbevollmächtigte die ihnen zur Verfügung stehenden materiell- und prozessrechtlichen Gestaltungsmöglichkeiten sachgerecht ausüben. Dies erfordert eine Prozesstaktik.
2. Grenze jeder Prozesstaktik ist die prozessuale Wahrheitspflicht (§ 138 Abs. 1 ZPO). Diese ist allerdings erst verletzt, wenn eine Partei wider besseres Wissen vorträgt oder bestreitet.

§ 2 Überblick über den Ablauf eines Zivilprozesses aus Anwaltssicht

I. Anhängigkeit und Rechtshängigkeit

10 Der Zivilprozess wird eingeleitet durch Einreichung der Klageschrift beim Gericht. Hierdurch wird die **Anhängigkeit** des Rechtsstreites begründet. Rechtsanwälte können Klageschriften wie auch alle sonstigen Schriftsätze seit dem 1.1.2022 gem. §§ 130a, 130d ZPO nur noch als elektronisches Dokument mit qualifizierter elektronischer Signatur oder einfacher Signatur und auf einem sicheren Übermittlungsweg einreichen. In der Praxis geschieht dies über das besondere elektronische Anwaltspostfach (beA). Die von einem Rechtsanwalt in Papierform eingereichte Klage wäre unzulässig. Entsprechendes gilt auch für alle anderen Prozesshandlungen.[1] Eine Ausnahme gilt nur bei technischen Störungen (Einzelheiten: § 130d S. 2, 3 ZPO).

11 Einige Zeit später fordert die Gerichtskasse den **Gerichtskostenvorschuss** an. Gem. § 12 Abs. 1 S. 1 GKG erfolgt die Zustellung der Klageschrift in bürgerlichen Rechtsstreitigkeiten erst nach Zahlung dieses Vorschusses. Mit Zustellung der Klage ist diese erhoben (§ 253 Abs. 1 ZPO) und es tritt **Rechtshängigkeit** ein (§ 261 Abs. 1 ZPO). Erst hierdurch wird ein Prozessrechtsverhältnis begründet. Ein trotz fehlender Rechtshängigkeit – etwa mangels wirksamer Zustellung der Klage – erlassenes Urteil ist wirkungslos und entfaltet keine materielle Rechtskraft.[2]

II. Früher erster Termin oder schriftliches Vorverfahren

12 Für den weiteren Verlauf des Rechtsstreits stellt das Gesetz dem Gericht zwei Verfahrensarten zur Verfügung: Es kann gem. § 275 ZPO mit der Zustellung der Klage sogleich einen möglichst baldigen Termin zur mündlichen Verhandlung anberaumen, den sog **frühen ersten Termin**. Alternativ kann gem. § 276 ZPO das **schriftliche Vorverfahren** angeordnet werden, bei dem zunächst Schriftsätze beider Parteien ausgetauscht

---

12 Fahrendorf/Mennemeyer/Fahrendorf, Kap. 2, Rn. 89; G. Fischer/Vill/D. Fischer/Pape/Chab/Vill, § 2 Rn. 42, beide mwN.
1 LG Frankfurt a. M. MDR 2022, 393, juris-Tz. 7 ff. (betr. Verteidigungsanzeige); OLG Hamm, Beschluss vom 4.4.2022, 8 U 23/22, juris-Tz. 4, 6 (betr. Berufungseinlegung).
2 BGHZ 199, 31, Tz. 22; BGH NJW-RR 2006, 565, 566, Tz. 11 f.; BGH NJW-RR 2014, 903, 904, Tz. 7; Zöller/Feskorn, vor § 300 Rn. 18; MünchKommZPO/Musielak, Vor § 300 Rn. 4.

werden und das Gericht die mündliche Verhandlung erst zu einem späteren Zeitpunkt anberaumt. Tendenziell bietet sich ein früher erster Termin für eher einfache Verfahren an, die auf diese Weise einem möglichst schnellen Abschluss zugeführt werden können, während das schriftliche Vorverfahren bei komplexeren und umfangreichen Prozessen sachdienlich ist.[3] Die Entscheidung zwischen beiden Verfahrensarten trifft das Gericht nach pflichtgemäßem, aber nicht nachprüfbarem Ermessen, sie ist für die Parteien und deren Anwälte nicht anfechtbar.[4]

Beim schriftlichen Vorverfahren setzt das Gericht gem. § 276 Abs. 1 ZPO mit der Zustellung der Klageschrift zwei Fristen: 13

- Innerhalb einer Notfrist von zwei Wochen ab Klagezustellung muss der Beklagte – im Anwaltsprozess durch einen Rechtsanwalt, vgl. § 78 ZPO – dem Gericht anzeigen, ob er sich gegen die Klage verteidigen will; unterbleibt diese **Verteidigungsanzeige**, kann gem. § 331 Abs. 3 ZPO auf entsprechenden Antrag des Klägers ohne mündliche Verhandlung ein Versäumnisurteil ergehen. Zur Erläuterung: „Notfristen" sind gem. § 224 Abs. 1 S. 2 ZPO nur diejenigen Fristen, die vom Gesetz als solche bezeichnet werden. Sie sind weder durch Parteivereinbarung noch durch das Gericht verlängerbar.[5] Bei unverschuldeter Versäumung einer Notfrist kommt grds. aber eine Wiedereinsetzung in den vorigen Stand gem. §§ 233 ff. ZPO in Betracht, was im hier interessierenden Fall nach Erlass eines Versäumnisurteils allerdings nicht angezeigt ist, da auch nach verspäteter Verteidigungsanzeige kein Versäumnisurteil mehr ergehen darf (§ 331 Abs. 3 S. 1, 2. HS ZPO) und, wenn ein solches ergangen ist, dieses nur durch Einspruch (§§ 338 ff. ZPO) beseitigt werden kann.
- Darüber hinaus setzt das Gericht dem Beklagten gem. § 276 Abs. 1 S. 2 ZPO eine Frist zur Klageerwiderung im Umfang von mindestens zwei weiteren Wochen nach Ablauf der Frist zur Verteidigungsanzeige. Diese Klageerwiderungsfrist ist keine Notfrist, kann also bei Bedarf auf Antrag des Beklagten(vertreters) gem. § 224 Abs. 2 ZPO vom Gericht auch verlängert werden. Außerdem droht bei Versäumung der Klageerwiderungsfrist kein Versäumnisurteil, denkbar ist aber eine Zurückweisung wegen Verspätung nach § 296 Abs. 1 ZPO.

Nicht nur im schriftlichen Vorverfahren, sondern auch bei Anberaumung eines frühen ersten Termins (vgl. § 275 Abs. 1 S. 1 ZPO) wird dem Beklagten vom Gericht üblicherweise eine **Klageerwiderungsfrist** gesetzt, und es werden mehrere Schriftsätze gewechselt. Entgegen der laienhaften Vorstellung mancher Mandanten wird der Zivilprozess in den Schriftsätzen und nicht erst in der mündlichen Verhandlung entschieden. Etwas anderes gilt natürlich, wenn eine Beweisaufnahme erforderlich wird. 14

Beide Parteien bzw. deren Rechtsanwälte müssen in diesem Verfahrensstadium – ebenso wie auch im weiteren Prozessverlauf – die vom Gericht gesetzten **Schriftsatzfristen** beachten, dh ihre Schriftsätze fristgerecht einreichen, da anderenfalls die Zurückweisung nach § 296 Abs. 1 ZPO droht. Auch wenn das Gericht keine Frist setzt, gilt die **allgemeine Prozessförderungspflicht** gem. § 282 ZPO, bei deren Verletzung der Vortrag nach Maßgabe von § 296 Abs. 2 ZPO als verspätet zurückgewiesen werden kann (zu § 296 Abs. 1 und 2 ZPO Rn. 410 ff.). 15

---

3 Zöller/Greger, § 272 Rn. 2.
4 Zöller/Greger, aaO; Rosenberg/Schwab/Gottwald, § 105 Rn. 3.
5 Vgl. nur Zöller/Feskorn, § 224 Rn. 5.

A. Teil I Einleitung

III. Mündliche Verhandlung

16 Soweit das Gericht vor der mündlichen Verhandlung Hinweise erteilt, muss hierauf schriftsätzlich reagiert werden, und zwar ggf. innerhalb einer vom Gericht hierzu gesetzten Frist.

17 Mündliche Verhandlung ist nach der Legaldefinition in § 279 Abs. 1 ZPO der frühe erste Termin sowie der Haupttermin. Haupttermin wiederum ist der Termin, der nach einem schriftlichen Vorverfahren (§ 276 ZPO) oder nach einem frühen ersten Termin anberaumt wird, wenn der Rechtsstreit in diesem noch nicht abgeschlossen werden konnte (§ 275 Abs. 2 ZPO). Gem. § 128a ZPO kann das Gericht den Parteien, den Prozessbevollmächtigten, Zeugen und Sachverständigen gestatten, an der mündlichen Verhandlung online per Videokonferenz teilzunehmen. Bislang wird hiervon nur zurückhaltend Gebrauch gemacht, da die technischen Voraussetzungen hierfür längst nicht in jedem Gerichtssaal erfüllt sind.

18 Gem. § 278 Abs. 2 ZPO beginnt die mündliche Verhandlung zwingend mit einer **Güteverhandlung**, bei deren Scheitern sich aber die mündliche Verhandlung sofort anschließt (§ 279 Abs. 1 ZPO). Jede mündliche Verhandlung kann zum Urteil führen, auch ein früher erster Termin. Das Urteil kann am Schluss der mündlichen Verhandlung verkündet werden (sog **Stuhlurteil**) oder im Rahmen eines **Verkündungstermins**, der üblicherweise einige Wochen nach der mündlichen Verhandlung liegt (vgl. § 310 Abs. 1 S. 2 ZPO).

19 Erteilt das Gericht Hinweise nach § 139 ZPO in der mündlichen Verhandlung, auf die nicht sofort reagiert werden kann, muss der Anwalt gem. § 139 Abs. 5 ZPO **Schriftsatznachlass** beantragen (Rn. 404).

20 Eine weitere mündliche Verhandlung kann stattfinden, etwa nach Erledigung von gerichtlichen Auflagen oder Hinweisen oder zur Beweisaufnahme; letztere kann aber auch schon im ersten Termin stattfinden, wenn der Richter diesen entsprechend vorbereitet.

IV. Urteil und Rechtsmittel

21 Endet der Rechtsstreit nicht durch Klagerücknahme, Vergleich, Erledigungserklärung oder in sonstiger Weise, wird die Eingangsinstanz durch deren **Urteil** abgeschlossen. Nach Maßgabe von § 511 Abs. 2 ZPO ist hiergegen die **Berufung** statthaft. Zuständig ist hierfür bei amtsgerichtlichen Urteilen das Landgericht (Berufungskammer), bei erstinstanzlichen Urteilen des Landgerichts ist das Oberlandesgericht Berufungsgericht. Im Berufungsverfahren ist das **Novenverbot** zu berücksichtigen, dh neue Tatsachen und Beweismittel können grundsätzlich nicht mehr vorgebracht werden, sofern nicht ein Ausnahmetatbestand nach § 531 Abs. 2 ZPO greift (Rn. 547 ff.).

V. Zusammenfassung

22 1. Die mündliche Verhandlung im Zivilprozess wird durch Schriftsätze vorbereitet, in denen die Parteien durch ihre Prozessbevollmächtigten den Sachverhalt darzulegen und ggf Beweis anzutreten haben sowie dem Gericht auch ihre rechtliche Beurteilung mitteilen sollten. Diese Schriftsätze sind innerhalb der hierfür vom Gericht gesetzten Fristen einzureichen.

2. Die mündliche Verhandlung beginnt mit der Güteverhandlung. Scheitert diese, muss das Gericht durch Urteil entscheiden oder etwaige zur Herbeiführung der Entscheidungsreife noch erforderlichen Maßnahmen ergreifen, etwa die Parteien zum Sachverhalt anhören, Hinweise (§ 139 ZPO) oder Auflagen erteilen, die von den Parteien dann erledigt werden müssen, oder die Beweisaufnahme durchführen. Dazu können auch mehrere Termine erforderlich werden.

§ 3 Die Verfahrensbeteiligten

I. Die Parteien, insbesondere Streitgenossenschaft

Am Prozess sind zunächst die Parteien beteiligt. Wird die Klage von mehreren Klägern erhoben oder gegen mehrere Beklagte (etwa als Gesamtschuldner) gerichtet, sind sie **Streitgenossen**, und es liegt eine **subjektive Klagehäufung** vor. Dies ist nur zulässig, wenn die Voraussetzungen der §§ 59 f. ZPO erfüllt sind; fehlt es daran, sind die Verfahren gem. § 145 Abs. 1 ZPO zu trennen und separat fortzusetzen. 23

In allen Fällen der Streitgenossenschaft bleiben die Prozessrechtsverhältnisse selbstständig, dh jeder Streitgenosse tritt zur Gegenpartei und zum Gericht in ein eigenes Prozessrechtsverhältnis.[1] Diese werden nur aus prozessökonomischen Gründen in einem Verfahren verbunden. Bei der einfachen Streitgenossenschaft, dh wenn keine notwendige Streitgenossenschaft gegeben ist, liegt außerdem in Bezug auf jeden Streitgenossen ein selbstständiger Streitgegenstand vor, so dass neben der subjektiven auch eine objektive Klagehäufung gegeben ist.[2] 24

1. Einfache Streitgenossenschaft

Folge der Selbständigkeit der Prozessrechtsverhältnisse ist, dass alle Verfahrensfragen (etwa zu Prozessvoraussetzungen, der Zuständigkeit des Gerichts oder prozessualen Fristen) wie auch die materiellen Anspruchsvoraussetzungen der jeweiligen Klageforderung für jeden Streitgenossen vom Gericht gesondert geprüft und beurteilt werden müssen. Außerdem bestimmt § 61 ZPO, dass die Handlungen des einen Streitgenossen dem anderen weder zum Vorteil noch zum Nachteil gereichen, soweit sich aus den Vorschriften des bürgerlichen Rechts (etwa §§ 422 ff., 429 BGB) oder der ZPO nichts Abweichendes ergibt. Die Formulierung der ersten Alternative (nicht „zum Vorteil gereichen") ist missverständlich. Denn die von einem Streitgenossen geltend gemachten Angriffs- und Verteidigungsmittel sind in der Regel für alle Streitgenossen vorgetragen, sofern sie alle angehen und die übrigen keine eigenen Erklärungen abgeben.[3] § 61 ZPO bedeutet daher nur, dass Prozesshandlung des einen Streitgenossen die anderen nicht binden, diese können sogar sich widersprechende Prozesshandlungen vornehmen oder unterschiedlich vortragen.[4] Allerdings ist im letztgenannten Fall der Vortrag beider 25

---

1 Zöller/Althammer, § 61 Rn. 8, § 62 Rn. 22; Rosenberg/Schwab/Gottwald, § 48 Rn. 10, 12, § 49 Rn. 36.
2 Rosenberg/Schwab/Gottwald, § 48 Rn. 10; Pohlmann, Rn. 749; vgl. außerdem Rn. 259 f. (zum Streitgegenstand) und Rn. 116, 314 (zur objektiven Klagehäufung).
3 BGH NJW 2015, 2125, 2126, Tz. 14; Zöller/Althammer, § 61 Rn. 3; Hk-ZPO/Bendtsen, § 61 Rn. 7.
4 BGH NJW-RR 2003, 1344, juris-Tz. 21 f.; Rosenberg/Schwab/Gottwald, § 48 Rn. 19; Hk-ZPO/Bendtsen, § 61 Rn. 7.

Streitgenossen im Rahmen der freien Beweiswürdigung zu werten und kann damit auch die Entscheidung in Bezug auf den anderen Streitgenossen beeinflussen.[5]

26 Aus dem vorstehend Gesagten folgt, dass im Regelfall – soweit nämlich keine notwendige Streitgenossenschaft vorliegt, dazu sogleich – die gerichtliche Entscheidung in Bezug auf die einzelnen Streitgenossen auch unterschiedlich ausfallen kann (**einfache Streitgenossenschaft**).[6] Jedoch müssen die Beweisaufnahme, die Beweiswürdigung und dementsprechend auch die gerichtliche Entscheidung in Bezug auf die für alle oder mehrere Streitgenossen relevanten Tatsachen einheitlich erfolgen.[7] Auch der Erlass eines Teilurteils bzgl. einzelner Streitgenossen ist idR unzulässig, weil ein solches gem. § 301 ZPO neben der Teilbarkeit des Streitgegenstandes (die bei einfacher Streitgenossenschaft gegeben ist) und der Entscheidungsreife eines abgrenzbaren Teils desselben als ungeschriebenes Tatbestandsmerkmal erfordert, dass die Gefahr einander widersprechender Entscheidungen – auch infolge abweichender Beurteilung durch das Rechtsmittelgericht – ausgeschlossen ist; diese Gefahr ist namentlich gegeben, wenn in einem Teilurteil eine Frage entschieden wird oder im Instanzenzug entschieden werden kann, die sich dem Gericht im weiteren Verfahren über andere Ansprüche oder Anspruchsteile noch einmal stellt oder auch nur stellen kann.[8] Auch in Bezug auf einzelne Streitgenossen ist ein Teilurteil daher unzulässig, wenn die Möglichkeit besteht, dass es in demselben Rechtsstreit, auch im Instanzenzug, zu einander widersprechenden Entscheidungen kommen kann, insbesondere weil die Ansprüche der oder gegen die einzelnen Streitgenossen zumindest teilweise von denselben Voraussetzungen abhängen.[9] Eine Ausnahme hierzu gilt, wenn der Rechtsstreit in Bezug auf einen Streitgenossen durch Tod oder Insolvenzeröffnung unterbrochen wurde (§§ 239, 240 ZPO) und ungewiss ist, wann er fortgesetzt werden kann; dann kann bei Entscheidungsreife bzgl. der anderen Streitgenossen ein Teilurteil ergehen.[10]

2. Notwendige Streitgenossenschaft

a) Voraussetzungen

27 Notwendige Streitgenossenschaft liegt gem. § 62 ZPO vor, wenn entweder aus prozessualen oder aus materiellen Gründen gegenüber den Streitgenossen nur eine einheitliche gerichtliche Entscheidung ergehen kann.[11] Eine notwendige Streitgenossenschaft aus **prozessualen Gründen** ist nur in den Fällen der Rechtskrafterstreckung gegeben,

---

5 Rosenberg/Schwab/Gottwald, aaO.
6 BGH NJW 2018, 623, Tz. 7; BGH NJW 2015, 2429, Tz. 7; BGH NJW 2009, 230, Tz. 8; Rosenberg/Schwab/Gottwald, § 48 Rn. 20; Zöller/Althammer, § 61 Rn. 9; Hk-ZPO/Bendtsen, § 61 Rn. 9.
7 Rosenberg/Schwab/Gottwald, § 48 Rn. 31 f.
8 St. Rspr., vgl. nur BGH NJW 2018, 621, Tz. 10; BGH NJW 2018, 623, Tz. 7; BGH NJW 2015, 2648, Tz. 25; BGH NJW 2012, 844, Tz. 19; BGHZ 189, 79, Tz. 15 f.; BGHZ 189, 356, Tz. 13 f.; vgl. ferner Zöller/Feskorn, § 301 Rn. 12 ff.; Hk-ZPO/Saenger, § 301 Rn. 6 ff., beide mwN.
9 BGH NJW 2018, 623, Tz. 7; BGH NJW 2015, 2429, Tz. 7; BGH NJW 2009, 230, Tz. 8; OLG München NJW-RR 1994, 1278; Pohlmann, Rn. 752.
10 BGH NJW 2007, 156, 157 f., Tz. 15 f.; BGHZ 189, 356, Tz. 17; Zöller/Althammer, § 61 Rn. 8 aE; Zöller/Feskorn, § 301 Rn. 16.
11 Vgl. nur BGH NJW-RR 2017, 1317, Tz. 19. Der Wortlaut des § 62 ZPO ist missverständlich formuliert, da er dahin gehend verstanden werden könnte, dass die Notwendigkeit der einheitlichen gerichtlichen Entscheidung nur in der 1. Alternative bestehen müsse, tatsächlich gilt dies aber für beide Alternativen des § 62 ZPO (Rosenberg/Schwab/Gottwald, § 49 Rn. 2). Die 1. Alt dieser Bestimmung („einheitliche Feststellung des streitigen Rechtsverhältnisses") bezeichnet die notwendige Streitgenossenschaft aus prozessualen Gründen, die 2. Alt („aus einem sonstigen Grund") die notwendige Streitgenossenschaft aus materiellen Gründen, vgl. BGHZ 92, 351, 353 f.; MünchKommZPO/Schultes, § 62 Rn. 5, 24.

dh wenn bei getrennt geführten Prozessen die in dem einen Verfahren ergehende Entscheidung Rechtskraftwirkung auch für das andere hätte.[12] Grds. wirkt die Rechtskraft allerdings nur zwischen den Parteien des jeweiligen Rechtsstreits (inter partes, Rn. 268). Eine Rechtskrafterstreckung auf nicht am Prozess beteiligte Dritte erfolgt nur ausnahmsweise, wenn dies im Gesetz ausdrücklich angeordnet wird.[13] Ein Beispiel hierfür findet sich in §§ 248, 249 AktG. Danach wirkt die Rechtskraft des einer Anfechtungs- oder Nichtigkeitsklage stattgebenden Urteils, mit dem ein Beschluss der Hauptversammlung einer Aktiengesellschaft für nichtig erklärt bzw. dessen Nichtigkeit festgestellt wird, gegenüber allen Aktionären, auch wenn sie nicht Partei des Rechtsstreites sind. Wird die Anfechtungs- oder Nichtigkeitsklage von mehreren Aktionären erhoben, sind sie deshalb notwendige Streitgenossen.[14] Das Beispiel zeigt zugleich, dass in den Fällen der notwendigen Streitgenossenschaft aus prozessualen Gründen nicht alle klagebefugten Personen die Klage erheben müssen. Getrennte Einzelklagen bleiben vielmehr ebenso möglich wie eine Klageerhebung durch nur eine klagebefugte Partei;[15] ein solches Vorgehen kann prozesstaktisch sogar geboten sein, um nämlich die übrigen Personen als Zeugen benennen zu können.[16]

Anders verhält es sich bei der notwendigen Streitgenossenschaft aus **materiellen Gründen**. Eine solche liegt vor, wenn nach den Vorschriften des materiellen Rechts mehrere Personen gemeinsam klagen oder verklagt werden müssen, die Klage nur eines Berechtigten bzw. gegen nur einen Verpflichteten also mangels Prozessführungsbefugnis als unzulässig abgewiesen werden müsste.[17] Beispiele hierfür finden sich im Personengesellschaftsrecht. So müssen bei einer OHG oder KG die Gestaltungsklagen, mit denen die Entziehung der Geschäftsführungsbefugnis (§ 117 HGB) und Vertretungsmacht (§ 127 HGB) oder die Ausschließung eines Gesellschafters (§ 140 HGB) begehrt wird, nach diesen Bestimmungen von allen übrigen Gesellschaftern erhoben werden, so dass diese als notwendige Streitgenossen klagen müssen.[18] Die Auflösungsklage (§ 133 HGB) muss gegen alle übrigen (dh nicht klagenden) Gesellschafter als notwendige Streitgenossen gerichtet werden.[19]

28

b) Rechtsfolgen

Auch für die notwendige Streitgenossenschaft gilt § 61 ZPO, dh die Handlungen des einen Streitgenossen gereichen dem anderen weder zum Vorteil noch zum Nachteil (Rn. 25). Dies bedeutet insbesondere, dass auch notwendige Streitgenossen un-

29

---

12 BGHZ 92, 351, 353 f.; MünchKommZPO/Schultes, § 62 Rn. 5; Hk-ZPO/Bendtsen, § 62 Rn. 3; Rosenberg/Schwab/Gottwald, § 49 Rn. 4; Musielak/Voit/Weth, § 62 Rn. 3.
13 Zu Einzelheiten ausführlich etwa Rosenberg/Schwab/Gottwald, § 157 Rn. 2 ff.
14 BGH NJW-RR 2011, 618, 620, Tz. 20; entsprechendes gilt auch für Beschlussmängelklagen bei GmbHs, weil hierfür die aktienrechtlichen Bestimmungen analog gelten, vgl. nur Noack/Servatius/Haas/Noack, Anh. § 47 Rn. 69, 169; Habersack/Casper/Löbbe/Raiser/Schäfer, Anh. § 47 Rn. 241.
15 Musielak/Voit/Weth, § 62 Rn. 3; Musielak/Voit/Weth, § 62 Rn. 433; Pohlmann, Rn. 765.
16 Ein entsprechendes Vorgehen empfiehlt sich auch, wenn ein gemeinschaftliches Recht kraft gesetzlicher Ermächtigung von jedem Rechtsinhaber allein geltend gemacht werden kann, so insbesondere bei der Mitgläubigerschaft gem. § 432 BGB oder bei der Erbengemeinschaft gem. § 2039 BGB. Ob in solchen Fällen notwendige Streitgenossenschaft vorliegt, wenn alle Rechtsinhaber klagen, ist seit langem umstritten und ungeklärt, vgl. zum Meinungsstand MünchKommZPO/Schultes, § 62 Rn. 18 ff.; Musielak/Voit/Weth, § 62 Rn. 7.
17 BGH NJW-RR 2017, 1317, Tz. 20; BGHZ 92, 351, 353; Hk-ZPO/Bendtsen, § 62 Rn. 7; MünchKommZPO/Schultes, § 62 Rn. 24; Rosenberg/Schwab/Gottwald, § 49 Rn. 18.
18 Zu Einzelheiten MünchHdbGesR/Schmitz-Herscheidt, § 59 Rn. 5 zur Ausschließungsklage.
19 Hopt/Roth, § 133 Rn. 13 mwN.

terschiedlich vortragen können und das von einem Streitgenossen abgegebene Tatsachenanerkenntnis iSd §§ 288, 290 ZPO nur diesen, nicht aber die anderen Streitgenossen bindet.[20] Selbstverständlich kann und muss aber das Gericht den Vortrag oder ein solches Anerkenntnis eines Streitgenossen im Rahmen der freien Beweiswürdigung nach § 286 ZPO auch bei seiner Entscheidung gegenüber den anderen Streitgenossen berücksichtigen.[21]

30 Prozessuale Besonderheiten ergeben sich für die notwendige Streitgenossenschaft denknotwendig daraus, dass bei dieser per definitionem gegenüber allen Streitgenossen nur eine einheitliche gerichtliche Entscheidung ergehen kann. Deshalb bestimmt § 62 Abs. 1 ZPO zunächst, dass bei **Versäumung eines Termins** (dh bei Säumnis in der mündlichen Verhandlung, §§ 330 ff. ZPO) **oder einer Frist** (insbesondere einer vom Gericht gesetzten Schriftsatzfrist oder Rechtsmittelfrist) der betreffende Streitgenosse als durch die anderen vertreten gilt, so dass gegen ersteren kein Versäumnisurteil ergehen kann bzw. ihn die Folgen der Fristversäumung nicht treffen, wenn die anderen Streitgenossen nicht gleichfalls säumig sind.

31 Folge der Notwendigkeit der einheitlichen gerichtlichen Entscheidung ist außerdem, dass auch ein **Anerkenntnis- oder Verzichtsurteil** (§§ 306, 307 ZPO) nur ergehen kann, wenn entweder alle Streitgenossen das hierzu erforderliche Klageanerkenntnis bzw. den Klageverzicht erklären oder der Streitgenosse, der diese Erklärung abgibt, nach materiellem Recht oder aufgrund einer Ermächtigung der anderen Streitgenossen ausnahmsweise alleine über den Streitgegenstand verfügen kann.[22] Eine **Klagerücknahme** durch einen einzelnen Streitgenossen ist bei der notwendigen Streitgenossenschaft aus prozessualen Gründen zulässig, das Verfahren wird dann von den anderen Streitgenossen fortgesetzt.[23] Umstritten ist demgegenüber die Rechtslage bei der notwendigen Streitgenossenschaft aus materiellen Gründen; da hier die Streitgenossen nur gemeinschaftlich klagen können, die Klagerücknahme eines Streitgenossen also auch der Klage der übrigen die Grundlage entziehen würde, ist nach hM die Klagerücknahme durch nur einen Streitgenossen unzulässig.[24]

II. Beteiligung Dritter am Rechtsstreit

1. Nebenintervention

a) Voraussetzungen

32 Wer ein rechtliches Interesse am Obsiegen einer Partei in einem anhängigen (also nicht notwendigerweise bereits rechtshängigen)[25] Prozess hat, kann gem. § 66 ZPO dem Rechtsstreit auf deren Seite als Nebenintervenient beitreten, um diese Partei zu unterstützen. Deshalb wird der Nebenintervenient auch als **Streithelfer** bezeichnet. Ein rechtliches Interesse (**Interventionsgrund**) hat er, wenn zwischen ihm und einer Partei

---

20 Rosenberg/Schwab/Gottwald, § 49 Rn. 36, 43; Zöller/Althammer, § 62 Rn. 24; Hk-ZPO/Bendtsen, § 62 Rn. 20.
21 Rosenberg/Schwab/Gottwald, § 49 Rn. 44; Zöller/Althammer, § 62 Rn. 24; Hk-ZPO/Bendtsen, § 62 Rn. 20.
22 Zöller/Althammer, § 62 Rn. 26; Hk-ZPO/Bendtsen, § 62 Rn. 20; Rosenberg/Schwab/Gottwald, § 49 Rn. 43.
23 BGH NJW 2009, 2132, Tz. 22; Zöller/Althammer, § 62 Rn. 25; Rosenberg/Schwab/Gottwald, § 49 Rn. 37.
24 OLG Nürnberg GmbHR 2014, 1147, 1150; Zöller/Althammer, § 62 Rn. 25; Anders/Gehle/Bünnigmann, § 62 Rn. 20; a. A.: OLG Rostock NJW-RR 1995, 381, 382; Rosenberg/Schwab/Gottwald, § 49 Rn. 38; Musielak/Voit/Weth, § 62 Rn. 18; MünchKommZPO/Schultes, § 62 Rn. 49; Pohlmann, Rn. 773 mit der Begründung, dass jeder Streitgenosse die Klage auch von vornherein verhindern kann, indem er sich an ihrer Erhebung nicht beteiligt.
25 Rosenberg/Schwab/Gottwald, § 50 Rn. 5, 8; Zöller/Althammer, § 66 Rn. 4.

oder dem Gegenstand des Hauptprozesses eine Rechtsbeziehung besteht und deshalb die Entscheidung des Hauptprozesses auf die Rechtslage des Nebenintervenienten einwirkt.[26] Wer sich beispielsweise für die Erfüllung der Klageforderung verbürgt hat, hat ein rechtliches Interesse an der Klageabweisung und kann daher dem Rechtsstreit auf der Seite des Beklagten beitreten. Dasselbe gilt für denjenigen, der den Beklagten von der Klageforderung freizustellen hat, etwa aufgrund einer dahin gehenden vertraglichen Vereinbarung oder auch aufgrund einer Schadensersatzpflicht gegenüber dem Beklagten. In einem solchen Fall bietet sich die Nebenintervention prozesstaktisch an, weil der Nebenintervenient befürchten muss, dass der Beklagte sich im Vertrauen auf seinen Freistellungsanspruch gegen die Klage nur halbherzig verteidigt. Nur durch eine Nebenintervention kann der Freistellungspflichtige selbst dafür sorgen, dass der Hauptprozess sachgerecht geführt wird.

Gem. § 66 Abs. 1 ZPO muss der Rechtsstreit zwischen „anderen Personen anhängig" sein, dh wer Partei oder gesetzlicher Vertreter einer Partei ist, kann auf keiner Seite beitreten.[27] Aufgrund der Selbstständigkeit der Prozessrechtsverhältnisse gegenüber Streitgenossen können diese jedoch dem anderen beitreten.[28] Sind beispielsweise mehrere Beklagte als Gesamtschuldner verklagt, folgt aus § 426 BGB das rechtliche Interesse jedes Beklagten, den anderen Beklagten auch als Nebenintervenient beizutreten. Nur hierdurch kann beispielsweise der Erlass eines Versäumnisurteils (Rn. 38) gegen einen Gesamtschuldner verhindert werden, der sich gegen die Klage nicht verteidigt.

33

Wird eine Personengesellschaft verklagt, können ihre Gesellschafter ihr beitreten. Deren Haftung für die Klageforderung gem. oder (bei der GbR) analog § 128 HGB begründet das rechtliche Interesse iSv § 66 Abs. 1 ZPO.[29] Dies gilt auch für vertretungsberechtigte Gesellschafter.[30] Dass Vertreter einer Partei dieser nicht beitreten können, steht nicht entgegen, weil sich der Nebeninterventionsgrund nicht aus der Organ-, sondern aus der Gesellschafterstellung ergibt.[31] Die Notwendigkeit zu einer solchen Nebenintervention besteht etwa, wenn sich zerstrittene gesamtvertretungsberechtigte Gesellschafter nicht auf eine gemeinsame Verteidigung der Gesellschaft verständigen können oder einzelvertretungsberechtigte Gesellschafter sich durch ihr Widerspruchsrecht gem. §§ 711 BGB, 115 Abs. 1, 2. HS HGB gegenseitig blockieren. In einem solchen Fall droht der Gesellschaft ein Versäumnisurteil, das, wenn es rechtskräftig wird, auch Einwendungen der Gesellschafter gegen die Haftung der Gesellschaft (§ 129 HGB) präkludieren würde (Rn. 103). Um dies zu verhindern, muss allen Gesellschaftern die Möglichkeit zur Nebenintervention gegeben werden. Macht die Gesellschaft dagegen als Klägerin einen Zahlungsanspruch gegen einen Nichtgesellschafter geltend,

34

---

26 BGH NJW 2016, 1018, 1019, Tz. 13; Musielak/Voit/Weth, § 66 Rn. 5; MünchKommZPO/Schultes, § 66 Rn. 9; strenger Rosenberg/Schwab/Gottwald, § 50 Rn. 13, wonach die Rechtslage des Nebenintervenienten durch eine für die Hauptpartei ungünstige Entscheidung nachteilig beeinflusst werden muss.
27 MünchKommZPO/Schultes, § 66 Rn. 4; Musielak/Voit/Weth, § 66 Rn. 4; Zöller/Althammer, § 66 Rn. 5, 7; Rosenberg/Schwab/Gottwald, § 50 Rn. 11; Hk-ZPO/Bendtsen, § 66 Rn. 4; offengelassen von BGH NJW-RR 2015, 992, 994, Tz. 15.
28 Rosenberg/Schwab/Gottwald, § 50 Rn. 11; MünchKommZPO/Schultes, § 66 Rn. 4; Zöller/Althammer, § 66 Rn. 6.
29 BGHZ 219, 155, Tz. 11; BGHZ 62, 131, 133; Musielak/Voit/Weth, § 66 Rn. 8.
30 Zöller/Althammer, § 66 Rn. 5; Hk-ZPO/Bendtsen, § 66 Rn. 4; BeckOK-ZPO/Dressler, § 66 Rn. 5.1 a. A.: MünchKommZPO/Schultes, § 66 Rn. 4, wonach nur Gesellschafter beitreten können, die durch den Gesellschaftsvertrag von der Vertretung der Gesellschaft ausgeschlossen sind.
31 Zutreffend BeckOK-ZPO/Dressler, § 66 Rn. 5.1.

können ihr die Gesellschafter nicht beitreten, da sie in diesem Fall kein rechtliches, sondern nur ein wirtschaftliches Interesse am Prozessausgang haben.[32]

b) Verfahren

35 Der Beitritt des Nebenintervenienten erfolgt gem. § 70 Abs. 1 S. 1 ZPO durch Einreichung eines Schriftsatzes beim Prozessgericht, der den inhaltlichen Anforderungen des § 70 Abs. 1 S. 2 ZPO genügen, insbesondere den Interventionsgrund angeben muss (§ 70 Abs. 1 S. 2 Nr. 2 ZPO). Erklärt werden muss auch, auf Seiten welcher Prozesspartei die Nebenintervention erfolgen soll.[33] Gem. § 70 Abs. 1 S. 1 ZPO kann der Beitritt auch mit der Einlegung eines Rechtsmittels verbunden werden; in diesem Fall muss der Nebenintervenient für die von ihm unterstützte Partei das Rechtsmittel einlegen und in der Rechtsmittelschrift an das Rechtsmittelgericht den Beitritt erklären.

36 Gem. § 71 Abs. 3 ZPO wird der Nebenintervenient zugelassen und als solcher am Verfahren beteiligt (Rn. 38 ff.), solange die Unzulässigkeit der Nebenintervention nicht rechtskräftig ausgesprochen worden ist. Dies bedeutet, dass das Gericht insbesondere die Berechtigung des Interventionsgrundes nicht von Amts wegen prüft, sondern nur auf Antrag einer Partei.[34] Dieser ist gem. § 295 ZPO nicht mehr zulässig, wenn die Partei mit dem Nebenintervenienten rügelos mündlich verhandelt hat.[35] Erst wenn der Antrag rechtzeitig gestellt wird, hat der Nebenintervenient gem. § 71 Abs. 1 S. 2 ZPO den Interventionsgrund glaubhaft zu machen. In diesem **Zwischenstreit** stellt das Gericht dann gem. § 71 Abs. 1 S. 1 ZPO nach mündlicher Verhandlung die Zulässigkeit oder Unzulässigkeit der Nebenintervention durch **Zwischenurteil** fest. Dieses kann äußerlich mit dem Endurteil verbunden werden, wenn der Rechtsstreit bereits zur Hauptsache entscheidungsreif ist.[36] Auch im letztgenannten Fall ist gegen das Zwischenurteil nicht die Berufung, sondern gem. § 71 Abs. 2 ZPO die sofortige Beschwerde statthaft.[37]

37 Meistens erfolgt die Nebenintervention nicht aus eigenem Antrieb des Nebenintervenienten, sondern nach einer Streitverkündung (Rn. 50 ff.). In diesen Fällen darf der Streitverkünder, wenn der Streitverkündete dem Rechtsstreit auf seiner Seite beitritt, die Zurückweisung der Nebenintervention nach § 71 Abs. 1 ZPO nicht beantragen.[38]

c) Recht zur Unterstützung der Partei, § 67 ZPO

aa) Grundsatz

38 Der Nebenintervenient wird nicht Partei des Prozesses, sondern unterstützt die Partei, auf deren Seite er dem Rechtsstreit beigetreten ist. Insofern führt er also einen für ihn fremden Rechtsstreit.[39] Gem. § 67, 2. Hs. ZPO kann er zu diesem Zweck im eigenen

---

32 BGHZ 219, 155, Tz. 11.
33 Zöller/Althammer, § 70 Rn. 2; Hk-ZPO/Bendtsen, § 70 Rn. 3; MünchKommZPO/Schultes, § 70 Rn. 5.
34 BGHZ 165, 358, 362, Tz. 9; Hk-ZPO/Bendtsen, § 71 Rn. 2.
35 OLG Köln NJW-RR 2010, 1680, 1681; Rosenberg/Schwab/Gottwald, § 50 Rn. 19 aE; Zöller/Althammer, § 71 Rn. 1; MünchKommZPO/Schultes, § 71 Rn. 3 mwN.
36 BGH NJW 1982, 2070, juris-Tz. 8; Zöller/Althammer, § 71 Rn. 4; MünchKommZPO/Schultes, § 71 Rn. 9 mwN.
37 MünchKommZPO/Schultes, § 71 Rn. 10 mwN.
38 Zöller/Althammer, § 71 Rn. 1; MünchKommZPO/Schultes, § 71 Rn. 3 mwN.
39 Rosenberg/Schwab/Gottwald, § 50 Rn. 31; Musielak/Voit/Weth, § 67 Rn. 2.

Namen und kraft eigenen Rechts[40] aber für die Hauptpartei die dieser zustehenden[41] Angriffs- und Verteidigungsmittel geltend machen und alle Prozesshandlungen wirksam vornehmen. Seinen Handlungen kommt also dieselbe Wirkung bei, als wenn die Hauptpartei sie selbst vorgenommen hätte.[42] Insbesondere kann der Streithelfer danach Tatsachen vortragen oder bestreiten, materiellrechtliche Einreden (etwa die Verjährungseinrede oder ein Zurückbehaltungsrecht) erheben, Beweis antreten sowie Verfahrens- oder Sachanträge stellen.[43] Da der Nebenintervenient nicht Partei ist, kann er auch Zeuge sein[44] und sich gem. § 67, 2. Hs. ZPO sogar selbst als solchen benennen. In der mündlichen Verhandlung kann der Nebenintervenient den Klage- oder Klageabweisungsantrag stellen; geschieht dies, kann gegen die säumige Hauptpartei kein Versäumnisurteil ergehen.[45] Schließlich kann der Nebenintervenient für die von ihm unterstützte Hauptpartei auch Rechtsmittel oder Rechtsbehelfe (etwa Einspruch gegen ein Versäumnisurteil) einlegen und begründen.[46] Alle vom Nebenintervenienten vorgenommenen Prozesshandlungen behalten ihre Wirksamkeit auch, wenn die Nebenintervention später rechtskräftig gem. § 71 ZPO zurückgewiesen wird.[47]

Damit der Nebenintervenient diese Rechte ausüben kann, darf er – im Anwaltsprozess selbstverständlich unter Berücksichtigung des Anwaltszwangs, § 78 ZPO – an der mündlichen Verhandlung teilnehmen und diese durch Schriftsätze vorbereiten. Dazu muss das Gericht ihn zu mündlichen Verhandlungen laden und ihm Schriftsätze, fristsetzende oder sonstige Verfügungen, Beschlüsse (insbesondere Hinweis- oder Beweisbeschlüsse) und zu gegebener Zeit auch das Urteil formlos mitteilen. Unterbleibt dies, wird der Nebenintervenient in seinem eigenen Recht auf rechtliches Gehör (Art. 103 Abs. 1 GG) verletzt.[48]

bb) Schranken

Alle vorstehend beschriebenen Rechte des Nebenintervenienten unterliegen folgenden **Beschränkungen:**

Zunächst dürfen gem. § 67, 2. Hs. ZPO die Handlungen und Erklärungen des Nebenintervenienten nicht im **Widerspruch** zu denjenigen der von ihm unterstützten Partei stehen. Der Widerspruch muss nicht ausdrücklich erklärt werden, wenn er sich schlüssig aus dem Gesamtverhalten der Hauptpartei zweifelsfrei ergibt. Die bloße Untätigkeit der Hauptpartei kann aber nicht als Widerspruch gewertet werden. Wird ein solcher nicht eindeutig erklärt, ist im Zweifel von der Wirksamkeit der Prozesshandlung des Nebenintervenienten auszugehen.[49] Widerspricht die Hauptpartei aber, ist die

---

40 Musielak/Voit/Weth, § 67 Rn. 2; MünchKommZPO/Schultes, § 67 Rn. 2.
41 Insofern macht der Nebenintervenient also fremde Rechte geltend, vgl. MünchKommZPO/Schultes § 67 Rn. 5.
42 Rosenberg/Schwab/Gottwald, § 50 Rn. 32. Daraus folgt auch, dass für die prozessuale Beachtlichkeit der Prozesshandlungen des Nebenintervenienten dieselben Regeln gelten wie für solche der von ihm unterstützten Partei; darf letztere etwa mit Nichtwissen bestreiten (§ 138 Abs. 4 ZPO, dazu nachfolgend Rn. 339 ff.), gilt dies auch für den Nebenintervenienten (BGH NJW 2021, 1957, Tz. 24 f.).
43 Hk-ZPO/Bendtsen, § 67 Rn. 7; Zöller/Althammer, § 67 Rn. 3; MünchKommZPO/Schultes, § 67 Rn. 5.
44 Zöller/Althammer, § 67 Rn. 1; MünchKommZPO/Schultes, § 67 Rn. 3; Rosenberg/Schwab/Gottwald, § 50 Rn. 31; MünchKommZPO/Damrau/Weinland, § 373 Rn. 17.
45 BGH NJW 1994, 2022, 2023, juris-Tz. 7; BGH NJW 2010, 3522, Tz. 9; Zöller/Althammer, § 67 Rn. 3; Rosenberg/Schwab/Gottwald, § 50 Rn. 33.
46 BGH NJW-RR 2020, 942, Tz. 10 f.; Zöller/Althammer, § 67 Rn. 5; Hk-ZPO/Bendtsen, § 67 Rn. 9.
47 BGH NJW-RR 2020, 942, Tz. 11 mwN; zu § 71 ZPO vgl. vorstehend Rn. 36.
48 Vgl. zum Ganzen Musielak/Voit/Weth, § 67 Rn. 3.
49 Vgl. zum Ganzen: BGH WuM 2016, 688, 691, Tz. 27; BGHZ 165, 358, 361; Musielak/Voit/Weth, § 67 Rn. 9.

Handlung oder Erklärung des Nebenintervenienten grds. unwirksam bzw. prozessual unbeachtlich, dh vom Gericht nicht zu berücksichtigen;[50] im Falle eines Rechtsmittels ist dieses unzulässig.[51]

42 Gem. § 67, 2. Hs. ZPO kann der Nebenintervenient ausschließlich Angriffs- und Verteidigungsmittel geltend machen und Prozesshandlungen vornehmen, mangels Vertretungsmacht aber keine materiellrechtlichen Rechtsgeschäfte.[52] So kann er insbesondere keinen Prozessvergleich für die Partei abschließen,[53] sich selbstverständlich aber an einem von den Parteien abgeschlossenen Vergleich beteiligen. Auch kann der Nebenintervenient für die Partei keine Gestaltungsrechte ausüben wie etwa ein Kündigungs-, Rücktritts-, Aufrechnungs- oder Anfechtungsrecht;[54] er kann, wenn ein entsprechender Sachverhalt vorliegt, lediglich vortragen, dass die Hauptpartei ein solches Recht wirksam ausgeübt habe.[55] Auch kann der Nebenintervenient nicht über den Streitgegenstand als solchen verfügen, etwa die Klage erweitern, zurücknehmen, ändern, für erledigt erklären, ein Klageanerkenntnis (§ 307 ZPO) abgeben oder Widerklage erheben.[56]

43 Gem. § 67, 1. Hs. ZPO muss der Nebenintervenient den Rechtsstreit schließlich in der Lage annehmen, in der er sich zur Zeit seines Beitritts befindet. Daraus folgt etwa, dass für alle Fragen der Verspätung (§§ 296, 296a ZPO) oder der sonstigen Präklusion (etwa nach § 531 Abs. 2 ZPO) nicht auf den Nebenintervenienten, sondern auf die Hauptpartei abzustellen ist; wenn letztere mit Angriffs- oder Verteidigungsmitteln ausgeschlossen ist, muss dies auch der Nebenintervenient hinnehmen.[57]

d) Nebeninterventionswirkung, § 68 ZPO

44 Nicht selten wird die zwischen dem Nebenintervenienten und der von ihm unterstützten Partei bestehende Rechtsbeziehung, aus der sich der Interventionsgrund ergibt, nach Abschluss des Hauptprozesses zum Gegenstand eines Folgeprozesses. Ist beispielsweise der Nebenintervenient verpflichtet, den Beklagten von der Klageforderung freizustellen, und deshalb dem Rechtsstreit zur Abwehr der Klageforderung (und letztendlich der eigenen Freistellungspflicht) auf Seiten des Beklagten beigetreten, wird letzterer im Falle seiner Verurteilung von dem Nebenintervenienten Freistellung oder, wenn er inzwischen gezwungenermaßen an den Kläger gezahlt hat, die Erstattung dieser Zahlung verlangen.[58] Kommt jetzt der Nebenintervenient dieser Verpflichtung

---

50 Rosenberg/Schwab/Gottwald, § 50 Rn. 44; Musielak/Voit/Weth, § 67 Rn. 7; MünchKommZPO/Schultes, § 67 Rn. 8.
51 Rosenberg/Schwab/Gottwald, § 50 Rn. 42.
52 Rosenberg/Schwab/Gottwald, § 50 Rn. 34; Musielak/Voit/Weth, § 67 Rn. 5; MünchKommZPO/Schultes, § 67 Rn. 15.
53 Musielak/Voit/Weth, § 67 Rn. 5; MünchKommZPO/Schultes, § 67 Rn. 15.
54 Rosenberg/Schwab/Gottwald, § 50 Rn. 34; MünchKommZPO/Schultes, § 67 Rn. 15; Musielak/Voit/Weth, § 67 Rn. 5.
55 MünchKommZPO/Schultes, § 67 Rn. 5; Musielak/Voit/Weth, § 67 Rn. 6.
56 Rosenberg/Schwab/Gottwald, § 50 Rn. 39; MünchKommZPO/Schultes, § 67 Rn. 16; Musielak/Voit/Weth, § 67 Rn. 8; *andere* wollen weitergehend auch solche Prozesshandlungen – in unterschiedlichem Umfang – zulassen, wenn die Hauptpartei nicht widerspricht: Zöller/Althammer, § 67 Rn. 9a; Hk-ZPO/Bendtsen, § 67 Rn. 12.
57 BGH NJW 1990, 190, juris-Tz. 10; BGH NJW-RR 2012, 1042, Tz. 5; Zöller/Althammer, § 67 Rn. 4; Hk-ZPO/Bendtsen, § 67 Rn. 11; Rosenberg/Schwab/Gottwald, § 50 Rn. 38; Musielak/Voit/Weth, § 67 Rn. 6.
58 Die Voraussetzungen dieses Zahlungsanspruches sind vom Rechtsgrund des Freistellungsanspruchs und der danach maßgeblichen Anspruchsgrundlage abhängig: Bei vertraglichen Befreiungsansprüchen sind §§ 280, 281 BGB einschlägig, so dass Zahlung nur nach erfolgloser Aufforderung zur Freistellung unter

nicht nach oder bestreitet er diese, muss der Beklagte seine Rechte in einem Folgeprozess geltend machen, in dem er dann Kläger und der vormalige Nebenintervenient nunmehr Beklagter ist. In diesem Rechtsstreit wird der vormalige Nebenintervenient gem. § 68, 1. Hs. ZPO nicht mit der Behauptung gehört, dass der Vorprozess unrichtig entschieden worden sei. Anders formuliert muss der Nebenintervenient das im Vorprozess ergangene Urteil also gegen sich gelten lassen. Im Beispielsfall etwa kann der Nebenintervenient des Vorprozesses die in diesem ausgeurteilte Verpflichtung des dortigen Beklagten im Folgeprozess also nicht mehr bestreiten, sondern lediglich die eigene Freistellungspflicht in Abrede stellen. Diese Nebeninterventionswirkung tritt allerdings nur ein, wenn im Vorprozess über die Begründetheit der dortigen Klage entschieden und dieses **Sachurteil** rechtskräftig wird.[59] Daran fehlt es, wenn im Vorprozess die Klage aus prozessualen Gründen – etwa als unzulässig – abgewiesen wird (**Prozessurteil**) oder dieser ohne Urteil endet, zB durch Vergleich. Im letztgenannten Fall ist eine rechtsverbindliche Regelung gegenüber dem Nebenintervenienten daher nur möglich, wenn dieser an dem Vergleich beteiligt wird.

In subjektiver Hinsicht wirkt § 68, 1. Hs. ZPO nur zwischen dem Nebenintervenienten und der von ihm unterstützten Partei, nicht der Gegenpartei, und im Übrigen auch niemals zugunsten, sondern immer nur zuungusten des Nebenintervenienten.[60] Allerdings ist die Nebeninterventionswirkung nicht teilbar, so dass die im Vorprozess unterstützte Partei sich nicht im Sinne einer „Rosinentheorie" darauf beschränken darf, nur die für sie günstigen Elemente des dortigen Urteils dem Nebenintervenienten entgegenzuhalten, sondern auch dessen für letzteren günstige Teile gegen sich gelten lassen muss.[61] In objektiver Hinsicht geht die Nebeninterventionswirkung sogar über den Umfang der Rechtskraft hinaus: Während letztere sich nämlich auf die aus dem Tenor ersichtliche Entscheidung über den prozessualen Anspruch beschränkt (Rn. 267), umfasst die Nebeninterventionswirkung auch alle für die Entscheidung erheblichen **Tatsachenfeststellungen und rechtlichen Beurteilungen** („Entscheidungselemente"); nicht bindend bleiben damit nur solche Ausführungen, auf denen das Urteil nicht beruht, die also nicht entscheidungstragend sind (sog „überschießende Feststellungen" oder obiter dicta).[62] Ergeht im Vorprozess eine Beweislastentscheidung, weil ein entscheidungserheblicher Sachverhalt nicht aufgeklärt werden kann (non liquet, dazu Rn. 159), entfaltet auch diese Bindungswirkung nach § 68, 1. Hs. ZPO, so dass dem vormaligen Nebenintervenienten, wenn er im Folgeprozess beweispflichtig ist, der ihm obliegende Nachweis abgeschnitten ist; ist dagegen nicht er, sondern der Gegner im Folgeprozess beweispflichtig, muss letzterer auch in diesem Rechtsstreit das Risiko der Unaufklärbarkeit

45

Fristsetzung verlangt werden kann (BGH NJW 1983, 1729, 1730; juris-Tz. 12; BGH NJW 2002, 2382, juris-Tz. 7). Kann demgegenüber die Freistellung als Schadensersatz (vgl. dazu auch Rn. 280) oder aufgrund eines Aufwendungsersatzanspruchs (§ 257 BGB) verlangt werden, wird nach erfolgter Zahlung ohne Weiteres auch deren Erstattung geschuldet, weil dann der auszugleichende Schaden bzw. die ersetzende Aufwendung nicht mehr nur in der Begründung der Verbindlichkeit, sondern in deren Erfüllung besteht (MünchKommBGB/Krüger, § 257 Rn. 5). Vgl. zum Ganzen auch Görmer JuS 2009, 7, 9.

59 Hk-ZPO/Bendtsen, § 68 Rn. 4; Zöller/Althammer, § 68 Rn. 4.
60 BGH NJW 1997, 2385, 2386, juris-Tz. 18; BGHZ 221, 363, Tz. 28; Hk-ZPO/Bendtsen, § 68 Rn. 9; Zöller/Althammer, § 68 Rn. 6, beide mwN; *anders* dagegen Rosenberg/Schwab/Gottwald, § 50 Rn. 56 sowie Stein/Jonas/Jacoby, § 68 Rn. 20 ff., die Interventionswirkung auch zugunsten des Nebenintervenienten annehmen.
61 BGHZ 221, 363, Tz. 28 f.
62 BGH NJW 2004, 1521 f., juris-Tz. 17; BGHZ 221, 363, Tz. 27; Hk-ZPO/Bendtsen, § 68 Rn. 6 f.; Zöller/Althammer, § 68 Rn. 9 f.; Rosenberg/Schwab/Gottwald, § 50 Rn. 58 f., 63.

tragen, da ein non liquet im Vorprozess natürlich keine bindende Feststellung des vom Gegner behaupteten Sachverhaltes beinhaltet.⁶³

46 Solange die Nebenintervention nicht nach § 71 ZPO zurückgewiesen wird, tritt die Nebeninterventionswirkung auch ein, wenn kein Interventionsgrund iSv § 66 ZPO vorlag oder die Formalia der Nebenintervention nach § 70 ZPO nicht eingehalten wurden.⁶⁴

47 Durch den Einwand, die von ihm unterstützte Partei habe den Vorprozess mangelhaft geführt und dadurch ein unzutreffendes Urteil verschuldet, kann sich der Nebenintervenient der Nebeninterventionswirkung nur ausnahmsweise entziehen. Beachtlich ist dieser Einwand gem. § 68, 2. Hs. ZPO zunächst, wenn und soweit der Nebenintervenient durch § 67 ZPO gehindert war, auf den Vorprozess Einfluss zu nehmen. Dies ist der Fall, wenn die Darstellung des Nebenintervenienten im Vorprozess im Widerspruch zum Vortrag der unterstützten Partei gestanden hätte (§ 67, 2. Hs. ZPO) oder aufgrund der Lage des Vorprozesses zum Zeitpunkt des Beitritts dort nicht mehr berücksichtigt werden konnte (§ 67, 1. Hs. ZPO). Nicht präkludiert sind gem. § 68, 2. Hs. ZPO ferner solche Angriffs- und Verteidigungsmittel, die dem Nebenintervenienten im Vorprozess unbekannt waren und von der unterstützten Partei dort absichtlich oder grob fahrlässig nicht geltend gemacht wurden.

e) Sonderfall: streitgenössische Nebenintervention

48 Die Bedeutung der – seltenen – streitgenössischen Nebenintervention lässt sich anhand eines Beispiels (aus der anwaltlichen Praxis des Verfassers) verdeutlichen: Eine GmbH hatte zwei paritätisch beteiligte Gesellschafter, die Geschwister waren. Einzelvertretungsberechtigte Geschäftsführer waren nur die Schwester und ihr Ehemann. Als es zum Streit zwischen den Geschwistern kam, beantragte die Schwester in einer Gesellschafterversammlung, den Geschäftsanteil ihres Bruders gem. § 34 GmbHG zwangsweise einzuziehen, wodurch letzterer aus der Gesellschaft ausscheiden sollte. Die Schwester stimmte für diesen Antrag, der Bruder enthielt sich, weil er einem Stimmverbot unterlag (§ 47 Abs. 4 GmbHG). Der Bruder war als ältester Gesellschafter nach dem Gesellschaftsvertrag allerdings Versammlungsleiter und stellte in dieser Eigenschaft fest, dass die Zwangseinziehung nicht wirksam beschlossen worden sei, weil der hierzu erforderliche wichtige Grund fehle. Hiergegen erhob die Schwester Klage,⁶⁵ die richtigerweise gegen die GmbH, vertreten durch deren Geschäftsführer – also den Ehemann der Klägerin – gerichtet wurde. Letzterer mandatierte für die GmbH einen Rechtsanwalt und ließ über diesen dem Gericht mitteilen, er sei „nach eingehender Prüfung" zu der Überzeugung gelangt, dass die Klage begründet sei, daher erkenne er diese an und bitte um Erlass eines Anerkenntnisurteils nach § 307 ZPO. Der Klageabweisungsantrag des Bruders, der dem Rechtsstreit auf Seiten der Beklagten beigetreten war, sei gem. § 67, 2. Hs. ZPO unbeachtlich, da er dem Anerkenntnis der GmbH widerspreche. Die Schwester und ihr Ehemann wollten also eine rechtskräftige gerichtliche Feststellung der Einziehung des Geschäftsanteils des Bruders herbeiführen,

---

63 BGHZ 85, 252, 256 ff.; Hk-ZPO/Bendtsen, § 68 Rn. 8; Zöller/Althammer, § 68 Rn. 10.
64 Zöller/Althammer, § 68 Rn. 3; Rosenberg/Schwab/Gottwald, § 50 Rn. 54.
65 Mit der Klage wurde beantragt, den vom Versammlungsleiter festgestellten Beschluss für nichtig zu erklären (Anfechtungsklage), und festzustellen, dass ein Einziehungsbeschluss zustande gekommen ist (positive Beschlussfeststellungsklage). Diese speziell gesellschaftsrechtlichen Klageformen bedürfen an dieser Stelle aber keiner Vertiefung (weiterführend etwa Saenger/Aderhold/Lenkaitis/Speckmann/Schmitz-Herscheidt, § 6 Rn. 293 f.).

ohne dass das Gericht das Vorliegen der materiellen Einziehungsvoraussetzungen, nämlich des dazu erforderlichen wichtigen Grundes, überprüfen sollte. Denn ein Anerkenntnisurteil ergeht gem. § 307 ZPO, ohne dass das Gericht die Begründetheit der Klage prüft.[66] Die Rechtskraft dieses Urteils hätte analog §§ 248, 249 AktG auch gegenüber dem Bruder gewirkt (Rn. 27). Er sollte also im Ergebnis rechtlos gestellt werden. Dass diese Taktik nicht aufgehen konnte, liegt auf der Hand.

Prozessual folgt dies daraus, dass hier seitens des Bruders keine gewöhnliche, sondern eine streitgenössische Nebenintervention erfolgt war. Eine solche liegt gem. § 69 ZPO vor, wenn die Rechtskraft der gerichtlichen Entscheidung nicht nur – wie im Regelfall, Rn. 268 – zwischen den Parteien des Rechtsstreites (inter partes) wirkt, sondern auch zwischen dem Nebenintervenienten und dem Gegner der von ihm unterstützten Partei.[67] Da das einer aktien- oder GmbH-rechtlichen Beschlussmängelklage stattgebende Urteil gem. bzw. analog §§ 248, 249 AktG Rechtskraft gegenüber allen Gesellschaftern entfaltet, ist derjenige Gesellschafter, der einem solchen Rechtsstreit beitritt, somit streitgenössischer Nebenintervenient.[68] Auch ein solcher wird nicht Partei, gilt aber gem. § 69 ZPO als Streitgenosse, dh er ist Nebenintervenient mit bestimmten Befugnissen eines Streitgenossen, und zwar trotz der Verweisung des § 69 ZPO auf § 61 ZPO eines notwendigen Streitgenossen, da die Voraussetzungen des § 69 ZPO denjenigen der notwendigen Streitgenossenschaft (§ 62 ZPO) entsprechen.[69] Deshalb wirken die Handlungen des streitgenössischen Nebenintervenienten wie Parteihandlungen.[70] Insbesondere kann er auch gegen den Widerspruch der von ihm unterstützten Partei Angriffs- und Verteidigungsmittel vorbringen oder Prozesshandlungen vornehmen, während umgekehrt gegen seinen Widerspruch kein Anerkenntnisurteil ergehen darf.[71] Außerdem kann er, da er gem. § 69 ZPO als Streitgenosse gilt, nicht als Zeuge, sondern nur als Partei vernommen werden.[72] Das Urteil entfaltet ihm gegenüber sowohl Rechtskraft- als auch Nebeninterventionswirkung.[73]

2. Streitverkündung

a) Taktische Ziele der Streitverkündung

Der Zweck der Streitverkündung sei anhand von zwei Beispielsfällen erläutert: A klagt gegen B auf Kaufpreiszahlung gem. § 433 Abs. 2 BGB (Erstprozess). B hat den Kaufvertrag nicht selbst abgeschlossen, sondern wurde hierbei von C vertreten (§§ 164, 167 BGB). B wendet ein, er habe C keine Vollmacht erteilt und genehmige den Kaufvertrag auch nicht, deshalb sei dieser unwirksam (§ 177 Abs. 1 BGB). Folgt

---

66 Vgl. nur Hk-ZPO/Saenger, § 307 Rn. 9.
67 Eine Rechtskrafterstreckung auf das Rechtsverhältnis zwischen dem Nebenintervenienten und der von ihm unterstützten Partei genügt nach dem Wortlaut des § 69 ZPO und der hM (BGHZ 150, 187, 191; MünchKommZPO/Schultes, § 69 Rn. 4; Zöller/Althammer, § 69 Rn. 2 mwN, auch zur Gegenmeinung) also nicht.
68 BGH NJW 2008, 1889, Tz. 8 mwN.
69 Zutreffend MünchKommZPO/Schultes, § 69 Rn. 11; Rosenberg/Schwab/Gottwald, § 50 Rn. 69, 71; einschränkend Zöller/Althammer, § 69 Rn. 5, der die Stellung eines notwendigen Streitgenossen nur „regelmäßig" für gegeben erachtet.
70 Rosenberg/Schwab/Gottwald, § 50 Rn. 71.
71 BGH NJW 2008, 1889, Tz. 8; Zöller/Althammer, § 69 Rn. 6; Hk-ZPO/Bendtsen, § 69 Rn. 7; Rosenberg/Schwab/Gottwald, § 50 Rn. 71.
72 Zöller/Althammer, § 69 Rn. 6; Hk-ZPO/Bendtsen, § 69 Rn. 7; MünchKommZPO/Schultes, § 69 Rn. 15 aE; MünchKommZPO/Damrau/Weinland, § 373 Rn. 17 aE.
73 Hk-ZPO/Bendtsen, § 69 Rn. 9; Zöller/Althammer, § 69 Rn. 8; MünchKommZPO/Schultes, § 69 Rn. 16.

das Gericht dieser Argumentation und weist dementsprechend die Klage ab, wird A in einem weiteren Prozess (Folgeprozess) seine Rechte aus § 179 Abs. 1 BGB geltend machen. Da die Rechtskraft des im Erstprozess ergangenen Urteils nur zwischen A und B als Parteien dieses Rechtsstreits wirkt (inter partes, Rn. 268), ist C hierdurch nicht gehindert, im Folgeprozess einzuwenden, dass er entgegen der Annahme des Erstgerichts sehr wohl von B bevollmächtigt worden sei und deshalb nicht als falsus procurator iSv § 179 Abs. 1 BGB gehandelt habe. Aus demselben Grund ist auch das Gericht des Folgeprozesses, für den ein anderes Gericht, jedenfalls aber andere Richter zuständig sein können, durch das rechtskräftige Urteil des Erstgerichtes nicht gehindert, aus tatsächlichen oder rechtlichen Erwägungen abweichend von diesem zu urteilen, die gegen C gerichtete Klage also mit der Begründung abzuweisen, C sei von B bevollmächtigt worden. A riskiert also, durch unterschiedliche Beurteilungen der hiermit befassten Gerichte beide Prozesse zu verlieren, obwohl er objektiv in einem Verfahren obsiegen müsste.[74] Außerdem läuft er Gefahr, dass nach Abschluss des Rechtsstreites gegen B die Ansprüche gegen C aus § 179 Abs. 1 BGB bereits verjährt sind (§§ 195, 199 BGB).

51 Ähnliche Probleme stellen sich, wenn A klageweise die Rechte aus einem privatschriftlich abgeschlossenen Vertrag geltend macht und der Beklagte B einwendet, der Vertrag habe der notariellen Beurkundung bedurft und sei daher formnichtig. Folgt das Gericht dieser Beurteilung und weist die Klage ab, wird A, wenn er bei Abschluss des Vertrages anwaltlich beraten worden ist, von seinem Rechtsanwalt Schadensersatz nach § 280 BGB verlangen wollen, weil dieser auf das Formerfordernis nicht hingewiesen hat. Auch hier besteht das Risiko, dass das für den Folgeprozess zuständige Gericht abweichend entscheidet und die Regressklage mit der Begründung abweist, der Vertrag sei entgegen der Annahme des Erstgerichts nicht formbedürftig gewesen, deshalb habe der Anwalt des A seine Pflicht nicht verletzt. Außerdem kann bei Abschluss des Erstprozesses der Schadensersatzanspruch gegen den Rechtsanwalt bereits verjährt sein.[75]

52 Zur Vermeidung dieser Risiken bietet sich an, dem möglichen Gegner des Folgeprozesses schon im Erstprozess den Streit zu verkünden (§§ 72 ff. ZPO). Denn hierdurch wird gem. § 204 Abs. 1 Nr. 6 BGB zunächst die Verjährung gehemmt und damit verhindert, dass während des Erstprozesses mögliche Regressansprüche, die der Partei im Unterliegensfall zustehen, verjähren. Außerdem begründet die Streitverkündung gegenüber dem Streitverkündeten die Nebeninterventionswirkung (§ 74 ZPO iVm § 68 ZPO), dh das im Erstprozess ergehende Urteil wird für den Folgeprozess nach Maßgabe von § 68 ZPO verbindlich (Rn. 44 ff.). Die Möglichkeit divergierender gerichtlicher Entscheidung wird damit weitgehend vermieden. Es verbleibt allerdings das Risiko eines non liquet, wenn der Streitverkünder sowohl im Erst- als auch im Folgeprozess beweispflichtig ist (Rn. 45). Außerdem bleibt dem Streitverkündeten die Möglichkeit, sich auf mangelhafte Prozessführung im Erstprozess zu berufen und dadurch die Ne-

---

74 Vgl. BGHZ 179, 361, Tz. 29; Rosenberg/Schwab/Gottwald, § 51 Rn. 1.
75 Dieses Risiko ist hier allerdings gering, da für den Beginn der Verjährung von Anwaltshaftungsansprüchen nach § 199 Abs. 1 Nr. 2 BGB die bloße Tatsachenkenntnis nicht ausreicht, sondern der Mandant wissen oder zumindest auch als juristischer Laie erkennen können muss, dass der Rechtsanwalt seine Pflichten verletzt hat, also vom gebotenen juristischen Standard abgewichen ist, vgl. BGHZ 200, 172, Tz. 15.; BGH NJW 2014, 1800, 1801, Tz. 8; BGH NJW 2021, 1957, Tz. 27; ebenso BGH ZIP 2022, 2547, Tz. 17 für alle Schadensersatzansprüche, bei denen haftungsbegründender Fehler (im entschiedenen Fall eines Anlageberaters) eine falsche Rechtsanwendung ist.

beninterventionswirkung zu durchbrechen, wenn die Voraussetzungen des § 68, 2. Hs. ZPO erfüllt sind.

Aufgrund der dargestellten Vorteile ist eine Streitverkündung, wenn deren Voraussetzungen erfüllt sind und diese in einem Folgeprozess die Rechtsstellung des Mandanten verbessert,[76] nicht nur prozesstaktisch geboten, sondern der Anwalt verletzt auch seine Pflichten und macht sich damit uU gem. § 280 BGB schadensersatzpflichtig, wenn er seinem Mandanten die Streitverkündung nicht rechtzeitig empfiehlt.[77]

In der Praxis ist vereinzelt bei Rechtsanwälten die (Fehl-)Vorstellung anzutreffen, eine Streitverkündung könne prozesstaktisch auch dazu genutzt werden, den Streitverkündeten als Zeugen auszuschließen. Dies trifft nicht zu. Tritt der Streitverkündete dem Rechtsstreit nicht bei, ist er an diesem nicht beteiligt und damit selbstverständlich – bei entsprechendem Beweisantritt – Zeuge.[78] Im Falle des Beitritts ist er gem. § 74 Abs. 1 ZPO Nebenintervenient (dazu sogleich) und kommt, wenn nicht gerade der seltene Fall einer streitgenössischen Nebenintervention vorliegt, auch in dieser Funktion als Zeuge in Betracht (Rn. 38). Das taktische Ziel, potenzielle gegnerische Zeugen auszuschließen bzw. „herauszuschießen", lässt sich daher nur erreichen, indem diese verklagt und damit Partei werden (Rn. 101).

b) Voraussetzungen und Verfahren der Streitverkündung

Die Streitverkündung ist gem. § 72 Abs. 1 ZPO zulässig, wenn eine Partei glaubt, im Falle ihres Unterliegens im Rechtsstreit (dh im Erstprozess) einen Anspruch gegen einen Dritten zu haben oder in diesem Fall dem Anspruch eines Dritten ausgesetzt zu sein. Sind diese Voraussetzungen – wie etwa in den vorstehenden Beispielsfällen – erfüllt, kann die Partei dem Dritten den Streit verkünden. Dies ist über den Wortlaut des § 72 Abs. 1 ZPO hinaus auch zulässig, wenn der Anspruchsgegner nicht sicher feststeht, beispielsweise wenn ein Bauherr nicht weiß, welcher Handwerker für einen Mangel an seinem Bauwerk verantwortlich ist und diese sich – nicht untypisch – wechselseitig die Verantwortung geben; hier kann im Rechtsstreit gegen den einen Handwerker dem anderen der Streit verkündet werden, allerdings nur, wenn die Ansprüche sich gegenseitig ausschließen (Alternativverhältnis).[79] Nicht zulässig ist die Streitverkündung dagegen, soweit nur eine gesamtschuldnerische Haftung in Betracht kommt,[80] da dann der Streitverkündete dem Streitverkünder im Falle seines Obsiegens im Erstprozess neben dem dortigen Beklagten haften würde. Zulässig ist die Streitverkündung gem. § 72 Abs. 1 ZPO aber ausdrücklich nur, wenn der Streitverkünder „für den Fall des ihm ungünstigen Ausgangs des Rechtsstreits", also im Unterliegensfall einen Anspruch gegen den Streitverkündeten zu haben meint.[81]

Die Streitverkündung erfolgt gem. § 73 ZPO, indem die Partei (Streitverkünder) beim Gericht einen Schriftsatz (Streitverkündungsschrift) einreicht und das Gericht diesen dem Streitverkündeten zustellt. In der Streitverkündungsschrift sind gem. § 73 S. 1 ZPO der Grund der Streitverkündung (also weshalb der Streitverkünder glaubt, im

---

[76] Daran fehlt es, wenn ein non liquet droht, der Mandant aber in beiden Prozessen beweispflichtig ist, BGH NJW 2010, 3576, Tz. 13.
[77] BGH NJW 2010, 3576, Tz. 13.
[78] MünchKommZPO/Damrau/Weinland, § 373 Rn. 17 aE.
[79] BGHZ 204, 12, Tz. 15; allgemein Rosenberg/Schwab/Gottwald, § 51 Rn. 16 f.; Zöller/Althammer, § 72 Rn. 5, 8.
[80] BGHZ 204, 12, Tz. 15.
[81] Hk-ZPO/Bendtsen, § 72 Rn. 7; Zöller/Althammer, § 72 Rn. 4.

Unterliegensfall Ansprüche gegen den Streitverkündeten zu haben oder dessen Ansprüchen ausgesetzt zu sein) und die Lage des Rechtsstreits anzugeben.

57 Möglich ist auch, dass beide Parteien unter den Voraussetzungen des § 72 Abs. 1 ZPO demselben Dritten den Streit verkünden, beitreten kann dieser dann selbstverständlich aber nur auf Seiten einer Partei.[82]

c) Mögliche Reaktionen des Streitverkündeten und taktische Erwägungen

58 Der Streitverkündete kann dem Rechtsstreit in der Form des § 70 ZPO beitreten, und zwar nicht nur auf der Seite des Streitverkünders, sondern auch auf derjenigen der gegnerischen Partei.[83] In beiden Fällen ist ein Interventionsgrund iSv § 66 ZPO erforderlich,[84] dessen Vorliegen allerdings – wie in allen Fällen der Nebenintervention, Rn. 36) – nur auf Antrag einer Partei nach § 71 ZPO überprüft wird.[85] Solange ein solcher nicht gestellt und die Nebenintervention nicht durch Zwischenurteil zurückgewiesen wird, ist der Streitverkündete nach seinem Beitritt gem. § 74 Abs. 1 ZPO Nebenintervenient der Partei, auf deren Seite er dem Rechtsstreit beigetreten ist. Für ihn gelten dann uneingeschränkt die Bestimmungen der Nebenintervention, dh er hat die Rechte aus § 67 ZPO und muss das Urteil im Verhältnis zu der von ihm unterstützten Partei nach Maßgabe von § 68 ZPO gegen sich gelten lassen (Rn. 38 ff.). Dies gilt auch unabhängig davon, ob die Streitverkündung nach § 72 Abs. 1 ZPO zulässig war und den Formanforderungen des § 73 ZPO genügte.[86]

59 Tritt der Streitverkündete dem Rechtsstreit nicht bei, wird dieser gem. § 74 Abs. 2 ZPO ohne ihn fortgesetzt, dh er wird hieran in keiner Weise beteiligt. Auch in diesem Fall und ebenso, wenn der Streitverkündete dem Rechtsstreit auf der Seite des Gegners des Streitverkünders beitritt,[87] tritt aber im Verhältnis zwischen Streitverkünder und Streitverkündetem gem. §§ 74 Abs. 3, 68 ZPO die Nebeninterventionswirkung ein. Dies gilt allerdings nur, wenn die Streitverkündung nach § 72 ZPO zulässig war und ordnungsgemäß nach § 73 ZPO erfolgt ist; ob diese Voraussetzungen erfüllt sind, wird erst im Folgeprozess gegen den Streitverkündeten geprüft.[88] Hierbei ist die Aufmerksamkeit des Rechtsanwaltes des (ehemaligen) Streitverkündeten gefragt. Macht dieser Mängel der Streitverkündungsschrift nach § 73 ZPO nämlich im Folgeprozess nicht bis zur ersten mündlichen Verhandlung geltend, sind sie gem. § 295 ZPO geheilt.[89]

60 Angesichts der Vielzahl der vorstehend aufgezeigten Handlungsoptionen müssen nach Zustellung einer Streitverkündungsschrift der Streitverkündete und sein Rechtsanwalt

---

82 Hk-ZPO/Bendtsen, § 72 Rn. 13; Zöller/Althammer, § 72 Rn. 11.
83 Zöller/Althammer, § 74 Rn. 1.
84 Im Falle des Beitritts auf Seiten des Streitverkünders ergibt sich der Interventionsgrund noch nicht aus der Streitverkündung als solcher (BGH NJW-RR 2011, 907, Tz. 12; a. A.: MünchKommZPO/Schultes, § 74 Rn. 3), im Falle ihrer Zulässigkeit wohl aber aus der dem Streitverkündeten damit drohenden Interventionswirkung, Zöller/Althammer, § 66 Rn. 8.
85 Rosenberg/Schwab/Gottwald, § 51 Rn. 25; MünchKommZPO/Schultes, § 74 Rn. 3; der Streitverkünder kann diesen Antrag nicht stellen, wenn der Streitverkündete dem Rechtsstreit auf seiner Seite beitritt, vgl. dazu bereits Rn. 37.
86 Rosenberg/Schwab/Gottwald, § 51 Rn. 26; MünchKommZPO/Schultes, § 72 Rn. 17.
87 BGH NJW 2004, 1521, 1522, juris-Tz. 17; Hk-ZPO/Bendtsen, § 74 Rn. 4; Rosenberg/Schwab/Gottwald, § 51 Rn. 28.
88 Rosenberg/Schwab/Gottwald, § 51 Rn. 28; Hk-ZPO/Bendtsen, § 74 Rn. 4; MünchKommZPO/Schultes, § 74 Rn. 8.
89 BGH NJW 1976, 292, 293, juris-Tz. 9 ff.; Rosenberg/Schwab/Gottwald, § 51 Rn. 28; MünchKommZPO/Schultes, § 73 Rn. 4.

sorgfältig abwägen, welche Vorgehensweise unter prozesstaktischen Gesichtspunkten die sinnvollste ist. Dem Rechtsstreit nicht beizutreten, kann nur empfohlen werden, wenn die Streitverkündung aus materiellen (§ 72 Abs. 1 ZPO) oder formellen Gründen (§ 73 ZPO) nicht wirksam ist und daher eine Nebeninterventionswirkung nicht zu erwarten ist; dann wäre es uU kontraproduktiv, eine solche durch Beitritt nach § 68 ZPO herbeizuführen. Ist die Streitverkündung aber wirksam und damit die Nebeninterventionswirkung wegen § 74 Abs. 3 ZPO unvermeidbar, sollte, wenn der Mandant nicht partout das damit verbundene Kostenrisiko scheut, der Rechtsanwalt stets zur Nebenintervention raten, um auf den Fortgang des Rechtsstreites nach § 67 ZPO Einfluss nehmen zu können und eine für den Streitverkündeten nachteilige gerichtliche Entscheidung möglichst zu vermeiden.[90]

Es stellt sich dann noch die Frage, auf welcher Seite der Streitverkündete beitreten soll. Dafür sollte vorrangiges Entscheidungskriterium sein, durch Unterstützung welcher Partei das für ihn günstigste Ergebnis herbeigeführt werden kann, insbesondere mögliche Ansprüche gegen den Streitverkündeten am besten abgewehrt bzw. „im Keim erstickt" werden können. Daneben darf ein weiteres, wenn auch nachrangiges Kriterium nicht unberücksichtigt bleiben, nämlich das Kosteninteresse des Streitverkündeten: Dieser muss sich im Falle seines Beitritts im Anwaltsprozess anwaltlich vertreten lassen (§ 78 ZPO), wodurch ihm naturgemäß Kosten entstehen.[91] Diese sind ihm gemäß § 101 Abs. 1 ZPO vom Gegner der unterstützten Hauptpartei zu erstatten, soweit dieser die Kosten des Rechtsstreits nach §§ 91 ff. ZPO zu tragen hat. Anders formuliert erwirbt der Nebenintervenient einen Kostenerstattungsanspruch also nur, wenn und soweit die von ihm unterstützte Partei obsiegt, er also der siegreichen Partei beigetreten ist, anderenfalls muss er seine Kosten selbst tragen (§ 101 Abs. 1, 2. Hs. ZPO). Vor diesem Hintergrund empfiehlt sich, vorbehaltlich vorrangiger anderer Interessen, der voraussichtlich obsiegenden Partei beizutreten. Ist sich der Anwalt unsicher, welche Partei dies sein wird, kann die Beitrittserklärung auch hinausgezögert werden, bis der Ausgang des Prozesses besser absehbar ist, insbesondere das Gericht – etwa in der mündlichen Verhandlung – eine vorläufige Beurteilung abgegeben hat; allerdings sollte dabei bedacht werden, dass durch eine Verzögerung des Beitritts uU auch die Möglichkeit versäumt wird, Einfluss auf den Prozessverlauf nach § 67 ZPO zu nehmen. Zu berücksichtigen ist schließlich, dass die Nebenintervention jederzeit auch ohne Zustimmung der Parteien zurückgenommen werden kann und danach ein Beitritt auf Seiten der gegnerischen Partei möglich ist.[92] Durch einen solchen „Seitenwechsel" können daher bis zur letzten mündlichen Verhandlung noch Kostenvorteile erzielt werden. Von dieser prozesstaktischen Möglichkeit sollte allerdings nur Gebrauch gemacht werden, wenn ein Interventionsgrund iSv § 66 Abs. 1 ZPO für den neuerlichen Beitritt besteht, da anderenfalls beide Parteien bzw. deren Prozessbevollmächtigte deren Zurückweisung gem. § 71 ZPO beantragen können und zur Vermeidung etwaiger Kostennachteile sogar müssen.

---

90 Ähnlich Oberheim, Rn. 2657.
91 Kosten der Parteien oder Gerichtskosten hat der Nebenintervenient allerdings unter keinen Umständen zu tragen, insofern besteht für ihn also kein Risiko.
92 Die Interventionswirkung des § 68 ZPO zugunsten der vormals unterstützen Partei wird dadurch allerdings nicht beseitigt, ebensowenig die Wirksamkeit der vom Nebenintervenienten bereits vorgenommenen Handlungen nach § 67 ZPO, vgl. zum Ganzen: BGHZ 18, 110; Hk-ZPO/Bendtsen, § 66 Rn. 16; MünchKommZPO/Schultes, § 66 Rn. 25; Zöller/Althammer, § 66 Rn. 18.

III. Zusammenfassung

62 1. Sind auf Kläger- oder Beklagtenseite mehrere Personen Partei, sind sie (im Grundsatz: einfache) Streitgenossen. Die Prozessrechtsverhältnisse zu den einzelnen Streitgenossen bleiben selbstständig. Die Prozesshandlungen und der Vortrag einzelner Streitgenossen binden die anderen nicht.
2. Wer ein rechtliches Interesse am Obsiegen einer Partei hat, kann dem Rechtsstreit auf deren Seite als Nebenintervenient beitreten und für die unterstützte Partei Prozesshandlungen vornehmen sowie Angriffs- und Verteidigungsmittel vorbringen, solange diese nicht im Widerspruch zur Prozessführung dieser Partei stehen. Das danach ergehende Urteil muss der Nebenintervenient in einem etwaigen Folgeprozess gegenüber der unterstütze Partei gegen sich gelten lassen (Nebeninterventionswirkung).
3. Glaubt eine Partei, im Falle ihres Unterliegens einen Anspruch gegen einen Dritten zu haben oder dem Anspruch eines Dritten ausgesetzt zu sein, kann sie diesem den Streit verkünden. Die Streitverkündung hemmt die Verjährung (§ 204 Abs. 1 Nr. 6 BGB) und begründet die Nebeninterventionswirkung, auch wenn der Streitverkündete dem Rechtsstreit nicht oder jedenfalls nicht auf Seiten des Streitverkünders beitritt (§ 74 Abs. 3 ZPO), so dass das Risiko divergierender Entscheidungen im Erst- und Folgeprozess durch eine Streitverkündung weitgehend ausgeschlossen werden kann.

Teil II
Klage

§ 4 Vorbereitung der Klage

I. Vorbemerkung: Wichtige Pflichten des Rechtsanwalts gegenüber seinem Mandanten

Bevor auf die Einzelheiten der Vorbereitung einer Klageerhebung eingegangen wird, sollen einige wichtige Pflichten hervorgehoben werden, die bei jeder anwaltlichen Tätigkeit bestehen und deren Missachtung Schadensersatzansprüche des Mandanten gegen seinen Rechtsanwalt gem. § 280 BGB begründen kann.

1. Umfassende Beratung und Interessenwahrnehmung bei optimaler rechtlicher Bearbeitung

Der Rechtsanwalt ist verpflichtet, seinen Mandanten innerhalb der Grenzen des ihm erteilten Mandates[1] allgemein, umfassend und möglichst erschöpfend zu beraten, um ihm eine eigenverantwortliche, sachgerechte Entscheidung zu ermöglichen, wie er seine Interessen in rechtlicher und wirtschaftlicher Hinsicht zur Geltung bringen will.[2] Die so definierten Ziele hat der Rechtsanwalt in optimaler Weise zu verfolgen.

Hierbei schuldet der Anwalt die umfassende Kenntnis der einschlägigen Gesetze und der höchstrichterlichen Rechtsprechung.[3] An letzterer hat sich der Rechtsanwalt im Interesse seines Mandanten auszurichten, auch wenn er diese für unzutreffend hält oder sie in der Literatur bekämpft wird.[4] Gibt es zu einer entscheidungserheblichen Frage noch keine höchstrichterliche Rechtsprechung, ist die obergerichtliche Rechtsprechung zu berücksichtigen, bei deren Fehlen die vorherrschende Literaturmeinung.[5] Auf eine Mindermeinung darf sich der Rechtsanwalt nur stützen, wenn er seinen Mandanten über die hiermit verbundenen Risiken ordnungsgemäß aufklärt und dieser mit der Vorgehensweise einverstanden ist.[6]

Schon die vorstehenden Ausführungen verdeutlichen, dass die Rspr. an die Sorgfalt des Rechtsanwaltes hohe Anforderungen stellt. Geschuldet wird, was bei realistischer Beurteilung ein versierter und intelligenter Jurist bei größtmöglicher Aufmerksamkeit tatsächlich zu leisten imstande ist.[7] Übersieht ein Rechtsanwalt eine einschlägige gesetzliche Bestimmung oder eine für den zu bearbeitenden Fall maßgebliche (insbeson-

---

1 Auch bei einem gegenständlich beschränkten Mandat trifft den Rechtsanwalt aus § 242 BGB die Nebenpflicht zu Hinweisen und Warnungen in Bezug auf außerhalb des eigentlichen Vertragsgegenstandes liegende Gefahren, derer sich der Mandant erkennbar nicht bewusst ist, die aber dem Anwalt bekannt oder für ihn offenkundig sind, vgl. nur BGH NJW 2018, 2476, Tz. 12 ff., auch zu den Voraussetzungen der Offenkundigkeit in diesem Sinne.
2 St. Rspr., vgl. nur BGHZ 171, 261, Tz. 9 ff.; BGH NJW 2009, 3025, 3026, Tz. 9; BGH NJW 2018, 2476, Tz. 8, alle mwN.
3 BGH NJW 2018, 2476, Tz. 17.
4 BGHZ 145, 256, 263; ebenso für Steuerberater: BGHZ 178, 258, 262, Tz. 7; BGH NJW 2009, 1422, Tz. 3.
5 Fahrendorf/Mennemeyer/Fahrendorf, Kap. 2, Rn. 142, 145 ff., 148 mwN.
6 BGH NJW 1974, 1865, juris-Tz. 12; Fahrendorf/Mennemeyer/Fahrendorf, Kap. 2, Rn. 148.
7 Fahrendorf/Mennemeyer/Fahrendorf, Kap. 2, Rn. 33; vgl. auch G. Fischer/Vill/D. Fischer/Pape/Chab/G. Fischer, § 4 Rn. 6 f.

dere höchstrichterliche) Rechtsprechung oder anerkannte Literaturmeinung, handelt er pflichtwidrig[8] und macht sich damit schadensersatzpflichtig, wenn hierdurch dem Mandanten ein Schaden entsteht.

67 Dies geht so weit, dass ein Rechtsanwalt auch bei Rechtsfehlern des Gerichtes haftet, wenn er diese hätte verhindern können.[9] Deshalb darf er sich nicht im Vertrauen auf den Satz „iura novit curia" darauf beschränken, entsprechend dem Beibringungsgrundsatz nur Tatsachen vorzutragen. Vielmehr hat er das Gericht auch davon zu überzeugen, dass und weshalb seine Rechtsauffassung richtig ist. Er hat alles – einschließlich Rechtsausführungen – vorzubringen, was die gerichtliche Entscheidung günstig beeinflussen kann.[10] Wird dies versäumt und ergeht daraufhin ein rechtsfehlerhaftes Urteil, haftet der Anwalt folglich für einen dem Mandanten hierdurch entstehenden Schaden. Dasselbe gilt etwa, wenn das Gericht in der mündlichen Verhandlung eine Rechtsauffassung vertritt, die von der geltenden Rechtsprechung des BGH abweicht, der Rechtsanwalt das Gericht hierauf nicht hinweist und der Mandant durch ein daraufhin ergehendes, rechtsfehlerhaftes Urteil geschädigt wird, etwa weil hiergegen kein Rechtsmittel möglich ist oder der Rechtsanwalt seinem Mandanten nicht zur Einlegung des gebotenen Rechtsmittels rät.

68 Auch Empfehlungen oder Vergleichsvorschläge des Gerichts ändern nichts an der Verpflichtung des Rechtsanwalts, diese zu überprüfen und seinen Mandanten über die prozessualen Möglichkeiten aufzuklären. Empfiehlt beispielsweise der Berichterstatter des Berufungsgerichts einen Tag vor der Berufungsverhandlung telefonisch die Rücknahme der Berufung mit der Begründung, diese habe nach Vorberatung des Senates keine Aussicht auf Erfolg, darf der Berufungsanwalt seinem Mandanten nicht zur Rücknahme des Rechtsmittels raten, ohne ihn über die prozessualen Möglichkeiten, tatsächliche oder rechtliche Gesichtspunkte gegen die Auffassung des Gerichts vorzubringen, so aufgeklärt zu haben, dass er die Prozessaussichten sachgerecht beurteilen kann.[11] Ebenso wenig entbindet ein gerichtlicher Vergleichsvorschlag den Rechtsanwalt von der Verpflichtung zur Beratung des Mandanten (Einzelheiten Rn. 386).

69 Die rechtliche Bearbeitung hat **alle einschlägigen Rechtsgebiete** zu berücksichtigen, auch solche, auf denen der Rechtsanwalt nicht regelmäßig tätig ist, wie bei vielen Kollegen etwa das Steuerrecht.[12] Zulässig und zu empfehlen ist jedoch, bestimmte Rechtsgebiete durch Vereinbarung mit dem Mandanten aus dem Umfang des Mandates auszunehmen. Auch **ausländisches Recht** hat der Rechtsanwalt grds. zu berücksichtigen, wenn dies Gegenstand des Mandates ist. Übernimmt der Anwalt vorbehaltlos ein Mandat, für das erkennbar ausländisches Recht von Bedeutung ist, haftet er für dessen Berücksichtigung wie für deutsches Recht. Zeigt sich die Relevanz des ausländischen Rechts erst im Verlauf des Mandats, gilt dasselbe, wenn der Anwalt nicht klar darauf hinweist, dass er ausländisches Recht nicht berücksichtigen kann.[13] Zulässig und zu empfehlen ist jedoch, den Mandatsumfang dahin gehend einzuschränken, dass

---

8 Dazu eingehend Fahrendorf/Mennemeyer/Fahrendorf, Kap. 2, Rn. 112 ff., 132 ff., 141 ff., 145 ff.
9 St. Rspr., vgl. nur BGHZ 174, 205, 210, Tz. 15; BGH NJW 2009, 987, Tz. 8 f.; BGH NJW 2016, 957, 958, Tz. 8; BGH NJW-RR 2017, 540, Tz. 35; Fahrendorf/Mennemeyer/Fahrendorf, Kap. 2, Rn. 48 ff. mwN.
10 BGH NJW 2016, 957, 958, Tz. 8; BGH NJW-RR 2017, 540, Tz. 23; Fahrendorf/Mennemeyer/Fahrendorf, Kap. 2, Rn. 49 mwN.
11 BGH NJW 2013, 2036, Tz. 4 ff.
12 Vgl. nur Fahrendorf/Mennemeyer/Fahrendorf, Kap. 2, Rn. 113, 115 mwN.
13 Vgl. zum Ganzen: Fahrendorf/Mennemeyer/Fahrendorf, Kap. 2, Rn. 119 ff.; G. Fischer/Vill/D. Fischer/Pape/Chab/Vill, § 2 Rn. 69, 72.

das ausländische Recht hiervon ausgenommen wird und ein ausländischer Kollege hinzugezogen wird. Nach Möglichkeit sollte nicht der Anwalt, sondern der Mandant selbst, ggf. vertreten durch den Anwalt, den Vertrag mit dem ausländischen Kollegen schließen, damit dieser nicht Erfüllungsgehilfe des deutschen Anwalts wird und dieser damit gem. § 278 BGB für die Fehler des ausländischen Kollegen haftet.

2. Wahl des sichersten Weges

Der Rechtsanwalt hat unter mehreren in Betracht kommenden Alternativen den sichersten Weg zur Erreichung des beabsichtigten Erfolgs zu wählen. Er hat außerdem Hilfs- und Vorsorgemaßnahmen für den Fall zu treffen, dass er sich mit einer bestimmten Argumentation nicht durchsetzt. Ist die Rechtslage offen, etwa weil eine gefestigte Rechtsprechung fehlt und im Schrifttum unterschiedliche Auffassungen vertreten werden, genügt der Rechtsanwalt seinen Pflichten nicht, wenn er entsprechend einer vertretbaren Meinung vorgeht; er muss vielmehr damit rechnen, dass sich die erkennenden Gerichte der für seinen Mandanten ungünstigen Auffassung anschließen, und hat daher vorausschauend den für seinen Mandanten relativ sichersten und am wenigsten gefährlichen Weg zu wählen.[14]

70

3. Weisungsgebundenheit

Der Rechtsanwalt ist gem. §§ 675, 665 BGB verpflichtet, Weisungen des Mandanten zu befolgen, soweit sie nicht auf rechtswidriges, sittenwidriges, unlauteres oder unseriöses Verhalten gerichtet sind.[15] Die Befolgung von Weisungen schließt eine Haftung des Rechtsanwaltes allerdings nicht in jedem Fall aus. Weist der Mandant den Rechtsanwalt etwa zu einem nachteiligen oder auch nur risikoträchtigen Verhalten an, muss letzterer hierauf hinweisen und seinem Mandanten Alternativen aufzeigen. Erst wenn der Klient danach auf seiner Weisung beharrt, darf der Anwalt sie ausführen.[16]

71

II. Einzelheiten zur Vorbereitung der Klage

1. Soll überhaupt geklagt werden?

Ob überhaupt geklagt werden soll, hängt auch von nicht-juristischen Erwägungen ab. Namentlich sollte immer erwogen werden, ob eine Klage wirtschaftlich sinnvoll ist; daran kann es etwa bei einer Zahlungsklage fehlen, wenn der Mandant von vornherein weiß, dass sein Schuldner zahlungsunfähig ist und voraussichtlich auch bleiben wird. Auch sollte vor Erhebung einer Klage ein möglicher „Flurschaden" bedacht werden, etwa bei Klagen im Familienkreis. Auch sollten alternative Handlungsoptionen zumindest erwogen werden, etwa Verhandlungen oder Mediation.

72

Darüber hinaus besteht eine zentrale Aufgabe des Rechtsanwalts im Vorfeld einer Klageerhebung darin, die Erfolgsaussichten der Klage einschließlich der Beweisbarkeit der Anspruchsvoraussetzungen und denkbarer gegnerischer Einreden zu prüfen und seinen Mandanten ordnungsgemäß hierüber zu informieren. Von der Klageerhebung

73

---

14 Allgemeine Auffassung, vgl. nur BGH NJW 2015, 3519, 3520, Tz. 16; Fahrendorf/Mennemeyer/Fahrendorf, Kap. 2, Rn. 195 ff.; G. Fischer/Vill/D. Fischer/Pape/Chab/Vill, § 2 Rn. 114 ff., alle mwN.
15 BGH NJW 2018, 541, Tz. 11; Fahrendorf/Mennemeyer/Fahrendorf, Kap. 2, Rn. 235, 245 f.
16 BGH, aaO; Fahrendorf/Mennemeyer/Fahrendorf, Kap. 2, Rn. 235 mwN.

abraten muss der Rechtsanwalt allerdings nur, wenn die Klage praktisch aussichtslos ist.[17]

2. Aufklärung des Sachverhaltes

74 Aufgrund des Beibringungsgrundsatzes berücksichtigt das Gericht nur Tatsachen, die ihm vorgetragen werden, und erhebt Beweise nur auf entsprechenden Antrag. Deshalb müssen vor Erhebung einer Klage die hierzu notwendigen Informationen und Beweismittel zusammengetragen werden. Im Verlauf des Prozesses können Ergänzungen erforderlich werden, etwa aufgrund des gegnerischen Vorbringens oder eines gerichtlichen Hinweises (§ 139 ZPO). Dies wirft die Frage auf, wer die Informationen und Beweismittel beschaffen muss, die dem Gericht vorgetragen werden müssen.

75 Grundsätzlich trifft diese Aufgabe nicht den Rechtsanwalt, sondern der Mandant muss diesen informieren.[18] Hierbei darf der Rechtsanwalt auf die Vollständigkeit und Richtigkeit der Angaben seines Mandanten vertrauen, sofern er nicht ausnahmsweise deren Unrichtigkeit oder Unvollständigkeit kennt oder kennen muss.[19] Wenn ein Prozess verloren wird, weil nicht hinreichend vorgetragen worden ist, kann der Rechtsanwalt sich häufig trotzdem nicht mit dem Argument entlasten, der Mandant habe ihn nicht vollständig informiert. Denn der Rechtsanwalt muss den Mandanten genauestens informieren und befragen, damit dieser weiß, welche Informationen benötigt werden, und diese seinem Anwalt erteilen kann. Ist der mitgeteilte Sachverhalt unklar oder unvollständig, muss der Rechtsanwalt sich außerdem bemühen, durch – ggf. auch wiederholte – Befragung seines Mandanten ein möglichst vollständiges und objektives Bild von der Sachlage zu gewinnen.[20] Nicht nur der Sachverhalt, sondern auch die erforderlichen Beweismittel müssen vom Rechtsanwalt in dieser Weise eruiert werden. Erkennt er, dass die Informationen, die ihm sein Mandant zur Verfügung stellen kann, zur erfolgreichen Prozessführung voraussichtlich noch nicht ausreichen, darf er sich mit diesen auch nicht ohne Weiteres begnügen, sondern muss um zusätzliche Aufklärung bemüht sein.[21] Hierbei trifft den Rechtsanwalt allerdings keine allgemeine Ermittlungspflicht[22], eine solche beschränkt sich vielmehr auf Tätigkeiten, die er von seiner Kanzlei aus erledigen kann, wie etwa die Anforderung von Akten oder die Einsichtnahme öffentlicher Register[23]; in Betracht kommen auch die Einholung von Privatgutachten oder der Stellungnahmen Dritter (etwa der behandelnden Ärzte) zur Aufklärung des Sachverhalts.[24]

76 Grundsätzlich darf der Rechtsanwalt auf die Richtigkeit der Angaben seines Mandanten vertrauen. Dies gilt aber weder für die rechtliche Beurteilung des tatsächlichen Geschehens noch für sog. Rechtstatsachen, d. h. Vorgänge, die durch einen einfachen, auch in der Alltagssprache verwandten Rechtsbegriff beschrieben werden, aber nur scheinbar tatsächlicher Natur sind, weil deren Feststellung eine rechtliche Subsumtion

---

17 Vgl. zum Ganzen nur BGHZ 193, 193, Tz. 22; Fahrendorf/Mennemeyer/Fahrendorf, Kap. 2, Rn. 177 ff.; G. Fischer/Vill/D. Fischer/Pape/Chab/Vill, § 2 Rn. 104, alle mwN.
18 Fahrendorf/Mennemeyer/Fahrendorf, Kap. 2, Rn. 71; G. Fischer/Vill/D. Fischer/Pape/Chab/Vill, § 2 Rn. 40.
19 BGH NJW 2006, 501, juris-Tz. 14; Fahrendorf/Mennemeyer/Fahrendorf, Kap. 2, Rn. 88 f.; G. Fischer/Vil /D. Fischer/Pape/Chab/Vill, § 2 Rn. 42 mwN.
20 BGH NJW 2019, 1151, Tz. 9 mwN; Fahrendorf/Mennemeyer/Fahrendorf, Kap. 2, Rn. 73 ff.
21 BGH NJW 2013, 2965, 2966, Tz. 8 mwN.
22 Fahrendorf/Mennemeyer/Fahrendorf, Kap. 2, Rn. 82: Der Rechtsanwalt ist weder Privatdetektiv noch Inhaber einer Auskunftei.
23 BGH NJW 1981, 2741, juris-Tz. 36; Fahrendorf/Mennemeyer/Fahrendorf, Kap. 2, Rn. 83 ff.
24 BGH NJW 2013, 2965, 2966, Tz. 10.

erfordert.[25] Rechtstatsachen liegen beispielsweise vor, wenn der Mandant erklärt, er sei Eigentümer einer Sache oder Inhaber eines Vorkaufsrechtes, er habe einen Kaufvertrag abgeschlossen oder die von seinem Vertragspartner erklärte Kündigung sei ihm erst an einem bestimmten Tag zugegangen. Hier muss der Rechtsanwalt damit rechnen, dass sein Mandant die Rechtslage verkennt, und ist deshalb zu deren Überprüfung verpflichtet; dazu hat er den Mandanten zunächst nach den für die rechtliche Beurteilung relevanten Tatsachen zu befragen.

3. Außergerichtliche Mahnung

IdR muss vor Klageerhebung außergerichtlich gemahnt werden. Unterbleibt dies nämlich und erkennt daraufhin der Beklagte die Klageforderung sofort an, kann der Kläger zwar in der Hauptsache ein Anerkenntnisurteil (§ 307 ZPO) erwirken, hat aber gem. § 93 ZPO gleichwohl die Kosten des Rechtsstreits (unter Einschluss des Honorars des gegnerischen Anwalts) zu tragen, wenn der Beklagte keine Veranlassung zur Klageerhebung gegeben hat. Letzteres ist idR der Fall, wenn der Beklagte sich vor Klageerhebung weder im Verzug befand, noch den Anspruch bestritten, noch die Leistung verweigert hat.[26] Selbstverständlich besteht aber Veranlassung zur Klageerhebung, wenn der Beklagte trotz außergerichtlicher Mahnung nicht leistet.[27]

Darüber hinaus hat eine Mahnung vor Klageerhebung auch weitere taktische Vorteile:

- Die Mahnung führt den Verzug herbei, § 286 Abs. 1 S. 1 BGB. Nach der neueren Rspr. des BGH[28] zum Kaufrecht wird durch das Verlangen nach sofortiger, unverzüglicher oder umgehender Leistung zugleich auch eine angemessene Frist gesetzt, nach deren Ablauf gem. §§ 281 Abs. 1 S. 1, 323 Abs. 1 BGB Schadensersatz verlangt oder ein Rücktritt erklärt werden kann; der Angabe eines Zeitraumes oder eines bestimmten Endtermins bedarf es hierzu nicht.
- Aus einem Antwortschreiben des Gegners ergeben sich häufig dessen Argumente gegen die Klageforderung, so dass die Erfolgsaussichten der Klage besser beurteilt werden können.
- Eine Mahnung eröffnet auch die Möglichkeit, ggf. nochmals ein außergerichtliches Gespräch anzubieten und damit Vergleichsmöglichkeiten zu eruieren.

4. Außergerichtliches Güteverfahren

Gem. § 15 a EGZPO iVm den Justizgesetzen der Länder kann vor Klageerhebung ein außergerichtliches Güteverfahren erforderlich sein. In Nordrhein-Westfalen etwa ist gem. §§ 53 ff. Justizgesetz NRW ein Schlichtungsversuch vor einem Schiedsamt oder einer sonstigen Gütestelle erforderlich in Nachbarstreitigkeiten, Streitigkeiten über Verletzung der persönlichen Ehre, soweit diese nicht in der Presse oder im Rundfunk begangen wurden, sowie bei Ansprüchen aus dem AGG. Dies gilt allerdings nur, wenn die Parteien in demselben Landgerichtsbezirk ansässig sind bzw. ihren Sitz oder eine Niederlassung haben (§ 54 Justizgesetz NRW). Die Durchführung des Schlichtungsverfahrens ist eine vom Gericht von Amts wegen zu berücksichtigende Prozessvorausset-

---

25 BGH NJW 1997, 2168, juris-Tz. 16; BGH NJW 2019, 1151, Tz. 11 f.; G. Fischer/Vill/D. Fischer/Chab/Pape/Vill, § 2 Rn. 43; Fahrendorf/Mennemeyer/Fahrendorf, Kap. 2, Rn. 90 ff.
26 MünchKommZPO/Schulz, § 93 Rn. 7; vgl. dazu auch Rn. 357.
27 Hk-ZPO/Gierl, § 93 Rn. 11; Rosenberg/Schwab/Gottwald, § 84 Rn. 23.
28 BGH NJW 2009, 3153, 3154, Tz. 10 f.; BGH NJW 2015, 2564, 2565, Tz. 11; BGH NJW 2016, 3654 f., Tz. 25.

zung.[29] Fehlt diese, ist die Klage gem. § 15a Abs. 1 ZPO unzulässig. Die Schlichtung kann auch nicht mehr im laufenden Rechtsstreit nachgeholt werden.[30]

5. Fristen

80 Der Rechtsanwalt hat zu verhindern, dass sein Mandant durch Versäumung einer Frist Rechtsnachteile erleidet.[31] Bei der Klageerhebung ist daher besonders zu beachten, dass diese innerhalb der einschlägigen Fristen erfolgt. Zu beachten sind insbesondere die Verjährung (etwa §§ 195 ff. BGB) und etwaige Ausschlussfristen wie etwa die Frist für eine kapitalgesellschaftsrechtliche Anfechtungsklage (vgl. § 246 AktG). Zur Fristwahrung ist die Erhebung der Klage notwendig (vgl. etwa § 204 Abs. 1 Nr. 1 BGB), wozu gem. § 253 Abs. 1 ZPO die Zustellung der Klageschrift durch das Gericht erforderlich ist.

81 Gem. § 167 ZPO genügt aber deren Eingang beim Gericht, wenn die **Zustellung „demnächst"** erfolgt. Bei vorfristigem Eingang ist allein der zwischen Fristablauf und Zustellung verstrichene Zeitraum maßgeblich.[32] § 167 ZPO ist Genüge getan, wenn die Zustellung innerhalb einer nach den Umständen angemessenen, selbst längeren Frist erfolgt, wenn die Partei oder ihr Prozessbevollmächtigter unter Berücksichtigung der Gesamtsituation alles Zumutbare für die alsbaldige Zustellung getan haben.[33] Daraus folgt, dass bei Zustellungsverzögerungen nach deren Ursache zu differenzieren ist: Liegt diese in der Verantwortung des Gerichts, dh hat dieses die – uU auch längere – Verzögerung zu vertreten, ist sie grds. unschädlich, hindert also die „demnächstige" Zustellung nicht.[34] Dagegen liegt eine solche nicht mehr vor, wenn die Partei, der die Fristwahrung obliegt, oder ihr Prozessbevollmächtigter durch nachlässiges – auch leicht fahrlässiges – Verhalten zu einer nicht bloß geringfügigen Zustellungsverzögerung beigetragen hat.[35] Hierbei ist auf die Zeitspanne abzustellen, um die sich der ohnehin erforderliche Zeitraum für die Zustellung der Klage als Folge der Nachlässigkeit verzögert; insofern ist ein Zeitraum von bis zu 14 Tagen regelmäßig geringfügig und damit noch unschädlich, deutlich längere Verzögerungen schließen dagegen die „demnächstige" Zustellung aus.[36]

82 Besonders zu beachten ist in diesem Zusammenhang die **Einzahlung des Gerichtskostenvorschusses**, da erst nach dieser die Klage zugestellt wird, so dass diesbezügliche Verzögerungen eine „demnächstige" Zustellung nicht selten verhindern. Anerkannt ist, dass der Kläger den Gerichtskostenvorschuss nicht von sich aus schon mit der Klage einzahlen muss, sondern grds. den Eingang der Zahlungsaufforderung durch die Gerichtskasse abwarten darf.[37] Unterbleibt diese aber, muss der Kläger bzw. sein Pro-

---

29 Zöller/Heßler, § 15a EGZPO Rn. 23 f.
30 BGHZ 161, 145, 148 ff., früher str.
31 Vgl. nur BGH NJW 2015, 3519, Tz. 9.
32 BGH NJW 2016, 568, Tz. 11; BGH NJW-RR 2018, 461, Tz. 6; Zöller/Greger, § 167 Rn. 10.
33 St. Rspr., vgl. nur BGH NJW 2017, 1467, 1469, Tz. 24.
34 BGHZ 168, 306, Tz. 17, 20 ff.: keine Verpflichtung des Klägers, das gerichtliche Zustellungsverfahren weiter zu beobachten, nachdem er alle gebotenen Mitwirkungshandlungen vorgenommen, insbesondere den Gerichtskostenvorschuss eingezahlt hat; BGH NJW-RR 2019, 1465, Tz. 23; *kritisch*: Zöller/Greger, § 167 Rn. 12.
35 BGH NJW 2017, 1467, 1469, Tz. 24.
36 BGH NJW 2017, 1467, 1469, Tz. 24; BGH NJW-RR 2018, 461, Tz. 5; BGH NJW 2016, 568, Tz. 9; BGH NJW-RR 2012, 527, Tz. 9, 11 (Verzögerung um 16 Tage uU noch hinnehmbar); Hk-ZPO/Siebert, § 167 Rn. 6.
37 Vgl. nur BGH NJW 2015, 3101, 3102, Tz. 19; BGH NJW 2017, 1467, Tz. 25, beide mwN.

zessbevollmächtigter nach spätestens drei Wochen beim Gericht nachfragen.[38] Nach Eingang der Zahlungsaufforderung gilt folgendes: Während nach der früheren Rspr. der Gerichtskostenvorschuss grds. spätestens zwei Wochen nach Zugang der Zahlungsaufforderung auf dem Konto der Gerichtskasse eingehen musste,[39] hält der BGH inzwischen nur eine Verzögerung der Einzahlung um mehr als 14 Tage für schädlich, dh eine „demnächstige" Zustellung wird noch angenommen, wenn der nach Zugang der Zahlungsaufforderung zur Einzahlung des Vorschusses erforderliche und zumutbare Zeitraum um nicht mehr als 14 Tage überschritten wird.[40] Geklärt ist inzwischen auch, welcher Zeitraum dem Kläger für die Einzahlung des Vorschusses nach Eingang der Zahlungsaufforderung zuzubilligen ist: Nach Eingang der Zahlungsaufforderung beim Prozessbevollmächtigten sind diesem zunächst 3 Werktage für deren Prüfung und Weiterleitung an den Mandanten zu belassen, danach muss der Kläger innerhalb einer Woche den Zahlungseingang auf dem Konto der Gerichtskasse herbeiführen.[41] Erst wenn dieser Zeitraum um mehr als 14 Tage überschritten wird, hindert dies also eine „demnächstige" Zustellung.

6. Wahl der optimalen Verfahrensart

Neben dem ordentlichen Urteilsverfahren kennt die ZPO eine Reihe besonderer Verfahrensarten, namentlich das selbstständige Beweisverfahren (§§ 485 ff. ZPO), das Mahnverfahren (§§ 688 ff. ZPO), den Urkundenprozess (§§ 592 ff. ZPO) und den einstweiligen Rechtsschutz (Arrest und einstweilige Verfügung, §§ 916 ff. ZPO). Sind die Voraussetzungen hierfür erfüllt, kann es prozesstaktisch sinnvoll oder sogar geboten sein, eine solche Verfahrensart zu wählen (Einzelheiten in §§ 23 ff.).

83

III. Zusammenfassung

1. Der Rechtsanwalt hat seinen Mandanten auf der Grundlage der einschlägigen Gesetze und höchstrichterlichen Rspr. umfassend zu beraten und dessen Interessen bestmöglich zu vertreten. Hierbei hat er den sichersten Weg zu gehen und ist an Weisungen seines Mandanten gebunden.
2. Über den Sachverhalt und die notwendigen Beweismittel, die aufgrund des Beibringungsgrundsatzes dem Gericht vorgetragen bzw angeboten werden müssen, hat grds der Mandant den Rechtsanwalt zu informieren und ihm die notwendigen Unterlagen vorzulegen. Allerdings trifft den Anwalt die Pflicht, den Mandanten eingehend und ggf auch wiederholt zu befragen und ihn zu informieren, was genau zu einer sachgerechten Prozessführung benötigt wird. Eigene Ermittlungen muss der Rechtsanwalt nur anstellen, soweit diese von seiner Kanzlei aus erfolgen können.
3. Besonderes Augenmerk muss der Rechtsanwalt auf die Wahrung der für den einzuklagenden Anspruch geltenden Fristen legen, insbesondere Verjährungs- und Aus-

84

---

38 BGHZ 168, 306, Tz. 18 f.; BGH NJW 2016, 568, Tz. 3; Zöller/Greger, § 167 Rn. 15; Hk-ZPO/Siebert, § 167 Rn. 6; *großzügiger* BGH NJW 2017, 2623, Tz. 18: Nachfrage nach fünf Wochen noch ausreichend.
39 BGH NJW-RR 2010, 333, Tz. 21 aE.
40 BGH NJW 2015, 2666, Tz. 5 f.; BGH NJW 2015, 3101, 3102 f., Tz. 19; BGH NJW 2017, 1467, 1469, Tz. 25; BGH NJW 2016, 568, Tz. 9; BGH NJW-RR 2018, 461, Tz. 5; BGH WM 2020, 276, Tz. 8.
41 BGH NJW-RR 2018, 461, Tz. 9, 13 f.; BGH, Urteil vom 1.10.2019, II ZR 169/18, Tz. 9; BGH WM 2020, 276, Tz. 10 f.; *anders zuvor noch*: BGH NJW 2017, 1467, 1469, Tz. 25 (obiter dictum), wonach die Zahlung innerhalb von nur 3 Werktagen sollte erfolgen müssen.

schlussfristen. Geht die Klage rechtzeitig beim Gericht ein, ist die Frist gewahrt, wenn die Zustellung demnächst iSv § 167 ZPO erfolgt.

§ 5 Wer klagt?

I. Aktivlegitimation

85 Aktivlegitimiert ist, wer nach materiellem Recht Anspruchsinhaber und damit Gläubiger ist. Fehlt dem Kläger die Aktivlegitimation, ist die Klage allein deshalb als unbegründet abzuweisen.[1] Dementsprechend muss die Klage von demjenigen erhoben werden, der **aktivlegitimiert** ist. Mehrere Anspruchsinhaber können als Streitgenossen klagen (§§ 59 f. ZPO, Rn. 23 f.).

86 Zu berücksichtigen ist die Parteifähigkeit der BGB-Außengesellschaft.[2] Ein dieser zustehender Anspruch muss also von dieser und kann nicht von ihren Gesellschaftern eingeklagt werden.[3] Wird dies irrtümlich verkannt, ist jedoch eine Rubrumsberichtigung zulässig, wenn die Auslegung der Klage ergibt, dass sie von der Gesellschaft erhoben worden ist und die Benennung der Gesellschafter nur der Bezeichnung der Gesellschaft dienen soll.[4]

87 Generell gilt, dass bei unrichtiger oder mehrdeutiger Bezeichnung des Klägers oder des Beklagten in der Klageschrift das Gericht durch Auslegung die Prozesspartei zu ermitteln hat. Grundsätzlich ist hierbei diejenige natürliche oder juristische Person als Partei anzusehen, die erkennbar durch die fehlerhafte Parteibezeichnung betroffen werden soll. Wer dies ist, ist nicht nur anhand des Rubrums der Klageschrift zu ermitteln, zu berücksichtigen ist vielmehr der gesamte Inhalt der Klageschrift einschließlich etwaiger Anlagen. Kann danach für das Gericht und den Prozessgegner kein vernünftiger Zweifel an dem Gewollten aufkommen, gilt dieses. Von der fehlerhaften Parteibezeichnung zu unterscheiden ist demgegenüber die irrtümliche Benennung der falschen, am materiellen Rechtsverhältnis nicht beteiligten Person als Partei. Im letztgenannten Fall wird diese Partei;[5] ist sie nach materiellem Recht nicht Anspruchsinhaber oder -gegner, dh fehlt ihr die Aktiv- oder Passivlegitimation, ist die Klage unbegründet, ersterenfalls lässt sich die Klageabweisung aber uU durch eine Abtretung vermeiden (Rn. 91).

II. Ermittlung des Anspruchsinhabers

88 Wer Anspruchsinhaber ist, muss ggf. ermittelt werden. Dies legt dem Anwalt mitunter besondere Aufgaben auf, weil in der Praxis von juristischen Laien häufig nicht mit der Deutlichkeit differenziert wird, die juristisch geboten wäre. Als Beispiel lässt sich ein vom BGH[6] entschiedener Fall anführen, in dem die Vertragsurkunde widersprüchliche Angaben dazu enthielt, ob Vertragspartei nun ein Herr L.G. oder eine L.-GmbH, deren alleiniger Gesellschafter und Geschäftsführer besagter Herr L.G. war, werden sollte.

---

1 Zöller/Althammer, vor § 50 Rn. 16.
2 BGHZ 146, 341.
3 BGH NZG 2016, 221, 224, Tz. 28.
4 BGH NJW-RR 2006, 42, Tz. 8; BGH NZG 2016, 221, 224, Tz. 29.
5 Vgl. zum Ganzen: BGH NJW-RR 2013, 394, 395, Tz. 13 f.; BGH NJW 2011, 1453, Tz. 11; allgemein zur Auslegung von Prozesshandlungen vgl. auch Rn. 261.
6 NJW-RR 2006, 281; streitig war dort allerdings die Passivlegitimation.

Der Vertrag war also zumindest auslegungsbedürftig, wenn nicht sogar widersprüchlich.

In solchen Fällen hilft zunächst § 164 BGB: Für die rechtsgeschäftliche Vertretung gilt nach Abs. 1 dieser Bestimmung das Offenkundigkeitsprinzip, dh der Vertreter muss zu erkennen geben, im fremden Namen zu handeln.[7] Wird dies nicht erkennbar, liegt gem. § 164 Abs. 2 BGB Handeln im eigenen Namen vor. Daraus folgt die Auslegungsregel, dass bei nicht ausräumbaren Unklarheiten Handeln im eigenen Namen vorliegt.[8] Die Erkennbarkeit des Vertreterhandelns kann sich allerdings auch aus den Regeln über unternehmensbezogene Geschäfte ergeben; bei diesen geht der Wille der Beteiligten im Zweifel dahin, dass der Unternehmensinhaber Vertragspartei werden soll, so dass in dessen Namen gehandelt wird, selbst wenn dessen Identität nicht offengelegt wird oder der Geschäftspartner sogar den Vertreter für den Unternehmensinhaber hält.[9] Dies gilt allerdings nur, wenn die Unternehmensbezogenheit eindeutig feststeht.[10] Bleiben hieran Zweifel, gilt wieder § 164 Abs. 2 BGB.[11] Wer – etwa als Geschäftsführer verschiedener Gesellschaften – mehrere Personen vertreten kann (Doppelvertretung) und den Vertretenen nicht eindeutig benennt, handelt analog § 164 Abs. 1 S. 2 BGB für die objektiv „richtige" Partei, dh diejenige, in deren Tätigkeits- oder Geschäftsgebiet das Rechtsgeschäft fällt.[12]

III. Abtretung

Prozesstaktisch kann eine Abtretung sinnvoll sein:

1. Abtretung zur Begründung der Aktivlegitimation

Ist die Anspruchsinhaberschaft zweifelhaft (Rn. 88 f.), können alle möglichen Anspruchsinhaber den Anspruch an einen von ihnen abtreten. Im Rechtsstreit kann dann offen bleiben, ob diesem die Klageforderung schon originär zustand oder er sie erst durch Abtretung erworben hat, da er in beiden Fällen Anspruchsinhaber und damit aktivlegitimiert ist. Eine solche Abtretung kann auch im laufenden Rechtsstreit bis zum Schluss der letzten mündlichen Verhandlung in der jeweiligen Tatsacheninstanz noch erklärt werden. Die Abtretung kann daher als prozesstaktisches Instrument genutzt werden, um Zweifel an der Aktivlegitimation auszuräumen.[13] Da der Rechtsanwalt zur Wahl des sichersten Weges verpflichtet ist (Rn. 70), hat er bei entsprechendem Anlass hierauf sogar hinzuweisen und ggf. auch hinzuwirken. Zu berücksichtigen ist aber, dass die Abtretung nur vor Eintritt der Verjährung zielführend ist, weil gem. § 204 Abs. 1 Nr. 1 BGB nur die Klage des Berechtigten die Verjährung hemmt, nicht also die von einem nicht aktivlegitimierten Kläger erhobene Klage.[14]

---

[7] Vgl. nur Grüneberg/Ellenberger, vor § 164 Rn. 2, § 164 Rn. 1.
[8] BGH NJW-RR 1995, 991, juris-Tz. 5; MünchKommBGB/Schubert, § 164 Rn. 130 aE.
[9] Vgl. nur BGH NJW 1983, 1844, juris-Tz. 7; BGH NJW-RR 1995, 991, juris-Tz. 5; Grüneberg/Ellenberger, § 164 Rn. 2; MünchKommBGB/Schubert, § 164 Rn. 130 ff.
[10] BGH NJW 2000, 2984, juris-Tz. 19; BGH NJW 1992, 1380, juris-Tz. 17; MünchKommBGB/Schubert, § 164 Rn. 132.
[11] BGH NJW-RR 1995, 991, juris-Tz. 5.
[12] BGHZ 5, 279, 280; BGH WM 1976, 15, juris-Tz. 16; BGH WM 1978, 1151, juris-Tz. 7; BGH NJW-RR 1986, 456, juris-Tz. 10; BGH NJW-RR 1988, 475, juris-Tz. 17 f.; MünchKommBGB/Schubert, § 164 Rn. 129; Bamberger/Roth/Hau/Poseck/Schäfer, § 164 Rn. 21 aE; iErg ebenso Grüneberg/Ellenberger, § 164 Rn. 9 aE (idR offenes Geschäft für den, den es angeht); vgl. auch Staudinger/Schilken, § 164 Rn. 1 aE.
[13] Fahrendorf/Mennemeyer/Fahrendorf, Kap. 2, Rn. 215.
[14] BGH NJW 2010, 2270, Tz. 38 f.

2. Abtretung zur Verbesserung der Beweissituation

92 Wird die Forderung abgetreten und vom Zessionar eingeklagt, ist nur dieser Partei des Prozesses. Der Zedent kommt damit als Zeuge in Betracht[15] und muss als solcher vernommen werden.[16] Deshalb kann eine Abtretung auch als Mittel dafür genutzt werden, die Beweissituation und damit die Erfolgsaussichten einer Klage zu verbessern. Eine solche Prozesstaktik ist keinesfalls rechtsmissbräuchlich, sondern im Gegenteil legitim und damit zulässig.[17] Selbst wenn die Abtretung nur zu dem Zweck vorgenommen wird, einen Zeugen zu gewinnen, lässt dies ihre Wirksamkeit nach §§ 134, 138 BGB unberührt.[18] Der Rechtsanwalt muss deshalb auf diese Möglichkeit zur Verbesserung der Beweissituation sogar hinweisen.[19]

93 Ob diese Prozesstaktik letztendlich Erfolg hat, ob also mit der Zeugenaussage des Zedenten der erforderliche Nachweis geführt werden kann, ist eine Frage des Einzelfalls. Denn das Gericht muss das möglicherweise fortbestehende wirtschaftliche Eigeninteresse des Zedenten am Ausgang des Prozesses im Rahmen der Beweiswürdigung seiner Zeugenaussage berücksichtigen. Zu weit geht allerdings die Annahme, dass deren Beweiswert „wegen des offenkundigen Eigeninteresses idR gering" sei,[20] denn hierin liegt eine unzulässige antizipierte Beweiswürdigung (Rn. 209, 226). Einer widerspruchsfreien und auch im übrigen glaubhaften Aussage des Zedenten nicht zu folgen, wird für das Gericht kaum zu begründen sein.[21]

94 Allerdings bestehen für den Beklagten, dem der Zedent im Rechtsstreit als Zeuge der Klägerseite präsentiert wird, zwei prozessuale Gegenstrategien:

- Typischerweise wurden die beweiserheblichen Gespräche zwischen dem Zedenten und dem Beklagten unter vier Augen geführt. Damit gebietet die prozessuale Waffengleichheit, dass das Gericht seine Überzeugung nicht allein aufgrund der Zeugenaussage bildet, sondern auch den Beklagten anhört und dies im Rahmen der Beweiswürdigung berücksichtigt (Einzelheiten Rn. 255).
- Außerdem kann der Beklagte gegen den Zedenten eine nur gegen diesen gerichtete, dh isolierte Drittwiderklage als negative Feststellungsklage erheben mit dem Antrag festzustellen, dass dem Zedenten der (genau zu bezeichnende) Anspruch gegen den Beklagten und Widerkläger nicht zusteht; das für diese Klage gem. § 256 Abs. 1 ZPO erforderliche Feststellungsinteresse ergibt sich aus der für den Widerkläger nicht auszuschließenden Möglichkeit einer Nichtigkeit der Abtretung.[22] Mit Erhebung einer solchen Drittwiderklage wird der Zedent zur Partei des Rechtsstreits und damit als Zeuge ausgeschlossen. Dieses prozessualen Gegenmittels sind sich die meisten Prozessgegner allerdings nicht bewusst.

---

15 BGH NJW 2001, 826, 827, juris-Tz. 17; BGH WM 1985, 613, 615, juris-Tz. 30; Zöller/Greger, vor § 373 Rn. 5; MünchKommZPO/Damrau/Weinland, § 373 Rn. 16.
16 BGH NJW-RR 2015, 941, 944, Tz. 31 aE.
17 BGH WM 1976, 424; BGH WM 1985, 613, 615, juris-Tz. 30; ebenso für Prozessstandschaft: BGH NJW-RR 1988, 126, 127, juris-Tz. 18.
18 BGH WM 1976, 424; BGH NJW 2001, 826, 827, juris-Tz. 17; a. A.: MünchKommZPO/Damrau/Weinland, § 373 Rn. 16.
19 BGH NJW-RR 2003, 1212, 1213, juris-Tz. 18, 20 für Niederlegung des Geschäftsführeramtes.
20 So aber Zöller/Greger, vor § 373 Rn. 5.
21 Zutreffend Oberheim, Rn. 581; allgemein zur Würdigung von Aussagen potenziell parteiischer Zeugen vgl Rn. 229, 229a.
22 BGH NJW 2008, 2852, 2854, Tz. 23 ff.; BGH WM 2016, 72, Tz. 2 f.; BGH ZIP 2019, 22, Tz. 38; BGH NJW 2019 1610, Tz. 22; vgl. außerdem Rn. 371; a. A. Foerste MDR 2016, 1123 ff.

Alles in allem kann daher durch eine Abtretung zwar keine Garantie für den Prozesserfolg geschaffen werden, die Beweissituation wird aber nicht unmaßgeblich verbessert, möglicherweise gewinnt die Partei das notwendige Beweis- oder Gegenbeweismittel sogar erst durch die Abtretung. Gerade in solchen Situationen sollte daher auf diese prozesstaktische Maßnahme nicht verzichtet werden.[23]

IV. Prozessstandschaft

Eine Ausnahme zu dem Grundsatz, dass die Klage vom Anspruchsinhaber zu erheben ist, liegt in den Fällen der Prozessstandschaft vor. Hierunter versteht man die Geltendmachung eines fremden Rechts im eigenen Namen.[24] Die dazu erforderliche Prozessführungsbefugnis ist eine Prozessvoraussetzung, damit eine Frage der Zulässigkeit der Klage, und als solche vom Gericht von Amts wegen zu prüfen.[25] Sie kann sich zunächst aus dem Gesetz ergeben (**gesetzliche Prozessstandschaft**). Beispielsweise können die Forderungen des Insolvenzschuldners, weil dieser – vorbehaltlich einer Freigabe durch den Insolvenzverwalter – mit der Insolvenzeröffnung das Verfügungsrecht und damit auch die Prozessführungsbefugnis über sein Vermögen verliert, nicht mehr von diesem eingeklagt werden, sondern nur noch durch den Insolvenzverwalter als Partei kraft Amtes, vgl. § 80 InsO.

Eine Prozessstandschaft kann außerdem durch Rechtsgeschäft begründet werden (**gewillkürte Prozessstandschaft**). Letztere erfordert, dass der Prozessstandschafter durch den Rechtsinhaber nach § 185 BGB zur Prozessführung ermächtigt wird und darüber hinaus ein eigenes schutzwürdiges Interesse an dieser hat; dieses Eigeninteresse ist gegeben, wenn die gerichtliche Entscheidung Einfluss auf die eigene Rechtslage des Prozessstandschafters hat, was auch durch ein wirtschaftliches Interesse begründet werden kann.[26] Beispielsweise kann bei der Sicherungszession der Sicherungsgeber mit Ermächtigung des Sicherungsnehmers die Forderung einklagen, um sich hierdurch von der gesicherten Verbindlichkeit zu befreien. Der Klageantrag muss auf Leistung an den Rechtsinhaber lauten. Letzterer kann im Rechtsstreit als Zeuge benannt werden,[27] so dass auch eine Prozessstandschaft taktisch dazu genutzt werden kann, einen solchen zu gewinnen.[28]

V. Zusammenfassung

1. Die Klage muss von demjenigen erhoben werden, der nach materiellem Recht Anspruchsinhaber, dh aktivlegitimiert ist. Wer dies ist, wird in der Praxis nicht immer eindeutig geregelt.
2. Wenn Unsicherheiten über die Aktivlegitimation durch eine Abtretung beseitigt werden können, sollte von dieser Gestaltungsmöglichkeit Gebrauch gemacht werden. Die Abtretung muss jedoch vor Eintritt der Verjährung erfolgen.
3. Eine Abtretung kann außerdem prozesstaktisch zur Verbesserung der Beweissituation genutzt werden. Klagt nach erfolgter Abtretung nämlich der Zessionar, kann

---

23 Oberheim, Rn. 581.
24 Hk-ZPO/Bendtsen, § 51 Rn. 10; MünchKommZPO/Lindacher/Hau, Vor § 50 Rn. 45; Musielak/Voit, Rn. 246.
25 Vgl. nur BGH NJW-RR 2021, 1400, Tz. 22 f.; BGH ZIP 2022, 635, Tz. 8; Rosenberg/Schwab/Gottwald, § 46 Rn. 3, 47 f.
26 Vgl. nur BGH NJW 2016, 2492, Tz. 16; BGH NJW 2017, 486, Tz. 5; BGH NJW 2017, 487, 488, Tz. 17, alle mwN.
27 MünchKommZPO/Damrau/Weinland, § 373 Rn. 15.
28 Müther MDR 1998, 1335, 1336.

der Zedent als Zeuge benannt und muss vom Gericht als solcher vernommen werden. Als Gegenstrategie kann der Beklagte jedoch seine Parteianhörung nach den Regeln über Gespräche unter vier Augen verlangen oder gegen den Zedenten im Wege der isolierten Drittwiderklage eine negative Feststellungsklage erheben und diesen damit als Zeugen ausschließen.

§ 6 Wer wird verklagt?

99 Ebenso wie klagen muss, wer aktivlegitimiert ist (Rn. 85), muss die Klage gegen denjenigen gerichtet werden, der **passivlegitimiert** ist. Dies ist derjenige, gegen den sich die Klageforderung nach materiellem Recht richtet, der also Schuldner ist. Fehlt dem Beklagten die Passivlegitimation, ist die Klage allein deshalb abzuweisen.

I. Mehrheit von Anspruchsgegnern, „Herausschießen" von Zeugen

100 Mehrere Anspruchsgegner (beispielsweise Gesamtschuldner) können als Streitgenossen in einem Prozess in Anspruch genommen werden. Voraussetzung ist, dass die gerichtliche Zuständigkeit für alle Streitgenossen begründet ist, ggf. über § 36 ZPO (Rn. 135). Das Risiko, mehrere Personen zu verklagen, besteht in der damit verbundenen Erhöhung der Prozesskosten, die der Kläger im Unterliegensfall zu erstatten hat: Selbst wenn sich mehrere Streitgenossen durch denselben Rechtsanwalt vertreten lassen, fallen Erhöhungsgebühren an (Ziff. 1008 VV RVG). Noch höhere Kosten entstehen, wenn sich jeder Streitgenosse einen eigenen Rechtsanwalt nimmt, wozu diese grds. berechtigt sind. Eine Ausnahme gilt nur in Fällen des Rechtsmissbrauchs, der allerdings nur selten vorliegt, wenn nämlich feststeht, dass die Streitgenossen aus der ex ante-Sicht keinen sachlichen Grund hatten bzw. keine plausiblen und schutzwürdigen Belange dafür anführen können, sich durch verschiedene Prozessbevollmächtigte vertreten zu lassen.[1]

101 Unabhängig von solchen Kostenerwägungen sollten taktisch in jedem Fall potenzielle gegnerische Zeugen, wenn sie für die Klageforderung mithaften, auch mitverklagt werden. Denn als Beklagte werden sie Partei des Rechtsstreits und können damit von der Gegenseite nicht mehr als Zeugen benannt werden (Rn. 224). Man bezeichnet dies plakativ als „Herausschießen" von Zeugen.[2] Verlangt der Kläger beispielsweise Schadensersatz wegen einer nach seiner Auffassung fehlerhaft und ohne ordnungsgemäße Risikoaufklärung (vgl. §§ 630d, 630e, 630h Abs. 2 BGB) durchgeführten Operation, sollte die Klage nicht nur gegen den Krankenhausträger gerichtet werden, sondern auch gegen den Operateur und den Arzt, der die Risikoaufklärung durchgeführt hat,[3] um diese als Zeugen auszuschließen. Ggf. kann dies auch noch im laufenden Rechtsstreit durch subjektive Klageerweiterung, d. h. durch Erweiterung der Klage gegen einen weiteren Beklagten, geschehen. Ein solches Vorgehen ist wie eine Klageänderung zu behandeln und daher analog § 263 ZPO in der Eingangsinstanz zulässig, wenn es

---

1 BGH NJW 2017, 3788, Tz. 13; BGH NJW 2012, 319, 320, Tz. 8; BGH NJW-RR 2004, 536; Zöller/Herget, § 91 Rn. 13.93; Hk-ZPO/Gierl, § 100 Rn. 23.
2 Vgl. Oberheim, Rn. 602 ff.; Müther MDR 1998, 1335 f.
3 Zu dessen Passivlegitimation bei Aufklärungsdefiziten vgl. BGH NJW 2007, 217, Tz. 13; BGH NJW 1980, 1905, juris-Tz. 15.

§ 6 Wer wird verklagt?

– wie regelmäßig – sachdienlich ist, d. h. die sachliche Erledigung des Rechtsstreites fördert.[4]

Zu beachten ist, dass ein Zeuge nicht immer als solcher „herausgeschossen" wird, indem er mitverklagt wird. Denn die Prozessrechtsverhältnisse gegenüber Streitgenossen sind selbstständig (Rn. 24). Als Zeuge ist nur ausgeschlossen, wer in seinem eigenen Prozessrechtsverhältnis betroffen ist. Deshalb kann ein nicht notwendiger Streitgenosse Zeuge sein, soweit er als Partei nicht selbst betroffen ist, dh wenn es um Tatsachen geht, die für die gegen ihn selbst gerichtete Klage nicht entscheidungserheblich sind.[5] Beispiel: Käufer K möchte vom Kaufvertrag zurücktreten, weil der Kaufsache eine Eigenschaft fehle, deren Vorliegen der Angestellte A des Verkäufers V ihm bei Abschluss des Kaufvertrages zugesichert habe. Um A als Zeugen auszuschließen, klagt K nicht nur gegen V, sondern auch gegen A. Letzterer würde als Vertreter allerdings nur haften, wenn die Voraussetzungen des § 311 Abs. 3 BGB erfüllt wären, was indes nicht der Fall ist. Da der Inhalt des Kaufvertrages somit nur für die Klage gegen V entscheidungserheblich ist, kann A als Zeuge vernommen werden.[6] Weiteres Beispiel: Der Kläger macht mit der Klage einen Schadensersatzanspruch gegen A und B als Gesamtschuldner und einen weiteren Anspruch nur gegen A geltend. Damit kann B zu Tatsachen, die nur für diesen letztgenannten Anspruch, nicht aber in Bezug auf den Schadensersatzanspruch entscheidungsrelevant sind, als Zeuge benannt und vernommen werden. Dies setzt allerdings einen entsprechenden Beweisantritt voraus, für den wiederum der Rechtsanwalt des Beklagten zu sorgen hat. Letzteres wird in der Praxis nicht selten versäumt.[7]

II. GbR als Anspruchsgegnerin

Ist eine BGB-Gesellschaft passivlegitimiert, kann diese als solche verklagt werden (**Gesamthandsklage**). Außerdem können alle oder einzelne Gesellschafter (mit-) verklagt werden, weil sie nach der Akzessorietätslehre analog § 128 HGB für die Gesellschaftsverbindlichkeiten haften (sog **Gesamtschuldklage**). Das Vorgehen hängt auch von vollstreckungsrechtlichen Erwägungen ab: Zur Vollstreckung in das Gesellschaftsvermögen wird gem. § 736 ZPO ein Titel gegen die Gesellschaft benötigt, der nur durch Gesamthandsklage herbeigeführt werden kann. In das Vermögen von Gesellschaftern kann demgegenüber nur vollstreckt werden, soweit gegen diese ein Titel erwirkt wurde. Meist wird sich daher empfehlen, die Gesellschaft und alle Gesellschafter (soweit diese nicht bekanntermaßen vermögenslos sind) gemeinsam zu verklagen. Dies führt allerdings zu der schon vorstehend erörterten Erhöhung des Kostenrisikos. Soll dies vermieden werden, empfiehlt sich eine Beschränkung der Klage auf die GbR. Das Risiko, dass nach Abschluss dieses Verfahrens sich die zunächst nicht verklagten Gesellschafter gegen ihre persönliche Haftung mit der Verjährungseinrede verteidigen, besteht nicht. Denn die Haftung der Gesellschaft und die Gesellschafterhaftung analog § 128 HGB stimmen aufgrund des Akzessorietätsprinzips inhaltlich überein, auch in

---

[4] BGHZ 65, 264, 268; BGHZ 131, 76, 79 f.; noch großzügiger Zöller/Greger, § 263 Rn. 21; Hk-ZPO/Saenger, § 263 Rn. 21, wonach lediglich die allgemeinen Prozessvoraussetzungen und die Voraussetzungen der Streitgenossenschaft geben. §§ 59 f. ZPO erfüllt sein müssen; allgemein zur Sachdienlichkeit iSv § 263 ZPO vgl. Rn. 476.
[5] BGH NJW 1999, 135, 136, juris-Tz. 19; BGH NJW 1999, 2115, 2116, juris-Tz. 12; BGH WM 1983, 729, 730, juris-Tz. 23; Zöller/Greger, vor § 373 Rn. 7; MünchKommZPO/Damrau/Weinland, § 373 Rn. 17; Oberheim, Rn. 610.
[6] OLG Hamm NJW-RR 1986, 391, 392.
[7] So zutreffend Oberheim, Rn. 610.

Bezug auf Einwendungen oder Einreden. Wird daher der Anspruch gegen die Gesellschaft tituliert, gilt auch für die Haftung der Gesellschafter die 30-jährige Verjährung gem. § 197 Abs. 1 Nr. 3 BGB,[8] und die Hemmung der Verjährung gegenüber der Gesellschaft erfasst analog § 129 HGB auch die akzessorische Haftung der Gesellschafter.[9] Außerdem wird der Gesellschafter, wenn der Gesamthandsklage rechtskräftig stattgegeben wurde, analog § 129 Abs. 1 HGB im Rahmen einer nachfolgenden Gesamtschuldklage nicht mehr mit Einwendungen gegen die Verbindlichkeit der Gesellschaft gehört.[10] Abweichendes gilt im umgekehrten Fall: Die Rechtskraft eines auf die Gesamtschuldklage ergehenden Urteils wirkt nicht gegenüber der Gesellschaft.[11]

104 Wird die Klage nur gegen einen Gesellschafter gerichtet, kann dieser sich nicht analog § 129 Abs. 1 HGB darauf berufen, dass der Anspruch gegen die Gesellschaft nachfolgend verjährt ist.[12]

III. Sorgfältige Bezeichnung des Beklagten

105 Bei der Klageerhebung muss der Rechtsanwalt des Klägers sorgfältig darauf achten, dass er im Rubrum der Klageschrift den Beklagten richtig bezeichnet. Liegt nur eine eindeutig erkennbare Falschbezeichnung vor, kann diese seitens des Gerichtes noch durch Auslegung korrigiert werden (Rn. 87). Wird aber in der Klageschrift eine falsche, dh eine am streitgegenständlichen Rechtsverhältnis tatsächlich nicht beteiligte Person als Beklagter angegeben, wird diese Partei, die Klage ist jedoch wegen ihrer fehlenden Passivlegitimation unbegründet und daher abzuweisen.

106 Ferner ist zu beachten, dass die ladungsfähige Anschrift des Beklagten in der Klageschrift ordnungsgemäß angegeben werden muss. Unterlaufen dem Kläger oder seinem Anwalt hierbei Fehler, werden die Zustellung der Klage und damit der Eintritt der Rechtshängigkeit (§§ 253 Abs. 1, 261 Abs. 1 ZPO) regelmäßig daran scheitern, dass das Gericht die Zustellung unter Übernahme dieser – vom ihm nicht zu überprüfenden – Adresse aus der Klageschrift verfügt, der Postbote den Beklagten dort aber nicht findet und die Sendung als unzustellbar an das Gericht zurückgibt, eine Zustellung also (zumindest zunächst) unterbleibt. Soll durch die Klageerhebung die Verjährung gehemmt oder eine sonstige Frist gewahrt werden, wird dieses Ziel verfehlt, wenn sich die Zustellung durch die fehlerhafte Angabe um mehr als 14 Tage nach Fristablauf verzögert. Denn dann scheitert eine „demnächstige" Zustellung der Klage iSv § 167 ZPO daran, dass die falsche Adressangabe vom Kläger oder seinem Anwalt zu vertreten ist, sofern diese nicht ausnahmsweise auf die Richtigkeit der Anschrift vertrauen durften.[13] Außerdem können durch die Falschangabe auch Zustellungsmängel verursacht werden, etwa wenn der Postbote eine Ersatzzustellung (§§ 178, 180 f. ZPO) vornimmt, obwohl die Voraussetzungen dieser Normen nicht erfüllt sind. In solchen Fällen ist die Zustellung unwirksam[14] und damit nicht geeignet, irgendwelche Fristen zu wahren.

---

8 BGH WM 2010, 308, 311, Tz. 41 aE.
9 BGH NJW 2012, 2435, 2442, Tz. 76; BGH NJW-RR 2019, 1465, Tz. 34, beide mwN.
10 BGHZ 217, 327, Tz. 23; BGH NJW 2014, 1107, 1108 f., Tz. 11, 13; Staub/Habersack, § 129 Rn. 11; MünchHdbGesR/Schmitz-Herscheidt, § 54 Rn. 16.
11 BGH NJW 2011, 2048.
12 BGHZ 104, 76, 80 f.; BGHZ 139, 214, 217 ff.
13 Vgl. nur MünchKommZPO/Häublein/Müller, § 167 Rn. 13; BGH NJW 1993, 2614, 2615, juris-Tz. 19 (keine Pflicht zu einer Anfrage beim Einwohnermeldeamt vor Klageerhebung, wenn keine konkreten Anzeichen für Wohnungswechsel vorliegen); allgemein zu § 167 ZPO bereits vorstehend Rn. 81 f.
14 Vgl. nur Zöller/Schultzky, § 178 Rn. 28, § 180 Rn. 9, § 181 Rn. 10.

Außerdem wird, sofern keine Heilung nach § 189 ZPO[15] oder § 295 ZPO eintritt, bei unwirksamer Zustellung auch kein Prozessrechtsverhältnis begründet und es tritt keine Rechtshängigkeit ein.[16] Ergeht aber trotz fehlender Rechtshängigkeit ein Urteil (denkbar insbesondere bei einem Versäumnisurteil), ist dieses wirkungslos und keiner materiellen Rechtskraft fähig.[17]

Sorgfalt ist schließlich auch bei der Angabe etwaiger Vertretungsverhältnisse geboten. Soll etwa Klage gegen eine juristische Person oder Personengesellschaft erhoben werden, muss in der Klageschrift angegeben werden, durch welches Organ und wen in Person diese im Rechtsstreit vertreten werden soll. Unterbleiben diese Angaben und wird hierdurch – insbesondere aufgrund entsprechender Rückfragen des Gerichts – die Klagezustellung verzögert, ist auch dies vom Kläger oder seinem Rechtsanwalt zu vertreten und daher geeignet, eine „demnächstige" Zustellung iSv § 167 ZPO auszuschließen.[18] Unzutreffende Angaben der Vertretungsverhältnisse führen außerdem dazu, dass die beklagte Gesellschaft im Rechtsstreit nicht ordnungsgemäß vertreten und die Klage daher als unzulässig abzuweisen ist, falls das zuständige Organ bzw. der tatsächliche Organwalter nicht die bisherige Prozessführung genehmigt.[19] Wird der Vertretungsmangel nicht erkannt und ergeht gegen die nicht ordnungsgemäß vertretene Partei ein Urteil, ist die Nichtigkeitsklage nach § 579 Abs. 1 Nr. 4 ZPO statthaft.

IV. Zusammenfassung

1. Um die Benennung oder Vernehmung potenzieller gegnerischer Zeugen zu verhindern, sollte die Klage auch gegen diese gerichtet werden, wenn sie nach materiellem Recht für die Klageforderung haften, dh passivlegitimiert sind. Werden diese Personen nämlich Prozesspartei, können sie nicht als Zeuge über Tatsachen vernommen werden, die auch für die gegen sie gerichtete Klage entscheidungserheblich sind. Man bezeichnet dies als „Herausschießen" von Zeugen.
2. Bei Ansprüchen gegen eine GbR bedarf sorgfältiger Abwägung, ob die Klage gegen die Gesellschaft, deren Gesellschafter oder gegen beide gerichtet wird.
3. Besondere Sorgfalt wird dem Rechtsanwalt bei der genauen Bezeichnung des Beklagten, seiner Anschrift und etwaiger Vertretungsverhältnisse abverlangt. Hierbei

---

[15] Danach wird ein Zustellungsmangel geheilt, wenn das zuzustellende Dokument tatsächlich zugeht, dh der Adressat dieses in die Hand bekommt (BGH NJW-RR 2019, 1465, Tz. 31).
[16] BGH NJW 1984, 926; LG Tübingen JZ 1982, 474 f. = MDR 1982, 676.
[17] LG Tübingen, aaO (speziell für fehlende Rechtshängigkeit mangels wirksamer Zustellung der Klage); allgemein zur Unwirksamkeit gerichtlicher Entscheidungen bei fehlender Rechtshängigkeit vgl. bereits Rn. 11.
[18] MünchKommZPO/Häublein/Müller, § 167 Rn. 13.
[19] BGH NJW 1999, 3263, juris-Tz. 7 ff.; BGHZ 157, 151, 154; BGH NJW-RR 2007, 98; BGH GmbHR 2009, 653 (alle zu § 112 AktG); MünchHdbGesR/Gehle, § 9 Rn. 24; anders dagegen: BGH NJW 1992, 2099, 2100 (zu § 246 Abs. 2 S. 2 AktG); Zöller/Greger, § 253 Rn. 26a, wonach das Gericht gehalten ist, für eine wirksame Klagezustellung an das vertretungsberechtigte Organ zu sorgen.

begangene Fehler können die Zustellung der Klage verzögern und dadurch die Wahrung etwaiger Fristen gem. § 167 ZPO hindern.

§ 7 Wo wird geklagt?

109 Soll Klage erhoben werden, muss der Rechtsanwalt zunächst klären, an welches Gericht er die Klage adressieren kann, welches Gericht also zuständig ist. Hier ist wie folgt zu differenzieren:

I. Rechtsweg

110 Die ordentlichen Gerichte (AG, LG, OLG, BGH) sind zuständig, wenn keine Sondergerichtsbarkeit (Arbeitsgerichte, Sozialgerichte, Verwaltungsgerichte, Finanzgerichte) besteht. Ist der beschrittene Rechtsweg unzulässig, verweist das Gericht den Rechtsstreit gem. § 17a Abs. 2 GVG von Amts wegen an das zuständige Gericht.

111 Unter Beachtung der Formvorschrift des § 1031 ZPO können die Parteien im Voraus oder – in der Praxis seltener – auch nach Auftreten der Streitigkeit vereinbaren, dass an Stelle der staatlichen Gerichte ein **Schiedsgericht** entscheiden soll (Schiedsvereinbarung),[1] dessen Zusammensetzung nach §§ 1034 ff. ZPO erfolgt, falls die Parteien keine vorrangige Vereinbarung hierüber treffen. Durch eine wirksame Schiedsvereinbarung wird der Rechtsweg zu den staatlichen Gerichten ausgeschlossen, so dass die vor einem solchen erhobene Klage gem. § 1032 Abs. 1 ZPO als unzulässig abzuweisen ist, sofern der Beklagte sich vor Beginn der mündlichen Verhandlung zur Hauptsache auf die Schiedsvereinbarung beruft. Unterbleibt diese Rüge, ist der Rechtsweg zu den ordentlichen Gerichten eröffnet.

II. Sachliche Zuständigkeit

112 Die sachliche Zuständig betrifft die Frage, welches Gericht für den Streitgegenstand als Eingangsgericht, dh für die erste Instanz zuständig ist.[2] Gem. § 1 ZPO wird diese Frage durch das GVG geregelt.

113 Die sachliche Zuständigkeit richtet sich grds. nach dem Gegenstandwert. Bis 5.000,00 EUR ist das AG zuständig (§ 23 Nr. 1 GVG), bei höheren Gegenstandswerten das LG (§ 71 Abs. 1 GVG).

114 Für manche Rechtsgebiete bestehen streitwertunabhängige, ausschließliche Zuständigkeiten, beispielsweise des Amtsgerichtes für Wohnraummietsachen (§ 23 Nr. 2 a GVG) und des Landgerichtes für Wettbewerbssachen (§ 14 Abs. 1 UWG), Ansprüche aus Amtspflichtverletzungen iSv § 839 BGB iVm Art. 34 GG (§ 71 Abs. 2 Nr. 2 GVG),[3] Notarhaftung (§ 19 Abs. 3 BNotO) sowie Nichtigkeits- oder Anfechtungsklagen gegen

---

1 Einzelheiten bei Hk-ZPO/Saenger, § 1029 Rn. 7 ff.
2 Vgl. nur Hk-ZPO/Bendtsen, § 1 Rn. 2.
3 Für Ansprüche aus enteignungsgleichem oder enteignendem Eingriff ist gem. § 40 Abs. 2 VwGO zwar der Rechtsweg zu den ordentlichen Gerichten eröffnet (MünchKommBGB/Papier/Shirvani, § 839 Rn. 72, 94), eine streitwertunabhängige Zuständigkeit besteht aber nicht.

Beschlüsse der Hauptversammlung einer AG (§§ 246 Abs. 3, 249 Abs. 1 AktG). Die letztgenannten Bestimmungen gelten im Recht der GmbH analog.[4]

III. Funktionelle Zuständigkeit

Die funktionelle Zuständigkeit regelt, wer innerhalb des Gerichts zuständig ist. Sie wird grds. von Amts wegen ermittelt, dh das Gericht selbst weist die Angelegenheit dem zuständigen Richter, Urkundsbeamten der Geschäftsstelle oder Rechtspfleger zu.[5]

Eine Ausnahme gilt für Handelssachen. Darunter fallen insbesondere Ansprüche aus beiderseitigen Handelsgeschäften (§ 95 Abs. 1 Nr. 1 GVG), gesellschaftsrechtliche Streitigkeiten bei Handelsgesellschaften oder stillen Gesellschaften (§ 95 Abs. 1 Nr. 4 a GVG)[6] sowie Wettbewerbssachen (§ 95 Abs. 1 Nr. 5 GVG). Die Voraussetzungen des § 95 GVG müssen für den gesamten Streitgegenstand erfüllt sein. Werden mit einer Klage mehrere Ansprüche geltend gemacht (objektive Klagehäufung) oder richtet sich diese gegen mehrere Beklagte als Streitgenossen (subjektive Klagehäufung), greift § 95 GVG nur, wenn dessen Voraussetzungen für sämtliche Ansprüche und alle Beklagten erfüllt sind.[7]

Bei Handelssachen hat der Kläger ein Wahlrecht, ob er die Klage bei der Kammer für Handelssachen (KfH) oder bei der Zivilkammer einreicht. Für ersteres genügt bereits, dass die Klage adressiert wird „an das Landgericht XY, Kammer für Handelssachen". Unterbleibt dies und bringt der Kläger auch im weiteren Verlauf der Klageschrift nicht zum Ausdruck, dass er die KfH anrufen möchte, wird das Verfahren der Zivilkammer zugewiesen. In diesem Fall kann der Beklagte jedoch Verweisung an die KfH beantragen (§ 98 GVG). Wird ihm – wie in der Praxis regelmäßig – eine Frist zur Klageerwiderung gesetzt, muss innerhalb derselben auch der Verweisungsantrag gestellt werden (§ 101 Abs. 1 S. 2 GVG). Nach hM kann dies auch noch innerhalb einer verlängerten Klageerwiderungsfrist geschehen.[8] Im Hinblick auf die hierzu vertretene Gegenmeinung[9] sollte aus anwaltlicher Vorsicht die Verweisung aber bereits zusammen mit der Fristverlängerung beantragt werden. Zu beachten ist, dass § 98 GVG einen Antrag des Beklagten verlangt. Die schlichte Rüge der funktionellen Unzuständigkeit der Zivilkammer genügt dazu nicht, wenn sie nicht als Verweisungsantrag auszulegen ist.[10] Darauf sollte sich der Anwalt nicht verlassen, sondern die Verweisung an die KfH ausdrücklich beantragen. Wird ein entsprechender Antrag nicht oder nicht rechtzeitig gestellt, bleibt es bei der Zuständigkeit der Zivilkammer.

Prozesstaktisch ist bei Vorliegen einer Handelssache dem Kläger die Klageerhebung zur KfH, dem Beklagten ggf. die Stellung eines Verweisungsantrages nach § 98 GVG regelmäßig anzuraten. Bei Handelssachen stellen sich nämlich häufig sehr spezielle Fragen des Handels-, Gesellschafts- oder Wettbewerbsrechts. Mit diesen Spezialmaterien befassen sich die in einer Zivilkammer tätigen Richter allenfalls selten, ganz im Gegensatz zu den Vorsitzenden einer KfH. Bei diesen kann daher für Handelssachen

---

4 BGHZ 22, 101, 105; Habersack/Casper/Löbbe/Raiser/Schäfer, Anh. § 47 Rn. 204; Noack/Servatius/Haas/Noack, Anh. § 47 Rn. 168; *a. A.:* MünchKommZPO/Pabst, § 71 GVG Rn. 23; Musielak/Voit/Wittschier, § 71 GVG Rn. 13.
5 Hk-ZPO/Bendtsen, § 1 Rn. 2.
6 Streitigkeiten bei einer Gesellschaft bürgerlichen Rechts (§§ 705 ff. BGB) sind also keine Handelssachen.
7 Zöller/Lückemann, § 95 GVG Rn. 2.
8 OLG München MDR 2009, 946; Hk-ZPO/Rathmann, § 101 GVG Rn. 3; Zöller/Lückemann, § 101 Rn. 1.
9 LG München I MDR 2009, 647; LG Heilbronn MDR 2003, 231.
10 Zöller/Lückemann, § 98 GVG Rn. 2; Hk-ZPO/Rathmann, § 98 GVG Rn. 2.

ein höheres Spezialwissen erwartet werden, ebenso ein besseres Verständnis für wirtschaftliche Zusammenhänge.

119 Die KfH ist gem. § 105 Abs. 1 GVG besetzt mit einem Vorsitzenden Richter am Landgericht, also einem Berufsrichter, und zwei sog Handelsrichtern. Dabei handelt es sich um ehrenamtliche Richter, die keine Juristen, sondern Kaufleute oder Geschäftsführer von Handelsgesellschaften sind, aber gem. § 105 Abs. 2 GVG über das gleiche Stimmrecht wie der Vorsitzende verfügen, diesen also theoretisch überstimmen könnten. In der Praxis ist davon aber keinesfalls auszugehen. Gem. § 349 Abs. 3 Z1200 kann der Vorsitzende der KfH auch allein entscheiden, wenn beide Parteien sich damit einverstanden erklären; in diesem Fall wird auf die Hinzuziehung der Handelsrichter also verzichtet. Dieses Einverständnis kann auch konkludent erklärt werden, etwa durch Antragstellung nach Verhandlung vor dem Vorsitzenden.[11]

IV. Örtliche Zuständigkeit

120 Die örtliche Zuständigkeit, auch **Gerichtsstand** genannt,[12] betrifft die Frage, an welchem Ort die Klage zu erheben ist. Dies ist geregelt in §§ 12 ff. ZPO.

1. Ausschließliche Gerichtsstände

121 Besteht ein ausschließlicher Gerichtsstand, kann die Klage zulässigerweise nur in diesem, dh nur vor diesem Gericht erhoben werden. Ausschließliche Gerichtsstände sind nur diejenigen, die vom Gesetz ausdrücklich so bezeichnet werden.[13] Ein Beispiel findet sich in § 29a ZPO. Danach ist für Streitigkeiten aus Miet- oder Pachtverhältnissen über Räume das Gericht ausschließlich zuständig, in dessen Bezirk sich die Räume befinden. Im Gegensatz zur sachlichen Zuständigkeit nach § 23 Nr. 2a GVG (dazu vorstehend) gilt § 29a ZPO nicht nur für Wohnraummietsachen, sondern für alle miet- oder pachtrechtlichen Streitigkeiten, wenn Vertragsgegenstand Räume sind, dh Gebäude oder Innenräume von Gebäuden, nicht dagegen unbebaute Grundstücke oder bewegliche Sachen.[14]

2. Nicht ausschließliche Gerichtsstände

122 Soweit kein ausschließlicher Gerichtsstand besteht, hat der Kläger gem. § 35 ZPO ein Wahlrecht unter verschiedenen vom Gesetz zugelassenen Gerichtsständen. Die ZPO differenziert zwischen dem allgemeinen Gerichtsstand des Beklagten (§§ 12 ff. ZPO) und verschiedenen besonderen Gerichtsständen (§§ 20 ff. ZPO).

a) Allgemeiner Gerichtsstand

123 Ist der Beklagte eine natürliche Person, wird gem. § 13 ZPO sein allgemeiner Gerichtsstand durch den Wohnsitz bestimmt. Letzterer ergibt sich aus §§ 7–11 BGB.[15]

124 Ist die Beklagte eine juristische Person (insbes. ein Verein, eine GmbH oder eine AG) oder eine parteifähige Personengesellschaft (insbes. eine OHG oder KG – vgl. §§ 124

---

11 BVerfG NJW 1999, 1095, 1096, juris-Tz. 29; *a. A.*: Zöller/Greger, § 349 Rn. 18.
12 Hk-ZPO/Bendtsen, § 12 Rn. 1.
13 Hk-ZPO/Bendtsen, § 12 Rn. 8.
14 Hk-ZPO/Bendtsen, § 29a Rn. 4.
15 Hk-ZPO/Bendtsen, § 13 Rn. 2.

Abs. 1, 161 Abs. 2 HGB – oder eine BGB-Außengesellschaft),[16] wird deren Gerichtsstand gem. § 17 Abs. 1 S. 1 ZPO durch ihren Sitz bestimmt. Dieser ergibt sich bei juristischen Personen und Personenhandelsgesellschaften aus ihrem Gesellschaftsvertrag bzw. ihrer Satzung (vgl. § 5 AktG, § 4a GmbHG, §§ 106 Abs. 1, 2 Nr. 2, 161 Abs. 3 HGB). Nur wenn eine gesellschaftsvertragliche Bestimmung des Sitzes – insbesondere bei BGB-Gesellschaften – fehlt, gilt gem. § 17 Abs. 1 S. 2 ZPO als Sitz der Ort, wo die Verwaltung geführt wird.[17]

b) Besondere Gerichtsstände

Besondere Gerichtsstände bestehen insbesondere für bestimmte Ansprüche oder Rechtsverhältnisse. An dieser Stelle sollen hierfür nur einige Beispiele genannt werden:

aa) Gerichtsstand der Mitgliedschaft, § 22 ZPO

Für Streitigkeit aus der Mitgliedschaft in einer juristischen Person oder parteifähigen Personengesellschaft – unter Einschluss der Außen-GbR[18] – ist gem. § 22 ZPO das Gericht an deren Sitz zuständig. Dieser Gerichtsstand der Mitgliedschaft erfasst insbesondere gesellschaftsrechtliche Streitigkeiten, und zwar sowohl zwischen der Gesellschaft und ihren Gesellschaftern als auch der Gesellschafter untereinander.

bb) Gerichtsstand der Erbschaft, § 27 ZPO

Für erbrechtliche Streitigkeiten ist gem. § 27 ZPO das Gericht am letzten Wohnsitz des Erblassers zuständig.

cc) Gerichtsstand des Erfüllungsortes, § 29 ZPO

Für vertragsrechtliche Ansprüche besteht gem. § 29 ZPO der besondere Gerichtsstand des Erfüllungsortes. Bei Geldforderungen ist Erfüllungsort grds. der Wohnsitz des Schuldners (§ 270 Abs. 4 BGB iVm § 269 Abs. 1 BGB, § 270 Abs. 1 BGB ist nur Gefahrtragungsregel). Etwas anderes gilt aber beispielsweise, wenn der Käufer (etwa nach den Regeln der Sachmängelgewährleistung gem. §§ 437 Nr. 2, 440, 323 BGB) vom Kaufvertrag zurücktritt und sodann dessen Rückabwicklung, insbesondere die Rückzahlung des Kaufpreises verlangt; Erfüllungsort für dieses Rückabwicklungsverhältnis ist dann der Ort, an dem sich die Kaufsache zur Zeit des Rücktritts vertragsgemäß befindet, regelmäßig also der Wohnsitz des klagenden Käufers.[19] Die Vereinbarung eines Erfüllungsortes begründet gem. § 29 Abs. 2 ZPO einen Gerichtsstand nur, wenn die Parteien Kaufleute sind.

dd) Gerichtsstand der unerlaubten Handlung, § 32 ZPO

Für Klagen aus unerlaubten Handlungen ist gem. § 32 ZPO das Gericht zuständig, in dessen Bezirk die Handlung begangen worden ist. Zur Begründung des Gerichtsstands

---

16 Zur Parteifähigkeit der BGB-Gesellschaft grundlegend BGHZ 146, 341 ff.
17 BGH NJW 2009, 1610, 1611, Tz. 10 ff. (für BGB-Gesellschaft); OLG Hamm NJW-RR 2019, 743, juris-Tz. 21; Zöller/Schultzky, § 17 Rn. 10.
18 MünchKommZPO/Patzina, § 22 Rn. 3.
19 BGHZ 87, 104, 109 f.; Zöller/Schultzky, § 29 Rn. 25.51.

genügt die schlüssige Darlegung einer unerlaubten Handlung;[20] ob eine solche tatsächlich vorliegt, ist demgegenüber eine Frage der Begründetheit der Klage („doppelrelevante Tatsache").[21] Besteht bei einem Streitgegenstand (zum Begriff Rn. 259 f.) materiellrechtliche Anspruchskonkurrenz (etwa zwischen deliktischen und vertraglichen Ansprüchen), hat das nach § 32 ZPO zuständige Gericht über diesen unter Berücksichtigung aller in Betracht kommenden Anspruchsgrundlagen zu entscheiden.[22] Begehungsort iSv § 32 ZPO ist nicht nur der **Handlungsort**, sondern auch der – hiervon uU verschiedene – Ort, an dem in das geschützte Recht oder Rechtsgut eingegriffen wurde (**Erfolgsort**).[23] Hierdurch können aus § 32 ZPO auch mehrere Gerichtsstände begründet werden, zwischen denen der Kläger dann gem. § 35 ZPO auswählen kann. Sollen beispielsweise Unterlassungs- oder Schadensersatzansprüche wegen unrichtiger oder ehrverletzender Berichterstattung in einer bundesweit ausgestrahlten Fernsehsendung geltend gemacht werden, ist der deliktische Erfolg bundesweit eingetreten, so dass der Kläger unter allen sachlich zuständigen, deutschen Gerichten frei auswählen kann. Natürlich kann er die Klage nur bei einem Gericht erheben, weil anderenfalls die später erhobene Klage gem. § 261 Abs. 3 Nr. 1 ZPO wegen doppelter Rechtshängigkeit unzulässig ist (Rn. 264).

ee) Wettbewerbsrechtliche Streitigkeiten, § 14 UWG

130 Für wettbewerbsrechtliche Streitigkeiten ist die örtliche Zuständigkeit in § 14 Abs. 2 UWG geregelt. Nach dessen S. 1 ist für Klagen wegen wettbewerbswidriger, dh unlauterer geschäftlicher Handlungen (§ 3 Abs. 1 UWG) zunächst das Gericht zuständig, in dessen Bezirk der Beklagte seine gewerbliche oder selbstständige berufliche Niederlassung oder in Ermangelung einer solchen seinen Wohnsitz hat. Dies entspricht dem allgemeinen Gerichtsstand nach §§ 17, 13 ZPO. Ist der Kläger Mitbewerber (§ 8 Abs. 3 Nr. 1 UWG iVm § 2 Abs. 1 Nr. 3 UWG) des nach seiner Auffassung wettbewerbswidrig handelnden Beklagten und ist die Zuwiderhandlung nicht im elektronischen Geschäftsverkehr oder in Telemedien erfolgt, ist gem. § 14 Abs. 2 S. 2 UWG außerdem das Gericht zuständig, in dessen Bezirk die streitgegenständliche Handlung begangen ist. Begehungsort iSv § 14 Abs. 2 S. 2 UWG ist, nicht anders als bei § 32 ZPO, sowohl der Handlungs- als auch der Erfolgsort.[24] Dies führt bei wettbewerbsrechtlichen Streitigkeiten häufig dazu, dass der klagende Mitbewerber unter zahlreichen Gerichtsständen – nicht selten sogar bundesweit – frei auswählen kann. So ist etwa bei unzulässiger Werbung in Printmedien deren gesamtes Verbreitungsgebiet, in dem die Information dritten Personen bestimmungsgemäß zur Kenntnis gebracht wird, Erfolgs- und damit gem. § 14 Abs. 2 S. 2 UWG zuständigkeitsbegründender Begehungsort.[25]

---

20 BGH NJW-RR 2010, 1554, Tz. 8; Hk-ZPO/Bendtsen, § 32 Rn. 14; Zöller/Schultzky, § 32 Rn. 22. MünchKommZPO/Patzina, § 12 Rn 56, letztere auch unter Hinweis darauf, dass schon im Rahmen der Zuständigkeitsprüfung – ggf. auch durch Beweiserhebung – zu klären ist, ob ein Begehungsort im Zuständigkeitsbereich des angerufenen Gerichts liegt, da insofern keine doppelrelevante Tatsache (zum Begriff nachfolgende Fn.) vorliegt.
21 Allgemein werden als doppelrelevant solche Tatsachen bezeichnet, die sowohl den jeweiligen Gerichtsstand begründen als auch die materiellen Anspruchsvoraussetzungen erfüllen. In solchen Fällen genügt für die örtliche Zuständigkeit die schlüssige Behauptung entsprechender Tatsachen, da anderenfalls in derartigen, besonderen Gerichtsständen kein Sachurteil gegen den Kläger ergehen könnte (vgl. nur Zöller/Schultzky, § 12 Rn. 14; MünchKommZPO/Patzina, § 12 Rn 56).
22 BGHZ 153, 173 ff. unter Aufgabe seiner früheren, gegenteiligen Rspr.
23 Hk-ZPO/Bendtsen, § 32 Rn. 15; Zöller/Schultzky, § 32 Rn. 19.
24 Köhler/Bornkamm/Feddersen/Köhler/Feddersen, § 14 Rn. 16; Ohly/Sosnitza/Sosnitza, § 14 Rn. 10.
25 Köhler/Bornkamm/Feddersen/Köhler/Feddersen, § 14 Rn. 16 f.

c) Prozesstaktische Erwägungen

Besteht gem. § 35 ZPO ein Wahlrecht zwischen verschiedenen Gerichtsständen, müssen prozesstaktisch bei der Auswahl insbesondere bestehende Rechtsprechungsunterschiede berücksichtigt werden, dh die Klage sollte tunlich bei einem Gericht im Bezirk eines OLG erhoben werden, dessen Rechtsprechung für den Kläger bzw. das Klagebegehren möglichst günstig ist. Solche Rechtsprechungsunterschiede zwischen Oberlandesgerichten sind insbesondere anzutreffen, wenn höchstrichterliche Rechtsprechung zu einer entscheidungserheblichen Frage (noch) nicht vorliegt. Dies ist beispielsweise bei prozessualen Fragen des einstweiligen Rechtsschutzes keine Seltenheit, da hier ergehende Urteile gem. § 542 Abs. 2 S. 1 ZPO nicht revisibel sind. Hierfür soll nur ein besonders ausgeprägtes Beispiel genannt werden: In wettbewerbsrechtlichen Streitigkeiten wird die für den Erlass einer einstweiligen Verfügung erforderliche Eilbedürftigkeit bzw. der Verfügungsgrund gem. § 12 Abs. 1 UWG widerleglich vermutet. Wird die einstweilige Verfügung jedoch nicht rechtzeitig nach Kenntniserlangung von der wettbewerbswidrigen Handlung beantragt, ist diese Dringlichkeitsvermutung widerlegt. Wie lange der Antragsteller zuwarten darf, wird in der obergerichtlichen Rechtsprechung unterschiedlich beurteilt. Überwiegend – beispielsweise von den OLG'en Hamm und Köln – wird die Überschreitung von einem Monat für schädlich gehalten, andere OLG'e (etwa Düsseldorf, Hamburg oder Schleswig) halten auch deutlich längere Zeiträume von mindestens von zwei Monaten für unbedenklich.[26] Bei entsprechend später Mandatierung wird sich der Rechtsanwalt daher nach Möglichkeit für die Anrufung eines Gerichtes im Bezirk eines OLG entscheiden, nach dessen Rechtsprechung die Dringlichkeitsvermutung noch nicht widerlegt ist.

131

Solche Rechtsprechungsunterschiede auszunutzen, ist keinesfalls rechtsmissbräuchlich, sondern zulässig. Die möglichen Erfolgsaussichten einer Klage oder eines Antrags auf Erlass einer einstweiligen Verfügung bei einem anderen Gericht sind für die Entscheidung des angerufenen Gerichtes unbeachtlich.[27]

132

3. Gerichtsstandsvereinbarungen

Gerichtsstandsvereinbarungen (**Prorogation**) sind nach Maßgabe der §§ 38 ff. ZPO möglich. Uneingeschränkt zulässig und formfrei wirksam sind sie jedoch nur, wenn beide Parteien Kaufleute sind (§ 38 Abs. 1 ZPO). Andere Personen[28] können einen Gerichtsstand nur ausdrücklich, schriftlich und erst nach dem Entstehen der Streitigkeit vereinbaren (§ 38 Abs. 3 Nr. 1 ZPO). Aufgrund des letztgenannten Erfordernisses haben Gerichtsstandsvereinbarungen unter Nicht-Kaufleuten in der Praxis keine Bedeutung. Gem. § 40 Abs. 2 S. 1 Nr. 2 ZPO kann ein Gerichtsstand außerdem nur vereinbart werden, wenn nicht kraft Gesetzes ein ausschließlicher Gerichtsstand begründet ist.

133

---

26 Vgl. die Übersicht bei Köhler/Bornkamm/Feddersen/Köhler/Feddersen, § 12 Rn. 2.15b mwN für fast alle OLG'e.
27 KG WRP 1992, 34, 36, juris-Tz. 17; OLG Hamm GRUR-RR 2012, 279, 280, juris-Tz. 39; a. A.: OLG Hamm NJW 1987, 138.
28 Juristische Personen des öffentlichen Rechts, öffentlich-rechtliche Sondervermögen (dazu § 38 Abs. 1 ZPO) sowie Personen ohne allgemeinen Gerichtsstand im Inland (§ 38 Abs. 2, 3 Nr. 2 ZPO) bleiben hier außer Betracht.

134 Die vorstehend dargelegten Regeln können nicht durch eine Vereinbarung des Erfüllungsortes umgangen werden. Denn eine solche begründet einen Gerichtsstand gem. § 29 Abs. 2 ZPO nur, wenn sie zwischen Kaufleuten abgeschlossen wird.

4. Gerichtliche Bestimmung der Zuständigkeit

135 Sollen mehrere Personen als Streitgenossen (beispielsweise als Gesamtschuldner) verklagt werden, die keinen gemeinsamen Gerichtsstand haben, kann ein solcher nach § 36 ZPO gerichtlich bestimmt werden. Dies geschieht durch Beschluss des im Rechtszug zunächst höheren Gerichtes, bei Zuständigkeit des Landgerichtes als Eingangsgericht somit durch das für dieses zuständige OLG, bei Zuständigkeit des Amtsgerichtes als Eingangsgericht durch das hierfür zuständige Landgericht. Sind für die Eingangsgerichte, in deren Bezirk die Streitgenossen jeweils ihren Gerichtsstand haben, verschiedene Berufungsgerichte zuständig, kann der Antrag gem. § 36 Abs. 2 ZPO wahlweise bei jedem dieser Gerichte gestellt werden.

V. Rügelose Verhandlung

136 Gem. § 39 S. 1 ZPO kann die sachliche oder örtliche Zuständigkeit des angerufenen, ursprünglich aber unzuständigen Eingangsgerichtes auch dadurch begründet werden, dass der Beklagte zur Hauptsache mündlich verhandelt, dh in der mündlichen Verhandlung eine Sachentscheidung beantragt,[29] ohne die Unzuständigkeit geltend zu machen, dh zu rügen. Für den Rechtsanwalt bedeutet dies, dass er die Unzuständigkeit des angerufenen Gerichts explizit und rechtzeitig rügen muss, wenn er eine Entscheidung durch dieses verhindern will.

137 Im amtsgerichtlichen Verfahren gilt das vorstehend Gesagte wegen des dort fehlenden Anwaltszwangs nur, wenn das Amtsgericht vor der Verhandlung den Beklagten auf seine fehlende Zuständigkeit und auf die Folgen einer rügelosen Einlassung hingewiesen hat (§ 39 S. 2 ZPO iVm § 504 ZPO). Außerdem wird bei Bestehen eines ausschließlichen Gerichtsstandes die Zuständigkeit eines anderen Gerichtes auch durch rügelose Einlassung nicht begründet, § 40 Abs. 2 S. 1 Nr. 2, S. 2 ZPO.

VI. Verweisung

138 Wird die Klage vor einem örtlich oder sachlich unzuständigen Gericht erhoben, ist sie unzulässig. Die damit grds. gebotene, kostenpflichtige Klageabweisung kann jedoch vermieden werden, indem der Kläger – typischerweise hilfsweise – die Verweisung des Rechtsstreites an das zuständige Gericht beantragt, die das unzuständige Gericht dann durch Beschluss nach § 281 ZPO zu veranlassen hat. Diese Verweisung ist gem. § 281 Abs. 2 S. 4 ZPO für das Gericht, an das verwiesen wurde, bindend, so dass dieses über die Sache zu entscheiden hat.

VII. Zusammenfassung

139 1. Zu unterscheiden sind die sachliche, die funktionelle und die örtliche Zuständigkeit des Gerichts. Wir die Klage vor einem unzuständigen Gericht erhoben, kommt – ggf. auf Antrag – eine Verweisung an das zuständige Gericht in Betracht.

---

29 Hk-ZPO/Bendtsen, § 39 Rn. 6; eingehend Zöller/Schultzky, § 39 Rn. 6 f.

2. Die sachliche und örtliche Zuständigkeit eines Gerichts kann auch durch Gerichtsstandsvereinbarung oder rügelose Verhandlung begründet werden.

§ 8 Sachvortrag und dessen prozessuale Beachtlichkeit

Der Zivilprozess wird vom **Beibringungsgrundsatz** beherrscht. Dieser besagt, dass das Gericht nur den ihm vorgetragenen Sachverhalt berücksichtigt und auch nur hierüber Beweis erhebt, und zwar nur mit den ihm mitgeteilten Beweismitteln. Dies wirft zwei Fragen auf, die sich in fast jedem Rechtsstreit stellen und häufig auch dessen Ausgang entscheiden:

140

- Welchen Anforderungen muss der Vortrag einer Partei genügen, um bei der gerichtlichen Entscheidung berücksichtigt zu werden und ggf. Gegenstand der Beweisaufnahme zu sein? Diese Frage der **prozessualen Beachtlichkeit des Vortrags** wird in diesem Kapitel erörtert.
- Welche Partei muss welche Tatsachen vortragen und ggf. beweisen? Diese **Verteilung der Darlegungs- und Beweislast** wird nachfolgend in § 9 erörtert.

I. Substantiierungslast

1. Bedeutung

Der Vortrag einer Partei ist prozessual nur beachtlich, wenn er hinreichend substantiiert ist. Fehlt es hieran, darf das Gericht deshalb diesen Vortrag bei seiner Entscheidung nicht berücksichtigen und erst recht hierüber keinen Beweis erheben.[1] Eine Beweiserhebung wäre ein unzulässiger **Ausforschungsbeweis**. Der letztgenannte Begriff bezeichnet den Versuch, durch die beantragte Beweisaufnahme Tatsachen zu erfahren, die ein genaueres Vorbringen oder die Benennung weiterer Beweismittel erst ermöglichen sollen. Dies ist grds. zulässig und kann auch prozesstaktisch genutzt werden. Unzulässig ist der Ausforschungsbeweis nur, wenn das Vorbringen unsubstantiiert ist oder „ins Blaue hinein" erfolgt, so dass erst durch die Beweiserhebung prozessual beachtlicher Vortrag generiert werden soll.[2]

141

Lässt das Gericht den Vortrag einer Partei mangels hinreichender Substantiierung unberücksichtigt, bedeutet dies für deren Rechtsanwalt nicht selten einen Haftungsfall, denn letzterer ist verpflichtet, für seine Partei hinreichend substantiiert vorzutragen[3] und die dazu erforderlichen Informationen ggf. von seinem Mandanten anzufordern (Rn. 75). Wird der Vortrag jedoch zu Unrecht als unsubstantiiert zurückgewiesen und unberücksichtigt gelassen, verletzt dies das Verfahrensgrundrecht der betroffenen Partei aus Art. 103 Abs. 1 GG.[4]

142

---

1 Hk-ZPO/Saenger, § 286 Rn. 85 aE.
2 Vgl. nur Musielak/Voit/Foerste, § 284 Rn. 17 f. mwN; zum Verbot des Vortrags „ins Blaue hinein" Rn. 152.
3 BGH NJW-RR 1990, 1241, 1244, juris-Tz. 38; BGH NJW 1988, 3013, 3016, juris-Tz. 46; BGH NJW 1996, 2648, 2650, juris-Tz. 30; G. Fischer/Vill/D. Fischer/Pape/Chab/Vill, § 2 Rn. 227 ff.: Den Prozessbevollmächtigten trifft die Pflicht, alle für den Mandanten sprechenden Gesichtspunkte so umfassend wie möglich zu ermitteln und vorzutragen, damit das Gericht sie bei seiner Entscheidung berücksichtigen kann.
4 Vgl. nur BGH NJW-RR 2015, 829, Tz. 9; BGH BauR 2017, 1406, 1409, Tz. 24; BGH NJW 2022, 935, Tz. 13 ff.

2. Inhaltliche Anforderungen an die hinreichende Substantiierung
a) Grundsatz

143 In der Praxis ist für manche Gerichte die „Versuchung" groß, Vortrag als unsubstantiiert zurückzuweisen und so zu einem schnellen Urteil zu gelangen. Hierbei werden die Substantiierungsanforderungen nicht selten inhaltlich überspannt. Immer wieder liest man in erstinstanzlichen und teilweise sogar obergerichtlichen Entscheidungen, der Vortrag einer Partei sei unsubstantiiert und daher prozessual unbeachtlich, weil diese nicht hinreichend Details (wer, wo, wann, wie, was?) des von ihr behaupteten Sachverhaltes vorgetragen habe. Diese Praxis ist verfehlt. Das OLG Köln[5] hat dies schon im Jahr 1999 – nach wie vor gültig – pointiert wie folgt formuliert: *„Die Auffassung einzelner Kammern des LG, der Klagevortrag sei unsubstantiiert, weil der Kläger nicht angegeben habe, wer – wann – wo – mit wem – warum usw etwas getan oder unterlassen habe, ist falsch und war immer falsch, findet in der Rechtsprechung des BGH keine Stütze, ist aber bisher nicht auszurotten."*

144 Tatsächlich ist nach der Rechtsprechung des BGH[6] der Sachvortrag einer Partei zur Begründung eines Anspruchs bereits dann hinreichend substantiiert und damit schlüssig, – so wörtlich – *„wenn die Partei Tatsachen vorträgt, die in Verbindung mit einem Rechtssatz geeignet und erforderlich sind, das geltend gemachte Recht als in der Person der Partei entstanden erscheinen zu lassen. Die Angabe näherer Einzelheiten ist nicht erforderlich, soweit diese für die Rechtsfolgen nicht von Bedeutung sind. Das Gericht muss nur in die Lage versetzt werden, aufgrund des tatsächlichen Vorbringens der Partei zu entscheiden, ob die gesetzlichen Voraussetzungen für das Bestehen des geltend gemachten Rechts vorliegen. Sind diese Voraussetzungen erfüllt, ist es Sache des Tatrichters, in die Beweisaufnahme einzutreten und dabei ggf. die benannten Zeugen oder die zu vernehmende Partei nach weiteren Einzelheiten zu befragen oder einem Sachverständigen die beweiserheblichen Streitfragen zu unterbreiten."*[7] Diese Substantiierungsanforderungen gelten nicht nur für die Darlegung der Anspruchsvoraussetzungen, sondern jeglicher Rechte[8] oder Rechtsfolgen.[9] Die Angabe näherer Einzelheiten ist danach nur erforderlich, wenn diese, insbesondere im Hinblick auf das Vorbringen des Gegners, für die Rechtsfolgen von Bedeutung sind.[10] Gesteigerte Anforderungen können nicht einmal mit der Begründung gestellt werden, die gegnerische Partei müsse in die Lage versetzt werden, sich möglichst eingehend auf Behauptungen einzulassen und Gegenbeweis anzutreten.[11] Der Pflicht zur Substantiierung ist mithin nur dann nicht Genüge getan, wenn das Gericht aufgrund der Darstellung nicht beurteilen kann, ob die gesetzlichen Voraussetzungen der an eine Behauptung geknüpften

---
5 NJW-RR 1999, 1155.
6 Zusammenfassend Schultz NJW 2017, 16, 18 ff.
7 So wörtlich BGH NJW-RR 2013, 217, 219, Tz. 26; BGH VersR 2017, 966, Tz. 7; BGH NJW-RR 2018, 1150, Tz. 16; BGH NJW 2020, 236, Tz. 17; BGH NJW 2020, 1740, Tz. 7; BGH NJW-RR 2021, 1337, Tz. 6; BGH NJW 2022, 935, Tz. 17; inhaltsgleich BVerfG WM 2012, 492, 493; BGHZ 193, 159, 174, Tz. 43; BGH NJW-RR 2017, 129, Tz. 9; BGH NJW 2009, 2137, Tz. 4; BGH NJW 2012, 382, Tz. 14; BGH NJW 2012, 3035, Tz. 4; BGH NJW-RR 2012, 728, Tz. 17; BGH NJW-RR 2013, 296, Tz. 10; BGH NZM 2014, 582, 583, Tz. 16; BGH NJW-RR 2015, 829, Tz. 9; BGH NJW 2015, 409, 410, Tz. 14; BGH GmbHR 2016, 701, 702, Tz. 24; BGH GmbHR 2016, 984, 985, Tz. 18; BGH NJW-RR 2017, 380, 382, Tz. 23; BGH BauR 2017, 1406, 1409 f., Tz. 25 f.
8 Etwa Gewährleistungsrechte, vgl. BGH NJW 2012, 382, Tz. 14.
9 BGHZ 193, 159, 174, Tz. 43; zum Bestreiten BGH ZIP 2022, 2572, Tz. 9 und nachfolgend Rn. 335.
10 BGHZ 127, 354, 358; BGH NJW 1999, 2887, 2888, juris-Tz. 21; BGH NJW 2015, 409, 410, Tz. 14; BGH NJW 2020, 236, Tz. 17.
11 BGH NJW 1999, 2887, 2888, juris-Tz. 21.

Rechtsfolgen erfüllt sind.[12] Daher muss beispielsweise zur substantiierten Darlegung einer zwischen den Parteien getroffenen Vereinbarung nicht vorgetragen werden, wo und wann genau diese abgeschlossen wurde, weil es sich hierbei um Details handelt, die für die Rechtsfolgen der Vereinbarung irrelevant sind.[13]

In jedem Fall findet die Substantiierungslast ihre Grenze in dem subjektiven Wissen der Partei und der Zumutbarkeit weiterer Ausführungen.[14] Wer etwa eine vertragliche Absprache behauptet, an der er selbst nicht beteiligt war, muss nicht vortragen, „wer, wann, wo, mit wem" diese Vereinbarung getroffen haben soll; er genügt vielmehr seiner Darlegungslast, wenn er die Tatsache einer Absprache in das Wissen von Zeugen stellt, die an dem Gesamtvorgang beteiligt waren.[15] Wer Mängel eines Bauwerkes oder einer Mietsache behauptet, muss nur eine hinreichend genaue Beschreibung der Mangelerscheinungen („Mängelsymptome") vortragen, nicht aber die ihm häufig selbst nicht bekannte technische Ursache dieser Mängel.[16] Noch geringere Substantiierungsanforderungen gelten im Arzthaftungsprozess für den Patienten, da weder vom diesem noch von seinem Prozessbevollmächtigten medizinisches Fachwissen verlangt oder gefordert werden kann, sich dieses zur ordnungsgemäßen Prozessführung anzueignen; er darf sich daher auf Vortrag beschränken, der die Vermutung eines fehlerhaften Verhaltens des Arztes aufgrund der Folgen für den Patienten gestattet.[17] Verallgemeinernd gelten diese letztgenannten Grundsätze immer, wenn ein Erfolg versprechender Parteivortrag fachspezifische Fragen betrifft und besondere Sachkunde erfordert, so etwa, wenn sich in einem Produkthaftungsprozess medizinische Fragen stellen.[18]

145

Für die Substantiierung eines Vortrags ist unerheblich, wie wahrscheinlich die Darstellung ist und ob sie auf eigenem Wissen oder einer Schlussfolgerung aus Indizien beruht.[19] Selbst wenn eine Partei im Verlaufe eines Rechtsstreits unterschiedlich vorträgt, darf dieser Vortrag nicht ohne Weiteres wegen Widersprüchlichkeit als prozessual unbeachtlich zurückgewiesen werden, da eine Partei nicht gehindert ist, ihr Vorbringen im Laufe des Rechtsstreits zu ändern, insbesondere auch zu berichtigen.[20] Nur wenn Widersprüche – trotz gerichtlichen Hinweises gem. § 139 ZPO[21] – von der Partei nicht ausgeräumt werden, ist der Vortrag prozessual unbeachtlich.[22] Anderenfalls

146

---

12 BGH NJW 2009, 2137, Tz. 4; BGH NJW 2012, 3035, Tz. 4; BGH NZM 2014, 582, 583, Tz. 16; BGH NJW 2015, 409, 410, Tz. 14; BGH GmbHR 2016, 701, 702, Tz. 24.
13 BGH NJW-RR 2018, 1150, Tz. 16.
14 BGH NJW-RR 2005, 75, juris-Tz. 12; BGH NJW 2020, 393, Tz. 10, 13; BGH NJW 2020, 1740, Tz. 7; BGH NJW-RR 2021, 1337, Tz. 6; vgl. auch BGH NJW 2002, 825, 826, juris-Tz. 14; BGH NJW-RR 2018, 1301, Tz. 25, wonach die Substantiierungsanforderungen davon abhängen, was der Partei an näheren Angaben zumutbar und möglich ist. Letzteres sollte – schon aus Gründen anwaltlicher Vorsicht, dazu Rn. 70 – allerdings Veranlassung geben, nicht nur das nach der vorstehend zitierten Rspr. mindestens Erforderliche vorzutragen, sondern die entscheidungserheblichen Sachverhalte möglichst umfassend und detailliert darzustellen, soweit diese dem Mandanten bekannt oder zugänglich sind.
15 BGH NJW 2009, 2137, Tz. 4.
16 BGH NJW 2017, 1877, Tz. 11; BGH NJW 2012, 382, 383, Tz. 16 mwN für Mängel der Mietsache; BGH NJW-RR 2002, 743, juris-Tz. 5; BGH NJW-RR 2003, 1239 f., juris-Tz. 9 für Baumängel.
17 BGHZ 159, 245, 252; BGH NJW 2016, 1328, 1329, Tz. 6; BGH NJW-RR 2016, 1360, 1362, Tz. 4 (auch zur sekundären Darlegungslast des Arztes bei Hygieneverstößen); BGH VersR 2017, 822, 824, Tz. 19.
18 BGH NJW 2021, 1398, Tz. 8.
19 BVerfG WM 2012, 492, 493; BGH NJW 2009, 2137, Tz. 4; BGH NZM 2014, 582, 583, Tz. 16; BGH NJW 2015, 409, 411, Tz. 14; BGH VersR 2017, 966, 967, Tz. 13 aE; BGH NJW-RR 2018, 1150, Tz. 16; BGH ZIP 2022, 2572, Tz. 9.
20 BGH VersR 2011, 1384, 1385, Tz. 6 aE; BGH NJW-RR 2012, 728, Tz. 16; BGH, Beschluss vom 23.7.2013, II ZR 28/12, Tz. 7; BGH NJW-RR 2018, 1150, Tz. 21; BGH WM 2018, 1833, Tz. 12.
21 BGH NZM 2014, 582, 583, Tz. 17 aE; BGH NJW 2015, 3447, Tz. 66.
22 BGH NJW-RR 1987, 1469, juris-Tz. 11; BGH NJW-RR 2003, 69, juris-Tz. 12.

muss das Gericht ihn berücksichtigen und ggf. in die Beweisaufnahme eintreten; die Widersprüchlichkeit kann allenfalls im Rahmen der Beweiswürdigung berücksichtigt werden.[23]

147 Keinesfalls darf zur Erfüllung der Substantiierungsanforderungen verlangt werden, dass die Partei ein Privatgutachten (Rn. 240) einzuholen und damit ihren Vortrag zu untermauern hat.[24] Im Bauprozess darf sich beispielsweise der Bauherr darauf beschränken, die Höhe der Mängelbeseitigungskosten zu schätzen und für den Fall, dass diese bestritten werden sollten, die Einholung eines Sachverständigengutachtens zu beantragen.[25] Trägt der Gegner unter Vorlage eines Privatgutachtens vor, kann für die prozessuale Beachtlichkeit der Erwiderung hierauf nicht verlangt werden, dass die Unzulänglichkeit des gegnerischen Gutachtens unter inhaltlicher Auseinandersetzung mit diesem oder gar durch Vorlage eines eigenen Privatgutachtens im einzelnen aufgezeigt wird.[26]

b) Wechselwirkung mit gegnerischem Vortrag

148 Der Grad der notwendigen Substantiierung hängt auch davon ab, wie sich die Gegenseite einlässt: Die darlegungspflichtige Partei muss umso substantiierter vortragen, je substantiierter die Gegenseite bestreitet.[27] Auch dieser Grundsatz besagt allerdings nur, dass der Tatsachenvortrag einer Ergänzung bedarf, wenn er infolge der Einlassung des Gegners unklar wird und nicht mehr den Schluss auf die Entstehung des geltend gemachten Rechts zulässt.[28] Beispielsweise darf der Kläger sich in der Klageschrift darauf beschränken, pauschal den Vertragsabschluss oder das Eigentumsrecht zu behaupten, aus dem die Klageforderung hergeleitet wird. Erst wenn der Beklagte das Zustandekommen eines Vertrages oder das Eigentum bestreitet, muss der Kläger die Details vortragen, etwa die näheren Umstände des Vertragsabschlusses oder des Eigentumserwerbs, um dem Gericht die Überprüfung der rechtlichen Voraussetzungen des jeweiligen Tatbestandes zu ermöglichen.[29]

149 Die vorstehenden Ausführungen betreffen nur die Substantiierung. Damit darf nicht die Frage verwechselt werden, ob eine Partei an ihrem Vortrag festhält. Prozessual ist es zulässig und im Hinblick auf die Wahrheitspflicht uU sogar geboten, dass eine Partei ihren bisherigen Vortrag aufgibt. Dazu genügt aber – entgegen immer wieder anzutreffender Praxis mancher Instanzengerichte – keinesfalls, dass eine Partei ihren Vortrag nicht wiederholt, nachdem die gegnerische Partei das Gegenteil behauptet hat. Vielmehr erfordert die Annahme, eine Partei wolle erhebliches Vorbringen nicht mehr

---

23 BGH VersR 2011, 1384, 1384, Tz. 6 aE; BGH NJW-RR 2012, 728 f., Tz. 16; BGH, Beschluss vom 23.7.2013, II ZR 28/12, Tz. 7; BGH WM 2018, 1833, Tz. 12; BGH NJW-RR 2018, 1150, Tz. 21 unter zutreffendem Hinweis auf das Verbot der antizipierten Beweiswürdigung (dazu Rn. 209).
24 BGH NJW 2003, 1400, juris-Tz. 10 f.; selbst zur Substantiierung der Einwendungen gegen ein vom Gericht eingeholtes Sachverständigengutachten kann die Vorlage eines Privatgutachtens nicht verlangt werden, vgl. BGH, aaO; BGHZ 164, 330, Tz. 15; BGH NJW 2008, 2846, 2849, Tz. 27; BGH VersR 2017, 1285, 1286, Tz. 7; erst recht kann, wenn eine Partei ihren Vortrag durch ein Privatgutachten unterlegt, für ein prozessual beachtliches Bestreiten von der anderen Partei nicht verlangt werden, in derselben Weise vorzutragen oder auch nur die Unzulänglichkeit des gegnerischen Privatgutachtens substantiiert darzulegen, vgl. BGH NJW-RR 2020, 1320, Tz. 13; BGH NJW 2009, 2894, Tz. 23.
25 BGH NJW-RR 2003, 1239, 1240, juris-Tz. 13.
26 BGH ZIP 2022, 2572, 2573, Tz. 10, 12.
27 BGH NJW 1999, 1859, 1860, juris-Tz. 9; BGH NJW 2011, 3291, Tz. 14; BGHZ 217, 129, Tz. 19; BGH ZIP 2022, 2572, Tz. 9.
28 BGH, Urteil vom 23.1.2015, V ZR 107/13, BeckRS 2015, 09787, Tz. 18 mwN; Schultz NJW 2017, 16, 21.
29 Vgl. nur MünchKommZPO/Fritsche, § 138 Rn. 19.

c) Bezugnahme auf Anlagen zum Schriftsatz

Zur Erfüllung der Substantiierungspflicht ist schriftsätzlicher Vortrag erforderlich. Dieser kann nicht durch die bloße Vorlage von Anlagen ersetzt werden.[31] Dem Gericht ist auch nicht zuzumuten, sich fehlende schriftsätzliche Angaben aus umfangreichen, ungeordneten Anlagen oder gar Anlagenkonvoluten selbst herauszusuchen.[32] Zulässig ist jedoch, zur Erläuterung eines schriftsätzlichen Vortrags und wegen der Einzelheiten auf beigefügte Anlagen zu verweisen[33] oder auch auf Anlagen Bezug zu nehmen, die nur aus einem Blatt oder wenigen Seiten bestehen, aus sich heraus verständlich sind und dem Tatrichter keine unzumutbare Sucharbeit abverlangen.[34]

150

3. Hinweispflicht des Gerichts bei unzureichender Substantiierung

Abschließend ist zu berücksichtigen, dass das Gericht, das den Vortrag einer Partei für nicht hinreichend substantiiert hält, diesen nicht unter diesem Gesichtspunkt unberücksichtigt lassen darf, ohne zuvor einen entsprechenden Hinweis nach § 139 ZPO erteilt zu haben.[35] Dies eröffnet dem Anwalt die Möglichkeit, den Vortrag seiner Partei zu überprüfen und ggf. nachzubessern. Zu diesem Zweck wird er, wenn der Hinweis des Gerichts erst in der mündlichen Verhandlung erteilt wird, regelmäßig Schriftsatznachlass gem. § 139 Abs. 5 ZPO beantragen können und müssen. Wird der Vortrag ohne vorherigen Hinweis des Gerichts im Urteil als unsubstantiiert zurückgewiesen, eröffnet dies die Möglichkeit, gem. § 531 Abs. 2 S. 1 Nr. 2 ZPO in der Berufungsinstanz noch ergänzend vorzutragen.[36]

151

II. Vortrag „ins Blaue hinein" und wahrheitswidriger Vortrag

Vortrag „ins Blaue hinein" ist gleichfalls prozessual unbeachtlich. Zu berücksichtigen ist aber, dass eine Partei nicht nur Tatsachen behaupten darf, von denen sie positive Kenntnis hat, sondern auch solche, die sie nach Lage der Dinge für möglich oder wahrscheinlich hält oder die auf Schlussfolgerungen beruhen; hierdurch wird auch die prozessuale Wahrheitspflicht (§ 138 Abs. 1 ZPO) nicht verletzt.[37] Ein unzulässiger Vortrag „ins Blaue hinein", über den zur Vermeidung eines verbotenen **Ausforschungsbeweises** auch kein Beweis erhoben werden darf, liegt daher nur vor, wenn ohne jegliche Anhaltspunkte, dh rein willkürlich und rechtsmissbräuchlich Behauptungen aufgestellt werden.[38] Um einer solchen Einstufung ihres Vortrags entgegenzuwirken,

152

---

30 BGH NJW 1998, 2977, 2978, juris-Tz. 8; BGH NJW 2015, 3040, Tz. 9; BGH NJW 2018, 1171, Tz. 17; vgl. auch BGH NJW-RR 2022, 1144, Tz. 21, wonach der Vortrag einer Partei durch vorangegangenen, ihm widersprechenden Vortrag der anderen Partei bestritten ist, auch wenn letzterer nicht mehr wiederholt wird, dazu auch Rn. 335.
31 BGH NJW 2016, 3092, Tz. 23.
32 BGH NJW-RR 2004, 639, 640, juris-Tz. 16; BGH NJW 2008, 69, Tz. 25.
33 Vgl. zum Ganzen: BGH BauR 2017, 1406, Tz. 32; Zöller/Greger, § 129 Rn. 6 mwN.
34 BGH NJW-RR 2004, 639, 640, juris-Tz. 16; BGH NJW 2019, 1082, Tz. 8.
35 BGH NJW 2015, 3447, Tz. 66; BGH NJW 2008, 1742, 1743, Tz. 14; BGH NJW 2005, 2624, juris-Tz. 9; BGH NJW 1999, 3716, juris-Tz. 22.
36 BGH NJW 2005, 2624, juris-Tz. 9; vgl. auch Rn. 560.
37 Dazu bereits oben Rn. 6.
38 BVerfG WM 2012, 492, 493; BGH NJW-RR 2000, 273, 275, juris-Tz. 31; BGH NJW 2001, 2327, 2328, juris-Tz. 25; BGH NJW-RR 2002, 1419, juris-Tz. 17; BGH NJW-RR 2003, 69, juris-Tz. 9; BGHZ 193, 159, Tz. 40, 44;

muss eine Partei die Anhaltspunkte, die sie für die Richtigkeit ihres Vortrags hat, zwar nicht darlegen,[39] aus anwaltlicher Sicht empfiehlt sich dies aber gleichwohl, um das Gericht schon im Vorfeld einer Beweisaufnahme von der Plausibilität des eigenen Vortrags zu überzeugen und dem von der Gegenseite regelmäßig erhobenen Vorwurf des Ausforschungsbeweises entgegenzutreten. Außerdem darf nach einer älteren Entscheidung des BGH ein Vortrag zurückgewiesen werden, wenn die Partei auch auf Nachfrage des Gerichtes ihre Anhaltspunkte für dessen Richtigkeit nicht hinreichend dargelegt hat.[40]

153 Auch wissentlich falscher und damit gegen § 138 Abs. 1 ZPO verstoßender Vortrag ist prozessual unbeachtlich und bleibt damit im Rechtsstreit unberücksichtigt.[41] Dazu ist allerdings erforderlich, dass das Gericht die Unrichtigkeit und die Wissentlichkeit des Falschvortrags positiv feststellt. Keinesfalls genügt dazu, dass das Gericht Ungereimtheiten oder Widersprüche im Vortrag ausmacht und diesen daher für unzutreffend hält, denn derartige Erwägungen sind nur im Rahmen der tatrichterlichen Überzeugungsbildung bzw. Beweiswürdigung nach § 286 ZPO anzustellen, können aber nicht die prozessuale Unbeachtlichkeit des Vortrages begründen.[42] Ansonsten würde nämlich eine unzulässige antizipierte Beweiswürdigung vorliegen (Rn. 209).

III. Haupt- und Hilfsvortrag

154 Solange sie ihre Wahrheitspflicht (§ 138 Abs. 1 ZPO) nicht verletzt, kann eine Partei eine bestimmte Tatsache behaupten (**Hauptvortrag**), für den Fall, dass das Gericht diesem Vortrag nicht folgen sollte, hilfsweise jedoch einen anderen Sachverhalt behaupten (**Hilfsvortrag**). Der Hilfsvortrag kann nicht wegen Widersprüchlichkeit zurückgewiesen werden, solange die sich gegenseitig ausschließenden Sachverhalte nicht kumulativ, sondern alternativ behauptet werden, also in einem Eventualverhältnis stehen und das Verhältnis dieser Begründungen zueinander klargestellt wird.[43] Eine Partei ist sogar berechtigt, sich **den gegnerischen Vortrag hilfsweise zu Eigen zu machen** und ihr Klagebegehren darauf zu stützen, solange sie hierdurch nicht gegen die prozessuale Wahrheitspflicht verstößt.[44] Letzteres ist allerdings nur der Fall, wenn die Partei bewusst der Wahrheit zuwider vorträgt (Rn. 6). Um dies anzunehmen, muss das Gericht nach richtiger Auffassung die Wahrheitswidrigkeit der Hilfsdarstellung feststellen; allein die Tatsache, dass die Partei von der Unrichtigkeit einer ihrer beiden Sachdarstellungen überzeugt sein muss, genügt also nicht.[45] Nach der Gegenmeinung verstößt eine Partei

---

BGH NZM 2014, 582, 583, Tz. 18; BGH NJW-RR 2015, 829, 830, Tz. 13; BGH GmbHR 2016, 701, 702, Tz. 20; BGH ZIP 2018, 1173, Tz. 7; BGH NJW 2020, 1740, Tz. 8 f.; BGH NJW-RR 2021, 1337, Tz. 9; BGH NJW 2022, 935, Tz. 18; instruktiv auch BGH NJW-RR 2018, 1150, Tz. 18, wonach eine Partei, die aus eigener Kenntnis berichtet, nie „ins Blaue hinein" oder „aufs Geratewohl" vorträgt. Zum Verbot des Ausforschungsbeweises vgl. außerdem Rn. 141.

39 BGH NJW-RR 2015, 829, 830, Tz. 14 mwN.
40 BGH NJW 1968, 1233, 1234; a. A.: MünchKommZPO/Fritsche, § 138 Rn. 9.
41 BGHZ 19, 387, 390; BGH NJW-RR 2003, 69, juris-Tz. 10; BGHZ 227, 221, Tz. 29; Hk-ZPO/Wöstmann, § 138 Rn. 3.
42 BGH NJW-RR 2003, 69, juris-Tz. 11.
43 BGH NJW-RR 2015, 829, 830, Tz. 16; BGH NJW 1995, 2843, 2846, juris-Tz. 29; Hk-ZPO/Wöstmann, § 138 Rn. 2, alle mwN.
44 BGHZ 19, 387, 390 f.; BGH NJW 1985, 1841, 1842, juris-Tz. 27; BGH NJW 1989, 2756, juris-Tz. 16; BGH NJW 2000, 1641, 1642, juris-Tz. 8; BGH NJW 2015, 1678, Tz. 11; Rosenberg/Schwab/Gottwald, § 103 Rn. 20; Zöller/Greger, § 138 Rn. 4.
45 BGHZ 19, 387, 390 f. (V. Zivilsenat); BGH NJW 1985, 1841, 1842, juris-Tz. 28 (III. Zivilsenat.); BGH NJW 2015, 1678, Tz. 11 (V. Zivilsenat).

indes bereits gegen § 138 Abs. 1 ZPO, wenn sie sich gegnerischen Vortrag zu eigen macht, von dessen Unwahrheit sie überzeugt ist, weil ihre abweichende Darstellung auf eigener Kenntnis beruht.[46] Auch nach der letztgenannten Auffassung wird man in solchen Fällen der Partei aber nicht verwehren können, sich den gegnerischen Vortrag hilfsweise zu eigen zu machen, wenn sie vorträgt, sich ihrer eigenen Erinnerung nicht ganz sicher zu sein und daher nicht mit letzter Sicherheit ausschließen zu können, dass die abweichende gegnerische Darstellung eventuell doch zutreffen könnte.[47] Damit würden allerdings „Erinnerungsschwächen" belohnt oder gar provoziert. Da dies nicht sachgerecht ist, gebührt der erstgenannten Meinung der Verzug.

Die prozessuale Möglichkeit, sich den gegnerischen Vortrag hilfsweise zu eigen zu machen, sollte in der anwaltlichen Praxis stets bedacht werden, wird jedoch häufig übersehen. Denn in der Annahme, dass der gegnerische Vortrag der Gegenseite nutzt und der eigenen Partei schadet, wird dieser nicht selten von Kollegen geradezu „reflexartig" bestritten. Dies kann prozesstaktisch verfehlt sein, wie das nachfolgende Beispiel zeigt: 155

Der 87-jährige A schenkt seinem Rechtsanwalt R in notarieller Urkunde ein Grundstück. Mit seiner Klage verlangt R die Auflassung. A wendet ein, der Schenkungsvertrag sei sittenwidrig, weil sein Alter von R ausgenutzt worden sei. Wenn R nur einen Funken Anstand hätte, hätte er ihm zumindest die lebenslange unentgeltliche Rechtsberatung als Gegenleistung für das Grundstück zusagen müssen. Nicht einmal das habe R aber getan. R erwidert, er habe überhaupt nicht sittenwidrig gehandelt. Insbesondere habe er dem A sehr wohl mündlich zugesagt, ihm bis an sein Lebensende anwaltlich ohne gesonderte Vergütung zur Seite zu stehen. Mit seiner Argumentation wird A im Rechtsstreit keinen Erfolg haben, da der Schenkungsvertrag nicht sittenwidrig ist. A kann sich jedoch nach hier vertretener Auffassung den Vortrag des R hilfsweise zu Eigen machen, weil danach eine formfreie Nebenabrede getroffen wurde, die zur Formnichtigkeit des Schenkungsvertrages gem. §§ 311 b, 518 BGB führt. 156

Dass sich die darlegungspflichtige Partei den von ihr bestrittenen, gegnerischen Vortrag hilfsweise zu eigen macht, muss sie im Rechtsstreit allerdings ausdrücklich oder zumindest schlüssig[48] erklären; unterbleibt dies, darf das Gericht also nicht von Amts wegen den für die fragliche Partei günstigen Vortrag der Gegenseite zugrunde legen (sog äquipolenter Parteivortrag).[49] Nur wenn der gegnerische, für die Partei aber günstige Vortrag nicht im Widerspruch zu ihren eigenen Angaben steht, macht sie sich diesen im Zweifel auch ohne dahin gehende Erklärung (hilfsweise) zu eigen.[50] Auch wenn bei einer Beweisaufnahme Umstände zutage treten, die die Rechtsposition einer Seite zu stützen geeignet sind, ist davon auszugehen, dass diese Partei sich diese auch ohne ausdrückliche Erklärung zumindest hilfsweise zu eigen macht.[51] 157

---

46 BGH NJW 1995, 2843, 2846, juris-Tz. 29 (II. Zivilsenat); Zöller/Greger, § 138 Rn. 4; MünchKommZPO/Fritsche, § 138 Rn. 11 f.; Wieczorek/Schütze/Gerken, § 138 Rn. 11.
47 So ausdrücklich MünchKommZPO/Fritsche, § 138 Rn. 9, 11; Wieczorek/Schütze/Gerken, § 138 Rn. 11.
48 Dies kann etwa geschehen, indem aus dem gegnerischen Vortrag Rechtsfolgen hergeleitet werden, die das eigene Prozessziel stützen, vgl. Oberheim, Rn. 961.
49 BGH NJW 1989, 2756, juris-Tz. 16; BGH NJW 2000, 1641, 1642, juris-Tz. 8; BGH NJW 2009, 68, 69, Tz. 7; Hk-ZPO/Wöstmann, § 138 Rn. 2.
50 BGH NJW-RR 1995, 684, 685, juris-Tz. 20; Wieczorek/Schütze/Gerken, § 138 Rn. 11 aE.
51 BGH NJW 1991, 1541, 1542, juris-Tz. 9; BGH NJW 2001, 2177, 2178, juris-Tz. 9; BGH NJW 2006, 63, 65, juris-Tz. 42; BGH NJW-RR 2010, 495, Tz. 5; BGH NJW-RR 2014, 1147, 1149, Tz. 11; BGH NJW 2015, 2125, 2126, Tz. 17; BGH NJW-RR 2016, 1360, 1362, Tz. 12; BGH NJW-RR 2020, 186, Tz. 12; speziell für den Arzthaftungsprozess: BGH VersR 2017, 822, 824, Tz. 19.

IV. Zusammenfassung

158 1. Der Vortrag einer Partei ist nur prozessual beachtlich und damit vom Gericht bei seiner Entscheidung zu berücksichtigen, wenn er hinreichend substantiiert ist. Dies ist der Fall, wenn die Partei Tatsachen vorträgt, welche die Voraussetzungen für den Eintritt der geltend gemachten Rechtsfolge erfüllen. Einzelheiten sind nur vorzutragen, soweit von diesen das Ergebnis der gerichtlichen Subsumtion abhängt. Wie wahrscheinlich die Darstellung ist und ob sie auf eigenem Wissen oder Schlussfolgerungen der Partei beruht, ist keine Frage der hinreichenden Substantiierung.
2. Prozessual unbeachtlich ist auch, wenn eine Partei „ins Blaue hinein", dh ohne jegliche Anhaltspunkte, rein willkürlich und rechtsmissbräuchlich Behauptungen aufstellt. Dies ist nur selten der Fall, da eine Partei auch Tatsachen behaupten darf, die sie für möglich oder wahrscheinlich hält oder die auf Schlussfolgerungen beruhen.
3. Unter Beachtung ihrer prozessualen Wahrheitspflicht (§ 138 Abs. 1 ZPO) darf eine Partei alternativ zu ihrem Hauptvortrag auch hilfsweise einen anderen Sachverhalt behaupten und ihre Rechtsposition darauf stützen. Haupt- und Hilfsvortrag dürfen sich widersprechen. Außerdem darf sich eine Partei auch den gegnerischen Vortrag hilfsweise zu eigen machen.

§ 9 Darlegungs- und Beweislast

I. Bedeutung und grundsätzliche Verteilung

159 Die Regeln der **Darlegungslast** bestimmen, welche Partei im Rechtsstreit welche Tatsachen (substantiiert, dazu vorstehend) vortragen muss, diejenigen der **Beweislast** entscheiden darüber, welche Partei den von ihr behaupteten Sachverhalt beweisen muss, wenn die Gegenpartei diesen bestreitet. Dies bedeutet zunächst, dass die beweisbelastete Partei den ihr obliegenden Nachweis durch geeignete Beweisanträge antreten muss, um nicht beweisfällig zu bleiben (**subjektive oder formelle Beweislast**).[1] Darüber hinaus folgt aus der Beweislast, dass die beweisbelastete Partei im Rechtsstreit unterliegt, wenn sich der Sachverhalt trotz Beweisaufnahme nicht aufklären lässt (sog non liquet), etwa weil mehrere Zeugen unterschiedlich aussagen und keiner Aussage der Vorzug gegeben werden kann. In diesem Fall hat das Gericht in Bezug auf den nicht aufklärbaren Sachverhalt seiner Entscheidung den Vortrag der nicht beweisbelasteten Partei zugrunde zu legen. Das non liquet geht also zulasten der beweispflichtigen Partei (**objektive oder materielle Beweislast**).[2]

160 Grds. besteht ein **Gleichlauf zwischen Darlegungs- und Beweislast**, dh die darlegungspflichtige Partei ist zugleich auch beweispflichtig.[3]

161 Für die Verteilung der Darlegungs- und Beweislast gilt grds. das **Günstigkeitsprinzip**.[4] Dieses besagt, dass jede Partei diejenigen Tatsachen darzulegen und zu beweisen hat,

---

[1] HK-ZPO/Saenger, § 286 Rn. 54 f.; Zöller/Greger, vor § 284 Rn. 18; Rosenberg/Schwab/Gottwald, § 116 Rn. 4.
[2] HK-ZPO/Saenger, § 286 Rn. 34, 53; Zöller/Greger, vor § 284 Rn. 18; Rosenberg/Schwab/Gottwald, § 116 Rn. 3, 42.
[3] BGH NJW-RR 2014, 1172, 1173, Tz. 19.
[4] Stein JuS 2016, 896, 897.

die für sie günstig sind.[5] Präziser formuliert ist damit gemeint, dass die Partei, die aus einer ihr günstigen Norm Rechte herleitet, deren tatsächliche Voraussetzungen darzulegen und zu beweisen hat.[6] Konkret bedeutet dies:

Der Anspruchsteller hat die **anspruchsbegründenden Tatsachen** darzulegen und zu beweisen, d. h. die sich aus dem materiellen Recht ergebenden Voraussetzungen des von ihm geltend gemachten Anspruchs.[7] Wer etwa eine Kaufpreisforderung (§ 433 Abs. 2 BGB) einklagt, ist darlegungs- und beweispflichtig für das Zustandekommen und den Inhalt des von ihm angenommenen Kaufvertrages. Wer einen Schadensersatzanspruch aus § 280 BGB geltend macht, muss als Anspruchsvoraussetzungen das Vertragsverhältnis, die Pflichtverletzung, die Kausalität und den Schaden darlegen und beweisen.[8] Zu den anspruchsbegründenden Tatsachen zählt auch die Einhaltung der für ein Rechtsgeschäft gesetzlich vorgeschriebenen Form iSv § 125 S. 1 BGB.[9]

162

Kommt der Anspruchsteller dieser Darlegungs- und Beweislast nach, hat der Anspruchsgegner die tatsächlichen Voraussetzungen etwaiger Einreden darzulegen und zu beweisen.[10] Zu unterscheiden sind:

163

- **Rechtshindernde Einreden** schließen die Entstehung des Anspruchs aus, etwa wegen Geschäftsunfähigkeit oder beschränkter Geschäftsfähigkeit einer Person (§§ 104 ff. BGB), Gesetzes- oder Sittenwidrigkeit eines abgeschlossenen Vertrages (§§ 134, 138 BGB). Auch die Voraussetzungen eines Rechtfertigungsgrundes (etwa Notwehr, Notstand oder Einwilligung) muss darlegen und beweisen, wer sich hierauf beruft.[11] Dasselbe gilt, wenn der Schädiger geltend macht, dass derselbe Schaden zu einem bestimmten Zeitpunkt ganz oder teilweise auch aufgrund einer Reserveursache (etwa einer Schadensanlage) eingetreten wäre und deshalb der Zurechnungszusammenhang fehle.[12] Materiellrechtlich müssen rechtshindernde Tatsachen fehlen, damit der Anspruch entstehen kann. Dass gleichwohl – im Gegensatz zu den negativen anspruchsbegründenden Tatsachen, Rn. 167 ff. – nicht der Anspruchsteller ihr Fehlen, sondern der Anspruchsgegner ihr Vorliegen zu beweisen hat, beruht darauf, dass diese Einreden Ausnahmen zum Regelfall begründen.[13]

- **Rechtsvernichtende Einreden** lassen den Anspruch erlöschen, etwa wegen Erfüllung (§ 362 BGB), Aufrechnung (§§ 387, 389 BGB, zu den Einzelheiten Rn. 349), Rücktritt oder Minderung (zB wegen Gewährleistungsrechten), Anfechtung (§§ 119, 123, 142 Abs. 1 BGB). Auch wer eine nachträgliche Vertragsänderung behauptet, ist für deren Abschluss und genauen Inhalt darlegungs- und beweispflichtig.[14]

---

5 BGH NJW-RR 2004, 989, 990, juris-Tz. 15; Hk-ZPO/Saenger, § 286 Rn. 58; Rosenberg/Schwab/Gottwald, § 116 Rn. 9.
6 BGHZ 164, 11, 18; BGH NJW 1999, 352, 353, juris-Tz. 13; BGH NJW-RR 2008, 1722, Tz. 4; BGH NJW-RR 2010, 1378, 1379, Tz. 12; BGH NJW 2017, 386, 387, Tz. 18.
7 BGHZ 164, 11, 18; BGHZ 180, 235, Tz. 33; BGH NJW 1989, 1728, 1729, juris-Tz. 22; BGH NJW 2005, 2395, 2396, juris-Tz. 18; BGH NJW-RR 2014, 1172, 1173, Tz. 19; BGH ZIP 2022, 2501, 2503, Tz. 15; Hk-ZPO/Saenger, § 286 Rn. 58; Rosenberg/Schwab/Gottwald, § 116 Rn. 9; MünchKommZPO/Prütting, § 286 Rn. 114 f.
8 BGHZ 215, 44, Tz. 22; BGH NJW 2005, 2395, 2396, juris-Tz. 18; BGH NJW 2015, 3519, 3521, Tz. 18.
9 Allgemeine Auffassung, vgl. nur: Baumgärtel/Laumen/Prütting/Kessen, § 125 Rn. 1.
10 BGHZ 113, 222, 225; BGH NJW 1989, 1728, 1729, juris-Tz. 22; BGH NJW 1999, 352, 353, juris-Tz. 13; BGH NJW-RR 2014, 1172, 1173, Tz. 19; BGH ZIP 2022, 2501, 2503, Tz. 15; Hk-ZPO/Saenger, § 286 Rn. 58; MünchKommZPO/Prütting, § 286 Rn. 114 f.
11 BGHZ 24, 21, 28; BGHZ 39, 103, 108; MünchKommBGB/Oetker, § 249 Rn. 486.
12 BGH NJW 2016, 3785, 3786, Tz. 9; Grüneberg/Grüneberg, Vorbem. § 249 Rn. 59 mwN.
13 BGHZ 87, 393, 400; BGH NJW 1989, 1728, 1729, juris-Tz. 22; Rosenberg/Schwab/Gottwald, § 116 Rn. 10; MünchKommZPO/Prütting, § 286 Rn. 116.
14 BGH NJW 1995, 49, juris-Tz. 15 f.; BGH NJW 2017, 386, 387, Tz. 20; Zöller/Greger, vor § 284 Rn. 19.

- **Rechtshemmende Einreden** hindern die Durchsetzung des Anspruchs, wenn die Partei sich auf diese beruft, dh die Einrede ausdrücklich oder zumindest konkludent erhebt. Zu unterscheiden sind *peremptorische* (dh dauerhafte) und *dilatorische* (dh vorübergehende) rechtshemmende Einreden. Zur erstgenannten Kategorie gehört etwa die Verjährungseinrede (§ 214 Abs. 1 BGB), zur letzteren die Stundung, die Einrede des nicht erfüllten Vertrages (§ 320 BGB)[15] oder das Zurückbehaltungsrecht nach § 273 BGB.[16]

164 Verteidigt sich der Anspruchsgegner mit einer Einrede, kann der Anspruchsteller hiergegen **rechtserhaltende Tatsachen** vortragen, beispielsweise eine Verjährungshemmung. Insofern ist wieder der Anspruchsteller darlegungs- und beweispflichtig.[17] Im Falle der Verjährungshemmung gilt dies allerdings nur für deren Beginn; deren Beendigung (etwa durch Scheitern der Verhandlungen nach § 203 BGB) hat als ihm günstige Tatsache der Anspruchsgegner darzulegen und zu beweisen.[18]

165 Zur Terminologie: Der Begriff „Einrede" wird nicht einheitlich verwandt. Im Prozessrecht wird üblicherweise von rechtshindernden, rechtsvernichtenden und rechtshemmenden „Einreden" gesprochen.[19] Im materiellen Recht werden demgegenüber nur letztere als „Einreden", die ersten beiden demgegenüber als „Einwendungen" bezeichnet. Die ZPO bezeichnet (etwa in §§ 282 Abs. 1, 767) als „Einwendungen" auch das gesamte Verteidigungsvorbringen einer Partei; darunter fällt nicht nur die Geltendmachung von Einreden, sondern auch das Bestreiten der Anspruchsvoraussetzungen.[20]

II. Sekundäre Darlegungslast

166 War eine Partei an den Geschehensabläufen, für die sie nach den allgemeinen, vorstehend dargestellten Regeln darlegungspflichtig ist, nicht beteiligt und kann sie sich hierüber auch in zumutbarer Weise keine Kenntnis verschaffen, wird sie hierzu im Prozess nicht substantiiert vortragen können. Wenn jedoch die gegnerische Partei über die entsprechende Kenntnis verfügt oder sich diese leicht beschaffen kann, trifft sie eine **sekundäre Darlegungslast**.[21] Diese entbindet die erstgenannte Partei zwar nicht von jeder Darlegungslast, sie genügt dieser aber, wenn sie nach Maßgabe der ihr möglichen Kenntnisse vorträgt. Geschieht dies, darf sich die Gegenpartei nicht auf schlichtes Bestreiten beschränken, sondern muss aufgrund ihrer sekundären Darlegungslast in dem ihr zumutbaren Umfang[22] selbst substantiiert vortragen. Genügt sie dieser sekundären Darlegungslast nicht, gilt die gegnerische Behauptung gem. § 138 Abs. 3 ZPO

---

15 BGH NJW 1999, 53, juris-Tz. 10. Wenn der Anspruchsgegner die Einrede aus § 320 BGB erhebt, muss er allerdings nur beweisen, dass ihm eine im Gegenseitigkeitsverhältnis stehende Forderung zusteht; dagegen muss der Anspruchsteller beweisen, dass er seine eigene Verpflichtung schon erfüllt oder der Anspruchsgegner die Leistung zumindest als Erfüllung iSv § 363 BGB angenommen hat (dazu nachfolgend Rn. 173) oder der Anspruchsgegner vorleistungspflichtig ist, vgl. Grüneberg/Grüneberg, § 320 Rn. 14; MünchKommBGB/Emmerich, § 320 Rn. 68; Staudinger/Schwarze, § 320 Rn. 88.
16 Grüneberg/Grüneberg, § 273 Rn. 19.
17 BGH NJW 1989, 1728, 1729, juris-Tz. 22; Stein JuS 2016, 896, 898.
18 BGH NJW-RR 1994, 373, 374, juris-Tz. 13; BGH NJW 2008, 576, 578, Tz. 21; OLG Düsseldorf NJW-RR 2011, 597, 600, juris-Tz. 99.
19 Rosenberg/Schwab/Gottwald, § 103 Rn. 1, 5 ff.; Pohlmann, Rn. 515 ff.; Musielak/Voit, Rn. 724; anders Hk-ZPO/Saenger, § 286 Rn. 58, der einheitlich von „Einwendungen" spricht.
20 Rosenberg/Schwab/Gottwald, § 103 Rn. 1 f.
21 Allgemeine Auffassung, vgl. nur: BGH GmbHR 2013, 1321, 1322, Tz. 11; BGH NJW-RR 2016, 1360, 1362, Tz. 14; BGH NJW 2017, 886, Tz. 19; BGHZ 225, 316, Tz. 37; Hk-ZPO/Saenger, § 286 Rn. 92 f.
22 Dazu etwa BGH NJW 2017, 886, Tz. 20 mwN.

als zugestanden.[23] Eine – von Rechtsanwälten und Instanzengerichten[24] mitunter angenommene – „sekundäre Beweislast" ist dem geltenden Recht demgegenüber fremd.[25] Denn eine sekundäre Darlegungslast bewirkt keine Umkehr der Beweislast, sondern verpflichtet nur zu substantiiertem Vortrag. Erfolgt dieser, ist es wieder Aufgabe der gegnerischen (beweispflichtigen) Partei, diesen zu widerlegen.[26]

Eine sekundäre Darlegungslast kommt insbesondere bei negativen Tatsachen in Betracht. Auch solche hat die beweispflichtige Partei uneingeschränkt zu beweisen, wenn sie sich hierauf beruft.[27] Um diesen Nachweis nicht unzumutbar zu erschweren, ist allerdings häufig die gegnerische Partei für die von ihr behauptete, positive Tatsache darlegungspflichtig. Dazu lassen sich folgende Beispiele anführen:

1. Bereicherungsrecht

Bei einem Anspruch aus § 812 Abs. 1 S. 1 BGB ist die Rechtsgrundlosigkeit, also das Fehlen eines Rechtsgrundes (negative Tatsache) anspruchsbegründende Tatsache und damit vom Anspruchsteller zu beweisen; dies gilt für Leistungs- und Nichtleistungskondiktion gleichermaßen.[28] Der Anspruchsgegner muss allerdings darlegen, worin seiner Auffassung nach der Rechtsgrund der Leistung liegen soll. Geschieht dies, muss der Anspruchsteller den Nachweis erbringen, dass dieser Rechtsgrund nicht besteht.[29]

Besonderheiten gelten, wenn der Anspruchsgegner eine formfrei vereinbarte Schenkung als Rechtsgrund behauptet. Denn gem. § 518 Abs. 1 BGB bedarf das Schenkungsversprechen der notariellen Beurkundung; dieser Formzwang bezweckt auch, eine sichere Beweisgrundlage für den Fall zu schaffen, dass später streitig wird, ob etwas und ggf. was schenkungsweise zugewandt wurde. Diese Beweisfunktion wirkt sich im Konditionsprozess dahin gehend aus, dass der nach seiner Darstellung Beschenkte sich nicht auf die substantiierte[30] Behauptung einer nicht notariell beurkundeten Schenkung beschränken darf, sondern die Heilung des Formmangels durch Vollzug iSv § 518 Abs. 2 BGB beweisen muss, weil es sich hierbei um eine ihm günstige Tatsache handelt, die den Eintritt der in § 125 BGB an sich gesetzlich vorgesehenen Nichtigkeitsfolge hindert. Konkret muss dazu der Nachweis erbracht werden, dass die Leistung bzw. Vermögensübertragung mit Wissen und Wollen des Leistenden bewirkt worden ist.[31] Wer daher etwa aufgrund einer Kontovollmacht oder unter Vorlage des Sparbuches Geld vom Konto eines anderen abgehoben hat und im Konditionsprozess

---

23 BGHZ 225, 316, Tz. 37 aE; BGH NJW 2020, 2804, Tz. 16; BGH ZIP 2021, 368, 369, Tz. 16; BGH ZIP 2021, 799, 801, Tz. 27.
24 Selbst der BGH hat vereinzelt von einer „sekundären Beweislast" gesprochen (BGHZ 171, 232, 244, Tz. 33; BGHZ 196, 195, 206, Tz. 29). Da es in beiden Fällen aber in der Sache ausschließlich um die Darlegungslast ging, ist von einem lapsus linguae auszugehen.
25 MünchKommZPO/Prütting, § 286 Rn. 106 aE; Baumgärtel/Laumen/Prütting/Laumen, Bd. 1, Kap. 22 Rn. 4.
26 BGH NJW 2018, 65, Tz. 15; BGHZ 225, 316, Tz. 37; BGH ZIP 2021, 799, 801, Tz. 27; Zöller/Greger, vor § 284 Rn. 34; Hk-ZPO/Saenger, § 286 Rn. 93; instruktiv auch: BGH NJW 1990, 3151 f.
27 BGH NJW-RR 2010, 1378, 1379, Tz. 12; BGH NJW 2011, 2130, 2132, Tz. 19 f.; BGHZ 128, 167, 171.
28 BGH NJW 2011, 2130, 2131, Tz. 14; BGH NJW 2014, 2275, 2276, Tz. 11; anders für Eingriffskondiktion etwa MünchKommBGB/Schwab, § 812 Rn. 465 mwN.
29 BGHZ 169, 377, 379; BGH NJW 1999, 2887, 2888, juris-Tz. 15; BGH NJW-RR 2009, 1042, 1044, Tz. 20 f.; BGH NJW 2011, 2130, 2132, Tz. 14; BGH NJW 2014, 2275, 2276, Tz. 14.
30 Zu den Substantiierungsanforderungen in solchen Fällen vgl. BGH NJW 1999, 2887, juris-Tz. 21 f.
31 BGH NJW 2014, 2275, 2276, Tz. 14 ff.; BGHZ 169, 377, Tz. 12 ff.; MünchKommBGB/J.Koch, § 516 Rn. 52 f.; Staudinger/Chiusi, § 516 Rn. 355; auf eine durch seinen Besitz begründete Eigentumsvermutung nach § 1006 Abs. 1 BGB kann sich der Anspruchsgegner hierbei nicht berufen, da die Eigentumslage bei Konditionsansprüchen irrelevant ist (BGH NJW 1999, 2887, juris-Tz. 18).

behauptet, dieses aufgrund einer Schenkung des Kontoinhabers behalten zu dürfen, muss beweisen, dass er nicht eigenmächtig, sondern mit Zustimmung bzw. Wissen und Wollen des Kontoinhabers gehandelt hat, da nur dann ein Schenkungsvollzug iSv § 518 Abs. 2 BGB vorliegt.[32] Anders verhält es sich dagegen, wenn nachweislich oder unstreitig der Kontoinhaber selbst das Geld dem Empfänger überwiesen oder nach Abhebung in Bar übergeben hat; denn dies erfüllt den Tatbestand des § 518 Abs. 2 BGB, so dass dann im Rückforderungsprozess der Anspruchsteller den Schenkungseinwand widerlegen muss.[33] Entsprechendes gilt, wenn der Kläger die Rückzahlung eines vermeintlichen Darlehens verlangt, der Beklagte aber einwendet, ihm sei das Geld geschenkt worden. Hier muss der Kläger den Abschluss eines Darlehensvertrages als Anspruchsvoraussetzung beweisen; ist er hierzu außerstande und stützt er sich daher hilfsweise auf § 812 Abs. 1 S. 1, 1.Alt BGB, muss er, da das Geld mit Wissen und Wollen des Leistenden dem Beklagten übergeben oder überwiesen wurde, den Nachweis erbringen, dass keine Schenkung erfolgt ist.[34] Allgemein gilt: Immer wenn der Eigentümer oder Rechtsinhaber den Gegenstand unstreitig oder nachgewiesenermaßen freiwillig aus der Hand gegeben hat, muss er oder sein Rechtsnachfolger beweisen, dass dies nicht schenkungsweise, sondern aus anderem Rechtsgrund erfolgt ist.[35] Eine Ausnahme gilt nur im kaufmännischen Geschäftsverkehr; dort muss analog § 354 HGB die Unentgeltlichkeit beweisen, wer diese behauptet.[36]

170 *Exkurs:* Keine Abwicklung nach Bereicherungsrecht liegt vor, wenn eine Vertragspartei an die andere einen **Vorschuss** erbracht hat und später dessen Rückzahlung mit der Begründung verlangt, dass dieser nicht oder nicht vollständig verbraucht worden sei, so dass eine Überzahlung vorliege. Leistet etwa im Rahmen eines Auftrags oder Geschäftsbesorgungsverhältnisses der Auftraggeber einen Vorschuss für Aufwendungen, die der Beauftragte zur Ausführung des Auftrags voraussichtlich wird tätigen müssen (§§ 669 f. BGB), schuldet letzterer gem. § 667, 1. Alt. BGB die Herausgabe der nicht verbrauchten Mittel. Macht der Auftraggeber diesen Rückzahlungsanspruch geltend, muss der Beauftragte im Rechtsstreit die auftragsgemäße Mittelverwendung als Erfüllung seiner Vertragspflichten nicht nur darlegen, sondern auch beweisen.[37] Entsprechendes gilt für Honorarvorschüsse, die etwa an Steuerberater oder Rechtsanwälte gezahlt werden; diese müssen im Rechtsstreit nicht nur darlegen, sondern auch beweisen, dass ihnen eine Vergütungsanspruch in Höhe des Vorschusses zusteht, ansonsten sind sie zur Rückzahlung zu verurteilen.[38]

2. Verletzung von Aufklärungspflichten

171 *Kaufrecht:* Wird im Kaufvertrag die Mängelgewährleistung ausgeschlossen, haftet der Verkäufer gem. § 444 BGB nur bei Arglist. Behauptet er, den Käufer vor Vertragsabschluss auf den Mangel hingewiesen zu haben, muss letzterer als Anspruchsvorausset-

---

32 BGHZ 169, 377, Tz. 13 ff.; BGH NJW 2014, 2275, 2276, Tz. 15 f.; BGH NJW 1999, 2887, juris-Tz. 23; BGH NJW 1986, 2107, juris-Tz. 17 f.; Staudinger/Chiusi, § 516 Rn. 356.
33 BGH NJW 2014, 2275, 2276, Tz. 15 f.; BGH NJW 1999, 2887, juris-Tz. 23.
34 OLG Hamm NJW-RR 1994, 770; OLG Hamm NJW 1978, 224, juris-Tz. 49; MünchKommBGB/J.Koch, § 516 Rn. 52; Staudinger/Chiusi, § 516 Rn. 345.
35 MünchKommBGB/J.Koch, § 516 Rn. 52.
36 OLG Düsseldorf NJW-RR 1996, 287, 288, juris-Tz. 3; MünchKommBGB/J.Koch, § 516 Rn. 52; Staudinger/Chiusi, § 516 Rn. 351.
37 BGH NJW 1991, 1884, juris-Tz. 11; BGH NJW-RR 2004, 927, juris-Tz. 15; BGH NJW 2020, 776, Tz. 11.
38 BGH NJW-RR 1988, 1264, 1265, juris-Tz. 11; BGH NJW 2004, 2897, juris-Tz. 10; BGH NJW-RR 2018, 700, Tz. 11; Zöller/Greger, vor § 284 Rn. 19c.

zung beweisen, dass dieser Hinweis nicht erfolgt ist. Um ihm diesen Nachweis einer negativen Tatsache zu ermöglichen, muss der Verkäufer im Rahmen einer sekundären Darlegungslast substantiiert vortragen, wann und mit welchem Inhalt er den Käufer aufgeklärt haben will.[39] Diese Regeln gelten im Grundsatz auch, wenn der Kaufgegenstand in einer Werbeanzeige oder in einem Exposé fehlerhaft dargestellt wurde, der Verkäufer aber vorträgt, den hierdurch verursachten Irrtum des Käufers durch einen mündlichen Hinweis vor Vertragsabschluss ausgeräumt zu haben. Die zunächst erfolgte, fehlerhafte Darstellung rechtfertigt keine Umkehr der Beweislast, uU aber eine Beweiserleichterung durch Absenkung des Beweismaßes. Steht nämlich fest, dass bereits die Angaben in der Werbung bzw. im Exposé vorsätzlich falsch erfolgten, ist bei der Beweiswürdigung zu berücksichtigen, dass derjenige, der einen anderen durch Arglist zum Vertragsschluss bewegen möchte, hiervon in der Regel nicht zeitnah durch Offenbarung der wahren Verhältnisse wieder abrücken wird.[40]

Anwaltshaftung: Verlangt ein (früherer) Mandant von seinem Rechtsanwalt oder Steuerberater Schadensersatz mit der Begründung, er sei schlecht beraten worden, ist der Beratungsfehler (Pflichtverletzung) anspruchsbegründende Tatsache und damit vom Mandanten zu beweisen. Die mit dem Nachweis einer negativen Tatsache verbundenen Schwierigkeiten werden dadurch ausgeglichen, dass der vormalige Berater im Rechtsstreit die behauptete Fehlberatung substantiiert bestreiten, dh darlegen muss, wie im Einzelnen beraten bzw. aufgeklärt worden sein soll. Erst wenn dies geschieht, obliegt dem Anspruchsteller der Nachweis, dass diese Darstellung nicht zutrifft.[41] Zu beachten ist hierbei, dass den Rechtsanwalt oder Steuerberater keine Pflicht zur Dokumentation der durchgeführten Beratung trifft, so dass das Unterbleiben einer solchen keine Umkehr der Beweislast oder Beweiserleichterung zugunsten des Mandanten begründet.[42] Dies gilt sogar, wenn der Rechtsanwalt eine unrichtige oder unvollständige schriftliche Stellungnahme abgegeben hat, im Rechtsstreit aber geltend macht, diese in unmittelbarem zeitlichen Zusammenhang mündlich korrigiert bzw. vervollständigt und damit den Mandanten ordnungsgemäß informiert zu haben.[43] Offengelassen hat der BGH in der letztzitierten Entscheidung dagegen, ob eine Beweiserleichterung in Form eines Anscheinsbeweises in Betracht kommt, wenn der Rechtsanwalt vorträgt, die schriftliche, unzureichende Information des Mandanten erst später mündlich korrigiert zu haben. Richtigerweise kommt auch dann ein Anscheinsbeweis nicht in Betracht, weil es an dem hierzu erforderlichen typischen Geschehensablauf[44] fehlt.[45]

172

---

39 BGH NJW 2014, 3296, 3297, Tz. 13; BGHZ 188, 43, Tz. 12.
40 Vgl. zum Ganzen: BGH NJW 2014, 3296, 3297, Tz. 14 f.
41 St. Rspr., vgl. nur BGH NJW 2008, 371, 372, Tz. 12; BGH NJW 2016, 3430, Tz. 6, 13, 15, beide mwN; Fahrendorf/Mennemeyer/Fahrendorf, Kap. 2, Rn. 342 ff.
42 BGH NJW 2008, 371, 372, Tz. 13 f.; BGH NJW 1992, 1695, 1696, juris-Tz. 17; BGHZ 166, 56, Tz. 18; Fahrendorf/Mennemeyer/Fahrendorf, Kap. 2, Rn. 188 f., 347.
43 BGH NJW 1985, 264, 265, juris-Tz. 42; Fahrendorf/Mennemeyer/Fahrendorf, Kap. 2, Rn. 338 f.; a. A.: G. Fischer/Vill/D. Fischer/Pape/Chab/G. Fischer, § 4 Rn. 17; Baumgärtel/Laumen/Prütting/Laumen, § 675 Rn. 27.
44 Dazu nachfolgend Rn. 198, 201 f.
45 Zutreffend: Fahrendorf/Mennemeyer/Fahrendorf, Kap. 2, Rn. 340 f.

III. Umkehr der Beweislast

1. Gesetzliche Beweislastregeln

173 Eine Umkehr der Beweislast gegenüber den vorstehend unter Rn. 159 ff. dargestellten, allgemeinen Regeln kann sich aus der einschlägigen gesetzlichen Bestimmung ergeben. Dafür lassen sich folgende Beispiele anführen:

- Wer einen falsus procurator nach § 179 BGB in Anspruch nimmt, müsste nach den allgemeinen Regeln als Anspruchsvoraussetzung auch das Fehlen der Vertretungsmacht (also eine negative Tatsache) beweisen. Den Vertreter würde insofern allenfalls eine sekundäre Darlegungslast treffen. § 179 Abs. 1 BGB lässt es dabei nicht bewenden. Nach dieser Norm muss der Vertreter im Rechtsstreit seine Vertretungsmacht auch beweisen. Hierin liegt eine Umkehr der Beweislast.[46]
- Nach den allgemeinen Regeln ist der Schuldner, der Erfüllung (§ 362 BGB) behauptet, für diese anspruchsvernichtende Einrede darlegungs- und beweispflichtig. Hat aber der Gläubiger die Leistung des Schuldners als Erfüllung angenommen, wird ersterer hierdurch gem. § 363 BGB darlegungs- und beweispflichtig, wenn er nachfolgend die Leistung als nicht ordnungsgemäß oder unvollständig beanstandet und deshalb die Erfüllungswirkung bestreitet. Daraus folgt beispielsweise, dass beim Kauf nach Übergabe der Kaufsache der Käufer einen von ihm behaupteten Sachmangel beweisen muss, wenn er diese als Erfüllung angenommen hat.[47] Verweigert dagegen der Käufer wegen eines von ihm behaupteten Sachmangels die Annahme, muss der Kaufpreiszahlung verlangende Verkäufer die Mangelfreiheit beweisen.[48] Dasselbe gilt, wenn der Käufer die Kaufsache zwar in Besitz nimmt, hierbei aber konkrete Mängel rügt und unmissverständlich zum Ausdruck bringt, die Leistung deshalb nicht als Erfüllung gelten lassen zu wollen.[49] Diese Beweislast trifft den Verkäufer nicht nur, wenn er Kaufpreiszahlung verlangt, sondern gilt in gleicher Weise auch, wenn der Käufer Sekundäransprüche, insbesondere Gewährleistungsrechte geltend macht, ohne die Kaufsache iSv § 363 BGB als Erfüllung angenommen zu haben.[50] Die Beweislast für die Voraussetzungen des § 363 BGB, nämlich für die Annahme als Erfüllung durch den Gläubiger, obliegt allerdings dem Schuldner, der sich auf die hierdurch bewirkte Umkehr der Beweislast beruft.[51]
- Gem. § 280 Abs. 1 S. 1 BGB ist der Schuldner schadensersatzpflichtig, wenn er seine Pflichten aus dem Schuldverhältnis verletzt hat. Gem. § 280 Abs. 1 S. 2 BGB gilt dies nicht, wenn ihm kein Verschulden zur Last fällt. Dieser Gesetzesaufbau – Satz 1 als Regel, Satz 2 als Ausnahme – bedeutet, dass entgegen den allgemeinen Regeln nicht der Gläubiger als Anspruchsvoraussetzung das Verschulden, sondern der Schuldner dessen Fehlen darlegen und beweisen muss. Dies folgt auch aus der einleitenden Formulierung von Satz 2 („Dies gilt nicht, wenn"). Mit solchen Formulierungen bringt der Gesetzgeber typischerweise die Beweislastverteilung zum Ausdruck.[52]

---

46 MünchKommBGB/Schubert, § 179 Rn. 64.
47 BGHZ 159, 215, 217; BGH NJW 2006, 434, 435 f., Tz. 20.
48 OLG Hamm NJW-RR 1995, 61; Grüneberg/Weidenkaff, § 434 Rn. 46; Erman/Grunewald, § 434 Rn. 71.
49 BGH NJW-RR 2013, 1232 f., Tz. 35; BGH WuM 2010, 761, Tz. 10 f., beide betr. Miete.
50 Str., aber hM: Grüneberg/Grüneberg, § 363 Rn. 1; Staudinger/Kern, § 363 Rn. 4; BeckOGK-BGB/Looschelders, § 363 Rn. 51 ff.; ebenso BGH NJW 2009, 360, 361, Tz. 14 für Werkvertrag.
51 MünchKommBGB/Fetzer, § 363 Rn. 5; jurisPK-BGB/Kerwer, § 363 Rn. 6, beide mwN.
52 MünchKommZPO/Prütting, § 286 Rn. 117.

- Gem. § 986 BGB muss der Besitzer gegenüber dem Eigentümer sein Besitzrecht nachweisen. Auch dies wird im Gesetz zwar nicht ausdrücklich ausgesprochen, ergibt sich aber daraus, dass die gesetzlichen Bestimmungen als Regel (§ 985 BGB) und Ausnahme (§ 986 BGB) konzipiert sind und es in § 986 Abs. 1 S. 1 BGB heißt, dass die Herausgabe verweigert werden kann, wenn ein Besitzrecht besteht.
- Gem. § 15 Abs. 1 HGB (negative Publizität des Handelsregisters) muss die Bösgläubigkeit, dh die Kenntnis der eintragungspflichtigen, aber nicht in das Handelsregister eingetragenen Tatsache beweisen, wer diese behauptet. Auch dies folgt aus der Formulierung des Gesetzes („es sei denn, dass"), mit der typischerweise die Beweislastverteilung ausgedrückt wird.[53]

2. Gesetzliche Vermutungen

In gesetzlichen Bestimmungen werden verschiedentlich Vermutungen aufgestellt. Wird nicht ausdrücklich deren Unwiderleglichkeit angeordnet, ist gem. § 292 ZPO der Nachweis des Gegenteils zulässig. Die nach dieser Norm als Regelfall vorgesehenen **widerleglichen Vermutungen** führen also zu einer Umkehr der Beweislast zum Nachteil des Vermutungsgegners.[54] Wer sich auf eine solche Vermutung berufen kann, muss im Rechtsstreit nur die Tatsachen vortragen und beweisen, durch die die Vermutung nach der einschlägigen gesetzlichen Bestimmung begründet wird (sog Ausgangstatsachen oder Vermutungsbasis). Gelingt dies, ist er von der Darlegungs- und Beweislast in Bezug auf die vermutete Tatsache bzw. das vermutete Recht oder Rechtsverhältnis entbunden. Die gegnerische Partei muss dann das Gegenteil der Vermutung darlegen und beweisen.[55] Ihrem entsprechenden Beweisantritt muss das Gericht also selbstverständlich nachgehen.[56]

174

a) Tatsachenvermutungen

§ 292 ZPO gilt nach seinem Wortlaut zunächst für Tatsachenvermutungen, dh Vermutungen von Tatsachen. So wird etwa gem. § 1117 Abs. 3 BGB die Übergabe des Hypothekenbriefes vermutet, wenn dieser sich im Besitz des Gläubigers befindet. Ein weiteres Beispiel findet sich in § 477 Abs. 1 S. 1 BGB. Danach wird bei einem **Verbrauchsgüterkauf**, wenn sich innerhalb eines Jahres nach Gefahrübergang ein Zustand zeigt, der vom vertraglich geschuldeten abweicht, vermutet, dass die Ware bereits bei Gefahrübergang mangelhaft war, es sei denn, diese Vermutung ist mit der Art der Ware oder des mangelhaften Zustands unvereinbar. Im Anwendungsbereich dieser Norm muss der Käufer damit nur darlegen und beweisen, dass sich innerhalb des genannten Zeitraumes ein mangelhafter Zustand, dh eine Mangelerscheinung, gezeigt hat, der – unterstellt, er hätte seine Ursache in einem dem Verkäufer zuzurechnenden Umstand – die Sachmangelhaftung begründen würde. Gelingt dies, ist es Sache des Verkäufers, darzulegen und zu beweisen, dass zum Zeitpunkt des Gefahrübergangs kein Sachmangel vorlag. Bleibt offen, ob die Mangelerscheinung auf einem Sachmangel oder auf anderen, vom Verkäufer nicht zu vertretenden Umständen wie etwa unsachgemäßem

175

---

53 MünchKommZPO/Prütting, § 286 Rn. 117.
54 Hk-ZPO/Saenger, § 292 Rn. 8.
55 BGH NJW 2010, 363, 364, Tz. 13; BGHZ 212, 224, Tz. 60 (Vollbeweis nach § 286 ZPO erforderlich); Hk-ZPO/Saenger, § 292 Rn. 7 f.; Musielak/Voit/Huber, § 292 Rn. 4 f.; MünchKommZPO/Prütting, § 292 Rn. 25 ff.
56 BGH VersR 2016, 663 f., Tz. 8.

176 Weitere, ursprünglich als richterliche Rechtsfortbildungen entwickelte Tatsachenvermutungen finden sich seit 2013 in § 630h BGB für den Arzthaftungsprozess: Grds. muss in einem solchen der klagende Patient entsprechend den allgemeinen Regeln als Anspruchsvoraussetzungen den Behandlungsfehler, den ihm entstandenen Schaden und den Kausalzusammenhang zwischen beidem beweisen. Bei einer Verletzung der ärztlichen Dokumentationspflicht (§ 630f BGB) wird aber der Behandlungsfehler nach Maßgabe von § 630h Abs. 3 BGB vermutet. Große praktische Bedeutung haben auch die Kausalitätsvermutungen nach § 630h Abs. 5 BGB: Weist der Patient einen groben ärztlichen Behandlungsfehler nach, wird gem. § 630h Abs. 5 S. 1 BGB dessen Kausalität für den eingetretenen Schaden vermutet.[58] Dasselbe gilt gem. § 630h Abs. 5 S. 2 BGB, wenn dem Arzt ein Befunderhebungsfehler zur Last fällt, wenn er also die Erhebung der medizinisch gebotenen Befunde unterlassen hat, und sich bei der gebotenen Abklärung mit hinreichender Wahrscheinlichkeit ein so deutlicher und gravierender Befund ergeben hätte, dass sich dessen Verkennung als fundamental oder die Nichtreaktion hierauf als grob fehlerhaft darstellen würde und dieser Fehler generell geeignet ist, den tatsächlich eingetretenen Gesundheitsschaden herbeizuführen.[59]

b) Rechtsvermutungen

177 Über den Wortlaut des § 292 ZPO hinaus erfasst die Norm auch Rechtsvermutungen, bei denen das Gesetz an das Vorliegen einer Tatsache die Vermutung des Bestehens oder Nichtbestehens eines Rechtes oder Rechtsverhältnisses knüpft. Als Beispiele lassen sich die Vermutung der **Richtigkeit des Grundbuchs** gem. § 891 BGB oder die **Eigentumsvermutungen** nach § 1006 BGB anführen. Abs. 1 S. 1 der letztgenannten Norm bestimmt, dass zugunsten des Besitzers einer beweglichen Sache vermutet wird, dass er deren Eigentümer ist. Diese Bestimmung stellt den Besitzer im Rechtsstreit nicht nur von der Beweis-, sondern auch von der Darlegungslast frei, dass und auf welcher Grundlage er mit dem Besitz das Eigentum erworben hat.[60] Die Vermutung greift auch, wenn der Besitzer behauptet, das Eigentum schenkungsweise erworben zu haben.[61] Allerdings begründet § 1006 Abs. 1 S. 1 BGB entgegen seinem ungenauen Wortlaut keine generelle Vermutung, dass jeder Besitzer Eigentümer ist.[62] Zunächst gilt diese Norm nur bei Eigenbesitz, da der Fremdbesitzer per definitionem nicht für sich in Anspruch nimmt, Eigentümer zu sein.[63] Darüber hinaus greift die Eigentumsvermutung nur, wenn von Anfang an Eigenbesitz besteht, da bei nachträglicher Umwandlung von Fremd- in Eigenbesitz keine Rechtmäßigkeit und damit kein Eigen-

---

57 Grundlegend BGHZ 212, 224, insbes. Tz. 35 f., 55 f.; BGH NJW 2021, 151, Tz. 27; BGH NJW 2022, 686, Tz. 72 ff. (alle zu § 477 BGB aF).
58 Die Regelung gilt entsprechend bei grober Verletzung sonstiger Berufs- oder Organisationspflichten, sofern diese, ähnlich wie beim Arztberuf, dem Schutz von Leben und Gesundheit anderer dienen und als Hauptpflichten bestehen (vgl. BGHZ 215, 44, Tz. 24 für Hausrufnotvertrag; BGHZ 217, 50, Tz. 24 für Badeaufsicht) Keine Beweislastumkehr erfolgt dagegen bei der Verletzung von Nebenpflichten (vgl. BGH NJW 2019 1809, Tz. 23, für Erste-Hilfe-Maßnahmen von Sportlehrern im Schulsport).
59 So erstmalig BGH NJW 1999, 860, juris-Tz. 13; BGH NJW 1999, 862, juris-Tz. 16; BGH NJW 1999, 3408, juris-Tz. 21; vgl. aus jüngerer Zeit nur BGH NJW 2016, 1447, Tz. 4, 6.
60 BGHZ 156, 310, 318 f.; BGH NJW 2002, 2101, 2102, juris-Tz. 7.
61 BGH NJW 2015, 1678, Tz. 12 mwN, auch zur Gegenmeinung.
62 MünchKommBGB/Raff, § 1006 Rn. 43.
63 BGH NJW-RR 2005, 280, juris-Tz. 23; MünchKommBGB/Raff, § 1006 Rn. 21; Staudinger/Thole, § 1006 Rn. 10 f., 16.

tumserwerb unterstellt werden kann.⁶⁴ § 1006 Abs. 1 S. 1 BGB ist daher dahin gehend zu präzisieren bzw. einzuschränken, dass danach vermutet wird, dass der Besitzer bei Besitzerwerb Eigenbesitz begründet, damit das Eigentum an der Sache erworben und dieses während der Besitzzeit behalten hat.⁶⁵ Steht dagegen fest oder ist unstreitig, dass der Eigenbesitzer zunächst nicht Eigentümer war oder dass der Besitzer – etwa als Mieter – zunächst nur Fremdbesitz erworben hat, kann er sich für einen von ihm behaupteten, späteren Eigentumserwerb nicht auf § 1006 Abs. 1 S. 1 BGB berufen, sondern muss diesen uneingeschränkt beweisen, da in solchen Fällen die Eigentumsvermutung nach § 1006 Abs. 2 BGB für den früheren Besitzer streitet.⁶⁶

c) Exkurs: Unwiderlegliche Vermutungen

Unwiderleglich sind Vermutungen gem. § 292 ZPO nur bei ausdrücklicher gesetzlicher Anordnung. Solche Regelungen sind selten. Beispiele finden sich in § 1566 Abs. 1 und 2 BGB (Scheitern der Ehe) oder in § 16 Abs. 1 GmbHG (Richtigkeit der Gesellschafterliste).⁶⁷ Wegen ihrer Unwiderleglichkeit haben solche Vermutungen keine Beweis- oder Beweislastwirkung, sondern nur materiellrechtliche Bedeutung.⁶⁸ Dasselbe gilt für gesetzliche Fiktionen.⁶⁹

3. Tatsächliche Vermutungen

Neben den gesetzlichen Vermutungen hat die Rspr. eine Vielzahl von tatsächlichen Vermutungen entwickelt. Eine solche entbindet die hierdurch begünstigte Partei allerdings – anders als gesetzliche Vermutungen⁷⁰ – nicht von der Darlegungslast bzgl. des vermuteten Tatbestandsmerkmals, sondern erleichtert diese lediglich.⁷¹ Umstritten sind die Rechtsfolgen tatsächlicher Vermutungen: Während die Rechtsprechung überwiegend eine Umkehr der Beweislast annimmt,⁷² sollen sie nach hL⁷³ lediglich im Rahmen der Beweiswürdigung im Sinne eines Anscheinsbeweises (Rn. 198 ff.) zu berücksichtigen sein. Als Beispiele lassen sich nennen:

a) Wiederholungsgefahr

Gesetzliche Unterlassungsansprüche (etwa nach § 1004 BGB) erfordern entweder Erstbegehungs- oder Wiederholungsgefahr. Die Erstbegehung begründet die Vermutung der Wiederholungsgefahr.⁷⁴ Ausgeräumt bzw. widerlegt werden kann diese grds. nur

---

64 MünchKommBGB/Raff, § 1006 Rn. 46.
65 BGH NJW 1994, 939, 940, juris-Tz. 11; OLG Koblenz NJW 2016, 2892, juris-Tz. 13; Staudinger/Thole, § 1006 Rn. 20; Grüneberg/Herrler, § 1006 Rn. 4; MünchKommBGB/Raff, § 1006 Rn. 45.
66 BGHZ 156, 310, 317; BGH NJW 1984, 1456, juris-Tz. 14, 16; OLG Köln NJW-RR 1997, 1420, juris-Tz. 3; OLG Koblenz NJW 2016, 2892, juris-Tz. 13; Staudinger/Thole, § 1006 Rn. 16, 28; Staudinger/Chiusi, § 516 Rn. 349; MünchKommBGB/Raff, § 1006 Rn. 46, 48.
67 § 16 Abs. 1 GmbHG enthält trotz seines eher für eine Fiktion sprechenden Wortlautes („gilt") nach hM eine unwiderlegliche Vermutung, vgl. Noack/Servatius/Haas/Servatius, § 16 Rn. 5; Habersack/Casper/Löbbe/Löbbe, § 16 Rn. 18; MünchKommGmbHG/Heidinger, § 16 Rn. 2, 15 mwN.
68 MünchKommZPO/Prütting, § 292 Rn. 4.
69 MünchKommZPO/Prütting, § 292 Rn. 8.
70 Dazu vorstehend Rn. 174 ff.
71 BGH NJW 2010, 363, 364, Tz. 17 f. zum subjektiven Tatbestand des wucherähnlichen Rechtsgeschäfts (§ 138 Abs. 1 BGB); Musielak/Voit/Huber, § 292 Rn. 1.
72 BGHZ 193, 159, Tz. 29; BGH NJW 2017, 175, 176, Tz. 6 aE, beide mwN.
73 Hk-ZPO/Saenger, § 292 Rn. 4; Zöller/Greger, vor § 284 Rn. 33; MünchKommZPO/Prütting, § 292 Rn. 29 f.; ebenso auch BGH NJW 2010, 363, 364 Tz. 15.
74 BGH GRUR 2013, 1259, 1260, Tz. 25 mwN.

durch eine strafbewehrte Unterlassungserklärung, dh wenn sich der Verletzer nicht nur zur Unterlassung verpflichtet, sondern für den Fall der Zuwiderhandlung auch die Zahlung einer angemessenen Vertragsstrafe verspricht.[75] Ohne Abgabe einer solchen Erklärung entfällt die Vermutung nur ausnahmsweise, wenn nämlich der Eingriff durch eine einmalige Sondersituation veranlasst gewesen ist, woran indes hohe Anforderungen zu stellen sind.[76] Kommt ein solcher Ausnahmefall in Betracht, ist prozesstaktisch zu beachten, dass die Verletzungshandlung im Rechtsstreit nicht als rechtmäßig verteidigt werden darf, ohne zweifelsfrei deutlich zu machen, dass dies ausschließlich zum Zwecke des Obsiegens im laufenden Prozess geschehen soll, weil anderenfalls durch diese Rechtsverteidigung eine Erstbegehungsgefahr begründet wird.[77]

b) Vollständigkeit und Richtigkeit der Urkunde

181 Die über ein Rechtsgeschäft aufgenommene Urkunde begründet zwischen den Vertragsparteien die Vermutung der Vollständigkeit und Richtigkeit. Wer daher Absprachen behauptet, die in der Urkunde nicht festgehalten wurden, oder einen vom Wortlaut der Urkunde abweichenden Willen der Vertragsparteien geltend macht (falsa demonstratio non nocet), ist hierfür beweispflichtig.[78] Dies gilt nicht nur bei notarieller Beurkundung.[79]

c) Wucherähnliches Rechtsgeschäft

182 Ein wucherähnliches Rechtsgeschäft, das gem. § 138 Abs. 1 BGB nichtig ist, liegt vor, wenn objektiv zwischen Leistung und Gegenleistung ein grobes Missverhältnis besteht und in subjektiver Hinsicht die hierdurch begünstigte Vertragspartei in verwerflicher Gesinnung handelt. Hierzu muss ihr bewusst sein oder sie sich zumindest grob fahrlässig der Einsicht verschließen, dass die benachteiligte Partei sich nur unter dem Zwang der Verhältnisse oder aus anderen, die freie Willensentschließung beeinträchtigenden Umständen, wie einem Mangel an Urteilsvermögen oder wegen einer erheblichen Willensschwäche, auf den für sie ungünstigen Vertrag eingelassen hat. Das Vorliegen dieser subjektiven Voraussetzungen wird allerdings bei Bestehen eines besonders groben Missverhältnisses zwischen Leistung und Gegenleistung vermutet. Ein solches wird etwa bei Grundstücksgeschäften angenommen, wenn der Wert der Leistung knapp doppelt so hoch ist wie derjenige der Gegenleistung. Die hierdurch begründete tatsächliche Vermutung entbindet allerdings nicht von der Darlegungslast.[80] Außerdem greift die Vermutung nicht zugunsten von Kaufleuten[81] und Personen, die eine selbständige freiberufliche Tätigkeit ausüben.[82]

---

75 BGH NJW 2012, 3781, 3782, Tz. 12; GRUR 2013, 1259, 1260 f., Tz. 26, beide mwN; Grüneberg/Herrler, § 1004 Rn. 32.
76 BGH NJW 1994, 1281, juris-Tz. 27; BGH ZUM 2018, 440, Tz. 17.
77 BGH NJW 1995, 2490, juris-Tz. 30; BGH NJW 1992, 2765, juris-Tz. 21.
78 BGH NJW 2015, 409, 410, Tz. 13; BGH NJW 2017, 175, 176, Tz. 6; vgl. auch BGHZ 211, 216, Tz. 33 mwN, wonach bei der Auslegung einer Vertragsurkunde in erster Linie deren Wortlaut und der diesem zu entnehmende objektiv erklärte Parteiwille zu berücksichtigen ist.
79 Zöller/Feskorn, vor § 415 Rn. 7 mwN.
80 Vgl. zum Ganzen BGH NJW 2010, 363, 364 f., Tz. 12 ff.; BGH NJW-RR 2011, 880, 881, Tz. 13, 16; BGH NJW-RR 2016, 1251, Tz. 8.
81 BGHZ 128, 255, 268.
82 BGHZ 128, 255, 268; BGH NJW-RR 2014, 622, 623, Tz. 16.

d) Beratungsgerechtes Verhalten

Wird mit der Klage Schadensersatz wegen fehlerhafter Beratung verlangt, kann der Beklagte den Kausalzusammenhang zwischen einem etwaigen Beratungsfehler und dem eingetretenen Schaden bestreiten, indem er behauptet, dass der Kläger sich auch bei weitergehender, ordnungsgemäßer Beratung nicht so verhalten hätte, dass der Schaden vermieden worden wäre. Nach den allgemeinen Regeln müsste dann der Kläger die bestrittene Kausalität als anspruchsbegründende Tatsache beweisen, also den Nachweis erbringen, wie er sich bei ordnungsgemäßer Beratung verhalten hätte und dass der Schaden dadurch vermieden worden wäre. Dieser Nachweis ist gerade dann nur schwer zu führen, wenn aus der maßgeblichen ex ante-Sicht für den Kläger auch bei ordnungsgemäßer Beratung mehrere gleich vernünftige Entscheidungen denkbar gewesen wären, die aber nicht alle zur Schadensvermeidung geführt hätten. Die Rspr. hilft: Bei der Anlageberatung soll jede Aufklärungspflichtverletzung zu einer Beweislastumkehr bzgl. der Kausalität führen, dh der Anlageberater muss beweisen, dass der Anleger die Anlage auch bei pflichtgemäßer Beratung gezeichnet hätte (Vermutung beratungsgerechten Verhaltens). Dies soll unabhängig davon gelten, ob der Anleger bei ordnungsgemäßer Beratung vernünftigerweise nur eine einzige Handlungsmöglichkeit oder mehrere Handlungsalternativen gehabt hätte.[83] Dieselben Grundsätze gelten bei der Prospekthaftung.[84]

183

Generell ist nach der Rspr. der meisten Zivilsenate des BGH derjenige, der vertragliche oder vorvertragliche Aufklärungspflichten verletzt hat, beweispflichtig dafür, dass der Schaden auch eingetreten wäre, wenn er sich pflichtgemäß verhalten hätte, der Auftraggeber die Beratung also unbeachtet gelassen hätte.[85] Dies gilt auch, wenn der unzureichend informierte Vertragspartner bei pflichtgemäßer Beratung verschiedene Handlungsalternativen gehabt hätte, dh in einen Entscheidungskonflikt geraten wäre.[86] Allerdings lassen manche Senate des BGH offen, ob es sich hierbei lediglich um eine Beweiserleichterung im Sinne des Anscheinsbeweises oder um eine zur Beweislastumkehr führende widerlegliche Vermutung handelt,[87] während andere Senate sich auf letzteres festlegen.[88] Eine abweichende Auffassung vertritt – mE zu recht – nur der IX. Zivilsenat des BGH für die Anwalts- und Steuerberaterhaftung (Rn. 203 ff.).

184

4. Materiell-rechtliche Anerkenntnisse

Auch materiellrechtliche Anerkenntnisse haben Auswirkungen auf die Darlegungs- und Beweislast. Zu unterscheiden sind insofern drei Grundformen von Anerkenntnissen:

185

---

83 BGHZ 193, 159, Tz. 28 ff.
84 BGHZ 193, 159, Tz. 34; BGH BKR 2013, 212, Tz. 18 ff. (XI. Zivilsenat); BGH NZG 2014, 432, Tz. 10 f. (II. Zivilsenat, der jedoch offenlässt, ob es sich um eine widerlegliche Vermutung oder einen Anscheinsbeweis handelt).
85 BGHZ 193, 159, Tz. 28; BGH NJW 2013, 3442, 3444, Tz. 21 f.; BGHZ 211, 216, Tz. 9, alle mwN.
86 So unter Aufgabe seiner bisherigen Rspr. im Anschluss an die vorstehend zitierte Rspr. zur Anlageberatung und Prospekthaftung jetzt auch der V. Zivilsenat des BGH (BGHZ 211, 216, Tz. 20) für Beratung beim Immobilienkauf.
87 BGH NZG 2014, 432, Tz. 11 (II. Zivilsenat zur Prospekthaftung); BGHZ 211, 216, Tz. 21 aE (V. Zivilsenat zur Beratung beim Immobilienkauf).
88 So namentlich der XI. Zivilsenat (BGHZ 193, 159, Tz. 29) zur Anlageberatung und zur Prospekthaftung, ferner der VII. Zivilsenat (NJW 2013, 3442, 3444, Tz. 22) für die Architektenhaftung.

186 Das **konstitutive oder abstrakte Schuldanerkenntnis** ist gem. § 781 BGB ein Vertrag, durch den eine vom bestehenden Schuldgrund unabhängige und damit abstrakte, neue selbstständige Verpflichtung geschaffen wird, die schuldverstärkend neben das bestehende Schuldverhältnis tritt.[89] Dieses bildet idR allerdings den Rechtsgrund für das abstrakte Schuldanerkenntnis, so dass letzteres gem. § 812 Abs. 2 BGB kondizierbar und damit der Bereicherungseinrede gem. § 821 BGB ausgesetzt ist, wenn und soweit es rechtsgrundlos vereinbart wurde, weil das Kausalverhältnis tatsächlich nicht bestand oder erloschen ist.[90] Die Rechtsgrundlosigkeit hat im Rahmen von § 812 BGB allerdings die kondizierende Partei zu beweisen; die gegnerische, sich auf das Anerkenntnis stützende Partei trifft lediglich eine sekundäre Darlegungslast (Rn. 168). Das abstrakte Schuldanerkenntnis bewirkt damit prozessual eine **Umkehr der Beweislast**, da der Anerkennende, der sich im Rechtsstreit von seinem Anerkenntnis lösen will, dessen Rechtsgrundlosigkeit beweisen muss.[91] Außerdem ist die Kondiktion nach § 814 BGB ausgeschlossen, wenn dem Anerkennenden das Fehlen eines Rechtsgrundes bekannt war, wofür allerdings die gegnerische Partei darlegungs- und beweispflichtig ist.[92]

187 Das gesetzlich nicht geregelte kausale (besser: bestätigende) oder **deklaratorische Schuldanerkenntnis** ist gleichfalls ein Vertrag, durch den allerdings im Gegensatz zum abstrakten Schuldanerkenntnis keine neue, selbstständige Verpflichtung geschaffen, sondern ein bestehendes Schuldverhältnis von den Parteien rechtsverbindlich bestätigt wird. Zweck und Inhalt einer solchen Vereinbarung ist, das Schuldverhältnis der Ungewissheit über seinen Bestand oder dem Streit der Parteien hierüber zu entziehen und es (insoweit) endgültig festzulegen. Deshalb hat auch das deklaratorische Schuldanerkenntnis potenziell konstitutive Wirkung und im übrigen vergleichsähnlichen Charakter.[93] Es bewirkt, dass das Schuldverhältnis, dessen Bestehen anerkannt wird, in tatsächlicher und rechtlicher Hinsicht Einwendungen – auch im Sinne des Bestreitens der anspruchsbegründenden Tatsachen – oder Einreden entzogen wird.[94] Der Umfang dieses Ausschlusses richtet sich nach dem Inhalt der getroffenen Vereinbarung, der ggf. durch Auslegung zu ermitteln ist. IdR werden nur solche Einwendungen und Einreden ausgeschlossen, die der Anerkennende gekannt oder mit denen er zumindest gerechnet hat,[95] nach zT vertretener Auffassung auch solche, die der Anerkennende kennen musste.[96] Ein weitergehender Ausschluss ist möglich, bedarf aber einer entsprechend eindeutigen Vereinbarung.[97] Im Rechtsstreit bewirkt das deklaratorische Schuldanerkenntnis gleichfalls eine **Umkehr der Beweislast**, dh der anerkennende Schuldner muss beweisen, dass der anerkannte Anspruch nicht oder nicht mehr besteht; gelingt ihm dies, obliegt wiederum dem Gläubiger der Nachweis, dass die Einwendung oder Einrede durch das deklaratorische Schuldanerkenntnis – abhängig von dessen Inhalt – präkludiert ist.[98] Steht dies fest, ist das deklaratorische Anerkenntnis auch nicht

---

89 Vgl. nur Grüneberg/Sprau, § 780 Rn. 7, § 781 Rn. 2.
90 Vgl. nur Grüneberg/Sprau, § 780 Rn. 11.
91 Baumgärtel/Laumen/Prütting/Laumen, § 781 Rn. 4; MünchKommBGB/Habersack, § 780 Rn. 48 mwN.
92 Vgl. nur Baumgärtel/Laumen/Prütting/Laumen, § 781 Rn. 5; Grüneberg/Sprau, § 814 Rn. 11.
93 Vgl. zum Ganzen nur BGHZ 66, 250, 254 f.; BGH NJW 1984, 799, juris-Tz. 13; MünchKommBGB/Habersack, § 781 Rn. 3, 5; Grüneberg/Sprau, § 781 Rn. 3.
94 BGH, aaO; BAG NJW 2011, 630, 631, Tz. 20; MünchKommBGB/Habersack, § 781 Rn. 5; BeckOK-BGB/Gehrlein, § 781 Rn. 10.
95 BGHZ 69, 328, 331; BGH NJW 1984, 799, juris-Tz. 13; BGH NJW 2008, 3122, Tz. 12; Staudinger/Hau, § 781 Rn. 23, 27; BeckOK-BGB/Gehrlein, § 781 Rn. 11.
96 BGH NJW-RR 2021, 294, Tz. 20; Grüneberg/Sprau, § 781 Rn. 4; *ablehnend:* Staudinger/Hau, § 781 Rn. 27.
97 BGHZ 66, 250, 254; Grüneberg/Sprau, § 781 Rn. 4.
98 Baumgärtel/Laumen/Prütting/Laumen, § 781 Rn. 21.

nach § 812 Abs. 2 BGB kondizierbar, da dies mit dem Zweck der Vereinbarung, Einwendungen oder Einreden auszuschließen und damit Rechtssicherheit zu schaffen, unvereinbar wäre.[99]

Eine dritte Gruppe neben abstrakten und kausalen Schuldanerkenntnissen bilden schließlich die nicht rechtsgeschäftlichen, einseitigen Erklärungen, eine Tatsache oder eine Verpflichtung anzuerkennen. Als Beispiel lässt sich die an der Unfallstelle von einem Unfallbeteiligten abgegebene schriftliche Erklärung nennen, an dem Unfall schuld zu sein. Mit solchen Erklärungen wird typischerweise der Zweck verfolgt, dem Gläubiger die Erfüllungsbereitschaft mitzuteilen und ihn dadurch von sofortigen, weitergehenden Maßnahmen abzuhalten oder ihm den Beweis zu erleichtern. Derartige Bestätigungen enthalten zwar mangels vertraglichen Charakters keine materiellrechtlichen, potenziell konstitutiven Regelungen für das Schuldverhältnis, sie bewirken aber als „Zeugnis des Anerkennenden gegen sich selbst" im Rechtsstreit eine Umkehr der Beweislast, zumindest aber wirken sie als Indiz, das der Tatrichter nach § 286 ZPO zu würdigen hat.[100] Prozessual folgt daraus, dass der Gläubiger zunächst seiner Beweislast enthoben ist und diese ihn erst wieder trifft, wenn dem Erklärenden der Nachweis der Unrichtigkeit des Anerkannten gelingt.[101]

188

IV. Beweiserleichterungen

1. Ausgangspunkt: Vollbeweis

Kommen der beweispflichtigen Partei keine Beweiserleichterungen zugute, sind an den ihr obliegenden Nachweis hohe Anforderungen zu stellen. Dieser ist gem. § 286 Abs. 1 S. 1 ZPO erst geführt, wenn das Gericht unter Berücksichtigung des gesamten Inhalts der Verhandlungen und des Ergebnisses der Beweisaufnahme nach freier Überzeugung die Behauptung für wahr erachtet. Dieser sog. Vollbeweis erfordert also nicht mehr, aber auch nicht weniger als die subjektive Überzeugung des Tatrichters von der Wahrheit. Die Feststellung einer (auch überwiegenden oder sogar hohen) Wahrscheinlichkeit genügt somit nicht.[102] Andererseits ist aber auch keine absolute, d. h. über jeden denkbaren Zweifel erhabene Gewissheit erforderlich. Nach der st. Rspr. des BGH ist vielmehr ein für das praktische Leben brauchbarer Grad an Gewissheit erforderlich und ausreichend, der vernünftigen Zweifeln Schweigen gebietet, ohne sie vollständig auszuschließen.[103] Diese Voraussetzungen können auch erfüllt sein, wenn ein Sachverständiger sich nur auf – an Sicherheit grenzende – Wahrscheinlichkeitsgrade festlegt, falls sie dem Richter die nach § 286 Abs. 1 S. 1 ZPO allein maßgebliche persönliche Überzeugung vermitteln.[104]

189

2. Gesetzliche Beweiserleichterungen

In einigen Fällen sieht das Gesetz Beweiserleichterungen vor. Diese wirken sich auch auf die Darlegungslast aus. Dazu folgende Beispiele:

190

---

99 BGHZ 66, 250, 254; Grüneberg/Sprau, § 781 Rn. 4.
100 BGHZ 66, 250, 254 f.; BGH NJW 1984, 799, juris-Tz. 17 f.; BGH NJW 2009, 580, 581, Tz. 9; Grüneberg/Sprau, § 781 Rn. 6; MünchKommBGB/Habersack, § 781 Rn. 7.
101 BGH NJW 1984, 799, juris-Tz. 18.
102 Vgl. nur BGH NJW 2020, 1072, Tz. 9.
103 BGH NJW 2000, 953, 954, juris-Tz. 18; BGH NJW 2004, 777, 778, juris-Tz. 9; BGH NJW-RR 2007, 312, 313, Tz. 12; BGHZ 212, 224, Tz. 60.
104 BGH NJW 1994, 801, juris-Tz. 14; Musielak/Voit/Foerste, § 286 Rn 19; Zöller/Greger, § 286 Rn 19.

a) § 287 ZPO

191 Bei vertraglichen oder gesetzlichen Schadensersatzansprüchen darf das Gericht gem. § 287 Abs. 1 S. 1 ZPO unter Würdigung aller Umstände nach freier Überzeugung beurteilen, ob ein Schaden entstanden und wie hoch dieser Schaden ist. Die gesetzliche Formulierung der erstgenannten Alternative („ob ein Schaden entstanden sei"), ist irreführend. Denn sie erfasst nicht den Haftungsgrund, dh die Tatbestandsmerkmale des Schadens und der haftungsbegründenden Kausalität, diese bedürfen des Vollbeweises nach § 286 ZPO.[105] Die Beweiserleichterung nach § 287 Abs. 1 S. 1 ZPO gilt nur für die haftungsausfüllende Kausalität und die Schadenshöhe.[106] Die haftungsbegründende Kausalität besteht zwischen dem Verhalten des Schädigers und der Verwirklichung des Haftungstatbestandes, dh dem Verletzungserfolg, beispielsweise bei Ansprüchen aus § 823 Abs. 1 BGB der Verletzung des geschützten Rechtes oder Rechtsgutes. Haftungsausfüllende Kausalität ist demgegenüber der Ursachenzusammenhang zwischen Haftungstatbestand einerseits und Vermögensschaden oder weiteren Gesundheitsschäden andererseits.[107]

192 Bei einem vertraglichen Schadensersatzanspruch (etwa aus § 280 BGB oder § 43 Abs. 2 GmbHG) wird der Haftungstatbestand bereits durch die Pflichtverletzung verwirklicht, so dass der Ursachenzusammenhang zwischen Pflichtverletzung und Schaden der haftungsausfüllenden Kausalität zuzuordnen ist, für die § 287 ZPO gilt.[108] Führt zB ein Rechtsanwalt einen Zivilprozess fehlerhaft (etwa indem er entscheidungsrelevante Tatsachen pflichtwidrig nicht vorträgt) und unterliegt der Mandant daraufhin, ist die im Regressprozess regelmäßig streitige Frage, wie der Vorprozess bei pflichtgemäßem Verhalten des Rechtsanwaltes richtigerweise hätte entschieden werden müssen,[109] der haftungsausfüllenden Kausalität zuzuordnen, so dass für den dem Mandanten obliegenden Nachweis § 287 ZPO gilt.[110]

193 Sowohl nach § 286 ZPO als auch nach § 287 ZPO entscheidet der Tatrichter „nach freier Überzeugung", nach § 286 ZPO ist aber zu entscheiden, „ob eine tatsächliche Behauptung für wahr oder nicht wahr zu erachten sei". Letzteres beschreibt den Vollbeweis (Rn. 189). Dass eine entsprechende Anforderung in § 287 ZPO fehlt, bedeutet, dass im Anwendungsbereich dieser Norm das Beweismaß abgesenkt ist.[111] Hier darf der Tatrichter Wahrscheinlichkeitsbetrachtungen anstellen und zu Schätzungen greifen. Auch insofern ist aber eine auf gesicherter Grundlage beruhende, gerichtliche Feststel-

---

105 BGH NJW 2004, 777, 778, juris-Tz. 15; BGHZ 221, 43, Tz. 12; Hk-ZPO/Saenger, § 287 Rn. 4, 6; Rosenberg/Schwab/Gottwald, § 115 Rn. 12 ff.
106 BGH NJW 2004, 444, juris-Tz. 17; BGHZ 221, 43, Tz. 12; Hk-ZPO/Saenger, § 287 Rn. 7 f.; Rosenberg/Schwab/Gottwald, § 115 Rn. 9 ff., 17 ff.
107 Vgl. nur BGHZ 221, 43, Tz. 12; Geigel/Schmidt, Kap. 1 Rn. 15.
108 BGHZ 152, 280, 287; BGH NJW 2000, 509, juris-Tz. 10; BGH NJW 2000, 730, 733, juris-Tz. 33; BGH NJW 2015, 3447, 3448, Tz. 22; Fahrendorf/Mennemeyer/Fahrendorf, Kap. 4, Rn. 1, 6, 11 ff.
109 Nach der st.Rspr. des BGH (vgl. nur NJW 2000, 730, 732, juris-Tz. 33; NJW 2009, 987, 988, Tz. 16; BGHZ 174, 205, 209, Tz. 9) ist insofern unerheblich, wie die im Vorprozess zuständigen Richter individuell entschieden hätten, maßgeblich ist vielmehr, wie der Vorprozess objektiv richtigerweise hätte entschieden werden müssen, was ausschließlich das Regressgericht zu beurteilen hat.
110 Vgl. nur BGH NJW 2000, 730, 732, juris-Tz. 33 mwN. Zu berücksichtigen ist außerdem, dass im Regressprozess die Beweislastregeln des Vorprozesses gelten; soweit in diesem der Prozessgegner des ehemaligen Mandanten darlegungs- und beweispflichtig war, gilt dasselbe daher auch für den beklagten Rechtsanwalt im Regressprozess (BGH NJW 2000, 730, 732, juris-Tz. 33; BGH NJW-RR 2004, 1649, juris-Tz. 8; BGH NJW-RR 2017, 540, Tz. 39). Allerdings kann letzterer insofern den Prozessgegner des Vorprozesses als Zeuge benennen (dazu nachfolgend Rn. 224).
111 MünchKommZPO/Prütting, § 287 Rn. 17.

lung einer überwiegenden Wahrscheinlichkeit erforderlich,[112] teilweise verlangt der BGH sogar eine deutlich überwiegende Wahrscheinlichkeit.[113]

So erfordert der Nachweis der haftungsausfüllenden Kausalität auch unter Berücksichtigung von § 287 ZPO die Überzeugung des Gerichts von der Richtigkeit seiner Feststellung. Es wird durch diese Norm nur insofern freier gestellt, als es in einem der jeweiligen Sachlage angemessenen Umfang andere, wenig wahrscheinliche Verlaufsmöglichkeiten nicht mit der sonst gebotenen, an Sicherheit grenzenden Wahrscheinlichkeit ausschließen muss. Keinesfalls erlaubt § 287 ZPO aber, einen bestimmten Schadensverlauf als erwiesen anzusehen, wenn nach den feststehenden Einzeltatsachen „alles offen" bleibt oder sich gar eine überwiegende Wahrscheinlichkeit für das Gegenteil ergibt.[114] Erst recht darf sich der Tatrichter für den Kausalitätsnachweis nicht mit der „gefühlsmäßigen Wertung" zufrieden geben, dass die Pflichtwidrigkeit und der geltend gemachte Schaden „irgendwie miteinander in Zusammenhang stehen müssten."[115]

194

Auch eine Schätzung der Schadenshöhe darf nicht völlig abstrakt erfolgen bzw. mangels greifbarer Anhaltspunkte völlig in der Luft hängen.[116] Vielmehr muss der Anspruchsteller die Ausgangs- oder Anknüpfungstatsachen, auf deren Grundlage die Schätzung erfolgen soll (Schätzungsgrundlagen), substantiiert vortragen. Werden diese bestritten, muss er sie außerdem beweisen,[117] wobei umstritten ist, ob auch hierfür das in § 287 ZPO vorgesehene Beweismaß gilt[118] oder bzgl. der Schätzungsgrundlagen der Vollbeweis iSv § 286 ZPO zu erbringen ist.[119] Erst wenn dieser Nachweis gelingt, darf der Richter – typischerweise mit sachverständiger Unterstützung – gem. § 287 ZPO die Schadenshöhe schätzen.

195

b) § 252 BGB

§ 252 BGB enthält für Schadensersatzansprüche, die auf Ersatz eines entgangenen Gewinns gerichtet sind, eine § 287 ZPO ergänzende Beweiserleichterung. Danach braucht der Geschädigte nur die Umstände darzulegen und in den Grenzen des § 287 ZPO zu beweisen, aus denen sich nach dem gewöhnlichen Lauf der Dinge oder den besonderen Umständen des Falles die Wahrscheinlichkeit des Gewinneintritts ergibt. § 252 BGB ermöglicht also in seinem Anwendungsbereich eine abstrakte Schadensberechnung.[120] Dies hindert den Geschädigten selbstverständlich nicht, den ihm entstandenen Schaden konkret zu berechnen, in diesem Fall kommt ihm aber die Erleichterung der Darlegungs- und Beweislast aus § 252 BGB nicht zugute.[121]

196

---

112 BGH NJW 2020, 236, Tz. 13; BGH NJW 2014, 688, Tz. 13; BGH NJW-RR 2014, 632, Tz. 5; BGH NJW 2008, 1381, Tz. 9; BGH NJW-RR 2006, 1238, 1239, Tz. 13; BGH NJW 2000, 509, juris-Tz. 10; BGH NJW 1992, 3298, 3299, juris-Tz. 12; Hk-ZPO/Saenger, § 287 Rn. 15; MünchKommZPO/Prütting, § 287 Rn. 17.
113 BGHZ 224, 281, Tz. 35; BGH NJW 2009, 1591, 1592, Tz. 14; BGH NJW 2004, 444, 445, juris-Tz. 23; BGH NJW 1993, 734, juris-Tz. 10.
114 So wörtlich BGH NJW 1970, 1970, 1971, juris-Tz. 46 f.; inhaltsgleich BGH NJW 2004, 777, 778, juris-Tz. 12 f.; OLG Saarbrücken NJW-RR 2013, 1112, 1113, juris-Tz. 51.
115 So ausdrücklich BGH NJW 2004, 777, 778, Tz. 13; OLG Saarbrücken NJW-RR 2013, 1112, 1113, juris-Tz. 51.
116 BGHZ 91, 243, 256 f.; BGH NJW 1987, 909, 910, juris-Tz. 10; Zöller/Greger, § 287 Rn. 4.
117 BGH NJW 1988, 3016, 3017, juris-Tz. 8 f.; BGH NJW-RR 1998, 331, 333, juris-Tz. 26.
118 So die Rspr., BGH NJW 2002, 825, 826, juris-Tz. 15; BGH NJW 2000, 2272, 2275, juris-Tz. 43; BGH NJW 1995, 1023, 1024, juris-Tz. 13.
119 Dafür Hk-ZPO/Saenger, § 287 Rn. 16; Thomas/Putzo/Seiler, § 287 Rn. 11; BeckOK-ZPO/Bacher, § 287 Rn. 16.
120 Grüneberg/Grüneberg, § 252 Rn. 6.
121 BGHZ 193, 159, 181, Tz. 66 f.

197 An die dem Geschädigten nach § 252 BGB obliegenden Darlegungen dürfen keine zu strengen Anforderungen gestellt werden.[122] Wer geltend macht, dass er bei pflichtgemäßem Verhalten des Schädigers eine bestimmte Kapitalanlage gezeichnet und hiermit Zinseinnahmen erzielt hätte, muss aber darlegen und beweisen, um welche konkrete Anlage es sich hierbei handelt und dass er diese gezeichnet hätte, bevor er sich auf Beweiserleichterungen berufen kann.[123]

3. Anscheinsbeweis = prima-facie-Beweis

198 Der Anscheinsbeweis begründet keine Umkehr der Beweislast, sondern nur eine Beweiserleichterung.[124] Voraussetzung hierfür ist, dass ein Sachverhalt festgestellt wird, der einer bestimmten Typik entspricht und nach einem allgemeinen Erfahrungssatz auf eine bestimmte Ursache oder einen bestimmten Ablauf als maßgeblich für den Eintritt eines bestimmten Erfolgs hinweist; ist dies der Fall, wird im Rahmen der freien richterlichen Beweiswürdigung nach § 286 ZPO das Beweismaß dahin gehend abgesenkt, dass Zweifel an dem Anschein erst beachtlich sind, wenn sie ernstlich sind.[125] Dies bedeutet, dass der Anscheinsbeweis **erschüttert** werden kann. Dies ist der Fall, wenn die gegnerische Partei die ernsthafte Möglichkeit eines anderen, atypischen Ablaufs vorträgt und im Bestreitensfall auch nachweist.[126] Hierbei bedürfen die Tatsachen, aus denen sich diese Möglichkeit ergibt, des Vollbeweises.[127] Gelingt dieser, obliegt wieder der beweispflichtigen Partei der Vollbeweis der Richtigkeit ihres Vortrags.

199 Anscheinsbeweise wirken sich auch auf die Darlegungs- und Beweislast aus. Denn die begünstigte Partei muss die den Anscheinsbeweis begründenden Tatsachen darlegen und ggf. beweisen, die gegnerische Partei diesen sodann erschüttern.

200 Anscheinsbeweise kommen insbesondere bei Fragen der Pflichtverletzung und der Kausalität in Betracht:

a) Pflichtverletzung

201 Beruht ein bestimmter Schadenseintritt nach einem durch Regelmäßigkeit, Üblichkeit und Häufigkeit geprägten „Muster"[128] typischerweise auf einem hierfür ursächlichen **haftungsbegründenden Verhalten**, lässt ersteres auf letzteres schließen.[129] So streitet zB bei einem Auffahrunfall der Anscheinsbeweis dafür, dass der auffahrende Fahrer diesen durch zu geringen Abstand oder sonstiges Fehlverhalten verursacht hat.[130] Erschüttert wird dieser Anscheinsbeweis etwa, wenn unstreitig ist oder vom Aufgefahrenen nachgewiesen wird, dass das vorausfahrende Fahrzeug erst unmittelbar vor dem Unfall die Fahrspur gewechselt hat;[131] dass es grundlos stark abgebremst hat, soll

---

122 Vgl. nur BGH, Beschluss vom 24.9.2013, II ZR 291/11, Tz. 17.
123 BGH NJW 2015, 3447, 3450, Tz. 49 f.
124 BGHZ 193, 159, Tz. 29; BGHZ 208, 331, Tz. 24; Rosenberg/Schwab/Gottwald, § 114 Rn. 17.
125 Vgl. nur BGHZ 208, 331, Tz. 24, 37, 48; Hk-ZPO/Saenger, § 286 Rn. 38 f.
126 BGHZ 123, 311, 315 f.; BGHZ 208, 331, Tz. 24, 48; BGH NJW-RR 2007, 1077, 1078, Tz. 10; BGH NJW 2017, 1177 f., Tz. 11; Rosenberg/Schwab/Gottwald, § 114 Rn. 39; Hk-ZPO/Saenger, § 286 Rn. 40 mwN.
127 BGHZ 208, 331, Tz. 48; Rosenberg/Schwab/Gottwald, § 114 Rn. 39 mwN.
128 BGH NJW 1991, 230, 231, juris-Tz. 14; Zöller/Greger, vor § 284 Rn. 30c.
129 BGH NJW 2016, 1098, 1099, Tz. 14; Rosenberg/Schwab/Gottwald, § 114 Rn. 26 f.; Zöller/Greger, vor § 284 Rn. 30c, 30d, auch mit zahlreichen Beispielen.
130 BGH NJW-RR 1989, 670, 671, juris-Tz. 8; BGH NJW 2017, 1177, Tz. 10.
131 BGH NJW 2017, 1177 f., Tz. 11 f.

dagegen nicht genügen.[132] Steht fest, dass ein KfZ beim Rückwärtsfahren – auch auf einem Parkplatz – mit einem anderen Fahrzeug kollidiert ist, streitet der Anscheinsbeweis für ein Fehlverhalten des Rückwärtsfahrenden; an der hierfür erforderlichen Typizität fehlt es aber, wenn nicht auszuschließen ist, dass sein Fahrzeug zum Zeitpunkt der Kollision auf einem Parkplatz bereits stand.[133]

b) Kausalität

Steht ein Geschehensablauf fest (dh dieser muss entweder unstreitig oder von der beweispflichtigen Partei nach Maßgabe von § 286 ZPO bewiesen sein), der nach der Lebenserfahrung typischerweise zu bestimmten Ergebnissen führt, wird hieraus der **Kausalzusammenhang** geschlussfolgert.[134] Wenn etwa in engem räumlichen und zeitlichen Zusammenhang mit Schweißarbeiten ein Brand ausbricht[135] oder ein Passant bei Glatteis auf ungestreutem Weg stürzt,[136] streitet der Anscheinsbeweis für den Kausalzusammenhang zwischen den jeweiligen Ereignissen. Dasselbe gilt, wenn Aufsichts- oder Überwachungspflichten verletzt werden und eine ordnungsgemäße Beaufsichtigung an sich geeignet gewesen wäre, den Schaden zu verhindern, bzw. sich gerade diejenige Gefahr verwirklicht hat, der durch die verletzte Verhaltenspflicht begegnet werden sollte.[137] In allen diesen Fällen wird der Anscheinsbeweis erschüttert, wenn Tatsachen unstreitig sind oder bewiesen werden, welche die ernsthafte Möglichkeit einer anderen Verursachung begründen.[138]

202

c) Beratungsgerechtes Verhalten

Auch bei der Haftung von Rechtsanwälten oder Steuerberatern für Beratungsfehler wird regelmäßig die Kausalität streitig, also die Frage, ob der Mandant sich bei ordnungsgemäßer Beratung so verhalten hätte, dass hierdurch der Schaden vermieden worden wäre (Rn. 183). Nach der Rspr. des hierfür zuständigen IX. Zivilsenates des BGH gilt folgendes: Unterbleibt die von einem Rechtsanwalt oder Steuerberater geschuldete Empfehlung eines bestimmten, allein sinnvollen Verhaltens, wird vermutet, dass der Mandant die Empfehlung befolgt hätte, wenn sie erfolgt wäre (Vermutung beratungsgerechten Verhaltens). Voraussetzung ist aber, dass eine dahin gehende Entscheidung des Mandanten bei zutreffender Belehrung aufgrund der Interessenlage oder anderer objektiver Umstände mit Wahrscheinlichkeit zu erwarten gewesen wäre; erforderlich ist also die Feststellung, dass die sachgerechte Aufklärung durch den Berater aus der Sicht eines vernünftig urteilenden Mandanten eindeutig eine bestimmte tatsächliche Reaktion des Mandanten nahegelegt hätte.[139] Die Vermutung greift damit nicht, wenn nach der Lebenserfahrung bei zutreffender Beratung mehrere objektiv

203

---

132 BGH NJW-RR 2007, 680, Tz. 6; OLG Karlsruhe NJW 2017, 2626, 2627, juris-Tz. 24; Hk-ZPO/Saenger, § 286 Rn. 46; a. A.: OLG Frankfurt NJW 2007, 87, 88, juris-Tz. 15 f.
133 BGH NJW 2016, 1098, 1099, Tz. 15; BGH NJW 2016, 1100, 1101, Tz. 11; BGH NJW 2017, 1175, 1176, Tz. 9 f.
134 Zöller/Greger, vor § 284 Rn. 30, 30a; Rosenberg/Schwab/Gottwald, § 114 Rn. 21 ff., beide mit zahlreichen Beispielen.
135 BGH NJW 2010, 1072, Tz. 8 ff.; BGH NJW-RR 2014, 270, 271, Tz. 14 f.
136 BGH NJW 1984, 432, juris-Tz. 15; ebenso für nach Reinigungsarbeiten glatte Treppe: BGH NJW 1994, 945, 946, juris-Tz. 8.
137 BGHZ 217, 50, Tz. 31 mwN.
138 BGH NJW-RR 2014, 270, 271, Tz. 15; BGH NJW-RR 1989, 670, 671, juris-Tz. 8.
139 BGH NJW 2015, 3447, 3448, Tz. 25.

gleich vernünftige Verhaltensmöglichkeiten in Betracht kommen.¹⁴⁰ Außerdem ist zu berücksichtigen, dass die Vermutung beratungsgerechten Verhaltens nur für eine bestimmte Entscheidung des Mandanten streiten kann, nicht aber für das Verhalten Dritter; wäre daher – etwa im Falle einer bestimmten Vertragsgestaltung, über die der Anwalt fehlerhaft beraten hat – neben der Entscheidung des Mandanten noch die Zustimmung oder Mitwirkung eines Dritten – etwa des Vertragspartners – erforderlich gewesen, ist für dessen Verhalten der Mandant uneingeschränkt beweispflichtig, eine Vermutung kommt ihm insofern nicht zugute.¹⁴¹

204 Auf der Rechtsfolgenseite ist zu berücksichtigen, dass die Vermutung beratungsgerechten Verhaltens trotz ihrer Bezeichnung im Bereich der Rechtsanwalts- und Steuerberaterhaftung nach Auffassung des hierfür zuständigen IX. Zivilsenat des BGH keine Umkehr der Beweislast bewirkt, sondern nur einen Anscheinsbeweis begründet, der durch den Nachweis von Tatsachen entkräftet werden kann, die für ein atypisches Verhalten des Mandanten im Falle einer pflichtgemäßen Beratung sprechen.¹⁴² Letzteres kommt insbesondere in Betracht, wenn der Mandant einer anderen Empfehlung des Rechtsanwaltes oder Steuerberaters nicht gefolgt ist.

205 Mit den vorstehend dargestellten Regeln beurteilt der IX. Zivilsenat des BGH sowohl die Voraussetzungen als auch die Rechtsfolgen der Vermutung beratungsgerechten Verhaltens für den Bereich der Anwalts- und Steuerberatungshaftung anders als die übrigen Zivilsenate dies für Beratungsfehler anderer Berufsträger vertreten (Rn. 183 f.). Diese Differenzierung ist entgegen der Annahme des IX. Zivilsenates mit Besonderheiten des Rechtsanwalts- und Steuerberatungsvertrages nicht zu erklären. Vielmehr ist eine inhaltsgleiche Behandlung aller Fälle von Beratungsfehlern angezeigt, wobei mE die Beurteilung des IX. Zivilsenates in der Sache dogmatisch überzeugend und deshalb vorzugswürdig ist. Denn die für eine Beweiserleichterung erforderliche Typizität des zu beweisenden hypothetischen Verlaufs kann schlechterdings nicht festgestellt werden, wenn der fehlerhaft Beratene bei ordnungsgemäßer Beratung mehrere gleich vernünftige Entscheidungsalternativen gehabt hätte. Die Praxis wird aber – bis zu einer an sich gebotenen Entscheidung durch den großen Senat für Zivilsachen – die unterschiedlichen Beurteilungen akzeptieren und sich daher an der Rspr. des jeweils zuständigen Fachsenates orientieren müssen.

4. Beweisvereitelung

206 Wird die Beweisführung pflichtwidrig und schuldhaft – nicht aber notwendigerweise vorsätzlich – durch den Gegner der beweispflichtigen Prozesspartei verhindert, begründet dies Beweiserleichterungen bis zur Umkehr der Beweislast.¹⁴³ Beweisvereitelung liegt nicht nur vor, wenn Beweismittel (etwa Urkunden) vernichtet oder zurückgehalten werden. Ausreichend ist vielmehr beispielsweise auch, wenn der Prozessgegner die Offenlegung des nur ihm bekannten Namens eines Zeugen ablehnt (Rn. 228) oder

---

140 BGHZ 123, 311, 314; BGHZ 193, 193, Tz. 36; BGHZ 193, 297, Tz. 39; BGH NJW 2008, 2647, Tz. 12; BGH NJW-RR 2008, 1235, 1236, Tz. 19; BGH NJW 2009, 1591 f., Tz. 9; BGH NJW 2014, 2795 f., Tz. 2 ff. (unter ausdrücklichem Hinweis darauf, dass die Rspr. anderer Zivilsenate des BGH für die Haftung anderer Berater auf die Haftung der Rechtsanwälte und Steuerberater nicht übertragbar ist); BGH NJW 2015, 3447, 3448, Tz. 26 f.
141 BGH NJW 2015, 3447, 3448 f., Tz. 28; Fahrendorf/Mennemeyer/Fahrendorf, Kap. 4, Rn. 45 ff. mwN.
142 BGHZ 123, 311, 315 ff.; BGHZ 193, 193, Tz. 36 aE; BGH NJW-RR 2008, 1235, 1236, Tz. 19; BGH NJW 2014 2795, Tz. 4; BGH NJW 2015, 3447, 3448, Tz. 23.
143 BGH NJW 2009, 360, 362, Tz. 23; Rosenberg/Schwab/Gottwald, § 116 Rn. 18 mwN.

einen vom Beweisführer benannten Zeugen (beispielsweise den gemeinsamen Steuerberater beider Parteien) ohne triftigen Grund nicht von seiner beruflichen Schweigepflicht entbindet, so dass dieser nicht vernommen werden kann.[144]

V. Zusammenfassung

1. Für die Verteilung der Darlegungs- und Beweislast gilt das Günstigkeitsprinzip, dh die Partei, die aus einer ihr günstigen Norm Rechte herleitet, hat deren tatsächliche Voraussetzungen darzulegen und zu beweisen. Konkret bedeutet dies, dass der Anspruchsteller die anspruchsbegründenden Tatsachen, der Anspruchsgegner die Voraussetzungen rechtshindernder, rechtsvernichtender oder rechtshemmender Einreden und der Anspruchsteller rechtserhaltende Tatsachen darzulegen und zu beweisen hat.
2. Grds. besteht ein Gleichlauf zwischen Darlegungs- und Beweislast. Eine Ausnahme gilt, wenn eine Partei über die Tatsachen, für die sie nach den allgemeinen Regeln darlegungspflichtig ist, keine Kenntnis hat und sich auch nicht verschaffen kann, während die gegnerische Partei über diese Kenntnisse verfügt oder sich zumutbarerweise beschaffen kann. Dann trifft die letztgenannte Partei eine sekundäre Darlegungslast, dh sie muss im Rahmen des ihr Zumutbaren substantiiert vortragen. Erst wenn sie dieser Obliegenheit nachgekommen ist, muss die erstgenannte, beweispflichtige Partei diesen Vortrag widerlegen.
3. Eine Umkehr der Beweislast kann sich aus gesetzlichen Beweislastregeln, gesetzlichen Vermutungen und – von der Rspr. entwickelten – tatsächlichen Vermutungen ergeben. Auch Anerkenntnisse bewirken eine Umkehr der Beweislast.
4. Beweiserleichterungen können sich aus gesetzlichen Regelungen oder dem Anscheinsbeweis ergeben. Bei letzterem wird aus einem Sachverhalt, der einer bestimmten Typik entspricht und nach einem allgemeinen Erfahrungssatz eine bestimmte Ursache oder einen bestimmten Ablauf nahelegt, auf einen dementsprechenden Kausalzusammenhang oder auf ein typischerweise haftungsbegründendes Fehlverhalten geschlossen. Der Anscheinsbeweis kann von der Partei, gegen die er streitet, erschüttert werden, indem diese die ernsthafte Möglichkeit eines atypischen Ablaufs nachweist.

§ 10 Beweisführung und Beweismittel

I. Allgemeine Grundsätze

1. Erschöpfung der Beweismittel und Verbot der antizipierten Beweiswürdigung

Wird ein Beweisantrag zu einem entscheidungserheblichen Beweisthema gestellt, ist das Gericht aus § 286 ZPO verpflichtet, diesem nachzugehen, dh den angebotenen Beweis zu erheben (Gebot der Erschöpfung der Beweismittel).[1] Die Nichtberücksichtigung eines erheblichen Beweisantritts, die im Prozessrecht keine Stütze findet, ver-

---

144 BGH NJW-RR 1996, 1534, juris-Tz. 7 ff.; BGH NJW-RR 1988, 962, juris-Tz. 25; BGH WM 1983, 653, juris-Tz. 27; Zöller/Greger, § 286 Rn. 14b aE, § 385 Rn. 13.
1 BGH NJW 1995, 2111, 2112, juris-Tz. 13.

stößt darüber hinaus gegen Art. 103 Abs. 1 GG.[2] In aller Regel unzulässig ist auch, die Erhebung angebotener Beweise mit der Begründung abzulehnen, dass von diesen keine zusätzlichen Erkenntnisse zu erwarten seien.[3] Nur ausnahmsweise und unter strengen Voraussetzungen darf ein Beweismittel wegen offensichtlicher Ungeeignetheit abgelehnt werden, wenn nämlich von vorneherein völlig ausgeschlossen – und nicht lediglich unwahrscheinlich – ist, dass dieses zum Beweisthema sachdienliche Erkenntnisse bringen kann.[4]

209 Aus Art. 103 Abs. 1 GG folgt außerdem das Verbot der vorweggenommenen bzw. antizipierten Beweiswürdigung. Dieses besagt allgemein, dass Beweise nicht vor ihrer Aufnahme gewürdigt werden dürfen[5] und daher eine Beweisaufnahme nicht aus Gründen unterbleiben darf, die der Beweiswürdigung vorbehalten sind.[6] Hiergegen wird namentlich verstoßen, wenn die von einer Partei beantragte Beweiserhebung mit der Begründung abgelehnt wird, das Gericht sei vom Gegenteil bereits überzeugt[7], der unter Beweis gestellte Vortrag widerspreche aktenkundigen Unterlagen[8] oder gegen dessen Richtigkeit sprächen nach Auffassung des Gerichts bestimmte Umstände.[9]

2. Hauptbeweis und Gegenbeweis

210 Hauptbeweis ist der der beweispflichtigen Partei obliegende Nachweis der Richtigkeit der von ihr zu beweisenden Tatsache.[10] Sofern dieser Partei nach den vorstehend dargelegten Regeln keine Beweiserleichterungen zugute kommen, erfordert der Hauptbeweis den Vollbeweis nach § 286 ZPO.[11]

211 Nach Möglichkeit sollte sich die gegnerische Partei prozesstaktisch nicht darauf beschränken zu hoffen, dass der beweispflichtigen Partei dieser Hauptbeweis nicht gelingt, sondern aktiv versuchen, dessen Führung zu verhindern. Dazu kann sie ihrerseits Beweismittel (beispielsweise Gegenzeugen) benennen, die die Richtigkeit ihres Vortrages bestätigen und die Behauptungen der beweispflichtigen Partei widerlegen sollen. Dieser **Gegenbeweis** erfordert keinen Vollbeweis iSv § 286 ZPO. Vielmehr hat nach dieser Norm das Gericht seine Überzeugung unter Berücksichtigung des gesamten Inhaltes der mündlichen Verhandlung und des Ergebnisses der Beweisaufnahme zu bilden. Der Tatrichter darf sich also nicht auf die von der beweispflichtigen Partei angeführten Beweismittel beschränken, mögen diese bei isolierter Betrachtung auch noch so überzeugend sein, sondern hat diese zusammen mit den von der anderen Partei gegenbeweislich benannten Beweismitteln zu würdigen und seine Überzeugung auf der Grundlage aller Beweismittel zu bilden. Deshalb ist der Gegenbeweis bereits geglückt,

---

2 St. Rspr., vgl. nur BGH NJW 2022, 935, Tz. 14; BGH NJW-RR 2019, 380, Tz. 8; BGH NJW 2018, 2730, Tz. 15; BGH NJW 2016, 641, Tz. 6; BGH NJW-RR 2015, 829, Tz. 9.
3 BGH NJW-RR 2009, 244, 245, Tz. 7 (für Zeugenbeweis); BGH NJW-RR 2008, 696, Tz. 3; BGH NJW 2019, 1809 Tz. 16 (für Einholung eines Sachverständigengutachtens.).
4 BVerfG NJW 1993, 254, juris-Tz. 10; BGH NJW-RR 2015, 158, Tz. 17; BGH NJW 2018, 2803, Tz. 9; BGH NJW-RR 2019, 380, Tz. 14; BGH NJW 2019, 1809, Tz. 16; BGH VersR 2021, 601, 602, Tz. 18; Zöller/Greger, vor § 284 Rn. 10a; vgl. ferner Rn. 232.
5 Vgl. nur Hk-ZPO/Saenger, § 286 Rn. 19.
6 BGH NJW-RR 2015, 158, Tz. 17; BGH NJW 2018, 2803, Tz. 9.
7 BVerfG NJW-RR 2001, 1006, 1007, juris-Tz. 17; BGH FamRZ 2014, 749, Tz. 11; BGH NJW 2022, 2935, Tz.11; Hk-ZPO/Saenger, § 286 Rn. 19 mwN.
8 BGH NJW 2022, 2935, Tz. 13.
9 BGH NJW-RR 2018, 1150, Tz. 22.
10 Rosenberg/Schwab/Gottwald, § 111 Rn. 12.
11 Rosenberg/Schwab/Gottwald, § 111 Rn. 13; zu den Anforderungen des Vollbeweises vgl. oben Rn. 189.

wenn nach dessen Erhebung die Überzeugung des Gerichts von der zu beweisenden Tatsache erschüttert wird; dass sie als unwahr erwiesen wird oder sich auch nur eine zwingende Schlussfolgerung gegen sie ergibt, ist nicht nötig.[12]

Der Gegenbeweis kann bereits angetreten werden, bevor der Hauptbeweis erbracht ist.[13] Dies ist zur Vermeidung einer ansonsten möglichen Präklusion gem. § 296 ZPO auch erforderlich (Rn. 443). Gem. § 445 Abs. 2 ZPO steht die Parteivernehmung für den Gegenbeweis nicht zur Verfügung.[14]

212

Mit dem Gegenbeweis darf nicht der Beweis des Gegenteils verwechselt werden. Letzterer ist Hauptbeweis und obliegt einer Partei, wenn der anderen Partei eine gesetzliche Vermutung und damit eine Umkehr der Beweislast zugute kommt.[15]

213

3. Unmittelbarer und mittelbarer Beweis

Belegt ein Beweismittel eine Tatsache, die unmittelbar und direkt ein gesetzliches Tatbestandsmerkmal erfüllt oder ausschließt, spricht man vom **unmittelbaren Beweis**.[16] Kann die beweispflichtige Partei diesen nicht erbringen oder ist sie sich insofern ihrer Beweismittel nicht sicher, ist statt oder neben dem unmittelbaren Beweis auch der mittelbare (indirekte) Beweis zulässig, auch **Indizienbeweis** genannt. Letzterer hat Hilfstatsachen zum Gegenstand, die das streitentscheidende, gesetzliche Tatbestandsmerkmal nicht selbst erfüllen, aber durch ihr Zusammenwirken mit anderen Tatsachen den Schluss auf das Vorliegen oder Nichtvorliegen des Tatbestandsmerkmals rechtfertigen.[17] Aus diesen Hilfstatsachen bzw. Indizien soll der Tatrichter also auf andere, erhebliche Tatsachen schließen. Der Indizienbeweis ist allerdings erst geführt, wenn andere Schlüsse aus den Indiztatsachen ernstlich nicht in Betracht kommen.[18] Deshalb darf und muss der Tatrichter vor der Beweiserhebung prüfen, ob der Indizienbeweis schlüssig ist, ob also die Gesamtheit aller vorgetragenen Indizien – ihre Richtigkeit unterstellt – ihn von der Wahrheit der Haupttatsache überzeugen würde. Führt diese Prüfung zu dem Ergebnis, dass der Nachweis der in Rede stehenden Hilfstatsache an der Überzeugungsbildung nichts ändern würde, darf ein Beweisantrag, der eine Hilfstatsache betrifft, abgelehnt werden. Die wesentlichen Gesichtspunkte für diese Überzeugungsbildung muss der Tatrichter in den Gründen seiner Entscheidung aber nachvollziehbar darlegen.[19]

214

Gem. Art. 103 Abs. 1 GG darf der Tatrichter einen Indizienbeweis nicht ohne Erhebung eines vom Prozessgegner angetretenen Gegenbeweises als geführt ansehen.[20] Der Rechtsanwalt, der nicht ausschließen kann, dass die von der beweispflichtigen Gegenseite vorgetragenen Indizien nach Auffassung des Gerichtes ausreichen, sollte daher

215

---

12 So wörtlich BGH NJW 1983, 1740; BGH NJW-RR 2007, 351, 352, Tz. 14; BGH WM 2014, 2331, Tz. 21; ebenso: Hk-ZPO/Saenger, § 284 Rn. 29; Rosenberg/Schwab/Gottwald, § 111 Rn. 13.
13 Rosenberg/Schwab/Gottwald, § 111 Rn. 13.
14 Rosenberg/Schwab/Gottwald, § 111 Rn. 13; Hk-ZPO/Kießling, § 445 Rn. 7.
15 Rosenberg/Schwab/Gottwald, § 111 Rn. 14 und oben Rn. 174.
16 Rosenberg/Schwab/Gottwald, § 111 Rn. 15; Pohlmann, Rn. 365.
17 Rosenberg/Schwab/Gottwald, § 111 Rn. 15; Pohlmann, Rn. 365.
18 BGHZ 53, 245, 260 f.; BGH NJW 1993, 935, 938, juris-Tz. 21; BGHZ 211, 216, Tz. 22: Bei Ambivalenz von Indiztatsachen ist der Nachweis nicht geführt.
19 BGHZ 53, 245, 261; BGH NJW-RR 2013, 743, 745, Tz. 26; Rosenberg/Schwab/Gottwald, § 110 Rn. 16.
20 BGH GmbHR 2009, 876, 3. Leitsatz und Tz. 7, 19; BGH NJW-RR 2002, 1072, 1073, juris-Tz. 21; BGHZ 53, 245, 260; zum Gegenbeweis vorstehend Rn. 211.

4. Beweisverwertungsverbote

216 Die Verwertung eines rechtswidrig erlangten Beweismittels ist im Zivilprozess nicht generell unzulässig. Ob sie erfolgen darf, ist vielmehr aufgrund einer Interessen- und Güterabwägung nach den im Einzelfall gegebenen Umständen zu beurteilen.[21] Unzulässig ist danach etwa – von notwehrähnlichen Situationen abgesehen – die Verwertung heimlicher Tonbandaufnahmen als Beweismittel.[22] Dasselbe gilt für die Vernehmung von Zeugen, die ein Telefongespräch über eine Mithöreinrichtung oder den Raumlautsprecher ohne Wissen und Zustimmung des Gesprächspartners belauscht haben, weil hierin ein Eingriff in dessen durch Art. 2 Abs. 1 GG iVm Art. 1 Abs. 1 GG geschütztes allgemeines Persönlichkeitsrecht liegen würde.[23] Keine Grundrechtsverletzung liegt demgegenüber vor, wenn der Sprecher nicht erwarten darf, von Dritten nicht gehört zu werden; wer daher ein im öffentlichen Raum – etwa einem Restaurant – geführtes Gespräch belauscht, darf als Zeuge vernommen werden, auch wenn ein Gesprächspartner nicht mit einem Zuhörer gerechnet hat.[24] Zulässig ist auch die Verwertung von Dashcam-Aufzeichnungen über ein Unfallgeschehen im Wege des Augenscheins gem. §§ 371 ff. ZPO; denn das fragliche Geschehen ereignete sich im öffentlichen Straßenraum, in den sich der Gefilmte freiwillig begeben und damit selbst der Wahrnehmung und Beobachtung durch andere Verkehrsteilnehmer ausgesetzt hat, so dass er durch die Verwertung der Aufzeichnung als Beweismittel im Zivilprozess nicht rechtswidrig in seinem Persönlichkeitsrecht verletzt ist, selbst wenn – wie bei der permanenten und anlasslosen Aufnahme des Verkehrsgeschehens – das Datenschutzrecht verletzt ist.[25]

5. Strengbeweis und Freibeweis

217 Der Zivilprozess wird beherrscht vom Grundsatz des Strengbeweises, dh der einer Partei obliegende Nachweis kann gem. § 284 S. 1 ZPO nur mit den fünf in der ZPO abschließend aufgeführten Beweismitteln erbracht werden, nämlich

- Augenschein, §§ 371 ff. ZPO,
- Zeugen, §§ 373 ff. ZPO,
- Sachverständige, §§ 402 ff. ZPO,
- Urkunden, §§ 415 ff. ZPO,
- Parteivernehmung, §§ 445 ff. ZPO.

218 Gem. §§ 273 Abs. 2 Nr. 2, 358a S. 2 Nr. 2 ZPO kann das Gericht auch die Einholung einer **amtlichen Auskunft** der zuständigen Behörde anordnen. Dabei handelt es sich um ein selbstständiges Beweismittel, das je nach Inhalt die Vernehmung des zuständi-

---

21 BGHZ 218, 348, Tz. 31, 39.
22 BGH NJW 1998, 155, juris-Tz. 12; Hk-ZPO/Saenger, § 286 Rn. 24.
23 BVerfG NJW 2002, 3619; BVerfG NJW 2003, 2375; BGH NJW 2003, 1727, 1728; BGH NJW-RR 2010, 1289, 1292, Tz. 28.
24 Vgl. BGHZ 218, 348, Tz. 50.
25 BGHZ 218, 348, insbes. Tz. 43 ff.

gen Beamten bzw. Sachbearbeiters als Zeuge oder die Einholung eines Sachverständigengutachtens ersetzt.[26]

Der Grundsatz des Strengbeweises ist gem. § 284 S. 2 ZPO disponibel, dh mit Zustimmung aller Parteien können auch sonstige Beweismittel zugelassen werden. Dieser **Freibeweis** gilt außerdem auch für die gerichtliche Feststellung der von Amts wegen zu prüfenden Prozessvoraussetzungen und Rechtsmittelvoraussetzungen.[27] 219

Der Strengbeweis gilt nach § 294 Abs. 1 ZPO außerdem nicht für die insbesondere in Arrest- und einstweiligen Verfügungsverfahren gem. §§ 920 Abs. 2, 936 ZPO statt des Nachweises genügende **Glaubhaftmachung** (Rn. 664 ff.). 220

6. Eignung der Beweismittel

Kommen mehrere Beweismittel in Betracht, kann aus anwaltlicher Sicht eine Selektion sinnvoll sein. Urkunden sind gegenüber Zeugen das „sicherere" Beweismittel und daher letzteren vorzuziehen. Kommen mehrere Zeugen in Betracht, müssen diese nicht alle benannt werden, eine Beschränkung auf zwei oder drei „sichere" Zeugen kann sinnvoll sein. Die Eignung eines Zeugen hängt zum einen von seiner Erinnerung an das Beweisthema und zum anderen von seiner Persönlichkeitsstruktur ab. Er sollte nicht zu „einfach strukturiert", aber auch nicht zu überheblich sein und außerdem nicht emotional engagiert auftreten. Ferner ist zu berücksichtigen, dass ein zu Wertungen und Hypothesen neigender Zeuge an Glaubwürdigkeit verliert.[28] Ein Beispiel hierfür liefern etwa die immer wieder anzutreffenden Zeugen, die dem Gericht die Rechtslage oder die aus ihrer Sicht richtige Auslegung der Vertragsurkunde erklären wollen. Ähnliches gilt für Zeugen, die von ihnen gezogene Schlussfolgerungen zunächst als eigene Wahrnehmung darstellen und auf Nachfrage dem Gericht vermitteln wollen, dass die von ihnen tatsächlich wahrgenommenen oder ihnen sogar nur zugetragenen Tatsachen doch nur diesen Schluss zulassen würden. Ist ein solches Aussageverhalten zu erwarten, sollte der Rechtsanwalt entweder nach Möglichkeit auf die Benennung dieses Zeugen verzichten oder zumindest mit dem Zeugen erörtern, dass er sich bei seiner Aussage auf die Wiedergabe seiner eigenen Wahrnehmung beschränken möge. 221

II. Zeugenbeweis, §§ 373 ff. ZPO

1. Beweisthema und Zeugnisfähigkeit

Beweisthema für einen Zeugen kann nur dessen persönliche Wahrnehmung über Tatsachen sein.[29] Beruht die Wahrnehmung des Zeugen auf seiner besonderen Sachkunde, spricht man vom sachverständigen Zeugen (§ 414 ZPO). Auch ein solcher ist ausschließlich Zeuge, d. h. er darf nur über seine persönliche Wahrnehmung vernommen werden, nicht aber die Aufgaben eines Sachverständigen (Rn. 231) übernehmen. 222

Als Zeuge kann auch vernommen werden, wer aus eigener Kenntnis nur Bekundungen Dritter über entscheidungserhebliche Tatsachen wiedergeben kann („**Zeuge vom Hörensagen**"); auch eine solche Zeugenaussage ist als Indiz im Rahmen der freien Beweiswürdigung (§ 286 ZPO) zu berücksichtigen, allerdings mit der Maßgabe, dass 223

---

26 BGHZ 89, 114, 119; MünchKommZPO/Damrau/Weinland, § 373 Rn. 28; Musielak/Voit/Huber, § 373 Rn. 5; zu den Einzelheiten eingehend Rosenberg/Schwab/Gottwald, § 123 Rn. 4 ff.
27 Rosenberg/Schwab/Gottwald, § 111 Rn. 8.
28 Zöller/Greger, vor § 373 Rn. 1.
29 Zöller/Greger, vor § 373 Rn. 1; Hk-ZPO/Siebert, § 373 Rn. 1; Rosenberg/Schwab/Gottwald, § 121 Rn. 1.

ihr eine besondere, über die allgemeine Unzuverlässigkeit des Zeugenbeweises noch hinausgehende Unsicherheit anhaftet, so dass ihr Beweiswert häufig gering sein wird.[30] Dies kann aber nicht rechtfertigen, ein solches Beweismittel als generell unzulässig oder ungeeignet anzusehen und mit dieser Begründung von seiner Erhebung abzusehen. Abweichendes folgt auch nicht aus dem Grundsatz der Unmittelbarkeit der Beweisaufnahme. Denn dieser besagt nur, dass die Beweisaufnahme grds. vor dem Prozessgericht zu erfolgen hat (§ 355 ZPO).[31] Ein Gebot der materiellen Unmittelbarkeit der Beweisaufnahme in dem Sinne, dass stets nur das Beweismittel mit der größten Sachnähe zum Beweisthema erhoben werden dürfte, ist der ZPO fremd, die Parteien können vielmehr zwischen den vorhandenen Beweismitteln frei wählen.[32]

224 Zeuge kann jeder sein, der nicht als Partei zu vernehmen ist,[33] im Regelfall also jeder, der im Zeitpunkt seiner Vernehmung[34] weder Partei noch gesetzlicher oder organschaftlicher Vertreter einer Partei ist.[35] Die prozessunfähige (beispielsweise minderjährige) Partei kann allerdings als Zeuge vernommen werden.[36] Auch kann ein einfacher Streitgenosse über solche Tatsachen als Zeuge vernommen werden, die ihn selbst nicht betreffen (Rn. 102). Gesellschafter einer GmbH, die nicht zugleich deren Geschäftsführer sind, kommen als Zeugen in Betracht.[37] Dasselbe gilt für Gesellschafter einer oHG oder GbR, die durch den Gesellschaftsvertrag von der Vertretung der Gesellschaft ausgeschlossen sind, sowie für Kommanditisten einer KG.[38] Wird der Rechtsstreit von einer Partei kraft Amtes geführt (beispielsweise dem Insolvenzverwalter oder Testamentsvollstrecker), kann der Rechtsinhaber (in den Beispielsfällen der Schuldner oder Erbe) Zeuge sein.[39] Auch kann im Anwaltshaftungsprozess der beklagte Rechtsanwalt den Gegner des Vorprozesses als Zeuge benennen,[40] was sich taktisch insbesondere anbietet, wenn ein Schaden mit der Begründung bestritten wird, die Darstellung des Gegners im Vorprozess sei richtig gewesen; dieser Vortrag ist dem Rechtsanwalt im Regressprozess selbstverständlich gestattet und keineswegs dadurch ausgeschlossen, dass er im Vorprozess abweichend vorgetragen hat, denn letzteres ist nur für den Mandanten geschehen, war also kein eigener Vortrag des Anwaltes, der ihn für den Regressprozess binden würde.[41]

---

30 BGH NJW 2017, 386, 388, Tz. 27; BGHZ 168, 79, Tz. 21; BGH NJW 2002, 2774, juris-Tz. 6; BGH NJW 1984, 2039, 2040, juris-Tz. 18.
31 Vgl. nur Rosenberg/Schwab/Gottwald, § 80 Rn. 4 ff., auch zu den Ausnahmen.
32 MünchKommZPO/Prütting, § 284 Rn. 51 mwN.
33 Rosenberg/Schwab/Gottwald, § 121 Rn. 5; MünchKommZPO/Damrau/Weinland, § 373 Rn. 9.
34 Zur Maßgeblichkeit dieses Zeitpunkts vgl. nur MünchKommZPO/Damrau/Weinland, § 373 Rn. 18.
35 Zöller/Greger, vor § 373 Rn. 5; Hk-ZPO/Siebert, § 373 Rn. 7.
36 Zöller/Greger, vor § 373 Rn. 5; MünchKommZPO/Damrau/Weinland, § 373 Rn. 10. Eine Ausnahme ergibt sich aus § 455 Abs. 2 ZPO, wonach Minderjährige, die das 16. Lebensjahr vollendet haben, über eigene Handlungen und Wahrnehmungen als Partei vernommen werden können; in diesen Fällen kann damit der gesetzliche Vertreter Zeuge sein, vgl. Zöller/Greger, § 455 Rn. 2.
37 MünchKommZPO/Damrau/Weinland, § 373 Rn. 12.
38 Zöller/Greger, vor § 373 Rn. 6; MünchKommZPO/Damrau/Weinland, § 373 Rn. 12; Rosenberg/Schwab/Gottwald, § 121 Rn. 10.
39 MünchKommZPO/Damrau/Weinland, § 373 Rn. 14 mwN; Hk-ZPO/Siebert, § 373 Rn. 9.
40 BGHZ 72, 328, 331; BGHZ 163, 223, 228; BGH VersR 1984, 160, juris-Tz. 21 f.; BGH, Beschluss vom 6.10.2011, IX ZR 49/11, Tz. 5; Thomas/Putzo/Seiler, Vorb. § 373 Rn. 8; Fahrendorf/Mennemeyer/Fahrendorf, Kap. 4, Rn. 194.
41 BGH NJW 2006, 3496, Tz. 18; Fahrendorf/Mennemeyer/Fahrendorf, Kap. 4, Rn. 9.

2. Beweisantritt

Der Zeugenbeweis wird nur auf Antrag erhoben. Der Beweisantritt erfolgt gem. § 373 ZPO durch hinreichend substantiierten Vortrag (Rn. 143 ff.) einer entscheidungserheblichen Tatsache und die Bezeichnung einer Person, die diese als Zeuge bestätigen soll.[42] Grds. nicht erforderlich ist dagegen – entgegen einer immer wieder anzutreffenden Praxis der Instanzgerichte – die Darlegung, welche Anhaltspunkte der Beweisführer für die Richtigkeit der in das Wissen des Zeugen gestellten Behauptungen hat[43] oder weshalb der Zeuge imstande sein soll, den Vortrag der Partei zu bestätigen, bzw. wie er die unter Beweis gestellte Tatsache erfahren haben soll.[44] Eine Ausnahme gilt nur, wenn ein Zeuge für innere Vorgänge bei einer anderen Person benannt wird. Da diese einer direkten Wahrnehmung durch den Zeugen entzogen sind, kann der Zeuge nur äußere Umstände bekunden, die im Wege des Indizienbeweises Rückschlüsse auf den zu beweisenden inneren Vorgang zulassen. Deshalb bedürfen diese äußeren Umstände der substantiierten Darlegung, damit hierüber Beweis erhoben werden kann.[45] So kann etwa vorgetragen werden, dass die Person, deren Absichten oder Kenntnisse entscheidungserheblich sind, sich hierüber gegenüber jemand anderem geäußert habe, der dann als Zeuge benannt wird, um so den mittelbaren Beweis der inneren Tatsache zu führen.[46] Auch wenn eine Partei behauptet, dass der von ihr mit der anderen Partei abgeschlossene Vertrag von ihnen übereinstimmend abweichend von dessen Wortlaut verstanden worden sei (falsa demonstratio non nocet, zur Beweislast Rn. 181), kann über diese innere Tatsache Zeugenbeweis nur erhoben werden, wenn auch dargelegt wird, dass die Parteien ihren übereinstimmenden Willen einander zu erkennen gegeben haben, oder zumindest entsprechende Indizien vorgetragen werden.[47] Keiner besonderen Darlegung bedarf dagegen, weshalb die Parteien davon abgesehen haben, ihren Willen in der Vertragsurkunde zutreffend und vollständig wiederzugeben oder eine behauptete mündliche Nebenabrede in diese aufzunehmen.[48]

225

Der Antrag auf Vernehmung eines Zeugen darf vom Gericht nicht mit der Begründung übergangen werden, der Vortrag, den der Zeuge bestätigen soll, widerspreche den von der Gegenseite vorgelegten Unterlagen und sei deshalb ohne nähere Auseinandersetzung mit diesen unsubstantiiert.[49] Welche Schlüsse aus solchen Unterlagen zu ziehen sind und welche Überzeugungskraft eine diesen widersprechende Zeugenaussage hat, ist nämlich eine Frage der Beweiswürdigung, nicht der hinreichenden Substantiiertheit des Vortrages. Eine Beweiswürdigung darf aber erst nach vollständiger Beweiserhebung erfolgen, eine antizipierte Beweiswürdigung ist unzulässig (Rn. 209).

226

---

42 BGH NJW-RR 2018, 1150, Tz. 19; BGH MDR 2016, 1111, Tz. 16.
43 BGHZ 193, 159, 174, Tz. 44; BGH NJW-RR 2013, 217, 219, Tz. 26; BGH NJW-RR 2015, 829, 830, Tz. 14; BGH NJW 2020, 393, Tz. 10.
44 BGH NJW 2019, 3147, Tz. 16; BGH NJW-RR 2019, 380, Tz. 10; BGH WM 1996, 122, juris-Tz. 17; MünchKommZPO/Damrau/Weinland, § 373 Rn. 21; Zöller/Greger, vor § 284 Rn. 6.
45 BGHZ 193, 159, 174, Tz. 44; BGH NJW-RR 2013, 217, 219, Tz. 26; BGH NJW-RR 2015, 829, 830, Tz. 4.
46 BGH ZIP 2015, 1677, Tz. 21.
47 BGH ZIP 2015, 1677, Tz. 17.
48 BGH NJW 2015, 409, Tz. 14 mwN.
49 BGH MDR 2016, 1111, Tz. 17.

227 Zur Benennung des Zeugen sind die Angabe seines Namens[50] und der ladungsfähigen Anschrift[51] erforderlich. Wird keine Anschrift mitgeteilt oder wird der Zeuge nicht namentlich, aber hinreichend individualisierbar benannt (Beisp.: Zeugnis des Geschäftsführers des Autohauses XY GmbH; oder: Zeugnis des zuständigen Sachbearbeiters bei der Versicherung XY),[52] kann das Gericht den Zeugen zwar nicht laden, darf den Beweisantritt aber gleichwohl nicht übergehen, ohne eine Beibringungsfrist nach § 356 ZPO zu setzen, da der (noch) nicht vollständige Beweisantritt ein Hindernis für die Beweisaufnahme iS dieser Norm darstellt.[53] Ohne erfolglose Fristsetzung nach dieser Norm ist auch kein Raum für eine Zurückweisung nach § 296 ZPO, wenn der Name oder die ladungsfähige Anschrift des Zeugen später nachgereicht werden.[54] Daraus folgt, dass ein Rechtsanwalt, der innerhalb einer vom Gericht gesetzten Frist den Namen oder die ladungsfähige Anschrift des Zeugen nicht erhält, durch eine hinreichend individualisierte Benennung des Zeugen erreichen kann (und ggf. muss), dass seiner Partei kein Nachteil entsteht. Nicht ausreichend hierfür ist allerdings der in der Praxis immer wieder anzutreffende Beweisantritt „Zeugnis N.N." ohne jegliche Individualisierung, so dass nicht erkennbar ist, welche Person damit gemeint und als Zeuge benannt werden soll; einen solchen Beweisantritt darf das Gericht nämlich ohne Setzung einer Frist nach § 356 ZPO unberücksichtigt lassen.[55] Nach wohl hM soll das Gericht im Anwaltsprozess nicht einmal verpflichtet sein, auf die Unzulässigkeit eines solchen Beweisantritts gem. § 139 ZPO hinzuweisen.[56] Dieser Beurteilung kann indes nicht zugestimmt werden, da das Gericht gem. § 139 ZPO sogar auf das Fehlen eines von ihm für notwendig erachteten Beweisantritts hinzuweisen hat (Rn. 431); bei Unzulänglichkeit eines gestellten Beweisantrages (hier: „Zeugnis N.N.") muss dies damit erst recht gelten.[57] Hierauf darf sich der Rechtsanwalt aufgrund des dargestellten Meinungsbildes aber keinesfalls verlassen, von derartigen Beweisantritten ist daher unbedingt abzuraten.

228 Der Beweisantritt ist Aufgabe der beweispflichtigen Partei, dh diese muss den Namen und die ladungsfähige Anschrift des Zeugen benennen und ggf. zu diesem Zweck ermitteln. Ist ihr dies nicht möglich, verfügt aber die gegnerische Partei über die entsprechenden Kenntnisse, stellt sich die Frage, ob letztere diese im Rechtsstreit offenlegen muss, um der beweispflichtigen Partei den Beweisantritt zu ermöglichen. Eine dahin gehende Verpflichtung kann nicht aus den Grundsätzen der sekundären Darlegungslast hergeleitet werden. Weigert sich die nicht beweispflichtige Partei jedoch ohne triftigen Grund, einen nur ihr bekannten Zeugen namhaft zu machen, kann dies im Rahmen der Beweiswürdigung als Beweisvereitelung zu ihren Lasten berücksichtigt werden.[58]

---

50 Nach der Kommentierung sind Vor- und Nachname anzugeben (Hk-ZPO/Siebert, § 373 Rn. 4), in der Praxis wird ein Zeuge vom Gericht regelmäßig aber bereits geladen, wenn nur sein Nachname mitgeteilt wird, sofern nicht mehrere Personen mit gleichem Nachnamen involviert sind.
51 In der gerichtlichen Praxis wird auch die gebräuchliche Angabe: „zu laden über den Kläger/Beklagten" akzeptiert, vgl. Oberheim, Rn. 1802.
52 Vgl. Oberheim, Rn. 1805; Stein/Jonas/Berger, § 356 Rn. 5.
53 BGH NJW 1998, 2368, 2369, juris-Tz. 13; BGH NJW 1974, 188, juris-Tz. 6; Zöller/Greger, § 373 Rn. 1, § 356 Rn. 2, 4; Rosenberg/Schwab/Gottwald, § 121 Rn. 37.
54 BVerfG NJW 2000, 945, juris-Tz. 14; BGH NJW 1993, 1926, juris-Tz. 17; Musielak/Voit/Huber, § 296 Rn. 4.
55 BGH NZI 2015, 191, Tz. 6; Zöller/Greger, § 356 Rn. 4; Hk-ZPO/Siebert, § 356 Rn. 2.
56 BGH NJW 1987, 3077, 3080, juris-Tz. 46; Zöller/Greger, § 356 Rn. 4.
57 Zutreffend Schneider MDR 1998, 1115; AK-ZPO/Rüßmann, § 356 Rn. 2; Gottschalk NJW 2004, 2939, 2940 f.; *noch weitergehend* MünchKommZPO/Heinrich, § 356 Rn. 6, der eine Fristsetzung gem. § 356 ZPO verlangt, wenn der Name des Zeugen nicht bewusst zurückgehalten wird, und selbst im letztgenannten Fall noch einen Hinweis nach § 139 ZPO für erforderlich hält.
58 BGH NJW 2008, 982, 984, Tz. 18; BGH NJW 1960, 821; allgemein zur Beweisvereitelung vgl. Rn. 206.

3. Potenziell parteiischer Zeuge

Zeuge kann auch sein, wer im „Lager" einer Partei steht, weil er dieser etwa verwandtschaftlich oder freundschaftlich verbunden ist oder weil er ein wirtschaftliches Eigeninteresse am Ausgang des Rechtsstreits hat. Letzteres kann sich auch daraus ergeben, dass die Forderung an den Kläger abgetreten wurde, um den Zedenten als Zeugen zu gewinnen, was grds. als prozesstaktische Maßnahme zulässig ist (Rn. 92). Welchen Beweiswert hat nun die Aussage eines solchen Zeugen? Wie jedes Beweismittel, unterliegt auch die Zeugenaussage der freien Beweiswürdigung des Gerichts gem. § 286 ZPO. Bei der Beurteilung von Zeugenaussagen werden die **Glaubhaftigkeit der Aussage** und die **Glaubwürdigkeit des Zeugen** unterschieden; erst wenn der Tatrichter sich davon überzeugt hat, dass die Aussage des Zeugen glaubhaft und der Zeuge persönlich glaubwürdig ist, darf er die von dem Zeugen bekundete Tatsache seinem Urteil zugrundelegen.[59] Wie glaubhaft eine Zeugenaussage ist, hängt namentlich von ihrer inhaltlichen Stimmigkeit, Detailgenauigkeit, Widerspruchsfreiheit und Übereinstimmung mit anderweitigen, gesicherten Umständen ab. Neigt die Darstellung dagegen zu Wertungen oder Übertreibungen, schränkt dies ihre Glaubhaftigkeit ein. Maßgeblich für die Glaubwürdigkeit des Zeugen ist, welchen persönlichen Eindruck der vernehmende Richter von ihm gewinnt, insbesondere ob Anzeichen für eine Lüge feststellbar sind, etwa aufgrund einschlägiger Vorstrafen oder Auffälligkeiten im Aussageverhalten wie dem Bestreben, einer Partei zu schaden („Belastungseifer") oder die andere zu begünstigen.[60]

229

Zweifellos muss das Gericht bei dieser Beweiswürdigung auch eine Nähebeziehung des Zeugen zu einer Partei oder sein etwaiges Interesse am Prozessausgang berücksichtigen.[61] Keinesfalls darf aber allein aufgrund solcher Umstände dem Zeugen die Glaubwürdigkeit oder seiner Aussage jeglicher Beweiswert abgesprochen werden. Denn eine dahin gehende Beweisregel gibt es nicht, sie beinhaltet eine unzulässige antizipierte Beweiswürdigung. Unzulässig ist auch die früher verbreitete Praxis, die Aussage eines solchen Zeugen nur dann als glaubhaft einzustufen, wenn ihre Richtigkeit durch sonstige Umstände bestätigt wird.[62] Daraus folgt, dass die Zeugenaussage vom Tatrichter auf ihre Glaubhaftigkeit, insbesondere ihre objektive Stimmigkeit zu überprüfen ist.[63] Einer widerspruchsfreien und auch im Übrigen glaubhaften Zeugenaussage wird regelmäßig zu folgen sein.[64] Als nicht geführt darf der Beweis demgegenüber nur eingestuft werden, wenn der Tatrichter in den Entscheidungsgründen konkret dartut, dass und weshalb er die Zeugenaussage für unstimmig oder widersprüchlich hält oder aufgrund anderer Umstände von deren Richtigkeit nicht überzeugt ist.[65] Derartige Umstände können sich allerdings sogar aus der Aussage der gegnerischen Partei ergeben, denn der Tatrichter darf dieser, selbst wenn sie nicht im Rahmen einer förmlichen Parteivernehmung erfolgt, bei der freien richterlichen Beweiswürdigung nach § 286 ZPO

229a

---

59 BGH NJW 1991, 3284, juris-Tz. 12, 16.
60 Vgl. zum Ganzen Musielak/Voit/Huber, § 373 Rn. 16.
61 So für die Abtretung: BGH WM 1976, 424, juris-Tz. 18; BGH NJW 1980, 991, juris-Tz. 11; BGH NJW 2001, 826, 827, juris-Tz. 17; ebenso BGH NJW-RR 1988, 126, 127, juris-Tz. 18 für Prozessstandschaft.
62 Vgl. zum Ganzen: BGH NJW 1995, 955 f., juris-Tz. 12; speziell zur Zeugenaussage eines Beteiligten beim Verkehrsunfall (Unzulässigkeit der sog „Beifahrerrechtsprechung"): BGH NJW 1988, 566, 567, juris-Tz. 5 f.; KG NZV 2009, 390, 391, juris-Tz. 32 ff.
63 BGH NJW 1988, 566, 567, juris-Tz. 6; KG NZV 2009, 390, 391, juris-Tz. 35.
64 So zutreffend Oberheim, Rn. 581.
65 Hk-ZPO/Saenger, § 286 Rn. 6 aE, 9.

den Vorzug vor einer Zeugenaussage geben.⁶⁶ Selbstverständlich bedarf eine solche Entscheidung aber einer tragfähigen Begründung im Urteil. Besonderheiten gelten nochmals, wenn Beweisthema ein Gespräch ist, das zwischen dem Zeugen und der gegnerischen Partei unter vier Augen geführt wurde (Rn. 255).

230 Dieselben Grundsätze gelten, wenn ein Organmitglied (namentlich der Geschäftsführer einer GmbH oder der Vorstand einer AG) sein Amt niederlegt oder abberufen wird. Damit steht er als Zeuge zur Verfügung.⁶⁷ Die Beendigung der Organstellung kann deshalb, und zwar sogar während des laufenden Verfahrens, als prozesstaktisches Instrument genutzt werden, einen Zeugen zu gewinnen. Auf diese Möglichkeit zur Verbesserung der Beweissituation muss der Rechtsanwalt den Mandanten sogar hinweisen.⁶⁸ Für die Beweiswürdigung einer solchen Zeugenaussage gelten allerdings die vorstehend dargelegten Regeln. Wenn sich allerdings beim Gericht der Eindruck festsetzt, dass der vormalige Geschäftsführer/Vorstand nur aus dem Amt ausgeschieden ist, um als Zeuge zur Verfügung zu stehen, sind die Richter meist wenig geneigt, der Zeugenaussage zu folgen bzw. ihr einen höheren Beweiswert zukommen zu lassen als dem Parteivortrag. Aus anwaltlicher Sicht empfiehlt sich daher, die Gründe für das Ausscheiden aus dem Amt offen zu legen, wenn diese in keinem Zusammenhang mit dem Rechtsstreit stehen.

III. Beweis durch Sachverständige, §§ 402 ff. ZPO

1. Beweisthema

231 Im Gegensatz zum Zeugen, für den Beweisthema nur die eigene Wahrnehmung von Tatsachen sein kann, besteht die Aufgabe des Sachverständigen darin, entweder dem Gericht das diesem fehlende Fachwissen zu vermitteln oder aufgrund seines Fachwissens Tatsachen festzustellen oder Schlussfolgerungen zu ziehen.⁶⁹ Die Einholung eines Sachverständigengutachtens über Rechtsfragen ist dagegen grds. nicht zulässig (iura novit curia). Eine Ausnahme gilt nur für ausländisches Recht; soweit dieses anzuwenden ist, hat der Tatrichter dessen Inhalt gem. § 293 ZPO von Amts wegen zu ermitteln.⁷⁰

232 Die Einholung eines Sachverständigengutachtens ist erforderlich, wenn dem Gericht eigene Sachkunde fehlt. Hält das Gericht sich in den entscheidungserheblichen (etwa technischen, wirtschaftlichen oder medizinischen) Fragen selbst für sachkundig, hat es die Parteien hierauf gem. § 139 ZPO hinzuweisen und nachfolgend in den Entscheidungsgründen darzulegen, dass und weshalb es eigene Sachkunde besitzt und in der Lage ist, die streitigen Fragen abschließend zu entscheiden. Unterbleibt dies, ist die Entscheidung ohne Hinzuziehung eines Sachverständigen verfahrensfehlerhaft,⁷¹

---

66 BGH NJW-RR 2003, 1212, 1213, juris-Tz. 19 mwN; KG NZV 2009, 390, juris-Tz. 22.
67 MünchKommZPO/Damrau/Weinland, § 373 Rn. 16.
68 BGH NJW-RR 2003, 1212, 1213, juris-Tz. 17 ff.
69 Rosenberg/Schwab/Gottwald, § 121 Rn. 2, § 122 Rn. 1 ff.
70 BGH NZI 2013, 763, Tz. 39; BGH NJW 2003, 2685, juris-Tz. 9 ff.; trotz der Amtsermittlungspflicht des Gerichts trifft allerdings auch die Parteien eine Mitwirkungspflicht: Haben diese zu den Erkenntnisquellen der ausländischen Rechtsordnung unschwer Zugang, darf das Gericht von ihnen idR erwarten, dass sie zum Inhalt des entscheidungserheblichen ausländischen Rechts konkret vortragen (BGHZ 118, 151, 164; Hk-ZPO/Saenger, § 293 Rn. 21.).
71 BGH NZG 2011, 549, 551, Tz. 25; BGH NJW 2015, 1311, Tz. 5; BGH NJW 2018, 2730, Tz. 16; BGHZ 221, 43, Tz. 32.

auch im Anwendungsbereich von § 287 ZPO.[72] Entsprechendes gilt, wenn das Gericht von den Feststellungen des Sachverständigen abweichen will.[73] Verfahrensfehlerhaft ist auch, wenn das Gericht von der Einholung eines Sachverständigengutachtens absieht mit der (in der Praxis immer wieder anzutreffenden) Begründung, davon seien keine weiteren Erkenntnisse zu erwarten, weil auch ein Sachverständiger den Sachverhalt nicht werde aufklären können; ob letzteres der Fall ist, kann der Tatrichter nämlich ohne eigene Sachkunde nicht vorhersehen und daher erst beurteilen, wenn das Sachverständigengutachten vorliegt.[74] Abweichendes gilt nur, wenn das Gericht in den Entscheidungsgründen darlegt, weshalb es aus eigener Sachkunde zu beurteilen vermag, dass dieses Beweismittel ihm keine weiteren Erkenntnisse vermitteln werde.[75]

2. Beweisantritt

Die Tatsachen, über die ein Sachverständigengutachten eingeholt werden soll, müssen von der beweispflichtigen Partei zur Vermeidung eines unzulässigen Ausforschungsbeweises hinreichend substantiiert vorgetragen werden. Geschieht dies, erfolgt der Beweisantritt durch den Antrag auf Einholung eines Sachverständigengutachtens. Zur Person des Sachverständigen muss sich der Beweisführer nicht äußern, weil die Auswahl durch das Gericht erfolgt (§ 404 Abs. 1 ZPO). 233

Gem. § 144 Abs. 1, 2. Alt. ZPO kann das Gericht auch von Amts wegen und damit ohne Beweisantrag einer Partei die Einholung eines Sachverständigengutachtens anordnen. Auch hier muss aber der Sachverhalt, der Gegenstand der Beweisaufnahme sein soll, hinreichend vorgetragen werden. Die Entscheidung gem. § 144 ZPO erfolgt nach pflichtgemäßem Ermessen des Gerichts. Da in der Praxis von der durch § 144 ZPO eröffneten Möglichkeit jedoch nur selten Gebrauch gemacht wird, ist aus anwaltlicher Sicht ein Beweisantritt unbedingt zu empfehlen. 234

3. Sonderproblem: Informationsbeschaffung bei einer Partei

In der Praxis geschieht es nicht selten, dass eine Partei dem Sachverständigen – uU sogar auf dessen Bitte – Unterlagen oder Informationen unmittelbar zukommen lässt, die dieser als juristischer und verfahrensrechtlicher Laie dann ohne sachliche Prüfung seiner Begutachtung zugrunde legt und möglicherweise die gegnerische Partei hierüber nicht einmal informiert. Besonders problematisch wird es für die letztgenannte Partei, wenn nicht einmal das Gericht bemerkt, dass dem Gutachten keine eigenen Feststellungen des Sachverständigen, sondern ungeprüfte Informationen einer Partei zugrundeliegen. Es ist sogar schon vorgekommen, dass die Einsichtnahme der entsprechenden Unterlagen der gegnerischen Partei verweigert wurde mit der Begründung, die andere Partei habe diese nur dem Sachverständigen überlassen, aber wegen eines Geheimhaltungsbedürfnisses einer Aushändigung an die gegnerische Partei widersprochen. Ein solches Verfahren ist natürlich nicht zulässig. Jede Partei hat Anspruch darauf, dass ihr alle dem Sachverständigen vorliegenden Informationen und Unterlagen zur Kenntnis gebracht werden, um hierzu Stellung nehmen und den gegnerischen Vortrag ggf. bestreiten zu können. Will eine Partei dies nicht hinnehmen, geht dies zu ihrem Nachteil, 235

---

72 BGH NJW 2016, 1098, 1100, Tz. 18.
73 BGH NJW 2016, 1098, 1100, Tz. 18; BGH NJW 2001, 3054, 3056, juris-Tz. 19.
74 BGH NJW 2019, 1809, Tz. 16; vgl. auch Rn. 208.
75 BGH VersR 2021, 601, 602, Tz. 18.

dh die von ihr nur dem Sachverständigen zugänglich gemachten Informationen können dann nicht berücksichtigt werden.[76]

4. Prozessuale Rechte nach Erstellung des Sachverständigengutachtens

236 Ob der Sachverständige sein Gutachten mündlich oder schriftlich zu erstatten hat, liegt im Ermessen des Gerichtes.[77] Da in aller Regel komplexe Fragestellungen zu beurteilen sind, ist es aber meistens sachgerecht und in der Praxis auch der Regelfall, dass das Gericht gem. § 411 Abs. 1 ZPO zunächst die schriftliche Begutachtung anordnet. Nach Erstellung des Gutachtens leitet das Gericht dieses den Parteien bzw. ihren Prozessbevollmächtigten zu und hat ihnen gem. § 411 Abs. 4 ZPO die Möglichkeit zur Stellungnahme zu geben. IdR wird hierfür vom Gericht eine Frist gesetzt, bei deren Versäumung gem. § 411 Abs. 4 S. 2 ZPO die Verspätungsregeln (§ 296 Abs. 1, 4 ZPO) entsprechend gelten. Einwendungen gegen das Gutachten können und müssen sodann schriftsätzlich geltend gemacht werden.

237 Zunächst können die **tatsächlichen Grundlagen** des Gutachtens angegriffen, dh es kann eingewandt werden, dass der Sachverständige von einem unzutreffenden Sachverhalt ausgegangen und deshalb zu unrichtigen Ergebnissen gelangt ist. Vergleichsweise einfach (aber selten) ist dies noch, wenn der Sachverständige zugunsten der beweispflichtigen Partei deren streitigen, aber nicht bewiesenen Vortrag unterstellt hat. Dann muss der Anwalt der gegnerischen Partei nur auf die selbstverständliche Unzulässigkeit dieser Unterstellung hinweisen. In allen anderen Fällen muss er nach Möglichkeit den nach Darstellung des Mandanten richtigen, vom Sachverständigen verkannten oder nicht berücksichtigten Sachverhalt sogleich durch geeignete Beweisantritte unter Beweis stellen. In Betracht kommen insofern je nach Eignung etwa die Vorlage von Urkunden, die Benennung von Zeugen oder auch der Antrag, dass der Sachverständige den von ihm nicht berücksichtigten, für ihn aber feststellbaren (und substantiiert vorgetragenen) Sachverhalt ermitteln möge. Solchen Beweisantritten muss das Gericht nachgehen, sofern es – ggf. nach ergänzender Befragung des Sachverständigen – nicht ausschließen kann, dass der vorgetragene Sachverhalt Auswirkungen auf die Beurteilung des Sachverständigen hat.

238 Neben den tatsächlichen Grundlagen des Sachverständigengutachtens (dazu vorstehend) kann auch dessen **inhaltliche Richtigkeit** in Abrede gestellt werden. Ist das Gutachten unvollständig, unzulänglich (insbesondere widersprüchlich) oder unverständlich, hat das Gericht bereits von Amts wegen für eine Aufklärung zu sorgen, darf einen dahin gehenden Antrag also nicht wegen Verspätung zurückweisen.[78] Der Rechtsanwalt darf sich aber nicht darauf verlassen, dass das Gericht dieser Verpflichtung von sich aus nachkommt, sondern hat entsprechende Beanstandungen gegen das Gutachten selbstverständlich rechtzeitig schriftsätzlich vorzutragen und ergänzende Beweisantritte zu stellen. Namentlich kann er insofern die **mündliche Anhörung** des Sachverständigen beantragen. Der prozessuale Anspruch, den Sachverständigen persönlich befragen zu dürfen, ergibt sich aus §§ 397, 402 ZPO, setzt jedoch voraus, dass zuvor schriftsätzlich dargelegt wird, in welcher Richtung durch die Anhörung des Sachverständigen eine weitere Aufklärung begehrt wird; nicht erforderlich ist dagegen, dass konkrete

---

76 BGH NJW 1988, 3016, 3017, juris-Tz. 9.
77 Vgl. nur Zöller/Greger, § 411 Rn. 1.
78 Zöller/Greger, § 411 Rn. 3; Hk-ZPO/Siebert, § 411 Rn. 4, beide mwN.

Fragen an den Sachverständigen angekündigt werden oder dass auch das Gericht dessen ergänzende Befragung für erforderlich hält.[79]

Da nicht erwartet werden kann, dass der Sachverständige im Rahmen eines Ergänzungsgutachtens oder einer persönlichen Anhörung seine Beurteilung ändert, nur weil eine Partei oder deren Rechtsanwalt diese für unzutreffend hält, wird die Beanstandung der inhaltlichen Richtigkeit des Sachverständigengutachtens in der Praxis nicht selten mit dem Antrag verbunden, ein **Obergutachten** durch einen anderen Sachverständigen einzuholen und den bisherigen Sachverständigen zu entpflichten. Ein solcher Antrag bedarf, was häufig verkannt wird, einer sorgfältigen Begründung. Denn das Gericht kann zwar gem. § 412 Abs. 1 ZPO nach pflichtgemäßen Ermessen[80] eine neue Begutachtung durch einen anderen Sachverständigen anordnen, wenn es das vorliegende Gutachten für ungenügend erachtet. Eine dahin gehende Verpflichtung besteht aber nur ausnahmsweise unter strengen Voraussetzungen. Diese hat der BGH teilweise angenommen, „wenn die Sachkunde des bisherigen Gutachters zweifelhaft ist, wenn das Gutachten von unzutreffenden tatsächlichen Voraussetzungen ausgeht, wenn es Widersprüche enthält oder wenn der neue Sachverständige über Forschungsmittel verfügt, die denen des früheren Gutachters überlegen erscheinen."[81] In anderen Entscheidungen schränkt der BGH dies allerdings dahin gehend ein, dass bei Mängeln des Gutachtens, insbesondere dessen Unvollständigkeit, Widersprüchlichkeit oder fehlender Nachvollziehbarkeit, das Gericht lediglich verpflichtet ist, diese dem Sachverständigen vorzuhalten; nur wenn er diese nach Überzeugung des Gerichts nicht ausräumen kann, ist dieses verpflichtet, einen anderen Sachverständigen zu beauftragen.[82] Diese Auffassung verdient Zustimmung. Denn eine Verpflichtung des Gerichts, einen anderen Sachverständigen zu bestellen, ist nur begründbar, wenn der bisherige Sachverständige trotz Anleitung durch das Gericht nicht imstande ist, eine Beurteilung abzugeben, die als taugliche Grundlage für die gerichtliche Entscheidung geeignet ist. Auch wenn der Sachverständige von einem unzutreffenden Sachverhalt ausgeht, hat das Gericht ihn deshalb hierauf nur hinzuweisen und eine erneute Begutachtung auf zutreffender tatsächlicher Grundlage zu verlangen, einen anderen Sachverständigen muss es hiermit dagegen nicht beauftragen.[83]

Die Partei, für die das eingeholte Sachverständigengutachten nachteilig ist, wird daher allein anhand dieses Gutachtens nur selten eine Verpflichtung des Gerichts zur Beauftragung eines anderen Sachverständigen schlüssig begründen können, zumal Richter naturgemäß und mangels eigener Sachkunde auch verständlicherweise geneigt sind, der Beurteilung der von ihnen beauftragten Sachverständigen zu folgen. Prozesstaktisch ist deshalb der Partei, die ein Sachverständigengutachten für inhaltlich unzutreffend hält, die Einholung eines **Privatgutachtens** zu empfehlen. Hierunter versteht man ein Gutachten, das eine Partei durch einen von ihr beauftragten, fachkundigen Gutachter erstellen lässt und zur Unterstützung ihres Standpunktes im Rechtsstreit – vor oder nach Einholung des gerichtlichen Sachverständigengutachtens – vorlegt. Ein solches

---

[79] BGH NJW-RR 2017, 762, Tz. 3; BGH NJW-RR 2017, 1144, Tz. 6; BGH NJW 2018, 1171, Tz. 10; BGH MDR 2019, 1013, Tz. 8; BGH NJW-RR 2006, 1503, 1504, Tz. 3; Hk-ZPO/Siebert, § 411 Rn. 5; Zöller/Greger, § 411 Rn. 4, 7.
[80] Vgl. statt aller nur BGH NJW 2011, 852, Tz. 29.
[81] BGHZ 53, 245, 258 f.; BGH NJW 1999, 1778, juris-Tz. 8; *zustimmend:* MünchKommZPO/Zimmermann, § 412 Rn. 3; *teilweise a. A.:* Zöller/Greger, § 412 Rn. 2, der keinen Mangel des Gutachtens darin sieht, dass ein anderer Sachverständiger über überlegene Forschungsmittel oder Erfahrung verfügt.
[82] BGH NJW 2001, 1787, 1788, juris-Tz. 19; BGH NJW-RR 2000, 44, 46, juris-Tz. 30 f.; BGH NJW 1997, 803, 804, juris-Tz. 11; Hk-ZPO/Siebert, § 412 Rn. 3; Zöller/Greger, § 412 Rn. 1 f., § 411 Rn. 3.
[83] Zutreffend Hk-ZPO/Siebert, § 412 Rn. 4.

Privatgutachten ist kein Beweismittel, sondern qualifizierter, substantiierter Parteivortrag.[84] Das Gericht ist aber gem. Art. 103 Abs. 1 GG von Amts wegen verpflichtet, etwaigen Widersprüchen zwischen dem Sachverständigen- und dem Privatgutachten nachzugehen und diese aufzuklären.[85] Konkret bedeutet dies, dass das Gericht dafür zu sorgen zu hat, dass sich der Sachverständige im Rahmen eines ergänzenden schriftlichen Gutachtens oder einer persönlichen Anhörung mit der Beurteilung des Privatgutachtens auseinandersetzt.[86] Verbleibt es danach bei unterschiedlichen Beurteilungen, kann das Gericht ein Obergutachten einholen; gem. § 412 ZPO ist der Tatrichter hierzu sogar verpflichtet, wenn es dem Sachverständigen nicht gelingt, die sich aus dem Privatgutachten ergebenden Einwendungen auszuräumen.[87] Ob letzteres der Fall ist, hat das Gericht allerdings im Rahmen der freien Beweiswürdigung nach § 286 ZPO zu beurteilen, muss aber in seinem Urteil begründen, welcher Auffassung es aus welchen Gründen folgt.[88] Das Privatgutachten schafft daher keine Garantie, immerhin aber die Möglichkeit, entweder den Sachverständigen zu einer Änderung seiner Beurteilung zu veranlassen oder zumindest das Gericht von deren Unrichtigkeit zu überzeugen und damit die Einholung eines Obergutachtens zu erwirken.[89]

IV. Urkunden, §§ 415 ff. ZPO

1. Beweiskraft

240a Urkunden iSd §§ 415 ff. ZPO sind durch übliche oder vereinbarte Schriftzeichen verkörperte Gedankenerklärungen, die geeignet sind, Beweis für streitiges Parteivorbringen zu erbringen.[90] Urkunden haben Beweiskraft, wenn sie echt sind (§§ 437 ff. ZPO) und keine Mängel aufweisen (§ 419 ZPO). Zu unterscheiden sind die **äußere oder formelle sowie die innere oder materielle Beweiskraft**. Erstere bezieht sich auf die Abgabe der beurkundeten Erklärung, letztere betrifft deren inhaltliche Richtigkeit. §§ 415 ff. ZPO enthalten Beweisregeln für die formelle Beweiskraft von Urkunden, während deren materielle Beweiskraft – vom Fall des § 418 ZPO abgesehen, dazu sogleich – der freien Beweiswürdigung durch das Gericht gem. § 286 ZPO unterliegt.[91]

a) Öffentliche Urkunden

241 Öffentliche Urkunden sind nach der Legaldefinition des § 415 Abs. 1 ZPO (vereinfacht) solche, die von der zuständigen Behörde in der vorgeschriebenen Form aufgenommen sind. Öffentliche Urkunden erbringen den Beweis für die **inhaltliche Richtigkeit der amtlichen Erklärung**:

---

84 BGH NJW 1993, 2382, 2383, juris-Tz. 17; Rosenberg/Schwab/Gottwald, § 122 Rn. 14; eine Ausnahme gilt nur, wenn sich beide Parteien mit einer Entscheidung des Gerichts auf der Grundlage des Privatgutachtens einverstanden erklären, was aber in der Praxis nicht geschehen wird.
85 BGH NJW 2016, 639, 640, Tz. 6 f.; BGH NJW-RR 2016, 1251, Tz. 11; instruktiv insofern BGH NJW-RR 2000, 44, 46, juris-Tz. 31 mwN, wonach das Gericht bei Widersprüchen zwischen Privatgutachten einerseits und Sachverständigengutachten andererseits dieselbe Aufklärungspflicht trifft wie bei Widersprüchen innerhalb eines Sachverständigengutachtens; ähnlich auch BGH NJW-RR 2020, 186, Tz. 13.
86 BGH NJW 2016, 639, 640 f., Tz. 9.; BGH NJW-RR 2016, 1251, Tz. 12; BGH NJW-RR 2020, 186, Tz. 14.
87 BGH NJW-RR 2016, 1251, Tz. 12; BGH NJW-RR 2020, 186, Tz. 14, beide mwN.
88 BGH NJW-RR 2007, 351, 352, Tz. 13 aE; BGH NJW-RR 2020, 186, Tz. 15; Zöller/Greger, § 412 Rn. 1; Hk-ZPO/Siebert, § 412 Rn. 5.
89 BGH NJW-RR 2017, 1105, Tz. 7.
90 Zöller/Feskorn, vor § 415 Rn. 2.
91 Vgl. zum Ganzen: Zöller/Feskorn, vor § 415 Rn. 6 f.

- Öffentliche Urkunden, die über eine vor einer Behörde oder Urkundsperson abgegebene Erklärung errichtet sind, erbringen gem. § 415 Abs. 1 ZPO den vollen Beweis des beurkundeten Vorgangs.[92] Beispielsweise erbringt eine notarielle Urkunde, in der Willenserklärungen beurkundet werden (§§ 8 ff. BeurkG) den Nachweis, dass die beurkundeten Erklärungen an dem Ort, zu der Zeit und mit dem Inhalt, der in der Niederschrift festgehalten wurde, abgegeben wurden;[93] nach hM beweist sie außerdem die Identität der in der Urkunde bezeichneten Personen.[94] Gem. § 415 Abs. 2 ZPO ist der Beweis der Unrichtigkeit der Beurkundung zulässig; dieser ist allerdings erst geführt, wenn die inhaltliche Unrichtigkeit der Urkunde feststeht, anders als im Regelfall des Gegenbeweises (Rn. 211) genügt das bloße Erwecken von Zweifeln also nicht.[95]
- Öffentliche Urkunden, die eine amtliche Anordnung, Verfügung oder Entscheidung enthalten, erbringen gem. § 417 ZPO unwiderleglich den Nachweis, dass diese mit dem beurkundeten Inhalt ergangen sind.
- Öffentliche Urkunden, die eine Tatsache bezeugen (**Zeugnisurkunden**), erbringen gem. § 418 Abs. 1 ZPO den vollen Nachweis dieser Tatsache. Als Beispiele lassen sich die Zustellungsurkunde nach § 182 ZPO oder der Eingangsstempel des Gerichtes nennen,[96] ferner die in notariellen Urkunden festgehaltenen, vom Notar wahrgenommenen Tatsachen. Hierzu gehört allerdings nicht die vom Notar in der Urkunde gem. §§ 11, 28 BeurkG festgestellte Geschäfts- oder Testierfähigkeit.[97] Gem. § 418 Abs. 2 ZPO ist der Nachweis der Unrichtigkeit der bezeugten Tatsache zulässig, an diesen Gegenbeweis sind allerdings die vorstehend zu § 415 Abs. 2 ZPO dargestellten Anforderungen zu stellen.

Auch das Protokoll über die Vernehmung eines Zeugen in einem anderen Prozess kann auf Antrag einer Partei als öffentliche Urkunde verwertet werden. Der Zustimmung der gegnerischen Partei bedarf es hierzu nicht. Auf deren Antrag muss das Gericht aber den Zeugen vernehmen. Dies kann auch erstmalig in der Berufungsinstanz beantragt werden und bedarf keiner besonderen Begründung, dass und weshalb der protokollierten Zeugenaussage nicht gefolgt werden kann.[98]

b) Privaturkunden

Urkunden, die keine öffentlichen Urkunden sind, werden als Privaturkunden bezeichnet. Sind sie, wie etwa ein Telefax-Ausdruck,[99] nicht unterschrieben, unterliegen sie

---

92 §§ 415 Abs. 1, 418 Abs. 1 ZPO begründen dagegen keine negative Beweiskraft dahin gehend, dass nicht protokollierte Erklärungen nicht abgegeben wurden, BGHZ 225, 90, Tz. 95. Insofern ist aber die Vermutung der Vollständigkeit und Richtigkeit der Urkunde zu beachten, vgl. Rn. 181.
93 Vgl. nur BGH NJW 2017, 175 f., Tz. 6.
94 OLG Celle NJW-RR 2006, 448, 449, juris-Tz. 25; OLG Hamm r+s 2000, 478, juris-Tz. 33; Zöller/Feskorn, § 415 Rn. 5.
95 Allgemeine Auffassung, vgl. nur MünchKommZPO/Schreiber, § 415 Rn. 30 mwN, der auch zutreffend darauf hinweist, dass dogmatisch ein Fall des Gegenbeweises vorliegt, an den jedoch inhaltlich die Anforderungen des Hauptbeweises (dazu Rn. 210, 213) zu stellen sind.
96 BGH NJW 2017, 2285, 2286, Tz. 18; HK-ZPO/Siebert, § 418 Rn. 2 mwN.
97 BayObLG DNotZ 1975, 555; Zöller/Feskorn, § 418 Rn. 3.
98 Vgl. zum Ganzen BGH NJW-RR 1992, 1214, 1215, juris-Tz. 15; BGH MDR 2013, 1184, Tz. 6 ff.; BGH NJW 2019, 3147, Tz. 15; Zöller/Greger, vor § 373 Rn. 12 f.; HK-ZPO/Siebert, § 355 Rn. 4, § 373 Rn. 11, alle mwN.
99 Str.: Nach OLG Köln NJW 1992, 1774, juris-Tz. 41 ist ein Telefax-Ausdruck eine Privaturkunde, auf die zwar eine Klage im Urkundsprozess (§§ 592 ff. ZPO) gestützt werden kann (dazu Rn. 605), der aber keine formelle Beweiskraft nach § 416 ZPO zukommt. Letztere bejahen indes etwa Zöller/Feskorn, § 416 Rn. 4; MünchKommZPO/Schreiber, § 416 Rn. 6.

der freien Beweiswürdigung nach § 286 ZPO.[100] Unterschriebene Privaturkunden erbringen demgegenüber gem. § 416 ZPO den Nachweis, dass die Erklärung vom Aussteller abgegeben wurde. Diese **formelle Beweiskraft** umfasst, wenn die Urkunde eine empfangsbedürftige Willenserklärung enthält, auch deren Abgabe bzw. Begebung, dh deren Vorlage erbringt den Nachweis, dass die Erklärung mit Willen des Erklärenden in Verkehr gebracht worden ist;[101] wer dies bestreitet und behauptet, dass die Urkunde dem Aussteller abhandengekommen sei, ist folglich hierfür beweispflichtig.[102] Die **materielle Beweiskraft** der Urkunde, dh ob diese den Nachweis der inhaltlichen Richtigkeit oder gar Wirksamkeit der Erklärung erbringt, obliegt demgegenüber der freien Würdigung des Gerichts nach § 286 ZPO.[103] Bei rechtsgeschäftlichen Erklärungen in Urkunden ist insofern die Vermutung der Vollständigkeit und Richtigkeit zu beachten.[104] Empfangsbestätigungen und Quittungen iSv § 368 BGB lassen idR den Schluss zu, dass die bestätigte Leistung erbracht und die zugrunde liegende Verpflichtung damit erfüllt wurde (§ 362 BGB).[105] Jedoch ist der Gegenbeweis zulässig; dieser ist bereits geführt, wenn die Überzeugung des Gerichts von der inhaltlichen Richtigkeit der Urkunde erschüttert ist, der Beweis des Gegenteils ist also nicht erforderlich.[106]

244 Voraussetzung der Beweiskraft von Privaturkunden ist gem. § 416 ZPO die Echtheit der Unterschrift. Diese muss entweder unstreitig sein oder bewiesen werden (§ 440 Abs. 1 ZPO). Steht die Echtheit der Unterschrift jedoch fest, begründet § 440 Abs. 2 ZPO die Vermutung der Echtheit des darüber stehenden Urkundeninhalts. Wer dessen Echtheit bestreitet bzw. eine Verfälschung behauptet, ist hierfür folglich beweispflichtig, einem entsprechenden Beweisantritt hat das Gericht jedoch nachzugehen.[107] Aus § 440 Abs. 2 ZPO folgt auch, dass im Falle einer Blankounterschrift der Aussteller die Beweislast für eine von ihm behauptete Blankettfälschung trägt.[108]

245 Die formelle Beweiskraft nach § 416 ZPO entfällt bei Urkundenmängeln iSv § 419 ZPO, etwa bei äußerlich erkennbaren Einfügungen oder Unterschieden im Schriftbild. Dann hat das Gericht im Rahmen der freien Beweiswürdigung nach § 286 ZPO zu beurteilen, welche Schlüsse aus der Urkunde noch gezogen werden können, wobei die gesamten übrigen Umstände des Falls zu berücksichtigen sind.[109] Soweit die Beweiskraft der Urkunde gem. § 419 ZPO entfällt, kann die beweispflichtige Partei die Echtheit der Urkunde mit sonstigen Beweismitteln beweisen. Ist beispielsweise streitig, ob ein handschriftlicher Zusatz in einem Vertrag schon bei Unterzeichnung der Vertragsurkunde vorhanden und damit Gegenstand der vertraglichen Vereinbarung war, erbringt allein die Urkunde diesen Nachweis gem. § 419 ZPO nicht; die beweispflichtige Partei kann hierfür aber etwa einen Zeugen benennen, der bei Vertragsunterzeichnung anwesend

---

100 OLG Köln NJW 1992, 1774, juris-Tz. 41; Zöller/Feskorn, § 416 Rn. 11; Rosenberg/Schwab/Gottwald, § 120 Rn. 31.
101 Zur Abgabe bzw. Begebung als Wirksamkeitsvoraussetzung einer empfangsbedürftigen Willenserklärung vgl. nur BGHZ 65, 13, 14; BGH NJW-RR 2003, 384, juris-Tz. 7; Grüneberg/Ellenberger, § 130 Rn. 4.
102 BGH NJW-RR 2003, 384, juris-Tz. 8; BGH NJW-RR 2006, 847, 848, Tz. 13 ff.; Hk-ZPO/Siebert, § 416 Rn. 6.
103 BGH NJW-RR 1989, 1323, 1324, juris-Tz. 19; Rosenberg/Schwab/Gottwald, § 120 Rn. 32.
104 Rosenberg/Schwab/Gottwald, § 120 Rn. 32; vgl. außerdem Rn. 181.
105 Grüneberg/Grüneberg, § 368 Rn. 4; Staudinger/Kern, § 368 Rn. 8 ff.
106 BGH WM 2014, 2331, Tz. 21; BGH NJW-RR 2007, 351, 352, Tz. 14; vgl. außerdem oben Rn. 211.
107 BGH, Beschluss vom 27.7.2016, XII ZR 125/14, Tz. 6.
108 BGH NJW-RR 2006, 847, 849, Tz. 18.
109 BGH NJW 1988, 60, 62, juris-Tz. 23; BGH NJW 1980, 893, juris-Tz. 13; Zöller/Feskorn, § 419 Rn. 3; Musielak/Voit/Huber, § 419 Rn. 3; MünchKommZPO/Schreiber, § 419 Rn. 4.

war und ihren Vortrag bestätigen kann.[110] Misslingt dieser Nachweis, geht dies nach den allgemeinen Beweislastregeln zulasten der beweispflichtigen Partei (Rn. 159).

2. Beweisantritt

Der Urkundsbeweis wird gem. § 420 ZPO durch Vorlage des Originals der Urkunde angetreten.[111] Eine Kopie genügt nur, wenn unstreitig bleibt, dass diese mit dem Original übereinstimmt.[112]   246

Befindet sich die Urkunde nicht im Besitz der beweispflichtigen Partei, sondern des Prozessgegners, kann der Urkundsbeweis gem. § 421 ZPO auch durch den Antrag angetreten werden, dass das Gericht dem Gegner die Vorlage der Urkunde aufgeben möge. Die hierdurch grds. eröffnete Möglichkeit, sich Beweismittel bei der gegnerischen Partei zu beschaffen, ist jedoch an enge Voraussetzungen geknüpft. So muss zunächst feststehen oder unstreitig bleiben, dass der Gegner überhaupt im Besitz der Urkunde ist (§§ 425, 426 ZPO). Weitere Voraussetzung für die gerichtliche Anordnung der Vorlage der Urkunde ist, dass sich der Gegner entweder selbst zur Beweisführung auf diese gestützt hat (§ 423 ZPO) oder materiellrechtlich zur Herausgabe derselben verpflichtet ist (§ 422 ZPO), etwa weil er dem Beweisführer Rechenschaft schuldet (§ 259 BGB). Ferner muss der Beweisführer die Urkunde, deren Inhalt und die hierdurch zu beweisenden Tatsachen gem. § 424 ZPO möglichst genau darlegen. Nur wenn alle vorgenannten Voraussetzungen erfüllt sind und das Gericht zudem die Tatsache, die durch die Urkunde bewiesen werden soll, für entscheidungserheblich hält, wird gem. § 425 ZPO die Vorlage der Urkunde angeordnet. Kommt der Gegner dieser gerichtlichen Anordnung nicht nach, ist dies zugunsten des Beweisführers zu würdigen, § 427 ZPO. Bei der letztgenannten Regelung handelt es sich um einen Spezialfall der Beweisvereitelung.   247

Befindet sich die Urkunde im Besitz eines Dritten, kann die beweispflichtige Partei auch beantragen, dass das Gericht dem Dritten deren Vorlage aufgibt (§ 428 ZPO). Voraussetzung ist aber, dass der Dritte nach materiellem Recht zur Herausgabe der Urkunde an die beweispflichtige Partei verpflichtet ist, § 429 ZPO.   248

Sind die vorstehend dargelegten Voraussetzungen nicht erfüllt, hat die beweispflichtige Partei zwar keine Möglichkeit, die Vorlage der Urkunde durch den Prozessgegner oder einen Dritten zu erzwingen, das Gericht kann diese aber gleichwohl gem. § 142 ZPO anordnen. Die Vorschrift ermöglicht allerdings weder eine Ausforschung des Prozessgegners noch befreit sie die betroffene Partei von ihrer Darlegungs- und Substantiierungslast. Deshalb darf das Gericht die Vorlage von Urkunden nicht zum bloßen Zwecke der Informationsgewinnung anordnen, erforderlich ist vielmehr, dass sich eine Partei auf die Urkunde bezieht und deren Prozessrelevanz schlüssig dargelegt ist.[113] Sind diese Voraussetzungen erfüllt, steht die Entscheidung gem. § 142 ZPO im Ermessen des Gerichts. Die beweispflichtige Partei kann aber eine ihr günstige Entscheidung anregen. Wird das Ermessen nicht ausgeübt, dh wird die Anordnung der Vorlage der Urkunde vom Gericht nicht einmal in Betracht gezogen, liegt ein Verfahrensfehler   249

---

110 Zöller/Feskorn, § 419 Rn. 3.
111 BGH NJW 1992, 829, 830, juris-Tz. 13.
112 BGH NJW-RR 2006, 847, 849, Tz. 22; Hk-ZPO/Siebert, § 420 Rn. 2.
113 BGHZ 173, 23, 32, Tz. 20.

vor, der mit den gegen das Urteil eröffneten Rechtsmitteln geltend gemacht werden kann.[114]

V. Parteivernehmung, §§ 445 ff. ZPO

250 Die Parteivernehmung ist nur subsidiäres Beweismittel. Zu unterscheiden ist zwischen der Vernehmung der gegnerischen und der eigenen Partei.

1. Vernehmung der gegnerischen Partei

251 Nur die beweispflichtige Partei kann die Parteivernehmung des Gegners gem. § 445 ZPO beantragen, wenn sie den ihr obliegenden Nachweis mit anderen Beweismitteln nicht geführt oder solche nicht vorgebracht hat. Nicht erforderlich ist also, dass ihr andere Beweismittel nicht zur Verfügung stehen.[115] Eine Parteivernehmung ist lediglich unzulässig, solange andere Beweismittel von der beweispflichtigen Partei benannt sind und dieser Beweis noch nicht erhoben wurde. Damit könnte sie auch von anderen möglichen Beweisanträgen absehen und nur die Parteivernehmung des Gegners beantragen. Hiervon ist jedoch aus anwaltlicher Sicht dringend abzuraten, da die gegnerische Partei im Rahmen ihrer Vernehmung regelmäßig ihren Vortrag bestätigen wird, die Erfolgsaussichten eines solchen Beweisantritts in aller Regel also schlecht sind und eine Nachholung der weiteren Beweisantritte nach erfolgter Parteivernehmung an § 296 ZPO scheitern kann.[116] Vorzugswürdig ist daher, zunächst die anderweitigen Beweismittel zu benennen und die Parteivernehmung allenfalls zu beantragen, wenn der Nachweis mit diesen nicht gelingt. Der letztgenannte Antrag kann bereits mit den übrigen Beweisantritten gestellt werden, muss in diesem Fall aber nach Erhebung der anderen Beweise wiederholt werden.[117]

252 Der Gegner muss sich nicht als Partei vernehmen lassen, er kann dies auch verweigern, wie sich aus § 446 ZPO ergibt. Danach hat das Gericht in diesem Fall nach freier Überzeugung zu würdigen, ob die behauptete Tatsache als erwiesen anzusehen ist. In der Regel ist dies der Fall, wenn die Weigerung, sich als Partei vernehmen zu lassen, nicht stichhaltig begründet wird.

2. Vernehmung oder Anhörung der eigenen Partei

253 Da die Vernehmung der gegnerischen Partei nur selten den gewünschten Erfolg verspricht (dazu vorstehend), wird in manchen Anwaltsschriftsätzen bei Fehlen anderweitiger Beweismittel gerne und regelmäßig die Vernehmung der eigenen Partei zur Richtigkeit ihres Vortrags beantragt. Hierbei wird nicht selten übersehen, dass einem solchen Antrag nur unter engen Voraussetzungen entsprochen werden kann. So hat das Gericht eine Partei auf deren Antrag gem. § 447 ZPO zu vernehmen, wenn der Gegner zustimmt, was aber praktisch nie geschieht. Ohne diese Zustimmung ist die Parteivernehmung gem. § 448 ZPO grds. nur zulässig, wenn die beweispflichtige Partei bereits den sog **Anbeweis** (auch Anfangsbeweis genannt) erbracht hat, dh eine gewisse, nicht notwendig hohe Wahrscheinlichkeit bereits für die Richtigkeit der streitigen

---

114 BGHZ 173, 23, 32, Tz. 21 f.
115 MünchKommZPO/Schreiber, § 445 Rn. 7.
116 MünchKommZPO/Schreiber, § 445 Rn. 7.
117 MünchKommZPO/Schreiber, § 445 Rn. 7.

Behauptung spricht.[118] Dies bedeutet, das bereits einige Anhaltspunkte den streitigen Vortrag stützen müssen; daran fehlt es, wenn nicht einmal beweiskräftige Indizien für dessen Richtigkeit bestehen, wenn im Rahmen der Beweisaufnahme – etwa wegen widersprechender Zeugenaussagen – die Darstellungen beider Parteien gleichermaßen glaubhaft bestätigt worden sind oder wenn das Ergebnis der bisherigen Beweisaufnahme sogar gegen die Darstellung der Partei spricht, die vernommen werden möchte.[119] Aufgrund der Subsidiarität dieses Beweismittels ist eine Parteivernehmung nach § 448 ZPO außerdem nur zulässig, wenn die Partei alle ihr zumutbaren sonstigen Beweismittel ausgeschöpft, insbesondere ihr zumutbaren Zeugenbeweis angetreten hat, wobei jedoch die Benennung im Lager des Gegners stehender Zeugen nicht erforderlich ist.[120] Auch wenn alle diese Voraussetzungen erfüllt sind, liegt gem. § 448 ZPO („kann") im pflichtgemäßen Ermessen des Gerichts, ob und ggf. welche Partei es vernimmt. Entscheidungskriterium ist hierbei, ob es von der Parteivernehmung die Ausräumung seiner Restzweifel bzw. die „Gewinnung letzter Klarheit" erwartet.[121] Die Parteivernehmung nach § 448 ZPO erfolgt von Amts wegen, ein dahin gehender Antrag ist also nicht erforderlich bzw. nur als Anregung an das Gericht zu verstehen,[122] aus anwaltlicher Sicht aber gleichwohl zu empfehlen.

Abweichend von § 448 ZPO ist im Schadensersatzprozess gem. § 287 Abs. 1 S. 3 ZPO die Parteivernehmung des Beweisführers zur Schadenshöhe stets zulässig.[123]

254

Besonderheiten gelten für **Gespräche unter vier Augen**: Hängt der Ausgang eines Rechtsstreits davon ab, was in einem Gespräch unter vier Augen zwischen der einen Prozesspartei und einem im Lager der Gegenpartei stehenden Zeugen erörtert wurde, darf das Gericht die Beweisaufnahme nicht allein auf die Vernehmung des Zeugen beschränken. Vielmehr gebieten der Grundsatz der prozessualen Waffengleichheit (Art. 6 Abs. 1 EMRK), der Anspruch auf rechtliches Gehör (Art. 103 Abs. 1 GG) und das Gebot eines fairen Prozesses, auch die Partei gem. § 448 ZPO zu vernehmen oder zumindest – so in der Praxis der Regelfall – nach § 141 ZPO anzuhören.[124] Im Rahmen der freien Beweiswürdigung (§ 286 Abs. 1 ZPO) kann der Tatrichter einer solchen Parteianhörung die gleiche Bedeutung wie einer förmlichen Parteivernehmung zumessen[125] und dieser Parteierklärung auch der Vorzug vor der Zeugenaussage geben.[126] Das Gericht kann gem. § 141 ZPO die Partei zwecks Anhörung zur mündlichen Verhandlung laden, ist hierzu von Amts wegen aber nicht verpflichtet. Die Rechte der Partei werden gewahrt, wenn ihr das Ergebnis der Zeugenvernehmung bekannt ist und

255

---

118 BGH NJW 1989, 3222, juris-Tz. 16; BGH NJW 1999, 363, 364, juris-Tz. 17; BGHZ 186, 152, Tz. 15; BGH NJW 2017, 1177, 1178, Tz. 15; Greger MDR 2014, 313.
119 MünchKommZPO/Schreiber, § 448 Rn. 3; vgl. auch BGHZ 150, 334, 342; Zöller/Greger, § 448 Rn. 4: Parteivernehmung nach § 448 ZPO nur bei echter non-liquet-Situation, d. h. wenn das Gericht nach Ausschöpfung aller anderen Beweismittel noch keine Überzeugung hat gewinnen können, nicht dagegen, wenn es nach durchgeführter Beweisaufnahme seine Überzeugung bereits gebildet und hiervon durch die beantragte Parteivernehmung lediglich wieder abgebracht werden soll.
120 BGH NJW 2020, 776, Tz. 21, 23.
121 Zöller/Greger, § 448 Rn. 4b.
122 Zöller/Greger, § 448 Rn. 4b.
123 MünchKommZPO/Prütting, § 287 Rn. 25; allgemein zu § 287 ZPO vgl. bereits Rn. 191 ff.
124 Vgl. im Anschluss an EGMR NJW 1995, 1413: BVerfG NJW 2001, 2531 f.; BGH NJW 2013, 2601, 2602, Tz. 10 f.; BGHZ 186, 152, Tz. 16; BGH NJW-RR 2006, 1086, 1087, Tz. 13; BGHZ 166, 56, Tz. 28 f.; BGH NJW-RR 2006, 61, 63, juris-Tz. 31; BGH NJW 1999, 363, 364, juris-Tz. 21.
125 BGH NJW 2013, 2601, 2602, Tz. 11.
126 BGHZ 166, 56, Tz. 29; BGH NJW 2003, 3636, juris-Tz. 3; BGH NJW 1999, 363, 364, juris-Tz. 21; Ahrens MDR 2015, 185, 186.

sie aufgrund ihrer Anwesenheit bei der Beweisaufnahme oder in einem nachfolgenden Termin in der Lage war, ihre Darstellung vom Verlauf des Vier-Augen-Gespräches durch eine Wortmeldung nach § 137 Abs. 4 ZPO persönlich vorzutragen. Unzulässig handelt das Gericht nur, wenn es der Partei eine solche Möglichkeit zur Stellungnahme verweigert.[127] Für den Rechtsanwalt folgt daraus, dass er ggf. die Parteianhörung beantragen und darauf hinwirken muss, dass das Gericht seiner Partei diese Möglichkeit gibt.

256 Die dargestellten Sonderregeln über Situationen unter vier Augen gelten nicht bei Gesprächen mit neutralen, dh nicht im Lager einer Prozesspartei stehenden Zeugen[128] oder bei Gesprächen unter „sechs Augen", bei denen außer den Parteien ein im „Lager" einer Partei stehender Zeuge anwesend ist.[129] Auch gilt das Gesagte nur, wenn das Gericht sich ausschließlich auf die Zeugenaussage, dh nicht auf sonstige Beweismittel oder Indizien stützt.[130]

257 Die beschriebenen Regeln wurden zwar für Gespräche unter vier Augen entwickelt, sind auf diese Fälle aber nicht beschränkt, sondern gelten aufgrund des Gebotes der prozessualen Waffengleichheit auch bei vergleichbaren Ereignissen, etwa wenn bei einem Verkehrsunfall ohne außenstehende Zeugen in beiden Fahrzeugen nur die Fahrer sitzen, der (vermeintliche) Unfallverursacher im Rechtsstreit jedoch als Beklagter Partei wird, während das andere Fahrzeug von einem Angehörigen des geschädigten Klägers gesteuert wurde, der damit als Zeuge benannt werden kann.[131]

VI. Zusammenfassung

258 1. Ein Zeuge kann nur über seine persönliche Wahrnehmung von Tatsachen vernommen werden. Der Zeugenbeweis wird angetreten, indem eine Partei die Richtigkeit ihres hinreichend substantiierten Sachvortrags in das Wissen des namentlich benannten, zumindest aber individualisierten Zeugen stellt. Wie der Zeuge sein Wissen gewonnen hat, muss nicht vorgetragen werden; abweichendes gilt nur für innere Tatsachen. Zeuge kann jeder sein, der nicht als Partei zu vernehmen ist. Damit kommen auch Personen als Zeugen in Betracht, die einer Partei nahestehen.
2. Aufgabe des Sachverständigen ist, dem Gericht das diesem fehlende, entscheidungserhebliche Fachwissen zu vermitteln oder aufgrund dieses Fachwissens Tatsachen festzustellen oder Schlussfolgerungen zu ziehen. Verfügt das Gericht nicht über dieses Fachwissen, darf es nicht ohne Hinzuziehung eines Sachverständigen entscheiden. Nach Einholung eines Sachverständigengutachtens kann die Partei, für die dieses ungünstig ausfällt, diesem mit einem Privatgutachten entgegentreten. Das Gericht muss Widersprüchen zwischen Sachverständigen- und Privatgutachten nachgehen.
3. Urkunden haben Beweiskraft, wenn sie echt und mangelfrei sind (§§ 419, 437 ff. ZPO). Zu unterscheiden sind die formelle Beweiskraft, die sich nur auf die Abgabe der beurkundeten Erklärung bezieht, und die materielle Beweiskraft, die deren

---

127 BVerfG NJW 2008, 2170, 2171, juris-Tz. 16.
128 BGHZ 150, 334, 341 ff.; BGHZ 186, 152, Tz. 16.
129 BGH NJW-RR 2008, 1086, 1087, Tz. 13; BGHZ 186, 152, Tz. 16 mwN; *anders* dagegen BGH NJW 2013, 2601, 2602, Tz. 10 aE (VI. Zivilsenat) für Zeugen, der im Lager der Gegenpartei steht; zustimmend MünchKommZPO/Fritsche, § 141 Rn. 5.
130 BGH NJW-RR 2006, 61, 63, juris-Tz. 32; BGH NJW-RR 2008, 1086, 1087, Tz. 13.
131 Zöller/Greger, § 141 Rn. 3a; vgl. auch MünchKommZPO/Fritsche, § 141 Rn. 5.

inhaltliche Richtigkeit betrifft. Letztere unterliegt grds der freien Beweiswürdigung des Gerichts gem. § 286 ZPO; eine Ausnahme gilt gem. § 418 ZPO für öffentliche Urkunden, die eine Tatsache bezeugen. Der Urkundenbeweis wird angetreten durch Vorlage der Urkunde; eine Kopie genügt, wenn diese unstreitig mit dem Original übereinstimmt. Unter den Voraussetzungen der §§ 421 ff. ZPO ist auch der Antrag möglich, dem Gegner oder einem Dritten die Vorlage der Urkunde aufzugeben.

4. Die Parteivernehmung ist subsidiäres Beweismittel. Die Vernehmung der eigenen Partei wird in der Praxis häufig gewünscht, ein dahin gehender Anspruch besteht aber nur selten.

§ 11 Klageantrag und Streitgegenstand

I. Grundlagen

1. Streitgegenstand und Anspruch im prozessualen Sinne

Streitgegenstand ist der als Rechtsschutzbegehren oder Rechtsfolgenbehauptung aufgefasste Anspruch im prozessualen Sinne, der bestimmt wird durch den **Klageantrag**, in dem sich die vom Kläger in Anspruch genommene Rechtsfolge konkretisiert, und den **Lebenssachverhalt** (Anspruchs- oder Klagegrund), aus dem der Kläger die begehrte Rechtsfolge herleitet (**zweigliedriger Streitgegenstandsbegriff**).[1] Zum Anspruchsgrund sind alle Tatsachen zu rechnen, die bei einer natürlichen, vom Standpunkt der Parteien ausgehenden Betrachtung zu dem durch den Vortrag des Klägers zur Entscheidung gestellten Tatsachenkomplex gehören.[2] Vom Streitgegenstand werden damit alle materiellrechtlichen Ansprüche erfasst, die sich im Rahmen des gestellten Antrags aus dem zur Entscheidung unterbreiteten Lebenssachverhalt herleiten lassen,[3] selbst wenn einzelne Tatsachen des Lebenssachverhaltes nicht vorgetragen wurden oder nicht einmal vorgetragen werden konnten, weil sie der Partei nicht bekannt waren.[4] Letzteres folgt daraus, dass die Parteien den Streitgegenstand durch Gestaltung ihres Vortrags weder bewusst noch unbewusst begrenzen können.[5] Der Beibringungsgrundsatz verbietet lediglich, solche Tatsachen zum Streitgegenstand zu rechnen, die im Vortrag des Klägers nicht einmal angedeutet sind und von seinem Standpunkt aus auch nicht vorgetragen werden mussten, auch wenn sie das Klagebegehren objektiv zu stützen geeignet sind.[6]

259

Der **Anspruch im prozessualen Sinne**, der den Streitgegenstand definiert, darf nicht mit dem in § 194 Abs. 1 BGB legal definierten Begriff des Anspruchs im materiellrechtlichen Sinne verwechselt werden. Materiellrechtlich kann ein bestimmter Sachverhalt häufig unter verschiedene Anspruchsgrundlagen subsumiert werden, die dieselbe

260

---

1 Vgl. nur BGHZ 189, 56, Tz. 3; BGHZ 194, 314, Tz. 18; BGHZ 198, 294, Tz. 15; BGH NJW 2013, 540, Tz. 14; BGH NJW-RR 2013, 1321, Tz. 17; BGH NJW 2015, 3711, 3712, Tz. 9; BGH NZG 2016, 1032, 1033, Tz. 12; BGH NJW 2017, 893, 894 f., Tz. 27; BGH VersR 2017, 822, Tz. 17; BGH NJW-RR 2019, 246, Tz. 18; BGH ZIP 2021, 1835, Tz. 14.
2 BGHZ 117, 1, 6; BGHZ 194, 314, 320, Tz. 19; BGHZ 198, 294, Tz. 15; BGH NJW 2015, 3040, 3041, Tz. 14; BGH VersR 2017, 822, Tz. 17; BGH ZIP 2021, 1835, Tz. 14.
3 BGH NJW 2015, 3711, 3712, Tz. 9; BGH VersR 2017, 822, Tz. 17; BGH ZIP 2021, 1835, Tz. 14.
4 BGHZ 194, 314, Tz. 19; BGHZ 198, 294, Tz. 15; BGH NJW 2015, 3040, 3041, Tz. 14; BGH VersR 2017, 822, Tz. 17; BGH ZIP 2021, 1835, Tz. 14.
5 BGHZ 117, 1, 6; BGHZ 198, 294, Tz. 21.
6 BGHZ 117, 1, 6; BGHZ 198, 294, Tz. 21.

Rechtsfolge vorsehen. Ergeben sich beispielsweise aus einer vorgetragenen Handlung des Beklagten inhaltsgleich sowohl vertragliche als auch deliktische oder bereicherungsrechtliche Ansprüche des Klägers, liegen nach materiellem Recht mehrere Ansprüche vor, die aber nur einen Anspruch im prozessualen Sinne bilden, da sie sich aus demselben Lebenssachverhalt ergeben.[7] Das Gericht hat den ihm vorgetragenen Sachverhalt unter allen nach materiellem Recht in Betracht kommenden Gesichtspunkten zu würdigen, auch wenn der Kläger sich hierauf nicht ausdrücklich stützt[8] oder sogar erklärt, sich nur auf eine bestimmte materiellrechtliche Anspruchsgrundlage stützen zu wollen.[9] Denn die rechtliche Würdigung einer Partei oder sogar beider Parteien ist für das Gericht unbeachtlich, wenn der dazu vorgetragene Tatsachenstoff dagegen spricht.[10] Außerdem hat das Gericht auf alle in Betracht kommenden Anspruchsgrundlagen gem. § 139 ZPO hinzuweisen[11] und den Kläger ggf. zur Ergänzung seines Prozessvortrages anzuhalten.[12]

261   Der Streitgegenstand ist bei Bedarf durch Auslegung zu ermitteln. Auch hierbei gilt, dass für die Auslegung von Prozesshandlungen nicht allein deren Wortlaut maßgeblich ist, sondern der erklärte Wille, der in erster Linie unter Heranziehung der Klagebegründung zu ermitteln ist; im Zweifel gilt, was nach den Maßstäben der Rechtsordnung vernünftig ist und der recht verstandenen Interessenlage entspricht.[13]

2. Bedeutung des Streitgegenstandes

262   Die genaue Bestimmung des Streitgegenstandes hat erhebliche prozessuale und materielle Auswirkungen:

a) Ne ultra petita

263   Gem. § 308 Abs. 1 S. 1 ZPO darf das Gericht in quantitativer wie in qualitativer Hinsicht[14] nicht mehr zusprechen, als der Kläger beantragt hat. Aufgrund der Dispositionsmaxime darf das Gericht auch keinen anderen Anspruch im prozessualen Sinne zusprechen, als Streitgegenstand des Rechtsstreits ist.[15]

b) Einrede der anderweitigen Rechtshängigkeit

264   Solange ein Anspruch rechtshängig ist, darf er unter denselben Parteien nicht gleichzeitig zum Gegenstand eines anderen Rechtsstreits gemacht werden. Wird hiergegen verstoßen, führt diese negative Prozessvoraussetzung, die das Gericht von Amts wegen zu beachten hat, zur Unzulässigkeit der später erhobenen Klage gem. § 261 Abs. 3 Nr. 1 ZPO.[16]

---

7 Vgl. dazu nur BGHZ 198, 294, Tz. 25; BGH NJW 2013, 540, 541, Tz. 14.
8 BGH NJW 2013, 540, 542, Tz. 16; BGH NJW-RR 2019, 246, Tz. 18.
9 BGH NJW-RR 2005, 627, 628, juris-Tz. 21.
10 So wörtlich BGH GmbHR 2016, 984, Tz. 25 aE; inhaltsgleich BGHZ 212, 104, Tz. 10.
11 BGH NJW 2013, 540, 542, Tz. 18.
12 BGH NJW-RR 2005, 627, 628, juris-Tz. 21.
13 BGHZ 228, 1, Tz. 17; BGH WM 2016, 1955, Tz. 25; BGH NZG 2016, 1032, 1033, Tz. 12; BGH NJW-RR 2010, 428, 429, Tz. 13; BGH NJW 2009, 751, Tz. 11 mwN.; vgl. außerdem bereits Rn. 87.
14 Zöller/Feskorn, § 308 Rn. 2 ff.
15 Zöller/Vollkommer, Einleitung Rn. 83 mwN.
16 Dazu im einzelnen Rosenberg/Schwab/Gottwald, § 99 Rn. 22 ff.; Hk-ZPO/Saenger, § 261 Rn. 16 ff.

c) Verjährungshemmung

Der Streitgegenstand bestimmt darüber hinaus den Umfang der Verjährungshemmung nach § 204 Abs. 1 Nr. 1 BGB,[17] wobei diese geringfügig über den Streitgegenstand hinausgeht, da auch die Verjährung wesensgleicher Ansprüche gehemmt wird.[18]

d) Rechtskraft

Schließlich definiert der Streitgegenstand die Reichweite der Rechtskraft einer gerichtlichen Entscheidung.[19] Die **formelle Rechtskraft** tritt mit der Unanfechtbarkeit des Urteils ein. Rechtsfolge ist die **materielle Rechtskraft**, die zwei Wirkungen hat: Zunächst begründet sie als negative Prozessvoraussetzung die Unzulässigkeit einer weiteren, über denselben Streitgegenstand erhobenen Klage (res iudicata, ne bis in idem).[20] Darüber hinaus ist die rechtskräftig festgestellte Rechtsfolge, wenn sie in einem Folgeprozess vorgreiflich (präjudiziell) für die dortige Entscheidung ist, dieser ohne erneute Prüfung zugrunde zu legen.[21] Das rechtskräftige Urteil ist bei Präjudizialität in einem Folgeprozess für das dortige Gericht also bindend, selbst wenn dieses in tatsächlicher oder rechtlicher Hinsicht eine andere Beurteilung für zutreffend erachtet. Wird beispielsweise ein Feststellungsurteil rechtskräftig, dem zufolge ein befristetes Mietverhältnis durch die vom Mieter erklärte Kündigung nicht beendet wurde, ist im Rahmen einer nachfolgenden Zahlungsklage des Vermieters der Einwand des Mieters, er habe wirksam gekündigt (präjudizielle Rechtsfrage), durch die Rechtskraft des Feststellungsurteils präkludiert.

Gem. § 322 Abs. 1 ZPO sind Urteile nur insofern der Rechtskraft fähig, als über den mit der Klage oder Widerklage geltend gemachten Anspruch entschieden wurde. Dies bedeutet, dass nur die Entscheidung über den jeweiligen prozessualen Anspruch bzw. Streitgegenstand, dh das aus dem Urteilstenor ersichtliche **Ergebnis des Subsumtionsschlusses** in Rechtskraft erwächst, nicht aber die im Tatbestand des Urteils oder in den Entscheidungsgründen erfolgenden Tatsachenfeststellungen des Gerichts oder seine Beurteilung von Vorfragen oder präjudiziellen Rechtsverhältnissen.[22] Beispielsweise beinhaltet die Verurteilung des Beklagten zur Erbringung einer vertraglich geschuldeten Leistung (etwa zur Mietzinszahlung) nicht die rechtskräftige Feststellung des wirksamen Zustandekommens oder des Fortbestandes des zugrundeliegenden Schuldverhältnisses (im Beispielsfall des Mietvertrages), auch wenn das Gericht dies in den Entscheidungsgründen annimmt. Werden in einem anderen Rechtsstreit weitere Ansprüche aus diesem Schuldverhältnis geltend gemacht, kann das hierfür zuständige Gericht daher abweichend entscheiden. Um über solche präjudiziellen Rechtsverhältnisse eine rechtskräftige Entscheidung herbeizuführen, muss Zwischenfeststellungsklage nach § 256 Abs. 2 ZPO erhoben werden (Rn. 302 f.).

Grds. wirkt die Rechtskraft nur zwischen den Parteien (inter partes) des rechtskräftig abgeschlossenen Rechtsstreites.[23] Eine Wirkung gegenüber Dritten erfolgt nur bei aus-

---

17 BGH NJW 2015, 3040, 3041, Tz. 26; BGH NJW 2015, 3711, 3712, Tz. 9.
18 BGH NJW-RR 2013, 363, 366 f., Tz. 38; BGHZ 104, 268, 274 f.
19 BGH NJW 2015, 3040, 3041, Tz. 26.
20 BGHZ 198, 294, Tz. 13; Rosenberg/Schwab/Gottwald, § 152 Rn. 10; Hk-ZPO/Saenger, § 322 Rn. 12.
21 Hk-ZPO/Saenger, § 322 Rn. 13 ff.; Rosenberg/Schwab/Gottwald, § 152 Rn. 15.
22 BGH NJW 2017, 893, Tz. 13 f.; Rosenberg/Schwab/Gottwald, § 154 Rn. 1 f., 9, 12, 14; Musielak/Voit/Musielak, § 322 Rn. 16 ff.; MünchKommZPO/Gottwald, § 322 Rn. 86 ff.
23 Allgemeine Auffassung, vgl. nur Rosenberg/Schwab/Gottwald, § 157 Rn. 1; Hk-ZPO/Saenger, § 322 Rn. 26.

drücklicher gesetzlicher Anordnung, vgl. etwa §§ 325 ff. ZPO, 248 AktG. In zeitlicher Hinsicht beschränken sich die Rechtskraftwirkungen auf den Zeitpunkt der letzten Tatsachenverhandlung; die Geltendmachung danach eingetretener Veränderungen ist also nicht durch die Rechtskraft präkludiert.[24] Ist beispielsweise eine Zahlungsklage mangels Fälligkeit der Klageforderung als zur Zeit unbegründet abgewiesen worden, kann erneut geklagt werden, wenn nach dem vorgenannten Zeitpunkt die Fälligkeit eintritt. Ebenso kann ein Architekt, dessen Honorarklage mangels Prüfbarkeit der Schlussrechnung abgewiesen wird, eine neue Schlussrechnung erstellen und darauf eine weitere Klage stützen.

3. Beispiele

269 Ein zur Anlageberatung geführtes Gespräch stellt einen einheitlichen Lebensvorgang dar, der nicht in einzelne Aufklärungs- oder Beratungspflichtverletzungen aufgespalten werden kann; wer daher wegen bestimmter Beratungsfehler Schadensersatz von seinem Anlageberater verlangt, kann nach rechtskräftiger Klageabweisung keine erneute Klage erheben, die auf einen anderen Fehler in demselben Beratungsgespräch gestützt wird.[25] Wird wegen bestimmter Prospektmängel Schadensersatz verlangt, liegt ein einheitlicher, alle (dh auch nicht vorgetragene) Prospektmängel umfassender Streitgegenstand vor.[26] Wird Schadensersatz (insbesondere Schmerzensgeld) wegen bestimmter, während einer Operation begangener ärztlicher Behandlungsfehler begehrt, liegt ein einheitlicher, alle (dh auch nicht geltend gemachte) Behandlungsfehler umfassender Streitgegenstand vor.[27] Dagegen bildet bei einer Nichtigkeits- oder Anfechtungsklage gegen Beschlüsse der Hauptversammlung einer AG oder der Gesellschafterversammlung einer GmbH jeder Beschlussmangel einen selbstständigen Streitgegenstand, so dass Anfechtungsgründe nach Ablauf der Anfechtungsfrist gem. § 246 AktG nicht mehr nachgeschoben werden können.[28]

II. Klageantrag

1. Grundsätzliches

270 Da das Gericht nur über gestellte Anträge entscheidet (**Dispositionsmaxime**) und nichts zusprechen darf, was nicht beantragt worden ist (§ 308 Abs. 1 ZPO: ne ultra petita), kommt dem Klageantrag besondere Bedeutung bei. Er definiert – gemeinsam mit dem zu seiner Begründung vorgetragenen Lebenssachverhalt – außerdem den Streitgegenstand (zweigliedriger Streitgegenstandsbegriff) und damit die Reichweite der Rechtskraft der gerichtlichen Entscheidung gem. § 322 ZPO (Rn. 259, 266).

271 Die Klage ist nur zulässig, wenn der Klageantrag den Bestimmtheitsanforderungen des § 253 Abs. 2 Nr. 2 ZPO genügt. Dies ist der Fall, wenn der Antrag – zumindest zusammen mit seiner Begründung – erkennen lässt, welchen Rechtsschutz der Kläger

---

24 Rosenberg/Schwab/Gottwald, § 156 Rn. 1; Hk-ZPO/Saenger, § 322 Rn. 27, 30; MünchKommZPO/Gottwald, § 322 Rn. 150.
25 BGHZ 198, 294, Tz. 17 ff.
26 BGH NJW 2015, 3040, 3041, Tz. 15.
27 BGH VersR 2017, 822, 824, Tz. 16, 18 ff.
28 BGH ZIP 2021, 459, Tz. 26.

begehrt und in welchem Umfang dies geschieht.[29] Bei Leistungsklagen muss der Antrag außerdem einen vollstreckungsfähigen Inhalt haben.[30]

Zu unterscheiden ist zwischen Leistungs-, Feststellungs- und Gestaltungsklagen. 272

2. Leistungsklagen

a) Zahlungsklagen

aa) Bezifferte Zahlungsanträge

Meistens verlangt der Kläger vom Beklagten die Zahlung einer bestimmten Geldsumme. Die Formulierung des Antrags bereitet in diesen Fällen keine Schwierigkeit. Der verlangte Betrag ist grds. lediglich cent-genau anzugeben.[31] Werden – wie in aller Regel – zusätzlich zur Zahlung der Hauptforderung Zinsen seit Rechtshängigkeit oder seit Verzugseintritt verlangt, können und müssen diese der Höhe nach nicht errechnet werden, es genügt vielmehr die Angabe des Zinssatzes und des Einsatzzeitpunktes.[32] Der Klageantrag lautet also etwa, 273

> den Beklagten zu verurteilen, an den Kläger x EUR zzgl. Zinsen in Höhe von fünf Prozentpunkten über dem jeweiligen Basiszinssatz p. a. seit Rechtshängigkeit [oder alternativ: seit dem dann genau anzugebenden Zeitpunkt des Verzugseintritts] zu zahlen.

Leistet der Beklagte vorprozessual oder im Rechtsstreit eine Teilzahlung ohne Tilgungsbestimmung, ist diese gem. § 367 BGB zunächst auf die Nebenforderungen (dh Kosten und Zinsen) anzurechnen. Die damit verbundene, ohne Forderungsberechnungssoftware schwierige Berechnung ist bei der Formulierung des Klageantrags entbehrlich, indem beantragt wird, den Beklagten zur Zahlung des ursprünglich verlangten Betrages zzgl. Zinsen, jedoch „*abzüglich am … gezahlter … EUR*" zu verurteilen.[33] 274

bb) Unbezifferte Zahlungsanträge

Steht die Anspruchshöhe – wie etwa typischerweise bei Schmerzensgeldansprüchen gem. § 253 Abs. 2 BGB – im Ermessen des Gerichtes oder ist diese durch gerichtliche Schätzung nach § 287 ZPO zu ermitteln, ist ein bezifferter Zahlungsantrag nicht opportun. Würde ein solcher nämlich gestellt, darf das Gericht gem. § 308 Abs. 1 ZPO keinen höheren als den beantragten Betrag zusprechen, selbst wenn es diesen als zu niedrig erachtet. Umgekehrt führt die Angabe eines zu hohen Betrages zu Kostennachteilen (§ 92 Abs. 1 ZPO). Deshalb lässt die Rspr. seit langem[34] in solchen Fällen **unbezifferte Zahlungsanträge** zu. Mit einem solchen kann etwa beantragt werden, 275

> den Beklagten zu verurteilen, an den Kläger ein angemessenes Schmerzensgeld, dessen Höhe in das Ermessen des Gerichtes gestellt wird, zzgl. Zinsen in Höhe von fünf Prozentpunkten über dem jeweiligen Basiszinssatz p. a. seit Rechtshängigkeit zu zahlen.

---

29 Rosenberg/Schwab/Gottwald, § 96 Rn. 27; Hk-ZPO/Saenger, § 253 Rn. 13; Zöller/Greger, § 253 Rn. 13.
30 Rosenberg/Schwab/Gottwald, § 96 Rn. 28; Hk-ZPO/Saenger, § 253 Rn. 14.
31 Vgl. nur BGH NJW-RR 1994, 1272, juris-Tz. 11; Rosenberg/Schwab/Gottwald, § 96 Rn. 28; Oberheim, Rn. 706.
32 Vgl. nur Hk-ZPO/Saenger, § 253 Rn. 15; Oberheim, Rn. 708.
33 Zöller/Greger, § 253 Rn. 16a; Oberheim, Rn. 780, 2771 ff. mwN.
34 RGZ 140, 211, 213 f.; BGHZ 4, 138, 141 f.; BGHZ 45, 91, 92 f.; BGH NJW-RR 1994, 1272, juris-Tz. 11; zustimmend: Hk-ZPO/Saenger, § 253 Rn. 16; *einschränkend* dagegen Zöller/Greger, § 253 Rn. 14a, der eine generelle Zulässigkeit unbezifferter Leistungsanträge im Anwendungsbereich des § 287 ZPO ablehnt.

276 Mit einem solchen Antrag werden das Ermessen bzw. die Entscheidungsbefugnisse des Gerichts nach oben hin nicht eingeschränkt.[35] Ein Mindestbetrag kann im Klageantrag angegeben werden, für die Zulässigkeit der Klage nach § 253 Abs. 2 Nr. 2 ZPO ist dies aber nicht erforderlich. Zur hinreichenden Bestimmtheit des Klagebegehrens müssen lediglich die tatsächlichen Voraussetzungen für die Ermessensausübung oder Schätzung des Gerichts vorgetragen und darüber hinaus in der Klagebegründung (also nicht zwingend im Klageantrag) die Größenordnung oder der Mindestbetrag, den der Kläger zur Abgeltung der Klageforderung für angemessen erachtet, angegeben werden.[36] Letzterer darf nicht zu niedrig angesetzt werden. Wird nämlich der vom Kläger angegebene Mindestbetrag zugesprochen, hat er hiergegen mangels Beschwer kein Rechtsmittel.[37]

b) Herausgabeanträge

277 Wird mit der Klage die Herausgabe einer Sache verlangt, muss diese gem. § 253 Abs. 2 Nr. 2 ZPO im Klageantrag so genau bezeichnet werden, dass der Gerichtsvollzieher, der später die Herausgabevollstreckung betreiben soll (§§ 883 ff. ZPO), die herauszugebende Sache ohne fremde Hilfe von anderen Sachen unterscheiden kann.[38]

c) Freistellungsanträge

278 Steht dem Kläger – typischerweise aufgrund einer Freistellungsvereinbarung oder aufgrund eines Schadensersatz- oder Aufwendungsersatzanspruches – ein Anspruch auf Befreiung von einer Verbindlichkeit zu, bleibt dem Beklagten überlassen, wie er die geschuldete Freistellung bewirkt. Er kann hierzu an den Gläubiger, dem gegenüber er den Kläger freistellen muss, die geschuldete Leistung (etwa Zahlung) gem. § 267 BGB erbringen; alternativ kann er mit diesem Gläubiger vereinbaren, dass er – der Beklagte – die Verbindlichkeit des Klägers übernimmt (Schuldübernahme gem. § 414 BGB) oder der Gläubiger dem Kläger die Verbindlichkeit erlässt (§ 397 BGB).[39] Aufgrund dieses Wahlrechts des Beklagten kann der Klageantrag nicht auf Leistung an den Gläubiger oder gar an den Kläger lauten.[40] Letzterer muss vielmehr grds. beantragen, den Beklagten zu verurteilen, den Kläger von der Verbindlichkeit gegenüber dem Gläubiger freizustellen. Zur Erfüllung der Bestimmtheitsanforderungen nach § 253 Abs. 2 Nr. 2 ZPO müssen der Gläubiger namentlich benannt, die Verbindlichkeit, von der Freistellung begehrt wird, genau bezeichnet und auch deren Höhe beziffert werden.[41] Ist dies nicht möglich, kommt nur eine Klage auf Feststellung der Freistellungsverpflichtung in Betracht.

279 Die Vollstreckung des Urteils, mit dem der Beklagte zur Freistellung verurteilt wurde, erfolgt nach § 887 ZPO, weil es sich hierbei um eine vertretbare Handlung handelt.[42]

---

35 BGHZ 132, 341, 350 ff.; Oberheim, Rn. 767.
36 BGHZ 200, 20, Tz. 56; Hk-ZPO/Saenger, § 253 Rn. 16 MünchKommZPO/Becker-Eberhard, § 253 Rn. 120 f.; Zöller/Greger, § 253 Rn. 14; a. A.: v. Gerlach VersR 2000, 525, 527.
37 BGHZ 140, 335, 341 f.; v. Gerlach VersR 2000, 525, 528.
38 Hk-ZPO/Saenger, § 253 Rn. 18; Zöller/Greger, § 253 Rn. 13c; vgl. auch: BGHZ 153, 69, 76, wonach der herauszugebende Gegenstand „so konkret wie möglich zu bezeichnen" ist.
39 Vgl. nur Grüneberg/Grüneberg, § 257 Rn. 2.
40 BGH NJW-RR 2011, 910, 912, Tz. 21; BGH ZIP 2014, 2517, Tz. 13: Der Gläubiger eines Freistellungsanspruchs kann grds. nicht die Zahlung des zur Tilgung der Verbindlichkeit erforderlichen Betrages verlangen.
41 Zöller/Greger, § 253 Rn. 13c.
42 BGH ZIP 2014, 2517, Tz. 12; Zöller/Seibel, § 887 Rn. 3.5.

Deshalb kann der Beklagte[43] im Vollstreckungsverfahren gem. § 887 Abs. 2 ZPO verurteilt werden, einen Betrag in Höhe der Verbindlichkeit, von der freizustellen ist, an den Kläger zu zahlen.

Die mit dem vorstehend beschriebenen Verfahren verbundenen Verzögerungen können vermieden werden, wenn sich der Freistellungsanspruch aus einem Schadensersatzanspruch ergibt.[44] Wird nämlich in solchen Fällen der Beklagte außergerichtlich oder im Rahmen eines Schriftsatzes unter Fristsetzung zur Freistellung aufgefordert, verbunden mit der Erklärung, dass die Freistellung nach erfolglosem Fristablauf abgelehnt wird, wandelt sich gem. § 250 BGB mit erfolglosem Fristablauf der Freistellungsanspruch in einen Zahlungsanspruch. Die Fristsetzung ist entbehrlich, wenn der Schuldner ernsthaft und endgültig die Freistellung verweigert. Letzteres kann sich auch aus seinem prozessualen Verhalten ergeben, etwa aus dem Bestreiten der Haftung im Rechtsstreit.[45]

280

d) Unterlassungsanträge

Auch die Klage, mit der die Unterlassung einer bestimmten Handlung begehrt wird, ist eine Leistungsklage. Zur Wahrung der Bestimmtheitsanforderungen nach § 253 Abs. 2 Nr. 2 ZPO muss die zu unterlassende Handlung im Klageantrag so genau beschrieben werden, dass nach einem klagestattgebenden Urteil in der Vollstreckung Klarheit über den Verbotsinhalt besteht.[46] Dies bereitet in der Praxis häufig Schwierigkeiten. Grundsätzlich kann der Anwalt versuchen, das zu unterlassende Verhalten verallgemeinernd zu beschreiben, um einen möglichst weitgehenden Rechtsschutz für seinen Mandanten zu erwirken. Hierbei bestehen aber zwei Risiken: Zum einen darf die Verallgemeinerung nicht so weit gehen, dass den beschriebenen Bestimmtheitsanforderungen nach § 253 Abs. 2 Nr. 2 ZPO nicht mehr Genüge getan ist; unzulässig ist insbesondere die bloße Bezugnahme auf unbestimmte Tatbestandsmerkmale der verletzten Norm oder gar die schlichte Wiedergabe des Gesetzeswortlautes.[47] Zum anderen darf die verallgemeinernde Formulierung keine Verhaltensweisen erfassen, bzgl. derer kein Unterlassungsanspruch besteht, etwa weil sie nach materiellem Recht nicht verboten sind oder weil insofern weder eine Erstbegehungs- noch eine Wiederholungsgefahr besteht; denn ein inhaltlich zu weitgehender Unterlassungsantrag ist insofern unbegründet und daher abzuweisen, soweit er über die konkrete Verletzungsform hinausgeht.[48]

281

Die beschriebenen Probleme werden vermieden, wenn die konkrete Verletzungshandlung in den Klageantrag aufgenommen und nur insofern Unterlassung begehrt wird. Beispielsweise kann in Wettbewerbssachen, in denen regelmäßig in erster Linie Unterlassung verlangt wird, die beanstandete Werbeanzeige in den Klageantrag aufgenom-

282

---

43 Hier wird im Interesse der besseren Verständlichkeit die Terminologie aus dem Erkenntnisverfahren beibehalten, richtigerweise werden die Parteien im Vollstreckungsverfahren allerdings als „Schuldner" und „Gläubiger" bezeichnet.
44 Ein Schadensersatzanspruch ist auf Freistellung gerichtet, wenn der auszugleichende Schaden in der Belastung mit einer Verbindlichkeit besteht, vgl. nur BGH NJW-RR 2011, 910, 912, Tz. 21; Grüneberg/Grüneberg, § 249 Rn. 4.
45 Vgl. zum Ganzen BGH NJW-RR 2011, 910, 912 f., Tz. 22 f.; BGH NJW 1992, 2221, juris-Tz. 21.
46 Vgl. nur Hk-ZPO/Saenger, § 253 Rn. 19; Zöller/Greger, § 253 Rn. 13b, beide mwN.
47 Vgl. nur Hk-ZPO/Saenger, § 253 Rn. 19 mwN.
48 BGHZ 126, 287, 296; BGH NJW 1999, 1332, 1334, juris-Tz. 25; BGH NJW 1999, 2193, juris-Tz. 14; Zöller/Greger, § 253 Rn. 13b.

men werden. Wird einer solchen Klage stattgegeben, erfasst das Urteil nicht nur exakt identische, sondern auch kerngleiche Verletzungshandlungen.[49]

283 Zweckmäßigerweise wird bei Unterlassungsklagen auch schon im Erkenntnisverfahren die Ordnungsmittelandrohung nach § 890 Abs. 2 ZPO beantragt, da diese zur Vollstreckung der Unterlassungspflicht erforderlich ist und nur auf Antrag erfolgt.

e) Zug-um-Zug-Verurteilung

284 Macht der Beklagte gegen die Klageforderung berechtigterweise ein Zurückbehaltungsrecht (§ 273 BGB) geltend oder erhebt er erfolgreich die Einrede des nicht erfüllten Vertrages (§ 320 BGB), wird die Klage nicht abgewiesen, sondern der Beklagte wird zur Leistung (etwa Zahlung) verurteilt, jedoch nur Zug um Zug gegen Bewirkung der ihm vom Kläger geschuldeten Leistung (§§ 274, 322 BGB). Aus einem solchen Titel kann die Zwangsvollstreckung nur unter den Voraussetzungen der §§ 756, 765 ZPO betrieben werden. Um diese herbeizuführen und im Vollstreckungsverfahren nachweisen zu können, bietet sich unter prozesstaktischen Gesichtspunkten für den Kläger an, schon vorprozessual, spätestens aber im Rechtsstreit den Verzug des Beklagten mit der Annahme der Zug um Zug geschuldeten Leistung herbeizuführen und die Leistungsklage mit einem Antrag auf Feststellung des Annahmeverzuges zu kombinieren. Das Feststellungsurteil erbringt sodann als öffentliche Urkunde im Vollstreckungsverfahren den Nachweis des Annahmeverzuges und schafft damit die Voraussetzungen für die Vollstreckung nach §§ 756, 765 ZPO.

285 Verlangt beispielsweise der Verkäufer die Zahlung des Kaufpreises für die Kaufsache, deren Abnahme der Käufer wegen angeblicher Mängel verweigert hat, sollten die Klageanträge lauten,

1. den Beklagten zu verurteilen, an den Kläger x EUR zzgl. Zinsen in Höhe von fünf Prozentpunkten p. a. über dem jeweiligen Basiszinssatz seit Rechtshängigkeit zu zahlen, Zug um Zug gegen Übergabe und Übereignung der (genau zu bezeichnenden) Kaufsache;
2. festzustellen, dass sich der Beklagte mit der Annahme der im Klageantrag zu 1) bezeichneten, vom Kläger Zug um Zug zu erbringenden Leistung, nämlich der Übergabe und Übereignung der Kaufsache, im Annahmeverzug befindet.

286 Zur Herbeiführung des Annahmeverzuges ist gem. § 294 BGB grds. ein tatsächliches Angebot erforderlich. Gem. § 295 BGB genügt jedoch ein wörtliches Angebot, wenn der Gläubiger erklärt hat, dass er die Leistung nicht annehmen werde, oder wenn zur Bewirkung der Leistung eine Handlung des Gläubigers erforderlich ist, insbesondere bei Holschulden. Ein wörtliches Angebot genügt auch, wenn der Beklagte die Klageforderung – wie dies in der Praxis regelmäßig geschieht – als solche bestreitet, sich also nicht nur mit dem Zurückbehaltungsrecht oder der Einrede des nicht erfüllten Vertrages verteidigt.[50] In einem solchen Fall ist das wörtliche Angebot in dem Klageantrag, den Beklagten Zug um Zug gegen Erbringung der ihm zustehenden Leistung zu

---

49 Vgl. nur BGHZ 126, 287, 296; BGH GRUR 2016, 395, Tz. 38; Hk-ZPO/Saenger, § 253 Rn. 19, alle mwN.
50 BGH NJW 1997, 581, juris-Tz. 9.

verurteilen, bereits konkludent enthalten.[51] Verlangt der Kläger mit dem Klageantrag allerdings mehr, als ihm zusteht, schließt dies den Annahmeverzug aus.[52]

f) Stufenklage

Benötigt der Kläger zur Durchsetzung des ihm zustehenden Anspruchs zunächst bestimmte Informationen vom Beklagten, bietet sich prozessual die Erhebung einer Stufenklage gem. § 254 ZPO an. Hierbei handelt es sich um einen Sonderfall der objektiven Klagehäufung (zum Begriff Rn. 314), bei der das Gericht nacheinander („stufenweise") über die materiellrechtlichen Hilfsansprüche und danach über den Hauptanspruch entscheidet.[53] Auf der ersten Stufe können gem. § 254 ZPO Ansprüche auf Rechnungslegung (vgl. etwa §§ 259, 666, 3. Alt BGB) oder Vorlegung eines Vermögensverzeichnisses (§ 260 BGB) geltend gemacht werden, über diesen zu engen Wortlaut des Gesetzes hinaus aber auch alle sonstigen Informationsrechte, insbesondere Auskunftsansprüche aller Art (etwa § 666, 2. Alt BGB, auch § 242 BGB), Einsichtsrechte (etwa §§ 118, 166 Abs. 1 HGB) oder der Anspruch eines Handelsvertreters auf Erteilung eines Buchauszuges (§ 87c Abs. 2 HGB).[54] Auf der zweiten Stufe kann, wenn die materiellrechtlichen Voraussetzungen hierfür erfüllt sind (dazu etwa §§ 259 Abs. 2, 260 Abs. 2 BGB), verlangt werden, dass der Beklagte an Eides statt versichert, dass die von ihm auf der ersten Stufe erteilten Informationen zutreffend sind. Auf der dritten Stufe, auch Leistungsstufe genannt, wird schließlich die Leistung verlangt, idR Zahlung, in Betracht kommt aber beispielsweise auch die Herausgabe bestimmter Sachen.

Über die Stufenklage kann nur ausnahmsweise sofort durch Schlussurteil entschieden werden, nämlich wenn sie als unzulässig abzuweisen ist oder wenn sich bereits bei der Prüfung des Informationsanspruchs im Rahmen der ersten Stufe ergibt, dass dem Hauptanspruch die materiellrechtliche Grundlage fehlt.[55] Abgesehen von solchen Ausnahmefällen ist über die einzelnen Stufen der Stufenklage getrennt und nacheinander zu verhandeln und zu entscheiden, und zwar auf den ersten beiden Stufen durch Teilurteil, auf der dritten Stufe durch Schlussurteil. Jede dieser Entscheidungen kann mit Rechtsmitteln angefochten werden. Erst wenn das jeweilige Urteil rechtskräftig wird, darf das Gericht auf Antrag einer Partei über die nächste Stufe verhandeln und entscheiden.[56] Jedoch kann der Kläger jederzeit zur nächsten Stufe übergehen und damit auch auf eine Entscheidung zu vorangehenden Stufen verzichten.[57] Erst auf der dritten Stufe muss er seinen Leistungsantrag beziffern. Bei der Entscheidung hierüber entfalten die zu den ersten beiden Stufen ergangenen Urteile keine Bindungswirkung

---

51 BGH NJW 1997, 581, juris-Tz. 11.
52 BGH NJW-RR 2021, 952, Tz. 7 mwN.
53 Hk-ZPO/Saenger, § 254 Rn. 1.
54 Hk-ZPO/Saenger, § 254 Rn. 4; Zöller/Greger, § 254 Rn. 2.
55 BGHZ 214, 45, Tz. 19; BGH NJW 2002, 1042, 1044, juris-Tz. 20; Hk-ZPO/Saenger, § 254 Rn. 14; Zöller/Greger, § 254 Rn. 9.
56 BGH NJW 2002, 1042, 1044, juris-Tz. 20; Hk-ZPO/Saenger, § 254 Rn. 13; selbst wenn der Kläger, was zulässig ist, neben den Anträgen der ersten oder zweiten Stufe den Leistungsantrag bereits – etwa in Höhe einer Mindestforderung – beziffert, darf über letzteren erst nach Erledigung der beiden ersten Stufen entschieden werden, BGH NJW-RR 1996, 833, juris-Tz. 19; BGH WM 1972, 1121, juris-Tz. 10; Zöller/Greger, § 254 Rn. 7.
57 BGH NJW 2001, 833, juris-Tz. 8; Zöller/Greger, § 254 Rn. 12; Hk-ZPO/Saenger, § 254 Rn. 12.

für den Grund des Leistungsanspruchs.[58] Dieser wird bereits mit Erhebung der Stufenklage rechtshängig, womit zugleich auch dessen Verjährung gem. § 204 Abs. 1 Nr. 1 BGB gehemmt wird.[59] Auch beginnt die Verzinsungspflicht gem. §§ 286 Abs. 1 S. 2, 288, 291 BGB bereits mit Erhebung der Stufenklage und nicht erst mit Bezifferung der Klageforderung im Rahmen der dritten Stufe.[60]

289 **Beisp.**: Der Kläger ist durch Kündigung aus einer BGB-Gesellschaft ausgeschieden. Er verlangt nun die ihm zustehende Abfindung (§ 738 Abs. 1, S. 2, 3. Alt. BGB), deren Höhe er aber nicht beziffern kann, weil ihm die hierzu erforderlichen Informationen über den Verkehrswert seiner Beteiligung von seinen vormaligen Mitgesellschaftern vorenthalten werden. Um sich die notwendigen Informationen zu verschaffen, kann der ausgeschiedene Gesellschafter zunächst die Erstellung einer Auseinandersetzungsbilanz verlangen, aus der sich die Höhe der Abfindung ergibt.[61] Hier bietet sich die Erhebung einer Stufenklage gegen die Gesellschaft und ggf. gegen deren Gesellschafter analog § 128 HGB an mit den Anträgen,

1. die Beklagte(n) zu verurteilen, eine Auseinandersetzungsbilanz auf den (genau anzugebenden) Stichtag des Ausscheidens des Klägers aufzustellen, aus der sich der Abfindungsanspruch des Klägers ergibt;
2. ggf. die Beklagte(n) zu verurteilen, die Richtigkeit der Auseinandersetzungsbilanz an Eides Statt zu versichern;
3. die Beklagte(n) zu verurteilen, an den Kläger eine Abfindung, deren Höhe sich aus der gem. dem Klageantrag zu 1) aufzustellenden Auseinandersetzungsbilanz ergibt, zzgl. Zinsen in Höhe von fünf Prozentpunkten über dem jeweiligen Basiszinssatz p. a. seit Rechtshängigkeit zu zahlen.

3. Feststellungsklagen

a) Statthaftigkeit der Feststellungsklage

290 Gem. § 256 Abs. 1 ZPO kann auf Feststellung des Bestehens oder Nichtbestehens eines im Klageantrag genau zu bezeichnenden Rechtsverhältnisses geklagt werden. Die erstgenannte Alternative wird als **positive**, die zweite als **negative Feststellungsklage** bezeichnet. Die in § 256 Abs. 1 ZPO weiter zugelassene Klage auf Anerkennung einer Urkunde oder Feststellung ihrer Unechtheit hat kaum praktische Bedeutung und bleibt daher nachfolgend außer Betracht.

291 Rechtsverhältnis iSv § 256 Abs. 1 ZPO ist jede aus einem konkreten Lebenssachverhalt resultierende, gesetzliche oder vertragliche Rechtsbeziehung einer Person zu einer anderen oder zu einem Gegenstand.[62] Das Rechtsverhältnis muss **gegenwärtig** sein.[63] Ein vergangenes Rechtsverhältnis kann nur Gegenstand einer Feststellungsklage sein, wenn sich aus ihm nach dem Klagevortrag noch Rechtsfolgen für die Gegenwart oder Zukunft ergeben.[64] Zukünftige Rechtsverhältnisse, deren Eintritt ungewiss ist (etwa

---

58 Vgl. nur Zöller/Greger, § 254 Rn. 10 mwN; dass es hierdurch zu widersprechenden Entscheidungen kommen kann, hindert abweichend von den allgemeinen Regeln (dazu Rn. 26) die Entscheidungen über die ersten beiden Stufen durch Teilurteile nicht (BGHZ 189, 79, Tz. 17).
59 Rosenberg/Schwab/Gottwald, § 96 Rn. 33 mwN.
60 BGHZ 80, 269, 277; Grüneberg/Grüneberg, § 286 Rn. 21, § 291 Rn. 4.
61 BGH NJW 2016, 3597, Tz. 14; MünchHdbGesR/Schmitz-Herscheidt, § 51 Rn. 49.
62 BGH NJW 2011, 2195, 2196, Tz. 19; Hk-ZPO/Saenger, § 256 Rn. 3; Rosenberg/Schwab/Gottwald, § 91 Rn. 6.
63 BGHZ 37, 137, 144; Zöller/Greger, § 256 Rn. 3a; Hk-ZPO/Saenger, § 256 Rn. 7.
64 Zöller/Greger, § 256 Rn. 3a; Hk-ZPO/Saenger, § 256 Rn. 7.

ein künftiges, ungewisses Erbrecht), sind einer Feststellungsklage nicht zugänglich, wohl aber ein bedingtes oder betagtes Recht.[65] Die Gegenwärtigkeit ist daher etwa zu bejahen, wenn geltend gemacht wird, aus einem bestehenden Rechtsverhältnis könne sich unter bestimmten Voraussetzungen, deren Eintritt noch ungewiss ist, ein Anspruch oder Recht ergeben.[66]

Gegenstand der begehrten Feststellung kann nicht nur das Rechtsverhältnis insgesamt sein, sondern auch einzelne Rechte, Pflichten oder Folgen aus demselben.[67] Nicht feststellungsfähig sind dagegen bloße rechtliche Vorfragen oder einzelne Elemente einer Rechtsbeziehung (etwa die Wirksamkeit oder Unwirksamkeit einer Willenserklärung), Tatsachen oder gar abstrakte Rechtsfragen.[68] Unzulässig ist daher beispielsweise eine Klage auf Feststellung der Wirksamkeit oder Unwirksamkeit einer Kündigung; richtig muss der Klageantrag auf Feststellung lauten, dass das betroffene Vertragsverhältnis durch die Kündigung beendet oder nicht beendet wurde.

292

Das Rechtsverhältnis muss nicht zwingend zwischen den Prozessparteien bestehen. Auch ein solches zu oder zwischen Dritten (**Drittrechtsverhältnis**) kann Gegenstand einer Feststellungsklage sein, wenn es auch für die Rechtsbeziehung der Parteien von Bedeutung ist.[69]

293

Die vorstehend beschriebenen Voraussetzungen der Statthaftigkeit der Feststellungsklage sind eine Prozessvoraussetzung, die als solche vom Gericht in jeder Lage des Verfahrens von Amts wegen zu berücksichtigen ist und deren Fehlen zur Klageabweisung als unzulässig führt.[70]

294

b) Feststellungsinteresse

Weitere Prozessvoraussetzung der Feststellungsklage ist neben dem allgemeinen Rechtsschutzinteresse gem. § 256 Abs. 1 ZPO das Feststellungsinteresse. Es besteht, wenn dem Recht oder der Rechtslage eine gegenwärtige Gefahr oder Unsicherheit droht und das erstrebte Urteil geeignet ist, diese Gefahr zu beseitigen.[71] Diese Voraussetzungen sind namentlich erfüllt, wenn zwischen den Parteien Unklarheit über den Bestand oder den Inhalt des Rechtsverhältnisses besteht, der Beklagte ein Recht des Klägers ernsthaft bestreitet[72] oder sich eines Anspruchs gegen diesen berühmt.[73] Dagegen fehlt das Feststellungsinteresse, wenn dem Kläger eine bessere Rechtsschutzmöglichkeit als die Feststellungsklage zur Verfügung steht; dies ist idR der Fall, wenn eine Leistungsklage möglich und zumutbar ist.[74]

295

c) Klage auf Feststellung einer Schadensersatzpflicht

Besondere praktische Bedeutung hat die Klage auf Feststellung einer Schadensersatzpflicht dem Grunde nach. Das für die Zulässigkeit einer solchen Klage gem. § 256

296

---

65 Hk-ZPO/Saenger, § 256 Rn. 7; Zöller/Greger, § 256 Rn. 3a.
66 BGH NJW 1992, 436, 437, juris-Tz. 14; Hk-ZPO/Saenger, § 256 Rn. 7.
67 Hk-ZPO/Saenger, § 256 Rn. 3 mwN.
68 Rosenberg/Schwab/Gottwald, § 91 Rn. 7, 9 f.; Hk-ZPO/Saenger, § 256 Rn. 3, 5; Zöller/Greger, § 256 Rn. 3, 5.
69 BGHZ 165, 192, 196 f.; Hk-ZPO/Saenger, § 256 Rn. 6.
70 Rosenberg/Schwab/Gottwald, § 91 Rn. 31.
71 BGH NJW 2019, 1002, Tz. 12; BGH NJW-RR 2017, 1317, Tz. 16; BGH NJW 1992, 436, juris-Tz. 14; Rosenberg/Schwab/Gottwald, § 91 Rn. 19; Hk-ZPO/Saenger, § 256 Rn. 10; Zöller/Greger, § 256 Rn. 7.
72 BGH NJW 2019, 1002, Tz. 12; BGH NJW-RR 2017, 1317, Tz. 16 beide mwN.
73 Vgl. nur BGH NJW 1992, 436, juris-Tz. 14; Hk-ZPO/Saenger, § 256 Rn. 10 mwN.
74 BGHZ 200, 20, Tz. 54; Zöller/Greger, § 256 Rn. 7a; Hk-ZPO/Saenger, § 256 Rn. 16.

Abs. 1 ZPO erforderliche Feststellungsinteresse kann sich zunächst aus dem Interesse des Gläubigers an einer Hemmung der Verjährung (§ 204 Abs. 1 Nr. 1 BGB) ergeben; die Verjährung muss hierzu nicht unmittelbar bevorstehen, es genügt vielmehr, wenn der Anspruch entstanden ist und die Verjährung zu laufen begonnen hat.[75] Auch wenn diese Voraussetzungen (noch) nicht erfüllt sind, besteht das Feststellungsinteresse bei der Verletzung absoluter Rechte, wenn nur die Möglichkeit eines Schadenseintritts besteht,[76] wobei die sehr geringe, nur geringfügig über dem allgemeinen Lebensrisiko liegende Möglichkeit nicht genügt.[77] Bei reinen Vermögensschäden muss demgegenüber für die Zulässigkeit der Feststellungsklage substantiiert dargelegt werden, dass nach der Lebenserfahrung und dem gewöhnlichen Verlauf der Dinge mit hinreichender Wahrscheinlichkeit mit einem Schadenseintritt zu rechnen ist; ist noch ungewiss, ob überhaupt irgendein Schaden eintritt, ist die Feststellungsklage somit in diesen Fällen noch nicht zulässig.[78]

297 Wegen des Vorrangs der rechtsschutzintensiveren Leistungsklage ist eine Feststellungsklage nicht zulässig, wenn der Kläger den Schaden abschließend beziffern und damit Zahlungsklage erheben kann.[79] Daran fehlt es, wenn sich der Schaden noch in der Entwicklung befindet. Die Bezifferbarkeit eines Schadens steht daher der Zulässigkeit der Feststellungsklage nicht entgegen, wenn zum Zeitpunkt der Klageerhebung der Eintritt weiterer Schäden auch nur entfernt möglich ist.[80] In solchen Fällen können auch die bei Klageerhebung bereits bezifferbaren Schadenspositionen oder -teile mit der Feststellungsklage geltend gemacht werden, der Kläger ist also nicht gezwungen, insofern Zahlungsklage zu erheben und die Feststellungsklage auf die weitergehenden Ansprüche zu beschränken.[81] Der Feststellungsantrag lautet etwa,

> festzustellen, dass der Beklagte verpflichtet ist, dem Kläger sämtliche materiellen Schäden zu ersetzen, die ihm durch das (genau zu bezeichnende) Schadensereignis (beispielsweise den Verkehrsunfall vom ... oder die Operation vom ...) entstanden sind oder entstehen werden, soweit die Ansprüche nicht auf Sozialversicherungsträger oder sonstige Dritte übergegangen sind oder noch übergehen werden.[82]

298 Die Feststellungsklage bleibt auch zulässig, wenn erst nach Klageerhebung im Verlauf des Rechtsstreits eine abschließende Bezifferung der Klageforderung möglich wird. In solchen Fällen ist die Klageänderung zur Zahlungsklage zwar möglich, aber nicht zwingend.[83]

d) Negative Feststellungsklage

299 Das für eine negative Feststellungsklage (zum Begriff Rn. 290) erforderliche **Feststellungsinteresse** besteht, wenn der Gegner den Anspruch nur teilweise eingeklagt, dh

---

[75] BGH NJW-RR 2014, 626, Tz. 12.
[76] BGHZ 166, 84, 90, Tz. 27; BGH NJW 2021, 3130, Tz. 30; Zöller/Greger, § 256 Rn. 9.
[77] BGH NJW-RR 2014, 840, Tz. 18 ff.
[78] BGH NJW-RR 2018, 1301, Tz. 20 ff.; BGHZ 203, 312, Tz. 12; BGHZ 166, 84, 90, Tz. 27; BGH NJW 2013, 1958, 1961, Tz. 31; BGH NJW 2021, 3130, Tz. 30; Zöller/Greger, § 256 Rn. 9.
[79] BGH NJW-RR 1988, 445, juris-Tz. 6; BGH NJW-RR 2006, 61, 62, juris-Tz. 17; BGH NJW-RR 2016, 759, Tz. 6.
[80] BGH NJW-RR 1988, 445, juris-Tz. 8 ff.
[81] BGH NJW-RR 2016, 759, Tz. 6, 8.
[82] So die Tenorierung von BGH NJW-RR 2016, 759.
[83] BGH NJW-RR 2004, 79, 81, juris-Tz. 26 mwN.

Teilklage erhoben hat[84] oder sich außergerichtlich des Anspruchs berühmt hat.[85] Das Feststellungsinteresse fehlt bzw. entfällt, wenn und soweit der Beklagte den streitgegenständlichen Anspruch durch Leistungsklage – typischerweise durch Erweiterung der Teilklage oder im Wege der Widerklage – geltend macht und über diese verhandelt worden ist, so dass sie gem. § 269 Abs. 1 ZPO ohne Zustimmung des Anspruchsgegners nicht mehr zurückgenommen werden kann.[86] In solchen Fällen muss der Kläger seine negative Feststellungsklage zur Vermeidung von Kostennachteilen für erledigt erklären (Rn. 490 ff.).

Hat sich der Beklagte des Anspruchs berühmt, kann er das hierdurch begründete Feststellungsinteresse nicht dadurch beseitigen, dass er im Rechtsstreit einseitig und damit ohne materielle Bindungswirkung erklärt, sich des Anspruchs nicht mehr berühmen zu wollen.[87] Dasselbe gilt auch, wenn der Kläger den Verzicht annimmt und damit materiell ein Verzichtsvertrag zustande kommt; denn auch ein solcher schafft keine endgültige Rechtssicherheit, weil über seine Wirksamkeit oder seinen Inhalt noch gestritten werden könnte und der Kläger, der hieraus ihm günstige Rechtsfolgen herleiten möchte, hierfür in einem nachfolgenden Rechtsstreit darlegungs- und beweispflichtig wäre.[88] Weder die einseitige Verzichtserklärung noch das Zustandekommen eines Verzichtsvertrages zwingen den Kläger daher, die negative Feststellungsklage zur Vermeidung von Kostennachteilen für erledigt zu erklären, er hat vielmehr – bei Begründetheit seiner Klage, dh bei Nichtbestehen der gegnerischen Forderung – Anspruch auf eine der Rechtskraft fähige gerichtliche Entscheidung zu seinen Gunsten.[89] Der Beklagte hat damit zur Verringerung seiner Kostenlast nur die Möglichkeit, die Klageforderung anzuerkennen mit der Konsequenz, dass die negative Feststellung dann durch Anerkenntnisurteil gem. § 307 ZPO mit reduzierten Gerichtskosten (vgl. Nr. 1211 Ziff. 2 KV-GKG) erfolgt.

300

Die **Darlegungs- und Beweislast** richtet sich bei der negativen Feststellungsklage nicht nach der Parteirolle im Prozess, sondern nach den allgemeinen Regeln (Rn. 159 ff.), dh der Beklagte (= Anspruchsteller) muss die anspruchsbegründenden Tatsachen darlegen und beweisen, der Kläger (= Anspruchsgegner) dagegen die Voraussetzungen etwaiger von ihm geltend gemachter Einreden, der Beklagte wiederum rechtserhaltende Tatsachen.[90] Wird eine negative Feststellungsklage durch Sachurteil (zum Begriff Rn. 44) abgewiesen, entspricht die **Rechtskraftwirkung** derjenigen eines Urteils, das einer umgekehrten positiven Feststellungsklage stattgibt.[91]

301

e) Zwischenfeststellungsklage

Gem. § 322 Abs. 1 ZPO erwächst nur die Entscheidung über den prozessualen Anspruch in Rechtskraft, nicht aber die Begründung des Urteils, insbesondere also nicht

302

---

[84] In solchen Fällen bietet sich die Erhebung der negativen Feststellungsklage im Wege der Eventualwiderklage an, vgl. dazu Rn. 318.
[85] BGH NJW 2008, 2852, 2855, Tz. 32 mwN.
[86] Vgl. nur Zöller/Greger, § 256 Rn. 7d mwN.
[87] BGH NJW 2006, 2780, 2782, Tz. 24; OLG Köln, Urteil vom 7.2.2011, I-6 W 22/11, juris-Tz. 10 f. = NJOZ 2012, 1879 f.; OLG Düsseldorf, Urteil vom 13.5.2014, I-24 U 180/13, juris-Tz. 29 f. = BeckRS 2014, 23101, Tz. 25 f.
[88] BGH NJW 2006, 2780, 2782, Tz. 25.
[89] BGH NJW 2006, 2780, 2781 f., Tz. 23 ff.; OLG'e Köln und Düsseldorf, aaO.
[90] BGH NJW 1993, 1716, 1717, juris-Tz. 14 f.; BGHZ 147, 203, 208; BGH NJW 2012, 3294, Tz. 35; Hk-ZPO/Saenger, § 286 Rn. 58; Zöller/Greger, § 256 Rn. 18.
[91] BGH NJW 1986, 2508, 2509, juris-Tz. 10; Zöller/Vollkommer, § 322 Rn. 11; Rosenberg/Schwab/Gottwald, § 91 Rn. 1.

die gerichtliche Beurteilung präjudizieller Rechtsverhältnisse (Rn. 267). Über letztere eine rechtskräftige Entscheidung herbeizuführen, ermöglicht die Zwischenfeststellungsklage gem. § 256 Abs. 2 ZPO.[92] Danach können im Rahmen eines anhängigen Rechtsstreits sowohl der Kläger als auch der Beklagte (letzterer durch Widerklage) Klage auf Feststellung des Bestehens oder Nichtbestehens eines präjudiziellen Rechtsverhältnisses erheben. Für die Zulässigkeit dieser Klage genügt die Präjudizialität, dh die Vorgreiflichkeit des Rechtsverhältnisses für die gerichtliche Entscheidung, diese Prozessvoraussetzung tritt an die Stelle des Feststellungsinteresses iSv § 256 Abs. 1 ZPO, das somit bei der Zwischenfeststellungsklage nicht erforderlich ist.[93]

303 Prozesstaktisch ist eine Zwischenfeststellungsklage zu empfehlen, wenn das präjudizielle Rechtsverhältnis auch für weitere Prozesse relevant werden kann. Klagt beispielsweise ein Vermieter auf Zahlung von drei rückständigen Monatsmieten (etwa Januar bis März) und macht der beklagte Mieter geltend, das auf mehrere Jahre befristete Mietverhältnis außerordentlich zum vorangehenden 31.12. gekündigt zu haben, hängt die gerichtliche Entscheidung über die Zahlungsklage von der Wirksamkeit dieser Kündigung ab, die Beurteilung dieser Frage ist also präjudiziell. Wenn insofern keine Zwischenfeststellungsklage erhoben wird, erwächst aber nur die Entscheidung darüber in Rechtskraft, ob dem Vermieter die drei Monatsmieten zustehen oder nicht. Damit könnte der Vermieter, wenn seiner Klage stattgegeben wird, nicht sicher sein, dass ihm im Rahmen eines weiteren Verfahrens auch die Mieten für die nachfolgenden Monate zugesprochen werden, da das hierfür zuständige Gericht die Frage der Wirksamkeit der Kündigung selbst beurteilen müsste und damit zu einem anderen Ergebnis kommen könnte. Umgekehrt wäre für den Mieter nach einer Abweisung der Zahlungsklage nicht ausgeschlossen, dass er wegen der Folgemonate erneut verklagt und aufgrund einer abweichenden gerichtlichen Beurteilung verurteilt wird. Um dies zu verhindern, sollte der Vermieter zusätzlich zu seiner Zahlungsklage mit einer Zwischenfeststellungsklage die Feststellung begehren, dass das Mietverhältnis durch die außerordentliche Kündigung des Mieters nicht beendet wurde, sondern fortbesteht. Wenn der Vermieter von dieser Möglichkeit keinen Gebrauch macht, ist dem beklagten Mieter zu raten, im Wege der Widerklage Zwischenfeststellungsklage mit dem Antrag zu erheben festzustellen, dass das Mietverhältnis durch die außerordentliche Kündigung beendet wurde. Zu berücksichtigen ist allerdings, dass der Gegenstandswert dieser Zwischenfeststellungsklagen dem Betrag einer Jahresmiete entspricht (§ 41 Abs. 1 GKG), also denjenigen der Zahlungsklage übersteigt und damit das Kostenrisiko durch die Zwischenfeststellungsklage erhöht wird. Um dieses zu minimieren, sollte der Kläger die Zwischenfeststellungsklage nur unter der innerprozessualen Bedingung (Rn. 306 ff.) erheben, dass der Zahlungsklage stattgegeben wird, während der Beklagte die Widerklage unter die innerprozessuale Bedingung der Abweisung der Zahlungsklage stellen sollte. Denn hierdurch wird erreicht, dass über die Zwischenfeststellungsklage nur entschieden wird, wenn die Partei obsiegt, die sie erhoben hat, so dass die gegnerische Partei die Kosten des Rechtsstreits nach dem durch die Zwischenfeststellungsklage erhöhten Gegenstandswert zu tragen hat (§ 91 Abs. 1 ZPO).

---

92 Hk-ZPO/Saenger, § 256 Rn. 26.
93 BGH NJW 2011, 2195, 2196, Tz. 20; Hk-ZPO/Saenger, § 256 Rn. 30; Rosenberg/Schwab/Gottwald, § 97 Rn. 42, 49.

4. Gestaltungsklagen

Leistungs- und Feststellungsurteile sprechen eine bereits außerhalb des Prozesses eingetretene Rechtsfolge oder Rechtslage aus, wirken insofern also nur deklaratorisch. Bestimmte Rechtsfolgen können aber nur durch richterliche Entscheidung herbeigeführt werden, diese Urteile sind also konstitutiv und werden als Gestaltungsurteile bezeichnet.[94] Mit ihnen kann ein Rechtsverhältnis begründet, abgeändert oder beendet werden. Die Gestaltungswirkung tritt erst mit der formellen Rechtskraft des der Gestaltungsklage stattgebenden Urteils ein, wirkt dann aber für und gegen alle, dh nicht nur zwischen den Prozessparteien.[95] Als Beispiele für Gestaltungsklagen lassen sich der Scheidungsantrag (§ 1564 BGB) oder die Erbunwürdigkeitsklage (§§ 2342 ff. BGB) nennen. Verbreitet sind Gestaltungsklagen auch im Gesellschaftsrecht, beispielsweise §§ 117, 127, 133, 140 HGB, 61 GmbHG sowie die Anfechtungsklagen gegen Beschlüsse der Hauptversammlung einer AG oder Gesellschafterbeschlüsse einer GmbH gem. bzw. analog §§ 243 ff. AktG. Schließlich gibt es auch prozessuale Gestaltungsklagen, etwa die Abänderungsklage nach § 323 ZPO, die Vollstreckungsgegenklage nach § 767 ZPO oder die Drittwiderspruchsklage nach § 771 ZPO.

Zulässig sind Gestaltungsklagen nur in den gesetzlich vorgeschriebenen Fällen, diese sind also abschließend und können auch durch vertragliche Vereinbarung nicht erweitert werden.[96]

5. Haupt- und Hilfsanträge

a) Vorbemerkung: Zulässigkeit bedingter Prozesshandlungen

Prozesshandlungen der Parteien sind deren auf eine prozessrechtliche Wirkung abzielenden, dh den Prozessablauf gestaltenden oder bestimmenden Handlungen.[97] Ob Prozesshandlungen unter aufschiebende oder auflösende Bedingungen gestellt werden können, hängt davon ab, ob die damit verbundene Unsicherheit dem Gericht und dem Gegner zumutbar ist.[98] Daran fehlt es, wenn die Bedingung ein außerprozessuales künftiges Ereignis ist, solche **außerprozessualen Bedingungen** sind also generell unzulässig.[99] In Bezug auf **innerprozessuale Bedingungen** ist zu differenzieren:

Generell bedingungsfeindlich ist das Prozessrechtsverhältnis als solches,[100] da weder dem Gericht noch dem Gegner zuzumuten ist, sich auf einen Prozess einzulassen, der sich wieder in ein rechtliches Nichts auflösen kann.[101] Deshalb ist eine Klageerhebung unter einer aufschiebenden oder auflösenden – auch innerprozessualen – Bedingung unzulässig.[102] Für eine bedingte subjektive Klagehäufung (zum Begriff Rn. 23) gilt dasselbe.[103] Daher kann die Klage insbesondere nicht unter der Bedingung, dass das

---

94 Rosenberg/Schwab/Gottwald, § 92 Rn. 1.
95 Rosenberg/Schwab/Gottwald, § 92 Rn. 14 ff.; Hk-ZPO/Saenger, vor §§ 253–494a Rn. 6.
96 BGH NJW 2010, 2343, 2344 f., Tz. 15; Hk-ZPO/Saenger, vor §§ 253–494a Rn. 7.
97 Zöller/Greger, vor § 128 Rn. 14; Rosenberg/Schwab/Gottwald, § 63 Rn. 1.
98 Stein/Jonas/Kern, vor § 128 Rn. 293.
99 Zöller/Greger, vor § 128 Rn. 20; Rosenberg/Schwab/Gottwald, § 65 Rn. 27; MünchKommZPO/Rauscher, Einl. Rn. 454; Musielak/Voit, Rn. 313.
100 BGH WM 1972, 1315, 1318, juris-Tz. 28; Musielak/Voit, Rn. 315.
101 Stein/Jonas/Kern, vor § 128 Rn. 294.
102 BGHZ 170, 176, 177, Tz. 9; Stein/Jonas/Kern, vor § 128 Rn. 294; Rosenberg/Schwab/Gottwald, § 65 Rn. 28, 31; Musielak/Voit, Rn. 315.
103 BGH WM 1972, 1315, 1318, juris-Tz. 26 ff.; Stein/Jonas/Kern, vor § 128 Rn. 295; Rosenberg/Schwab/Gottwald, § 65 Rn. 37.

Gericht den Beklagten für nicht passivlegitimiert hält, hilfsweise gegen eine andere, dann passivlegitimierte Person erhoben oder nachträglich erweitert werden. Denn die Prozessrechtsverhältnisse bleiben für jeden Streitgenossen selbstständig (Rn. 24), so dass bei einer solchen Vorgehensweise die Klage als solche gegen den hilfsweise Beklagten unter einer – zudem für ihn außerprozessualen – Bedingung stünde. Der Kläger kann und muss sich in solchen Fällen darauf beschränken, der Person, die bei Verneinung der Passivlegitimation des Beklagten der richtige Anspruchsgegner wäre, den Streit zu verkünden.[104]

308 Aus denselben Gründen, aus denen das Prozessrechtsverhältnis als solches bedingungsfeindlich ist, sind jegliche – auch innerprozessuale – Bedingungen auch bei sog **Bewirkungshandlungen** unzulässig, dh bei Prozesshandlungen der Parteien, die unmittelbar auf die Verfahrenslage einwirken, wie etwa die Klagerücknahme (§ 269 ZPO), der Einspruch gegen ein Versäumnisurteil (§ 340 ZPO) oder die Einlegung von Rechtsmitteln.[105] Bei sog **Erwirkungshandlungen**, dh solchen Prozesshandlungen, die eine Entscheidung des Gerichts herbeiführen sollen und erst dadurch auf den Prozess einwirken, sind innerprozessuale Bedingungen dagegen zumutbar und damit zulässig, weil dann das Gericht mit der Entscheidung, die erwirkt werden soll, auch den Bedingungseintritt oder -ausfall feststellen kann.[106] Erwirkungshandlungen sind insbesondere alle Sach- oder Prozessanträge.[107] Deshalb können diese unter innerprozessualen Bedingungen gestellt werden.[108] Allerdings muss jede Klage mindestens einen unbedingten Hauptantrag sowie einen unbedingten Hauptanspruch enthalten.[109]

309 Innerprozessual in diesem Sinne sind alle von einem bestimmten Prozessverlauf bzw. dem Eintritt eines bestimmten innerprozessualen Vorgangs abhängigen Bedingungen, insbesondere der Erfolg oder Misserfolg einer eigenen, anderen Prozesshandlung oder einer solchen des Gegners.[110] Keine zulässige innerprozessuale Bedingung ist dagegen der Erfolg der Prozesshandlung selbst, so dass zB ein Antrag nicht unter der Bedingung gestellt werden kann, dass das Gericht ihn für zulässig und begründet erachtet.[111]

b) Konsequenzen für Klageanträge

310 Befürchtet der Kläger, mit seinem Klageantrag nicht durchzudringen, glaubt er aber, in diesem Fall mit einem anderen Antrag Erfolg zu haben, kann er für den Fall der Abweisung seines Klageantrages (**Hauptantrag**) einen weiteren Klageantrag (**Hilfsantrag**), ggf. auch mehrere Hilfsanträge stellen.[112] Wenn beispielsweise der Käufer wegen streitiger Mängel vom Kaufvertrag zurücktritt und deshalb die Zahlung des Kaufpreises ablehnt, gleichzeitig aber auch die Herausgabe der Kaufsache unter Hin-

---

104 Rosenberg/Schwab/Gottwald, § 65 Rn. 37.
105 Zöller/Greger, vor § 128 Rn. 14, 20; Stein/Jonas/Kern, vor § 128 Rn. 296 f.; Hk-ZPO/Saenger, Einf. Rn. 120, 123.
106 Zöller/Greger, vor § 128 Rn. 14, 20; Stein/Jonas/Kern, vor § 128 Rn. 298; Hk-ZPO/Saenger, Einf. Rn. 120, 123; Musielak/Voit, Rn. 313.
107 Stein/Jonas/Kern, vor § 128 Rn. 299.
108 Vgl. nur BGHZ 132, 390, 397.
109 BGH NJW 1995, 1353, juris-Tz. 13; Stein/Jonas/Kern, vor § 128 Rn. 295; Zöller/Greger, vor § 128 Rn. 20; Rosenberg/Schwab/Gottwald, § 65 Rn. 28, 31.
110 BGH NJW 1984, 1240, 1241, juris-Tz. 20; Zöller/Greger, vor § 128 Rn. 20; Stein/Jonas/Kern, vor § 128 Rn. 300; Rosenberg/Schwab/Gottwald, § 65 Rn. 28.
111 Stein/Jonas/Kern, vor § 128 Rn. 300.
112 BGH NJW 1996, 3147, 3150, juris-Tz. 47; MünchKommZPO/Becker-Eberhard, § 260 Rn. 10; Zöller/Greger, § 260 Rn. 4; Hk-ZPO/Saenger, § 260 Rn. 8 ff.

weis auf § 273 BGB verweigert, weil ihm wegen der mangelhaften Lieferung angeblich noch Schadensersatzansprüche zustünden, kann der Verkäufer mit dem Hauptantrag die Zahlung des Kaufpreises und für den Fall, dass das Gericht den Rücktritt für wirksam erachten und dementsprechend die Zahlungsklage abweisen sollte, mit dem Hilfsantrag die Herausgabe der Kaufsache verlangen, wenn er geltend machen möchte, dass dem Käufer jedenfalls kein Zurückbehaltungsrecht wegen offener Schadensersatzansprüche zusteht.

Haupt- und Hilfsantrag bilden einen Sonderfall der Eventualklagehäufung (Rn. 315). Jeder Hilfsantrag steht unter der auflösenden[113] innerprozessualen Bedingung, dass dem Hauptantrag oder vorrangigen Hilfsanträgen stattgegeben wird, und hemmt gem. § 204 Abs. 1 Nr. 1 BGB die Verjährung des mit ihm geltend gemachten Anspruchs.[114] Wird allerdings dem Hauptantrag rechtskräftig stattgegeben und daher über den Hilfsantrag nicht mehr entschieden, enden die auflösend bedingte Rechtshängigkeit des mit letzterem geltend gemachten Anspruchs und damit auch die Hemmung seiner Verjährung rückwirkend, so dass zur Vermeidung einer Verjährung gem. § 204 Abs. 2 BGB innerhalb von sechs Monaten erneut verjährungshemmende Maßnahmen ergriffen werden müssen.[115]

311

Im weiteren Verlauf des Rechtsstreits, auch noch in der mündlichen Verhandlung, kann die Reihenfolge der Anträge geändert werden, insbesondere der bisherige Hauptantrag als Hilfsantrag gestellt werden und umgekehrt. Hierin liegt zwar eine Klageänderung, deren Zulässigkeit sich nach § 263 ZPO richtet.[116] Die danach erforderliche Sachdienlichkeit fehlt aber nur bei Einführung eines neuen Streitstoffes (Rn. 476). Da sämtliche Haupt- und Hilfsanträge bereits Streitstoff sind, ist dies bei bloßer Änderung ihrer Reihenfolge nicht denkbar. Aus prozesstaktischen Gründen kann ein solches Vorgehen sogar geboten sein. Stellt sich beispielsweise in der mündlichen Verhandlung heraus, dass das Gericht den Hauptantrag für unbegründet, den Hilfsantrag demgegenüber für begründet hält, würde eine dahin gehende gerichtliche Entscheidung, wenn sie rechtskräftig wird, auch zur rechtskräftigen Aberkennung des mit dem Hauptantrag geltend gemachten Anspruchs führen. Darüber hinaus wären die Streitwerte von Haupt- und Hilfsanspruch gem. § 45 Abs. 1 S. 2 GKG zu addieren, und nach dem so erhöhten Streitwert hätte der Kläger die Kosten des Rechtsstreits mit der auf den Hauptanspruch entfallenden Quote zu tragen, da er insofern unterliegt (§ 92 Abs. 1 ZPO).[117] Um dies zu vermeiden, kann der Klägervertreter noch in der mündlichen Verhandlung zu Protokoll erklären, dass er nunmehr den bisherigen Hilfsantrag als Hauptantrag und den bisherigen Hauptantrag nur noch als Hilfsantrag stellt. Dann wird nur über den neuen Hauptantrag (bisherigen Hilfsantrag) entschieden. Da diesem stattgegeben wird, ergeht keine Entscheidung mehr über den Hilfsantrag (ursprünglichen Hauptantrag), so dass die Aberkennung des mit letzterem geltend gemachten Anspruchs vermieden wird. Außerdem erfolgt gem. § 45 Abs. 1 S. 2 GKG keine Streit-

312

---

113 Rosenberg/Schwab/Gottwald, § 98 Rn. 20 aE; Zöller/Greger, § 260 Rn. 4a; Stein/Jonas/Roth, § 260 Rn. 17; Musielak/Voit/Foerste, § 260 Rn. 4b; Hk-ZPO/Saenger, § 260 Rn. 12.
114 BGH NJW 2014, 920, 921, Tz. 19; BGH NJW-RR 1994, 514, 515, juris-Tz. 9; Zöller/Greger, § 260 Rn. 4a; MünchKommBGB/Grothe, § 204 Rn. 6.
115 Stein/Jonas/Roth, § 260 Rn. 17, 19; Musielak/Voit/Foerste, § 260 Rn. 4b; Zöller/Greger, § 260 Rn. 4a; Rosenberg/Schwab/Gottwald, § 98 Rn. 20 aE; Hk-ZPO/Saenger, § 260 Rn. 12.
116 Wieczorek/Schütze/Assmann, § 260 Rn. 102; *weitergehend* BAG NZA-RR 2011, 365, 366, Tz. 12; BAG, Urteil vom 19.9.2006, 1 ARB 58/05, juris-Tz. 11 = NJOZ 2007, 4855, 4858, wonach für Wechsel von Haupt- und Hilfsantrag § 264 Nr. 2 ZPO gelten soll.
117 Zöller/Herget, § 92 Rn. 8.

werterhöhung und deshalb auch keine Kostenentscheidung nach § 92 ZPO, sondern der Beklagte hat gem. § 91 ZPO die Kosten des Rechtsstreits nach dem Streitwert des Hauptantrags zu tragen.

313 Die vorstehenden Ausführungen beziehen sich auf sog **echte Hilfsanträge**, dh solche, die für den Fall der Abweisung des Hauptantrages (und damit unter der auflösenden Bedingung, dass diesem stattgegeben wird) gestellt werden. Hilfsanträge können aber auch für den Fall gestellt werden, dass der Hauptantrag Erfolg hat. Man bezeichnet diese als **unechte Hilfsanträge**[118], auflösende innerprozessuale Bedingung ist dann die (vollständige oder teilweise) Abweisung des Hauptantrages, also der Misserfolg einer eigenen anderen Prozesshandlung (Rn. 309). Beispiele hierfür werden in Rn. 318 ff. erörtert.

III. Objektive Klagehäufung, insbes. Eventualklagehäufung

314 Mit einer Klage können mehrere Ansprüche im prozessualen Sinne geltend gemacht werden. Bezeichnet wird dies als Anspruchshäufung oder **objektive Klagehäufung**. Voraussetzung hierfür ist gem. § 260 ZPO nur, dass das angerufene Gericht für alle Ansprüche zuständig ist und dieselbe Prozessart zulässig ist.

315 Die Ansprüche können nebeneinander, dh kumulativ geltend gemacht werden. Zulässig ist aber auch die **Eventualklagehäufung**, bei der die Klage vorrangig auf einen bestimmten Anspruch (**Hauptanspruch**) gestützt, für den Fall, dass das Gericht diesen für nicht begründet erachten sollte, jedoch hilfsweise ein anderer Anspruch (**Hilfsanspruch**) geltend gemacht wird.[119] Auch letzterer wird auflösend bedingt sofort rechtshängig,[120] wodurch zugleich seine Verjährung gem. § 204 Abs. 1 Nr. 1 BGB gehemmt wird.[121] Unschädlich ist, wenn Haupt- und Hilfsanspruch sich widersprechen oder gar gegenseitig ausschließen.[122] Auch muss der Hilfsanspruch nicht bereits in der Klageschrift geltend gemacht werden, dies kann vielmehr auch im weiteren Prozessverlauf gem. § 261 Abs. 2 ZPO noch geschehen; eine solche **nachträgliche Klagehäufung** ist allerdings wie eine Klageänderung zu behandeln, so dass ihre Zulässigkeit an § 263 ZPO, in der Berufungsinstanz an § 533 ZPO zu messen ist.[123]

316 Aufgrund des Bestimmtheitserfordernisses nach § 253 Abs. 2 Nr. 2 ZPO ist die Eventualklagehäufung nur zulässig, wenn der Kläger – in der Klageschrift oder im weiteren Verlauf des Rechtsstreits, ggf. auf Hinweis des Gerichts nach § 139 ZPO – die Reihenfolge angibt, in der die prozessualen Ansprüche das Klagebegehren stützen sollen; die Auswahl darf also nicht im Sinne einer **alternativen Klagehäufung** dem Gericht überlassen werden.[124] Der Kläger ist allerdings nicht gehindert, im Laufe des Rechtsstreits die einmal angegebene Reihenfolge zu ändern; die hierin liegende Klageänderung[125] ist aus denselben Gründen wie bei einer Änderung der Reihenfolge der Klageanträge gem.

---

118 Musielak/Voit/Foerste, § 260 Rn. 4a; Stein/Jonas/Roth, § 260 Rn. 13 ff., 21.
119 Rosenberg/Schwab/Gottwald, § 98 Rn. 19; MünchKommZPO/Becker-Eberhard, § 260 Rn. 20.
120 BGHZ 21, 13, 16; Rosenberg/Schwab/Gottwald, § 98 Rn. 20; Stein/Jonas/Roth, § 260 Rn. 17, die auch darauf hinweisen, dass die Rechtshängigkeit mit Eintritt der auflösenden Bedingung rückwirkend entfällt.
121 Grüneberg/Ellenberger, § 204 Rn. 13.
122 BGH NJW 2014, 3314, 3315, Tz. 16; BGH NJW-RR 2004, 1196, 1197, juris-Tz. 6; MünchKommZPO/Becker-Eberhard, § 260 Rn. 21.
123 BGH NJW 2014, 3314, 3315, Tz. 16; BGH NJW 2015, 1608, Tz. 13; BGH NJW 2015, 3576, Tz. 24; MünchKommZPO/Becker-Eberhard, § 263 Rn. 21; Zöller/Greger, § 263 Rn. 2.
124 BGHZ 189, 56, Tz. 9 ff.
125 BGH WM 1981, 798, 799, juris-Tz. 41; Wieczorek/Schütze/Assmann, § 260 Rn. 102.

§ 263 ZPO regelmäßig zulässig.[126] Ein solches Vorgehen kann aus prozesstaktischen Gründen geboten sein, nämlich zur Verhinderung der rechtskräftigen Aberkennung eines zunächst vorrangig geltend gemachten Anspruchs und zur Vermeidung von Kostennachteilen. Die in Rn. 312 dargestellten Erwägungen zur Änderung der Rangfolge von Haupt- und Hilfsanträgen gelten insofern entsprechend.

IV. Teilklage

1. Zulässigkeit

Möchte der Kläger, etwa aufgrund des damit verbundenen Kostenrisikos, nicht seine gesamte Forderung geltend machen, kann er seine Klage auf einen Teil derselben beschränken, dh Teilklage erheben. Gem. § 253 Abs. 2 Nr. 2 ZPO ist hierzu erforderlich, dass der geltend gemachte Teil des Anspruchs hinreichend bestimmt wird. Bei einer **einheitlichen Forderung** genügt hierzu die Angabe in der Klageschrift, dass ein erstrangiger Teilbetrag in Höhe des im Klageantrag anzugebenden Betrages geltend gemacht wird. Dies gilt auch, wenn die Forderung sich aus mehreren **unselbständigen Rechnungsposten** zusammensetzt,[127] wie etwa die Einzelelemente der Reparaturkosten eines unfallgeschädigten KfZ[128] oder die in der Schlussrechnung eines Bauunternehmers für verschiedene Leistungen angesetzten Beträge,[129] wenn alle erbrachten Leistungen mit dem zu Beginn der Zusammenarbeit von den Vertragsparteien bestimmten Leistungsziel im Zusammenhang stehen.[130] Etwas anderes gilt bei **rechtlich selbständigen Forderungen**, wie etwa den Rückzahlungsansprüchen aus verschiedenen Darlehen[131] oder nach einem Verkehrsunfall den Personenschäden einerseits und den Sachschäden andererseits.[132] In solchen Fällen muss gem. § 253 Abs. 2 Nr. 2 ZPO angegeben werden, welche (Teil-) Beträge exakt aus welcher Forderung oder Position und in welcher Reihenfolge geltend gemacht werden.[133] Zulässig ist auch, die Teilklage hilfsweise, soweit nämlich das Gericht diese für nicht begründet erachten sollte, auf die hauptsächlich nicht geltend gemachten Forderungsteile zu stützen; diese müssen hierzu gleichfalls entsprechend bestimmt werden. Die Erklärung, welche (Teil-) Beträge aus welchen Forderungen (haupt- oder hilfsweise) geltend gemacht werden, kann auch im Rechtsstreit nachgeholt werden; die Verjährungshemmung tritt in diesem Fall rückwirkend zum Zeitpunkt der Klageerhebung ein.[134]

317

---

126 Ebenso Büscher GRUR 2012, 16, 21; vgl. iÜ Rn. 314.
127 BGH NJW 2008, 1741, 1742, Tz. 5; BGH NJW 2008, 3142, 3143, Tz. 9.
128 BGH NJW 2011, 2713, 2714 Tz. 7.
129 BGH NJW 2008, 1741, 1742, Tz. 5.
130 BGH NJW 2013, 3509, 3510, Tz. 21.
131 BGH NJW 1984, 371, juris-Tz. 2.
132 BGH NJW 2011, 2713, 2714, Tz. 7.
133 BGH ZIP 2007, 79, Tz. 7; BGH NJW 2008, 3142, 3143, Tz. 7; BGH NJW 2014, 3298, 3299, Tz. 13; BGHZ 189, 56, Tz. 9; BGH GRUR 2015, 258, 259, Tz. 21. Etwa anderes gilt, wenn der Kläger infolge eines Rechenfehlers im Klageantrag einen niedrigeren Betrag angibt, als ihm nach seiner Berechnung in der Klagebegründung richtigerweise zustehen würde; in solchen Fällen darf das Gericht gem. § 308 ZPO zwar höchstens den beantragten Betrag zusprechen, anders als bei der bewusst erhobenen Teilklage muss aber nicht exakt angegeben werden, welche Teilbeträge auf welche Forderung, ggf. in welcher Reihenfolge gestützt werden, vielmehr kann von allen Positionen der Forderungsberechnung ein Abzug pro rata vorgenommen werden (BGH NJW-RR 2002, 255, 257, juris-Tz. 25 ff.).
134 BGH NJW 2014, 3298, 3299 f., Tz. 14, 16 ff.; BGH NJW 2015, 2113, Tz. 29; BGHZ 225, 90, Tz. 58; Staudinger/Peters/Jacoby, § 204 Rn. 16, 30; *anders dagegen* beim Mahnbescheid, vgl. dazu Rn. 634.

2. Taktische Überlegungen

a) Absenkung des Kostenrisikos und Eventualwiderklage

318 Für den Kläger besteht der Vorteil der Teilklage darin, dass sie durch den geringeren Gegenstandswert das Kostenrisiko senkt und damit kostengünstig „getestet" werden kann, wie sich der Beklagte gegen die Klage verteidigt und wie das Gericht die Klageforderung beurteilt. Diesen Vorteil kann der Beklagte allerdings durchkreuzen, indem er im Wege der **Widerklage negative Feststellungsklage** bezüglich des nicht eingeklagten Teils der Klageforderung erhebt. Dieses Vorgehen ist ihm sogar anzuraten, weil sich die Rechtskraft des Urteils gem. § 322 Abs. 1 ZPO auf den Streitgegenstand, bei einer Teilklage also auf den streitgegenständlichen Teil der Klageforderung beschränkt,[135] so dass der Beklagte eine rechtskräftige Entscheidung über den gesamten gegen ihn geltend gemachten Anspruch nur durch negative Feststellungsklage herbeiführen kann. Prozesstaktisch bietet sich die Erhebung der entsprechenden Widerklage unter der aufschiebenden innerprozessualen Bedingung an, dass die Klage abgewiesen wird. Eine solche **unechte Eventualwiderklage** wird allgemein als zulässig angesehen.[136] Ihr Vorteil besteht darin, dass über sie nur entschieden wird und damit auch die Streitwerterhöhung gem. § 45 Abs. 1 S. 2 GKG nur erfolgt, wenn die Klage sich als unbegründet erweist[137] und damit zugleich auch die Widerklage begründet ist, so dass deren Erhebung nahezu risikolos ist. Ein Risiko verbleibt nur, wenn der Kläger nicht leistungsfähig ist, denn dann haftet der Beklagte für die Gerichtskosten der Widerklage nach § 22 Abs. 1 S. 1 GKG und wird – auch wegen seiner eigenen außergerichtlichen Kosten – seinen Kostenerstattungsanspruch gegen den Kläger nicht realisieren können.

b) Bedingte Erweiterung der Teilklage

319 Nachteil der Teilklage ist, dass sie die Verjährungshemmung nach § 204 Abs. 1 Nr. 1 BGB nur im Umfang der Klageerhebung bewirkt.[138] Bei drohender Verjährung ist die Beschränkung auf eine Teilklage also nicht sinnvoll. Als Lösung bietet sich an, die Klage unter der auflösenden[139] innerprozessualen Bedingung, dass der Teilklage nicht in vollem Umfang stattgegeben wird, auf die Höhe der Gesamtforderung zu erweitern. Mit diesem unechten Hilfsantrag (Rn. 313) wird die Verjährung der gesamten Forderung gehemmt.[140] Ein solches Vorgehen hat auch bei nicht drohender Verjährung den großen Vorteil, dass, jedenfalls wenn der Anspruch der Höhe nach unstreitig ist, im Falle des Obsiegens die gesamte Forderung tituliert wird, während im Unterliegensfall das Kostenrisiko gem. § 45 Abs. 1 S. 2 GKG auf die Teilklage begrenzt wird, weil eine darüber hinausgehende Entscheidung wegen des Eintritts der auflösenden Bedin-

---

135 BGH NJW 2015, 3040, 3041, Tz. 26; BGH NJW 2017, 893, 894, Tz. 19. Dies gilt auch, wenn der Kläger nicht erkennbar macht, dass nur ein Teil des Anspruchs geltend gemacht wurde und damit Nachforderungen möglich bleiben (sog *verdeckte Teilklage*), vgl. dazu BGH NJW 2009, 1950, 1951, Tz. 12; BGH NJW 2002, 3769, juris-Tz. 9; BGH NJW 1997, 3019, 3020, juris-Tz. 12 ff.; BGHZ 135, 178, 181 ff.; Hk-ZPO/Saenger, § 322 Rn. 25.
136 BGHZ 132, 390, 397 ff.; Zöller/Schultzky, § 33 Rn. 33; Hk-ZPO/Saenger, § 260 Rn. 13; Rosenberg/Schwab/Gottwald, § 97 Rn. 31; vgl. auch Rn. 315 und 368.
137 BGHZ 132, 390, 399.
138 BGH NJW 2015, 3040, 3041, Tz. 26 mwN; speziell für verdeckte Teilklage: BGH NJW 2002, 3769, juris-Tz. 9.
139 Zur Einstufung als auflösende Bedingung: Rosenberg/Schwab/Gottwald, § 98 Rn. 20; Zöller/Greger, § 260 Rn. 4a; Musielak/Voit/Foerste, § 260 Rn. 4b, die auch darauf hinweisen, dass mit Eintritt der auflösenden Bedingung die Rechtshängigkeit rückwirkend entfällt.
140 Wolf in FS für Gaul (1997), S. 805, 811; Lüke/Kerwer NJW 1996, 2121, 2125.

gung dann nicht mehr ergeht.[141] Gerade deshalb wird allerdings eine solche bedingte Erweiterung der Teilklage von manchen Autoren für rechtsmissbräuchlich und daher unzulässig gehalten.[142] Dieser Beurteilung ist der BGH indes für den vergleichbar gelagerten Fall der Erhebung einer Eventualwiderklage unter der innerpozessualen Bedingung der Klageabweisung (Rn. 318) mit der zutreffenden Begründung entgegengetreten, dass die geschickte Ausnutzung prozessual zulässiger Gestaltungsmöglichkeiten zur Reduzierung des Kostenrisikos legitim und rechtlich unbedenklich ist.[143] Zu diesen Gestaltungsmöglichkeiten zählt aber auch die Klageerweiterung für den Fall des Erfolgs der Teilklage, denn hierin liegt eine Erwirkungshandlung, die als solche nach den allgemeinen Regeln (Rn. 308 f.) unter einer auflösenden innerprozessualen Bedingung erfolgen kann, und als solche kommt auch der Misserfolg einer eigenen Prozesshandlung, hier die Abweisung der Teilklage, in Betracht. Dieses Vorgehen ist daher nach richtiger und inzwischen wohl vorherrschender Meinung zulässig.[144]

Im Hinblick auf die nach wie vor vertretene Gegenmeinung ist die bedingte Erweiterung der Teilklage allerdings nicht risikolos. Sollte das Gericht dieser Auffassung nämlich folgen, werden der Kläger und sein Prozessbevollmächtigter zu einer Entscheidung zwischen drei Alternativen gezwungen: Sie können zunächst die bedingte Klageerweiterung zurücknehmen; dies ist allerdings nur unter den Voraussetzungen des § 269 Abs. 1 ZPO zulässig, hat dann wegen § 45 Abs. 1 S. 2 GKG aber immerhin keine Kostennachteile.[145] Alternativ kann der Kläger die Bedingung fallenlassen und damit die Klage in voller Höhe als unbedingt aufrecht erhalten,[146] damit geht er allerdings dann auch das volle Kostenrisiko ein. Zudem ist ein solches Vorgehen nach Ablauf der Verjährungsfrist nicht mehr zielführend, da durch einen unzulässig bedingten Klageantrag – ein solcher würde nach der hier abgelehnten Auffassung vorliegen – keine Fristen gewahrt werden und durch das Fallenlassen der Bedingung keine rückwirkende Heilung eintritt.[147] Letzte Alternative ist schließlich, die Antragstellung unverändert aufrechtzuerhalten und damit, wenn das Gericht nach der Gegenmeinung judiziert, die Abweisung der bedingten Klageerweiterung als unzulässig[148] – zudem unter Streitwerterhöhung gem. § 45 Abs. 1 S. 2 GKG – in Kauf zu nehmen und auf eine abweichende Entscheidung im Instanzenzug zu hoffen.

320

Vor diesem Hintergrund ist der Rechtsanwalt, solange die hier vertretene Auffassung nicht allgemein anerkannt ist, vor Erhebung einer Teilklage mit bedingter Klageerweiterung verpflichtet, dem Mandanten die vorstehend aufgezeigten Risiken zu erläutern und seine Zustimmung zu diesem Vorgehen einzuholen. Über diese taktische Möglichkeit muss er jedenfalls bei hohen Streitwerten seinen Mandanten mE aber auch informieren, bevor er eine Klage über die volle Forderung erhebt. Dass der Beklagte

321

---

141 Ausführlich hierzu Herberger NJOZ 2020, 1089, 1093 ff. mwN, auch zur Gegenmeinung.
142 Eingehend Lüke/Kerwer NJW 1996, 2121, 2124 f.; ihnen folgend: Hk-ZPO/Saenger, § 260 Rn. 13 aE; Musielak/Voit/Foerste, § 260 Rn. 9; Rosenberg/Schwab/Gottwald, § 98 Rn. 23; MünchKommZPO/Becker-Eberhard (5. Aufl.), § 260 Rn. 19; Zöller/Greger (33. Aufl.), § 260 Rn. 4b.
143 BGHZ 132, 390, 398.
144 Stein/Jonas/Roth, § 260 Rn. 21; Wieczorek/Schütze/Assmann, § 260 Rn. 56 f.; MünchKommZPO/Becker-Eberhard, § 260 Rn. 19; Zöller/Greger, § 260 Rn. 4 aE; Wolf in FS für Gaul (1997), S. 805 ff.; Herberger NJOZ 2020, 1089, 1092 f.; Gerhard ZZP 114 (2001), 247; Oberheim, Rn. 630 f.; Schneider, Rn. 1721 f.
145 Vgl. Zöller/Greger, § 269 Rn. 18b zur Rücknahme einer Hilfs-Widerklage.
146 Stein/Jonas/Roth, § 260 Rn. 28; Stein/Jonas/Kern, vor § 128 Rn. 307.
147 Stein/Jonas/Kern, vor § 128 Rn. 307; vgl. auch BVerwG NJW 1981, 698.
148 Klageanträge, die unter einer unzulässigen Bedingung stehen, sind unzulässig, nicht aber als unbedingt anzusehen, vgl. Stein/Jonas/Kern, vor § 128 Rn. 307; Zöller/Greger, vor § 128 Rn. 20; ebenso BGHZ 4, 54, 55 sowie BAG NJW 1969, 446, juris-Tz. 7 für unzulässigerweise bedingte Berufung.

diese Taktik mit der Gegenstrategie der unechten Eventualwiderklage mit dem Inhalt einer negativen Feststellungsklage durchkreuzen kann (Rn. 318), ändert nichts an der anwaltlichen Pflicht, den Mandanten über die nach der inzwischen hM bestehende Möglichkeit, das Kostenrisiko zu reduzieren, aufzuklären.[149]

V. Zusammenfassung

322
1. Der Klageantrag definiert zusammen mit dem zu seiner Begründung vorgetragenen Lebenssachverhalt den Streitgegenstand (zweigliedriger Streitgegenstandsbegriff). Dieser ist ua entscheidend für die Reichweite der Rechtskraft der gerichtlichen Entscheidung.
2. Jede Klage muss einen hinreichend bestimmten Klageantrag enthalten (§ 253 Abs. 2 Nr. 2 ZPO).
3. Zahlungsklagen bilden die häufigste Klageform. Bei diesen muss grds der verlangte Betrag im Klageantrag centgenau beziffert werden. Ausnahmsweise sind unbezifferte Zahlungsanträge zulässig, wenn die Anspruchshöhe im Ermessen des Gerichts steht oder gem. § 287 ZPO zu ermitteln ist; einen typischen Anwendungsfall hierfür bilden Klagen auf Zahlung von Schmerzensgeld.
4. Ist der Kläger zur Bezifferung seiner Klageforderung auf Auskünfte oder sonstige Informationen des Beklagten angewiesen, bietet sich prozessual die Erhebung einer Stufenklage (§ 254 ZPO) an. Bei dieser wird sukzessive zunächst über die materiellrechtlichen Hilfsansprüche und nach Erteilung der notwendigen Informationen und Bezifferung der Hauptforderung sodann über diese entschieden. Letztere wird bereits mit Erhebung der Stufenklage rechtshängig.
5. Mit einer Feststellungsklage (§ 256 ZPO) kann bei Bestehen eines Feststellungsinteresses die Feststellung des Bestehens oder Nichtbestehens eines Rechtsverhältnisses begehrt werden. Bei der letztgenannten, negativen Feststellungsklage richtet sich die Darlegungs- und Beweislast nicht nach der Parteirolle im Prozess, sondern nach den allgemeinen Regeln, dh der Beklagte muss als Anspruchsteller die anspruchsbegründenden Tatsachen darlegen und beweisen, der Kläger als Anspruchsgegner die Voraussetzungen etwaiger Einreden.
6. Prozesshandlungen sind grds bedingungsfeindlich. Bei Erwirkungshandlungen sind jedoch innerprozessuale Bedingungen zulässig. Deshalb können Haupt- und Hilfsanträge gestellt sowie die Klage auf Haupt- und Hilfsansprüche gestützt werden, selbst wenn diese sich widersprechen.
7. Zur Absenkung des Kostenrisikos kann die Klage auf einen Teilbetrag der Klageforderung beschränkt werden. Einer solchen Teilklage kann der Beklagte begegnen, indem er im Wege der Hilfswiderklage unter der innerprozessualen Bedingung der Abweisung der Klage negative Feststellungsklage in Bezug auf den nicht eingeklagten Teil der Klageforderung erhebt. Der Kläger seinerseits kann nach richtiger Auffassung die Teilklage unter der auflösenden innerprozessualen Bedingung, dass die Klage vollständig oder teilweise abgewiesen wird, auf den Betrag der Gesamtforderung erweitern.

---

149 Anders insofern Herberger NJOZ 2020, 1089, 1097.

Teil III
Klageerwiderung und Widerklage

§ 12 Klageerwiderung

I. Fristen

Bei der anwaltlichen Vertretung eines Beklagten sind zunächst die Fristen zu beachten, die das Gericht regelmäßig mit der Zustellung der Klage setzt. Um welche Fristen es hierbei geht, wurde bereits unter Rn. 13 f. dargestellt.

Beim schriftlichen Vorverfahren setzt das Gericht zunächst zur Anzeige der Verteidigungsbereitschaft eine Frist von zwei Wochen ab Klagezustellung. Hierbei handelt es sich gem. § 276 Abs. 1 S. 1 ZPO um eine Notfrist, die als solche nicht verlängert werden kann. Deshalb muss – zur Vermeidung eines Versäumnisurteils nach § 331 Abs. 3 ZPO – innerhalb dieser Frist die Verteidigungsbereitschaft angezeigt werden. Dazu genügt der Satz, dass der Beklagte sich gegen die Klage verteidigen wird. Sofort Klageabweisung zu beantragen, ist dagegen nicht erforderlich und häufig auch nicht opportun. Denn innerhalb der Frist zur Verteidigungsanzeige hat der Rechtsanwalt nicht selten den Sachverhalt noch nicht abschließend mit seinem Mandanten erörtert und auch noch nicht geprüft, ob und ggf. welche Möglichkeiten der Verteidigung gegen die Klage bestehen. Stellt er später fest, dass die Klage unbestreitbar begründet ist, besteht uU immer noch die Möglichkeit, die Kostentragungspflicht des Mandanten abzuwenden (Rn. 357 f.). Dies kommt aber nach einem Klageabweisungsantrag nicht mehr in Betracht, da dann kein sofortiges Anerkenntnis iSv § 93 ZPO mehr vorliegt.[1]

Im schriftlichen Vorverfahren wird zwingend (§ 276 Abs. 1 S. 2 ZPO), beim frühen ersten Termin regelmäßig (§ 275 Abs. 1 S. 1 ZPO) durch das Gericht eine Frist zur Klageerwiderung gesetzt. Diese ist durch den Rechtsanwalt sorgfältig zu beachten, weil bei deren Versäumung eine Zurückweisung des Vortrags wegen Verspätung nach § 296 Abs. 1 ZPO in Betracht kommt. Allerdings kann die Klageerwiderungsfrist gem. § 224 Abs. 2 ZPO auf Antrag des Beklagtenvertreters durch das Gericht verlängert werden, wenn hierfür erhebliche Gründe vorliegen, die auf Verlangen des Gerichts auch glaubhaft zu machen sind. In der Praxis werden Fristverlängerungen um 2 bis 3 Wochen regelmäßig bewilligt, bei entsprechender Begründung auch 4 Wochen, bei sehr komplexen Angelegenheiten auch noch länger. Dies wird dadurch begünstigt, dass auch Urlaub, Krankheit oder die – in der anwaltlichen Praxis nicht seltene – Arbeitsüberlastung des Rechtsanwaltes oder die Notwendigkeit einer Rücksprache mit dem Mandanten zur Aufklärung des Sachverhaltes, die innerhalb der vom Gericht gesetzten Frist nicht erfolgen kann, erhebliche Gründe iSv § 224 Abs. 2 ZPO darstellen und zu deren Darlegung keine ins Einzelne gehende Darstellung verlangt werden kann.[2] Zu beachten ist, dass die Fristverlängerung seitens des Gerichtes noch nach Fristablauf bewilligt werden kann, dies aber nur, wenn der Fristverlängerungsantrag vor Fristab-

---

[1] BGH NJW 2019, 1525, Tz. 7 ff.; Zöller/Herget, § 93 Rn. 4; a. A.: OLG Celle FamRZ 2011, 1748.
[2] Vgl. nur Zöller/Feskorn, § 224 Rn. 6 iVm Zöller/Heßler, § 520 Rn. 19; Hk-ZPO/Wöstmann, § 224 Rn. 6, beide mwN.

lauf beim Gericht eingegangen ist.[3] Innerhalb der Klageerwiderungsfrist muss daher zumindest Fristverlängerung beantragt werden.

II. Verteidigung gegen die Klage

1. Antragstellung

326 Im Gegensatz zur mitunter komplexen Formulierung des Klageantrags (Rn. 270 ff.) bereitet bei der Klageerwiderung die Antragstellung keine Schwierigkeiten. Der Antrag lautet nämlich in aller Regel schlicht, die Klage abzuweisen. Möglich und zur Beruhigung des Mandanten evtl. auch sinnvoll ist selbstverständlich auch, darüber hinaus zu beantragen, dem Kläger die Kosten des Rechtsstreits aufzuerlegen. Notwendig ist ein solcher Kostenantrag aber nicht, da die Kostenentscheidung des Gerichts gem. § 308 Abs. 2 ZPO von Amts wegen ergeht.

327 Besonderheiten gelten für die Antragstellung nur, wenn sich der Beklagte ausschließlich mit der Einrede des nicht erfüllten Vertrages (§ 320 BGB) oder einem Zurückbehaltungsrecht (§ 273 BGB) verteidigt. Hat er damit nämlich Erfolg, wird die Klage nicht abgewiesen, sondern es erfolgt eine Zug-um-Zug-Verurteilung (§§ 274, 322 BGB).[4] Entsprechend muss daher auch der Antrag des Beklagten lauten. Beantragt er uneingeschränkt Klageabweisung, hat dies Kostennachteile (§ 92 ZPO), weil er dieses Ziel nicht erreicht und damit teilweise unterliegt.[5]

328 Besondere Aufmerksamkeit ist geboten, wenn der Beklagte als Erbe des ursprünglichen, verstorbenen Schuldners nach § 1967 BGB in Anspruch genommen wird. Der Erbe haftet für Nachlassverbindlichkeiten grds. unbeschränkt mit seinem gesamten Vermögen, hat aber die erbrechtlichen Möglichkeiten der Haftungsbeschränkung auf den Nachlass, insbesondere durch Nachlassverwaltung und -insolvenz (§ 1975 BGB) sowie durch Erhebung der Dürftigkeitseinrede, wenn eine Nachlassverwaltung oder -insolvenz mangels einer kostendeckenden Masse nicht durchgeführt werden kann (§ 1990 BGB).[6] Die Haftungsbeschränkung gem. § 1975 BGB tritt erst mit der Anordnung der Nachlassverwaltung bzw. der Eröffnung des Nachlassinsolvenzverfahrens ein;[7] kommt es dazu erst nach rechtskräftigem Abschluss des Erkenntnisverfahrens[8] (etwa infolge der Verurteilung des Erben), kann die Haftungsbeschränkung noch im Zwangsvollstreckungsverfahren durch Vollstreckungsgegenklage gem. §§ 781, 784, 785, 767 ZPO geltend gemacht werden. Zur Geltendmachung der Einrede aus § 1990 BGB bestehen prozessual zwei Wege: Zum einen kann der Erbe bereits im Haftungsprozess die beschränkte Erbenhaftung geltend machen und deren Voraussetzungen

---

3 BGHZ 83, 217, 220 f.; BGHZ 116, 377, 378; Zöller/Feskorn, § 224 Rn. 7; Hk-ZPO/Wöstmann, § 224 Rn. 5.
4 Die vollstreckungsrechtlichen Konsequenzen ergeben sich aus §§ 756, 765 ZPO, dazu bereits Rn. 284 ff.
5 Vgl. Zöller/Herget, § 92 Rn. 3; Hk-ZPO/Gierl, § 92 Rn. 5, wonach der Kläger teilweise unterliegt, wenn statt der beantragten uneingeschränkten Verurteilung nur eine Zug-um-Zug Verurteilung des Beklagten erfolgt.
6 Der Erbe verliert diese Möglichkeiten der Haftungsbeschränkung allerdings, wenn er das Inventar verspätet oder absichtlich unrichtig erstellt, vgl. §§ 1994 Abs. 1 S. 2, 2005 Abs. 1, 2013 Abs. 1 BGB.
7 Vgl. nur MünchKommBGB/Küpper, § 1975 Rn. 6.
8 Anderenfalls ist eine Klage gegen den Erben nur noch möglich, wenn dieser unbeschränkt haftet (dazu vorstehend). Dagegen kann der Prozess in Bezug auf den Nachlass nach Anordnung der Nachlassverwaltung gem. § 1984 Abs. 1 S. 3 BGB nur noch gegen den Nachlassverwalter als Partei kraft Amtes (fort-)geführt werden, der Erbe ist insofern nicht mehr prozessführungsbefugt (zu den Einzelheiten vgl. MünchKommBGB/Küpper, § 1984 Rn. 6). Letzteres gilt auch im Nachlassinsolvenzverfahren (§§ 80 Abs. 1, 86 Abs. 1 InsO). In diesem muss der Gläubiger seine Forderung zunächst zur Insolvenztabelle anmelden; erst wenn diese vom Insolvenzverwalter bestritten wird, kann gegen diesen auf Feststellung der Forderung zur Insolvenztabelle geklagt werden (§§ 179 ff. InsO).

beweisen; gelingt dies, kann das Gericht die Verurteilung des Erben von vornherein mit der Einschränkung versehen, dass die Vollstreckung aus dem Urteil nur in den Nachlass betrieben werden darf.[9] Zum anderen kann noch nach Abschluss dieses Rechtsstreites, dh nach rechtskräftiger Verurteilung des Erben, die beschränkte Erbenhaftung gem. §§ 781, 785, 767 ZPO durch Vollstreckungsgegenklage geltend gemacht werden.[10] In allen Fällen (d. h. sowohl des § 1975 BGB als auch des § 1990 BGB) ist die Vollstreckungsgegenklage allerdings gem. § 780 Abs. 1 ZPO nur möglich, wenn dem Beklagten dieses Recht im Urteil vorbehalten wird. Dieser Vorbehalt, der im Rahmen eines gesonderten Urteilstenors erfolgt, wird ohne Prüfung der sachlichen Voraussetzungen der Beschränkung der Erbenhaftung ausgesprochen, dementsprechend muss der Beklagte hierzu auch nichts vortragen, erforderlich ist nur, dass er die Aufnahme eines entsprechenden Vorbehaltes in das Urteil begehrt.[11] Dieses wird üblicherweise – auch wenn ein Antrag hierzu nicht zwingend erforderlich ist[12] – als Antrag formuliert, dem Beklagten die Beschränkung der Erbenhaftung auf den Nachlass vorzubehalten. Da die erbrechtlichen Haftungsbeschränkungen entfallen, wenn das klagestattgebende Urteil keinen Vorbehalt nach § 780 Abs. 1 ZPO enthält, sollte ein solcher – allein schon zur Vermeidung der Anwaltshaftung – immer beantragt werden, wenn nicht gerade von Anfang an keinem Zweifel unterliegt und mit dem Mandanten abgeklärt worden ist, dass die Voraussetzungen der Haftungsbeschränkung nicht erfüllt sind.

2. Aufbau möglichst vieler „Verteidigungslinien"

Ein grundlegender Unterschied zwischen anwaltlicher und richterlicher Tätigkeit besteht darin, dass sich das Gericht, wenn es die Klage aus einem bestimmten Grund für unbegründet hält, über weitere Gesichtspunkte, die zu demselben Ergebnis führen, keine Gedanken mehr machen muss, jedenfalls diese aber nicht in seinem Urteil thematisieren muss (selbstverständlich aber ansprechen darf, dann wird die Entscheidung entweder auf mehrere gleichrangige Gesichtspunkte gestützt oder es liegt ein nicht entscheidungstragendes sog obiter dictum vor). Der Rechtsanwalt muss dagegen immer damit rechnen und deshalb darauf vorbereitet sein, dass das Gericht seiner Argumentation nicht folgt (Rn. 70). Daher darf er sich nicht auf nur eine Argumentation beschränken, auch wenn er diese für noch so überzeugend hält, sondern muss immer alle Verteidigungsmittel vortragen, die seinem Mandanten zur Verfügung stehen. Die Klageerwiderung muss also möglichst viele „Verteidigungslinien" aufbauen. Die denkbaren Arten werden nachfolgend dargestellt.

3. Prüfung der Schlüssigkeit der Klage

Exkurs: In einem Zivilprozess bleibt der Sachverhalt selten unstreitig. Das Gericht sieht sich regelmäßig mit unterschiedlichen Darstellungen durch die Parteien konfron-

---

9 BGH NJW-RR 2017, 1040, Tz. 11; steht fest, dass dem Vollstreckungszugriff unterliegende Vermögenswerte im Nachlass nicht oder nicht mehr vorhanden sind, wird die Klage sogar abgewiesen, vgl. nur Zöller/Geimer, § 780 Rn. 22.
10 Auch wenn der Erbe schon im Erkenntnisverfahren versucht, die Voraussetzungen des § 1990 BGB zu beweisen, bleibt dem Ermessen des Gerichts überlassen, ob es diese aufklärt und hierüber sachlich entscheidet oder sich darauf beschränkt, dem Beklagten die Geltendmachung der Haftungsbeschränkung im Vollstreckungsverfahren gem. § 785 ZPO zu überlassen (BGH NJW-RR 2017, 1040, Tz. 12). Ob das Gericht ausnahmsweise zu ersterem verpflichtet ist, wenn in Bezug auf die Haftungsbeschränkung Entscheidungsreife besteht (so etwa Anders/Gehle/Hunke, § 780 Rn. 5), lässt der BGH (aaO) offen.
11 BGH NJW-RR 2015, 521, Tz. 29; Hk-ZPO/Kindl, § 780 Rn. 7.
12 BGH NJW 1983, 2378, juris-Tz. 22; Hk-ZPO/Kindl, § 780 Rn. 7.

tiert. Um deren Verarbeitung und rechtliche Würdigung durch das Gericht zu strukturieren, wurde die sog. **Relationstechnik** entwickelt. Danach ist im ersten Schritt (**Klägerstation**) im Rahmen einer reinen Rechtsprüfung nur zu beurteilen, ob der mit der Klage geltend gemachte Anspruch unter Zugrundelegung des Vortrags des Klägers, dh ohne jegliche Berücksichtigung etwaiger abweichender Angaben des Beklagten, begründet ist. Fehlt es daran, ist die Klage unschlüssig und damit unbegründet. Andernfalls ist sie **schlüssig**. Dann, aber auch nur dann ist im zweiten Schritt (**Beklagtenstation**) zu prüfen, ob die rechtliche Beurteilung des Vortrags des Beklagten zu abweichenden Ergebnissen führt. Fehlt es daran, ist dieser unerheblich und die Klage damit begründet. Anderenfalls ist der Beklagtenvortrag **erheblich** und sodann im dritten Schritt (**Beweisstation**) über die entscheidungserheblichen, zwischen den Parteien streitigen Sachverhalte Beweis zu erheben.

331 Die Relationstechnik wurde zwar für die richterliche Arbeit entwickelt, ist aber auch für Rechtsanwälte überaus hilfreich. Deshalb sollte auch der Prozessbevollmächtigte des Beklagten im ersten Schritt die Schlüssigkeit der Klage prüfen. Verneint er sie, darf er sich nicht darauf verlassen, dass auch das Gericht die Unschlüssigkeit erkennt (iura novit curia), sondern muss diesem seine Beurteilung in der Klageerwiderung erläutern.[13] Da die Schlüssigkeit der Klage aufgrund einer reinen Rechtsprüfung zu beurteilen ist,[14] handelt es sich bei der Geltendmachung ihrer Unschlüssigkeit um Rechtsausführungen. Damit kann hierdurch auch nicht gegen die nur für Tatsachenbehauptungen geltende prozessuale Wahrheitspflicht (§ 138 Abs. 1 ZPO) verstoßen werden, selbst wenn der Beklagte weiß, dass der nicht schlüssig dargelegte Tatbestand erfüllt ist. Verlangt beispielsweise der Käufer Schadensersatz wegen Nichterfüllung eines Kaufvertrages, trägt aber nur seine Bestellung, dh das Vertragsangebot vor, darf der Beklagte darauf hinweisen bzw. rügen, dass ein Vertragsabschluss nicht schlüssig dargelegt wurde, auch wenn er weiß, dass er das Angebot angenommen hat.[15] Letzteres zu bestreiten oder auch nur zu suggerieren, das Angebot tatsächlich nicht angenommen zu haben, wäre dagegen mit § 138 Abs. 1 ZPO unvereinbar. Dazu besteht aber auch keine Veranlassung, da der Beklagte sich nicht zu Tatsachen erklären muss, die der Kläger im Prozess nicht vorgetragen hat.[16]

4. Bestreiten des klägerischen Vortrags zu anspruchsbegründenden Tatsachen

332 Neben der Prüfung der Schlüssigkeit der Klage muss der Rechtsanwalt des Beklagten die in der Klageschrift (oder auch in späteren Schriftsätzen des Klägers) aufgestellten Behauptungen sorgfältig mit seinem Mandanten erörtern. Wird ihm hierbei mitgeteilt, dass der Klagevortrag unrichtig sei, muss dieser gem. § 138 Abs. 2 ZPO bestritten werden. Die prozessuale Notwendigkeit hierzu ergibt sich aus § 138 Abs. 3 ZPO. Danach gelten Behauptungen, die nicht bestritten werden, als zugestanden (**Geständnisfiktion**), zugestandene Tatsachen bedürfen aber gem. § 288 Abs. 1 ZPO keines Beweises mehr. Wird eine gegnerische Behauptung nicht bestritten, entfällt also deren Beweisbedürftigkeit,[17] dh das Gericht hat diese seiner Entscheidung als zutreffend zugrunde zu legen, auch wenn sie tatsächlich nicht zutrifft. Dies muss der Rechtsanwalt natürlich

---

13 Schneider, Rn. 2341; vgl. außerdem Rn. 67.
14 MünchKommZPO/Prütting, § 284 Rn. 11.
15 Vgl. auch Oberheim, Rn. 1098, wonach der Beklagte vermeiden darf und muss, dass die Klage erst durch sein Vorbringen – etwa zum Vertragsabschluss – schlüssig wird.
16 Vgl. nur: BGH NJW 1983, 2879, 2880, juris-Tz. 10.
17 Zöller/Greger, § 138 Rn. 9; MünchKommZPO/Fritsche, § 138 Rn. 29.

verhindern und sicherstellen, dass unrichtiger gegnerischer Vortrag ordnungsgemäß bestritten wird.

a) Prozessuale Anforderungen an das Bestreiten

Parteivortrag wird nur berücksichtigt, wenn er in prozessual beachtlicher Form, insbesondere hinreichend substantiiert und nicht „ins Blaue hinein" erfolgt (Rn. 141 ff., 152 f.). Dies gilt auch für das Bestreiten; erfolgt dieses nicht in der gebotenen Form, ist es prozessual unbeachtlich und verhindert damit die Geständnisfiktion nicht. Um dies zu vermeiden, muss folgendes beachtet werden:

333

aa) Nicht nur pauschales Bestreiten

Prozessual unbeachtlich ist zunächst generelles bzw. pauschales Bestreiten, das nicht auf eine bestimmte gegnerische Behauptung bezogen ist.[18] Die in Anwaltsschriftsätzen weit verbreiteten „Angstklauseln" („Nicht berührter gegnerischer Vortrag wird bestritten.") gehen daher ins Leere und sind überflüssig. Der Beklagte muss präzise angeben, welche konkrete Behauptung des Klägers bestritten wird. Bei einer Vielzahl unrichtiger Behauptungen muss daher jede einzelne bestritten werden, der Rechtsanwalt des Beklagten darf also zur Vermeidung der Geständnisfiktion nach § 138 Abs. 3 ZPO keine Behauptung vergessen. Auch wenn dies für alle Beteiligten mitunter ermüdend ist, führt daher kein Weg daran vorbei, die klägerische Behauptung zunächst (zumindest zusammenfassend) wiederzugeben und diese sodann zu bestreiten.[19] Hierbei sind eindeutige Formulierungen zu verwenden, etwa: „Die gegnerische Behauptung, der Beklagte habe ...., ist unzutreffend/falsch[20] bzw. wird bestritten." Oder: „Entgegen dem Vortrag auf Seite ... der Klageschrift hat sich der Vorfall wie folgt zugetragen: ..." Zu vermeiden sind dagegen unklare Formulierungen, etwa der gegnerische Vortrag sei „dem Beklagten nicht erinnerlich", „nicht nachvollziehbar", „nicht nachgewiesen" oder „der Kläger möge seine Behauptung unter Beweis stellen", denn allein hierin liegt kein Bestreiten.[21]

334

bb) Einfaches und qualifiziertes Bestreiten

Einfaches Bestreiten liegt vor, wenn sich der Beklagte auf die negative Feststellung beschränkt, dass ein bestimmter, von der Gegenseite behaupteter Sachverhalt nicht zutreffe bzw. bestritten werde. Von **substantiiertem oder qualifiziertem Bestreiten** wird demgegenüber gesprochen, wenn die bestreitende Partei positiv vorträgt, was nach ihrer Auffassung zutreffend ist.[22] Dazu ist der Vortrag von Tatsachen erforderlich, aber auch ausreichend, die in Verbindung mit einem Rechtssatz geeignet sind, das von der anderen Seite geltend gemachte Recht als nicht bestehend erscheinen zu lassen.[23] Typischerweise geschieht dies als Gegendarstellung zu der gegnerischen Behauptung und zeitlich nach dieser. Ist die entsprechende Darstellung schon vor diesem Zeitpunkt

335

---

18 Allgemeine Auffassung, vgl. nur BGH NJW 2010, 1357, Tz. 16; BGH NJW-RR 2022, 43, Tz. 41; Zöller/Greger, § 138 Rn. 10a.
19 Oberheim, Rn. 1136.
20 Der Begriff „falsch" beinhaltet sprachlich, dass die Gegenseite wider besseres Wissen vorträgt, und sollte daher zurückhaltend verwandt werden.
21 Oberheim, Rn. 1134.
22 Vgl. zu dieser Differenzierung nur Zöller/Greger, § 138 Rn. 10a.
23 BGH ZIP 2022, 2572, Tz. 9; zu den Substantiierungsanforderungen allgemein Rn. 144.

vorgetragen worden, ist eine nachfolgende, dem widersprechende gegnerische Behauptung damit aber gleichfalls bestritten, auch wenn die bestreitende Partei ihre bereits erfolgte Darstellung danach nicht wiederholt.[24] Wann einfaches Bestreiten ausreicht und wann nur substantiiertes Bestreiten prozessual beachtlich ist, wird selbst unter den verschiedenen Zivilsenaten des BGH nicht einheitlich beantwortet: Einige[25] halten substantiiertes Bestreiten nur bei Bestehen einer sekundären Darlegungslast (Rn. 166 ff.) für erforderlich. Nach der Gegenmeinung[26] darf sich der Beklagte auf einfaches Bestreiten nur beschränken, wenn auch die Gegenseite ohne Angabe von Einzelheiten vorträgt, während substantiierter gegnerischer Vortrag – vorbehaltlich § 138 Abs. 4 ZPO, dazu sogleich – nur entsprechend substantiiert bestritten werden kann, soweit der bestreitenden Partei der Vortrag des nach ihrer Darstellung zutreffenden Sachverhaltes möglich und zumutbar ist. Nach dieser strengeren Auffassung, an der sich der Rechtsanwalt zur Erfüllung seiner Sorgfaltspflichten (Wahl des sichersten Weges, Rn. 70) auszurichten hat, besteht also eine Wechselwirkung: Je substantiierter der Gegner vorträgt, desto substantiierter muss auch bestritten werden, so dass sich die Anforderungen hieran im Laufe des Rechtsstreits steigern können.[27]

336 Behauptet beispielsweise der Kläger in der Klageschrift pauschal einen Vertragsabschluss, ist dies zur Schlüssigkeit der Klage ausreichend, wenn der Vortrag nicht bestritten wird. Der Beklagte kann sich aber auf ebenso pauschales, dh einfaches Bestreiten beschränken. Jetzt muss der Kläger die Einzelheiten zum Zustandekommen des Vertrages vortragen. Geschieht dies, muss der Beklagte zu diesen Einzelheiten Stellung nehmen und darf sich nicht auf einfaches Bestreiten beschränken, sondern muss vortragen, wie sich die behaupteten Einzelheiten aus seiner Sicht richtigerweise zugetragen haben (qualifiziertes Bestreiten).[28]

337 Ähnliches gilt auch, wenn der Beklagte behauptet, die Klageforderung durch Zahlung erfüllt zu haben (§ 362 BGB). Für diese rechtsvernichtende Einrede ist der Beklagte darlegungs- und beweispflichtig (Rn. 163). Solange er hierzu nur pauschal vorträgt, kann der Kläger sich auf einfaches Bestreiten der Zahlung beschränken. Legt der Beklagte dann aber als Zahlungsnachweis einen eigenen Kontoauszug vor, aus dem sich die Belastung seines Kontos ergibt, muss der Kläger qualifiziert vortragen, dass ein Zahlungseingang nicht habe festgestellt werden können. Anderenfalls wird die Zahlung unstreitig.

338 Selbst substantiiertes Bestreiten kann sich im weiteren Verlauf des Rechtsstreits als unzureichend erweisen, wenn es nämlich durch die Beweisaufnahme widerlegt wird. Dazu folgendes Beispiel: Der klagende Patient behauptet, er habe durch Missachtung der sterilen Kautelen bei der Verlegung eines venösen Zugangs in der Notaufnahme des von der Beklagten betriebenen Krankenhauses eine (unstreitige) Infektion erlitten. Der beklagte Krankenhausträger bestreitet dies und trägt vor, die Injektion habe ein bestimmter Arzt, den sie hierzu auch als Zeuge benannte, vorgenommen und hierbei

---

24 BGH NJW-RR 2022, 1144, Tz. 21; BGH NJW-RR 2001, 1294, juris-Tz. 7.
25 BGH NJW-RR 1999, 1152, juris-Tz. 7; BGH NJW 1999, 3485, 3486, juris-Tz. 7 (beide II. Zivilsenat); BGH NJW 2011, 1509, 1511, Tz. 20 (III. Zivilsenat); BGH NJW 1995, 3311, 3312, juris-Tz. 9 (X. Zivilsenat); Schultz NJW 2017, 16, 20.
26 BGH NJW 2015, 468, 469, Tz. 11 (V. Zivilsenat); BGH NJW 2010, 1357, 1358, Tz. 16 f. (IX. Zivilsenat); BGH NJW-RR 2017, 842, Tz. 13 f. (VIII. Zivilsenat); BGHZ 217, 327, Tz. 20 (II. Zivilsenat); MünchKommZPO/Fritsche, § 138 Rn. 22 f.; Zöller/Greger, § 138 Rn. 8a.
27 BGH NJW 2019, 2080, Tz. 22; BGH NJW-RR 2020, 1320, Tz. 10.
28 Zöller/Greger, § 138 Rn. 8a; vgl. auch Rn. 148.

selbstverständlich alle sterilen Kautelen beachtet. Bei seiner Zeugenvernehmung sagt dieser Arzt allerdings aus, er habe die Medikamentierung nur angeordnet, aber nicht selbst ausgeführt, dies habe ein anderer Arzt getan, dessen Name sich aus den Behandlungsunterlagen ergeben müsse. Unter Berücksichtigung dieses Beweisergebnisses liegt ein beachtliches Bestreiten nicht mehr vor, denn das ursprüngliche substantiierte Bestreiten der Beklagten ist widerlegt, so dass diese ihrer Erklärungspflicht gem. § 138 Abs. 1, 2 ZPO nicht nachgekommen ist. Das Gericht muss die Beklagte gem. § 139 Abs. 1 ZPO hierauf allerdings hinweisen und ihr die Möglichkeit geben, ihren Vortrag zu berichtigen.[29]

cc) Bestreiten mit Nichtwissen

Gem. § 138 Abs. 4 ZPO darf sich eine Partei mit Nichtwissen (nur) über solche Tatsachen erklären, die weder eigene Handlungen noch Gegenstand ihrer Wahrnehmung gewesen sind. Weitere, ungeschriebene Voraussetzung ist, dass die Partei für die jeweilige Tatsache nicht darlegungs- und beweispflichtig ist.[30] Unter diesen Voraussetzungen ist daher insbesondere das Bestreiten mit Nichtwissen zulässig. Dies schließt zugleich jegliche Substantiierungspflicht aus, auch wenn der Gegner substantiiert oder gar unter Vorlage eines Privatgutachtens vorträgt.[31] Damit erweitert § 138 Abs. 4 ZPO die Möglichkeiten des Bestreitens gegnerischen Vortrages erheblich und begründet damit ein prozesstaktisches Instrument von großer praktischer Bedeutung.[32] Dogmatisch ist das Bestreiten mit Nichtwissen eine besondere Form des Bestreitens durch die nicht beweisbelastete Partei.[33]

339

Auch wenn die Voraussetzungen des § 138 Abs. 4 ZPO nach dem Wortlaut dieser Norm erfüllt sind, ist ein Bestreiten mit Nichtwissen unzulässig bei Vorgängen im eigenen Geschäfts- oder Verantwortungsbereich der Partei, da diese sich die notwendigen Informationen beschaffen kann und muss.[34] Eine Erkundigungspflicht besteht insbesondere, wenn die maßgebenden Tatsachen Personen bekannt sind, die unter der Anleitung, Aufsicht oder Verantwortung der Partei tätig geworden sind.[35] In solchen Fällen darf die betroffene Partei mit Nichtwissen nur bestreiten, wenn sie glaubhaft machen kann, dass ihre Nachforschungen trotz aller zumutbaren Anstrengungen entweder keine weiteren Erkenntnisse ergeben[36] oder zu widersprüchlichen Darstellungen seitens mehrerer befragter Personen geführt haben.[37] Einer juristischen Person wird grds. die Kenntnis ihrer Organe zugerechnet.[38] Dies gilt allerdings nicht für das Wissen eines früheren, dh aus dem Amt ausgeschiedenen Organmitglieds; in einem solchen Fall ist daher das Bestreiten mit Nichtwissen zulässig, wenn substantiiert dargelegt wird, dass das ehemalige Organmitglied seine Kenntnisse nicht weitergegeben hat und

340

---

29 Vgl. zum Ganzen: BGH NJW-RR 2021, 93, Tz. 11 ff.
30 BGH VersR 2016, 133, 134, Tz. 15; BGHZ 200, 350, Tz. 12; BGH NJW-RR 2009, 1666, 1667, Tz. 14; BGH NJW 1989, 161, 162, juris-Tz. 25; Hk-ZPO/Wöstmann, § 138 Rn. 7.
31 BGH NJW 2015, 468, 469, Tz. 12.
32 Oberheim, Rn. 1161.
33 Rosenberg/Schwab/Gottwald, § 113 Rn. 23.
34 BGH NJW-RR 2016, 1251, 1252, Tz. 20, 22; Zöller/Greger, § 138 Rn. 16; Hk-ZPO/Wöstmann, § 138 Rn. 9.
35 St. Rspr., vgl. nur BGH NJW 1999, 53, 54, juris-Tz. 14; BGH NJW-RR 2002, 612, 613, juris-Tz. 30; BGH NJW-RR 2009, 1666, 1667, Tz. 16; BGH NJW-RR 2016, 1251, 1252, Tz. 20; BGH NJW-RR 2019, 747, Tz. 34.
36 BGH NJW-RR 2016, 1251, 1252 f., Tz. 20, 26; BGH NJW-RR 2019, 747, Tz. 34.
37 BGHZ 109, 205, 210; BGH NJW-RR 2016, 1251, 1252, Tz. 20; BGH NJW-RR 2019, 747, Tz. 34 Musielak/Voit/Stadler, § 138 Rn. 17.
38 Allg. Auffassung, vgl. nur BGH NJW-RR 2016, 1251, 1252, Tz. 20; BGH NJW-RR 2019, 747, Tz. 34.

trotz der gebotenen Nachforschungen die erforderlichen Informationen auch nicht anhand vorhandener Aufzeichnungen oder durch Befragung anderer Mitarbeiter gewonnen werden konnten.[39] Dagegen ist dem Rechtsnachfolger, der sich bei seinem Rechtsvorgänger (etwa dem Zedenten im Fall einer Abtretung nach § 398 BGB) informieren kann, das Bestreiten mit Nichtwissen verwehrt.[40]

341 Hat die Partei die fraglichen Geschehensabläufe wahrgenommen, aber ohne Verschulden vergessen, darf sie trotz § 138 Abs. 4 ZPO mit Nichtwissen bestreiten.[41] Hierfür genügt aber nicht die bloße Behauptung, sich nicht erinnern zu können, dies muss vielmehr nach der Lebenserfahrung glaubhaft sein.[42] Deshalb muss der Grund für das Vergessen plausibilisiert werden. In Betracht kommen etwa Krankheiten, die typischerweise die Erinnerung erschweren, oder auch ein erheblicher zeitlicher Abstand zu den streitentscheidenden Ereignissen; wie lange diese zur Plausibilisierung des Vergessens zurückliegen müssen, hängt von der Art des Ereignisses ab.

342 Ist ein Bestreiten mit Nichtwissen nach den vorstehenden Regeln unzulässig, ist es prozessual unbeachtlich mit der Konsequenz, dass das Gericht die bestrittene Behauptung seiner Entscheidung als unstreitig zugrunde zu legen hat.[43] Deshalb sollte prozesstaktisch nicht voreilig explizit „mit Nichtwissen" bestritten werden, sondern stets geprüft werden, ob einfaches Bestreiten möglich ist.[44] Die prozessuale Wahrheitspflicht (§ 138 Abs. 1 ZPO), die selbstverständlich auch beim Bestreiten gegnerischer Behauptungen zu beachten ist, wird erst verletzt, wenn wider besseres Wissen bestritten wird, und bedeutet somit nicht, dass nur solche Tatsachen bestritten werden dürfen, die dem Beklagten als unwahr bekannt sind.[45] Auch ein außerhalb des Anwendungsbereiches von § 138 Abs. 4 ZPO unzulässiges Bestreiten „ins Blaue hinein" liegt nur vor, wenn dies ohne jegliche Anhaltspunkte, rein willkürlich und rechtsmissbräuchlich geschieht (Rn. 152). Schließt der Beklagte dagegen etwa aus den ihm bekannten Tatsachen auf die Unrichtigkeit des gegnerischen Vortrages, ist einfaches Bestreiten zulässig, so dass keine Veranlassung besteht, „mit Nichtwissen" zu bestreiten. Letzteres sollte nur geschehen, wenn keinerlei Substantiierung erfolgen und daher nur mit Nichtwissen bestritten werden kann.[46] Zwingend erforderlich ist diese Bezeichnung auch dann allerdings nicht. Auch wenn nicht explizit „mit Nichtwissen" bestritten wird, muss das Gericht nämlich erkennen, ob die Voraussetzungen hierfür erfüllt sind und bejahendenfalls das Bestreiten entsprechend behandeln.[47] Darüber hinaus ist in diesen Fällen die Erklärung mit Nichtwissen auch dann zulässig und somit vom Gericht zu berücksichtigen, wenn die Partei den Versuch unternimmt, substantiiert zu bestreiten, und dabei Behauptungen ins Blaue hinein aufstellt.[48]

---

39 BGH NJW-RR 2015, 1321, 1323, Tz. 18; BGH NJW 1995, 130, 131, juris-Tz. 22; BGH WM 1987, 1125, 1126, juris-Tz. 32; Wieczorek/Schütze/Gerken, § 138 Rn. 43; *weitergehend* BGH NJW-RR 2002, 612, 613, juris-Tz. 30, wonach eine Erkundigungspflicht besteht, wenn die Organzugehörigkeit bei Klageerhebung noch bestand.
40 Zöller/Greger, § 138 Rn. 16; Hk-ZPO/Wöstmann, § 138 Rn. 9, beide mwN.
41 BGH NJW-RR 2002, 612, 613, juris-Tz. 28.
42 BGH NJW-RR 2002, 612, 613, juris-Tz. 28; BGH NJW 1995, 130, 131, juris-Tz. 20; Hk-ZPO/Wöstmann, § 138 Rn. 8; Zöller/Greger, § 138 Rn. 14.
43 BGH NJW 2021, 1957, Tz. 23; BGH NJW-RR 2019, 747, Tz. 34; Rosenberg/Schwab/Gottwald, § 113 Rn. 23; Hk-ZPO/Wöstmann, § 138 Rn. 7; Zöller/Greger, § 138 Rn. 13.
44 Oberheim, Rn. 1159 f.
45 Rosenberg/Schwab/Gottwald, § 65 Rn. 66; Oberheim, Rn. 1159; vgl. außerdem Rn. 6 mwN.
46 Oberheim, Rn. 1160, 1162.
47 BGH ZIP 2013, 384, Tz. 17 aE; Zöller/Greger, § 138 Rn. 13; Oberheim, Rn. 1162.
48 BGH MDR 2019, 242, Tz. 10; BGH NJW-RR 1989, 41, 43, juris-Tz. 34.

b) Gegenbeweis

Die anspruchsbegründenden Voraussetzungen der Klageforderung muss der Kläger beweisen (Rn. 162). Der Beklagte könnte sich daher theoretisch darauf beschränken, diese zu bestreiten und abzuwarten, ob der Kläger den ihm obliegenden Nachweis erbringen kann. Taktisch wäre eine solche „minimalistische" Prozessführung aber unzulänglich, da der Beklagte bzw. sein Rechtsanwalt immer damit rechnen muss, dass der Gegner Beweismittel – insbesondere Zeugen – präsentieren kann, die seinen Vortrag stützen. Deshalb sollte nach Möglichkeit für diesen Fall rechtzeitig Vorsorge getroffen werden, indem sich der Beklagte nicht auf das Bestreiten beschränkt, sondern für die Richtigkeit seiner Darstellung gleich auch Gegenbeweis antritt (Rn. 211), etwa durch Benennung von Zeugen, die die Unrichtigkeit des gegnerischen Vortrages bestätigen können.[49]

343

c) Richtiger Vortrag des Klägers; Vermeidung von Geständnissen

Weiß der Beklagte, dass bestimmte Behauptungen des Klägers richtig sind, darf er diese mit Rücksicht auf seine prozessuale Wahrheitspflicht (§ 138 Abs. 1 ZPO) zwar selbstverständlich nicht bestreiten. Er sollte sich aber darauf beschränken, diese Behauptungen unbestritten zu lassen, sie aber nicht zugestehen. Der Unterschied ist gravierend: Zwar gelten unbestrittene Tatsachen gem. § 138 Abs. 3 ZPO als zugestanden, diese Geständnisfiktion entfällt aber, wenn die fragliche Behauptung im weiteren Verlauf des Rechtsstreites noch bestritten wird und dieses Bestreiten nicht nach § 296 ZPO oder § 531 Abs. 2 ZPO präkludiert ist; mit dieser Einschränkung tritt also durch bloßes Nichtbestreiten keine Bindungswirkung ein, ein späteres Bestreiten bleibt möglich.[50] Ganz anders verhält es sich beim Geständnis. Denn ein solches kann gem. § 290 ZPO nur widerrufen werden, wenn nachgewiesen wird, dass dieses unwahr ist und auf einem Irrtum beruht. Zugestandene Tatsachen bedürfen gem. § 288 ZPO keines Nachweises mehr. Durch ein Zugeständnis verschlechtert die Partei ihre prozessuale Position also gravierend, ohne dass dem irgendwelche Vorteile gegenüberstehen; deshalb sollte ein solches unbedingt vermieden werden.[51] Dies gilt allein schon vor dem Hintergrund, dass es in der anwaltlichen Praxis immer wieder vorkommt, dass ein Mandant den gegnerischen Vortrag zunächst als richtig bestätigt, er später – aufgrund neuer Informationen, etwa weil er weitere Unterlagen auffindet, oder auch nur durch intensiveres Memorieren – aber noch zu der Erkenntnis gelangt, dass es sich doch anders zugetragen hat. Der Möglichkeit, solche Entwicklungen im Rechtsstreit noch geltend zu machen, sollte sich der Rechtsanwalt nicht durch ein voreiliges Geständnis begeben.

344

Allerdings liegt ein Geständnis nur unter strengen, in § 288 ZPO geregelten Voraussetzungen vor. Danach beinhaltet zunächst der nur einseitige Vortrag einer Partei noch kein Geständnis. Zugestanden werden können vielmehr nur von der beweisbelasteten Partei behauptete Tatsachen.[52] Gem. § 288 ZPO erfordert ein Geständnis, dass erst die beweisbelastete Partei die fragliche Tatsache behauptet und diese danach von der anderen Partei zugestanden wird, indem entweder deren Richtigkeit bestätigt oder inhaltsgleich vorgetragen wird. Gleichgestellt wird der Fall, dass eine Partei eine ihr

345

---

49 Oberheim, Rn. 1180.
50 Vgl. nur Zöller/Greger, § 138 Rn. 9; MünchKommZPO/Fritsche, § 138 Rn. 29.
51 Zutreffend Oberheim, Rn. 1137 ff.
52 BGH NJW 1990, 392, 393, juris-Tz. 15; Hk-ZPO/Saenger, § 288 Rn. 8.

ungünstige Tatsache behauptet, die beweispflichtige Partei sich diesen Vortrag zu eigen macht und die erstgenannte Partei daraufhin hiervon nicht Abstand nimmt.[53] Gem. § 288 ZPO muss das Geständnis außerdem im Rahmen einer mündlichen Verhandlung erfolgen. Dies bedeutet, dass durch Rücknahme oder Richtigstellung des schriftsätzlichen Vortrages bis zur oder in der mündlichen Verhandlung jedenfalls die Geständniswirkung nach § 288 ZPO vermieden werden kann.[54] Nicht erforderlich ist demgegenüber, dass das Geständnis in der mündlichen Verhandlung ausdrücklich erklärt oder gar zu Protokoll genommen wird. Da nämlich der gesamte bis zum Termin angefallene Akteninhalt Gegenstand der mündlichen Verhandlung ist und die Antragstellung die stillschweigende Bezugnahme auf den gesamten schriftsätzlichen Vortrag der Partei beinhaltet, bewirkt diese auch die Geständniswirkung nach § 288 ZPO in Bezug auf das gesamte Parteivorbringen, selbst wenn dieses in der mündlichen Verhandlung nicht wiederholt wird.[55]

346 Vermeiden lässt sich ein Geständnis häufig bereits durch Nuancen in der Formulierung. Behauptet beispielsweise der Kläger eine bestimmte mündliche Erklärung des Beklagten, die dieser auch tatsächlich abgegeben hat, nach seiner – des Beklagten – Auffassung die Klageforderung aber nicht stützt, könnte in der Klageerwiderung theoretisch etwa formuliert werden: „Dass der Beklagte diese Erklärung abgegeben hat, lässt die vom Kläger gewünschten Rechtsfolgen keinesfalls zu." Wird so vorgetragen und hierüber mündlich verhandelt, liegt ein Zugeständnis der fraglichen Erklärung iSd §§ 288, 290 ZPO vor. Wird dagegen formuliert: „Selbst wenn der Beklagte die vom Kläger vorgetragene Erklärung so abgegeben haben sollte, stützt diese jedenfalls die Klageforderung aus den nachfolgenden Gründen nicht.", ist der klägerische Vortrag nicht bestritten – und damit ist der Wahrheitspflicht Genüge getan –, aber auch nicht zugestanden. Die letztgenannte Formulierung ist daher vorzugswürdig.

5. Einreden gegen die Klageforderung

347 In der Klageerwiderung müssen außerdem die zur Verfügung stehenden rechtshindernden, rechtsvernichtenden oder rechtshemmenden Einreden (Rn. 163) gegen die Klageforderung geltend gemacht sowie deren Voraussetzungen substantiiert vorgetragen und möglichst unter Beweis gestellt werden.

a) Taktisches Vorgehen bzgl. Formalia der Einrede

348 Manche Einreden haben nicht nur materielle, sondern auch formelle Voraussetzungen, die beachtet werden müssen. So erfordern beispielsweise Gewährleistungsrechte wie das Recht zur Minderung, zum Rücktritt oder zur Geltendmachung von Schadensersatzansprüchen im Kauf- oder Werkvertragsrecht, dass dem Vertragspartner zuvor erfolglos eine angemessene Frist zur Nacherfüllung gesetzt wird (§§ 323, 437, 440, 441, 634, 636, 638 BGB). Dies bedeutet natürlich auch, dass dem Vertragspartner innerhalb der Frist die Möglichkeit zur Nacherfüllung gegeben werden muss, wenn dieser sie erbringen möchte. Diese „letzte Chance" wollen Mandanten häufig ihrem Vertragspartner aber am liebsten überhaupt nicht mehr gewähren, weil sie das Vertrauen in dessen Kompetenz verloren haben und von einer Nachbesserung nur neuen

---

53 BGH NJW 1990, 392, 393, juris-Tz. 15; BGH NJW 1978, 884, 885, juris-Tz. 20; Hk-ZPO/Saenger, § 288 Rn. 8.
54 Hk-ZPO/Saenger, § 288 Rn. 8; unabhängig hiervon kann das Gericht den Vortragswechsel allerdings im Rahmen seiner Beweiswürdigung berücksichtigen, vgl. dazu bereits Rn. 146 aE.
55 BGHZ 192, 221, 231, Tz. 24; BGH NZI 2012, 514, 515, Tz. 7; BGH NJW-RR 2007, 1563, 1565, Tz. 16.

Ärger erwarten. Auf einen solchen Wunsch des Mandanten einzugehen und auf eine Fristsetzung zur Nacherfüllung zu verzichten, ist aus anwaltlicher Sicht gefährlich. Denn die Fristsetzung ist nur selten und unter strengen Voraussetzungen entbehrlich (§§ 323 Abs. 2, 440, 636 BGB). Auf eine solche zu verzichten, begründet daher stets das Risiko, die Gewährleistungsrechte und damit den Prozess allein deshalb zu verlieren. Um dieses zu vermeiden, gleichzeitig aber auch das Risiko eines eigentlich unerwünschten Nachbesserungsversuches möglichst gering zu halten, kann zulässigerweise die Fristsetzung auch in einem Schriftsatz, etwa in der Klageerwiderung erfolgen, gewissermaßen also dort „versteckt" werden in der Hoffnung, dass der Gegner die Frist verstreichen lässt.[56] Verlangt beispielsweise der Kläger Kaufpreiszahlung (§ 433 Abs. 2 BGB), möchte aber der Beklagte wegen von ihm behaupteter, gravierender Mängel die Kaufsache weder behalten noch bezahlen, können die Mängel in der Klageerwiderung ausführlich vorgetragen und unter Beweis gestellt werden, um dann den Kläger in einem „Halbsatz" aufzufordern, wegen dieser binnen angemessener Frist Nacherfüllung zu leisten. Diese Taktik geht regelmäßig auf, weil der Prozessgegner psychologisch dem Schriftsatz mit einer abwehrenden Grundtendenz gegenübersteht, so dass das Risiko, dass er auf eine darin enthaltene Aufforderung zur Nacherfüllung eingeht, gering ist. Im nächsten Schriftsatz – nach Ablauf der Frist – kann dann beispielsweise der Rücktritt erklärt werden.

b) Aufrechnung

aa) Rechtsnatur, Formen, Darlegungs- und Beweislast

Der Beklagte kann sich gegen die Klageforderung auch mit einer Aufrechnung (§§ 387, 389 BGB) verteidigen. Die zur Aufrechnung gestellte Gegenforderung wird nicht rechtshängig,[57] deren Verjährung wird gem. § 204 Abs. 1 Nr. 5 BGB aber bis zur Höhe der Forderung, gegen die aufgerechnet wird, gehemmt. Die Aufrechnung kann zunächst außergerichtlich, etwa vorprozessual erklärt und im Rechtsstreit vorgetragen werden, dann handelt es sich ausschließlich um ein materiellrechtliches Rechtsgeschäft, das nicht anders als sonstige rechtsvernichtende Einreden zu behandeln ist.[58] Alternativ kann die Aufrechnung aber auch erstmalig im Rechtsstreit erklärt werden, dh im Rahmen eines Schriftsatzes oder in der mündlichen Verhandlung; diese **Prozessaufrechnung** ist zugleich materiellrechtliche Willenserklärung und Prozesshandlung, hat also eine **Doppelnatur**.[59] Ist sie das einzige Verteidigungsmittel des Beklagten gegen die Klageforderung, liegt eine **Haupt- oder Primäraufrechnung** vor. Meistens bestreitet der Beklagte aber schon das Bestehen der Klageforderung und rechnet nur hilfsweise auf. Diese **Hilfs- oder Eventualaufrechnung** steht unter der – zulässigen – innerprozessualen Bedingung, dass das Gericht die Klageforderung ansonsten für begründet hält.[60] In allen Fällen muss der Beklagte, da er mit der Aufrechnung eine rechtsvernichtende Einrede gegen die Klageforderung geltend macht (Rn. 163), deren Voraussetzungen darlegen

349

---

56 Vgl. etwa BGH NJW 2009, 2532, 2533, Tz. 14 ff., wonach die Frist zur Nacherfüllung gem. § 439 BGB selbst in der Berufungsinstanz noch schriftsätzlich gesetzt werden kann, dh nicht gem. § 531 Abs. 2 ZPO präkludiert ist.
57 BGHZ 57, 242, 243 f.; Hk-ZPO/Wöstmann, § 145 Rn. 15; Rosenberg/Schwab/Gottwald, § 104 Rn. 23.
58 Zöller/Greger, § 145 Rn. 11a.
59 Zöller/Greger, § 145 Rn. 11; Rosenberg/Schwab/Gottwald, § 104 Rn. 13.
60 Zöller/Greger, § 145 Rn. 13; Einzelheiten sind streitig, vgl. dazu Rosenberg/Schwab/Gottwald, § 104 Rn. 14 ff.

und beweisen.[61] Dies gilt insbesondere für die anspruchsbegründenden Tatsachen, aus denen er seine Gegenforderung herleitet.[62] Rechtshindernde, rechtsvernichtende oder rechtshemmende Einreden gegen diese Gegenforderung muss demgegenüber der Kläger als ihm günstige Tatsachen darlegen und beweisen. Dasselbe gilt für die Voraussetzungen eines Aufrechnungsausschlusses, etwa nach § 393 BGB.[63]

350 Werden mehrere Forderungen zur Aufrechnung gestellt und übersteigt deren Summe die Klageforderung, kann der Beklagte gem. § 396 Abs. 1 S. 1 BGB bestimmen, in welcher Reihenfolge die Gegenforderungen zur Aufrechnung gestellt werden und ob die Gegenforderungen in voller Höhe oder nur teilweise (ggf. mit welchem Teil) zur Aufrechnung gestellt werden. Nimmt die aufrechnende Partei keine Bestimmung vor oder widerspricht ihr der Gegner unverzüglich, gilt gem. § 396 Abs. 1 S. 2 BGB für die Tilgungsreihenfolge § 366 Abs. 2 BGB entsprechend.[64]

bb) Rücknahme der Aufrechnung oder Änderung der Tilgungsreihenfolge

351 Aus der Doppelnatur der Prozessaufrechnung folgt, dass diese als Prozesshandlung im Laufe des Rechtsstreits – auch in der Berufungsinstanz – zurückgenommen werden kann; wurden mehrere Gegenforderungen zur Aufrechnung gestellt, kann dies auch auf einzelne Gegenforderungen beschränkt oder die Tilgungsreihenfolge geändert werden.[65] Damit werden zugleich auch die materiellrechtlichen Wirkungen der Aufrechnung (§ 389 BGB) rückgängig gemacht bzw. geändert, da diese davon abhängig sind, dass die Aufrechnung prozessual wirksam wird.[66] Prozesstaktisch kann ein solches Vorgehen aus zwei Gründen geboten sein: Zunächst erhöht – im Gegensatz zur Hauptaufrechnung – die Hilfsaufrechnung, wenn über sie entschieden wird, gem. § 45 Abs. 3 GKG den Gegenstandswert und damit das Kostenrisiko. Außerdem erwächst die Aberkennung der Gegenforderung, obwohl diese nicht rechtshängig wird (Rn. 349), gem. § 322 Abs. 2 ZPO in Rechtskraft. Dies gilt auch, wenn das Gericht die Aufrechnung als unbegründet erkennt, weil das Vorbringen zur Gegenforderung unsubstantiiert oder wegen Verspätung gem. § 296 ZPO präkludiert ist.[67] Um die rechtskräftige und zudem kostenerhöhende Aberkennung einer Gegenforderung zu vermeiden, bietet es sich daher an, rechtzeitig die Aufrechnung zurückzunehmen oder zumindest die Tilgungsreihenfolge so zu ändern, dass eine Entscheidung über diese Gegenforderung nicht mehr erfolgt. Generell sollte mit Rücksicht auf § 322 Abs. 2 ZPO und § 45 Abs. 3 GKG die Tilgungsreihenfolge möglichst so gewählt werden, dass die „schwächsten" bzw. unsichersten Forderungen an die letzten Stellen gesetzt werden.

352 Von der Aberkennung der Gegenforderung als unbegründet sind die Fälle abzugrenzen, in denen die Aufrechnung als solche wegen verspäteter Erklärung gem. § 296 ZPO oder § 533 ZPO (Rn. 410 ff., 581) präkludiert ist. Dann wird nämlich nur die Prozessaufrechnung und nicht der zu ihrer Begründung erfolgte Vortrag zurückgewie-

---

61 MünchKommBGB/Schlüter, § 387 Rn. 68.
62 BGHZ 137, 267, 288.
63 BGH NJW 1994, 252, 253, juris-Tz. 18; MünchKommBGB/Schlüter, § 387 Rn. 68.
64 BGHZ 149, 120, 124; BGHZ 179, 1, Tz. 11, 15; Zöller/Greger, § 145 Rn. 16b.
65 BGHZ 179, 1, Tz. 12; Hk-ZPO/Wöstmann, § 145 Rn. 9; Rosenberg/Schwab/Gottwald, § 104 Rn. 6.
66 BGHZ 179, 1, Tz. 12; Grüneberg/Grüneberg, § 388 Rn. 2.
67 BGH NJW-RR 1991, 971, 972, juris-Tz. 8; BGH NJW 1994, 1538, juris-Tz. 5; Grüneberg/Grüneberg, § 388 Rn. 2 aE; Zöller/Greger, § 145 Rn. 16; HK-ZPO/Wöstmann, § 145 Rn. 13; zur Präklusion verspäteten Vorbringens zur Begründung der Aufrechnung: BGHZ 91, 293, 302 ff.

sen, auch wenn letzterer gleichfalls verspätet sein sollte.[68] Damit ergeht keine nach § 322 Abs. 2 ZPO rechtskraftfähige Entscheidung über die Gegenforderung, so dass diese nicht rechtskräftig aberkannt wird. Die Prozessaufrechnung bleibt analog § 139 BGB auch materiellrechtlich wirkungslos, so dass die Gegenforderung anderweitig noch geltend gemacht werden kann.[69] Bei der außergerichtlich erklärten Aufrechnung besteht diese Möglichkeit dagegen nicht, da bei dieser kein Doppeltatbestand vorliegt und daher § 139 BGB nicht greift, so dass die Gegenforderung gem. § 389 BGB erloschen ist, auch wenn die Aufrechnung im Rechtsstreit unberücksichtigt bleibt.[70]

Allerdings sollen nach einer Grundsatzentscheidung des VIII. Zivilsenates des BGH die zeitlichen Grenzen für die Ausübung von Gestaltungsrechten allein durch das materielle Recht bestimmt werden; solange diese eingehalten werden, soll eine Präklusion nach prozessualen Bestimmungen ausgeschlossen sein.[71] Da auch die Aufrechnung ein Gestaltungsrecht ist und materiellrechtliche Fristen für dessen Ausübung nicht bestehen, dürfte bei konsequenter Anwendung dieser Rspr. die Präklusion einer im Rechtsstreit verspätet erklärten Aufrechnung nicht mehr in Betracht kommen.[72] Dieser Beurteilung kann indes nicht zugestimmt werden (Rn. 566 ff.). An den unter Rn. 352 dargestellten, bislang allgemein anerkannten Regeln ist daher festzuhalten. Davon geht auch die dort zitierte Kommentarliteratur weiterhin aus, ohne hierbei freilich auf die vorgenannte Grundsatzentscheidung des BGH einzugehen.

353

cc) Gerichtliche Entscheidung

Hält das Gericht eine Hilfsaufrechnung für durchgreifend, darf es gleichwohl die Begründetheit der Klageforderung nicht offenlassen.[73] Zwar wird die Klage in jedem Fall im Umfang der Hilfsaufrechnung abgewiesen, die Rechtsfolgen sind aber bei Begründetheit der Klageforderung andere als bei deren Unbegründetheit: Ersterenfalls wird nämlich – nach Unanfechtbarkeit der Entscheidung mit entsprechender Rechtskraftwirkung nach § 322 Abs. 2 ZPO – auch entschieden, dass die Klageforderung erst durch die Aufrechnung erloschen und damit auch die Gegenforderung untergegangen ist.[74] Dies wirkt sich auch auf den Streitwert (§ 45 Abs. 3 GKG) und damit auf die Kostenentscheidung aus (92 Abs. 1 ZPO). Im letztgenannten Fall, dh bei Unbegründetheit der Klageforderung, wird dagegen nur über diese entschieden, so dass bei Eintritt der Rechtskraft deren Unbegründetheit feststeht. Daraus folgt zugleich, dass die Gegenforderung jedenfalls durch die Aufrechnung nicht verbraucht ist und damit weiterhin geltend gemacht werden kann. Hierbei ist deren Begründetheit in einem Folgeprozess allerdings erneut vom Forderungsinhaber darzulegen und zu beweisen sowie vom dann zuständigen Gericht zu prüfen, da über die Hilfsaufrechnung im Erstprozess nicht entschieden wurde und daher insofern auch keine Rechtskraft eingetreten ist.

354

---

68 Musielak/Voit/Foerste, § 282 Rn. 5.
69 Grüneberg/Grüneberg, § 388 Rn. 2; Zöller/Greger, § 145 Rn. 15; Hk-ZPO/Wöstmann, § 145 Rn. 13; Rosenberg/Schwab/Gottwald, § 104 Rn. 42.
70 Zöller/Greger, § 145 Rn. 15; Hk-ZPO/Wöstmann, § 145 Rn. 13; Rosenberg/Schwab/Gottwald, § 104 Rn. 44 f.; a. A.: MünchKommZPO/Fritsche, § 145 Rn. 27 f.
71 BGHZ 220, 77 = NJW 2019, 80, 81 f., Tz. 24 ff. (zu den Einzelheiten vgl. Rn. 566 ff.).
72 Zutreffend Lechner WM 2019, 765, 768.
73 Vgl. nur BGHZ 80, 97, 99; Zöller/Greger, § 145 Rn. 13; Zöller/Vollkommer, § 322 Rn. 21, beide mwN.
74 Zöller/Vollkommer, § 322 Rn. 21 mwN.

III. Verhalten bei begründeter Klage

1. Urteil oder Erledigung?

355 Erkennt der Rechtsanwalt, ggf. nach eingehender rechtlicher Prüfung und Aufklärung des Sachverhaltes, insbesondere durch Rücksprache mit dem Beklagten, dass die Klage vollständig oder teilweise begründet ist, hiergegen also insofern keine erfolgversprechenden Verteidigungsmöglichkeiten bestehen, muss er seinen Mandaten entsprechend informieren und mit ihm das weitere Vorgehen abstimmen. Meistens ist in solchen Fällen wenig sinnvoll, wenn auch rechtlich zulässig, sich mit schlecht oder kaum vertretbaren rechtlichen Argumenten gegen die Klage zu verteidigen in der Hoffnung, noch einen Vergleich zu erreichen; denn in der Regel wird der Gegner dann kaum vergleichsbereit sein und auch das Gericht keinen mit der materiellen Rechtslage unvereinbaren Vergleichsvorschlag unterbreiten.[75] Der Beklagte wird sich daher darauf einstellen müssen, die begründete Klageforderung zu erfüllen. Prozessual bestehen mehrere Möglichkeiten. Zunächst kann die Klageforderung durch schriftsätzliche Erklärung gegenüber dem Gericht anerkannt werden, dann ergeht gegen den Beklagten gem. § 307 ZPO ein Anerkenntnisurteil, und zwar ohne gerichtliche Prüfung der Begründetheit der Klage.[76] Alternativ kann der Beklagte gegen sich ein Versäumnisurteil ergehen lassen, indem er im schriftlichen Vorverfahren von einer Verteidigungsanzeige absieht oder der mündlichen Verhandlung fernbleibt (§ 331 ZPO). Schließlich besteht die Möglichkeit, ein die Klage erledigendes Ereignis herbeizuführen. Etwa kann der Beklagte die geschuldete Zahlung an den Kläger erbringen. Die Klageforderung erlischt dann durch Erfüllung (§ 362 BGB), so dass der Kläger die Klage für erledigt erklären und der Beklagte sich der Erledigungserklärung anschließen wird. Das Gericht muss dann nur noch über die Kosten des Rechtsstreits durch Beschluss nach § 91a ZPO entscheiden (Rn. 490).

356 Prozesstaktisch sind die beiden erstgenannten Alternativen (dh die Herbeiführung eines Anerkenntnis- oder Versäumnisurteil) idR nicht zu empfehlen, da hierdurch ein Titel gegen den Mandanten geschaffen wird, gegen den nach erfolgter Erfüllung uU durch Vollstreckungsgegenklage (§ 767 ZPO) vorgegangen werden muss. Diesem Risiko sollte der Rechtsanwalt seinen Mandanten nicht aussetzen. In der Regel ist daher die Herbeiführung eines erledigenden Ereignisses vorzugswürdig, zumal hierbei auch die geringsten Prozesskosten anfallen, wenn der Rechtsstreit vor der mündlichen Verhandlung übereinstimmend für erledigt erklärt wird.[77] Ein abweichendes Vorgehen kann aber bei Unterlassungsklagen vorzugswürdig sein. Hier kann nämlich die für den Unterlassungsanspruch erforderliche Wiederholungsgefahr nur durch Abgabe einer strafbewehrten Unterlassungserklärung ausgeräumt werden, dh der Beklagte muss sich zur Unterlassung vertraglich verpflichten und für den Fall der Zuwiderhandlung eine Vertragsstrafe in angemessener Höhe versprechen (Rn. 180). Dies begründet gravierende Unterschiede zum Unterlassungsurteil: Ein solches wird durch Ordnungsgeld vollstreckt (§ 890 ZPO). Zumindest im Falle eines ersten Verstoßes gegen das Unter-

---

75 Optimistischer insofern Oberheim, Rn. 1095, der meint, dass schon die bloße Kundgabe der „Kampfbereitschaft" häufig bei Kläger zur Vermeidung der Prozessrisiken Vergleichsbereitschaft erzeuge.
76 Vgl. nur Hk-ZPO/Saenger, § 307 Rn. 9: Das Gericht hat nur das Vorliegen der Prozessvoraussetzungen von Amts wegen zu prüfen.
77 Oberheim, Rn. 1074, 1077; Grund: die anwaltlichen Terminsgebühren fallen nicht mehr an; die Gerichtskosten für die Entscheidung nach § 91a ZPO können durch Kostenanerkenntnis auf 1,0 reduziert werden, vgl. Nr. 1211 Nr. 1, 4 KV-GKG.

lassungsurteil werden in der Praxis in der Regel deutlich niedrigere Ordnungsgelder verhängt als die zur Ausräumung der Wiederholungsgefahr zu versprechenden Vertragsstrafen. Hinzu kommt, dass das Ordnungsgeld der Staatskasse zugutekommt, während die Vertragsstrafe der Kläger erhält und behalten darf, wodurch sein Interesse an der Verfolgung von Verletzungshandlungen naturgemäß gesteigert wird. Eine strafbewehrte Unterlassungserklärung ist daher für den Beklagten idR deutlich risikoträchtiger als ein Unterlassungsurteil, so dass sich in diesen Fällen anbietet, der mündlichen Verhandlung fernzubleiben und ein Versäumnisurteil ergehen zu lassen oder in der mündlichen Verhandlung die Klageforderung anzuerkennen. Ersteres ist die kostengünstigere Alternative; nur wenn der Beklagtenvertreter in der mündlichen Verhandlung erscheint und erst dann – typischerweise aufgrund der Ausführungen des Gerichts – die Aussichtslosigkeit der Verteidigung gegen die Klage erkennt, ist ein Anerkenntnisurteil kostengünstiger als ein Versäumnisurteil.[78] Auch dann bleibt beim Versäumnisurteil aber der Vorteil, dass hiergegen binnen zwei Wochen noch Einspruch eingelegt werden kann (§§ 338 f. ZPO), was dem Rechtsanwalt eine abschließenden Überprüfung ermöglicht.[79]

2. Mögliche Vermeidung von Kostennachteilen

Da der Beklagte bei allen im vorstehenden Kapitel beschriebenen Verfahrensweisen in der Hauptsache unterliegt, hat er idR auch die Kosten des Rechtsstreites zu tragen. Dies folgt bei Erlass eines Anerkenntnisurteils aus § 91 Abs. 1 S. 1 ZPO, im Falle eines erledigenden Ereignisses daraus, dass die Klage begründet war und der Beklagte sich darüber hinaus durch die Herbeiführung der Erledigung freiwillig in die Position des Unterliegenden begeben hat, so dass es billigem Ermessen iSv § 91a ZPO entspricht, ihm die Kosten des Rechtsstreits aufzuerlegen.[80] In bestimmten Fällen kann der Beklagte diese Kostennachteile aber vermeiden: Gem. § 93 ZPO sind dem Kläger die Kosten des Rechtsstreits aufzuerlegen, wenn der Beklagte keine Veranlassung zur Klageerhebung gegeben hat und den Anspruch sofort anerkennt. Sind diese Voraussetzungen erfüllt, kann der Beklagte also die Klageforderung unter Protest gegen die Kostenlast anerkennen. Veranlassung zur Klageerhebung hat der Beklagte nur gegeben, wenn aufgrund seines vorprozessualen Verhaltens der Kläger annehmen musste, ohne Klage nicht zu seinem Recht zu kommen.[81] Daran fehlt es idR, und damit ist der Weg für eine Kostenentscheidung nach § 93 ZPO offen, wenn der Beklagte sich vor Klageerhebung weder im Verzug befunden noch den Anspruch bestritten oder die Leistung verweigert hat und auch durch sein tatsächliches Verhalten nicht zum Ausdruck gebracht hat, sich ohne gerichtliche Inanspruchnahme nicht rechtsstreu verhalten zu wollen; grds. muss daher der Kläger seinen Anspruch außergerichtlich gegenüber dem Beklagten geltend machen und ihm einen angemessenen Prüfungszeitraum einräumen, erst nach dessen erfolglosem Ablauf besteht Veranlassung zur Klageerhebung.[82] Zweite Voraussetzung des § 93 ZPO ist das sofortige Anerkenntnis. Ein solches liegt nur vor, wenn es in der Klageerwiderung innerhalb der – ggf. verlängerten – Klageerwiderungsfrist erklärt wird,[83] im Falle eines schriftlichen Vorverfahrens aber nur, wenn

---

78 Eingehend Oberheim, Rn. 1084.
79 Zutreffend Oberheim, Rn. 1076.
80 Vgl. nur Zöller/Althammer, § 91a Rn. 24 f.
81 BGH ZIP 2007, 95, Tz. 7; Hk-ZPO/Gierl, § 93 Rn. 8; Zöller/Herget, § 93 Rn. 3.
82 Hk-ZPO/Gierl, § 93 Rn. 20 mwN.
83 Zöller/Herget, § 93 Rn. 4; Hk-ZPO/Gierl, § 93 Rn. 28.

in der Verteidigungsanzeige keine Klageabweisung beantragt wurde (Rn. 324). Wird allerdings erst im Verlaufe des Rechtsstreits die Klageforderung fällig oder die Klage schlüssig, muss erst danach „sofort" anerkannt werden.[84]

358 Erkennt der Rechtsanwalt des Beklagten, dass die Klage begründet ist, muss er daher prüfen, ob sein Mandant Veranlassung zur Klageerhebung gegeben hat. Ist dies nicht der Fall, muss er seinen Mandanten durch ein sofortiges Anerkenntnis zumindest von Kostennachteilen freihalten. Alternativ kommt auch in diesen Fällen die sofortige Herbeiführung eines erledigenden Ereignisses in Betracht, denn der Rechtsgedanke des § 93 ZPO ist auch im Rahmen der Kostenentscheidung nach § 91a ZPO zu berücksichtigen, dh es entspricht billigem Ermessen iS der letztgenannten Norm, dem Kläger die Kosten des erledigten Rechtsstreites aufzuerlegen, wenn der Beklagte keine Veranlassung zur Klageerhebung gegeben und danach die Klageforderung sofort erfüllt oder in sonstiger Weise erledigt hat.[85]

3. Sonderfall: nicht leistungsfähiger Beklagter

359 Muss der Rechtsanwalt erkennen, dass sein Mandant schlicht und ergreifend nicht über die finanziellen Mittel zur Erfüllung der begründeten Klageforderung verfügt, kann scherzhaft von der „exceptio pecuniae absentis" gesprochen werden, die rechtlich natürlich irrelevant ist. In solchen Fällen sollte sich der Rechtsanwalt bemühen, schnellstmöglich, spätestens in der mündlichen Verhandlung, mit der Klägerseite zumindest einen Vergleich auszuhandeln, der für den Mandanten wirtschaftlich gerade noch tragbar ist, diesen also vor dem Ruin bzw. der Abgabe der Vermögensauskunft nach §§ 802c ff. ZPO bewahrt. In der Regel wird dies eine Ratenzahlungsvereinbarung sein. Häufig bietet sich in solchen Fällen auch ein sog „**Druckvergleich**" an. Bei einem solchen wird die Klageforderung in voller Höhe oder ggf. mit einem moderaten Abschlag tituliert, dh der Beklagte verpflichtet sich, diesen Betrag an den Kläger zu zahlen, ihm wird jedoch nachgelassen, die Zahlung in bestimmten Raten zu leisten. Gerät er mit der Zahlung einer Rate – ggf. um eine bestimmte Anzahl von Tagen – in Rückstand, ist der Restbetrag sofort zur Zahlung fällig (sog „Verfallklausel"). Wird jedoch ein bestimmter, hinter dem Vergleichsbetrag (entsprechend den wirtschaftlichen Gegebenheiten ggf. auch deutlich) zurückbleibender Betrag pünktlich gezahlt, wird dem Beklagten die restliche Forderung erlassen. Für den Beklagten schafft eine solche Regelung einen gesteigerten Anreiz, seine Verpflichtungen pünktlich und vollständig zu erfüllen, um in den Genuss des vereinbarten Resterlasses zu gelangen. Dies wiederum verschafft dem Kläger eine erhöhte Sicherheit, zumindest den reduzierten Betrag zu erhalten, möglicherweise sogar aus Mitteln, auf die er im Wege einer Zwangsvollstreckung nicht zugreifen könnte, etwa weil der Schuldner noch Familienangehörige oder Freunde findet, die ihn bei der Erfüllung des Vergleiches uneigennützig unterstützen. Diese Möglichkeit kann den Abschluss eines solchen Vergleiches auch für den Kläger attraktiv machen, so dass sich für den Rechtsanwalt des Beklagten lohnt, über eine solche Lösung zu verhandeln.

---

84 Hk-ZPO/Gierl, § 93 Rn. 12; Zöller/Herget, § 93 Rn. 6.20, 6.42.
85 BGH NJW-RR 2006, 773, 774, Tz. 9; BGH ZIP 2016, 1490, Tz. 7; Zöller/Althammer, § 91a Rn. 24; Hk-ZPO/Gierl, § 91a Rn. 46.

§ 13 Widerklage

IV. Zusammenfassung

1. Im Rahmen der Klageerwiderung muss unrichtiger gegnerischer Vortrag zur Vermeidung der Geständnisfiktion (§ 138 Abs. 3 ZPO) bestritten werden. Hierbei muss substantiiertem gegnerischen Vortrag auch substantiiert entgegengetreten werden. Unter den Voraussetzungen des § 138 Abs. 4 ZPO ist jedoch Bestreiten mit Nichtwissen zulässig. Nach Möglichkeit sollte sich der Beklagte nicht auf Bestreiten beschränken, sondern auch Gegenbeweis antreten.
2. Richtiger Vortrag des Klägers darf aufgrund der prozessualen Wahrheitspflicht (§ 138 Abs. 1 ZPO) nicht bestritten werden. Geständnisse (§ 288 ZPO) sollten aber vermieden werden.
3. Im Rahmen der Klageerwiderung müssen außerdem etwaige Einreden gegen die Klageforderung geltend gemacht werden, und zwar möglichst unter Beweisantritt. Eine (ggf. hilfsweise) erklärte Prozessaufrechnung kann im Prozess zurückgenommen oder – bei Aufrechnung mehrerer Gegenforderungen – die Tilgungsreihenfolge geändert werden, was prozesstaktisch zur Vermeidung der rechtskräftigen Aberkennung einer Gegenforderung (§ 322 Abs. 2 ZPO) und aus Kostengründen geboten sein kann.
4. Erkennt der Rechtsanwalt des Beklagten, dass die Klageforderung begründet ist, können Kostennachteile durch Herbeiführung eines erledigenden Ereignisses oder ein sofortiges Anerkenntnis uU vermieden, zumindest aber reduziert werden.

§ 13 Widerklage

I. Bedeutung

Mit der Widerklage geht der Beklagte von der Verteidigung zum Angriff über. Er macht im laufenden Prozess als Widerkläger einen selbstständigen Anspruch, den Gegenanspruch iSv § 33 ZPO, gegen den Kläger und Widerbeklagten geltend. Die Widerklage kann auf Leistung, Feststellung oder Gestaltung gerichtet sein. Klage und Widerklage sind selbstständige Prozesse, sie sind aber zur gemeinsamen Verhandlung und Entscheidung in einem Verfahren verbunden.[1] Eine Trennung ist nur unter den Voraussetzungen des § 145 Abs. 2 ZPO möglich.

II. Zulässigkeit der Widerklage, insbesondere örtliche Zuständigkeit

Besondere Prozessvoraussetzung für die Widerklage ist zunächst die Rechtshängigkeit der Klage, dh diese muss durch Zustellung der Klage begründet worden (§§ 253 Abs. 1, 261 Abs. 1 ZPO) und darf noch nicht beendet sein.[2] Die Widerklage darf nicht denselben Streitgegenstand haben wie die Klage.[3] Außerdem muss sie in derselben Prozessart wie die Klage erhoben und zulässig sein.[4] In der Eingangsinstanz kann die Widerklage bis zum Schluss der mündlichen Verhandlung erhoben werden, wobei zur Begründung der Rechtshängigkeit gem. § 261 Abs. 2 ZPO nicht einmal die Zustellung

---
1 Rosenberg/Schwab/Gottwald, § 97 Rn. 26.
2 Rosenberg/Schwab/Gottwald, § 97 Rn. 10, 22; Hk-ZPO/Bendtsen, § 33 Rn. 11; Zöller/Schultzky, § 33 Rn. 13.
3 Rosenberg/Schwab/Gottwald, § 97 Rn. 10; Zöller/Schultzky, § 33 Rn. 22.
4 Rosenberg/Schwab/Gottwald, § 97 Rn. 16; Hk-ZPO/Bendtsen, § 33 Rn. 13; Zöller/Schultzky, § 33 Rn. 23.

eines Schriftsatzes erforderlich ist,[5] sondern auch die Antragstellung im Termin genügt; da sie nicht lediglich ein Angriffs- oder Verteidigungsmittel, sondern den Angriff selbst bildet, können weder die Widerklage selbst noch die zu ihrer Begründung vorgetragenen Tatsachen nach § 296 ZPO zurückgewiesen werden.[6]

363 Die für die Zulässigkeit der Widerklage erforderliche örtliche Zuständigkeit des Gerichts ist gem. § 33 Abs. 1 ZPO gegeben, wenn die Widerklageforderung im Zusammenhang mit der Klageforderung oder einem hiergegen vorgebrachten Verteidigungsmittel steht. Ersteres ist der Fall, wenn sich Klage- und Widerklageforderung aus demselben Rechtsverhältnis oder Lebenssachverhalt ergeben, wozu auch eine ständige Geschäftsbeziehung reicht.[7] Ein Zusammenhang mit einem Verteidigungsmittel gegen die Klageforderung (§ 33 Abs. 1, 2. Alt. ZPO) besteht etwa, wenn der Beklagte eine Gegenforderung (ggf. hilfsweise) gegen die Klageforderung aufrechnet und den hierdurch nicht verbrauchten Rest im Wege der Widerklage geltend macht.[8] Die nach § 33 Abs. 1 ZPO begründete Zuständigkeit des Gerichts für die Widerklage bleibt auch nach einer etwaigen Klagerücknahme oder Abtrennung gem. § 145 Abs. 2 ZPO bestehen.[9]

364 Die Bedeutung des § 33 Abs. 1 ZPO ist umstritten. Nach der – allerdings älteren – Rspr.[10] bestimmt diese Norm besondere Prozessvoraussetzungen für die Widerklage, die als solche für deren Zulässigkeit stets erfüllt sein müssen. Nach hL stellt § 33 Abs. 1 ZPO dagegen nur einen besonderen Gerichtsstand zur Verfügung, regelt im übrigen aber nicht die Zulässigkeit der Widerklage.[11] Bedeutung gewinnt der Streit, wenn die Voraussetzungen des § 33 Abs. 1 ZPO nicht erfüllt sind, die örtliche Zuständigkeit des Gerichts für die Widerklage aber aus anderen Gründen besteht, etwa weil der Kläger und Widerbeklagte seinen allgemeinen Gerichtsstand nach §§ 13 oder 17 ZPO dort hat. Eine solche Widerklage ist nur nach der hL zulässig. Dafür spricht, dass § 33 Abs. 1 ZPO nach seinem Wortlaut und seiner systematischen Stellung im Gesetz die Voraussetzungen der Widerklage nicht abschließend regelt, sondern einen (nicht ausschließlichen) Gerichtsstand für diese begründet, ohne damit die Anwendbarkeit der übrigen Bestimmungen der §§ 12 ff. ZPO zur örtlichen Zuständigkeit auszuschließen. Für diese Beurteilung spricht auch § 145 Abs. 2 ZPO, wonach Klage und Widerklage durch Beschluss des Gerichts getrennt werden können, wenn zwischen den mit ihnen geltend gemachten Ansprüchen kein rechtlicher Zusammenhang besteht. Für diese Regelung bestünde kein Bedürfnis, wenn bei fehlender Konnexität die Widerklage stets unzulässig wäre.

365 Gem. §§ 33 Abs. 2, 40 Abs. 2 ZPO wird die Zuständigkeit für die Widerklage nach § 33 Abs. 1 ZPO nicht begründet, wenn für den mit ihr geltend gemachten Anspruch ein ausschließlicher Gerichtsstand gilt.

---

5 Zudem wird für die Zustellung der Widerklage kein Gerichtskostenvorschuss erhoben, § 12 Abs. 2 Nr. 1 GKG.
6 BGH NJW 1981, 1217, juris-Tz. 8 f.; Zöller/Schultzky, § 33 Rn. 10; Rosenberg/Schwab/Gottwald, § 97 Rn. 10; zu der sich daraus ergebenden prozesstaktischen Möglichkeit der Flucht in die Widerklage nachfolgend Rn. 470 ff.
7 BGHZ 149, 120, 127; Zöller/Schultzky, § 33 Rn. 4; Rosenberg/Schwab/Gottwald, § 97 Rn. 18.
8 Zöller/Schultzky, § 33 Rn. 5; Hk-ZPO/Bendtsen, § 33 Rn. 4; Rosenberg/Schwab/Gottwald, § 97 Rn. 19.
9 Rosenberg/Schwab/Gottwald, § 97 Rn. 26.
10 BGHZ 40, 185, 187; BGH NJW 1975, 1228, juris-Tz. 11; BGH NJW 1981, 1217, juris-Tz. 9; BGHZ 147, 220, 224 f.
11 Hk-ZPO/Bendtsen, § 33 Rn. 1; MünchKommZPO/Patzina, § 33 Rn. 2; Rosenberg/Schwab/Gottwald, § 97 Rn. 21; Zöller/Schultzky, § 33 Rn. 1, 18 mwN.

III. Eventualwiderklage

Nach den allgemeinen Regeln für Prozesshandlungen (Rn. 306 ff.) kann die Widerklage unter einer oder mehreren innerprozessualen – aufschiebenden oder auflösenden – Bedingungen erhoben werden (**Hilfs- oder Eventualwiderklage**). Als Bedingungen kommen insbesondere der Erfolg der Klage oder deren Abweisung in Betracht; im erstgenannten Fall liegt eine echte, im letzteren ein unechte Hilfswiderklage vor.[12] Die Rechtshängigkeit der auflösend bedingten Widerklage tritt mit ihrer Erhebung ein, entfällt aber rückwirkend (ex tunc), wenn der Bedingungseintritt feststeht.[13] Über die Hilfswiderklage darf das Gericht erst entscheiden, wenn feststeht, dass die aufschiebende Bedingung eingetreten bzw. die auflösende Bedingung nicht eingetreten ist. Wird dies vom Eingangsgericht angenommen und dementsprechend über die Widerklage entschieden, beurteilt dann aber das Berufungsgericht die Rechtslage und damit auch den Bedingungseintritt abweichend, ist die erstinstanzliche Entscheidung über die Widerklage analog § 269 Abs. 3 S. 1, Abs. 4 S. 1 ZPO wirkungslos und klarstellend aufzuheben.[14]

366

Mitunter kann eine Widerklage denknotwendig nur als Hilfswiderklage erhoben werden, weil der Eintritt der aufschiebenden Bedingung bzw. der Nichteintritt der auflösenden Bedingung Voraussetzung ihrer Begründetheit ist. Dies ist etwa der Fall, wenn mit der Klage die Herausgabe einer vermieteten Sache verlangt wird und der beklagte Mieter primär die Beendigung des Mietverhältnisses bestreitet, vorsorglich für den Fall, dass das Gericht dies abweichend beurteilen sollte, aber die ihm bei Beendigung des Mietverhältnisses zustehenden Ansprüche (etwa vertraglich vereinbarte Ersatzansprüche für Investitionen in die Mietsache) geltend machen möchte. Diese Widerklage kann nur Erfolg haben, wenn das Mietverhältnis beendet ist und die Klage damit Erfolg hat, deshalb muss sie unter der auflösenden Bedingung erhoben werden, dass die Klage abgewiesen wird.[15] Auch wenn sich der Beklagte gegen eine Zahlungsklage nur durch Hauptaufrechnung mit einer unstreitigen Gegenforderung verteidigt, der Kläger hiergegen aber ein vertraglich vereinbartes oder gesetzliches (etwa aus § 393 BGB folgendes) Aufrechnungsverbot geltend macht, bietet sich an, die Gegenforderung im Wege der Widerklage unter der innerprozessualen Bedingung geltend zu machen, dass der Klage stattgegeben wird und damit nach Auffassung des Gerichtes das Aufrechnungsverbot greift.[16] Eine unbedingte Widerklage wäre hier nicht sinnvoll, weil diese abgewiesen werden müsste, wenn nach Auffassung des Gerichts kein Aufrechnungsverbot besteht und die Widerklageforderung damit bereits durch die vom Beklagten und Widerkläger vorrangig erklärte Aufrechnung erloschen ist.

367

---

12 BGHZ 132, 390, 397 ff.; Zöller/Schultzky, § 33 Rn. 33; Hk-ZPO/Saenger, § 260 Rn. 13; Hk-ZPO/Bendtsen, § 33 Rn. 19; Rosenberg/Schwab/Gottwald, § 97 Rn. 31.
13 BGHZ 21, 13, 16; Rosenberg/Schwab/Gottwald, § 97 Rn. 32.
14 BGHZ 21, 13, 16; Rosenberg/Schwab/Gottwald, § 97 Rn. 33 f.
15 Von der Erhebung einer aufschiebend bedingten Widerklage ist demgegenüber abzuraten, da zweifelhaft ist, ob eine solche die – vorliegend gem. § 548 Abs. 2 BGB zudem sehr kurze -Verjährung hemmt. Zwar ist allgemein anerkannt, dass die Verjährungshemmung auch hilfsweise geltend gemachte Ansprüche erfasst (vgl. Rn. 311, 315), diese Aussage bezieht sich aber üblicherweise auf auflösend bedingt geltend gemachte Ansprüche. Bei einer aufschiebend bedingten Geltendmachung fehlt es demgegenüber bis zum Eintritt der Bedingungen an der zur Verjährungshemmung erforderlichen Rechtshängigkeit.
16 BGH BB 1961, 954 = NJW 1961, 1862 (Ls.); in diesem Fall kann die Widerklage auch aufschiebend bedingt erhoben werden, da die Verjährung gem. § 204 Abs. 1 Nr. 5 BGB bereits durch die Aufrechnung gehemmt wird.

A. TEIL III KLAGEERWIDERUNG UND WIDERKLAGE

368 In anderen Fällen, in denen die Widerklage zwar auch unbedingt erhoben werden könnte, kann eine (unechte) Hilfswiderklage gleichwohl taktisch vorzugswürdig sein, und zwar aus folgenden Gründen: Zunächst erhöht sich durch eine unbedingte Widerklage das Kostenrisiko, weil für den Gebührenstreitwert sowohl der Gerichts- als auch der Rechtsanwaltskosten die Gegenstandswerte von Klage und Widerklage gem. §§ 45 GKG, 23 RVG addiert werden.[17] Außerdem erwächst gem. § 322 Abs. 1 ZPO auch die Entscheidung über die Widerklage in Rechtskraft, so dass deren rechtskräftige Abweisung die irreversible Aberkennung der Widerklageforderung bedeutet. Aus beiden Gründen ist für den Widerkläger günstig, wenn das Gericht über die Widerklage nur entscheidet, wenn es diese für begründet erachtet. Letzteres ist zwar als innerprozessuale Bedingung unzulässig,[18] die Hilfswiderklage kann aber unter andere, zulässige Bedingungen gestellt werden, mit denen dasselbe oder zumindest ein möglichst ähnliches Ergebnis erreicht wird. Verlangt beispielsweise der Kläger die Zahlung der letzten Kaufpreisrate für eine Maschine, während der Beklagte Mängel geltend macht und nach Ablauf einer zu deren Beseitigung gesetzten Frist zurückgetreten ist, bietet sich die Erhebung einer Widerklage auf Rückzahlung der bereits geleisteten Kaufpreisraten unter der auflösenden innerprozessualen Bedingung an, dass der Klage stattgegeben wird.[19] Dann wird nämlich über die Widerklage nur entschieden, wenn das Gericht den Rücktritt für begründet erachtet, in diesem Fall ist aber auch die Widerklage zumindest dem Grunde nach begründet, so dass das beschriebene Risiko einer rechtskräftigen Abweisung der Widerklage und der damit verbundenen Kostennachteile vermieden wird. Ähnliches gilt, wenn der Kläger sich auf eine Teilklage beschränkt hat und der Beklagte im Wege der Widerklage eine negative Feststellungsklage mit dem Antrag erhebt festzustellen, dass auch die Restforderung nicht begründet ist; eine solche Widerklage sollte zur Vermeidung der aufgezeigten Risiken unter die aufschiebende innerprozessuale Bedingung gestellt werden, dass die Klage abgewiesen wird (Rn. 318), denn damit wird im Ergebnis erreicht, dass über die Widerklage nur entschieden wird, wenn das Gericht sie für begründet erachtet.

369 Denkbar ist auch eine Kombination von Hilfsaufrechnung und Hilfswiderklage. Bestreitet beispielsweise der Beklagte die Klageforderung und rechnet hilfsweise mit einer Gegenforderung auf, kann er diese im Wege der Hilfswiderklage unter den aufschiebenden innerprozessualen Bedingungen geltend machen, dass erstens die Klage abgewiesen wird und zweitens hierbei keine Entscheidung über die Hilfsaufrechnung erfolgt.[20] Noch geschickter kann agiert werden, wenn die Gegenforderung die Klageforderung übersteigt: Wird beispielsweise mit der Klage die Zahlung von 100.000 EUR verlangt und rechnet der Beklagte hiergegen hilfsweise mit einem erstrangigen Teilbetrag aus einer Gegenforderung iHv 110.000 EUR auf, kann er den Restbetrag von 10.000,00 EUR zunächst im Wege einer unbedingten Widerklage geltend machen. Er könnte die Widerklage auf den vollen Betrag der Gegenforderung von 110.000,00 EUR erweitern unter den aufschiebenden innerprozessualen Bedingungen, dass erstens die Klage abgewiesen wird, zweitens hierbei keine Entscheidung über

---

17 Ein Gerichtskostenvorschuss wird für die Widerklage und deren Zustellung gem. §§ 12 Abs. 2 Nr. 1, 17 GKG iVm Nr. 9002 KV-GKG allerdings nicht erhoben.
18 Vgl. Rn. 309: Zulässige Bedingung ist nur der Erfolg oder Misserfolg einer anderen Prozesshandlung, nicht aber der Erfolg der bedingten Prozesshandlung selbst.
19 Vgl. Oberheim, Rn. 1228; die Erhebung einer aufschiebend bedingten Widerklage ist demgegenüber nicht sachgerecht, da die Verjährung hierdurch nicht sicher gehemmt wird (dazu bereits vorstehend).
20 Oberheim, Rn. 1228 mwN.

die Hilfsaufrechnung erfolgt und drittens der unbedingt erhobenen Widerklage in Höhe von 10.000,00 EUR stattgegeben wird.[21] Hierdurch wird erreicht, dass über die Hilfswiderklage nur entschieden wird, wenn die mit ihr geltend gemachte Forderung nach Auffassung des Gerichts zumindest dem Grunde nach begründet und durch die Hilfsaufrechnung nicht verbraucht ist.

IV. Drittwiderklage

Grundsätzlich wird die Widerklage vom Beklagten als Widerkläger gegen den Kläger als Widerbeklagten erhoben. Möglich ist jedoch auch, die Widerklage nicht nur gegen den Kläger, sondern auch gegen einen bisher am Prozess nicht beteiligten Dritten zu richten. Der Kläger und der Drittwiderbeklagte sind dann Streitgenossen, deshalb wird diese Klage als **streitgenössische Drittwiderklage** bezeichnet, und für ihre Zulässigkeit ist zunächst erforderlich, dass die Voraussetzungen der Streitgenossenschaft (§§ 59, 60 ZPO) erfüllt sind. Außerdem liegt infolge der Einbeziehung des Dritten in den Rechtsstreit eine subjektive Klageerweiterung vor; für eine solche gelten die Regeln der Klageänderung (§ 263 ZPO) entsprechend, dh die Drittwiderklage ist nur zulässig, wenn der Dritte (auch durch rügelose Einlassung) einwilligt oder seine Einbeziehung in den Rechtsstreit sachdienlich ist.[22] Letzteres kommt etwa in Betracht, wenn im Bauprozess der beklagte Bauherr gegen den auf Zahlung des Werklohns klagenden Bauunternehmer und den Architekten als Drittwiderbeklagten Widerklage auf Zahlung von Schadensersatz wegen Planungs- und Bauausführungsfehlern erhebt[23] oder wenn im Verkehrsunfallprozess der Beklagte widerklagend eigene Schadensersatzansprüche gegen den Kläger und dessen Haftpflichtversicherung (§ 3 Nr. 1 PflVersG) geltend macht.[24]

Eine **isolierte Drittwiderklage**, die sich – im Gegensatz zur streitgenössischen Drittwiderklage – nicht gegen den Kläger, sondern ausschließlich gegen einen Dritten richtet, ist grds. nicht zulässig, da eine Widerklage sich begrifflich zumindest auch gegen den Kläger richten muss.[25] Eine Ausnahme lässt die Rspr. aber zu, wenn die zu erörternden Gegenstände der Klage und der Drittwiderklage tatsächlich und rechtlich eng miteinander verknüpft sind und durch die Einbeziehung des Drittwiderbeklagten in den Rechtsstreit dessen schutzwürdige Interessen nicht verletzt werden.[26] Danach wurden bisher insbesondere bei Klagen aus abgetretenem Recht isolierte Drittwiderklagen gegen den Zedenten zugelassen, so etwa als negative Feststellungsklage mit dem Antrag festzustellen, dass dem Zedenten keine Ansprüche zustehen (Rn. 94), oder als Zahlungsklage, mit der Forderungen gegen den Zedenten geltend gemacht wurden, die hilfsweise gem. § 406 BGB gegen die Klageforderung aufgerechnet wurden[27] oder sich aus demselben Schadensereignis ergaben wie die Klageforderung.[28] Ein weiteres Beispiel findet sich im Leasingrecht: Typischerweise werden im Leasingvertrag die mietrechtlichen Gewährleistungsrechte ausgeschlossen, dafür aber die kaufrechtlichen

---

21 Die Zulässigkeit dieser dritten innerprozessualen Bedingung ist für die Klage allerdings umstritten (dazu bereits Rn. 319), nach hier vertretener Auffassung allerdings zu bejahen. Für eine Widerklage kann nichts anders gelten.
22 BGHZ 187, 112, 114, Tz. 6; BGHZ 131, 76, 79; BGHZ 40, 185; vgl. auch Rn. 101, 476.
23 BGHZ 131, 76, 79, 81.
24 Zöller/Schultzky, § 33 Rn. 24; Hk-ZPO/Bendtsen, § 33 Rn. 15.
25 BGH NJW 2008, 2852, Tz. 26; BGHZ 187, 112, 114, Tz. 7.
26 BGH NJW 2008, 2852, Tz. 27; BGHZ 187, 112, 115, Tz. 7; BGHZ 228, 1, Tz. 25 ff., insbes. 28.
27 BGHZ 147, 220, 222 ff.
28 BGH NJW 2007, 1753, Tz. 11 ff.

Gewährleistungsansprüche des Leasinggebers an den Leasingnehmer abgetreten. Tritt der Leasingnehmer danach wegen eines Sachmangels wirksam vom Kaufvertrag zurück, fehlt dem Leasingvertrag die Geschäftsgrundlage, so dass dem Leasinggeber gem. § 313 Abs. 1 BGB keine Ansprüche auf Zahlung von Leasingraten zustehen. Klagt in dieser Situation der Leasinggeber, der die Wirksamkeit des Rücktritts bestreitet, rückständige Leasingraten ein oder tritt er wegen – von ihm angenommenen – Zahlungsverzuges des Leasingnehmers vom Leasingvertrag zurück und verlangt Schadensersatz statt der Leistung, kann der Leasingnehmer wegen dieser engen Verknüpfung von Leasing- und Kaufvertrag isolierte Drittwiderklage gegen den Verkäufer erheben und mit dieser die Rückabwicklung des Kaufvertrages verlangen.[29]

372 Nach der bisherigen Rspr. des BGH gilt § 33 ZPO für die Drittwiderklage nicht, so dass das Gericht für diese nur zuständig sein soll, wenn der Dritte dort einen allgemeinen oder besonderen Gerichtsstand hat, rügelos verhandelt (§ 39 ZPO) oder eine Gerichtsstandsbestimmung nach § 36 ZPO erfolgt.[30] Für die isolierte Drittwiderklage hat der BGH diese Rspr. jedenfalls für Abtretungsfälle inzwischen aufgegeben und wendet auf diese nunmehr § 33 ZPO analog an.[31] Ob dies auf andere Fälle übertragbar ist[32] oder es insofern bei der bisherigen Rspr. des BGH verbleibt,[33] ist ungeklärt. Die erstgenannte Auffassung verdient den Vorzug, da Gründe für eine Differenzierung nicht bestehen, die vom BGH für seine Rechtsprechungsänderung angeführten Gründe vielmehr für alle Fälle der Drittwiderklage gelten.

373 Prozesstaktisch kann die Drittwiderklage dazu genutzt werden, einen gegnerischen Zeugen „herauszuschießen". Denn der Drittwiderbeklagte wird Partei des Rechtsstreites und kann daher nicht mehr als Zeuge über Tatsachen vernommen werden, die auch für die Entscheidung der gegen ihn gerichteten Drittwiderklage relevant sind (Rn. 94, 101 f.). Dagegen kann die Drittwiderklage nicht aus prozesstaktischen Erwägungen als Hilfswiderklage unter einer innerprozessualen Bedingung erhoben werden, da das gegen den Dritten begründete Prozessrechtsverhältnis nicht in der Schwebe gehalten werden kann, also uneingeschränkt bedingungsfeindlich, dh auch innerprozessualen Bedingungen nicht zugänglich ist.[34]

V. Zusammenfassung

374 1. Mit der Widerklage kann der Beklagte eigene Ansprüche gegen den Kläger geltend machen und dessen Verurteilung erreichen.
2. Prozesstaktisch lassen sich die Risiken einer rechtskräftigen Aberkennung der Widerklageforderung (§ 322 Abs. 1 ZPO) und das Kostenrisiko der Widerklage häufig reduzieren oder sogar ausschließen, indem diese unter aufschiebenden oder auflösenden innerprozessualen Bedingungen erhoben wird (Eventualwiderklage).

---

29 BGHZ 228, 1, Tz. 29 f.
30 BGH NJW-RR 2008, 1516, 1517, Tz. 15 mwN.
31 BGHZ 187, 112, 117 f., Tz. 10 ff.
32 So etwa Zöller/Schultzky, § 33 Rn. 28; unausgesprochen auch: BGHZ 228, 1, Tz. 31.
33 Dafür etwa Hk-ZPO/Bendtsen, § 33 Rn. 18.
34 BGHZ 147, 220, 224; Zöller/Schultzky, § 33 Rn. 34; vgl. auch Rn. 307.

Teil IV
Mündliche Verhandlung

§ 14 Ablauf der mündlichen Verhandlung

I. Teminierung, Aufhebung und Verlegung

Der Termin zur mündlichen Verhandlung wird durch das Gericht bestimmt. Idealerweise schlägt das Gericht zuvor den Anwälten verschiedene Termine vor mit der Bitte um Mitteilung, wann keine Verhinderung besteht. So kann leicht ein Termin gefunden werden, an dem alle Beteiligten zur Verfügung stehen. Leider gehen in der Praxis allerdings die wenigsten Gerichte so vor, die meisten terminieren ohne vorherige Abstimmung. Ist dann der Anwalt oder die Partei zum vorgesehenen Termin verhindert, muss dessen Aufhebung bzw. Verlegung beantragt werden. Dies ist, insbesondere bei wiederholten Anträgen nach bereits erfolgter Verlegung, bei manchen Richtern nicht sehr beliebt, weil es die eigene Planung durchkreuzt und für das Gericht mit zusätzlichem Verwaltungsaufwand verbunden ist. Mitunter kann man sich als Anwalt des Eindrucks nicht erwehren, dass einigen Richtern – zum Glück allerdings nur einer schwindenden Minderheit – die Bereitschaft fehlt zu akzeptieren, dass auch Anwälte nicht nur einen einzigen Fall zu bearbeiten haben und darüber hinaus, im Gegensatz zum Gericht, zum Termin nicht selten mit zusätzlichem Zeitaufwand anreisen müssen.

375

In solchen Fällen hilft § 227 Abs. 1 ZPO. Danach kann ein Termin aufgehoben oder auf einen anderen Termin verlegt werden, wenn erhebliche Gründe hierfür bestehen. Nach § 227 Abs. 2 ZPO ist der Grund auf Verlangen des Vorsitzenden glaubhaft zu machen. Trotz der Formulierung („kann") begründet § 227 Abs. 1 ZPO eine Pflicht des Gerichts zur Terminsänderung auf Antrag, wenn ein erheblicher Grund vorliegt.[1] Ein solcher besteht namentlich, wenn der Rechtsanwalt durch einen schon früher anberaumten, anderweitigen (Gerichts-)Termin, einen bereits gebuchten Urlaub oder auch durch eine Fortbildung verhindert ist.[2] Dasselbe gilt, wenn der Rechtsanwalt zum Terminstag erkrankt und deshalb nicht reise- oder verhandlungsfähig ist.[3] In beiden Fällen darf – außer in Arrest- oder einstweiligen Verfügungsverfahren – jedenfalls bei nicht ganz einfach gelagertem Prozessstoff richtigerweise die beantragte Terminsverlegung auch nicht mit der Begründung abgelehnt werden, der Anwalt möge für eine Vertretung sorgen, etwa durch einen Sozius.[4] Denn dies würde unzulässigerweise das Recht des Mandanten verkürzen, durch den mit dem Fall vertrauten Anwalt seines Vertrauens auch im Termin vertreten zu werden.

376

Ähnliches gilt auch, wenn ein Rechtsanwalt sich sehr kurzfristig gehindert sieht, zur mündlichen Verhandlung (rechtzeitig) zu erscheinen, etwa weil er mit seinem Pkw auf dem Weg zum Gericht im Stau steht, den Anschlusszug nicht erreicht oder wegen

377

---

1 BGH NJW-RR 2019, 695, Tz. 22; BGH NJW 2010, 2440, Tz. 9; BGH NJW 2008, 1448, 1451, Tz. 31; Zöller/Feskorn, § 227 Rn. 8a; *a. A.*: MünchKommZPO/Stackmann, § 227 Rn. 3: gebundenes Ermessen.
2 BGH NJW-RR 2019, 695, Tz. 23 (Urlaubsreise); Zöller/Feskorn, § 227 Rn. 6a; Hk-ZPO/Wöstmann, § 227 Rn. 6; MünchKommZPO/Stackmann, § 227 Rn. 11 f.
3 Zöller/Feskorn, § 227 Rn. 6, 8; Hk-ZPO/Wöstmann, § 227 Rn. 6.
4 BVerfG NJW 2021, 3384, Tz. 12; BVerwG NJW 1984, 882; OLG Frankfurt NJW 2008, 1328; Zöller/Feskorn, § 227 Rn. 6a; MünchKommZPO/Stackmann, § 227 Rn. 11; *a. A.*: BFH BFH/NV 2017, 309, Tz. 5; BFH BFH/NV 2014, 356, Tz. 12 f.; Hk-ZPO/Wöstmann, § 227 Rn. 6.

plötzlicher Erkrankung (dazu bereits vorstehend) überhaupt nicht erscheinen kann. In solchen Fällen muss er zur Vermeidung eines Versäumnisurteils allerdings das Gericht im Rahmen des Möglichen und Zumutbaren frühzeitig – etwa telefonisch – informieren oder durch einen Kollegen oder Kanzleiangestellten informieren lassen.[5] Das Gericht muss dann – in Abstimmung mit dem gegnerischen Prozessbevollmächtigten – entweder warten oder sich vertagen. Dem sich verspätenden Anwalt kann in solchen Fällen auch nicht vorgeworfen werden, dass er früher hätte abfahren oder einen früheren Zug hätte nehmen können. Eine knapp kalkulierte Fahrtzeit ist zulässig, eingeplant werden müssen nur voraussehbare Verkehrsbehinderungen.[6]

378 Auch die Verhinderung der Partei, etwa wegen unverschiebbarer beruflicher Verpflichtungen, bereits gebuchtem Urlaub oder Erkrankung bildet einen Verlegungsgrund iSv § 227 Abs. 1 ZPO, wenn das Gericht ihr persönliches Erscheinen zum Termin angeordnet hat (§ 141 Abs. 1 ZPO) oder die Partei ein berechtigtes Interesse an der Teilnahme hat, etwa aufgrund des Rechtes, der Beweisaufnahme beizuwohnen (§ 357 Abs. 1 ZPO).[7]

379 Besonderheiten gelten für Termine zwischen dem 1.7. und dem 31.8., den früheren Gerichtsferien. Diese sind gem. § 227 Abs. 3 ZPO auf Antrag, der allerdings innerhalb einer Woche nach Zugang der Ladung gestellt werden muss, ohne Weiteres zu verlegen. Eine Ausnahme gilt lediglich für die in Nrn. 1 bis 8 dieser Bestimmung aufgeführten Verfahren, namentlich solche des einstweiligen Rechtsschutzes.

II. Gang der mündlichen Verhandlung

380 Gem. § 278 Abs. 2 ZPO geht der mündlichen Verhandlung eine Güteverhandlung voraus, bei deren Scheitern sich aber gem. § 279 Abs. 1 ZPO die mündliche Verhandlung sofort anschließt, in der gem. § 137 Abs. 1 ZPO die Anträge gestellt werden und auf die bei Entscheidungsreife das Urteil des Gerichts ergeht. Einen allgemein üblichen Gang der Güteverhandlung und der mündlichen Verhandlung gibt es nicht, dieser wird vielmehr gem. § 136 ZPO vom Vorsitzenden nach pflichtgemäßem Ermessen bestimmt,[8] wobei je nach lokalen wie persönlichen Usancen des zuständigen Gerichtes bzw. Richters gravierende Unterschiede zu beobachten sind. Typische Bestandteile der Verhandlung sind die Erörterung der Sach- und Rechtslage, Vergleichsgespräche, die Anhörung der Parteien und die Beweisaufnahme. Die drei erstgenannten Bestandteile können bereits in der Güteverhandlung erfolgen (und natürlich auch oder nochmals im weiteren Verfahrensverlauf), die Beweisaufnahme ist der mündlichen Verhandlung vorbehalten und erfolgt häufig dort auch erst in einem zweiten Termin.

381 In jeder gerichtlichen Verhandlung muss der Rechtsanwalt mit Überraschungen dergestalt rechnen, dass diese aufgrund einer erst im Termin artikulierten Beurteilung des Gerichts oder neuer Erklärungen der Gegenseite einen (mitunter auch völlig) anderen Verlauf nimmt als erwartet. In solchen Situationen wird dem Rechtsanwalt eine fundierte Reaktion abverlangt. Ggf. kann und muss er dazu Schriftsatznachlass beantragen (Rn. 403 ff.), nach Möglichkeit sollte er sich darauf aber nicht beschränken,

---

5 BGH NJW-RR 2016, 60, Tz. 6 f.; BGH NJW 2009, 687, Tz. 11; BGH NJW 2007, 2047, Tz. 17; BGH NJW 2006, 448, Tz. 14.
6 BGH NJW-RR 2016, 60, Tz. 7; BGH NJW 1999, 724, juris-Tz. 12; BGH NJW 1998, 2677, juris-Tz. 7; vgl. auch BGH NJW 2007, 2047, Tz. 11 ff. (witterungsbedingter Ausfall eines Inlandsfluges).
7 Zöller/Feskorn, § 227 Rn. 6; MünchKommZPO/Stackmann, § 227 Rn. 9.
8 MünchKommZPO/Fritsche, § 136 Rn. 5.

weil anderenfalls ein für den Mandanten nachteiliges Argument zumindest in diesem Termin als „letztes Wort" im Raum stehen bleibt, was zum einen für Vergleichsverhandlungen nachteilig ist und zum anderen auch dazu führen kann, dass das Gericht dieses Argument verinnerlicht und sich später nur noch schwer vom Gegenteil überzeugen lässt. Deshalb sollte der Rechtsanwalt auf solche Entwicklungen zumindest vorläufig sofort reagieren, dh mögliche Gegenargumente noch in demselben Termin vortragen. Grundvoraussetzung dafür ist eine gute Vorbereitung, dh der Anwalt muss sich zu jedem Termin mit dem Sachverhalt und seinen rechtlichen Problemen nochmals umfassend vertraut machen.

Angesichts der Vielzahl denkbarer Verläufe einer mündlichen Verhandlung kann nachfolgend nur ein grober Leitfaden für ein sachgerechtes anwaltliches Vorgehen gegeben werden, wobei nach den vier vorstehend aufgeführten, typischen Bestandteilen der Verhandlung differenziert werden soll. 382

1. Erörterung der Sach- und Rechtslage

Gem. § 278 Abs. 2 S. 2 ZPO hat das Gericht schon im Rahmen der Güteverhandlung den Sach- und Streitstand mit den Parteien zu erörtern. Gem. § 279 Abs. 3 ZPO hat dies nochmals nach einer Beweisaufnahme zu erfolgen. Art und Intensität dieser Erörterung gibt das Gesetz dem Gericht allerdings nicht vor, so dass diesem ein weites Ermessen verbleibt, das in der Praxis auch voll ausgeschöpft wird. So gibt es Richter, die – optimal vorbereitet – zu jedem einzelnen Streitpunkt ihre vorläufige rechtliche Beurteilung eingehend referieren und begründen. Andere lassen sich dagegen überhaupt nicht „in die Karten gucken" und beschränken sich etwa auf den Hinweis, dass die Entscheidung des Rechtsstreites von der Beantwortung dieser oder jener Frage abhängt, ohne allerdings erkennen zu lassen, wie ihre Antwort wohl lauten könnte. Letzteres muss nicht auf mangelnder Vorbereitung beruhen, sondern kann etwa auch bezwecken, die Vergleichsbereitschaft der Partei, die nach Auffassung des Gerichts eher obsiegen wird, nicht durch voreilige Offenlegung dieser Beurteilung auszuschließen. Natürlich gibt es zwischen diesen beiden Extremen richterlicher Vorgehensweisen viele Abstufungen in der Intensität der Erörterung des Sach- und Streitstandes. 383

Aus anwaltlicher Sicht muss versucht werden, im Rahmen dieser Erörterung möglichst viel über die rechtliche Beurteilung des Gerichts zu erfahren, und zwar aus zwei Gründen: Zum einen kann der Rechtsanwalt die nachfolgende Prozessführung auf eine ihm bekannte Rechtsauffassung des Gerichts ausrichten, indem er sich etwa darauf konzentriert, die Sachverhalte vorzutragen und unter Beweis zu stellen, die nach Auffassung des Gerichts zu einem dem Mandanten günstigen Prozessausgang führen. Zum anderen begründet die Kenntnis einer für den Mandanten ungünstigen Rechtsauffassung des Gerichts die Möglichkeit, dieser noch vor Erlass des Urteils entgegenzutreten. Zwar lässt sich ein Gericht erfahrungsgemäß von einem einmal artikulierten Standpunkt nur noch schwer abbringen. Ausgeschlossen ist dies aber keinesfalls, insbesondere wenn der Rechtsanwalt fundiert darstellen kann, dass das Gericht einen entscheidenden Sachverhalt oder einen zugehörigen Beweisantritt nicht berücksichtigt hat oder von der einschlägigen Rspr. des BGH oder der hM abweicht, diese also übersehen hat. Hierauf muss der Rechtsanwalt das Gericht schon zur Vermeidung einer eigenen Haftung hinweisen (Rn. 67). 384

2. Vergleichsgespräche

385 Gem. § 278 Abs. 1 ZPO soll das Gericht in jeder Lage des Verfahrens auf den Abschluss eines Vergleiches bedacht sein. Abs. 2 derselben Norm ergänzt, dass zu diesem Zweck der streitigen mündlichen Verhandlung die Güteverhandlung voranzugehen hat. Wie das Gericht seine Vergleichsbemühungen konkret zu gestalten hat, gibt die ZPO allerdings nicht vor und bleibt damit gleichfalls dem richterlichen Ermessen überlassen. Auch hier ist in der Praxis ein breites Spektrum anzutreffen, das vom schlichten Appell an die Parteien, sich zur Vermeidung einer langwierigen und ergebnisoffenen Auseinandersetzung doch irgendwie zu einigen, bis zum fundiert begründeten gerichtlichen Vergleichsvorschlag unter Berücksichtigung und Gewichtung der wechselseitigen prozessualen Chancen und Risiken reicht. Letzteres hat erfahrungsgemäß bei Parteien wie Anwälten eine deutlich höhere Akzeptanzwahrscheinlichkeit und damit die besseren Chancen, einen Vergleich herbeizuführen. Der Rechtsanwalt sollte daher nicht zögern, das Gericht um einen entsprechenden Vorschlag zu bitten, wenn der Rechtsstreit durch Vergleich beendet werden soll.

386 Bei Abschluss eines Vergleiches treffen den Rechtsanwalt allerdings besondere Beratungspflichten und damit auch Haftungsrisiken gegenüber dem Mandanten. So hat er – ggf. auch gegen die nachdrückliche Empfehlung des Gerichts – vom Vergleichsabschluss abzuraten, wenn er für die von ihm vertretene Partei eine unangemessene Benachteiligung darstellt und begründete Aussicht besteht, im Falle einer streitigen Entscheidung ein wesentlich günstigeres Ergebnis zu erzielen.[9] Umgekehrt kann der Anwalt aber auch verpflichtet sein, zum Abschluss des Vergleiches zu raten, wenn dies nämlich nach objektiven Kriterien günstiger ist als dessen Ablehnung.[10] In der Praxis erfolgt diese Beratung des Mandanten häufig im Rahmen einer Sitzungsunterbrechung auf dem Gerichtsflur.

387 Um diesen Beratungspflichten nachkommen zu können, sollte sich der Anwalt vor der mündlichen Verhandlung stets ein eigenes Urteil darüber bilden, zu welchen Konditionen er seinem Mandanten ggf. den Abschluss eines Vergleiches empfehlen kann. Dies gilt auch, wenn der Mandant im Vorfeld mitgeteilt hat, seine Position für so stark zu halten, dass er sich unter keinen Umständen vergleichen will. Die Erfahrung lehrt nämlich, dass auch in solchen Fällen der Verlauf der mündlichen Verhandlung dem Anwalt Veranlassung geben kann, seinem Mandanten den Abschluss eines Vergleiches zu empfehlen, und auch der Mandant dann bereit ist, seine ursprüngliche Haltung zu überdenken.

3. Persönliches Erscheinen und Anhörung der Parteien

388 Gem. § 141 Abs. 1 ZPO soll das Gericht das persönliche Erscheinen der Parteien anordnen, wenn dies zur Aufklärung des Sachverhaltes geboten erscheint. Zur Güteverhandlung soll gem. § 278 Abs. 3 ZPO das persönliche Erscheinen der Parteien stets angeordnet werden. Gem. § 278 Abs. 2, S. 2, 3 ZPO soll das Gericht im Rahmen der Güteverhandlung die Parteien persönlich anhören und ihnen, soweit erforderlich, Fragen stellen.[11] Mandanten sind darüber mitunter wenig erfreut. Dafür kann es

---

9 St. Rspr., vgl. nur BGH NJW 2016, 3430, Tz. 8; Fahrendorf/Mennemeyer/Mennemeyer, Kap. 8, Rn. 587 f., beide mwN.
10 BGH, aaO; Fahrendorf/Mennemeyer/Mennemeyer, Kap. 8, Rn. 592 f.
11 In der Praxis richtet nicht selten auch der gegnerische Prozessbevollmächtigte Fragen an die angehörte Partei. Deren Rechtsanwalt sollte kritisch prüfen, ob er seinen Mandanten hierauf antworten lässt. Eine

verschiedenen Gründen geben. So können etwa Unternehmer zum vorgesehenen Gerichtstermin beruflich verhindert sein, oder sie möchten den zeitlichen Aufwand für einen auswärtigen Gerichtstermin mit für sie evtl. nur eingeschränkter wirtschaftlicher Bedeutung vermeiden. Privatpersonen reagieren teilweise auf die Ladung des Gerichts (§ 141 Abs. 2 ZPO) verunsichert, weil sie nicht wissen, was sie erwartet, oder sie befürchten, auf Fragen des Gerichtes nicht sachgerecht antworten zu können und dadurch Nachteile zu erleiden. Die letztgenannte Befürchtung ist bei einigen Mandanten sogar durchaus berechtigt, etwa weil sie auf die für sie ungewohnte Situation des Gerichtstermins verschreckt oder nervös reagieren. Deshalb stellt man sich auch als Anwalt mitunter die Frage, ob es taktisch nicht besser ist, den Gerichtstermin ohne den Mandanten wahrzunehmen. Dies gilt auch im umgekehrten Fall, wenn nämlich der Mandant beispielsweise ein übersteigertes „Selbstbewusstsein" erkennen lässt, das zu befürchten gibt, dass er sich auch gegenüber dem Gericht nicht sachgerecht artikulieren, sondern etwa arrogant oder belehrend auftreten wird und sich dadurch Sympathien „verscherzt".

Völlig unabhängig davon, dass gegen eine Partei, die die Anordnung des persönlichen Erscheinens missachtet, gem. § 141 Abs. 3 S. 1 ZPO ein Ordnungsgeld festgesetzt werden kann, ist das Fernbleiben vom Gerichtstermin in aller Regel taktisch nicht zu empfehlen. Denn der persönliche Eindruck, den das Gericht von einer Partei gewinnt, sollte nicht unterschätzt werden. Deshalb sollte die Partei die Möglichkeit nutzen, im Termin „Flagge zu zeigen" und die eigene Position zu vertreten. Die vorstehend dargestellten Hindernisse lassen sich durch eine gute anwaltliche Vorbereitung der mündlichen Verhandlung meist vermeiden. So lässt sich auch tendenziell hochmütigen Mandanten – ggf. vorsichtig – vermitteln, welches Auftreten und welche Art von Äußerungen tunlichst vermieden werden sollten, um einen nachteiligen Eindruck beim Gericht zu vermeiden. Mit unsicheren oder ängstlichen Mandanten sollte der Anwalt rechtzeitig vor der mündlichen Verhandlung eingehend besprechen, was sie zu erwarten haben, insbesondere welche Fragen das Gericht ihnen voraussichtlich oder möglicherweise stellen wird. Nicht zulässig ist hierbei selbstverständlich, dem Mandanten eine falsche Antwort in den Mund zu legen, denn dies wäre zumindest Beihilfe zum versuchten Prozessbetrug (§ 263 StGB). Sehr wohl zulässig ist aber, den Mandanten auf konkrete Fragen des Gerichtes vorzubereiten und ihm damit die Möglichkeit zu geben, sich die richtige Antwort in Ruhe und entspannter Atmosphäre zu überlegen. Denn die anwaltliche Erfahrung lehrt, dass Mandanten, die erst im Gerichtstermin mit unerwarteten Fragen überrascht werden, diese häufig nicht, nur verkürzt oder sogar unrichtig beantworten, während sie fundierte Antworten geben können, wenn man ihnen hinreichend Zeit lässt und sie nicht unter Druck setzt. Durch entsprechende Vorbereitung kann daher erreicht werden, dass der Mandant auch in der für ihn ungewohnten, weniger entspannten Situation der mündlichen Verhandlung Fragen des Gerichts sachgerecht beantworten kann. Dies ist auch erforderlich, weil der Richter im Termin auf seine Fragen an die Partei deren Antwort und nicht diejenige ihres Prozessbevollmächtigten erwartet. Als Anwalt sollte man sich daher hüten, solche Fragen selbst zu beantworten, sondern der Partei die Antwort überlassen. Nur wenn diese lückenhaft bleibt, sollte sich der Anwalt das Recht zur Ergänzung der Erklärung seiner Partei nicht nehmen lassen.

389

---

dahingehende Pflicht besteht nicht, aus der Nichtbeantwortung solcher Fragen dürfen – anders als beim Schweigen auf Fragen des Gerichts – auch keine Rückschlüsse gezogen werden (vgl. Zöller/Greger, § 141 Rn. 1a).

390 § 141 Abs. 3 S. 2 ZPO gestattet der Partei, deren persönliches Erscheinen angeordnet ist, sich im Termin vertreten zu lassen. Allerdings muss der Vertreter zur Aufklärung des Tatbestandes in der Lage und zur Abgabe der gebotenen Erklärungen, insbesondere zum Abschuss eines Vergleiches, ermächtigt sein. Letzteres lässt sich durch entsprechende Gestaltung der Terminsvollmacht unproblematisch gewährleisten. Erheblich eingeschränkt wird der Kreis der in Betracht kommenden Vertreter dagegen durch das erstgenannte Erfordernis, dass der Vertreter zur Aufklärung des Tatbestandes in der Lage sein muss, also – wenn auch nicht notwendigerweise aufgrund eigener Wahrnehmung – über denselben Wissensstand wie die Partei verfügen und im Stande sein muss, Fragen des Gerichts hierzu zu beantworten.[12] Der Prozessbevollmächtigte, der nur in dieser Eigenschaft mit dem Verfahrensgegenstand in Berührung gekommen ist, erfüllt diese Voraussetzungen in aller Regel nicht[13] und kommt damit entgegen einer weit verbreiteten Praxis als Terminsvertreter iSv § 141 Abs. 3 S. 2 ZPO allenfalls in Betracht, wenn ausschließlich um Rechtsfragen gestritten wird. Dagegen gibt es in Unternehmen regelmäßig Personen, die die vorgenannten Anforderungen erfüllen, so dass der Unternehmer oder Geschäftsführer, der zum Termin nicht selbst erscheinen möchte, beispielsweise seinen Justitiar oder den mit dem Sachverhalt vertrauten Sachbearbeiter bevollmächtigen kann. Ein schwerer taktischer Fehler wäre allerdings, die Terminsvollmacht einem Mitarbeiter zu erteilen, der auch als Zeuge benannt wurde. Denn das Gericht kann im Rahmen der freien Beweiswürdigung nach § 286 ZPO berücksichtigen, dass der Zeuge vor seiner Vernehmung an der Erörterung der Sach- und Rechtslage teilgenommen hat. Reduziert werden kann die Glaubwürdigkeit des Zeugen insbesondere, wenn er den Ausführungen des Gerichts entnehmen konnte, welche Auswirkungen welche Aussage für den Ausgang des Rechtsstreits haben könnte, so dass er die Möglichkeit erhält, sein Aussageverhalten daran auszurichten.[14]

4. Beweisaufnahme

391 Gem. § 279 Abs. 2 ZPO soll im Haupttermin (dh nicht im frühen ersten Termin gem. § 275 ZPO) der streitigen Verhandlung die Beweisaufnahme unmittelbar folgen. Trotz dieser gesetzlichen Vorgabe werden in der Praxis auch nach Durchführung eines schriftlichen Vorverfahrens (§ 276 ZPO) Zeugen und Sachverständige häufig noch nicht zur ersten mündlichen Verhandlung, sondern erst zu einem späteren Termin geladen, weil die meisten Richter mit den Parteien und den Anwälten zunächst Vergleichsmöglichkeiten prüfen sowie den Sach- und Streitstand erörtern möchten, auch damit letzterer anschließend ggf. schriftsätzlich noch ordnungsgemäß aufbereitet werden kann, bevor in eine Beweisaufnahme eingetreten wird, insbesondere Zeugen geladen oder Sachverständigengutachten eingeholt werden.

a) Vernehmung von Zeugen

392 Gem. § 394 Abs. 1 ZPO ist jeder Zeuge einzeln und in Abwesenheit der später abzuhörenden Zeugen zu vernehmen. Nach Beendigung seiner Vernehmung darf der Zeuge als Teil der Öffentlichkeit (§ 169 GVG) im Sitzungssaal verbleiben, auch wenn noch

---

12 Zöller/Greger, § 141 Rn. 17; MünchKommZPO/Fritsche, § 141 Rn. 20.
13 Zöller/Greger, § 141 Rn. 17 mwN.
14 Vgl. Oberheim, Rn. 1814; vgl. auch MünchKommZPO/Damrau/Weinland, § 394 Rn. 3 aE; *einschränkend*: Anders/Gehle/Gehle, § 394 Rn. 5.

weitere Zeugen vernommen werden.[15] Beendet ist die Vernehmung allerdings erst mit der Entlassung des Zeugen durch das Gericht; solange diese nicht erfolgt ist, etwa weil das Gericht sich vorbehalten möchte, den Zeugen später nochmals zu befragen, darf der Richter ihn daher anweisen, den Sitzungssaal während der Vernehmung der weiteren Zeugen wieder zu verlassen.[16] Umstritten ist, ob Zeugen auch an der der Beweisaufnahme vorangehenden Erörterung nicht teilnehmen dürfen, insofern also vom Gericht des Saales verwiesen werden dürfen. Überwiegend wird dies bejaht mit der Begründung, dass § 394 ZPO die Unbefangenheit des Zeugen sichern soll, die aber beeinträchtigt werden könne, wenn er der Erörterung beiwohne.[17] Dagegen spricht aber, dass das Gebot der Öffentlichkeit (§ 169 GVG) eine Verweisung von Personen aus dem Sitzungssaal durch das Gericht nur zulässt, wenn hierfür eine gesetzliche Grundlage besteht. Eine solche begründet § 394 ZPO aber nur während der Beweisaufnahme durch Zeugenvernehmung. Davor, insbesondere während der Erörterung, darf das Gericht daher richtigerweise nur anregen, aber nicht anordnen, dass ein Zeuge den Sitzungssaal verlässt.[18] Eine ganz andere Frage ist allerdings, dass unabhängig von den rechtlichen Befugnissen des Gerichtes der Rechtsanwalt darauf achten sollte, dass potenzielle Zeugen, die den Vortrag seiner Partei bestätigen sollen, sich während der mündlichen Verhandlung vor ihrer Vernehmung nicht im Sitzungssaal aufhalten, da hierdurch ihre Glaubwürdigkeit beeinträchtigt werden könnte.[19]

Die Vernehmung von Zeugen erfolgt gem. § 396 ZPO zunächst durch das Gericht. Der Anwalt kann Fragen des Gerichts, die er für unzulässig hält (etwa als Suggestivfragen oder unzulässigen Ausforschungsbeweis, Rn. 394), zwar beanstanden, letztendlich aber nicht verhindern.[20] Besondere Aufmerksamkeit des Anwaltes ist bei der Protokollierung der Aussage durch das Gericht gefragt, da für das Urteil und die Rechtsmittelinstanz letztendlich nicht entscheidend ist, was der Zeuge gesagt hat, sondern was im Protokoll nachzulesen ist. Insofern wird zwar kein Richter die Aussage absichtlich verfälschen. Durchaus keine Seltenheit (und evtl. psychologisch sogar verständlich) ist aber, dass ein Richter, der sich naturgemäß bei jeder Terminsvorbereitung anhand des Aktenstudiums ein vorläufiges Urteil bildet, versucht, dieses in der Aussage des Zeugen bestätigt zu finden, dessen Angaben daher entsprechend versteht und auch protokolliert.[21] So kommt es immer wieder vor, dass eine Zeugenaussage in Nuancen oder Formulierungen, die ihr aber durchaus einen veränderten Inhalt geben können, anders protokolliert wird, als der Zeuge tatsächlich ausgesagt hat. Da Zeugen, wenn sie dies überhaupt registrieren, den Richter erfahrungsgemäß nicht oder allenfalls selten korrigieren, ist hier der Anwalt gefragt. Dass er sich damit uU den Unwillen des Richters zuzieht, darf ihn – auch im Wiederholungsfall – nicht abschrecken. Hilfreich ist in dieser Situation, den Zeugen um kurze Wiederholung zu bitten, was er genau gesagt hat. Hierdurch lassen sich diesbezügliche Zweifel meist ausräumen.

---

15 MünchKommZPO/Damrau/Weinland, § 394 Rn. 3.
16 MünchKommZPO/Damrau/Weinland, § 394 Rn. 3; Zöller/Greger, § 394 Rn. 1.
17 BAG BB 1988, 1330, juris-Tz. 20; MünchKommZPO/Damrau/Weinland, § 394 Rn. 3; Stein/Jonas/Berger, § 394 Rn. 1; Wieczorek/Schütze/Ahrens, § 394 Rn. 2.
18 Zutreffend: Anders/Gehle/Gehle, § 394 Rn. 5; Oberheim, Rn. 1814.
19 Vgl. Oberheim, Rn. 1814; dazu bereits vorstehend unter Rn. 390 aE.
20 Allenfalls in Extremfällen ist denkbar, dass eine Befragung durch das Gericht so einseitig erfolgt, dass sie die Besorgnis der Befangenheit iSv § 42 Abs. 2 ZPO begründet.
21 Über dieselbe Beobachtung berichtet – bezeichnenderweise aus der Sicht des Richters – auch Oberheim, Rn. 1853.

A. Teil IV Mündliche Verhandlung

394 Schon während der Befragung des Zeugen durch das Gericht kann dieses auch den Anwälten gestatten, Fragen zu stellen. In der Praxis geschieht dies auch regelmäßig, solange das Gericht sich hierdurch in der eigenen Befragung nicht gestört fühlt. Ein Recht, eigene Fragen an den Zeugen zu richten, haben die Anwälte und bei Gestattung durch das Gericht auch die Parteien gem. § 397 Abs. 2 ZPO aber erst nach Abschluss der richterlichen Vernehmung.[22] Üblicherweise stellt zuerst diejenige Seite ihre Fragen, die sich auf den Zeugen berufen hat oder, wenn dies beide getan haben, die beweispflichtige Seite. Nicht zulässig sind Fragen, die keinen Bezug zum Beweisthema haben, eine unzulässige Ausforschung bezwecken, bereits beantwortet sind, suggestiv gestellt werden oder den Zeugen nicht zur Wiedergabe seiner Wahrnehmung, sondern zur Abgabe eines Werturteils veranlassen sollen.[23] Werden solche Fragen vom Gegner gestellt, kann und sollte der Anwalt deren Nichtzulassung beantragen. Das Gericht hat dann über die Zulässigkeit der Frage gem. § 397 Abs. 3 ZPO durch Beschluss zu entscheiden; dieser ist zwar unanfechtbar, die unberechtigte Zurückweisung einer Frage kann aber mit Rechtsmitteln als Verfahrensfehler geltend gemacht werden.[24] Der Anwalt, dessen Frage das Gericht nicht zulassen möchte, kann verlangen, dass diese möglichst wörtlich im Protokoll festgehalten wird, für den Beschluss des Gerichts über die Nichtzulassung gilt dies nach § 160 Abs. 1 Nr. 6 ZPO ohnehin.[25] Trotz des Risikos, damit den Unmut des Gerichts auf sich zu lenken, sollte der Anwalt jedenfalls bei Fragen, die er für streitentscheidend hält, auf diese Protokollierung und auch auf einen förmlichen Beschluss des Gerichts über die Nichtzulassung der Frage nach § 397 Abs. 3 ZPO bestehen. Zum einen kann er nämlich nur hierdurch die Rechte seiner Partei für die Rechtsmittelinstanz sichern, zum anderen scheuen Gerichte nicht selten eine solche förmliche Beschlussfassung und entscheiden sich kurzfristig doch noch dafür, den Zeugen die Frage beantworten zu lassen.

395 Wenn der Zeuge im Rahmen seiner Vernehmung durch das Gericht den Vortrag der Partei bestätigt hat, bereitet seine ergänzende anwaltliche Befragung keine Schwierigkeiten. In diesem Fall sollte man sich, wenn überhaupt noch Nachfragebedarf besteht, auf wenige, kurz und klar zu beantwortende Fragen beschränken. Deutlich schwieriger ist die anwaltliche Befragung von Zeugen, die den Sachverhalt anders darstellen als die eigene Partei, nach deren Vortrag also wohl lügen oder zumindest unwahr aussagen müssen. In solchen Fällen muss Ziel der ergänzenden Befragung durch den Anwalt sein, den Zeugen zu einer Korrektur oder Relativierung seiner Aussage zu bewegen, zumindest aber deren Glaubhaftigkeit oder die Glaubwürdigkeit des Zeugen für das Gericht in Zweifel zu ziehen. Manche Mandanten, die ihr Wissen über den Ablauf der Justiz vorrangig aus amerikanischen Krimis zu schöpfen scheinen, erwarten von ihrem Anwalt, solche Zeugen so lange ins „Kreuzverhör" zu nehmen und unter Druck zu setzen, bis sie „umfallen" und endlich die Wahrheit sagen. Derartiges ist natürlich weder möglich noch sachgerecht. Die ZPO kennt kein „Kreuzverhör".[26] Auch ist in aller Regel nicht zielführend, einen Zeugen unter Druck zu setzen oder ihn – erst recht lautstark – mit Vorwürfen zu überhäufen, weil dies beim Zeugen eine Abwehrreaktion auslöst, die erfahrungsgemäß nicht zu einem Abrücken von seiner Aussage führt, son-

---

22 Zöller/Greger, § 396 Rn. 3.
23 Hk-ZPO/Siebert, § 397 Rn. 4; Zöller/Greger, § 397 Rn. 3 mwN; zum Ausforschungsbeweis vgl. außerdem Rn. 141.
24 Hk-ZPO/Siebert, § 397 Rn. 5; Zöller/Greger, § 397 Rn. 3; MünchKommZPO/Damrau/Weinland, § 397 Rn. 7.
25 Zöller/Greger, § 397 Rn. 3.
26 Zöller/Greger, § 397 Rn. 1.

dern im Gegenteil nur zu deren Wiederholung und Verdichtung. Schlimmstenfalls kann aggressives anwaltliches Auftreten beim Gericht sogar Mitleid mit dem Zeugen und Sympathie für die gegnerische Partei provozieren. Bei der Befragung solcher Zeugen ist daher vom Anwalt „Fingerspitzengefühl" und Geschick gefordert. Ein „Patentrezept" gibt es für derartige Situationen nicht. Ob es gelingt, einen solchen Zeugen zu Fall zu bringen, hängt immer vom Einzelfall ab und lässt sich nie prognostizieren. An dieser Stelle können nur folgende Ansatzpunkte für eine anwaltliche Befragung vorgeschlagen werden:

aa) Frage nach eigener Wahrnehmung des Zeugen

Aufgabe des Zeugen ist ausschließlich, eigene Wahrnehmungen über Tatsachen zu bekunden (Rn. 222). Die menschliche Wahrnehmung ist aber unvollkommen, ebenso das Erinnerungsvermögen. Deshalb ist es ein bekanntes Phänomen, dass Zeugen nicht selten für eigene Wahrnehmung halten und entsprechend darstellen, was in Wahrheit nur auf Schlussfolgerungen oder subjektiven Vorstellungen beruht oder dem Zeugen von Dritten (etwa der Prozesspartei) so lange und so oft berichtet wurde, bis der Zeuge es für eigene Wahrnehmung hielt.[27] Wenn ein Zeuge nicht bewusst lügt, hilft daher häufig schon die Frage, ob er die von ihm berichteten Tatsachen wirklich selbst („mit eigenen Augen") wahrgenommen bzw. was konkret er wahrgenommen hat. Muss der Zeuge dann einräumen, dass er nicht über eigene Wahrnehmungen bzw. sichere Erinnerungen hieran verfügt, schränkt bereits dies den Beweiswert seiner Aussage regelmäßig stark ein oder sogar vollständig aus.

bb) Aufdeckung von Widersprüchen oder Unrichtigkeiten

Bleibt der Zeuge bei seiner Darstellung, muss der Anwalt sein Augenmerk darauf richten, deren Glaubhaftigkeit zu erschüttern. Die besten Chancen bestehen insofern, wenn Unrichtigkeiten oder zumindest Widersprüche der Aussage aufgedeckt werden können. Diese können sich aus anderweitigen Aussagen des Zeugen (etwa aus einem vorangegangenen Zivilprozess oder Strafverfahren) oder auch aus sonstigen Unterlagen (beispielsweise schriftlichen Erklärungen) ergeben, die sich bereits bei der Gerichtsakte befinden oder zumindest dem Anwalt vorliegen und damit dem Gericht noch vorgelegt werden können. In solchen Fällen empfiehlt sich nicht, den Zeugen sofort auf den Widerspruch hinzuweisen oder ihn gar zu einer Erklärung aufzufordern, weil ihm dies die Möglichkeit bietet, diesen evtl. auszuräumen und seine Aussage noch stimmig zu machen.[28] Vorzugswürdig ist, den Zeugen durch eine Frage, deren Zielrichtung er nicht abschätzen kann, zu einer Antwort zu veranlassen, die im Widerspruch zu anderen Aussagen oder Unterlagen steht. Hierauf kann der Anwalt dann nach der Beweisaufnahme hinweisen und die Beweiswürdigung mit dieser Maßgabe dem Gericht überlassen. Allenfalls kann dem Zeugen noch vorgehalten werden, ob er an seiner Aussage auch unter Berücksichtigung der Tatsache festhält, dass diese im Widerspruch zu bestimmten anderen Angaben oder Unterlagen steht.

---

27 Vgl. Oberheim, Rn. 1829 mwN.
28 Oberheim, Rn. 1830 aE.

cc) Vereidigung des Zeugen?

398 Kein taugliches Mittel, einen Zeugen zu einer wahrheitsgemäßen Aussage zu veranlassen, ist entgegen der Vorstellung mancher Mandanten der Antrag, den Zeugen zu vereidigen. Zum einen steht nämlich die Vereidigung, wenn nicht beide Parteien hierauf verzichten, gem. § 391 ZPO im pflichtgebundenen Ermessen des Gerichts.[29] Dieses verdichtet sich nur ausnahmsweise zu einer Rechtspflicht zur Vereidigung; eine solche wurde etwa angenommen, wenn die Aussage entscheidungserheblich ist und nach Auffassung des Gerichts Bedenken gegen die Glaubwürdigkeit des Zeugen bestehen.[30] Selbst wenn es danach aber gelingt, die Vereidigung des Zeugen herbeizuführen, ist damit taktisch zumeist nicht viel gewonnen. Denn ein Zeuge, der lügt und damit den Straftatbestand des § 153 StGB bereits verwirklicht hat, wird sich mit hoher Wahrscheinlichkeit durch den höheren Strafrahmen des § 154 StGB nicht läutern lassen, sondern auch einen Meineid schwören. Dies verleiht der Aussage zwar keinen höheren Beweiswert,[31] verbessert aber die prozessuale Lage der eigenen Partei sicherlich nicht, denn diese sieht sich dann statt der uneidlichen mit einer beeidigten Aussage gegen ihre Darstellung konfrontiert. Taktisch sollte daher der Anwalt allenfalls erwägen, dem Zeugen schon während der Befragung mitzuteilen, dass er beabsichtigt, dessen Vereidigung zu beantragen. Dies führt zwar längst nicht immer, zumindest aber manchmal zu einer positiven Reaktion des Zeugen.

b) Vernehmung des Sachverständigen

399 Von einem Sachverständigen verlangt das Gericht gem. § 411 ZPO idR die Erstellung eines schriftlichen Gutachtens, bei Bedarf auch schriftlicher Ergänzungsgutachten, so dass die Vernehmung des Sachverständigen in der mündlichen Verhandlung dann nur noch zur Erläuterung der schriftlichen Gutachten erfolgt. Gem. § 402 ZPO gelten hierfür die Regeln über die Vernehmung von Zeugen entsprechend, insbesondere hat der Anwalt das Fragerecht nach §§ 402, 397 Abs. 2 ZPO. Inhaltlich gilt für das anwaltliche Vorgehen das schon vorstehend unter Rn. 237 ff. Gesagte entsprechend. Wurde ein Privatgutachten eingeholt, bietet sich an, die mündliche Verhandlung in Begleitung des Privatgutachters wahrzunehmen und diesen in die fachliche Auseinandersetzung mit dem Sachverständigen einzubinden. Insbesondere darf auch der Privatgutachter Fragen an den Sachverständigen stellen oder diesem vorhalten und dem Gericht erläutern, dass und weshalb er anderer Auffassung ist als der Sachverständige. Das Gericht hat auch diese Ausführungen des Privatgutachters, nicht anders als das schriftliche Privatgutachten, bei seiner Beweiswürdigung zu berücksichtigen (Rn. 240).

c) Verhandlung nach der Beweisaufnahme

400 Gem. § 279 Abs. 3 ZPO hat das Gericht im Anschluss an die Beweisaufnahme mit den Parteien erneut den Sach- und Streitstand und, soweit erforderlich, das Ergebnis der Beweisaufnahme zu erörtern. Gem. § 285 Abs. 1 ZPO haben die Parteien über das Ergebnis der Beweisaufnahme zu verhandeln. Dies zählt zu den wesentlichen Vorgängen, die gem. § 160 Abs. 2 ZPO in das Protokoll der mündlichen Verhandlung aufzunehmen sind. Unterbleibt dies, ist aufgrund der Beweiskraft des Protokolls gem.

---

[29] Zöller/Greger, § 391 Rn. 2; MünchKommZPO/Damrau/Weinland, § 391 Rn. 4.
[30] BGHZ 43, 368, 371; MünchKommZPO/Damrau/Weinland, § 391 Rn. 5.
[31] Zöller/Greger, § 391 Rn. 7; beachte aber BGH, aaO, wonach die Beeidigung geeignet ist, den Beweiswert der Zeugenaussage besser zu beurteilen.

§ 165 ZPO der Verstoß gegen §§ 279 Abs. 3, 285 ZPO bewiesen. Darin liegt zugleich eine Verletzung des Verfahrensgrundrechtes auf rechtliches Gehör gem. Art. 103 Abs. 1 GG, auf die ein Rechtsmittel gestützt werden kann.[32]

§ 279 Abs. 3 ZPO verpflichtet das Gericht grds. nicht, den Parteien unmittelbar im Anschluss an die Beweisaufnahme bereits seine vorläufige Beweiswürdigung mitzuteilen, um ihnen damit Gelegenheit zu geben, weitere Beweismittel anzubieten. Eine Ausnahme gilt nur, wenn ein entsprechender Hinweis des Gerichts zum Vermeidung einer nach Art. 103 Abs. 1 GG unzulässigen Überraschungsentscheidung erforderlich ist.[33] 401

§§ 279 Abs. 3, 285 Abs. 1 ZPO verpflichten die Parteien bzw. deren Anwälte grds. sofort zum Ergebnis der Beweisaufnahme Stellung zu nehmen. Auch ergänzende Beweisanträge, die erst aufgrund dieses Ergebnisses erforderlich werden und daher nicht gem. § 296 ZPO präkludiert sind,[34] müssen damit grds. sofort gestellt werden. Eine Ausnahme gebietet der Anspruch auf Gewährung rechtlichen Gehörs jedoch, wenn von einer Partei eine umfassende sofortige Stellungnahme nicht erwartet werden kann, weil sie verständigerweise Zeit benötigt, um angemessen vorzutragen. Dies gilt namentlich nach einer komplexen Beweisaufnahme, der umfassenden Erörterung eines Gutachtens oder, wenn der Sachverständige in seinen mündlichen Ausführungen neue und ausführliche Beurteilungen gegenüber dem bisherigen Gutachten abgegeben hat. In solchen Fällen hat das Gericht sich zu vertagen oder eine angemessene Schriftsatzfrist, beginnend mit Zugang der Sitzungsniederschrift, zu gewähren.[35] Auch wenn dies nicht beantragt wird, muss das Gericht eine Stellungnahme zum Ergebnis der Beweisaufnahme im Rahmen eines nicht nachgelassenen Schriftsatzes berücksichtigen und ggf. die mündliche Verhandlung gem. § 156 ZPO wieder eröffnen.[36] Der Rechtsanwalt sollte sich hierauf aber keinesfalls verlassen, sondern schon zur Vermeidung eines Stuhlurteils (zum Begriff Rn. 18) ausdrücklich Schriftsatznachlass beantragen. 402

III. Schriftsatznachlass

Aufgrund des Prinzips der Mündlichkeit und des Verhandlungsgrundsatzes darf das Gericht in seinem Urteil nur berücksichtigen, was bis zum Schluss der mündlichen Verhandlung (vgl. § 136 Abs. 4 ZPO) vorgetragen bzw. geltend gemacht worden ist;[37] erst recht bleiben damit nach diesem Zeitpunkt eintretende Ereignisse von vornherein unberücksichtigt. Deshalb bestimmt § 296a S. 1 ZPO, dass nach dem Schluss der mündlichen Verhandlung, auf die das Urteil ergeht, Angriffs- und Verteidigungsmittel nicht mehr vorgebracht werden können und damit grds. präkludiert sind, dh im Urteil unberücksichtigt bleiben.[38] Dies gilt allerdings nur für Tatsachenvortrag; Rechtsausführungen (auch zur Beweiswürdigung) hat das Gericht demgegenüber stets zu berücksichtigen, wenn ein entsprechender Schriftsatz bis zur Urteilsverkündung beim Gericht 403

---

32 BGH NJW 2016, 2890, Tz. 17 f.; BGH NJW 2012, 2354, Tz. 5, 7; BGH FamRZ 2012, 297, Tz. 13; Zöller/Greger, § 279 Rn. 6 f.; zu den Einzelheiten vgl. auch Rn. 525, 538.
33 BGH NJW 2016, 3100, Tz. 31 ff.
34 BGH, Beschluss vom 25.1.2012, IV ZR 230/11, juris-Tz. 12 = MDR 2013, 487 (Ls.); Zöller/Greger, § 285 Rn. 2.
35 BGHZ 219, 77, Tz. 26; BGH NJW 2011, 3040, Tz. 6; Zöller/Greger, § 285 Rn. 2; MünchKommZPO/Prütting, § 279 Rn. 18, alle mwN.
36 BGH NJW 1988, 2302, juris-Tz. 12.
37 Rosenberg/Schwab/Gottwald, § 133 Rn. 38; Hk-ZPO/Saenger, § 296a Rn. 1, Einführung Rn. 70; Zöller/Greger, § 128 Rn. 1, 8.
38 Zöller/Greger, § 296a Rn. 2.

eingereicht wird.³⁹ Für den Rechtsanwalt bedeutet § 296a S. 1 ZPO, dass er sicherstellen muss, dass der notwendige Tatsachenvortrag spätestens bis zum Schluss der mündlichen Verhandlung erfolgt. Grds. muss damit bis zu diesem Zeitpunkt auch zu allen Sachverhalten Stellung genommen werden, die erst kurz vor der mündlichen Verhandlung oder sogar erst in dieser von der Gegenseite oder aufgrund der Beweisaufnahme in das Verfahren eingeführt worden sind. Hierzu lässt § 296a S. 2 ZPO allerdings einige Ausnahmen zu, in denen sich der Rechtsanwalt somit nicht sofort im Termin erklären muss, sondern Schriftsatznachlass beantragen kann mit der Konsequenz, dass das Gericht eine angemessene Schriftsatzfrist zu gewähren und die Ausführungen in einem fristgerecht eingereichten Schriftsatz entsprechend zu berücksichtigen hat (§ 283 S. 2 ZPO).⁴⁰ Neben der bereits in Rn. 402 behandelten Konstellation der Stellungnahme zum Ergebnis einer komplexen Beweisaufnahme nennt § 296a S. 2 ZPO folgende Ausnahmetatbestände:

1. Schriftsatznachlass auf gerichtliche Hinweise, § 139 Abs. 5 ZPO

404 Die gem. § 139 ZPO gebotenen Hinweise (Rn. 430 ff.) hat das Gericht nach Abs. 4 dieser Norm so früh wie möglich zu erteilen, jedenfalls aber so rechtzeitig vor der mündlichen Verhandlung, dass die Partei Gelegenheit hat, ihre Prozessführung hierauf einzurichten.⁴¹ In der Praxis erteilen die Gerichte – aus arbeitsökonomischen Gründen durchaus verständlich – Hinweise aber regelmäßig erst in der mündlichen Verhandlung. Im Hinblick auf Art. 103 Abs. 1 GG darf hierdurch nicht das Recht der betroffenen Partei verkürzt werden, sachgerecht auf den Hinweis zu reagieren. Deshalb darf das Gericht, wenn eine sofortige Äußerung nach den Umständen nicht erwartet werden kann, die mündliche Verhandlung nicht schließen, sondern muss diese vertagen, in das schriftliche Verfahren übergehen oder der Partei auf ihren Antrag nach § 139 Abs. 5 ZPO eine Schriftsatzfrist einräumen.⁴² Letzteres ist in der Praxis der Regelfall, begründet aber für den Anwalt die Notwendigkeit, den gem. § 296a S. 2 ZPO iVm § 139 Abs. 5 ZPO erforderlichen Antrag auf Gewährung eines Schriftsatznachlasses zu stellen.⁴³ Selbst wenn dies vergessen wird, lohnt es sich, falls kein Stuhlurteil (zum Begriff Rn. 18) ergeht, bis zum Verkündungstermin noch schriftsätzlich Stellung zu nehmen. Werden nämlich entgegen § 139 Abs. 4 ZPO Hinweise erst in der mündlichen Verhandlung erteilt, liegt hierin ein Verfahrensfehler, der dazu führt, dass das Gericht gem. § 156 Abs. 2 Nr. 1 ZPO die mündliche Verhandlung auch wiedereröffnen muss, wenn in einem nicht nachgelassenen Schriftsatz auf den Hinweis hin Erhebliches vorgetragen wird.⁴⁴ Wird dagegen der Schriftsatz erst nach Ablauf der hierfür gesetzten Frist eingereicht, kann das Gericht das verspätete Vorbringen nach §§ 296a, 283 S. 2

---

39 BGH NZM 2017, 147, Tz. 13; Zöller/Greger, § 296a Rn. 2.
40 MünchKommZPO/Prütting, § 296a Rn. 6.
41 St. Rspr., vgl. nur: BGH NJW 2011, 76, 79, Tz. 39; BGH NJW-RR 2013, 1358, Tz. 7; BGH ZIP 2020, 583, Tz. 8.
42 BGH NJW 2011, 76, 79, Tz. 39; BGH ZIP 2020, 583, Tz. 8; BGH NJW-RR 2021, 249, Tz. 14; eine Entscheidung des Gerichts vor Ablauf einer gewährten Schriftsatzfrist verstößt gegen Art. 103 Abs. 1 GG, BGH NJW-RR 2020, 248, Tz. 4; BGH ZIP 2020, 583, Tz. 8.
43 Nur wenn für das Gericht offensichtlich ist, dass die Partei sich in der mündlichen Verhandlung nicht abschließend erklären kann, muss es auch ohne Antrag auf Schriftsatznachlass auf geeignete Weise, etwa durch Vertagung, Gelegenheit zur Stellungnahme geben, vgl. BGH NJW-RR 2011, 877, Tz. 11; BGH NJW 2019, 1151, Tz. 14. Darauf sollte sich der Rechtsanwalt aber keinesfalls verlassen!
44 BGH NJW 2009, 2378 f., Tz. 4; BGH ZIP 2020, 583, Tz. 8; MünchKommZPO/Fritsche, § 139 Rn. 61.

ZPO zurückweisen, muss aber sein danach bestehendes Ermessen pflichtgemäß ausüben.[45]

2. Schriftsatznachlass auf gegnerischen Vortrag, § 283 ZPO

Gem. § 296a S. 2 ZPO iVm § 283 ZPO hat das Gericht einer Partei, die sich in der mündlichen Verhandlung zu einem gegnerischen Vorbringen nicht erklären kann, weil es ihr nicht rechtzeitig vor dem Termin mitgeteilt worden ist, auf Antrag Schriftsatznachlass zu gewähren. § 283 ZPO gilt nicht nur in Bezug auf gegnerisches Vorbringen, das erstmalig in der mündlichen Verhandlung erfolgt, sondern auch für gegnerische Schriftsätze, die – in der Praxis leider keine Seltenheit – erst kurz vor der mündlichen Verhandlung eingereicht werden und entscheidungserhebliche, neue Angriffs- oder Verteidigungsmittel enthalten. Bei solchen Schriftsätzen fehlt es an der Rechtzeitigkeit iSv § 283 S. 1 ZPO jedenfalls, wenn sie dem Gegner nicht innerhalb der in § 132 Abs. 1 ZPO vorgesehenen Wochenfrist zugestellt wurde.[46] Der Umkehrschluss, dass bei Wahrung dieser Frist kein Schriftsatznachlass gewährt werden könne,[47] ist jedoch nicht haltbar. Denn § 132 ZPO regelt nur die bei der Einreichung von Schriftsätzen einzuhaltenden Mindestfristen, begründet aber keine Erklärungsfrist für den Gegner. Insofern ist auch § 282 Abs. 2 ZPO zu berücksichtigen, wonach vorbereitende Schriftsätze so rechtzeitig einzureichen sind, dass der Gegner zur Erwiderung erforderliche Erkundigungen noch bis zur mündlichen Verhandlung anstellen kann (Rn. 440). Ist dies nicht möglich, sind die Voraussetzungen des § 283 ZPO unabhängig von der Einhaltung der Wochenfrist nach § 132 Abs. 1 ZPO erfüllt, so dass die Schriftsatzfrist zu gewähren ist.[48]

Zu beachten ist, dass der Schriftsatznachlass gem. § 283 ZPO nur auf Antrag gewährt wird, der Anwalt diesen also stellen muss. Für das weitere Verfahren bestimmt § 283 S. 1, 2. Hs. ZPO, dass das Gericht einen Verkündungstermin anzuberaumen hat, der denknotwendig erst nach Ablauf der Schriftsatzfrist liegen kann. Den innerhalb dieser Frist eingereichten Schriftsatz muss das Gericht gem. § 283 S. 2 ZPO bei seiner Entscheidung berücksichtigen; dies bedeutet, dass durch die Einräumung der Schriftsatzfrist für die betroffene Partei der Schluss der mündlichen Verhandlung bis zum Ablauf der Frist verlängert wird.[49] Inhaltlich bezieht sich der Schriftsatznachlass allerdings, auch wenn ihn das Gericht hierauf nicht ausdrücklich beschränkt, nur auf den gegnerischen Vortrag, auf den in der mündlichen Verhandlung nicht erwidert werden kann; neuer Sachvortrag, der über die Erwiderung auf diesen gegnerischen Vortrag hinausgeht, dh nicht als Reaktion hierauf erfolgt, ist also gem. § 296a ZPO präkludiert, sofern das Gericht diesen nicht zur Veranlassung nimmt, die mündliche Verhandlung gem. § 156 ZPO wieder zu eröffnen.[50] Auch wenn der Schriftsatz erst nach Ablauf der Schriftsatzfrist, aber vor dem Verkündungstermin eingeht, kann das Gericht ihn gem. § 283 S. 2 ZPO berücksichtigen;[51] ermessensfehlerhaft und damit

---

[45] BGH NJW-RR 2014, 505, Tz. 3.
[46] Zöller/Greger, § 283 Rn. 2b; MünchKommZPO/Prütting, § 283 Rn. 10; Hk-ZPO/Saenger, § 283 Rn. 4.
[47] So jedoch Thomas/Putzo/Seiler, § 283 Rn. 2.
[48] Zöller/Greger, § 283 Rn. 2b, § 282 Rn. 4a; Hk-ZPO/Saenger, § 283 Rn. 4; MünchKommZPO/Prütting, § 283 Rn. 10; Musielak/Voit/Foerste, § 283 Rn. 4.
[49] BGH NJW-RR 2015, 893, Tz. 12; MünchKommZPO/Prütting, § 283 Rn. 25.
[50] BGH NJW 2018, 1686, Tz. 22, 24 ff.; Zöller/Greger, § 283 Rn. 5; MünchKommZPO/Prütting, § 283 Rn. 21.
[51] Diese Regelung ist analog anzuwenden, wenn ein Schriftsatznachlass gem. § 139 Abs. 5 ZPO gewährt wurde (dazu vorstehend Rn. 404) und die Frist überschritten wird, BGH NJW-RR 2014, 505, Tz. 3.; MünchKommZPO/Prütting, § 296a Rn. 6; Hk-ZPO/Saenger, § 283 Rn. 14.

unzulässig ist die Nichtberücksichtigung in solchen Fällen allerdings nur, wenn ein Anspruch auf Wiederöffnung der mündlichen Verhandlung besteht (Rn. 408) oder die Fristüberschreitung hinreichend entschuldigt wird.[52]

407 Gem. § 283 ZPO kann der Schriftsatznachlass nur der Partei eingeräumt werden, die sich in der mündlichen Verhandlung nicht erklären kann. Ein Schriftsatznachlass an beide Parteien ist damit grds. nicht möglich, es sei denn, die Voraussetzungen des § 283 ZPO sind in Bezug auf beide Parteien erfüllt.[53] Nicht zulässig ist namentlich, der anderen Partei eine weitere Schriftsatzfrist zur Erwiderung auf den nachgelassenen Schriftsatz einzuräumen. Enthält dieser neues, entscheidungserhebliches Vorbringen, zu dem der anderen Partei rechtliches Gehör zu gewähren ist, muss das Gericht daher entweder mit Zustimmung beider Parteien ins schriftliche Verfahren gem. § 128 Abs. 2 ZPO übergehen oder die mündliche Verhandlung wiedereröffnen.[54]

3. Wiedereröffnung der mündlichen Verhandlung, § 156 ZPO

408 § 296a S. 2 ZPO verweist schließlich auf § 156 ZPO. Dies bedeutet, dass Vorbringen nach dem Schluss der mündlichen Verhandlung auch zu berücksichtigen ist, wenn es zwar nicht im Rahmen eines nachgelassenen Schriftsatzes erfolgt, dem Gericht aber Veranlassung gibt, die mündliche Verhandlung gem. § 156 ZPO wieder zu eröffnen. Die Entscheidung hierüber steht allerdings nach Abs. 1 dieser Norm grds. im Ermessen des Gerichts. Eine Verpflichtung, die mündliche Verhandlung wieder zu eröffnen, besteht nur in den Fällen des § 156 Abs. 2 ZPO, so namentlich gem. Nr. 1 dieser Bestimmung, wenn das Gericht in der mündlichen Verhandlung einen entscheidungserheblichen und rügbaren Verfahrensfehler (§ 295 ZPO) begangen hat, insbesondere eine Verletzung der Hinweis- und Aufklärungspflicht gem. § 139 ZPO oder des Anspruchs auf rechtliches Gehör. Wurde die mündliche Verhandlung dagegen ohne Verfahrensfehler geschlossen, ist deren Wiedereröffnung nicht geboten.[55]

IV. Zusammenfassung

409 1. In der mündlichen Verhandlung ist der Rechtsanwalt gefordert. Er muss besonderes Augenmerk darauf richten, im Rahmen des Rechtsgespräches die (vorläufige) rechtliche Beurteilung des Gerichts zu erkennen, um die weitere Prozessführung darauf einstellen zu können. Besondere Beratungspflichten treffen ihn gegenüber seinem Mandanten bei Vergleichsgesprächen, auch in Bezug auf Vergleichsvorschläge des Gerichts. Bei der Vernehmung von Zeugen, die nicht zugunsten des Mandanten aussagen, muss er durch kluge Nachfragen versuchen, den Beweiswert oder zumindest die Glaubhaftigkeit der Aussage in Frage zu stellen; ein Antrag, den Zeugen zu vereidigen, ist dagegen idR nicht sinnvoll.
2. Zu Hinweisen des Gerichts, auf die nicht sofort reagiert werden kann, muss Schriftsatznachlass beantragt werden (§ 139 Abs. 5 ZPO). Dasselbe gilt in Bezug

---

52 Zöller/Greger, § 283 Rn. 7.
53 Zöller/Greger, § 283 Rn. 3 aE mwN.
54 OLG Stuttgart, AG 2013, 599, juris-Tz. 34; Musielak/Voit/Foerste, § 283 Rn. 13.
55 BGH NJW 1993, 134, juris-Tz. 9; MünchKommZPO/Prütting, § 296a Rn. 6.

auf neuen gegnerischen Vortrag in oder kurz vor der mündlichen Verhandlung, auf den nicht sofort erwidert werden kann (§ 283 ZPO).

§ 15 Präklusion wegen Verspätung und Gegenstrategien

Ein besonderes „Damoklesschwert" für die Parteien des Zivilprozesses und deren Prozessbevollmächtigte statuiert § 296 ZPO: Danach können unter den dort geregelten Voraussetzungen verspätet vorgebrachte Angriffs- und Verteidigungsmittel vom Gericht zurückgewiesen werden, dh diese sind dann präkludiert und bleiben bei der gerichtlichen Entscheidung unberücksichtigt, als wenn sie nicht vorgetragen worden wären.[1] Gem. § 531 Abs. 1 ZPO bleiben sie auch in der Berufungsinstanz ausgeschlossen, wenn sie im ersten Rechtszug zu Recht zurückgewiesen wurden. Dagegen sind vom Eingangsgericht zu Unrecht zurückgewiesene Angriffs- und Verteidigungsmittel vom Berufungsgericht zu berücksichtigen.[2] Bei offenkundig fehlerhafter Anwendung der Präklusionsvorschriften ist außerdem auch der Anspruch der Partei auf rechtliches Gehör gem. Art. 103 Abs. 1 GG verletzt.[3]   410

Angesichts dieser weitreichenden Folgen einer Zurückweisung verspäteten Vorbringens muss der Rechtsanwalt besonderes Augenmerk darauf richten, eine solche zu vermeiden. Der sicherste Weg hierzu ist natürlich, rechtzeitig (insbesondere innerhalb der vom Gericht gesetzten Fristen) umfassend vorzutragen. Immer wieder gibt es aber Situationen, in denen dies – mit oder ohne anwaltliches Verschulden – nicht gelingt und deshalb prozesstaktische Strategien zur Vermeidung einer Präklusion entwickelt werden müssen. Bevor der Rechtsanwalt aber hierüber nachdenkt, muss er sich zunächst Klarheit darüber verschaffen, ob ihm bzw. seiner Partei eine solche Zurückweisung überhaupt droht. Zunächst sind daher die Voraussetzungen des § 296 ZPO zu erörtern.   411

I. Zurückweisung verspäteten Vorbringens gem. § 296 ZPO

Nach § 296 ZPO können Angriffs- und Verteidigungsmittel zurückgewiesen werden. Hierunter fallen nur der Tatsachenvortrag, das Bestreiten sowie die zugehörigen Beweisantritte zur Begründung (Angriffsmittel) oder Abwehr (Verteidigungsmittel) der Klage.[4] Dagegen bilden Sachanträge, insbesondere die Klage, Klageerweiterung, Klageänderung oder Widerklage keine Angriffs- oder Verteidigungsmittel, sondern den Angriff selbst und können daher nicht nach § 296 ZPO zurückgewiesen werden.[5] Dasselbe gilt für Rechtsausführungen, da das Gericht die Rechtslage von sich aus prüfen und berücksichtigen muss (iura novit curia).[6]   412

---

[1] Zöller/Greger, § 296 Rn. 33; Hk-ZPO/Saenger, § 296 Rn. 54; MünchKommZPO/Prütting, § 296 Rn. 182.
[2] BGH NJW 2019, 3456, Tz. 16; BGH NJW-RR 2017, 1018, Tz. 9; Zöller/Heßler, § 531 Rn. 6, 8; Hk-ZPO/Wöstmann, § 531 Rn. 4.
[3] BVerfGE 69, 145, 149; BVerfG NJW 2000, 945, juris-Tz. 12; BGH NJW-RR 2017, 1018, Tz. 8; BGH NJW 2019, 3456, Tz. 15; jede fehlerhafte Anwendung der Präklusionsvorschriften als Verstoß gegen Art. 103 Abs. 1 GG einzustufen, hat das BVerfG (BVerfGE 75, 302, 314 f.) demgegenüber abgelehnt.
[4] Vgl. nur MünchKommZPO/Prütting, § 296 Rn. 40; Musielak/Voit/Huber, § 296 Rn. 4; Hk-ZPO/Saenger, § 296 Rn. 8.
[5] Vgl. nur MünchKommZPO/Prütting, § 296 Rn. 41; Zöller/Greger, § 296 Rn. 4; Musielak/Voit/Huber, § 296 Rn. 6; zu den sich daraus ergebenden prozesstaktischen Möglichkeiten nachfolgend Rn. 470 ff., 474 ff.
[6] MünchKommZPO/Prütting, § 296 Rn. 46; Zöller/Greger, § 296 Rn. 4; Musielak/Voit/Huber, § 296 Rn. 6 aE.

413 Bzgl. der Voraussetzungen der Zurückweisung von Angriffs- und Verteidigungsmitteln ist zwischen den Abs. 1 und 2 des § 296 ZPO zu unterscheiden.

1. Zurückweisung nach § 296 Abs. 1 ZPO

414 Die Präklusion nach § 296 Abs. 1 ZPO hat folgende Voraussetzungen:

a) Fristversäumung

415 § 296 Abs. 1 ZPO greift nur bei Versäumung einer der in dieser Norm enumerativ aufgeführten, vom Gericht gesetzten Schriftsatzfristen. Diese muss gerade für das Vorbringen gesetzt worden sein, das zurückgewiesen werden soll.[7] Außerdem muss die Fristsetzung wirksam sein. Dazu bedarf es einer Verfügung, die vom zuständigen Richter (dh dem Vorsitzenden, bei dessen Verhinderung seinem Vertreter (§ 21f Abs. 2 GVG), oder dem Einzelrichter) nicht nur paraphiert, sondern unterschrieben werden muss; diese muss sodann entweder mündlich verkündet oder dem Prozessbevollmächtigten der Partei, der die Frist gesetzt wird, in beglaubigter Abschrift förmlich zugestellt werden und in den Fällen der §§ 276 Abs. 2, 277 Abs. 2, 4 ZPO mit einer Belehrung über die Folgen der Fristversäumung versehen werden.[8] Für den Anwalt lohnt sich – bei Bedarf auch durch Einsichtnahme der Gerichtsakte – die Überprüfung dieser Formalia. Wurden sie nämlich vom Gericht nicht beachtet, droht ihm von vornherein keine Präklusion nach § 296 Abs. 1 ZPO.

416 Kraft gesetzlicher Verweisung gilt § 296 Abs. 1 ZPO auch bei Versäumung der vom Gericht gesetzten Frist zur Stellungnahme zu einem schriftlichen Sachverständigengutachten (§ 411 Abs. 4 S. 2 ZPO) und der gesetzlichen, durch das Gericht aber verlängerbaren Frist zur Begründung des Einspruchs gegen ein Versäumnisurteil (§ 340 Abs. 3 ZPO). Ohne gesetzliche Anordnung kommt eine analoge Anwendung von § 296 Abs. 1 ZPO bei Versäumung sonstiger Fristen dagegen nicht in Betracht, insofern greift nur § 296 Abs. 2 ZPO.[9]

b) Keine Entschuldigung

417 Weitere Voraussetzung der Präklusion ist, dass die Verspätung nicht entschuldigt wird. Schädlich ist nach § 296 Abs. 1 ZPO jede Fahrlässigkeit der Partei, ihres gesetzlichen Vertreters oder ihres Prozessbevollmächtigten (§§ 51 Abs. 2, 85 Abs. 2 ZPO). Dagegen wird ein Verschulden des Büropersonals des Prozessbevollmächtigten (etwa wenn der Bürovorsteher eine vom Gericht gesetzte Frist irrtümlich nicht ordnungsgemäß notiert und diese daher versäumt wird) der Partei nicht zugerechnet, so dass eine Zurückweisung in solchen Fällen nur in Betracht kommt, wenn dem Prozessbevollmächtigten ein eignes Verschulden, etwa als Organisations- oder Überwachungsverschulden zur Last fällt.[10] Ein Verschulden der Partei an der Verspätung iSv § 296 Abs. 1 ZPO kann etwa dadurch ausgeschlossen werden, dass sie von dem Angriffs- oder Verteidigungsmittel erst im Laufe des Rechtsstreits Kenntnis erlangt hat und diese auch nicht früher –

---

7 Vgl. BGH NJW-RR 2017, 1018, Tz. 10 ff.: Wegen Versäumung der Frist zur Stellungnahme zu einem Sachverständigengutachten (§ 411 Abs. 4 S. 2 ZPO) kann kein Vortrag zu einer Frage zurückgewiesen werden, die nicht Gegenstand der im Gutachten behandelten Beweisfrage war.
8 BGH NJW 1981, 286, juris-Tz. 10; Zöller/Greger, § 296 Rn. 9 – 9d; MünchKommZPO/Prütting, § 296 Rn. 69 ff.
9 BGH NJW 1982, 1533, juris-Tz. 11; Musielak/Voit/Huber, § 296 Rn. 10; MünchKommZPO/Prütting, § 296 Rn. 68.
10 Vgl. nur Zöller/Althammer, § 85 Rn. 15, 20.

etwa durch zumutbare und gebotene Nachforschungen[11] – hätte erlangen können.[12] Auch eine Erkrankung kann im Einzelfall als Entschuldigung in Betracht kommen;[13] dies gilt jedoch nur, wenn in deren Folge nicht einmal mehr die Möglichkeit bestand, Fristverlängerung nach § 224 Abs. 2 ZPO zu beantragen (Rn. 325).

Das Verschulden wird vermutet, gem. § 296 Abs. 1 ZPO aE muss sich die Partei entschuldigen. Sie darf hiermit jedoch abwarten, bis das Gericht den gem. § 139 ZPO gebotenen Hinweis darauf erteilt, dass es eine Präklusion in Betracht zieht.[14] Der Entschuldigungsgrund ist gem. § 296 Abs. 4 ZPO auf Verlangen des Gerichts glaubhaft zu machen.

418

c) Verzögerung des Verfahrens

Weitere Voraussetzung der Präklusion ist, dass die Berücksichtigung des verspäteten Vorbringens zu einer Verzögerung des Rechtsstreites führen würde. Schädlich ist hierbei auch eine nur **mittelbare Verfahrensverzögerung**. Eine solche liegt vor, wenn die Berücksichtigung eines verspäteten Angriffs- oder Verteidigungsmittels für sich allein den Rechtsstreit zwar nicht verzögern, aber die Notwendigkeit weiterer Maßnahmen (insbesondere Beweiserhebungen) begründen würde, die zu einer Verfahrensverlängerung führen würden.[15]

419

aa) Verzögerungsbegriff

Früher war der für die Verzögerung maßgebliche Vergleichsmaßstab streitig. Nach dem **relativen Verzögerungsbegriff** sollte eine Verzögerung nur vorliegen, wenn der Prozess bei Berücksichtigung des verspäteten Vorbringens länger dauern würde, als er bei rechtzeitigem Vortrag gedauert hätte.[16] Die danach maßgebliche, hypothetische Verfahrensdauer bei rechtzeitigem Vorbringen ist allerdings von einer Vielzahl von Einflussfaktoren abhängig und daher nur schwer zu bestimmen, so dass eine Verzögerung iSd relativen Verzögerungsbegriffes nur selten feststellbar ist, was die Funktion der Verspätungsvorschriften herabmindern würde.[17] Deshalb nehmen der BGH und die heute ganz hM eine Verzögerung iSv § 296 ZPO an, wenn der Prozess bei Zulassung des verspäteten Vorbringens länger dauern würde als bei dessen Zurückweisung (**absoluter Verzögerungsbegriff**).[18] Eine Einschränkung ist allerdings aus verfassungsrechtlichen Gründen geboten: Da allein der Zweck, pflichtwidrige Verfahrensverzögerungen abzuwehren, die Einschränkung des Anspruchs auf Gewährung rechtlichen

420

---

11 Zu den insofern geltenden Anforderungen vgl. Rn. 564.
12 Zöller/Greger, § 296 Rn. 23; Hk-ZPO/Saenger, § 296 Rn. 40, beide mwN.
13 OLG Hamm NJW-RR 1992, 122.
14 Zöller/Greger, § 296 Rn. 24; zur Hinweispflicht des Gerichts auf drohende Präklusion nach § 296 ZPO: BGH NJW 2014, 550, 552, Tz. 25; BGH, Beschluss vom 25.1.2012, IV ZR 230/11, Tz. 19; Zöller/Greger, § 296 Rn. 32; MünchKommZPO/Prütting, § 296 Rn. 23, 113; vgl. auch Musielak/Voit/Huber, § 296 Rn. 35, wonach der Hinweis nur unterbleiben darf, wenn der Gegner die Verspätung gerügt und die Zurückweisung „beantragt" hat.
15 BGHZ 83, 310, 312; BGHZ 86, 198, 201 f.; MünchKommZPO/Prütting, § 296 Rn. 106 mwN; Stein/Jonas/Thole, § 296 Rn. 62 ff.; für Unbeachtlichkeit mittelbarer Verzögerungen *dagegen*: Stein/Jonas/Leipold (22. Aufl.), § 296 Rn. 85 f.
16 OLG Frankfurt NJW 1979, 375; OLG Frankfurt NJW 1979, 1715; OLG Hamm NJW 1979, 1717; Leipold ZZP 93 (1980), 237, 250 f.
17 BGHZ 86, 31, 37; MünchKommZPO/Prütting, § 296 Rn. 78; Hk-ZPO/Saenger, § 296 Rn. 17.
18 Vgl. nur BGH NJW 2012, 2808, 2809, Tz. 11 mwN; MünchKommZPO/Prütting, § 296 Rn. 79 ff.; Hk-ZPO/Saenger, § 296 Rn. 18; Rosenberg/Schwab/Gottwald, § 68 Rn. 31.

Gehörs durch die Präklusionsvorschriften rechtfertigt, stuft das BVerfG als rechtsmissbräuchliche und daher gegen Art. 103 Abs. 1 GG verstoßende **Überbeschleunigung** ein, Angriffs- oder Verteidigungsmittel zurückzuweisen, obwohl sich ohne weitere Erwägungen aufdrängt, dass dieselbe Verzögerung auch bei rechtzeitigem Vorbringen eingetreten wäre.[19] Dogmatisch liegt hierin keine Einschränkung des absoluten Verzögerungsbegriffes, sondern ein Ausschluss der Zurückweisung wegen fehlender Kausalität.[20] Der inhaltliche Unterschied zum relativen Verzögerungsbegriff besteht darin, dass letzterer als Voraussetzung der Präklusion die Feststellung erfordert, dass der Prozess bei Berücksichtigung des verspäteten Vorbringen länger dauern würde, als er bei rechtzeitigem Vorbringen gedauert hätte, während nach hM die Zurückweisung nur unzulässig ist, wenn eine solche Verfahrensverlängerung offensichtlich ausgeschlossen ist.

421 Ein gutes Beispiel für die Auswirkungen dieser Regeln liefert die vorstehend zitierte Entscheidung des BGH,[21] der ein Arzthaftungsprozess zugrunde lag. Die beklagte Ärztin bzw. deren Prozessbevollmächtigter hatte trotz dreimaliger Verlängerung der hierfür vom LG gesetzten Frist keine Klageerwiderung eingereicht. In der mündlichen Verhandlung erschien weder die Beklagte noch ihr Prozessbevollmächtigter. Das LG Karlsruhe gab daraufhin der Klage durch Versäumnisurteil statt (§ 331 ZPO). Hiergegen wurde fristgerecht Einspruch eingelegt (§§ 338 ff. ZPO), dieser wurde entgegen § 340 Abs. 3 ZPO aber nicht begründet. Das LG bestimmte daraufhin sehr zügig einen Termin zur mündlichen Verhandlung über den Einspruch (§ 341a ZPO), diese fand bereits weniger als drei Wochen nach Ablauf der Einspruchsfrist statt. Die Klageerwiderung wurde erst in diesem Termin vom Prozessbevollmächtigten der Beklagten übergeben, darin wurden die der Beklagten vorgeworfenen Behandlungsfehler erstmalig bestritten. Das LG wies diesen Vortrag wegen Versäumung der Frist zur Begründung des Einspruchs gem. § 340 Abs. 3 S. 3 ZPO iVm § 296 Abs. 1 ZPO als verspätet zurück und hielt dementsprechend das Versäumnisurteil aufrecht (§ 343 S. 1 ZPO). Das OLG Karlsruhe bestätigte diese Entscheidung im Ergebnis mit der allerdings modifizierten Begründung, die Beklagte habe schon die Klageerwiderungsfrist versäumt, so dass ihr Vortrag aus der erst in der mündlichen Verhandlung überreichten Klageerwiderung gem. § 296 Abs. 1 ZPO zurückzuweisen sei. Diese Beurteilung des Berufungssenates war aus zwei Gründen rechtsfehlerhaft: Zunächst hatte das Landgericht der Beklagten selbst nach Ablauf der Klageerwiderungsfrist noch dreimal erneut die Möglichkeit eingeräumt, auf die Klage zu erwidern, zuletzt ohne Fristsetzung. Damit konnte keine Frist mehr versäumt werden, so dass der vom OLG angewandte § 296 Abs. 1 ZPO von vornherein nicht einschlägig war.[22] Hinzu kam noch ein weiterer, vom BGH nicht thematisierter Umstand: Selbst wenn nämlich das LG nicht so großzügig gewesen wäre und das Verteidigungsvorbringen wegen Versäumung der Klageerwiderungsfrist gem. § 296 Abs. 1 ZPO hätte zurückweisen dürfen, war dies nicht geschehen, das LG hatte sich vielmehr ausschließlich auf die Versäumung der Einspruchsfrist gestützt. Damit durfte das OLG nicht auf eine Versäumung der Klageerwiderungsfrist abstellen, denn

---

19 BVerfGE 75, 302, 316 f.; BVerfG NJW 1995, 1417, 1418, juris-Tz. 13; BGH NJW 2012, 2808, 2809, Tz. 11 ff.
20 Zutreffend Hk-ZPO/Saenger, § 296 Rn. 19, 33; MünchKommZPO/Prütting, § 296 Rn. 83, beide mwN, auch zur Gegenmeinung; allgemein zum Kausalitätserfordernis: Zöller/Greger, § 296 Rn. 25; Hk-ZPO/Saenger, § 296 Rn. 32; MünchKommZPO/Prütting, § 296 Rn. 119 ff. mwN.
21 NJW 2012, 2808.
22 BGH, aaO, Tz. 17; Musielak/Voit/Huber, § 296 Rn. 12; MünchKommZPO/Prütting, § 296 Rn. 129.

dem Berufungsgericht ist verwehrt, einen vom Eingangsgericht fehlerhaft angenommenen Präklusionsgrund durch einen anderen zu ersetzen.[23]

Entscheidend war damit, ob die vom LG angenommene Präklusion wegen Versäumung der Einspruchsfrist rechtmäßig war. Die Voraussetzungen des absoluten Verzögerungsbegriffes waren zweifellos erfüllt, weil der Prozess bei Berücksichtigung des offensichtlich verspäteten Vortrags aus der Klageerwiderung länger gedauert hätte als bei dessen Zurückweisung nach § 296 Abs. 1 ZPO. Gleichwohl durfte das LG diesen Vortrag nach Auffassung des BGH nicht wegen Versäumung der Einspruchsfrist zurückweisen, weil auch bei rechtzeitiger Begründung des Einspruchs hierüber nicht ohne Einholung eines Sachverständigengutachtens über die streitigen Behandlungsfehler hätte entschieden werden können, womit der Prozess offensichtlich nicht schneller hätte abgeschlossen werden können als bei Berücksichtigung der erst im Termin übergebenen Klageerwiderung. Da somit durch die Versäumung der Einspruchsfrist keine Verzögerung gegenüber ihrer Einhaltung eingetreten sei, verstoße – so der BGH – die landgerichtliche Entscheidung gegen das verfassungsmäßige Verbot der **Überbeschleunigung**.[24] Die dieser Beurteilung zugrundeliegende Annahme, dass bei rechtzeitiger Begründung des Einspruchs ein Sachverständigengutachten hätte eingeholt werden müssen, begründet der BGH nicht näher und geht insbesondere nicht darauf ein, dass das Gericht den Termin zur mündlichen Verhandlung nicht so weit hinausschieben muss, dass bis dahin alle angebotenen Beweise erhoben werden können und damit auch ein Sachverständigengutachten eingeholt werden kann; richtigerweise hätte der BGH daher mE darauf abstellen müssen, ob der Rechtsstreit bei rechtzeitigem Vorbringen vor der Säumnis schneller hätte entschieden werden können (Rn. 455 f.). Dies hätte im entschiedenen Fall aber zu keinen abweichenden Ergebnissen geführt, da die Beklagte aus den vom BGH zutreffend erkannten Gründen keine ihr gesetzte Frist versäumt hatte und daher gem. § 282 Abs. 1 ZPO noch im ersten Termin hätte vortragen können (Rn. 439).

bb) Entscheidungsreife

Eine Verzögerung des Rechtsstreits kommt nur in Betracht, wenn dieser ohne das verspätete Vorbringen im Ganzen entscheidungsreif ist.[25] Hieran fehlt es insbesondere, wenn das Gericht ohnehin noch einem anderen Beweisantritt nachgehen und dazu einen weiteren Termin zur mündlichen Verhandlung anberaumen muss.[26] Hat das Gericht beispielsweise einen für eine entscheidungserhebliche Tatsache rechtzeitig benannten Zeugen zur mündlichen Verhandlung noch nicht geladen oder ein notwendiges Sachverständigengutachten noch nicht eingeholt, darf ein kurz vor dem Termin verspätet gestellter, weiterer Beweisantrag nicht zurückgewiesen werden, sondern das Gericht muss diesem bis zum ohnehin erforderlichen, weiteren Termin noch nachgehen. Hierbei kommt es auch nicht darauf an, ob das Gericht tatsächlich noch weitere Ermittlungen anstellen und hierzu einen weiteren Termin anberaumen will, entscheidend ist vielmehr, ob dies prozessual objektiv geboten ist.[27] Hält das Gericht also den

---

23 BGH NJW-RR 2005, 1007, Tz. 13; BGH NJW 1992, 1965, juris-Tz. 12; BGH NJW 1990, 1302, 1304, juris-Tz. 24; Zöller/Greger, § 296 Rn. 35; Hk-ZPO/Wöstmann, § 531 Rn. 3.
24 BGH NJW 2012, 2808, 2809, Tz. 13 ff.
25 St. Rspr., vgl. nur BGHZ 77, 306, 308 f.; BGH NJW-RR 1991, 1214, 1215, juris-Tz. 19; BGH NJW-RR 1999, 787, juris-Tz. 5.
26 Vgl. nur Zöller/Greger, § 296 Rn. 14, 25.
27 Vgl. BGH NJW-RR 1989, 786, juris-Tz. 8; Zöller/Heßler, § 531 Rn. 8.

Rechtsstreit zu Unrecht für entscheidungsreif, weil es etwa einen zu berücksichtigenden Beweisantritt übersehen oder diesen rechtsirrig als nicht als entscheidungserheblich angesehen hat, ist eine daraufhin erfolgte Zurückweisung verspäteten Vorbringens verfahrensfehlerhaft.

424 Eine Zurückweisung nach § 296 ZPO ist nur zulässig, wenn der Rechtsstreit „im Ganzen" entscheidungsreif ist. Denn die Verspätungsvorschriften sollen Verzögerungen des gesamten Rechtsstreites verhindern. Kann dieser nicht insgesamt erledigt werden, ist eine Zurückweisung verspäteten Vorbringens durch Vorabentscheidung über denjenigen Teil des Rechtsstreits, den das verspätete Vorbringen betrifft, nicht gerechtfertigt. Insbesondere dürfen daher durch Teilurteil, selbst wenn dessen Erlass nach § 301 ZPO zulässig ist (Rn. 26), nicht Angriffs- und Verteidigungsmittel zurückgewiesen werden, deren Berücksichtigung im zeitlichen Rahmen des restlichen, dem Schlussurteil vorbehaltenen Rechtsstreits ohne dessen Verzögerung möglich ist.[28] Zulässig ist dagegen eine Zurückweisung verspäteten Vorbringens durch Grundurteil (§ 304 ZPO), weil dieses im Gegensatz zum Teilurteil den ganzen Rechtsstreit betrifft.[29]

cc) Schlüssiger, entscheidungserheblicher und streitiger Vortrag

425 Unschlüssiger oder unerheblicher Vortrag (zur Bedeutung Rn. 330) kann nicht als verspätet zurückgewiesen werden, da er den Rechtsstreit nicht verzögern kann, sondern im Gegenteil zur Entscheidungsreife führt.[30] Dasselbe gilt für **prozessual unbeachtliches** Vorbringen, insbesondere unsubstanziierte oder ins Blaue hinein aufgestellte Behauptungen (Rn. 141 ff., 152).

426 Auch unstreitiges Vorbringen kann niemals nach § 296 ZPO als verspätet zurückgewiesen werden. In der Regel folgt dies bereits daraus, dass unstreitige Tatsachen gem. §§ 138 Abs. 3, 288 Abs. 1 ZPO keines Beweises mehr bedürfen (Rn. 332), sondern vom Gericht ohne Weiteres als wahr zu behandeln und damit seiner Entscheidung zugrunde zu legen sind, so dass deren Berücksichtigung grds. zu keiner Verzögerung führt.[31] Ausnahmsweise kann es aber zu einer mittelbaren Verzögerung kommen, wenn nämlich bei Berücksichtigung des verspäteten, aber unstreitigen Vortrages eine Beweiserhebung über andere, streitige Tatsachen erforderlich wird, die die Erledigung des Rechtsstreits verzögert. Letzteres ist dann aber in Kauf zu nehmen und rechtfertigt die Zurückweisung des unstreitigen Vorbringens nicht, da das Gericht nicht sehenden Auges auf einer falschen, von keiner Partei vorgetragenen tatsächlichen Grundlage entscheiden darf.[32] Deshalb ist der Anwendungsbereich der Vorschriften über die Behandlung verspäteter Angriffs- und Verteidigungsmittel teleologisch dahin gehend einzuschränken, dass diese nur streitiges und daher beweisbedürftiges Vorbringen betreffen.[33]

---

28 Grundlegend BGHZ 77, 306, 308 f.; BGH NJW 1981, 1217, juris-Tz. 8 f.; BGH NJW 1985, 3079, juris-Tz. 18; BGH NJW 1986, 2257, juris-Tz. 25; BGH NJW 1995, 1223, juris-Tz. 19; Musielak/Voit/Huber, § 296 Rn. 21; a. A.: Zöller/Greger, § 296 Rn. 12; MünchKommZPO/Prütting, § 296 Rn. 111 f.
29 BGH WM 1979, 918, 921, juris-Tz. 51; BGHZ 77, 306, 309 f.
30 BGHZ 94, 195, 212 f.; Musielak/Voit/Huber, § 296 Rn. 5, 21; Wieczorek/Schütze/Weth, § 296 Rn. 120; MünchKommZPO/Prütting, § 296 Rn. 104.
31 BGHZ 94, 195, 213; OLG Stuttgart NJW 2009, 1089, juris-Tz. 5; Anders/Gehle/Bünnigmann, § 296 Rn. 49; Musielak/Voit/Huber, § 296 Rn. 5; Hk-ZPO/Saenger, § 296 Rn. 23; Zöller/Greger, § 296 Rn. 13; Rosenberg/Schwab/Gottwald, § 68 Rn. 32.
32 BGHZ 161, 138, 143 f.; Musielak/Voit/Huber, § 296 Rn. 5; Wieczorek/Schütze/Weth, § 296 Rn. 54; a. A.: OLG Düsseldorf NJW-RR 1992, 1239, juris-Tz. 14, 16.
33 BGHZ 76, 133, 141; BGHZ 161, 138, 142; BGHZ 177, 212, 214, Tz. 10; BGHZ 227, 221, Tz. 28.

Dies wird in der Praxis mitunter verkannt. Wird beispielsweise kurz vor oder gar in der mündlichen Verhandlung ein Schriftsatz mit neuem Vorbringen zu einem bisher von keiner Partei thematisierten Sachverhalt überreicht oder entsprechend mündlich vorgetragen, rügt der gegnerische Prozessbevollmächtigte nicht selten geradezu reflexartig Verspätung und möchte damit erreichen, dass er sich mit diesem Vortrag nicht mehr sachlich auseinandersetzen muss und das Gericht diesen nicht zur Kenntnis nimmt, jedenfalls aber in seiner Entscheidung unberücksichtigt lässt. Mitunter verfahren Instanzengerichte sogar tatsächlich so, dies ist aber rechtsfehlerhaft. Solange sich nämlich der Gegner zu dem neuen Vortrag nicht substantiiert erklärt, ist dieser gem. § 138 Abs. 3 ZPO unstreitig und darf daher nicht gem. § 296 ZPO zurückgewiesen werden. Auch die etwaige Notwendigkeit, dem Gegner gem. § 283 ZPO eine Schriftsatzfrist zu gewähren, weil er sich zu dem neuen Vortrag nicht sofort erklären kann, begründet noch keine die Zurückweisung nach § 296 ZPO rechtfertigende Verzögerung. Deshalb muss der gegnerische Rechtsanwalt, um die Präklusion des neuen Vortrages herbeizuführen, darauf bestehen, hierauf erwidern zu können, bei Bedarf muss er hierzu Schriftsatznachlass beantragen. Erst wenn nämlich diese Stellungnahme erfolgt und der gegnerische Vortrag bestritten worden ist, kann das Gericht diesen zurückweisen, wenn auch die übrigen Voraussetzungen des § 296 ZPO erfüllt sind.[34] Würde die Zurückweisung demgegenüber erfolgen, obwohl auf den verspäteten Vortrag nicht erwidert wurde und dieser damit unstreitig war, müsste dies ein Etappensieg bleiben. Denn der Vortrag ist dann in der Berufungsinstanz zuzulassen, weil er vom Eingangsgericht zu Unrecht zurückgewiesen wurde und daher nicht gem. § 531 Abs. 1 ZPO ausgeschlossen ist (Rn. 410); auch liegt keine Präklusion nach § 531 Abs. 2 ZPO vor, weil der Vortrag bereits in der Eingangsinstanz erfolgt und daher nicht „neu" iS dieser Norm ist.

427

d) Keine Verletzung der Prozessförderungspflicht des Gerichts

Voraussetzung der Zurückweisung nach § 296 ZPO ist schließlich, dass das Gericht seiner eigenen Prozessförderungspflicht ordnungsgemäß nachgekommen ist, insbesondere die nach § 273 ZPO gebotenen Vorbereitungsmaßnahmen getroffen und erforderliche Hinweise nach § 139 ZPO rechtzeitig erteilt hat.[35] Nur wenn nämlich die Verletzung der Prozessförderungspflicht der Partei alleinige Ursache der Verzögerung ist, darf verspätetes Vorbringen zurückgewiesen werden.[36]

428

aa) Ordnungsgemäße Terminsvorbereitung nach § 273 ZPO

Das Gericht ist verpflichtet, die Verspätung durch zumutbare Vorbereitungsmaßnahmen gem. § 273 ZPO so weit wie möglich auszugleichen und dadurch eine drohende Verzögerung abzuwenden.[37] Zumutbar in diesem Sinne sind dem Gericht alle Anord-

429

---

34 Vgl. zum Ganzen: BGHZ 94, 195, 214 f.; OLG Karlsruhe OLG-Report 2004, 86, 87, juris-Tz. 14; KG NZV 2010, 579, juris-Tz. 8; Zöller/Greger, § 296 Rn. 16, § 283 Rn. 3, 6; MünchKommZPO/Prütting, § 296 Rn. 103.
35 BVerfG NJW 1992, 678, 679; Zöller/Greger, § 296 Rn. 3; Hk-ZPO/Saenger, § 296 Rn. 25, 36; Rosenberg/Schwab/Gottwald, § 68 Rn. 32; Musielak/Voit/Huber, § 296 Rn. 14 f.; MünchKommZPO/Prütting, § 296 Rn. 119 ff.
36 BGH NJW 1989, 717, 718, juris-Tz. 15, 17 (für Verletzung der Hinweispflicht nach § 139 ZPO); BGH NJW 1983, 2030, 2031, juris-Tz. 27 (für unwirksame Verlängerung einer Schriftsatzfrist nach § 283 ZPO); MünchKommZPO/Prütting, § 296 Rn. 13, 119 mwN.
37 So wörtlich BGH NJW 2012, 2808, 2809, Tz. 11 mwN.

nungen, die im normalen Geschäftsgang noch möglich sind.[38] Zu bejahen ist dies etwa für die Ladung einzelner – auch mehrerer – Zeugen, die wenige Wochen vor dem Termin zu einem eingegrenzten Beweisthema benannt wurden. Unzumutbar ist dagegen die Ladung von Zeugen wenige Tage vor dem Termin oder gar die Verschiebung der mündlichen Verhandlung zwecks Ermöglichung der Beweisaufnahme.[39]

bb) Richterliche Hinweispflicht gem. § 139 ZPO

430 Besondere Bedeutung hat in diesem Zusammenhang auch die Hinweispflicht des Gerichts gem. § 139 ZPO. Das Gericht darf nämlich keinen Vortrag zurückweisen, auf dessen Fehlen oder Unzulänglichkeit es pflichtwidrig nicht oder nicht rechtzeitig (Rn. 404) hingewiesen hat, denn dann trifft das Gericht eine Mitverantwortung für die Verspätung dieses Vortrags.[40] Für den Rechtsanwalt, der – warum auch immer – verspätet vorträgt, lohnt sich daher eine Prüfung des § 139 ZPO: Trifft das Gericht danach eine Hinweispflicht und wurde diese noch nicht erfüllt, droht ihm bzw. seiner Partei insofern keine Präklusion nach § 296 ZPO.

431 Gem. § 139 Abs. 1 S. 2 ZPO hat das Gericht darauf hinzuwirken, dass die Parteien sich rechtzeitig und vollständig über alle erheblichen Tatsachen erklären, Beweismittel bezeichnen und sachdienliche Anträge stellen. Gem. § 139 Abs. 2 S. 1 ZPO darf das Gericht auf einen Gesichtspunkt, den eine Partei erkennbar übersehen oder für unerheblich gehalten hat, seine Entscheidung über die Hauptforderung nur stützen, wenn es darauf hingewiesen und Gelegenheit zur Äußerung gegeben hat (**Verbot von Überraschungsentscheidungen**). Ein Ermessen steht dem Gericht hierbei nicht zu.[41] Diese Regelungen beruhen auf der Verpflichtung zur Gewährung rechtlichen Gehörs (Art. 103 Abs. 1 GG) und dem Gebot des fairen Verfahrens, das Ausfluss des Rechtsstaatsprinzips ist, also gleichfalls Verfassungsrang genießt.[42] Eine Hinweispflicht nach § 139 ZPO trifft das Gericht namentlich, wenn es den Vortrag einer Partei für unschlüssig,[43] nicht hinreichend substantiiert (Rn. 151), zu allgemein, lückenhaft, widersprüchlich, unklar oder mehrdeutig hält.[44] Dasselbe gilt, wenn der Vortrag einer Partei auf einer nach Auffassung des Gerichts unrichtigen Rechtsansicht aufbaut und bei richtiger Beurteilung weitergehendes Vorbringen erforderlich ist.[45] Auch hat das Gericht auf das Fehlen eines von ihm für erforderlich erachteten Beweisantrages hinzuweisen,[46] namentlich, wenn aus den Schriftsätzen erkennbar wird, dass der Beweisantrag versehentlich oder aufgrund einer Verkennung der Beweislast unterblieben ist.[47] Ein Hin-

---

38 MünchKommZPO/Prütting, § 296 Rn. 121 mwN.
39 Vgl. zu Einzelheiten: Zöller/Greger, § 296 Rn. 14a; Hk-ZPO/Saenger, § 296 Rn. 25 ff.; MünchKommZPO/Prütting, § 296 Rn. 121, alle mwN.
40 BGH NJW-RR 1990, 856, juris-Tz. 22 f.; BGH NJW 1989, 717, 718, juris-Tz. 15, 17; MünchKommZPO/Prütting, § 296 Rn. 124; Rosenberg/Schwab/Gottwald, § 68 Rn. 32.
41 MünchKommZPO/Fritsche, § 139 Rn. 3.
42 BGH NJW 2015, 3453, Tz. 7 mwN.
43 BGH NJW-RR 2004, 281, juris-Tz. 17 f.; Hk-ZPO/Wöstmann, § 139 Rn. 4; Zöller/Greger, § 139 Rn. 17; Stein/Jonas/Kern, § 139 Rn. 29.
44 BGH VersR 2016, 727, 731 f., Tz. 66; MünchKommZPO/Fritsche, § 139 Rn. 19 f.; Zöller/Greger, § 139 Rn. 17, alle mwN.
45 OLG Hamm NJW-RR 1995, 956; Stein/Jonas/Kern, § 139 Rn. 30; MünchKommZPO/Fritsche, § 139 Rn. 19 mwN.
46 BGH NJW 1981, 1217, juris-Tz. 8; BGH NJW-RR 1993, 569, juris-Tz. 28; Hk-ZPO/Wöstmann, § 139 Rn. 5.
47 OLG Köln NJW 1995, 2116, juris-Tz. 9 f.; Stein/Jonas/Kern, § 139 Rn. 41, 43; Zöller/Greger, § 139 Rn. 16 mwN.

weis ist ferner geboten, wenn das Gericht die Bezugnahme auf Anlagen (Rn. 150) zu einem Schriftsatz für unzureichend hält[48] oder wenn diese Anlagen fehlen.[49]

Dass eine Partei anwaltlich vertreten ist, schränkt die Hinweispflicht des Gerichts jedenfalls dann nicht ein, wenn der Prozessbevollmächtigte die Rechtslage ersichtlich falsch beurteilt.[50] Auch vor diesem Hintergrund kann es aus anwaltlicher Sicht taktisch vorteilhaft sein, die eigene Rechtsauffassung darzulegen und zu begründen; sind nach dieser nämlich bestimmte Tatsachen nicht entscheidungserheblich, zu denen dementsprechend nicht vorgetragen wird, ist das Gericht nach dem vorstehend Gesagten zu einem Hinweis nach § 139 ZPO verpflichtet, falls es eine andere Rechtsauffassung vertritt, der zufolge ergänzender Vortrag erforderlich ist. Die in Anwaltsschriftsätzen nicht selten geäußerte Bitte um einen Hinweis nach § 139 ZPO für den Fall, dass das Gericht einer bestimmten rechtlichen Beurteilung nicht folgen und deshalb oder aus anderen Gründen ergänzenden Tatsachen- oder Beweisvortrag für erforderlich erachten sollte, ist demgegenüber entbehrlich. Besteht nämlich eine Hinweispflicht des Gerichts, gilt diese unabhängig von einer solchen Bitte; weitergehende Hinweise dürfen demgegenüber auch aufgrund der Bitte einer Partei nicht erteilt werden.[51]

432

Das Gericht kann seine Pflichten aus § 139 ZPO nicht durch allgemeine oder pauschale Hinweise erfüllen, sondern muss vielmehr den von ihm angenommenen Mangel im Einzelnen gezielt, konkret und unmissverständlich ansprechen und der betroffenen Partei die Möglichkeit eröffnen, ihren Vortrag sachdienlich zu ergänzen.[52] Stellt sich aufgrund der (insbes. schriftsätzlichen) Stellungnahme der Partei zu dem Hinweis des Gerichtes heraus, dass dieser falsch aufgenommen wurde, muss das Gericht ihn präzisieren und erneut Gelegenheit zur Stellungnahme geben.[53] Hinweise des Prozessgegners lassen die gerichtliche Hinweispflicht nur entfallen, wenn diese eingehend und in der Sache zutreffend erfolgt sind und die Partei erkennen lässt, diese zutreffend erfasst zu haben.[54]

433

Erteilt das Gericht einen Hinweis nach § 139 ZPO, muss es auch Gelegenheit zur Reaktion hierauf geben, so dass eine Zurückweisung des daraufhin erfolgenden Vortrages als verspätet ausgeschlossen ist.[55] Außerdem dürfen die Partei und ihr Prozessbevollmächtigter ihre Prozessführung an den erteilten Hinweisen des Gerichts ausrichten. Legt dieses etwa seine Rechtsauffassung offen, der zufolge es auf bestimmte Fragen nicht ankommt, oder weist das Gericht die Parteien sogar darauf hin, dass sie zu bestimmten Fragen nicht oder nicht weiter vortragen müssen, dürfen diese entsprechend verfahren, so dass späterer Vortrag hierzu nicht zurückgewiesen werden darf. Dies kann sich erst wieder ändern, wenn das Gericht (ggf. das Rechtsmittelgericht) abweichende Hinweise erteilt oder der Gegner neue Angriffs- bzw. Verteidigungsmittel vorbringt.[56]

434

---

48 OLG Schleswig MDR 1976, 50; Stein/Jonas/Kern, § 139 Rn. 28.
49 OLG Köln VersR 1993, 1023, juris-Tz. 21; Stein/Jonas/Kern, § 139 Rn. 28.
50 BGHZ 163, 351, 361; BGH NJW 1989, 717, 718, juris-Tz. 17; BGH NJW 2003, 3626, 3628, juris-Tz. 28; MünchKommZPO/Fritsche, § 139 Rn. 5 f. mwN, auch zur Gegenmeinung.
51 Zöller/Greger, § 139 Rn. 12a aE.
52 BGH VersR 2015, 210, 212, Tz. 33; Zöller/Greger, § 139 Rn. 12a; MünchKommZPO/Fritsche, § 139 Rn. 17.
53 Zöller/Greger, § 139 Rn. 14d; MünchKommZPO/Fritsche, § 139 Rn. 11, 20.
54 BGH NJW-RR 2008, 581, Tz. 2, 4; Zöller/Greger, § 139 Rn. 7.
55 BGH NJW-RR 2007, 1612, Tz. 15; BGH NJW-RR 2021, 249, Tz. 14; Zöller/Greger, § 139 Rn. 14 – 14c; Musielak/Voit/Huber, § 296 Rn. 15; MünchKommZPO/Fritsche, § 139 Rn. 18, 61; Hk-ZPO/Wöstmann, § 139 Rn. 10.
56 Vgl. zum Ganzen: BGH ZIP 2020, 583, Tz. 7; MünchKommZPO/Prütting, § 296 Rn. 127 f., beide mwN.

e) Rechtsfolgen

435 Sind die dargestellten Voraussetzungen des § 296 Abs. 1 ZPO erfüllt, muss das Gericht – auch schon im frühen ersten Termin[57] – verspätete Angriffs- und Verteidigungsmittel nach Erteilung eines entsprechendes Hinweises (Rn. 418) zurückweisen. Ein Ermessen steht dem Gericht hierbei nicht zu. Dies darf allerdings nicht darüber hinwegtäuschen, dass keine Partei einen durchsetzbaren Anspruch darauf hat, dass verspätetes Vorbringen ihres Gegners unberücksichtigt bleibt. Lässt das Gericht nämlich verspätetes Vorbringen zu, obwohl die Voraussetzungen für eine Zurückweisung nach § 296 ZPO erfüllt sind, bleibt dies im Interesse der materiellen Gerechtigkeit sanktionslos, dh hierauf kann kein Rechtsmittel gestützt werden, und auch das Rechtsmittelgericht darf die Zurückweisung nicht nachholen.[58]

436 Hierauf mag beruhen, dass § 296 ZPO von Eingangsgerichten nicht immer mit letzter Konsequenz angewandt wird: Unterlässt das Gericht nämlich eine zulässige Zurückweisung, ist die Berücksichtigung des Vortrags unangreifbar. Werden demgegenüber Angriffs- oder Verteidigungsmittel zu Unrecht zurückgewiesen, kann hierauf die Berufung gestützt werden (Rn. 410).

2. Zurückweisung nach § 296 Abs. 2 ZPO

437 Die Zurückweisung von Angriffs- und Verteidigungsmitteln nach § 296 Abs. 2 ZPO erfordert zunächst, dass deren Berücksichtigung zu einer Verzögerung des Rechtsstreits führen würde und das Gericht seiner eigenen Prozessförderungspflicht, insbesondere seiner Hinweispflicht nach § 139 ZPO nachgekommen ist; insofern gelten die zu § 296 Abs. 1 ZPO dargestellten Regeln inhaltsgleich.[59] Unterschiede bestehen in folgenden Punkten:

a) Verletzung der allgemeinen Prozessförderungspflicht der Partei

438 Während § 296 Abs. 1 ZPO bei Versäumung bestimmter, vom Gericht gesetzter Fristen greift, erfordert § 296 Abs. 2 ZPO eine Verletzung der allgemeinen Prozessförderungspflicht der Partei nach § 282 ZPO.

439 § 282 Abs. 1 ZPO verpflichtet die Parteien nur zu rechtzeitigem Vorbringen in der mündlichen Verhandlung. Nach dieser Bestimmung sind Angriffs- und Verteidigungsmittel in der mündlichen Verhandlung so zeitig vorzubringen, wie es einer sorgfältigen Prozessführung entspricht. Diese Norm ist nur einschlägig, wenn innerhalb einer Instanz mehrere Verhandlungstermine stattfinden, dh ein Vorbringen im ersten Termin zur mündlichen Verhandlung kann niemals nach § 282 Abs. 1 ZPO verspätet sein,[60] auch wenn es erst am Ende dieses Termins erfolgt.[61] Eine Präklusion nach dieser Norm iVm § 296 Abs. 2 ZPO ist daher nur bei solchem Vorbringen denkbar, das erst nach diesem Termin erfolgt.

---

57 BGHZ 86, 31, 37; BGHZ 88, 180, 182; BGH NJW 1987, 499; BGH NJW-RR 2005, 1296, juris-Tz. 13; einschränkend BGHZ 98, 368, 370 ff. für den Arzthaftungsprozess.
58 BGH NJW 1991, 1896, 1897, juris-Tz. 3 f.; BGH NJW 1981, 928, juris-Tz. 13 ff.; Hk-ZPO/Saenger, § 296 Rn. 57; Hk-ZPO/Wöstmann, § 531 Rn. 3; Zöller/Greger, § 296 Rn. 35; MünchKommZPO/Prütting, § 296 Rn. 183.
59 Vgl. nur Hk-ZPO/Saenger, § 296 Rn. 43; Zöller/Greger, § 296 Rn. 8b; MünchKommZPO/Prütting, § 296 Rn. 136.
60 BGH NJW 1992, 1965, juris-Tz. 10; BGH NJW-RR 2005, 1007, juris-Tz. 11; BGH NJW 2012, 3787, 3788, Tz. 6; MünchKommZPO/Prütting, § 296 Rn. 139; Zöller/Greger, § 282 Rn. 3b; Hk-ZPO/Saenger, § 282 Rn. 2.
61 MünchKommZPO/Prütting, § 296 Rn. 139.

§ 15 Präklusion wegen Verspätung und Gegenstrategien   A.

Gem. **§ 282 Abs. 2 ZPO** sind Anträge[62] sowie Angriffs- und Verteidigungsmittel, auf die der Gegner voraussichtlich – dh aus der Sicht der vortragenden Partei[63] – ohne vorhergehende Erkundigung keine Erklärung abzugeben vermag, vor der mündlichen Verhandlung so zeitig durch vorbereitenden Schriftsatz mitzuteilen, dass der Gegner die erforderliche Erkundigung noch einzuholen vermag. Zweck dieser Bestimmung ist ausschließlich der Schutz des Gegners, nicht dagegen des Gerichts, so dass unerheblich ist, ob das Gericht das Vorbringen noch rechtzeitig zur Kenntnis nehmen und etwaig erforderliche terminsvorbereitende Anordnungen nach § 273 ZPO treffen konnte.[64] Vielmehr ist § 282 Abs. 2 ZPO nur verletzt, wenn der Gegner auf das Vorbringen ohne Einholung von Erkundigungen nicht erwidern kann und die ihm bis zum Termin verbleibende Zeit für diese Nachforschungen nicht ausreicht, so dass er sich zumutbarerweise vor oder in der mündlichen Verhandlung nicht mehr erklären kann.[65] Welcher Zeitraum dem Gegner für die notwendigen Erkundigungen zuzubilligen ist, hängt von den Umständen des Einzelfalls ab.[66] Maßstab ist der ordentlich vorbereitete, mit dem Sachverhalt vertraute Gegner.[67] Vor diesem Hintergrund kann ein Vorbringen auch bei Unterschreitung der Mindestfristen nach § 132 ZPO noch rechtzeitig iSv § 282 Abs. 2 ZPO sein, namentlich wenn der Gegner sich überhaupt nicht mehr erklären muss, etwa weil nur ein zusätzlicher Beweisantritt zu einem schriftsätzlich von beiden Parteien bereits aufbereiteten Sachverhalt erfolgt.[68] Umgekehrt kann bei einem umfangreichen Schriftsatz mit neuem Vortrag trotz Beachtung der Wochenfrist nach § 132 Abs. 1 ZPO dem Gegner eine Erwiderung bis zum Termin unzumutbar sein; im Regelfall genügt für die erforderlichen Nachforschungen dann aber ein Zeitraum von **zwei Wochen**, so dass den Anforderungen des § 282 Abs. 2 ZPO auch in solchen Fällen Genüge getan ist, wenn der Schriftsatz drei Wochen vor dem Termin beim Gericht eingeht[69] oder der Gegenseite zwei Wochen vor der mündlichen Verhandlung von Anwalt zu Anwalt zugestellt wird (§ 195 ZPO). Liegt ein Schriftsatz danach dem Gegner nicht rechtzeitig vor, darf das Gericht darin enthaltenes, bisher nicht bestrittenes Vorbringen gleichwohl nicht einfach nach § 296 Abs. 2 ZPO zurückweisen, sondern muss aufgrund eines gem. § 283 ZPO nachgelassenen Schriftsatzes über die Verspätung entscheiden.[70] Eine Präklusion wird meistens allerdings daran scheitern, dass Schriftsätze auch ohne Verstoß gegen § 282 Abs. 2 ZPO so kurzfristig vor der mündlichen Verhandlung eingereicht werden können, dass dieselbe Verzögerung handgreiflich auch bei rechtzeitigem Vorbringen eingetreten wäre und eine Zurückweisung damit aus verfassungsrechtlichen Gründen unzulässig ist (Rn. 420, 422).

440

---

62 Für Anträge, die keine Angriffs- und Verteidigungsmittel sind, namentlich Klage- und Widerklageanträge, gilt allerdings nur § 282 Abs. 2 ZPO, nicht dagegen § 296 Abs. 2 ZPO, so dass diese nicht wegen Verspätung zurückgewiesen werden können (vgl. vorstehend Rn. 412 und Zöller/Greger, § 282 Rn. 2a).
63 MünchKommZPO/Prütting, § 296 Rn. 141.
64 BGH NJW 1999, 2446, juris-Tz. 11; Hk-ZPO/Saenger, § 282 Rn. 10; Zöller/Greger, § 282 Rn. 4; MünchKommZPO/Prütting, § 296 Rn. 146.
65 Hk-ZPO/Saenger, § 282 Rn. 11; Zöller/Greger, § 282 Rn. 4a; Musielak/Voit/Foerste, § 282 Rn. 9.
66 Hk-ZPO/Saenger, § 282 Rn. 11; Musielak/Voit/Foerste, § 282 Rn. 9.
67 MünchKommZPO/Prütting, § 296 Rn. 141.
68 BGH NJW 2012, 3787, 3788, Tz. 7; BGH NJW 1999, 2446, juris-Tz. 12; BGH NJW 1989, 716, 717, juris-Tz. 37; Hk-ZPO/Saenger, § 282 Rn. 11; dies gilt jedoch nicht bei erstmaliger Benennung eines Zeugen, wenn der Gegner Erkundigungen zu dessen Glaubwürdigkeit einholen oder Gegenbeweis antreten will (zutreffend Musielak/Voit/Foerste, § 282 Rn. 8).
69 BGH NJW 1982, 1533, 1534, juris-Tz. 15; MünchKommZPO/Prütting, § 296 Rn. 143; Musielak/Voit/Foerste, § 282 Rn. 9.
70 MünchKommZPO/Prütting, § 296 Rn. 144 mwN; vgl. auch vorstehend Rn. 427.

b) Grobe Nachlässigkeit

441 Während im Rahmen von § 296 Abs. 1 ZPO jede Fahrlässigkeit schadet, erfordert die Zurückweisung nach § 296 Abs. 2 ZPO grobe Nachlässigkeit. Eine solche liegt nur vor, wenn die Partei, ihr Vertreter oder ihr Prozessbevollmächtigter die Prozessförderungspflicht in besonders hohem Maße vernachlässigt, also dasjenige unterlässt, was nach dem Stand des Verfahrens jedem, der einen Prozess führt, als notwendig hätte einleuchten müssen.[71] Wenn dagegen der Vortrag unterblieben ist, weil die Prozesslage oder die Rechtserheblichkeit des Vorbringens falsch beurteilt wurde, wird grobe Nachlässigkeit idR ausscheiden.[72] Anders als die Fahrlässigkeit im Rahmen von Abs. 1 wird grobe Nachlässigkeit iSv § 296 Abs. 2 ZPO nicht vermutet, sondern muss vom Gericht im Urteil festgestellt werden; dazu muss das Gericht der betroffenen Partei Gelegenheit geben, sich zu den Gründen für die die Verspätung des Vorbringens zu äußern.[73]

c) Rechtsfolgen

442 Ein weiterer Unterschied zu § 296 Abs. 1 ZPO besteht schließlich darin, dass die Zurückweisung nach § 296 Abs. 2 ZPO im pflichtgemäßen Ermessen des Gerichts steht.[74] Damit ist die Zurückweisung nur rechtmäßig, wenn das Gericht in den Entscheidungsgründen die maßgeblichen Erwägungen für seine Ermessensausübung darstellt.

3. Notwendiger Inhalt des Vortrags

443 Was jede Partei zur Erfüllung gerichtlich gesetzter Fristen oder ihrer allgemeinen Prozessförderungsflicht nach § 282 Abs. 1 und 2 ZPO inhaltlich vorzutragen hat, richtet sich nach der Verteilung der Darlegungs- und Beweislast und der Prozesslage. So muss jede Partei die Voraussetzungen des Anspruchs oder der Einreden, für die sie darlegungs- und beweispflichtig ist, substantiiert darlegen und, spätestens nachdem diese bestritten worden sind, hierfür Beweis antreten.[75] Sodann muss sich die gegnerische Partei hierzu unter Beachtung der in Rn. 333 ff. dargestellten Substantiierungsanforderungen erklären, dies allerdings nur zu den von ihrem Gegner im Rechtsstreit substantiiert aufgestellten Behauptungen, nicht dagegen zu anderen, etwa nur vorprozessual bekannt gewordenen Argumenten.[76] Wer Beweis anzutreten hat, darf keine Beweismittel zurückhalten, um erst einmal abzuwarten, zu welchem Ergebnis die Erhebung der vorrangig angebotenen Beweise führt.[77] Nur wenn erst das Ergebnis der Beweisaufnahme Veranlassung gibt, ergänzenden Beweis anzutreten, etwa einen weiteren Zeugen zu benennen, ist dies nicht verspätet.[78] Gegenbeweis ist anzutreten, sobald Beweis angeboten ist und Anhalt dafür besteht, dass es auf das Beweisthema ankommen kann.[79] Im Schrifttum wird die Auffassung vertreten, dass sich die Partei

---

71 BGH NJW 1997, 2244, 2245, juris-Tz. 16; BGH NJW 1987, 501, 502, juris-Tz. 14; Hk-ZPO/Saenger, § 296 Rn. 46; Zöller/Greger, § 296 Rn. 27.
72 Stein/Jonas/Thole, § 296 Rn. 112.
73 BGH NJW-RR 2002, 646, juris-Tz. 9; Zöller/Greger, § 296 Rn. 30; MünchKommZPO/Prütting, § 296 Rn. 170; Musielak/Voit/Huber, § 296 Rn. 32.
74 BGH NJW 1982, 1533, juris-Tz. 13; Hk-ZPO/Saenger, § 296 Rn. 42; Zöller/Greger, § 296 Rn. 8b; Musielak/Voit/Huber, § 296 Rn. 29; a. A.: MünchKommZPO/Prütting, § 296 Rn. 181.
75 BGH VersR 2007, 373, Rn. 9 (zum gebotenen Zeitpunkt des Beweisantritts).
76 BGH NJW 1983, 2879, 2880, juris-Tz. 10; MünchKommZPO/Prütting, § 282 Rn. 11 ff.; Hk-ZPO/Saenger, § 282 Rn. 5 f.; Zöller/Greger, § 282 Rn. 3.
77 BGH VersR 2007, 373, Tz. 9; BGH, Beschluss vom 25.1.2012, IV ZR 230/11, Tz. 11.
78 BGH, Beschluss vom 25.1.2012, IV ZR 230/11, Tz. 12; Hk-ZPO/Saenger, § 282 Rn. 5; Zöller/Greger, § 282 Rn. 3.
79 Musielak/Voit/Foerste, § 282 Rn. 5 aE.

§ 15 Präklusion wegen Verspätung und Gegenstrategien

– zumindest in Verfahren mit umfangreichem oder komplexem Streitstoff – darauf beschränken dürfe, Angriffs- und Verteidigungsmittel, die sie nur hilfsweise geltend machen möchte, zunächst noch nicht vorzutragen, sondern nur anzukündigen; dazu müsse sie diese nur individualisieren, aber noch nicht substantiiert vortragen.[80] Ein solches Vorgehen findet indes in § 282 ZPO keine Stütze und ist deshalb in der Rspr. zu recht nicht zugelassen worden.[81] Wird im Anwaltsprozess erkennbar aus – verfehlten – taktischen Erwägungen und damit bewusst ein Angriffs- und Verteidigungsmittel nicht substantiiert vorgetragen, ist das Gericht nicht einmal zu einem Hinweis nach § 139 ZPO auf die fehlende Substantiierung verpflichtet.[82] Vor einer solchen Taktik kann daher nur gewarnt werden.

Besonderheiten gelten dagegen für die Ausübung von Gestaltungsrechten: Nach einer Grundsatzentscheidung des VIII. Zivilsenates des BGH sollen dafür nur die vom materiellen Recht vorgegebenen Fristen gelten, so dass bei deren Beachtung die Prozessförderungspflicht nicht verletzt sein und daher in der Berufungsinstanz keine Präklusion gem. § 531 Abs. 2 ZPO drohen soll.[83] Folgt man dieser Beurteilung, müssen dieselben Grundsätze auch bei der Ausübung eines Gestaltungsrechts in der Eingangsinstanz gelten und insofern eine Präklusion nach § 296 ZPO idR ausschließen.[84] ME ist dieser Entscheidung des BGH indes zu widersprechen (Rn. 567 f.). **444**

II. Strategien zur Vermeidung der Präklusion wegen Verspätung

Stellt der Rechtsanwalt fest, dass Vortrag seiner Partei nach § 296 ZPO zurückgewiesen werden kann, besteht immer noch eine Reihe von prozesstaktischen Möglichkeiten, dieses Ergebnis abzuwenden. Diese zu berücksichtigen und seinen Mandanten über deren Vor- und Nachteile zu beraten, gehört zu den anwaltlichen Pflichten,[85] so dass deren Verletzung uU auch eine Haftung des Anwalts begründen kann. **445**

1. Präsente Beweismittel

Präsente Beweismittel sind solche, die ohne schriftsätzliche Ankündigung in der mündlichen Verhandlung gestellt werden. So kann im Termin etwa eine Urkunde dem Gericht vorgelegt oder beantragt werden, einen zufällig anwesenden oder von der Partei gestellten, d. h. zum Termin mitgebrachten (und damit präsenten) Zeugen zu vernehmen. Da ein solcher Beweis sofort erhoben werden kann und hierdurch somit keine Verzögerung des Rechtsstreits eintritt, ist für eine Zurückweisung nach § 296 ZPO grds. kein Raum.[86] Der Rechtsanwalt kann (und muss) also eine seiner Partei **446**

---

80 MünchKommZPO/Prütting, § 282 Rn. 20 ff.; Musielak/Voit/Foerste, § 282 Rn. 6; Hk-ZPO/Saenger, § 282 Rn. 7.
81 BGHZ 91, 293, 303; BGH NJW-RR 1990, 1241, juris-Tz. 29.
82 BGH NJW-RR 1990, 1241, juris-Tz. 29; a. A.: MünchKommZPO/Prütting, § 282 Rn. 24, der jedoch verkennt, dass § 139 ZPO nach seiner ratio nur Unwissende schützt; zutreffend daher Stein/Jonas/Kern, § 139 Rn. 29, wonach auf fehlende Schlüssigkeit oder unzureichende Substantiierung (nur) hinzuweisen ist, wenn davon auszugehen ist, dass die Partei diesen Mangel nicht erkannt hat.
83 BGHZ 220, 77 = NJW 2019, 80, 81 f., Tz. 24 ff., vgl. zu den Einzelheiten Rn. 566 ff.
84 Zutreffend BeckOK-ZPO/Bacher, § 296 Rn. 16, 16.1. Eine Präklusion käme danach nur noch in Betracht, wenn die Ausübung des Gestaltungsrechts oder dessen Voraussetzungen nicht zeitnah nach Abgabe der Gestaltungserklärung, sondern erst verspätet vorgetragen oder substantiiert würden, vgl. Rn. 351.
85 Zutreffend Musielak/Voit/Huber, § 296 Rn. 40 aE.
86 Vgl. nur Zöller/Greger, § 279 Rn. 4, § 296 Rn. 13; Hk-ZPO/Saenger, § 296 Rn. 23; Baudewin/Wegner NJW 2014, 1479, 1480.

drohende Präklusion verhindern, indem er darauf hinwirkt, dass verfügbare präsente Beweismittel noch im Termin gestellt werden.

447 Dieses taktische Vorgehen kommt allerdings nicht in Betracht, wenn nach Erhebung des präsenten Beweismittels weitere Beweiserhebungen erforderlich werden, die in der mündlichen Verhandlung nicht mehr erfolgen können. Denn dann bewirkt das präsente Beweismittel eine mittelbare Verfahrensverzögerung und kann daher nach § 296 ZPO zurückgewiesen werden (Rn. 419). So ist etwa ein präsenter Zeuge nicht zu vernehmen, wenn der Nachweis der in sein Wissen gestellten Tatsache dazu führen würde, dass andere streitige Tatsachen entscheidungsrelevant werden, über die in diesem Termin nicht Beweis erhoben werden kann.[87] Dasselbe gilt, wenn die gegnerische Partei zu dem Beweisthema, für das der präsente Zeuge benannt ist, bereits schriftsätzlich einen Gegenzeugen benannt hat oder in der mündlichen Verhandlung spontan einen solchen benennt, der aber in diesem Termin nicht mehr vernommen werden kann.[88] Für eine mittelbare Verzögerung genügt sogar, dass das Gericht der gegnerischen Partei eine Schriftsatzfrist zur Aussage des präsenten Zeugen und zu den in sein Wissen gestellten Tatsachen gewähren müsste und aufgrund ihres Vortrages zu erwarten ist, dass sie auf jeden Fall nach Einholung weiterer Informationen Vorhaltungen an den präsenten Zeugen machen wird, so dass dessen abschließende Vernehmung in diesem Termin ohnehin nicht möglich ist.[89] Dies eröffnet dem Rechtsanwalt, der im Termin mit einem präsenten Beweismittel der Gegenseite konfrontiert wird, eine **Gegenstrategie zur Herbeiführung der Präklusion:** Er muss entweder sofort – ggf. nach Rücksprache mit seinem Mandanten – einen geeigneten Gegenzeugen benennen[90] oder zumindest Schriftsatznachlass zur Einholung weiterer Informationen und Vorbereitung entsprechender Vorhalte an den präsenten Zeugen beantragen.

2. Flucht in die Säumnis

448 Das in der Praxis wohl bekannteste Mittel zur Vermeidung einer Präklusion ist die „Flucht in die Säumnis". Nicht selten wird hierbei allerdings übersehen, dass dieses Vorgehen nicht in allen Fällen einen Weg zur Berücksichtigung verspäteten Vorbringens eröffnet.

a) Die Säumnis und ihre Folgen

449 Säumnis liegt gem. §§ 330, 331 Abs. 1 S. 1 ZPO zunächst vor, wenn die Partei bzw. im Anwaltsprozess ihr Prozessbevollmächtigter[91] trotz ordnungsgemäßer Ladung im Termin zur mündlichen Verhandlung nicht erscheint. Säumig ist gem. § 333 ZPO darüber hinaus auch, wer im Termin zwar erscheint, aber nicht verhandelt. Da gem. § 137 Abs. 1 ZPO die mündliche Verhandlung durch die Stellung der Sachanträge

---

[87] BGHZ 86, 198, 201 f.: Der präsente Zeuge, der eine rechtzeitige Mängelrüge iSv § 377 HGB bestätigen soll, ist nicht zu vernehmen, wenn anschließend noch ein Sachverständigengutachten über die zwischen den Parteien streitige Mangelhaftigkeit der Kaufsache eingeholt werden müsste.
[88] BGHZ 83, 310, 312; Baudewin/Wegner NJW 2014, 1479, 1481.
[89] BGH NJW 1986, 2257.
[90] Rinsche, Rn. 262.
[91] Im Anwaltsprozess, dh soweit gem. § 78 ZPO Anwaltszwang besteht, kommt es ausschließlich auf die Anwesenheit des Rechtsanwaltes an (Hk-ZPO/Kießling, § 333 Rn. 1): Tritt dieser auf, ist seine Partei nicht säumig, auch wenn sie nicht persönlich anwesend ist. Erscheint die Partei dagegen ohne Rechtsanwalt, ist sie rechtlich im Termin nicht anwesend und damit säumig, die von ihr ohne anwaltliche Vertretung vorgenommenen Prozesshandlungen sind unwirksam (vgl. nur Zöller/Althammer, § 78 Rn. 12 mwN).

§ 15 Präklusion wegen Verspätung und Gegenstrategien

eingeleitet wird, ist im ersten Termin säumig, wer keinen Antrag stellt.[92] In späteren Terminen ist demgegenüber eine Wiederholung der Anträge entbehrlich, so dass hier bereits die bloße Erörterung der Sache zum Verhandeln iSv § 333 ZPO führt.[93] Wer in einem solchen Termin säumig bleiben will, darf daher nicht erscheinen oder muss von vornherein erklären, nicht zu verhandeln.[94]

Bei Säumnis des Klägers wird die Klage gem. § 330 ZPO auf Antrag des Beklagten ohne Sachprüfung durch echtes Versäumnisurteil abgewiesen. Bei Säumnis des Beklagten ist gem. § 331 Abs. 1 S. 1 ZPO das tatsächliche Vorbringen des Klägers als zugestanden anzunehmen; soweit danach, dh unter Zugrundelegung dieses Vorbringens, die Klage zulässig und begründet ist, wird gem. § 331 Abs. 2, 1. Hs. ZPO der Beklagte auf Antrag des Klägers durch echtes Versäumnisurteil verurteilt. Soweit die Klage dagegen unzulässig oder unschlüssig (zum Begriff Rn. 330) ist, wird sie gem. § 331 Abs. 2, 2. Hs. ZPO durch unechtes bzw. kontradiktorisches Versäumnisurteil abgewiesen.

450

Gegen ein kontradiktorisches Versäumnisurteil kann der Kläger Berufung einlegen.[95] Gegen echte Versäumnisurteile steht der säumigen Partei dagegen gem. § 338 ZPO der Einspruch zu. Dieser muss gem. § 339 Abs. 1 ZPO innerhalb einer Notfrist von zwei Wochen nach Zustellung des Versäumnisurteils durch Einreichung einer den inhaltlichen Anforderungen des § 340 Abs. 1, 2 ZPO genügenden Einspruchsschrift beim Prozessgericht, das das Versäumnisurteil erlassen hat, eingelegt werden. Entgegen dem missverständlichen Wortlaut des § 340 Abs. 3 ZPO muss der Einspruch nicht begründet werden,[96] nach dieser Norm können zu seiner Begründung in der Einspruchsschrift aber Angriffs- und Verteidigungsmittel vorgetragen werden. Im Gegensatz zur Einspruchsfrist, die gem. § 339 Abs. 1 ZPO eine Notfrist und als solche nicht verlängerbar ist, kann die Frist zur Begründung des Einspruchs gem. § 340 Abs. 3 S. 2 ZPO auf Antrag durch den Vorsitzenden verlängert werden. Soll hiervon Gebrauch gemacht werden, muss der Einspruchsführer innerhalb der Einspruchsfrist – sinnvollerweise geschieht dies in der Einspruchsschrift – die Fristverlängerung beantragen.

451

Ist der Einspruch unzulässig, insbesondere weil er nicht form- und fristgerecht eingelegt wurde, wird er nach Gewährung rechtlichen Gehörs[97] gem. § 341 Abs. 1 ZPO als unzulässig verworfen; das entsprechende Urteil kann gem. § 341 Abs. 2 ZPO ohne mündliche Verhandlung ergehen. Über den zulässigen Einspruch ist gem. § 341a ZPO vor dem Gericht, das das Versäumnisurteil erlassen hat, mündlich zu verhandeln und durch weiteres Urteil zu entscheiden. Stimmt dieses Urteil inhaltlich mit dem Versäumnisurteil überein, lautet der Tenor gem. § 343 S. 1 ZPO, dass das Versäumnisurteil aufrechtzuerhalten ist; entsprechend lautet auch der Antrag der durch das Versäumnisurteil begünstigten Partei in der Einspruchsverhandlung, „das Versäumnisurteil vom … aufrechtzuerhalten". Gelangt das Gericht dagegen aufgrund des Einspruchs zu einem vom Versäumnisurteil abweichenden Ergebnis, wird letzteres gem. § 343 S. 2 ZPO aufgehoben und in der Sache neu entschieden. Wurde beispielsweise der Beklagte durch Versäumnisurteil nach § 331 ZPO verurteilt und erweist sich die Klage in der

452

---

92 BAG NJW 2003, 1548; OLG Frankfurt NJW-RR 1998, 280; Zöller/Herget § 333 Rn. 1; MünchKommZPO/Prütting, § 333 Rn. 3; a. A.: OLG Bamberg NJW-RR 1996, 317; Hk-ZPO/Kießling, § 333 Rn. 2, wonach zum Verhandeln jedes Verhalten genügt, das auf eine Entscheidung in der Sache gerichtet ist.
93 Zöller/Herget, § 333 Rn. 1; MünchKommZPO/Prütting, § 333 Rn. 3.
94 Hk-ZPO/Kießling, § 333 Rn. 3.
95 Vgl. nur Hk-ZPO/Kießling, vor §§ 330 ff., Rn. 21; Zöller/Herget, vor § 330 Rn. 11, § 331 Rn. 15.
96 BGH NJW-RR 1992, 957; Zöller/Herget, § 340 Rn. 7.
97 Zöller/Herget, § 341 Rn. 10.

Einspruchsverhandlung als unbegründet, lautet der Urteilstenor zur Hauptsache: „Das Versäumnisurteil vom ... wird aufgehoben. Die Klage wird abgewiesen." Entsprechend muss der Einspruchsführer auch seinen Antrag formulieren.

b) Taktisches Vorgehen

453 Nach der gesetzgeberischen Konzeption der §§ 330 ff. ZPO soll das Versäumnisurteil die säumige Partei benachteiligen und deren Gegner begünstigen, indem dieser schnell einen Vollstreckungstitel erhält, der zudem gem. § 708 Nr. 2 ZPO ohne Sicherheitsleistung vorläufig vollstreckbar ist.[98] Entgegen dem ersten Anschein hat die Säumnis aber für die säumige Partei nicht nur Nachteile, sondern verschafft ihr auch den Vorteil, gegen das seiner Natur nach nur vorläufige Versäumnisurteil Einspruch nach §§ 338 ff. ZPO einlegen und damit eine spätere mündliche Verhandlung über diesen nach § 341a ZPO erzwingen zu können, so dass die abschließende gerichtliche Entscheidung herausgeschoben wird. Dies wiederum kann bewirken, dass verspätete Angriffs- und Verteidigungsmittel mangels Verzögerung dieses Verfahrens nicht gem. § 296 ZPO zurückgewiesen werden können.[99] Dieses taktische Vorgehen wird als „Flucht in die Säumnis" bezeichnet.

454 Dazu muss der Rechtsanwalt der mündlichen Verhandlung nicht einmal fernbleiben, er darf lediglich nicht verhandeln iSv § 333 ZPO. Namentlich zum ersten Termin, in dem zum Verhandeln die Stellung der Sachanträge erforderlich ist (Rn. 449), ist es taktisch geboten zu erscheinen, um vor der Antragstellung, insbesondere im Rahmen der Güteverhandlung nach § 278 Abs. 2 ZPO, die rechtliche Beurteilung des Gerichts – soweit möglich – zu eruieren und auf dieser Grundlage entscheiden zu können, ob verhandelt werden soll oder eine „Flucht in die Säumnis" angezeigt ist. Solange sich der Anwalt diese Option offenhalten will, darf er aber keinen Sachantrag stellen; denn die Antragstellung ist unwiderruflich und schließt die Säumnis aus.[100]

455 Entscheidet sich der Anwalt, nicht zu verhandeln und gegen seine Partei ein Versäumnisurteil ergehen zu lassen, kann er im Rahmen der Einspruchsbegründung nach § 340 Abs. 3 ZPO verspätetes Vorbringen – auch durch einfache Bezugnahme hierauf[101] – wiederholen und sogar neue Angriffs- und Verteidigungsmittel vortragen. Dadurch wird die Möglichkeit, allerdings nicht die Garantie geschaffen, dass dieses im weiteren Prozess noch berücksichtigt wird. Denn gem. § 342 ZPO wird der Prozess durch den Einspruch in die Lage zurückversetzt, in der er sich vor Eintritt der Versäumnis befand. Dies bedeutet, dass Angriffs- und Verteidigungsmittel, die im Zeitpunkt der Säumnis verspätet oder noch nicht einmal vorgetragen waren, auch nach Einlegung des Einspruchs verspätet bleiben.[102] Allerdings sind die Rechtsfolgen der Verspätung allein aus der Sicht der auf den Einspruch folgenden mündlichen Verhandlung zu beurteilen. Mangels Verzögerung des Rechtsstreites darf also trotz Verspätung solches Vorbringen nicht zurückgewiesen werden, das durch zumutbare vorbereitende Maßnahmen in der mündlichen Verhandlung über den Einspruch berücksichtigt werden kann.[103] Das Gericht darf sich eine sachgerechte Vorbereitung dieses Termins einerseits

---

98 Hk-ZPO/Kießling, vor §§ 330 ff. Rn. 1.
99 MünchKommZPO/Prütting, § 340 Rn. 24 f.; Zöller/Greger, § 296 Rn. 40.
100 Hk-ZPO/Kießling, § 333 Rn. 4; Zöller/Herget, § 333 Rn. 1 aE, beide mwN.
101 Zöller/Herget, § 340 Rn. 9.
102 Allgemeine Auffassung, vgl. nur BGHZ 76, 173, 177; MünchKommZPO/Prütting, § 340 Rn. 25.
103 BGHZ 76, 173, 177 f.; BGH NJW 1981, 286, juris-Tz. 6; BGH NJW 2002, 290, 291, juris-Tz. 16; Zöller/Greger, § 296 Rn. 40; Zöller/Herget, § 340 Rn. 8; MünchKommZPO/Prütting, § 340 Rn. 25.

§ 15 Präklusion wegen Verspätung und Gegenstrategien

nicht durch besonders kurzfristige oder gar willkürliche Terminierung unmöglich machen.[104] Andererseits ist das Gericht allerdings auch nicht verpflichtet, die mündliche Verhandlung so weit hinauszuschieben, dass alle in Betracht kommenden Beweise erhoben werden können.[105] Denn gem. §§ 216 Abs. 2, 272 Abs. 3 ZPO ist der Termin unverzüglich und so früh wie möglich anzuberaumen, dh das Gericht darf und muss für die mündliche Verhandlung über den Einspruch den im normalen Geschäftsgang nächstmöglichen Termin bestimmen.[106] Angriffs- und Verteidigungsmittel, die bis dahin bzw. in diesem einen Termin erledigt werden können, sind also zu berücksichtigen, darüber hinausgehendes Vorbringen bleibt dagegen grds. präkludiert;[107] eine Ausnahme gilt nur, falls dieselbe Verzögerung offensichtlich auch eingetreten wäre, wenn schon vor der Säumnis rechtzeitig vorgetragen worden wäre, denn dann kommt eine Zurückweisung aus den unter Rn. 420 dargestellten Gründen nicht in Betracht.[108]

Konkret bedeutet dies insbesondere, dass das Gericht verpflichtet ist, einfache und deutlich abgegrenzte Streitpunkte zu klären, wenn sich dies durch die Vernehmung weniger (auch vier bis sechs) greifbarer Zeugen im Rahmen der mündlichen Verhandlung ohne unzumutbaren Aufwand bewerkstelligen lässt.[109] Bei Bedarf ist auch ein Sachverständiger zu vernehmen, wenn dies – insbesondere neben einer etwaigen Zeugenvernehmung – in dem einen Termin möglich ist.[110] Das Gericht muss auch so terminieren, dass die für eine solche Beweisaufnahme erforderliche Zeit in dieser Verhandlung zur Verfügung steht.[111] Die Zurückweisung solcher Beweisantritte kann also durch eine „Flucht in die Säumnis" verhindert werden. Anders verhält es sich dagegen idR bei umfangreichen Beweisaufnahmen zur Klärung eines vielschichtigen Streitstoffes bzw. zu einer Vielzahl streitiger Einzelheiten, zu denen zahlreiche Zeugen zu vernehmen sind; solche Beweise können idR nicht in einem einzigen Termin erhoben werden und müssen daher, wenn nicht dieselbe Verzögerung offensichtlich auch bei rechtzeitigem Vorbringen vor der Säumnis eingetreten wäre, im Einspruchstermin nicht berücksichtigt werden.[112] Dasselbe gilt bei einer sog zweistufigen Beweisaufnahme, dh wenn vom Ergebnis der Beweisaufnahme zu einem ersten Beweisthema abhängt, ob und ggf. in welchem Umfang zu einer zweiten Frage weiterer Beweis zu erheben ist, diese letztgenannte Beweisaufnahme wegen ihres Umfangs aber zumutbarerweise in der Einspruchsverhandlung nicht erfolgen kann.[113] Ebenso ist schließlich zu beurteilen, wenn bei Berücksichtigung des Vortrags ein Sachverständigengutachten eingeholt werden müsste, das bis zum Einspruchstermin nicht vorliegen kann; das Gericht ist dann auch nicht verpflichtet, die Terminierung bis zur Vorlage des Gutachtens hinauszuschieben.[114] In den letztgenannten Fällen ist daher die „Flucht in die Säumnis"

---

104 MünchKommZPO/Prütting, § 340 Rn. 25; Zöller/Herget, § 340 Rn. 8.
105 BGH NJW 1981, 286, juris-Tz. 7; BGH NJW 2002, 290, 291, juris-Tz. 16; Zöller/Greger, § 296 Rn. 40; Zöller/Herget, § 340 Rn. 8; MünchKommZPO/Prütting, § 340 Rn. 27; Hk-ZPO/Kießling, § 340 Rn. 10.
106 BGH NJW 1981, 286, juris-Tz. 7; OLG Köln MDR 2005, 1188, juris-Tz. 9; Zöller/Herget, § 340 Rn. 8.
107 BVerfG NJW 1990, 2373, juris-Tz. 23; MünchKommZPO/Prütting, § 340 Rn. 25, 28, 32; Hk-ZPO/Kießling, § 340 Rn. 9, 9.1.
108 OLG Celle, Urteil vom 20.5.2020, 14 U 3/20, juris-Tz. 16, 18 f.; Musielak/Voit/Stadler, § 340 Rn. 6; Hk-ZPO/Kießling, § 340 Rn. 9.1.
109 BVerfG NJW 1990, 2373, juris-Tz. 23.
110 BVerfG NJW 1990, 2373, juris-Tz. 23.
111 BGH NJW 1981, 286, juris-Tz. 7.
112 BGHZ 76, 173, 178 f.; 91, 293, 304; BGH NJW 1980, 1102, juris-Tz. 18; MünchKommZPO/Prütting, § 340 Rn. 28; Musielak/Voit/Stadler, § 340 Rn. 6.
113 BVerfG NJW 1990, 2373, juris-Tz. 23; MünchKommZPO/Prütting, § 340 Rn. 28; Musielak/Voit/Stadler, § 340 Rn. 6.
114 BGH NJW 1981, 286, juris-Tz. 8; Baudewin/Wegner NJW 2014, 1479, 1482.

nicht zielführend, sofern nicht die Voraussetzungen des in Rn. 455 aE beschriebenen Ausnahmefalls erfüllt sind.

457 Insbesondere wenn für den Beklagten eine „Flucht in die Säumnis" in Betracht kommt, muss schließlich auch bedacht werden, dass ein Versäumnisurteil gem. § 708 Nr. 2 ZPO ohne Sicherheitsleistung vorläufig vollstreckbar ist und eine Einstellung der Zwangsvollstreckung gem. §§ 719 Abs. 1, 707 ZPO nur gegen Sicherheitsleistung in Betracht kommt. Eine Ausnahme lässt § 719 Abs. 1 S. 2 ZPO nur zu, wenn das Versäumnisurteil nicht in gesetzlicher Weise ergangen ist oder die Säumnis unverschuldet war; diese Voraussetzungen sind aber bei einer „Flucht in die Säumnis" nie erfüllt.

c) Ausschluss einer Flucht in die Säumnis

458 Wenn gegen die Partei (auch im schriftlichen Vorverfahren gem. § 331 Abs. 3 ZPO) schon ein Versäumnisurteil oder ein diesem gem. § 700 Abs. 1 ZPO gleichstehender Vollstreckungsbescheid ergangen ist, ist ihr im Einspruchstermin eine „Flucht in die Säumnis" verwehrt, da bei erneuter Säumnis der gegen das erste Versäumnisurteil oder den Vollstreckungsbescheid eingelegte Einspruch durch zweites Versäumnisurteil verworfen wird.[115] Dagegen gibt es gem. § 345 ZPO keinen Einspruch mehr. Statthaft ist nur noch die Berufung, die allerdings gem. § 514 Abs. 2 ZPO nur darauf gestützt werden kann, dass keine schuldhafte Säumnis vorgelegen habe. Die Präklusion lässt sich dadurch also nicht verhindern.

459 § 345 ZPO gilt allerdings nur im Einspruchstermin oder in einem weiteren Termin, auf den die Verhandlung vertagt wurde, ohne dass zur Sache verhandelt wurde. Ein zweites Versäumnisurteil ist damit nur bei zweimaliger und aufeinander folgender Säumnis möglich. Hat der Einspruchführer dagegen nach Erlass des Versäumnisurteils verhandelt und bleibt er in einem weiteren Termin wieder säumig, kann kein zweites, sondern nur ein weiteres erstes Versäumnisurteil mit Tenorierung nach § 343 S. 1 ZPO ergehen, gegen das der Einspruch nach §§ 338 ff. ZPO statthaft ist.[116] In einem solchen Termin ist daher eine weitere „Flucht in die Säumnis" grds. möglich, jedoch kann der Gegner uU mit einem Antrag auf Entscheidung nach Aktenlage gem. § 331a ZPO kontern (dazu sogleich).

d) Gegenstrategien

460 Der Erfolg einer Flucht in die Säumnis hängt auch von der Reaktion der gegnerischen Partei ab. Aus deren Sicht lohnt es sich daher, Gegenstrategien zu prüfen und ggf. zu nutzen.

aa) Gegenvorbringen und Gegenbeweis

461 Zunächst kann die nicht säumige Partei auf das verspätete Vorbringen erwidern und hierbei insbesondere auch Gegenbeweis antreten. Wird hierdurch eine erweiterte Beweisaufnahme – insbesondere zur Erhebung des Gegenbeweises – erforderlich, die in der Einspruchsverhandlung nicht mehr durchgeführt werden kann, für die also

---

[115] Im Falle eines Vollstreckungsbescheides gilt dies gem. § 700 Abs. 6 ZPO iVm § 331 Abs. 1, 2 ZPO allerdings nur, wenn die Anspruchsbegründung schlüssig ist; diese Prüfung hat das Gericht vor Erlass des zweiten Versäumnisurteils vorzunehmen, weil sie im Mahnverfahren noch nicht durchgeführt wurde (vgl. Rn. 626).

[116] Zöller/Herget, § 345 Rn. 1; Hk-ZPO/Kießling, § 345 Rn. 2, beide mwN.

§ 15 Präklusion wegen Verspätung und Gegenstrategien   A.

ein weiterer Verhandlungstermin anberaumt werden müsste, bleibt das verspätete Vorbringen grds. präkludiert, weil dessen Berücksichtigung dann zu einer mindestens mittelbaren Verzögerung des Verfahrens führen würde.[117] Der Rechtsanwalt der nicht säumigen Partei hat also die Möglichkeit, die durch die Flucht in die Säumnis zunächst vermiedene Präklusion des gegnerischen Vortrags durch geschicktes Vorbringen wieder herbeizuführen.

bb) Entscheidung nach Aktenlage

Wenn in derselben Instanz[118] und über denselben Streitgegenstand[119] bereits in einem früheren Termin mündlich verhandelt wurde, kann die nicht säumige Partei gem. § 331a ZPO iVm § 251a Abs. 2 ZPO statt eines Versäumnisurteils Entscheidung nach Aktenlage beantragen. Ein danach ergehendes Urteil ist kontradiktorischer Natur und schließt die Instanz ab; es ist daher nicht mit dem Einspruch, sondern allein mit den Rechtsmitteln der Berufung (gegen erstinstanzliche Urteile) bzw. Nichtzulassungsbeschwerde oder Revision (gegen Berufungsurteile) anfechtbar.[120] Hierdurch wird der säumigen Partei die Möglichkeit genommen, noch ergänzend vorzutragen, denn dies ist in der Berufungsinstanz durch das Verbot nach § 531 Abs. 2 ZPO weitgehend und in der Revisionsinstanz durch §§ 545 Abs. 1, 546 ZPO generell ausgeschlossen.

462

Ob die nicht säumige Partei dieses Ziel durch einen Antrag nach § 331a ZPO erreichen kann, hängt von dem jeweiligen Verfahrensstand ab. Denn nach dieser Norm kann nicht nur ein Urteil (erst recht nicht nur zugunsten der antragstellenden Partei) ergehen, sondern jede nach der bestehenden Aktenlage gebotene Entscheidung, uU also etwa auch ein Hinweis-, Auflagen oder Beweisbeschluss.[121] Prozesstaktisch lohnt sich ein Antrag nach § 331a ZPO an Stelle eines solchen auf Erlass eines Versäumnisurteils also nur, wenn der Rechtsstreit nach Aktenlage zu einer Endentscheidung, dh zu einem Urteil, und zwar zugunsten der eigenen Partei iSv § 300 Abs. 1 ZPO reif ist. Hierbei ist „Aktenlage" in diesem Sinne der gesamte aus der Gerichtsakte ersichtliche Prozessstoff; dazu zählen alle Schriftsätze, Urkunden, Sachverständigengutachten und Protokolle, insbesondere die protokollierten Parteierklärungen oder Zeugenaussagen.[122] Das Gericht darf auch einen zum Termin, in dem die eine Partei säumig bleibt, geladenen Sachverständigen oder Zeugen noch vernehmen und deren Aussagen bei der Entscheidung nach Aktenlage berücksichtigen, wenn – was dementsprechend prozesstaktisch zu empfehlen ist – der Antrag nach § 331a ZPO erst nach dieser Beweiserhebung gestellt wird.[123] Vorbereitende Schriftsätze und Sachanträge der die Entscheidung nach

463

---

117 MünchKommZPO/Prütting, § 340 Rn. 29; Zöller/Greger, § 296 Rn. 40; Musielak/Voit/Stadler, § 340 Rn. 6; eine Ausnahme gilt nur, wenn dieselbe Verzögerung offensichtlich auch bei rechtzeitigem Vortrag vor der Säumnis eingetreten wäre, vgl. Rn. 455 aE.
118 Vgl. nur MünchKommZPO/Prütting, § 331a Rn. 13.
119 Eine Klageänderung oder -erweiterung zwischen den Verhandlungsterminen schließt also eine Entscheidung nach Aktenlage aus, vgl. MünchKommZPO/Prütting, § 331a Rn. 13; MünchKommZPO/Stackmann, § 251a Rn. 19; Zöller/Greger, § 251a Rn. 4.
120 MünchKommZPO/Prütting, § 331a Rn. 1, 24; MünchKommZPO/Stackmann, § 251a Rn. 21; Musielak/Voit/Stadler, § 251a Rn. 3; Zöller/Herget, § 331a Rn. 2 aE.
121 MünchKommZPO/Prütting, § 331a Rn. 17; Zöller/Greger, § 251a Rn. 2; Musielak/Voit/Stadler, § 251a Rn. 3; Hk-ZPO/Wöstmann, § 251a Rn. 6.
122 Zöller/Greger, § 251a Rn. 3; MünchKommZPO/Prütting, § 331a Rn. 2; MünchKommZPO/Stackmann, § 251a Rn. 11; Musielak/Voit/Stadler, § 251a Rn. 3.
123 BGH NJW 2002, 301, juris-Tz. 3; Zöller/Greger, § 251a Rn. 3 aE; MünchKommZPO/Prütting, § 331a Rn. 2, alle betr. Vernehmung des Sachverständigen zur Erläuterung seines schriftlichen Gutachtens; für die Vernehmung geladener Zeugen gilt dasselbe, vgl. MünchKommZPO/Stackmann, § 251a Rn. 11.

Aktenlage beantragenden Partei müssen gem. § 335 Abs. 1 Nr. 3 ZPO dem im Termin säumigen Gegner innerhalb der Mindestfristen nach § 132 ZPO zugestellt worden sein.[124]

464 Zu berücksichtigen ist außerdem, dass – anders als beim Versäumnisurteil nach § 331 Abs. 1 S. 1 ZPO – der Vortrag der nicht säumigen Partei nicht allein aufgrund der Säumnis als zugestanden gilt, dies ist vielmehr gem. § 138 Abs. 3 ZPO nur der Fall, soweit er von der säumigen Partei nicht bestritten wurde.[125] Außerdem ist bei der Entscheidung nach Aktenlage eine Zurückweisung verspäteten Vorbringens nach § 296 ZPO generell unzulässig, vielmehr ist der gesamte – auch verspätete – aktenkundige Tatsachenvortrag einschließlich der zugehörigen Beweisantritte zu berücksichtigen.[126] Damit ist auch allen aktenkundigen Beweisangeboten der säumigen Partei zu entscheidungserheblichen Fragen nachzugehen; das Gericht kann dann kein Urteil, sondern muss einen entsprechenden Beweisbeschluss erlassen.[127] Daraus folgt, dass sich mit einem Antrag nach § 331a ZPO der Erfolg einer „Flucht in die Säumnis" nur verhindern lässt, wenn der verspätete Vortrag noch nicht aktenkundig ist, sondern die säumige Partei erreichen möchte, noch weitergehend vortragen zu können.

465 Prozesstaktisch hat dies für beide Parteien folgende Auswirkungen: Wer im zweiten oder einem späteren Termin eine Flucht in die Säumnis in Betracht zieht, sollte seine – wenn auch verspäteten – Angriffs- und Verteidigungsmittel möglichst noch vor diesem Termin schriftsätzlich vortragen, da sie dann bei einer Entscheidung nach Aktenlage berücksichtigt werden müssen. Aus der umgekehrten Sicht der nicht säumigen Partei kann diese den Erfolg der gegnerischen Flucht in die Säumnis durch einen Antrag nach § 331a ZPO nur verhindern, wenn alle Tatsachen, für die sie darlegungs- und beweispflichtig ist, entweder unstreitig oder bereits nachgewiesen sind, die diesbezügliche Beweisaufnahme also schon stattgefunden hat, und darüber hinaus keine entscheidungserheblichen Beweisantritte der säumigen Partei mehr offen sind; nur unter diesen Voraussetzungen kann nämlich als Entscheidung nach Aktenlage ein Urteil zugunsten der Partei ergehen, die dieses beantragt hat.

466 Zulässig und aus anwaltlicher Sicht empfehlenswert ist, den Antrag nach § 331a ZPO als Hauptantrag zu stellen und hilfsweise für den Fall, dass das Gericht eine Entscheidung nach Aktenlage für unzulässig halten sollte, den Erlass eines Versäumnisurteils zu beantragen. Unzulässig ist dagegen, den Erlass eines Versäumnisurteils hilfsweise für den Fall zu beantragen, dass die Entscheidung nach Aktenlage nach Auffassung des Gerichts keine Endentscheidung sein oder zu Ungunsten des Antragstellers ausfallen würde.[128]

467 Ein Urteil nach Aktenlage darf gem. § 331a S. 2 ZPO iVm § 251a Abs. 2 S. 2 ZPO frühestens zwei Wochen nach dem Termin ergehen, in dem die eine Partei säumig war. Gem. § 251a Abs. 2 S. 3 und 4 ZPO hat das Gericht diesen Verkündungstermin der säumigen Partei mitzuteilen und neuen Termin zur mündlichen Verhandlung anzu-

---

124 MünchKommZPO/Prütting, § 331a Rn. 2; MünchKommZPO/Stackmann, § 251a Rn. 11; Zöller/Greger, § 251a Rn. 3.
125 Hk-ZPO/Kießling, § 331a Rn. 3; MünchKommZPO/Stackmann, § 251a Rn. 13; Zöller/Greger, § 251a Rn. 3; Musielak/Voit/Stadler, § 251a Rn. 3.
126 Allgemeine Auffassung, vgl. MünchKommZPO/Stackmann, § 251a Rn. 12; Zöller/Greger, § 251a Rn. 3; Musielak/Voit/Stadler, § 251a Rn. 3; Stein/Jonas/Roth, § 251a Rn. 12; Hk-ZPO/Wöstmann, § 251a Rn. 6.
127 Hk-ZPO/Kießling, § 331a Rn. 3.
128 MünchKommZPO/Prütting, § 331a Rn. 10; Hk-ZPO/Kießling, § 331a Rn. 5; Stein/Jonas/Bartels, § 331a Rn. 3; Musielak/Voit/Stadler, § 331a Rn. 3.

beraumen, darf also nicht mehr nach Aktenlage entscheiden, wenn die Säumnis spätestens am siebten Tag vor dem Verkündungstermin hinreichend entschuldigt und dies glaubhaft gemacht wird. Anderer Vortrag der säumigen Partei als diese Entschuldigung wird nicht berücksichtigt.

e) Fazit

Die „Flucht in die Säumnis" eröffnet einen gewissen, aber keinen vollständigen Schutz gegen die Präklusion verspäteten Vorbringens. Diese Strategie hat zwei wesentliche Nachteile: Zum einen dürfen grds. nur solche verspäteten Angriffs- und Verteidigungsmittel nicht zurückgewiesen werden, die in der mündlichen Verhandlung über den Einspruch ohne Verzögerung des Rechtsstreites berücksichtigt werden können. Jegliches darüber hinausgehende Vorbringen, insbesondere jeder Beweisantrag, dem erst in einem weiteren Termin nachgegangen werden kann, bleibt also vorbehaltlich des in Rn. 455 aE erörterten Ausnahmetatbestandes präkludiert. Zum anderen kann der Gegner durch geschicktes Gegenvorbringen den Erfolg der „Flucht in die Säumnis" verhindern (vgl. Rn. 461), so dass die säumige Partei das Ergebnis ihres taktischen Vorgehens nicht selbst in der Hand hat.

468

Diese beiden Nachteile bestehen bei den nachfolgend zu erörternden Strategien der „Flucht" des Beklagten in die Widerklage und der „Flucht" des Klägers in die Klageerweiterung oder -änderung nicht. Letztere sind daher, wenn sie möglich sind, einer „Flucht in die Säumnis" vorzuziehen.

469

3. Flucht in die Widerklage

Steht dem Beklagten eine Forderung gegen den Kläger zu, die die Erhebung einer Widerklage ermöglicht, kann diese auch als prozesstaktisches Mittel genutzt werden, um eine Zurückweisung der verspätet gegen die Klage vorgebrachten Verteidigungsmittel zu vermeiden. Voraussetzung ist nur, dass die Widerklageforderung im Zusammenhang mit der Klageforderung steht, da anderenfalls die Widerklage nach der Rspr. gem. § 33 ZPO unzulässig ist (Rn. 364), jedenfalls aber vom Gericht gem. § 145 Abs. 2 ZPO abgetrennt werden kann.

470

Als taktisches Mittel zur Vermeidung einer ansonsten drohenden Zurückweisung nach § 296 ZPO ist die Widerklage geeignet, weil sie in der Eingangsinstanz bis zum Schluss der mündlichen Verhandlung – gem. § 261 Abs. 2 ZPO sogar durch schlichte Antragstellung – erhoben werden kann (Rn. 362) und im Ergebnis dazu führt, dass bis zur Entscheidungsreife der Widerklage auch über die Klage nicht entschieden werden kann, so dass eine Zurückweisung des verspäteten Verteidigungsvorbringens gegen die Klage nur noch möglich ist, wenn dessen Berücksichtigung auch zu einer Verzögerung der Entscheidung über die Widerklage führen würde. Im Einzelnen ergibt sich dies aus folgenden Zusammenhängen:

471

§ 296 ZPO erfasst nur Angriffs- und Verteidigungsmittel; hierzu zählen Klage und Widerklage nicht, diese bilden vielmehr den Angriff selbst und können daher nicht als verspätet zurückgewiesen werden.[129] Dies schließt auch eine Zurückweisung des

472

---

[129] Dazu bereits vorstehend Rn. 412; vgl. ferner: BGH NJW 1981, 1217, juris-Tz. 8; BGH NJW 1985, 3079, juris-Tz. 18; BGH NJW 1986, 2257, juris-Tz. 23; BGH NJW 2017, 491, 492, Tz. 18; Baudewin/Wegner NJW 2014, 1479, 1483.

Vorbringens zur Widerklage aus.[130] Das Gericht muss daher über die Widerklage unter Beachtung des hierzu erfolgten Vortrags und bei Bedarf nach Beweisaufnahme über diesen entscheiden. Solange dies noch nicht möglich ist, ist der Rechtsstreit nicht im Ganzen entscheidungsreif, so dass eine Entscheidung über die Klage durch Teilurteil unter Zurückweisung verspäteten Verteidigungsvorbringens ausgeschlossen ist (Rn. 424). Stellen sich bei der Entscheidung über Klage und Widerklage – wie häufig – identische Vorfragen, ist der Erlass eines Teilurteils gem. § 301 ZPO ohnehin aufgrund der Gefahr widersprechender Entscheidungen unzulässig.[131] Deshalb muss über Klage und Widerklage zusammen durch Schlussurteil entschieden werden. Wird diese Entscheidung durch eine Berücksichtigung des verspäteten Verteidigungsvorbringens zur Klage nicht verzögert, kann dieses somit nicht mehr gem. § 296 ZPO zurückgewiesen werden, sondern ist zu berücksichtigen.[132]

473 Eine andere Beurteilung hat der BGH nur in Erwägung gezogen, wenn die Widerklage rechtsmissbräuchlich erhoben wird, weil sie allein den Sinn haben kann, den Verspätungsfolgen zu entgehen.[133] Diese Voraussetzungen wurden in der Rspr. des BGH aber bisher noch nie bejaht und werden auch nur selten in Betracht kommen, da die Widerklage in aller Regel auch bezweckt, die mit ihr geltend gemachten Ansprüche durchzusetzen.

4. Flucht in die Klageerweiterung oder -änderung

474 Was der Beklagte durch die „Flucht in die Widerklage" erreichen kann, ist dem Kläger durch eine Klageerweiterung oder -änderung möglich, über die das Gericht nicht sofort entscheiden kann. Eine (objektive) Klageänderung liegt vor, wenn an Stelle des ursprünglichen ein anderer Anspruch im prozessualen Sinne geltend gemacht, also der Streitgegenstand geändert wird; dies ist bei jeder Änderung des Klageantrages oder des zu seiner Begründung vorgetragenen Lebenssachverhaltes bzw. Klagegrundes der Fall.[134] Klageerweiterung ist jede Erweiterung des Klagebegehrens bei gleichbleibendem Klagegrund (§ 264 Nr. 2 ZPO)[135] oder die nachträgliche objektive Klagehäufung (Rn. 314 f.), dh die Geltendmachung eines weiteren Anspruchs im prozessualen Sinne unter Beibehaltung des bisher geltend gemachten. Gem. § 261 Abs. 2 ZPO können die Klageerweiterung oder -änderung durch Einreichung eines Schriftsatzes oder Geltendmachung in der mündlichen Verhandlung und damit bis zu deren Schluss erfolgen.[136]

475 Auch die Klageänderung oder -erweiterung ist kein Angriffsmittel, sondern ein selbstständiger prozessualer Angriff, dessen Zulässigkeit sich ausschließlich nach §§ 263,

---

130 BGH NJW 1981, 1217, juris-Tz. 8; vgl. auch BGH NJW 2017, 491, 492, Tz. 18.
131 Vgl. dazu Rn. 26; die dort dargestellten Regeln gelten bei objektiver und subjektiver Klagehäufung gleichermaßen.
132 BGH NJW 1981, 1217, juris-Tz. 8 f.; BGH NJW 1985, 3079, juris-Tz. 18; BGH NJW 1986, 2257, juris-Tz. 25; BGH NJW 1995, 1223, juris-Tz. 19; a. A.: MünchKommZPO/Prütting, § 296 Rn. 111.
133 BGH NJW 1986, 2257, juris-Tz. 4; BGH NJW 1995, 1223, juris-Tz. 16; offen bleibt hierbei allerdings, ob bei Rechtsmissbrauch nur der Erlass eines Teilurteils unter Zurückweisung des verspäteten Vorbringens ausnahmsweise zulässig wird (so wohl die erstgenannte Entscheidung des BGH) oder die Widerklage insgesamt unzulässig ist (so das letztgenannte Urteil).
134 Vgl. nur Hk-ZPO/Saenger, § 263 Rn. 2; Zöller/Greger, § 263 Rn. 2; MünchKommZPO/Becker-Eberhard, § 263 Rn. 7 ff.
135 Dazu Zöller/Greger, § 264 Rn. 3a; MünchKommZPO/Becker-Eberhard, § 264 Rn. 13.
136 Vgl. nur Hk-ZPO/Saenger, § 261 Rn. 7 f.; dagegen wird eine erst nach dem Schluss der mündlichen Verhandlung erfolgte Klageerweiterung nicht rechtshängig, so dass das Gericht über diese nicht entscheiden darf, vgl. BGH NJW-RR 2009, 853, Tz. 9; BGH, Beschluss vom 7.11.2017, XI ZR 529/17, Tz. 7.

§ 15 Präklusion wegen Verspätung und Gegenstrategien

264 ZPO richtet und der daher nicht nach § 296 ZPO zurückgewiesen werden kann.[137] Dementsprechend können auch die zur Begründung der Klageerweiterung oder -änderung vorgetragenen Tatsachen und Beweismittel einschließlich eines Bestreitens, auch wenn es sich dabei um Angriffs- oder Verteidigungsmittel handelt, nicht gem. § 296 ZPO zurückgewiesen werden, weil dies anderenfalls auch eine Präklusion des Angriffs selbst zur Folge hätte, die nach dem vorstehend Gesagten aber gerade nicht zulässig ist.[138] Da ein Teilurteil aus denselben Gründen wie bei der „Flucht in die Widerklage" ausscheidet (Rn. 424, 472), muss das Gericht somit über die ursprünglich Klage gemeinsam mit der Klageerweiterung bzw. -änderung durch Schlussurteil entscheiden und dabei folglich alle vorgebrachten Angriffs- und Verteidigungsmittel auch in Bezug auf die ursprüngliche Klage berücksichtigen.[139] Diese Prozessführung kann auch nicht als rechtsmissbräuchlich zurückgewiesen werden;[140] insofern gilt das vorstehend unter Rn. 473 Gesagte entsprechend.

Möglich ist diese Strategie in der Eingangsinstanz nur, wenn die Klageänderung oder -erweiterung gem. §§ 263, 264 ZPO zulässig ist. Dies ist bei den Tatbeständen des § 264 Nr. 1 – 3 ZPO stets der Fall.[141] Alle anderen Klageänderungen sind gem. § 263 ZPO nur zulässig, wenn der Beklagte einwilligt oder das Gericht sie für sachdienlich erachtet.[142] Diese Bestimmung gilt für Klageerweiterungen durch nachträgliche objektive Klagehäufung entsprechend.[143] Sachdienlich iSv § 263 ZPO ist die Klageänderung oder -erweiterung, wenn und soweit ihre Zulassung bei objektiver Beurteilung den sachlichen Streitstoff im Rahmen des anhängigen Rechtsstreits ausräumt damit einen anderenfalls zu erwartenden Rechtsstreit vermeidet (Gesichtspunkt der Prozessökonomie). Die Sachdienlichkeit ist im Allgemeinen nur zu verneinen, wenn ein völlig neuer Streitstoff in den Rechtstreit eingeführt werden soll, bei dessen Beurteilung das Ergebnis der bisherigen Prozessführung nicht verwertet werden kann.[144] Daraus folgt, dass ein sachlicher Zusammenhang zwischen bisherigem und neuem Anspruch die Sachdienlichkeit begründet, für diese grds. aber auch erforderlich ist.[145] Ist jedoch – etwa wenn die Klageänderung oder -erweiterung noch vor der ersten mündlichen Verhandlung erfolgt – noch kein nennenswerter Streitstoff vorhanden, der durch ihre Zulassung gegenstandslos oder unverwertbar werden würde, ist die Sachdienlichkeit stets zu bejahen.[146] Unerheblich ist demgegenüber, ob aufgrund der Zulassung der Klageänderung oder -erweiterung weitere Parteierklärungen oder eine Beweisaufnahme

---

137 Dazu bereits vorstehend Rn. 412; vgl. ferner: BGH NJW 1986, 2257, juris-Tz. 23.
138 BGH NJW 2017, 491, 492, Tz. 18.
139 BGH, aaO; Baudewin/Wegner NJW 2014, 1479, 1483; a. A.: MünchKommZPO/Prütting, § 296 Rn. 112.
140 BGH NJW 2017, 491, 492, Tz. 17, 19 gegen die Vorinstanz (OLG Frankfurt BeckRS 2016, 17817.).
141 Soweit diese Norm bestimmt, dass diese Fälle nicht als Klageänderung anzusehen seien, ist dies dogmatisch ungenau. Denn nur § 264 Nr. 1 ZPO betrifft tatsächlich keine Klagänderung; in den Fällen der Nrn. 2 und 3 liegen solche dagegen vor, diese werden lediglich nicht den Regeln der Klageänderung unterworfen und damit kraft Gesetzes für zulässig erklärt (MünchKommZPO/Becker-Eberhard, § 264 Rn. 3 f.; Zöller/Greger, § 264 Rn. 1).
142 Bei der Zulassung wegen Sachdienlichkeit steht dem Gericht damit ein Ermessen zu, vgl. BGH NJW 1985, 1841, juris-Tz. 22. Die Zulassung ist gem. § 268 ZPO mit Rechtsmitteln nicht angreifbar. Bei Nichtzulassung darf das Rechtsmittelgericht nur überprüfen, ob der Begriff der Sachdienlichkeit verkannt und damit die Grenzen des Ermessens überschritten wurden (BGH NJW 1977, 49, juris-Tz. 26; Rosenberg/Schwab/Gottwald, § 100 Rn. 23 mwN).
143 Vgl. nur MünchKommZPO/Becker-Eberhard, § 263 Rn. 21; Zöller/Greger, § 263 Rn. 2.
144 BGHZ 189, 182, 194; BGHZ 143, 189, 198; BGH NJW 2020, 2407, Tz. 14; BGH NJW-RR 1987, 58, juris-Tz. 7; Hk-ZPO/Saenger, § 263 Rn. 10 aE; Zöller/Greger, § 263 Rn. 13.
145 MünchKommZPO/Becker-Eberhard, § 263 Rn. 33.
146 BGH NJW-RR 1987, 58, juris-Tz. 7; MünchKommZPO/Becker-Eberhard, § 263 Rn. 37.

erforderlich werden und dadurch die Erledigung des Rechtsstreits verzögert wird.[147] Ebenso wenig wird die Sachdienlichkeit dadurch ausgeschlossen, dass der Rechtsstreit bei Nichtzulassung der Klageänderung oder -erweiterung entscheidungsreif wäre.[148] Gerade deshalb ist die Klageänderung oder -erweiterung als prozesstaktisches Instrument für die hier diskutierten Zwecke geeignet.

477 Letzteres gilt allerdings nur für die Eingangsinstanz. In der Berufungsinstanz sind Klageänderung und -erweiterung nur noch unter den Voraussetzungen der §§ 533, 529 ZPO zulässig (Rn. 536 ff., 581) und daher als Mittel zur Vermeidung der Präklusion ungeeignet.

5. Flucht in die Klagerücknahme

478 Gem. § 269 Abs. 1 ZPO kann die Klage bis zum Beginn der mündlichen Verhandlung zurückgenommen werden, danach ist dies nur noch mit Zustimmung des Beklagten möglich.[149] Die Klagerücknahme beinhaltet vorbehaltlich abweichender Erklärung keinen Anspruchsverzicht und hindert daher die Erhebung einer neuen Klage mit demselben Streitgegenstand nicht.[150] Selbst wenn die ursprüngliche Klage zum Zwecke der Verjährungshemmung erhoben wurde, endet diese gem. § 204 Abs. 2 S. 1 ZPO erst sechs Monate nach der Klagerücknahme, so dass eine erneute Klageerhebung innerhalb dieses Zeitraums möglich bleibt. Vortrag, der in dem durch Klagerücknahme beendeten Verfahren präkludiert war, kann mit der neuen Klage erneut und rechtzeitig vorgetragen werden und ist damit in diesem Rechtsstreit nicht präkludiert. Gravierender Nachteil einer „Flucht in die Klagerücknahme" ist allerdings, dass der Kläger gem. § 269 Abs. 3 S. 2 ZPO die Kosten des hierdurch beendeten Rechtsstreits zu tragen hat.

479 Möglich ist dieses Vorgehen in aller Regel ohnehin nur bis zum Beginn der mündlichen Verhandlung. Dazu zählt die Güteverhandlung gem. § 278 Abs. 2 ZPO noch nicht, ebenso wenig die Erörterung der Sach- und Rechtslage vor der Antragstellung, da erst mit dieser gem. § 137 Abs. 1 ZPO die mündliche Verhandlung beginnt.[151] Ab diesem letztgenannten Zeitpunkt bedarf die Klagerücknahme aber gem. § 269 Abs. 1 ZPO der Einwilligung des Gegners, die von einem versierten Beklagtenvertreter nicht oder nur unter der Bedingung erteilt werden wird, dass der Kläger gleichzeitig einen materiellen Anspruchsverzicht (§ 397 BGB) auf die Klageforderung erklärt. Dies schließt eine „Flucht in die Säumnis" als taktisches Mittel natürlich aus.

III. Zusammenfassung

480 1. Verspätet vorgebrachte Angriffs- und Verteidigungsmittel können gem. § 296 ZPO präkludiert sein, dh bei der gerichtlichen Entscheidung unberücksichtigt bleiben. Abs. 1 dieser Norm greift bei Versäumung bestimmter, vom Gericht gesetzter Fris-

---

147 BGHZ 189, 182, 194; BGHZ 143, 189, 198; BGH NJW 2020, 2407, Tz. 14; BGH NJW-RR 1987, 58, juris-Tz. 8; BGH NJW 1985, 1841, juris-Tz. 24; MünchKommZPO/Becker-Eberhard, § 263 Rn. 34.
148 BGH NJW-RR 1987, 58, juris-Tz. 7, wonach die Unschlüssigkeit der ursprünglichen Klage die Klageänderung nicht hindert; Stein/Jonas/Roth, § 263 Rn. 25; a. A.: Rosenberg/Schwab/Gottwald, § 100 Rn. 19; einschränkend auch BGH NJW 1977, 49, juris-Tz. 27 f., wonach die Entscheidungsreife bei der Beurteilung der Sachdienlichkeit zu berücksichtigen ist.
149 Das Zustimmungserfordernis beruht auf dem Anspruch des Beklagten auf gerichtliche Entscheidung, vgl. nur Rosenberg/Schwab/Gottwald, § 130 Rn. 19.
150 BGHZ 89, 95, 96; MünchKommZPO/Becker-Eberhard, § 269 Rn. 6; Rosenberg/Schwab/Gottwald, § 130 Rn. 2.
151 Hk-ZPO/Saenger, § 269 Rn. 21 mwN.

ten, Abs. 2 bei Verletzung der allgemeinen Prozessförderungspflicht der Parteien (§ 282 ZPO). Voraussetzung der Präklusion ist stets, dass eine Berücksichtigung des Vorbringens zu einer Verzögerung der gerichtlichen Entscheidung führen würde und das Gericht seiner eigenen Prozessförderungspflicht nachgekommen ist.

2. Eine drohende Präklusion kann mitunter durch Stellung präsenter Beweismittel abgewandt werden, weil deren Erhebung grds keine Verzögerung bewirkt. Dies gilt aber nicht, wenn die Beweiserhebung zu einer mittelbaren Verzögerung führen würde, etwa weil danach noch weiterer Beweis erhoben werden müsste.

3. Häufig lässt sich die Präklusion durch „Flucht in die Säumnis" vermeiden. Dabei bleibt die Partei, der die Präklusion droht, säumig, lässt also ein Versäumnisurteil gegen sich ergehen und legt gegen dieses sodann Einspruch ein. Danach können verspätete Angriffs- und Verteidigungsmittel nicht zurückgewiesen werden, wenn deren Berücksichtigung die Entscheidung über den Einspruch nicht verzögert. Weitergehende Angriffs- und Verteidigungsmittel bleiben dagegen präkludiert, sofern nicht offensichtlich dieselbe Verzögerung auch eingetreten wäre, wenn sie schon vor der Säumnis rechtzeitig geltend gemacht worden wären.

4. Die sichersten Strategien zur Vermeidung der Präklusion sind für den Kläger die „Flucht in die Klageerweiterung" bzw. für den Beklagten die „Flucht in die Widerklage". Klage bzw. Klageerweiterung und Widerklage sind nämlich keine Angriffs- und Verteidigungsmittel, sondern bilden den Angriff selbst und unterliegen daher nicht der Präklusion nach § 296 ZPO. Dies schließt auch eine Zurückweisung der zu ihrer Begründung vorgetragenen Angriffs- und Verteidigungsmittel aus. Diese können auch nicht durch Teilurteil in Bezug auf die ursprüngliche Klage zurückgewiesen werden, da zum einen die Präklusion nach § 296 ZPO nur zulässig ist, wenn der Rechtsstreit im Ganzen entscheidungsreif ist, und zum anderen ein Teilurteil nicht ergehen darf, wenn dieses im Widerspruch zum Schlussurteil stehen könnte, was bereits der Fall ist, wenn sich für beide Entscheidungen identische Vorfragen stellen.

§ 16 Anwaltliche Pflichten nach Urteilsverkündung

I. Urteilsberichtigung wegen offenbarer Unrichtigkeit

Enthält das Urteil offenbare Unrichtigkeiten, können diese vom Gericht gem. § 319 ZPO jederzeit durch Beschluss von Amts wegen berichtigt werden, in der Berufungsinstanz auch vom Berufungsgericht.[1] Ein Antrag der Partei bzw. ihres Prozessbevollmächtigten ist selbstverständlich möglich und an keine Frist gebunden. Eine Unrichtigkeit iSv § 319 ZPO liegt allerdings nur vor, wenn Wille und Erklärung des Gerichts nicht übereinstimmen.[2] Exemplarisch nennt das Gesetz insofern Schreib- und Rechenfehler. Offenbar sind Unrichtigkeiten nur, wenn sich die Unrichtigkeit für den Außenstehenden aus dem Urteil selbst oder aus den Vorgängen bei seinem Erlass oder seiner Verkündung ergibt.[3]

---

1 BGHZ 106, 370, 373; BGHZ 133, 184, 191; Hk-ZPO/Saenger, § 319 Rn. 16; Zöller/Feskorn, § 319 Rn. 34.
2 Vgl. nur Zöller/Feskorn, § 319 Rn. 5; Hk-ZPO/Saenger, § 319 Rn. 4.
3 BGHZ 20, 188, 192; BGH NJW 2013, 2124, Tz. 10; BGH NJW 2014, 3101, Tz. 7; Zöller/Feskorn, § 319 Rn. 6; Hk-ZPO/Saenger, § 319 Rn. 5.

II. Tatbestandsberichtigung

482 Eine in der Praxis nicht selten übersehene anwaltliche Haftungsfalle ergibt sich aus §§ 314, 320 ZPO: Gem. § 314 ZPO liefert der Tatbestand des Urteils den nur durch das Sitzungsprotokoll widerlegbaren Beweis für das mündliche Parteivorbringen. Daraus folgt etwa, dass ein von den Angaben im Tatbestand der erstinstanzlichen Entscheidung abweichender Vortrag in der Berufungsinstanz neu und damit grds. präkludiert bzw. nur unter den Voraussetzungen des § 531 Abs. 2 ZPO zu berücksichtigen ist.[4] Zur Vermeidung von Rechtsnachteilen für die Berufungs- oder auch Revisionsinstanz muss der Rechtsanwalt daher nach Erlass des Urteils sorgfältig prüfen, ob der Sachvortrag der Parteien darin zutreffend wiedergegeben wurde. Ist dies nicht der Fall, ohne dass eine offenbare Unrichtigkeit iSv § 319 ZPO vorliegt,[5] kann dies nur durch Tatbestandsberichtigungsantrag nach § 320 ZPO geltend gemacht werden,[6] so dass ein solcher gestellt werden muss. Unerheblich ist hierbei, ob die unrichtige Darstellung im Tatbestand oder in den Entscheidungsgründen des Urteils enthalten ist.[7] Eine Unrichtigkeit in diesem Sinne liegt auch vor, wenn ein streitiger Sachverhalt als unstreitig dargestellt wird oder umgekehrt.[8] Umstritten ist, ob § 320 ZPO auch anwendbar ist, wenn die Aussage eines Zeugen oder Sachverständigen nicht im Protokoll der mündlichen Verhandlung festgehalten, sondern nur im Urteil wiedergegeben wird.[9] Die Frage ist zwar richtigerweise zu verneinen, weil die Tatbestandsberichtigung nach § 320 ZPO nur wegen der Beweisregel des § 314 ZPO erforderlich ist und deshalb einem Antrag nach § 320 ZPO nur solche Angaben im Urteil zugänglich sind, für die § 314 ZPO gilt;[10] die letztgenannte Norm erfasst aber nur Parteivorbringen, nicht die Aussagen eines Zeugen oder Sachverständigen. Solange die Frage nicht abschließend geklärt ist, muss aus Gründen anwaltlicher Vorsorge bzw. zur Wahl des sichersten Weges bei unzutreffenden Angaben im Urteil ein entsprechender Antrag nach § 320 ZPO aber gestellt werden.

483 Der Tatbestandsberichtigungsantrag muss gem. § 320 Abs. 1, 2 S. 1 ZPO innerhalb von zwei Wochen ab Zustellung des Urteils gestellt werden. Zuständig ist das Gericht, dessen Urteil betroffen ist. Dieses entscheidet durch gem. § 320 Abs. 3 S. 4 ZPO unanfechtbaren Beschluss. Eine mündliche Verhandlung findet nur statt, wenn das Gericht dies für erforderlich hält; in der Praxis ist dies regelmäßig nicht der Fall.

---

4 BGH NJW-RR 2021, 935, Tz. 20; zu den Einzelheiten des § 531 Abs. 2 ZPO nachfolgend Rn. 547 ff.
5 Wie sich aus dem Relativsatz in § 320 Abs. 1 ZPO ergibt, ist diese Norm subsidiär gegenüber § 319 ZPO, vgl. nur Zöller/Feskorn, § 320 Rn. 5; Hk-ZPO/Saenger, § 319 Rn. 2, § 320 Rn. 3.
6 St. Rspr., vgl. nur BGH NJW-RR 2007, 1434, Tz. 11; BGH NJW 2021, 1957, Tz. 21; BGH NJW-RR 2021, 935, Tz. 20, alle mwN.
7 BGH NJW 1993, 1851, 1852, juris-Tz. 13; BGH NJW 1994, 517, 519, juris-Tz. 29; BGH NJW 1997, 1931, juris-Tz. 6; Hk-ZPO/Saenger, § 320 Rn. 4; Zöller/Feskorn, § 320 Rn. 6; bei Ausführungen in den Entscheidungsgründen ist aber sorgfältig zu differenzieren, ob es sich um Wiedergabe von Parteivortrag oder Wertungen des Gerichts handelt (Zöller/Feskorn, § 314 Rn. 3); letztere sind keinem Antrag nach § 320 ZPO zugänglich, sondern unterliegen der Überprüfung durch das Rechtsmittelgericht.
8 Vgl. Zöller/Feskorn, § 314 Rn. 3 mwN, der auch zutreffend darauf hinweist, dass die Feststellung, eine bestimmte Behauptung sei nicht wirksam bestritten und daher unstreitig, keine tatbestandliche Feststellung ist, sondern eine rechtliche Wertung des Gerichts, die keine Beweiskraft nach § 314 ZPO entfaltet; als solche ist sie keiner Berichtigung nach § 320 ZPO zugänglich, sondern unterliegt der rechtlichen Überprüfung durch das Rechtsmittelgericht.
9 Bejahend: OLG Celle NJW 1970, 53; Rosenberg/Schwab/Gottwald, § 61 Rn. 18; verneinend: Zöller/Feskorn, § 320 Rn. 6; MünchKommZPO/Musielak, § 320 Rn. 4.
10 Soweit der Tatbestand keine Beweiskraft gem. § 314 ZPO entfaltet, ist eine Berichtigung nach § 320 ZPO nach allgemeiner Auffassung unzulässig, vgl. BGH NJW 1983, 2030, 2032, juris-Tz. 29; Rosenberg/Schwab/Gottwald, § 61 Rn. 18; Hk-ZPO/Saenger, § 320 Rn. 4.

III. Urteilsergänzung

Wird ein geltend gemachter Haupt- oder Nebenanspruch oder der Kostenpunkt im Urteil übergangen, kann gem. § 321 ZPO jede Partei dessen Ergänzung beantragen. Ein „Übergehen" in diesem Sinne liegt nur vor, wenn das Urteil versehentlich lückenhaft ist, nicht dagegen, wenn das Gericht einen prozessualen Anspruch bewusst nicht beschieden hat.[11] Nicht übergangen wurde ein Anspruch, wenn über ihn im Urteilstenor entschieden wurde, aber eine Begründung hierfür fehlt, oder wenn umgekehrt der Ausspruch im Tenor des Urteils fehlt, sich aber aus den Entscheidungsgründen ergibt, dass das Gericht über den Anspruch entschieden hat; im letztgenannten Fall ist der Urteilstenor nach § 319 ZPO zu berichtigen.[12]

484

Ob ein Anspruch geltend gemacht wurde und damit streitgegenständlich ist, ergibt sich aus dem Tatbestand des Urteils. Wird im Urteil versehentlich über einen Klageantrag nicht entschieden und dieser auch im Tatbestand nicht erwähnt, muss daher sowohl die Berichtigung des Tatbestandes nach § 320 ZPO als auch die Ergänzung des Urteils nach § 321 ZPO beantragt werden.[13]

485

Die Ergänzung des Urteils muss gem. § 321 Abs. 2 ZPO innerhalb von zwei Wochen ab Zustellung des Urteils beantragt werden. Betrifft der Antrag einen Nebenanspruch oder den Kostenpunkt, kann das Gericht gem. § 321 Abs. 3 S. 3 ZPO im schriftlichen Verfahren entscheiden. Wird dagegen die Ergänzung in Bezug auf einen Hauptanspruch beantragt, ist hierüber gem. § 321 Abs. 3 S. 1 ZPO mündlich zu verhandeln, sofern sich nicht beide Parteien mit einer Entscheidung im schriftlichen Verfahren nach § 128 Abs. 2, 3 ZPO einverstanden erklären.[14] In allen Fällen – auch bei Zurückweisung des Antrags – ergeht die Entscheidung durch rechtsmittelfähiges Ergänzungsurteil.[15]

486

Wird der Antrag nach § 321 ZPO nicht oder nicht fristgerecht gestellt, endet mit Fristablauf die Rechtshängigkeit des übergangenen Anspruchs.[16] Dieser kann damit erneut eingeklagt[17] oder auch in der Berufungsinstanz durch Klageerweiterung geltend gemacht werden, letzteres jedoch nur, wenn die Voraussetzungen des § 533 ZPO erfüllt sind.[18]

487

IV. Beratung über Rechtsmittel

Ist gegen ein für den Mandanten nachteiliges Urteil ein Rechtsmittel statthaft, muss der Rechtsanwalt ihn über dessen formelle Voraussetzungen belehren. Eine Hinweispflicht besteht auch, wenn das Urteil ohne Weiteres erkennbar von der höchstrichterlichen Rechtsprechung abweicht oder der Fehler des Urteils auch durch pflichtwidrige Bearbeitung des Mandats durch den Rechtsanwalt mitverursacht wurde, etwa weil die-

488

---

11 BGH NJW 2019, 1950, Tz. 20; Zöller/Feskorn, § 321 Rn. 2; Hk-ZPO/Saenger, § 321 Rn. 6, alle mwN.
12 BGH NJW 1964, 1858, juris-Tz. 74; OLG Celle WM 2004, 1635, 1636, juris-Tz. 22; Hk-ZPO/Saenger, § 319 Rn. 2, § 321 Rn. 6; Zöller/Feskorn, § 321 Rn. 2 aE.
13 BGH NJW-RR 2005, 790, 791; BGH NJW 2015, 1826, Tz. 5; Hk-ZPO/Saenger, § 321 Rn. 4.
14 Hk-ZPO/Saenger, § 321 Rn. 12.
15 BGH WM 1982, 491, juris-Tz. 3; Hk-ZPO/Saenger, § 321 Rn. 13 f.; a. A.: KG MDR 2019, 124: Zurückweisung durch Beschluss.
16 BGH NJW 2015, 1826, Tz. 5; Hk-ZPO/Saenger, § 321 Rn. 11; Zöller/Feskorn, § 321 Rn. 12; Rosenberg/Schwab/Gottwald, § 61 Rn. 28.
17 BGH NJW 1991, 1683, 1684; Hk-ZPO/Saenger, § 321 Rn. 11; Zöller/Feskorn, § 321 Rn. 12; Rosenberg/Schwab/Gottwald, § 61 Rn. 28.
18 BGH NJW 2015, 1826, Tz. 6.

ser das Gericht nicht auf die fehlende Schlüssigkeit der gegnerischen Klage hingewiesen hat. Eine weitergehende Pflicht, die Erfolgsaussichten des Rechtsmittels zu prüfen, trifft den Rechtsanwalt dagegen nur, wenn ihm diesbezüglich ein gesonderter Auftrag erteilt wird.[19]

489 In der Regel reicht aus, wenn der Rechtsanwalt dem Mandanten das Urteil übersendet, ihn auf die Rechtsmittelfrist hinweist und um Mitteilung bittet, wie verfahren werden soll. Sinnvoll, wenn auch überobligatorisch, ist auch der Hinweis, dass der Anwalt von sich aus, dh ohne ausdrückliche Weisung des Mandanten das Rechtsmittel nicht einlegen wird. Meldet sich der Mandant daraufhin nicht, darf der Rechtsanwalt ohne Weiteres von der Rechtsmitteleinlegung absehen. Nur ausnahmsweise besteht eine Nachfragepflicht, etwa wenn der Anwalt befürchten muss, dass seine Mitteilung den Mandanten nicht erreicht hat, oder er bereits weiß, dass der Mandant das Rechtsmittel unter allen Umständen einlegen will.[20]

V. Zusammenfassung

489a 1. Die Berichtigung offenbarer Unrichtigkeiten im Urteil kann jederzeit beantragt werden (§ 319 ZPO).

2. Besondere Aufmerksamkeit muss der Rechtsanwalt dem Tatbestand der erstinstanzlichen Entscheidung widmen. Gibt dieser nämlich den Parteivortrag unzutreffend wieder (etwa weil streitiger Vortrag als unstreitig dargestellt wird), muss er gem. § 320 ZPO innerhalb von zwei Wochen Tatbestandsberichtigung beantragen. Unterbleibt dies, wird der Tatbestand gem. § 314 ZPO für das Berufungsgericht bindend, so dass hiervon abweichender Vortrag in der Berufungsinstanz „neu" und damit grds. gem. § 531 Abs. 2 ZPO präkludiert ist.

3. Wird ein Haupt- oder Nebenanspruch oder der Kostenpunkt im Urteil versehentlich übergangen, kann dieses auf Antrag gem. § 321 ZPO ergänzt werden.

---

19 Vgl. zum Ganzen BGH NJW-RR 2007, 1553, Tz. 12 ff.; Fahrendorf/Mennemeyer/Fahrendorf, Kap. 8, Rn. 341, 347.
20 Vgl. zum Ganzen Fahrendorf/Mennemeyer/Fahrendorf, Kap. 8, Rn. 351 mwN.

Teil V
Sonstige Formen der Beendigung des Prozesses

§ 17 Erledigung

Erledigung des Rechtsstreites liegt vor, wenn die ursprünglich zulässige und begründete Klage nach Eintritt der Rechtshängigkeit unzulässig oder unbegründet wird.[1] Musterbeispiel ist die nach Klageerhebung erfolgende Zahlung des Beklagten, die zur Erfüllung der Klageforderung führt (§ 362 BGB), so dass die Klage unbegründet wird und damit abgewiesen werden müsste. Um dies zu verhindern, muss der Kläger die Klage für erledigt erklären. Dann hat wiederum der Beklagte zwei Möglichkeiten: Er kann sich der Erledigungserklärung anschließen. Eine solche übereinstimmende Erledigungserklärung beider Parteien ist aufgrund der Dispositionsmaxime für das Gericht bindend und beendet die Rechtshängigkeit.[2] Das Gericht muss dann gem. § 91a ZPO nur noch durch Beschluss unter Berücksichtigung des bisherigen Sach- und Streitstandes nach billigem Ermessen über die Kosten des Rechtsstreits entscheiden. Eine Beweisaufnahme ist nach übereinstimmender Erledigungserklärung grds. ausgeschlossen; jedoch dürfen präsente Beweismittel wie Urkunden oder Beweisergebnisse aus anderen Verfahren berücksichtigt werden.[3] Statthaftes Rechtsmittel gegen erstinstanzliche Beschlüsse nach § 91a ZPO ist nach dessen Abs. 2 iVm § 567 ZPO die sofortige Beschwerde. Wird der Rechtsstreit dagegen in der Berufungsinstanz übereinstimmend für erledigt erklärt, ist die Kostenentscheidung nach § 91a ZPO unanfechtbar, da Beschlüsse des Berufungsgerichts nach § 567 Abs. 1 ZPO nicht beschwerdefähig sind.[4]

490

Schließt sich der Beklagte der Erledigungserklärung nicht an, endet die Rechtshängigkeit nicht, der Kläger muss zur Vermeidung einer Abweisung seiner ursprünglich erhobenen, aber erledigten Klage diese – zulässig gem. § 264 Nr. 2 ZPO – dahin gehend ändern, dass nunmehr die Feststellung der Erledigung der Klage beantragt wird. Das Gericht muss dann im gewöhnlichen Verfahren – und damit grds. nach mündlicher Verhandlung, ggf. auch durch Beweisaufnahme – klären, ob die Klage ursprünglich zulässig und begründet war und erledigt ist. Die Entscheidung ergeht durch Urteil, in dem nach den allgemeinen Regeln (§§ 91, 92 ZPO) auch über die Kosten des Rechtsstreits entschieden wird.[5] Statthaftes Rechtsmittel gegen das Urteil ist die Berufung.

491

Sich der Erledigungserklärung des Klägers anzuschließen, wird von Beklagtenvertretern in der Praxis mitunter mit der Begründung abgelehnt, hierin liege das Eingeständnis, dass die Klage erledigt, also ursprünglich zulässig und begründet gewesen sei, letzteres sei aber nicht der Fall und deshalb könne eine solche Erklärung nicht abgegeben werden. Derartige Erwägungen sind verfehlt. Denn § 91a ZPO bestimmt ausdrücklich, dass die Kostenentscheidung nach dieser Norm unter Berücksichtigung des bisherigen Sach- und Streitstandes erfolgt. Ausschlaggebend ist damit in erster Linie, wie der Rechtsstreit voraussichtlich ausgegangen wäre, wenn er nicht übereinstimmend für

492

---

1 Zöller/Althammer, § 91a Rn. 3; Hk-ZPO/Gierl, § 91a Rn. 6, beide mwN.
2 Zöller/Althammer, § 91a Rn. 12.
3 Hk-ZPO/Gierl, § 91a Rn. 43; Zöller/Althammer, § 91a Rn. 26.
4 Vgl. nur Zöller/Heßler, § 567 Rn. 37.
5 Vgl. zum Ganzen Zöller/Althammer, § 91a Rn. 34; Hk-ZPO/Gierl, § 91a Rn. 70 ff.

erledigt erklärt worden wäre.[6] War die Klage also nach Auffassung des Gerichts von Anfang an unzulässig oder unbegründet, wird die Tatsache, dass der Beklagte sich der Erledigungserklärung des Klägers anschließt, nichts daran ändern, dass der Kläger die Kosten des Rechtsstreits zu tragen hat. Wenn allerdings zur Entscheidung des Rechtsstreites noch eine Beweisaufnahme hätte durchgeführt werden müssen, die nach der übereinstimmenden Erledigungserklärung zu unterbleiben hat, sind im Rahmen der Entscheidung nach § 91a ZPO die Kosten idR gegeneinander aufzuheben.[7] Nur um eine solche Kostenentscheidung zu vermeiden und die Beweisaufnahme zu erzwingen, kann es daher aus Beklagtensicht sinnvoll sein, sich der Erledigungserklärung nicht anzuschließen. Dabei sollte allerdings auch bedacht werden, dass die übereinstimmende Erledigungserklärung irreversibel ist, während der Kläger seine einseitige Erledigungserklärung, wenn der Beklagte sich dieser nicht anschließt, jederzeit frei widerrufen und gem. § 264 Nr. 2 ZPO zu seinem ursprünglichen Klageantrag zurückkehren kann.[8] Auch um dem Kläger diese Möglichkeit zu nehmen, kann es daher prozesstaktisch opportun sein, sich der Erledigungserklärung anzuschließen. In bestimmten Konstellationen ist dies sogar geboten. Erhebt beispielsweise der Beklagte erstmalig im Prozess berechtigterweise die Verjährungseinrede, führt dies zur Erledigung des Rechtsstreits, wenn die Klage nicht bereits aus anderen Gründen hätte abgewiesen werden müssen.[9] Schließt sich in dieser Situation der Beklagte der Erledigungserklärung des Klägers nicht an, wird folglich die Erledigung des Rechtsstreits durch Urteil festgestellt, wobei dem Beklagten gem. § 91 Abs. 1 ZPO die Kosten aufzuerlegen sind, weil er unterliegt. Nach übereinstimmender Erledigungserklärung ist im Rahmen der Kostenentscheidung nach § 91a ZPO demgegenüber zum Nachteil des Klägers zu berücksichtigen, ob bzw. dass mit der Erhebung der Verjährungseinrede zu rechnen war.[10]

493 Mitunter streiten die Parteien darüber, ob ein bestimmtes Ereignis zur Erledigung des Rechtsstreits geführt hat. Gibt beispielsweise die auf Unterlassung verklagte Partei eine bestimmte Erklärung ab, kann zweifelhaft sein, ob diese nach ihrem Inhalt ausreicht, die Erstbegehungs- oder Wiederholungsgefahr auszuräumen und damit den Unterlassungsanspruch zu beseitigen. Der Kläger, der die Erklärung des Beklagten für unzureichend hält, wird an seinem Unterlassungsantrag festhalten. Er könnte aber geneigt sein, für den Fall, dass das Gericht seiner Beurteilung nicht folgt, den Rechtsstreit hilfsweise für erledigt zu erklären, um so zu erreichen, dass im Falle der Abweisung der Unterlassungsklage zumindest deren Erledigung festgestellt und dem Beklagten die Kosten des Rechtsstreits auferlegt werden. Eine solche Entscheidung wäre indes widersprüchlich. Das Gericht kann nicht einerseits den Hauptantrag abweisen, gleichzeitig aber aufgrund einer hilfsweisen Erledigungserklärung dem Beklagten die Kosten des Rechtsstreits auferlegen. Deshalb ist die **hilfsweise Erledigungserklärung** unzuläs-

---

6 Hk-ZPO/Gierl, § 91a Rn. 42; Zöller/Althammer, § 91a Rn. 24; nach dem Rechtsgedanken des § 93 ZPO können allerdings dem Kläger die Kosten des Rechtsstreits auch bei ursprünglich zulässiger und begründeter Klage auferlegt werden, wenn der Beklagte zur Klageerhebung keine Veranlassung gegeben und danach die Klageforderung sofort erfüllt hat, vgl. Zöller/Althammer, § 91a Rn. 24 mwN.
7 BGH NJW-RR 2012, 688, Tz. 14; Zöller/Althammer, § 91a Rn. 26; eine Kostenentscheidung zum Nachteil des Beklagten kommt allerdings in Betracht, wenn er sich durch das erledigende Ereignis (etwa die Erfüllung der Klageforderung oder im Falle einer Unterlassungsklage durch Abgabe einer strafbewehrten Unterlassungserklärung, dazu Rn. 180) freiwillig in die Rolle des Unterlegenen begeben und damit dem Rechtsstandpunkt des Klägers unterworfen hat, vgl. BGH, aaO, Tz. 12; Zöller/Althammer, aaO, Rn. 25.
8 BGH NJW 2002, 442; Hk-ZPO/Gierl, § 91a Rn. 59; Zöller/Althammer, § 91a Rn. 35.
9 BGHZ 184, 128 ff.
10 Zöller/Althammer, § 91a Rn. 58.50, der auch zutreffend als „Kostenfalle für den Beklagten" bezeichnet, sich in solchen Fällen der Erledigungserklärung des Klägers nicht anzuschließen.

sig.[11] Zulässig und damit prozesstaktisch zu empfehlen ist dagegen das umgekehrte Vorgehen, nämlich die unbedingte Erledigungserklärung bei Aufrechterhaltung des ursprünglichen Klageantrages als Hilfsantrag.[12] Schließt sich dann der Beklagte der Erledigungserklärung nicht an und hält das Gericht die Klage für zulässig, begründet und nicht erledigt, wird der Beklagte auf den Hilfsantrag hin verurteilt. Dies kann – und sollte – der Beklagte bzw. sein Anwalt allerdings verhindern, indem er sich der Erledigungserklärung anschließt.

ZUSAMMENFASSUNG

Wird eine ursprünglich zulässige und begründete Klage nach Eintritt der Rechtshängigkeit unzulässig oder unbegründet, muss der Kläger zur Vermeidung einer Klageabweisung den Rechtsstreit für erledigt erklären. Schließt sich der Beklagte der Erledigungserklärung an, entscheidet das Gericht gem. § 91a ZPO durch Beschluss nur noch über die Kosten des Rechtsstreits. Schließt sich der Beklagte nicht an, muss der Kläger im Wege der Klageänderung beantragen, die Erledigung des Rechtsstreits festzustellen; darüber muss das Gericht sodann durch Urteil entscheiden.   493a

§ 18 Klagerücknahme

Zur Klagerücknahme gilt zunächst das schon vorstehend unter Rn. 478 f. Gesagte, vgl. daher dort. Die Klage kann in vollem Umfang oder – bei mehreren oder teilbaren Streitgegenständen – auch teilweise zurückgenommen werden, etwa durch quantitative Reduzierung der Klageforderung. Auch eine solche teilweise Klagerücknahme bedarf nach Beginn der mündlichen Verhandlung der Zustimmung des Beklagten.[1] Die Klagerücknahme ist bedingungsfeindlich, selbst unter eine innerprozessuale Bedingung kann sie nicht gestellt werden.[2]   494

Mit der Klagerücknahme entfällt die Rechtshängigkeit gem. § 269 Abs. 3 S. 1, 1. Hs. ZPO rückwirkend. Ein bereits ergangenes, noch nicht rechtskräftiges Urteil (etwa ein Versäumnisurteil oder ein erstinstanzliches Urteil) wird gem. § 269 Abs. 3 S. 1, 2. Hs. ZPO ipso iure wirkungslos, was das Gericht gem. § 269 Abs. 4 S. 1 ZPO durch deklaratorischen Beschluss auch auszusprechen hat, wenn der Beklagte einen entsprechenden, aus anwaltlicher Sicht zur Vermeidung von Rechtsunsicherheiten dringend zu empfehlenden Antrag stellt.   495

Der Kläger hat gem. § 269 Abs. 3 S. 2 ZPO (vorbehaltlich der dort geregelten Ausnahmen) die Kosten des Rechtsstreits im Umfang der Klagerücknahme zu tragen. Ist dieser durch die Klagerücknahme beendet, ergeht die Kostengrundentscheidung gem. § 269 Abs. 4 S. 1 ZPO auf Antrag des Beklagten durch Beschluss des Gerichts. Wurde die Klage dagegen nur teilweise zurückgenommen oder hat das Gericht noch über eine Widerklage zu entscheiden, erfolgt die Kostenentscheidung im Urteil.   496

---

11 BGHZ 106, 359, 368 ff.; BGH NJW-RR 2006, 1378, 1379 f., Tz. 20; BGH NJW-RR 2011, 618, 621, Tz. 22; Zöller/Althammer, § 91a Rn. 35; MünchKommZPO/Schulz, § 91a Rn. 81; a. A.: BGH NJW-RR 1998, 1571, 1572 f. – Brennwertkessel (obiter dictum).
12 BGH NJW 1965, 1597 f.; BGH WM 1982, 1260; MünchKommZPO/Schulz, § 91a Rn. 81; Zöller/Althammer, § 91a Rn. 35 aE.
1 BGH NJW 1990, 2682; Rosenberg/Schwab/Gottwald, § 130 Rn. 10.
2 Dazu bereits Rn. 308; vgl. ferner: Rosenberg/Schwab/Gottwald, § 130 Rn. 18; Zöller/Greger, § 269 Rn. 12; Hk-ZPO/Saenger, § 269 Rn. 25.

497 Besonderheiten gelten bei **Erledigung des Rechtsstreites vor Rechtshängigkeit**, dh vor Zustellung der Klageschrift (Rn. 11), etwa wenn der Beklagte nach Einreichung der Zahlungsklage beim Gericht, aber vor deren Zustellung zahlt. In diesem Fall können die Parteien den Rechtsstreit selbstverständlich übereinstimmend für erledigt erklären, das Gericht entscheidet dann über die Kosten nach § 91a ZPO (Rn. 490). Schließt sich der Beklagte der Erledigungserklärung des Klägers aber nicht an, kann dieser nicht auf Feststellung der Erledigung des Rechtsstreits klagen; eine solche Klage wäre abzuweisen, weil Erledigung nur vorliegt, wenn die ursprünglich zulässige und begründete Klage nach Eintritt der Rechtshängigkeit unzulässig oder unbegründet geworden ist (Rn. 490), in den hier interessierenden Fällen ist dies aber schon vor diesem Zeitpunkt geschehen. In dieser Konstellation kann der Kläger daher die Klage ausnahmsweise zurücknehmen, ohne zwingend die Kosten des Rechtsstreits tragen zu müssen, das Gericht entscheidet über diese vielmehr gem. § 269 Abs. 3 S. 3 ZPO durch Beschluss unter Berücksichtigung des bisherigen Sach- und Streitstandes nach billigem Ermessen, also nach denselben Kriterien wie gem. § 91a ZPO.[3]

498 Ein Kläger kann sich durch formfreie schuldrechtliche[4] Vereinbarung – etwa im Rahmen eines außergerichtlichen Vergleiches über den Streitgegenstand – zur Klagerücknahme verpflichten. Wird die Klage danach nicht zurückgenommen, ist sie auf entsprechende Einrede des Beklagten als unzulässig abzuweisen.[5]

499 Der Kläger kann die Klage zurücknehmen, nach Beginn der mündlichen Verhandlung allerdings nur noch mit Zustimmung des Beklagten. Rechtsfolge ist ua die Kostentragungspflicht des Klägers (§ 269 Abs. 3 S. 2 ZPO). Eine abweichende Kostenentscheidung ist bei Klagerücknahme wegen Erledigung vor Rechtshängigkeit möglich (§ 269 Abs. 3 S. 3 ZPO).

§ 19 Prozessvergleich

I. Allgemeines

500 Durch den Abschluss eines Prozessvergleiches beenden die Parteien den Rechtsstreit – vollständig oder teilweise, im letztgenannten Fall spricht man vom Teilvergleich – durch einvernehmliche Regelung.[1] Diese kann sich auf den Streitgegenstand des Verfahrens beschränken, aber auch beliebig darüber hinausgehen.[2] Nach hM hat der Prozessvergleich eine Doppelnatur; er ist sowohl privatrechtlicher Vertrag (§ 779 BGB) als auch Prozessvertrag.[3] Gem. § 794 Abs. 1 Nr. 1 ZPO kann er zwischen den Parteien oder zwischen einer Partei und einem Dritten abgeschlossen werden. Entgegen diesem missverständlichen Wortlaut muss der Vergleich, um den Rechtsstreit zu beenden, aber zwischen den Parteien des Rechtsstreits abgeschlossen werden, ein Dritter kann ledig-

---

3 Hk-ZPO/Saenger, § 269 Rn. 39; MünchKommZPO/Becker-Eberhard, § 269 Rn. 64; zur Kostenentscheidung nach § 91a ZPO vgl. vorstehend Rn. 490, 492.
4 So die Rspr. (Nachweise in der nachfolgenden Fußnote); von Teilen der Literatur wird dagegen dogmatisch ein Prozessvertrag angenommen (so etwa Rosenberg/Schwab/Gottwald, § 130 Rn. 8; MünchKommZPO/ Becker-Eberhard, § 269 Rn. 12), ohne dass hieraus abweichende Ergebnisse hergeleitet werden.
5 BGHZ 41, 3, 5; BGH NJW 1989, 39, 41; Zöller/Greger, § 269 Rn. 3; Hk-ZPO/Saenger, § 269 Rn. 9.
1 Zu den anwaltlichen Pflichten beim Vergleichsabschluss vgl. Rn. 386.
2 BGHZ 142, 84, 90 f.; Zöller/Geimer, § 794 Rn. 3; Hk-ZPO/Kindl, § 794 Rn. 4.
3 St. Rspr., vgl. nur BGH NJW-RR 2018, 1023, Tz. 11; BGHZ 164, 190, 193 f. mwN; Rosenberg/Schwab/Gottwald, § 131 Rn. 33 ff., auch zu den Rechtsfolgen und zum Meinungsstand.

lich hinzukommen.[4] Dabei kann es sich insbesondere um einen Nebenintervenienten handeln oder auch um einen am Rechtsstreit unbeteiligten Dritten, wobei letzterer bei dem Vergleichsabschluss – im Gegensatz zu den Parteien oder zu einem Nebenintervenienten – selbst im Anwaltsprozess nicht einmal anwaltlich vertreten sein muss.[5]

Der Prozessvergleich wird abgeschlossen durch Protokollierung in der mündlichen Verhandlung (§ 160 Abs. 3 Nr. 1, Abs. 5 ZPO). Alternativ kann das Gericht das Zustandekommen des Vergleiches durch Beschluss nach § 278 Abs. 6 ZPO feststellen, wenn die Parteien dem Gericht den Inhalt des Vergleiches durch übereinstimmende Schriftsätze mitteilen oder einen Vergleichsvorschlag des Gerichts schriftsätzlich annehmen. Auf diesem Weg ist also ein Vergleichsabschluss auch außerhalb einer mündlichen Verhandlung möglich, was die Prozessbeendigung beschleunigt und außerdem unnötige Anreisewege erspart. 501

Gem. § 127a BGB ersetzt der Abschluss eines gerichtlichen Vergleiches die notarielle Beurkundung, so dass in einem solchen etwa auch Verpflichtungs- und Verfügungsgeschäfte über Grundstücke oder GmbH-Geschäftsanteile formwirksam abgeschlossen werden können (§§ 311b, 925 BGB, § 15 Abs. 3, 4 GmbHG). § 127a BGB gilt unmittelbar nur, wenn der Vergleich in einer mündlichen Verhandlung geschlossen und protokolliert wird, ist nach inzwischen hM[6] aber auch beim Vergleichsabschluss nach § 278 Abs. 6 ZPO analog anzuwenden; eine Auflassung ist allerdings im letztgenannten Verfahren nicht möglich, da hierbei die gem. § 925 Abs. 1 S. 1 BGB erforderliche gleichzeitige Anwesenheit beider Parteien nicht gegeben ist.[7] Wegen der Bedingungsfeindlichkeit der Auflassung (§ 925 Abs. 1 S. 3 BGB) kann diese auch nicht im Rahmen eines Widerrufsvergleiches (Rn. 505) vereinbart werden.[8] 502

Der Prozessvergleich beendet – je nach seinem Inhalt – den Rechtsstreit und damit die Rechtshängigkeit vollständig oder teilweise. Ein bereits ergangenes, noch nicht rechtskräftiges Urteil, etwa ein Versäumnisurteil oder ein erstinstanzliches Urteil, wird vorbehaltlich abweichender Vereinbarung durch den Abschluss des Vergleiches ipso iure unwirksam; im Streitfall kann dies durch Klauselerinnerung gem. § 732 ZPO oder Gestaltungsklage analog § 767 ZPO geltend gemacht werden.[9] 503

Ist ein Prozessvergleich – etwa wegen Anfechtung nach § 123 BGB – nichtig, ist der Rechtsstreit auf Antrag einer Partei fortzusetzen. Hierbei ist zunächst die Wirksamkeit des Vergleiches zu klären, wenn diese zwischen den Parteien streitig ist. Erweist sich der Vergleich als wirksam, ist durch Endurteil festzustellen, dass der Rechtsstreit durch den Vergleich erledigt ist. Anderenfalls muss das Gericht, ggf. nach Feststellung der Unwirksamkeit des Vergleichs durch Zwischenurteil (§ 303 ZPO), zur Sache entscheiden, ggf. auf entsprechenden Antrag auch über die Rückgewähr einer aufgrund des unwirksamen Vergleichs bereits erbrachten Leistung.[10] 504

---

4 Zutreffend Rosenberg/Schwab/Gottwald, § 131 Rn. 12, 14; MünchKommZPO/Wolfsteiner, § 794 Rn. 29 mwN, auch zur Gegenmeinung.
5 BGHZ 86, 160; Zöller/Geimer, § 794 Rn. 7.
6 BGHZ 214, 45, Tz. 25 ff.; Grüneberg/Ellenberger, § 127a Rn. 2; MünchKommZPO/Wolfsteiner, § 794 Rn. 86; Hk-ZPO/Saenger, § 278 Rn. 23.1 mwN, auch zur Gegenmeinung.
7 OLG Hamm NJW-RR 2018, 915 f.; OLG Jena Rpfleger 2015, 261 f.; OLG Düsseldorf NJW-RR 2006, 1609; Zöller/Greger, § 278 Rn. 35; Zöller/Geimer, § 794 Rn. 12; MünchKommZPO/Wolfsteiner, § 794 Rn. 86; a. A.: Hk-ZPO/Saenger, § 278 Rn. 23.1 unter Berufung auf § 925 Abs. 1 S. 3 BGB.
8 BGH NJW 1988, 415, 416; Hk-ZPO/Kindl, § 794 Rn. 5.
9 BGH NJW-RR 2007, 1724, Tz. 10, 11; Rosenberg/Schwab/Gottwald, § 131 Rn. 28; Hk-ZPO/Kindl, § 794 Rn. 17; Zöller/Geimer, § 794 Rn. 13.
10 Vgl. zum Ganzen Hk-ZPO/Kindl, § 794 Rn. 20, 22; Zöller/Geimer, § 794 Rn. 15a, beide mwN.

II. Widerrufsvergleich

505 In der mündlichen Verhandlung kann ein Vergleich häufig noch nicht endgültig abgeschlossen werden, etwa weil ein Rechtsanwalt noch die Zustimmung der nicht anwesenden Partei oder ihrer Haftpflichtversicherung[11] einholen muss oder die Partei sich noch nicht entscheiden kann bzw. überlegen will, ob sie den Vergleich akzeptiert. In solchen Fällen kann ein Vergleich unter Widerrufsvorbehalt für eine Partei oder auch für beide Parteien abgeschlossen werden. Ein solcher Widerrufsvergleich steht, sofern der Widerruf nicht ausdrücklich als auflösende Bedingung vereinbart wird, unter der aufschiebenden Bedingung, dass der Vergleich nicht innerhalb der vereinbarten Frist widerrufen wird.[12] Erklärt werden kann der Widerruf, wenn die Parteien nichts abweichendes vereinbaren, sowohl gegenüber dem Gericht als auch formfrei gegenüber der anderen Partei.[13] In der Praxis wird allerdings zweckmäßigerweise vereinbart, dass der Widerruf durch Schriftsatz gegenüber dem Gericht zu erklären ist, damit dieses leichter überprüfen kann, ob ein Widerruf erfolgt ist; nur wenn dies bis zum Fristablauf nicht geschieht, darf das Gericht nämlich eine vollstreckbare Ausfertigung des Vergleichs erteilen.[14] Der Widerruf ist unwiderruflich[15] und bedingungsfeindlich, selbst innerprozessuale Bedingungen führen zur Unwirksamkeit des Widerrufs, sofern dieser nicht analog § 140 BGB in einen unbedingten Widerruf umgedeutet werden kann.[16] Bei Versäumung der Widerrufsfrist wird der Vergleich wirksam, eine Wiedereinsetzung in den vorigen Stand ist nicht möglich.[17]

506 Die Widerrufsfrist kann, da der Vergleich zwischen den Parteien abgeschlossen wird, nur durch Vereinbarung zwischen diesen, nicht aber durch das Gericht verlängert werden.[18] Die Vereinbarung bedarf keiner Mitwirkung des Gerichts, insbesondere keiner Protokollierung durch dieses, im Anwaltsprozess unterliegt sie allerdings dem Anwaltszwang.[19] Vereinbaren die Parteien dagegen nach Abschluss des Vergleiches erstmalig ein Widerrufsrecht, bedarf dies der gerichtlichen Protokollierung.[20]

III. Zwangsvollstreckung

507 Gem. § 794 Abs. 1 Nr. 1 ZPO ist der Vergleich Vollstreckungstitel, soweit er einen vollstreckungsfähigen Inhalt hat. Zu berücksichtigen sind folgende Besonderheiten:

508 Wird im Vergleich eine Unterlassungspflicht vereinbart, kann die zur Vollstreckung gem. § 890 Abs. 2 ZPO erforderliche Ordnungsmittelandrohung nicht im Vergleich, sondern nur durch gerichtlichen Beschluss erfolgen.[21] Für den Rechtsanwalt des Gläubigers des Unterlassungsanspruchs bedeutet dies, dass er nach Abschluss des Verglei-

---

11 Steht hinter der Partei eine Haftpflichtversicherung, darf ein Vergleich nicht ohne deren Zustimmung geschlossen werden; ein Verstoß hiergegen würde eine Obliegenheitsverletzung darstellen und uU den Versicherungsschutz ausschließen.
12 BGHZ 46, 277, 279; BGHZ 88, 364; BGH NJW-RR 2018, 1023, Tz. 13; Zöller/Geimer, § 794 Rn. 10; Rosenberg/Schwab/Gottwald, § 131 Rn. 48 f.
13 BGHZ 164, 190, 194 f.; Zöller/Geimer, § 794 Rn. 10a, 10b; Rosenberg/Schwab/Gottwald, § 131 Rn. 50.
14 Hk-ZPO/Kindl, § 794 Rn. 12.
15 Zöller/Geimer, § 794 Rn. 10e.
16 OLG Hamm, Urteil vom 22.11.2012, I-21 U 45/12, juris-Tz. 49 ff.
17 BGHZ 61, 394, 395 f.; Hk-ZPO/Kindl, § 794 Rn. 15.
18 BGHZ 61, 394, 398; Zöller/Geimer, § 794 Rn. 10c; Rosenberg/Schwab/Gottwald, § 131 Rn. 48.
19 BGH NJW-RR 2018, 1023, Tz. 17; Zöller/Geimer, § 794 Rn. 10c.
20 BGH NJW-RR 2018, 1023, Tz. 18.
21 BGH GRUR 2012, 957, Tz. 8; BGH GRUR 2014, 909, Tz. 8; Zöller/Geimer, § 794 Rn. 14; Hk-ZPO/Kindl § 794 Rn. 18.

ches einen entsprechenden Antrag stellen muss, da der Beschluss nach § 890 Abs. 2 ZPO nicht von Amts wegen ergeht. Inhaltlich erfordert die Ordnungsmittelandrohung kein besonderes Rechtsschutzbedürfnis, insbesondere muss eine Verletzung des Vergleiches durch den Unterlassungsschuldner nicht erfolgt oder auch nur zu besorgen sein.[22]

Enthält der Vergleich eine Verpflichtung zur Abgabe einer Willenserklärung, kann die Vollstreckung, da ein Vergleich keiner Rechtskraft fähig ist, nicht durch Fiktion nach § 894 ZPO erfolgen, sondern nur durch Zwangsmittelfestsetzung nach § 888 ZPO;[23] deshalb empfiehlt sich, nach Möglichkeit die Abgabe der Willenserklärung selbst in den Vergleich aufzunehmen und nicht nur eine dahin gehende Verpflichtung.

509

IV. Zusammenfassung

Die Parteien können den Rechtsstreit jederzeit durch Vergleich beenden. Geschieht dies unter Widerrufsvorbehalt, steht der Vergleich unter der aufschiebenden Bedingung, dass er nicht widerrufen wird. Der Prozessvergleich ist Vollstreckungstitel.

510

---

22 BGH GRUR 2014, 909, Tz. 18 f.
23 Zöller/Geimer, § 794 Rn. 14; Zöller/Seibel, § 894 Rn. 4; Rosenberg/Schwab/Gottwald, § 131 Rn. 29. Allerdings kann der Gläubiger seine Forderung aus dem Vergleich auch durch erneute Klage auf Abgabe der geschuldeten Willenserklärung durchsetzen; die Möglichkeit der Zwangsvollstreckung aus dem Vergleich nach § 888 ZPO ist weder einfacher noch sicherer als eine solche Klage und lässt daher das Rechtsschutzbedürfnis für diese unberührt, BGHZ 98, 127, 128 f.

Teil VI
Berufung

§ 20 Zulässigkeit der Berufung

I. Statthaftigkeit und Beschwer

511 Gem. § 511 Abs. 1 ZPO ist die Berufung statthaft gegen erstinstanzliche Endurteile. Darunter fallen auch Teilurteile (§ 301 ZPO). Auch Vorbehaltsurteile und Grundurteile sind kraft Gesetzes (§§ 302 Abs. 3, 304 Abs. 2 S. 1 ZPO) in Betreff der Rechtsmittel als Endurteil anzusehen und damit berufungsfähig.

512 Wie jedes Rechtsmittel, ist auch die Berufung nur zulässig, wenn der Rechtsmittelführer, dh der Berufungskläger[1] durch das erstinstanzliche Urteil beschwert wird.[2] Eine **formelle Beschwer** liegt vor, wenn die angefochtene Entscheidung hinter dem von der Partei erbetenen Rechtsschutz zurückbleibt; dagegen ist eine **materielle Beschwer** gegeben, wenn die Entscheidung ihrem Inhalt nach für die Partei unabhängig von ihrem prozessualen Verhalten in der ersten Instanz nachteilig ist, dh ihre Rechtsposition beeinträchtigt oder ihren Pflichtenkreis erweitert.[3] Nach hM erfordert die Berufung des Klägers dessen formelle Beschwer, die Berufung des Beklagten dagegen dessen materielle Beschwer.[4] Der Kläger kann folglich Berufung einlegen, wenn die Verurteilung keinen vollstreckungsfähigen Inhalt hat, wenn seinem Klageantrag nicht in vollem Umfang stattgegeben wurde[5] oder wenn nur seinem Hilfsanspruch stattgegeben, der Hauptanspruch dagegen abgewiesen wurde.[6] Der Beklagte ist insbesondere beschwert, wenn er verurteilt wurde, aber auch, wenn die Klage aufgrund einer Hilfsaufrechnung abgewiesen wurde.[7]

513 Gem. § 511 Abs. 2 ZPO ist die Berufung nur zulässig, wenn die Beschwer des Berufungsklägers 600 EUR übersteigt oder die Berufung vom Eingangsgericht zugelassen wurde.

514 Der Rechtsmittelführer muss nicht nur beschwert sein, sondern mit der Berufung die Beschwer auch angreifen, dh deren Beseitigung begehren.[8] Dazu muss das erstinstanzliche Begehren zumindest teilweise weiterverfolgt werden. Es darf nicht ausschließlich

---

1 Zur Terminologie: Die Partei, die Berufung einlegt, heißt Berufungskläger, die gegnerische Partei Berufungsbeklagte. Legt der Beklagte Berufung ein, ist er folglich Berufungskläger, der Kläger dagegen Berufungsbeklagter. Legen beide Parteien Berufung ein (wechselseitige Berufung), sind sie beide sowohl Berufungskläger (in Bezug auf die eigene Berufung) als auch Berufungsbeklagte (in Bezug auf die gegnerische Berufung). In den Schriftsätzen werden die Parteien üblicherweise der Einfachheit halber weiterhin nur als „Kläger" und „Beklagter" wie in der ersten Instanz bezeichnet.
2 Vgl. nur BGH NJW-RR 2017, 1040, Tz. 5 mwN.
3 Vgl. nur MünchKommZPO/Rimmelspacher, vor § 511 Rn. 15 f.
4 BGH JZ 1953, 276; BGH NJW-RR 2015, 1203, Tz. 8; BGH NJW-RR 2017, 1040, Tz. 6; BGH WuM 2017, 220, 221, Tz. 7; Musielak/Voit/Ball, vor § 511 Rn. 20; Hk-ZPO/Koch, vor §§ 511 – 577 Rn. 18; *a. A.*: MünchKommZPO/Rimmelspacher, vor § 511 Rn. 18 f.; Rosenberg/Schwab/Gottwald, § 136 Rn. 8, 21 f.; Musielak/Voit, Rn. 903; wonach auch für den Beklagten die formelle Beschwer maßgeblich sein soll. Praktische Auswirkungen hat der Streit für die Berufung gegen ein Anerkenntnisurteil: Nach der hM ist diese zulässig (BGH NJW 1992, 1513, 1514; BGH NJW 2013, 2437, Tz. 11), nach der Gegenmeinung ist dies nicht der Fall.
5 Zöller/Heßler, vor § 511 Rn. 13 mwN.
6 BGHZ 26, 295; MünchKommZPO/Rimmelspacher, vor § 511 Rn. 49.
7 BGH JZ 1978, 33, 34; MünchKommZPO/Rimmelspacher, vor § 511 Rn. 33.
8 BGH NJW-RR 2015, 1203, Tz. 8; BGH NJW-RR 2017, 1040, Tz. 5; Musielak/Voit/Ball, vor § 511 Rn. 26.

ein neuer Anspruch im prozessualen Sinne (zum Begriff Rn. 258 f.) geltend gemacht werden.[9] Eine Klageänderung oder -erweiterung ist daher mit der Berufung nur möglich, wenn zum einen die in § 533 ZPO geregelten Voraussetzungen für deren Zulässigkeit erfüllt sind (Rn. 581), darüber hinaus zumindest ein Teil des erstinstanzlichen Klagebegehrens mit einem Hauptantrag weiterverfolgt sowie bis zum Ende des Rechtsstreites aufrechterhalten wird[10] und schließlich die Berufung insofern auch entsprechend den Anforderungen des § 520 ZPO (Rn. 516 ff.) begründet wird. Neue Ansprüche oder Anträge können also nur kumulativ oder hilfsweise neben diesem weiterverfolgten, erstinstanzlichen Klagebegehren geltend gemacht bzw. gestellt werden. Nicht zielführend ist demgegenüber, mit der Berufung das erstinstanzliche Begehren nur hilfsweise weiterzuverfolgen, mit dem Hauptantrag dagegen einen anderen Anspruch geltend zu machen, denn dann ist letzterer unzulässig und die Berufung nur mit dem Hilfsantrag zulässig.[11]

II. Berufungseinlegung

Gem. § 519 Abs. 1 ZPO muss die Berufung von einem postulationsfähigen Rechtsanwalt durch elektronisches Dokument nach Maßgabe der §§ 130a, 130d ZPO (Rn. 10) beim Berufungsgericht eingelegt werden. Inhaltlich muss die Berufungsschrift die in § 519 Abs. 2 ZPO aufgeführten Angaben enthalten. Die Berufungseinlegung ist bedingungsfeindlich, dh die unter einer auflösenden oder aufschiebenden – auch innerprozessualen – Bedingung eingelegte Berufung ist unzulässig.[12] Gem. § 517 ZPO beträgt die Berufungsfrist einen Monat; sie ist eine Notfrist und beginnt mit Zustellung des vollständigen Urteils, spätestens aber fünf Monate nach dessen Verkündung. Als Notfrist ist sie nicht verlängerbar, bei ihrer Versäumung ist nur Wiedereinsetzung in den vorigen Stand möglich, wenn die Voraussetzungen der §§ 233 ff. ZPO erfüllt sind.

515

III. Berufungsbegründung

Die Berufung ist nur zulässig, wenn sie fristgerecht und ordnungsgemäß begründet wird, insbesondere den inhaltlichen Anforderungen des § 520 Abs. 3 ZPO genügt.

516

1. Form und Frist

Die Berufung wird durch Schriftsatz an das Berufungsgericht begründet. Diese Berufungsbegründung muss wiederum von einem postulationsfähigen Rechtsanwalt durch elektronisches Dokument nach Maßgabe der §§ 130a, 130d ZPO eingereicht werden.

517

Die Berufungsbegründungsfrist endet gem. § 520 Abs. 2 ZPO einen Monat nach der Frist für die Berufungseinlegung, ist jedoch im Gegensatz zu letzterer keine Notfrist und kann damit verlängert werden, ohne Zustimmung des Gegners gem. § 520 Abs. 2 S. 2 und 3 ZPO jedoch nur um höchstens einen Monat. Die Fristverlängerung er-

518

---

[9] Vgl. statt aller: BGH NJW 2008, 3570, Tz. 4; BGH NJW 2001, 226, juris-Tz. 7; BGH NJW 1999, 1407, juris-Tz. 11; BGHZ 85, 140, 142; Zöller/Heßler, vor § 511 Rn. 10; MünchKommZPO/ Rimmelspacher, vor § 511 Rn. 78, 80; Musielak/Voit/Ball, vor § 511 Rn. 26.
[10] Wird das erstinstanzliche Klagebegehren nur in der Berufungsbegründung weiterverfolgt, danach aber vollständig fallen gelassen, wird die Berufung unzulässig, BGH NJW-RR 2002, 1435, 1436; BGH NJW-RR 2006, 442, 443; a. A.: Musielak/Voit/Ball, vor § 511 Rn. 26.
[11] BGH NJW 2001, 226, 227, juris-Tz. 13 – 16; Zöller/Heßler, vor § 511 Rn. 10a; MünchKommZPO/ Rimmelspacher, vor § 511 Rn. 79; Musielak/Voit/Ball, vor § 511 Rn. 26.
[12] Dazu bereits Rn. 308; vgl. ferner: BGHZ 4, 54; BGH NJW 1999, 2823; Zöller/Heßler, § 519 Rn. 1.

fordert außerdem einen Antrag des Berufungsführers, der innerhalb der Berufungsbegründungsfrist gestellt werden muss, da eine abgelaufene Frist nicht mehr verlängert werden kann.[13] Bei Versäumung der Berufungsbegründungsfrist ist die Berufung gem. § 522 Abs. 1 S. 2 ZPO als unzulässig zu verwerfen, was nach S. 3 derselben Bestimmung durch Beschluss geschehen kann. In Betracht kommt jedoch Wiedereinsetzung in den vorigen Stand nach Maßgabe von §§ 233 ff. ZPO.

2. Berufungsanträge

519 Gem. § 520 Abs. 3 Nr. 1 ZPO muss die Berufungsbegründung zunächst die Erklärung enthalten, inwieweit das Urteil angefochten wird und welche Abänderungen desselben beantragt werden. Zweckmäßigerweise (und in der Praxis regelmäßig) werden diese Berufungsanträge ausformuliert, zwingend erforderlich ist dies aber nicht, solange das Rechtsschutzbegehren des Berufungsführers der Berufungsbegründung nur eindeutig entnommen werden kann.[14] Wichtig ist, dass mit der Berufung die – ggf. nur teilweise – „Abänderung" der erstinstanzlichen Entscheidung beantragt wird. Eine „Aufhebung" kann nur in den Fällen des § 538 Abs. 2 ZPO beantragt werden, wenn das Berufungsgericht also in der Sache nicht selbst entscheiden, sondern das Verfahren an das erstinstanzliche Gericht zurückverweisen soll. Neben einem solchen Aufhebungsantrag nach § 538 Abs. 2 ZPO muss der Berufungsführer allerdings zumindest hilfsweise auch sein erstinstanzliches Begehren weiterverfolgen, ansonsten ist die Berufung unzulässig; im Zweifel ist ein Aufhebungsantrag allerdings entsprechend auszulegen.[15]

520 Mit dem Berufungsantrag kann die Berufung auf einen Teil des erstinstanzlichen Streitgegenstandes beschränkt werden, etwa auf einen von mehreren Ansprüche im prozessualen Sinne oder auf einen Teilbetrag der Klageforderung.[16] Da allerdings auch eine solche Teilanfechtung die Rechtskraft der erstinstanzlichen Entscheidung insgesamt hemmt, ist eine nachträgliche Erweiterung der Anträge bis zum Schluss der mündlichen Verhandlung zulässig, sofern die Gründe hierfür innerhalb der Berufungsbegründungsfrist vorgetragen wurden, der Berufungskläger also zur Begründung seiner Antragserweiterung keine neuen Berufungsgründe vortragen muss.[17]

521 Die Berufungsbegründung muss mindestens einen unbedingten Berufungsantrag enthalten.[18] Daneben sind Hilfsanträge, ebenso wie in der ersten Instanz, unproblematisch zulässig. Prozesstaktisch kann dies zur Reduzierung des Kostenrisikos genutzt werden. So kann etwa ein beschränkter Berufungsantrag gestellt und unter der auf-

---

13 Vgl. nur Zöller/Heßler, § 520 Rn. 14.
14 BGH NJW-RR 2015, 188, Tz. 10; BGH NJW-RR 2020, 1188, Tz. 17; Zöller/Heßler, § 520 Rn. 30, 32; MünchKommZPO/ Rimmelspacher, § 520 Rn. 28.
15 BGH NJW-RR 1995, 1154; BGH NJW 1994, 2835; BGH WM 1990, 2128, 2129; Hk-ZPO/Wöstmann, § 520 Rn. 17.
16 Zöller/Heßler, § 520 Rn. 31; Hk-ZPO/Wöstmann, § 520 Rn. 18. Zu beachten ist allerdings, dass in einem solchen Fall der Berufungsbeklagte gem. § 537 ZPO beantragen kann und sollte, dass das Berufungsgericht nach Ablauf der Berufungsbegründungsfrist die erstinstanzliche Entscheidung, soweit sie mit den Berufungsanträgen nicht angefochten wurde, durch Beschluss für vorläufig vollstreckbar erklärt; in diesem Umfang entfällt dann die grundsätzliche Notwendigkeit, für eine Zwangsvollstreckung aus der noch nicht rechtskräftigen erstinstanzlichen Entscheidung Sicherheit zu leisten (§ 709 ZPO, zu Ausnahmen vgl. § 708 ZPO).
17 BGH NJW-RR 2020, 1132, Tz. 15 aE; BGH NJW-RR 2012, 662, Tz. 7 f.; BGH NJW 2001, 146; BGH NJW 2000, 590; BGH NJW 1994, 2896; Hk-ZPO/Wöstmann, § 520 Rn. 19; Zöller/Heßler, § 520 Rn. 32; MünchKommZPO/ Rimmelspacher, § 520 Rn. 36.
18 BGHZ 165, 318, 320 f.; MünchKommZPO/Rimmelspacher, § 520 Rn. 30.

schiebenden innerprozessualen Bedingung erweitert werden, dass diesem stattgegeben wird oder Prozesskostenhilfe für eine weitergehende Berufung bewilligt wird.

Erkennt der Rechtsanwalt nach Einlegung, aber vor Begründung der Berufung, dass diese aussichtslos ist, sollte er stets erwägen, das Rechtsmittel nicht einfach zurückzunehmen, sondern es in einem deutlich eingeschränkten Umfang zu begründen und erst dann zurückzunehmen. Denn der Gegenstandswert für die Berufungsinstanz richtet sich gem. § 47 Abs. 1 S. 1 GKG nach den Berufungsanträgen, auch wenn das Rechtsmittel zunächst unbeschränkt eingelegt und erst in der Berufungsbegründung beschränkt wurde.[19] Fehlt es dagegen an einem beschränkten Antrag oder wird die Berufung ohne einen solchen zurückgenommen, ist gem. § 47 Abs. 1 S. 2 GKG die gesamte Beschwer des Rechtsmittelführers maßgeblich.[20] Die Berufung in möglichst weit reduziertem Umfang zu begründen, minimiert damit den Gegenstandswert des Berufungsverfahrens und erspart dem Mandanten Gerichtskosten und Gebühren des gegnerischen Prozessbevollmächtigten. Den Gegenstandswert für die Verfahrensgebühr des Prozessbevollmächtigten des Rechtsmittelführers, dem ein umfassendes Mandat zur Einlegung der Berufung und zur Überprüfung ihrer Erfolgsaussichten erteilt wurde, bildet dagegen ungeachtet der späteren Beschränkung des Rechtsmittels die Beschwer seines Mandanten durch das angefochtene Urteil.[21]

3. Berufungsgründe

Über den Antrag hinaus ist zur Zulässigkeit der Berufung die Geltendmachung mindestens eines Berufungsgrundes iSv § 520 Abs. 3 S. 2 Nr. 2 – 4 ZPO erforderlich.

a) Geltendmachung von Rechtsverletzungen

Regelmäßig wird die erstinstanzliche Entscheidung von der Berufung als rechtsfehlerhaft angegriffen (§ 513 Abs. 1, 1. Alt. ZPO). Dann muss die Berufungsbegründung gem. § 520 Abs. 3 S. 2 Nr. 2 ZPO die Bezeichnung der Umstände enthalten, aus denen sich nach Ansicht des Rechtsmittelführers die Rechtsverletzung und deren Erheblichkeit für die angefochtene Entscheidung ergibt. Hierzu muss in der Berufungsbegründung zunächst – zugeschnitten auf den Streitfall und aus sich heraus verständlich – dargelegt werden, in welchen Punkten und aus welchen Gründen das angefochtene Urteil als rechtsfehlerhaft angesehen wird; ob diese Ausführungen in sich schlüssig oder rechtlich haltbar sind, ist demgegenüber keine Frage der Zulässigkeit, sondern der Begründetheit der Berufung.[22] Die schlichte Verweisung auf das erstinstanzliche Vorbringen genügt nicht, dessen Wiederholung soll dagegen schon ausreichen.[23] Die Entscheidungserheblichkeit der gerügten Rechtsverletzungen bedarf keiner gesonderten Darlegung, wenn sie sich unmittelbar aus dem angefochtenen Urteil in Verbindung mit den Ausführungen der Berufungsbegründung ergibt.[24]

---

[19] BGH ZIP 2013, 2173; BGH NJW-RR 2018, 700, Tz. 23.
[20] BGH NJW-RR 2018, 700, Tz. 23.
[21] BGH NJW-RR 2018, 700, Tz. 29 für Nichtzulassungsbeschwerde.
[22] St. Rspr., vgl. nur BGH NJW 2015, 1458, 1459, Tz. 8; BGH NJW 2016, 2890, Tz. 10; BGH NJW-RR 2016, 1267, Tz. 5; BGH NJW-RR 2016, 1269, Tz. 7; BGH GRUR 2018, 971, Tz. 5; BGH NJW-RR 2020, 503, Tz. 5; BGH NJW 2020, 2119, Tz. 11; BGH NJW-RR 2021, 935, Tz. 9.
[23] BGH GRUR 2018, 971, Tz. 5, 10; BGH, Beschluss vom 15.5.2018, II ZB 10/17, Tz. 11.
[24] BGH NJW 2015, 1458, 1459, Tz. 13 mwN.

525 Wird als Rechtsfehler eine Verletzung des Anspruchs auf rechtliches Gehör (Art. 103 Abs. 1 GG) geltend gemacht, muss zur Begründung der Entscheidungserheblichkeit in der Berufungsbegründung auch vorgetragen werden, was bei Vermeidung dieses Verfahrensfehlers – etwa bei Erteilung des gem. § 139 ZPO gebotenen, aber unterbliebenen gerichtlichen Hinweises oder im Falle der in §§ 279 Abs. 3, 285 ZPO vorgesehenen, tatsächlich aber nicht erfolgten Verhandlung zum Ergebnis der Beweisaufnahme, Rn. 400 ff. – vorgetragen worden wäre und dass nicht ausgeschlossen ist, dass dieser Vortrag zu einer anderen Entscheidung geführt hätte.[25]

b) Beanstandung der erstinstanzlichen Tatsachenfeststellungen

526 Soll mit der Berufung die Richtigkeit der erstinstanzlichen Tatsachenfeststellungen angegriffen werden, müssen gem. § 520 Abs. 2 S. 2 Nr. 3 ZPO in der Berufungsbegründung konkrete Anhaltspunkte bezeichnet werden, die Zweifel an der Richtigkeit oder Vollständigkeit dieser Feststellungen begründen und deshalb eine erneute Tatsachenfeststellung durch das Berufungsgericht gebieten. Nur wenn solche Zweifel bestehen, entfällt nämlich gem. § 529 Abs. 1 Nr. 1 ZPO die grundsätzliche Bindung des Berufungsgerichts an die erstinstanzlichen Tatsachenfeststellungen (Rn. 536 ff.). § 520 Abs. 3 S. 2 Nr. 3 ZPO verlangt eine vertiefte inhaltliche Auseinandersetzung mit den Tatsachenfeststellungen im angefochtenen Urteil und deren Begründung.[26] Soll etwa geltend gemacht werden, dass das Eingangsgericht einen unzutreffenden Sachverhalt festgestellt hat, weil ein Vortrag oder Beweisantritt übergangen wurde, muss angegeben werden, um welchen Vortrag genau es sich dabei handelt bzw. welches Beweismittel zu welchem Beweisthema hätte erhoben werden müssen.[27] Dagegen muss nicht mitgeteilt werden, auf welcher Seite in welchem erstinstanzlichen Schriftsatz genau sich der übergangene Vortrag oder Beweisantritt findet.[28] Letzteres anzugeben, ist aber durchaus zu empfehlen.

527 Auch im Rahmen von § 520 Abs. 3 S. 2 Nr. 3 ZPO gilt, dass die Zweifel an der Richtigkeit oder Vollständigkeit der erstinstanzlichen Feststellungen in der Berufungsbegründung nur hinreichend präzise, auf den zur Entscheidung stehenden Streitfall zugeschnitten und in Auseinandersetzung mit der erstinstanzlichen Entscheidung vorgetragen werden müssen. Die Schlüssigkeit oder auch nur Vertretbarkeit der entsprechenden Ausführungen ist keine Frage der Zulässigkeit der Berufung, sondern ihrer Begründetheit.[29]

c) Neue Angriffs- und Verteidigungsmittel

528 Gem. § 520 Abs. 3 S. 2 Nr. 4 ZPO können auch neue Angriffs- und Verteidigungsmittel mit der Berufung geltend gemacht werden. Wird das Rechtsmittel ausschließlich hierauf gestützt, bedarf es zwar keiner Auseinandersetzung mit den Gründen der erstinstanzlichen Entscheidung mehr, die Berufung ist aber nur zulässig, wenn auch die Voraussetzungen für die Zulassung der neuen Angriffs- und Verteidigungsmittel

---

25 St. Rspr., vgl. nur BGH NJW 2016, 2890, Tz. 11; BGH NJW-RR 2015, 511, Tz. 12; Zöller/Heßler, § 520 Rn. 37.
26 BGH NJW-RR 2021, 935, Tz. 9; Hk-ZPO/Wöstmann, § 520 Rn. 26; MünchKommZPO/Rimmelspacher, § 520 Rn. 42, 51, 59.
27 MünchKommZPO/Rimmelspacher, § 520 Rn. 59; Hk-ZPO/Wöstmann, § 520 Rn. 26; Zöller/Heßler, § 520 Rn. 44.
28 BGHZ 158, 269, 277 f.
29 Vgl. nur BGH NJW-RR 2015, 511, Tz. 7; BGH NJW-RR 2020, 503, Tz. 5; BGH NJW 2020, 2119, Tz. 11; Zöller/Heßler, § 520 Rn. 37.

(531 Abs. 2 ZPO, Rn. 547 ff.) in der Berufungsbegründung dargelegt werden. Dies gilt auch, wenn der neue Vortrag unstreitig bleibt und daher nicht gem. § 531 Abs. 2 ZPO präkludiert ist.[30]

d) Gegenstand der Berufungsrügen

Die Berufungsbegründung muss nicht nur die Berufungsrügen iSv § 520 Abs. 3 S. 2 Nr. 2 – 4 ZPO enthalten, sondern zudem geeignet sein, das Urteil im Umfang seiner Anfechtung in Frage zu stellen. Bei mehreren Streitgegenständen oder einem teilbaren Streitgegenstand muss sie sich grds. auf alle Teile des Urteils erstrecken, hinsichtlich derer eine Abänderung beantragt ist; anderenfalls ist das Rechtsmittel für den Teil unzulässig, bzgl. dessen keine Begründung erfolgt ist.[31] Liegt dem Urteil dagegen ein einheitlicher Streitgegenstand zugrunde, muss der Berufungskläger nicht zu allen für ihn nachteilig beurteilten Streitpunkten in der Berufungsbegründung Stellung nehmen, wenn schon der allein vorgebrachte – unterstellt erfolgreiche – Berufungsangriff geeignet ist, das Urteil im Umfang der Anfechtung zu Fall zu bringen.[32] Hat das Eingangsgericht demgegenüber seine Entscheidung auf mehrere voneinander unabhängige, selbstständig tragende rechtliche Erwägungen gestützt, muss in der Berufungsbegründung jede dieser Erwägungen mit entsprechender Begründung angegriffen werden; anderenfalls ist das Rechtsmittel insgesamt unzulässig.[33] Jedoch genügt, wenn ein nur auf einen der selbstständig tragenden Gründe gestützter Berufungsangriff aus Rechtsgründen auch die anderen entscheidungstragenden Erwägungen im angefochtenen Urteil zu Fall bringt.[34]

529

e) Bedeutung der Berufungsrügen

§ 520 Abs. 3 S. 2 Nr. 2 – 4 ZPO regeln ausschließlich die Zulässigkeit der Berufung. Diese erfordert, dass mindestens einer der dort aufgeführten Berufungsgründe geltend gemacht und ordnungsgemäß begründet wird. Dies bedeutet aber keineswegs, dass das Berufungsgericht seine weitere Prüfung der Begründetheit der Berufung auf die geltend gemachten Berufungsgründe beschränken dürfte. Liegt eine zulässige Berufung vor, hat das Berufungsgericht vielmehr auch unabhängig von der Erhebung diesbezüglicher Berufungsrügen umfassend zu überprüfen, ob die erstinstanzliche Entscheidung Rechtsfehler enthält oder Zweifel an der Richtigkeit und Vollständigkeit der Tatsachenfeststellungen bestehen.[35] Außerdem gelangt durch die zulässige Berufung der gesamte aus den Akten ersichtliche Prozessstoff ohne Weiteres in die Berufungsinstanz, so dass das Berufungsgericht diesen auch berücksichtigen muss, wenn der Berufungskläger seinen erstinstanzlichen Vortrag oder zugehörige Beweisantritte nicht wiederholt oder nicht einmal erklärt, daran festhalten zu wollen.[36]

530

---

30 BGH NJW-RR 2015, 465, Tz. 6, 8 ff.; BGH NJW-RR 2021, 935, Tz. 21; BGH NJW-RR 2021, 1646, Tz. 6 f.; zur Unanwendbarkeit des § 531 Abs. 2 ZPO auf unstreitiges Vorbringen vgl. Rn. 569.
31 BGH NJW 2015, 3040, Tz. 11; BGH VersR 2017, 822, 823, Tz. 14; Zöller/Heßler § 520 Rn. 38.
32 BGH NJW 2015, 3040, Tz. 12; BGH VersR 2017, 822, 823, Tz. 15; BGH NJW-RR 2020, 1132, Tz. 16 f.; Zöller/Heßler, § 520 Rn. 38.
33 BGH NJW 2017, 1093, 1094, Tz. 17; BGH NJW 2015, 3040, Tz. 12; BGH NJW-RR 2015, 511, Tz. 8; BGH NJW-RR 2016, 1269, Tz. 7 aE; BGH VersR 2017, 822, 823 f., Tz. 15; BGH, Beschluss vom 15.5.2018, II ZB 10/17, Tz. 11; BGH NJW-RR 2020, 503, Tz. 6; BGH NJW 2020, 2119, Tz. 12; BGH NJW-RR 2020, 1132, Tz. 16; Zöller/Heßler, § 520 Rn. 39.
34 BGH NJW 2017, 1093, 1094, Tz. 17.
35 Hk-ZPO/Wöstmann, § 520 Rn. 28 und nachfolgend Rn. 535, 539.
36 BGH NJW 2022, 935, Tz. 28 f.; BGH NJW-RR 2020, 60, Tz. 8.

IV. Zusammenfassung

531   1. Die Berufung ist nur zulässig, wenn der Berufungsführer durch die erstinstanzliche Entscheidung beschwert ist und diese Beschwer mit der Berufung angreift.
2. Die Berufung muss innerhalb einer Notfrist von einem Monat ab Zustellung des erstinstanzlichen Urteils beim Berufungsgericht eingelegt werden und innerhalb einer – verlängerbaren – Frist von einem weiteren Monat begründet werden. Die Berufungsbegründung muss den inhaltlichen Anforderungen des § 520 Abs. 3 ZPO genügen. Die Berufungsrügen (§ 520 Abs. 3 S. 2 Nr. 2 – 4 ZPO) müssen geeignet sein, das erstinstanzliche Urteil im Umfang seiner Anfechtung in Frage zu stellen, schränken, wenn dies der Fall und die Berufung damit zulässig ist, die Prüfung der angefochtenen Entscheidung durch das Berufungsgericht aber nicht ein.

§ 21 Begründetheit der Berufung, Umfang der Überprüfung durch das Berufungsgericht

532   Die Berufung ist begründet, wenn und soweit das Berufungsgericht aufgrund der von ihm durchgeführten Überprüfung des erstinstanzlichen Urteils zu einer für den Berufungskläger günstigeren Entscheidung als das Eingangsgericht gelangt.[1] Hierbei unterliegt das mit der Berufung angegriffene Urteil in rechtlicher Hinsicht einer uneingeschränkten Überprüfung durch das Berufungsgericht, während die tatsächlichen Feststellungen des Eingangsgerichts gem. § 529 Abs. 1 ZPO für das Berufungsgericht grds. bindend sind nur eingeschränkt überprüft werden. Im Einzelnen gelten für den Umfang der Prüfung durch das Berufungsgericht folgende Regeln:

I. Beschränkung durch die Berufungsanträge

533   Zunächst ist zu beachten, dass das Berufungsgericht die erstinstanzliche Entscheidung gem. § 528 ZPO nur in den Grenzen der Berufungsanträge überprüft, wobei die in der Berufungsverhandlung gestellten Anträge maßgeblich sind,[2] die von denjenigen der Berufungsbegründung abweichen können (Rn. 520). § 528 ZPO begründet zugunsten des Berufungsführers ein Verbot der reformatio in peius, solange der Gegner nicht seinerseits Berufung oder Anschlussberufung einlegt.[3]

II. Rechtsverletzungen

534   Gem. § 513 Abs. 1, 1 Hs. ZPO kann die Berufung darauf gestützt werden, dass das erstinstanzliche Urteil auf einer Rechtsverletzung iSv § 546 ZPO beruht. Eine solche liegt nach der letztgenannten Norm vor, wenn eine Rechtsnorm nicht oder nicht richtig angewandt worden ist. Dabei kann es sich sowohl um eine Bestimmung des materiellen Rechts als auch um eine Verfahrensvorschrift handeln. In Bezug auf letztere wird die Überprüfungskompetenz des Berufungsgerichts allerdings durch § 529 Abs. 2 S. 1 ZPO eingeschränkt. Danach werden Verfahrensfehler, die nicht von Amts wegen zu berücksichtigen sind, nur geprüft, wenn sie in der Berufungsbegründung geltend gemacht wurden. Darunter fallen Verletzungen solcher Verfahrensvorschriften,

---

1 Vgl. Rosenberg/Schwab/Gottwald, § 136 Rn. 49; Hk-ZPO/Koch, vor § 511 Rn. 14.
2 Zöller/Heßler, § 528 Rn. 2.
3 Rosenberg/Schwab/Gottwald, § 140 Rn. 6.

auf deren Einhaltung die Parteien verzichten können, weil sie nur dem Schutz von Parteiinteressen dienen, nicht aber das öffentliche Interesse an einem funktionsfähigen und effektiven Rechtsschutz sichern.[4]

Im Übrigen ist das Berufungsgericht gem. 529 Abs. 2 S. 2 ZPO an die geltend gemachten Berufungsgründe nicht gebunden. Dies bedeutet, dass das Berufungsgericht in dem durch die gestellten Berufungsanträge eröffneten Rahmen die richtige Anwendung des materiellen Rechts durch das Eingangsgericht und das Fehlen von Amts wegen zu berücksichtigender Verfahrensfehler von sich aus und nach allen Richtungen umfassend zu überprüfen hat.[5] Stellt sich hierbei eine Rechtsverletzung heraus und ist diese entscheidungsrelevant, dh ist bei deren Vermeidung abweichend vom erstinstanzlichen Urteil zu entscheiden, ist letzteres abzuändern, auch wenn der betreffende Rechtsfehler vom Berufungsführer nicht einmal erkannt und dementsprechend nicht geltend gemacht wurde.

III. Tatsächliche Grundlagen

Im Gegensatz zur Rechtsanwendung (dazu vorstehend) sind die Tatsachenfeststellungen des Eingangsgerichts durch das Berufungsgericht nur eingeschränkt überprüfbar. Gem. § 529 Abs. 1 Nr. 1 ZPO hat das Berufungsgericht seiner Entscheidung die vom Eingangsgericht festgestellten Tatsachen zugrunde zu legen, soweit nicht konkrete Anhaltspunkte Zweifel an deren Richtigkeit oder Vollständigkeit begründen und deshalb eine erneute Feststellung gebieten (Rn. 537 ff.). Neue Tatsachen sind gem. § 529 Abs. 1 Nr. 2 ZPO nur ausnahmsweise in den Fällen des § 531 Abs. 2 ZPO zu berücksichtigen und ansonsten präkludiert (**Novenverbot**, Rn. 547 ff.).

1. Zweifel an der Richtigkeit und Vollständigkeit der erstinstanzlichen Feststellungen
a) Verfahrensfehler

Zweifel an der Richtigkeit und Vollständigkeit der erstinstanzlichen Feststellungen, die die Bindung des Berufungsgerichts an diese gem. § 529 Abs. 1 Nr. 1 ZPO entfallen lassen, können sich zunächst aus Verfahrensfehlern ergeben, die dem Eingangsgericht bei der Feststellung des Sachverhalts unterlaufen sind.[6] Ein solcher liegt beispielsweise vor, wenn die Beweiswürdigung im erstinstanzlichen Urteil rechtsfehlerhaft ist, insbesondere wenn sie unvollständig oder in sich widersprüchlich ist oder wenn sie gegen Erfahrungssätze oder Denkgesetze verstößt; letzteres wiederum liegt ua vor, wenn Umständen Indizwirkung zuerkannt wurden, die sie nicht haben können, oder wenn die Ambivalenz von Indiztatsachen nicht erkannt wurde.[7]

Ein Verfahrensfehler, der Zweifel iSv § 529 Abs. 1 Nr. 1 ZPO begründet, liegt außerdem vor, wenn das Eingangsgericht einen entscheidungserheblichen Vortrag oder Beweisantritt übergangen und damit gegen Art. 103 Abs. 1 GG und § 286 ZPO verstoßen hat.[8] Dass der Vortrag einer Partei übergangen wurde, kann sich namentlich auch daraus ergeben, dass das Gericht hierauf in den Entscheidungsgründen nicht eingeht,

---

4 MünchKommZPO/Rimmelspacher, § 529 Rn. 28; Zöller/Heßler, § 529 Rn. 18.
5 BGH GRUR 2013, 275, Tz. 39; Hk-ZPO/Wöstmann, § 529 Rn. 12.
6 BGHZ 158, 269, 272; BGH NJW 2015, 1458, 1459, Tz. 9; BGH NJW-RR 2017, 219, Tz. 10; da Verfahrensfehler auch Rechtsfehler sind, überschneiden sich insofern die Berufungsgründe aus § 520 Abs. 2 Nr. 2 und 3 ZPO, vgl. Musielak/Voit/Ball, § 520 Rn. 34.
7 Vgl. zum Ganzen BGHZ 158, 269, 273; BGH NJW-RR 2017, 219, Tz. 10.
8 Vgl. nur BGHZ 158, 269, 277 f. und vorstehend Rn. 208 mwN.

obwohl dieser für das Verfahren von zentraler Bedeutung und nicht offensichtlich unsubstantiiert ist.[9] Auch wenn eine Partei nicht vollständig vortragen und geeigneten Beweis antreten konnte, weil gerichtliche Hinweise unter Missachtung von § 139 ZPO vom Eingangsgericht nicht ordnungsgemäß erteilt wurden oder dieses entgegen §§ 279 Abs. 3, 285 Abs. 1 ZPO nicht die Möglichkeit gegeben hat, zum Ergebnis der Beweisaufnahme zu verhandeln, liegt hierin ein Verfahrensfehler, der Zweifel iSv § 529 Abs. 1 Nr. 1 ZPO begründet.[10]

539 Verfahrensfehler bei der Tatsachenfeststellung sind nicht nur auf Rüge nach § 529 Abs. 2 S. 1 ZPO beachtlich, da nach der Systematik des § 529 ZPO die Voraussetzungen für die Überprüfung der erstinstanzlichen Tatsachenfeststellungen in Abs. 1 Nr. 1 dieser Norm geregelt sind und es hierbei auch verbleibt, wenn die Zweifel iS dieser Norm auf einem Verfahrensfehler beruhen.[11] Das Berufungsgericht hat damit von Amts wegen den gesamten Prozessstoff der ersten Instanz unter Einbeziehung des Ergebnisses einer Beweisaufnahme auf Zweifel an der Richtigkeit und Vollständigkeit der Tatsachenfeststellung zu überprüfen.[12]

b) Zweifel trotz verfahrensfehlerfreier Feststellungen

540 Die Bindung des Berufungsgerichts an die erstinstanzlichen Tatsachenfeststellungen nach § 529 Abs. 1 Nr. 1 ZPO entfällt nicht nur, wenn diese verfahrensfehlerhaft erfolgt sind.[13] Da es sich bei der Berufungsinstanz um eine zweite, wenn auch eingeschränkte Tatsacheninstanz handelt, deren Aufgabe in der Gewinnung einer fehlerfreien und überzeugenden und damit richtigen Entscheidung des Einzelfalls besteht, ist die Prüfungskompetenz des Berufungsgerichts – im Gegensatz zur revisionsrechtlichen Prüfung – nicht auf eine reine Rechtskontrolle beschränkt. Deshalb können sich „Zweifel an der Richtigkeit oder Vollständigkeit" iSv § 529 Abs. 1 Nr. 1 ZPO auch bei verfahrensfehlerfrei getroffenen Tatsachenfeststellungen aus der Möglichkeit unterschiedlicher Wertung ergeben, insbesondere daraus, dass das Berufungsgericht das Ergebnis der erstinstanzlichen Beweisaufnahme anders würdigt als das Eingangsgericht.[14] Besteht aus der für das Berufungsgericht gebotenen Sicht eine gewisse – nicht notwendig überwiegende – Wahrscheinlichkeit dafür, dass im Falle der Beweiserhebung die erstinstanzliche Feststellung keinen Bestand haben wird, ist es zu einer erneuten Tatsachenfeststellung verpflichtet.[15] Daraus folgt, dass auch Einwendungen gegen die erstinstanzliche Überzeugungsbildung vom Berufungsgericht nicht mit der Begründung als unbeachtlich angesehen werden dürfen, die Partei setze in unzulässiger Weise ihre abweichende Bewertung an die Stelle derjenigen des Eingangsgerichts oder des erstinstanzlich tätigen Sachverständigen.[16]

---

9 BGH NJW 2016, 3785, 3786, Tz. 5 mwN; gleichzeitig betont der BGH, dass das Gericht nicht verpflichtet ist, jedes Vorbringen in den Entscheidungsgründen ausdrücklich zu bescheiden.
10 MünchKommZPO/Rimmelspacher, § 520 Rn. 53 ff.; Stein/Jonas/Althammer, § 529 Rn. 19 aE. Vgl. zu den Pflichten des Gerichts aus § 279 Abs. 3 ZPO bereits Rn. 400 ff. und zu den Hinweispflichten aus § 139 ZPO vorstehend Rn. 404, 430 ff.
11 BGHZ 158, 269, 278 ff.; BGHZ 162, 313, 318; BGH VersR 2022, 267, Tz. 10; Hk-ZPO/Wöstmann, § 529 Rn. 11; Musielak/Voit, Rn. 941.
12 BGHZ 162, 313, 318; BGH NJW 2021, 3330, Tz. 39; BGH VersR 2022, 267, Tz. 9 f.
13 So aber MünchKommZPO/Rimmelspacher, § 520 Rn. 52.
14 BVerfG NJW 2003, 2524; BGHZ 162, 313, 317; BGH NJW 2016, 3015, Tz. 26; BGH NJW-RR 2017, 75, Tz. 23 f.
15 BGHZ 158, 269, 274; BGH NJW 2014, 2797, Tz. 10; BGH NJW-RR 2017, 75, Tz. 24; BGH NJW-RR 2017, 219, Tz. 11; Zöller/Heßler, § 529 Rn. 8.
16 So ausdrücklich BGH NJW 2016, 713, Tz. 7.

Bei der – häufig streitentscheidenden – Feststellung des genauen Vertragsinhaltes ist außerdem zu berücksichtigen, dass nur die Feststellung des tatsächlichen Erklärungstatbestandes der beiderseitigen Willenserklärungen sowie der weiteren tatsächlichen Umstände, die für das Verständnis der Vereinbarung von Bedeutung sind, als Tatsachenfeststellungen der Bindungswirkung nach § 529 Abs. 1 Nr. 1 ZPO zugänglich sind; der Vorgang des juristischen Verstehens einer Vereinbarung durch richterliche Vertragsauslegung ist dagegen keine empirische Tatsachenfeststellung, sondern Anwendung des materiellen Rechts und damit durch das Berufungsgericht uneingeschränkt zu überprüfen.[17]

541

c) Beweisaufnahme durch das Berufungsgericht

Sind Zweifel an der Richtigkeit oder Vollständigkeit der erstinstanzlichen Feststellungen begründet und deshalb erneute Feststellungen geboten, hat das Berufungsgericht die entsprechende Beweisaufnahme erstmalig durchzuführen oder die vom Eingangsgericht durchgeführte Beweisaufnahme zu ergänzen oder auch zu wiederholen.[18] Ob das Berufungsgericht zu letzterem verpflichtet ist oder die Ergebnisse der erstinstanzlichen Beweisaufnahme verwerten darf, ist nicht selten entscheidend für den Erfolg der Berufung. Insofern ist wie folgt zu differenzieren:

542

aa) Erneute Vernehmung von Zeugen durch das Berufungsgericht

Ob ein in der Eingangsinstanz bereits vernommener Zeuge in der Berufungsinstanz nochmals vernommen wird, steht gem. §§ 525, 398 Abs. 1 ZPO im pflichtgemäßen Ermessen des Berufungsgerichts.[19] Das Berufungsgericht ist jedoch zur nochmaligen Vernehmung des Zeugen verpflichtet, wenn es die Glaubwürdigkeit des Zeugen abweichend vom Eingangsgericht beurteilen will.[20] Dasselbe gilt, wenn das Berufungsgericht die protokollierte Zeugenaussage anders verstehen oder würdigen will als die Vorinstanz; eine erneute Vernehmung darf in diesem Fall allenfalls dann unterbleiben, wenn sich das Berufungsgericht auf solche Umstände stützt, die weder die Urteilsfähigkeit noch das Erinnerungsvermögen oder die Wahrheitsliebe des Zeugen (d. h. seine Glaubwürdigkeit) noch die Vollständigkeit oder Widerspruchsfreiheit (d. h. die Glaubhaftigkeit) seiner Aussage betreffen.[21] Zu einer erneuten Vernehmung des Zeugen ist das Berufungsgericht schließlich auch verpflichtet, wenn es der Aussage ein anderes Gewicht, eine andere Tragweite oder eine vom Wortsinn abweichende Auslegung geben will oder wenn es die protokollierten Angaben für zu vage und präzisierungsbedürftig hält.[22] Dagegen bedarf es keiner erneuten Vernehmung des Zeugen, wenn das Berufungsgericht nicht dessen Glaubwürdigkeit oder die Glaubhaftigkeit seiner

543

---

[17] BGH NJW 2016, 3015, Tz. 23 f.
[18] BGH NJW-RR 2020, 1519, Tz. 6; Hk-ZPO/Wöstmann, § 529 Rn. 7 f.
[19] BGHZ 158, 269, 275.
[20] BGHZ 158, 269, 275; BGH NJW 2014, 550, Tz. 22; BGH NJW 2015, 74, Tz. 23; eine Ausnahme gilt, wenn der Zeuge verstorben ist oder aus sonstigen Gründen nicht mehr vernommen werden kann, BGH VersR 2016, 378, 379, Tz. 29.
[21] BGH NJW-RR 2015, 1200, Tz. 11 f.; BGH NZG 2013, 1436, Tz. 10; BGH, Beschluss vom 19.2.2013, II ZR 119/11, Tz. 6; BGH, Beschluss vom 23.7.2013, II ZR 28/12, Tz. 4; BGH, Beschluss vom 15.4.2014, II ZR 61/13, Tz. 5; BGH, Beschluss vom 8.10.2019, II ZR 170/18, Tz. 5; BGH NJW 2020, 776, Tz. 17; BGH NJW-RR 2020, 1519, Tz. 6.
[22] BGH NJW 2015, 74, Tz. 23; Hk-ZPO/Wöstmann, § 529 Rn. 8; MünchKommZPO/Rimmelspacher, § 538 Rn. 14.

Aussage, sondern die objektive Bedeutung einer von ihm bekundeten Tatsache (etwa einer Willenserklärung) abweichend vom Eingangsgericht beurteilt.[23]

544 Die vorstehend dargestellten Grundsätze geltend entsprechend auch für die Frage, ob das Berufungsgericht zur Wiederholung einer Parteivernehmung oder -anhörung verpflichtet ist.[24]

bb) Erneute Begutachtung durch den Sachverständigen

545 Beziehen sich die Zweifel an der Vollständigkeit oder Richtigkeit der erstinstanzlichen Feststellungen auf das vom Eingangsgericht eingeholte Sachverständigengutachten, insbesondere weil dieses in sich widersprüchlich oder lückenhaft ist, hat das Berufungsgericht eine erneute oder weitergehende – schriftliche oder mündliche – Begutachtung durch den Sachverständigen einzuholen.[25] Auch darf das Berufungsgericht ohne erneute Anhörung des Sachverständigen aus dessen schriftlichen oder protokollierten Ausführungen keine anderen Schlüsse ziehen als das Eingangsgericht.[26]

546 Dem Berufungskläger ist häufig daran gelegen, dass das Berufungsgericht nicht denselben Sachverständigen befragt, der bereits erstinstanzlich tätig war und im Zweifel seine dortige Beurteilung aufrechterhalten wird, sondern für die Berufungsinstanz einen anderen Sachverständigen bestellt. Diese Entscheidung steht allerdings gem. §§ 525, 412 Abs. 1 ZPO im pflichtgemäßen Ermessen des Berufungsgerichts.[27] Eine Verpflichtung, einen anderen Sachverständigen zu bestellen, trifft das Berufungsgericht nur unter denselben strengen Voraussetzungen wie das Eingangsgericht (Rn. 239 f.). Bestellt das Berufungsgericht einen anderen Sachverständigen, ist diese Entscheidung nicht revisibel und auch ohne vorherige Befragung des erstinstanzlich tätigen Sachverständigen zulässig.[28]

2. Novenverbot und Ausnahmen

547 Neue Angriffs- und Verteidigungsmittel, insbesondere neue Tatsachenbehauptungen und Beweismittel, sind gem. §§ 529 Abs. 1 Nr. 2, 531 Abs. 2 ZPO vom Berufungsgericht nur ausnahmsweise zu berücksichtigen, wenn nämlich die Voraussetzungen mindestens eines der in § 531 Abs. 2 Nr. 1 bis 3 ZPO normierten Ausnahmetatbestände erfüllt sind. Grds. gilt in der Berufungsinstanz also das **Novenverbot**.

a) Neuheit des Angriffs- und Verteidigungsmittels und Beweiskraft des erstinstanzlichen Tatbestandes

548 Neu iSd § 531 Abs. 2 ZPO sind Angriffs- und Verteidigungsmittel, die bis zum Schluss der mündlichen Verhandlung in der ersten Instanz oder im Rahmen eines vom Eingangsgericht gewährten Schriftsatznachlasses (Rn. 403 ff.) nicht vorgebracht oder wieder fallen gelassen worden sind.[29] § 531 Abs. 2 ZPO erfasst damit auch Vorbringen,

---

23 BGH NJW 1998, 384 f.; MünchKommZPO/Rimmelspacher, § 538 Rn. 8; Hk-ZPO/Wöstmann, § 529 Rn. 16.
24 BGH NZG 2013, 1436, Tz. 10; für Parteivernehmung; BGH NJW 2015, 74, Tz. 24 für Anhörung der Partei im Arzthaftungsprozess; allgemein: Hk-ZPO/Wöstmann, § 529 Rn. 8; MünchKommZPO/Rimmelspacher, § 538 Rn. 14.
25 Vgl. nur: BGHZ 159, 254, 260; Hk-ZPO/Wöstmann, § 529 Rn. 8.
26 BGH NJW-RR 2011, 633, Tz. 22; BGH NJW-RR 2020, 1259, Tz. 6; Hk-ZPO/Wöstmann, § 529 Rn. 8, alle mwN.
27 Vgl. nur BGH NJW 2011, 852, Tz. 29.
28 BGH NJW 2011, 852, Tz. 30 f.
29 BGH NJW 2018, 1686, Tz. 19; BGH NJW 2017, 2288, 2289, Tz. 19; BGH NJW-RR 2015, 465, Tz. 7.

dass erst nach dem Schluss der erstinstanzlichen mündlichen Verhandlung in einem nicht nachgelassenen Schriftsatz erfolgt und deshalb vom Eingangsgericht nicht berücksichtigt worden ist (vgl. § 296a ZPO und Rn. 403); § 531 Abs. 1 ZPO erfasst diese Fälle nicht, sondern gilt nur bei Zurückweisung nach § 296 ZPO.[30] Neu iSv § 531 Abs. 2 ZPO ist auch ein Vorbringen in der Berufungsinstanz, das einen sehr allgemein gehaltenen Vortrag der ersten Instanz konkretisiert und erstmals substantiiert.[31] Kein neuer Vortrag liegt dagegen vor, wenn ein schon in der ersten Instanz schlüssiges Vorbringen durch weitere Tatsachenbehauptungen konkretisiert, verdeutlicht oder erläutert wird.[32]

Für das berufungsrechtliche Novenverbot nach §§ 529 Abs. 1 Nr. 2, 531 Abs. 2 ZPO hat die **Beweiskraft des Tatbestands** der angefochtenen Entscheidung gem. § 314 ZPO erhebliche Bedeutung: Nach der letztgenannten Norm liefert der Tatbestand – dazu gehört auch die Wiedergabe von Parteivortrag in den Entscheidungsgründen – des Urteils Beweis für das mündliche[33] Parteivorbringen, der nur durch das Sitzungsprotokoll widerlegt werden kann (Rn. 482). Deshalb erfolgt die Prüfung, ob ein Angriffs- oder Verteidigungsmittel neu iSv § 531 Abs. 2 ZPO ist, auf der Grundlage des Tatbestandes und des Sitzungsprotokolls.[34] Weicht also der Vortrag einer Partei in der Berufungsinstanz von dessen Wiedergabe im erstinstanzlichen Urteil ab und wird diese Darstellung nicht durch das Sitzungsprotokoll widerlegt, ist dieser Vortrag neu iSv § 531 Abs. 2 ZPO. Allerdings begründet § 314 ZPO keine negative Beweiskraft, dh die Nichterwähnung schriftsätzlichen Vortrages im Tatbestand bedeutet nicht, dass dieser nicht erfolgt und damit in der Berufungsinstanz präkludiert ist.[35]

549

Leider kommt es in der Praxis immer wieder vor, dass der Tatbestand eines Urteils den Sach- und Streitstand unrichtig wiedergibt, beispielsweise streitiger Sachvortrag als unstreitiger Sachverhalt dargestellt wird. In solchen Fällen gilt folgendes:

550

aa) Keine Beweiskraft bei widersprüchlichem oder unklarem Tatbestand

Zunächst entfällt die Beweiskraft des Tatbestandes der erstinstanzlichen Entscheidung, soweit dieser widersprüchlich oder unklar ist.[36] Ein solcher Widerspruch kann sich auch aus Unterschieden zwischen den tatbestandlichen Feststellungen und einem konkret in Bezug genommenen schriftsätzlichen Vorbringen einer Partei oder aktenkundigen Schriftstück ergeben.[37] Bei einem Widerspruch zwischen ausdrücklichen Feststellungen im Tatbestand des Urteils und nur pauschal in Bezug genommenem schriftsätz-

551

---

30 BGH NJW 2018, 1686, Tz. 14, 15, 17, 19; BGH, Beschluss vom 18.10.2022, II ZR 117/21, Tz. 5 f.; vgl. zu § 531 Abs. 1 ZPO außerdem Rn. 410.
31 BGH NJW 2015, 1458, 1459, Tz. 16.
32 BGH NJW 2015, 1458, 1459, Tz. 16; BGH NJW-RR 2015, 465, Tz. 7; BGH, Beschluss vom 17.12.2013, II ZR 186/12, Tz. 5, alle mwN.
33 Deshalb ist § 314 ZPO bei Entscheidungen im schriftlichen Verfahren oder nach Lage der Akten nur auf Parteivortrag anzuwenden, der Gegenstand einer früheren mündlichen Verhandlung war, vgl. Zöller/Feskorn, § 314 Rn. 2.
34 Zöller/Heßler, § 531 Rn. 21; Hk-ZPO/Saenger, § 314 Rn. 6; vgl. auch BGH NJW 2021, 1957, Tz. 21, wonach im ersten Rechtszug getroffene tatbestandliche Feststellungen gem. § 529 Abs. 1 Nr. 1 ZPO für das Berufungsgericht bindend sind, wenn keine Tatbestandsberichtigung gem. § 320 ZPO beantragt wurde.
35 BGHZ 158, 269, 280 ff.; BGHZ 158, 295, 309 f.; Hk-ZPO/Saenger, § 314 Rn. 2; Zöller/Feskorn, § 314 Rn. 5.
36 BGH NJW 2011, 1513, 1514, Tz. 12; BGH ZIP 2018, 1173, Tz. 14; Zöller/Feskorn, § 314 Rn. 6 mwN.
37 BGH NJW 2011, 1513, 1514, Tz. 12; BGH NJW-RR 2014, 830, Tz. 4 ff.; Zöller/Feskorn, § 314 Rn. 6.

lichem Vortrag geht demgegenüber der Tatbestand vor, so dass vorher eingereichte Schriftsätze durch den Tatbestand überholt sind.[38]

bb) Keine Bindungswirkung nach Tatbestandsberichtigungsantrag

552 Ist der Tatbestand der erstinstanzlichen Entscheidung weder widersprüchlich noch unklar, kann dessen Unrichtigkeit nach der st. Rspr. des BGH[39] nur im Tatbestandsberichtigungsverfahren nach § 320 ZPO geltend gemacht werden, wozu der Rechtsanwalt der betroffenen Partei innerhalb von zwei Wochen nach Zustellung des Urteils beim Eingangsgericht einen entsprechenden Antrag stellen muss (Rn. 482 f.). Unterbleibt dies, muss das Berufungsgericht, soweit die Beweiskraft nach § 314 ZPO reicht, davon ausgehen, dass der Tatbestand des angefochtenen Urteils den erstinstanzlichen Vortrag der Parteien zutreffend wiedergibt, davon abweichender Vortrag in der Berufungsinstanz folglich neu und damit nur unter den engen Voraussetzungen des § 531 Abs. 2 ZPO zuzulassen ist.[40] Für den Rechtsanwalt ergibt sich hieraus ein häufig übersehenes Haftungsrisiko: Versäumt er, den gebotenen Tatbestandsberichtigungsantrag zu stellen, wird der Vortrag seiner Partei, der schon in erster Instanz erfolgt ist, vom Eingangsgericht im Tatbestand seines Urteils aber unzutreffend wiedergegeben worden ist, allein hierdurch in der Berufungsinstanz als „neu" behandelt und damit präkludiert, wenn kein Ausnahmetatbestand nach § 531 Abs. 2 ZPO greift.

553 Wird der Tatbestandsberichtigungsantrag dagegen gestellt und diesem vom Eingangsgericht stattgegeben, ist der damit berichtigte Tatbestand selbstverständlich auch für das Berufungsgericht maßgeblich. Kann eine Entscheidung über diesen Antrag aus prozessualen Gründen nicht mehr ergehen, insbesondere weil der Richter, der das Urteil erlassen hat und deshalb gem. § 320 Abs. 3 S. 2 ZPO allein zu entscheiden hat, inzwischen versetzt oder pensioniert wurde, entfällt aus verfassungsrechtlichen Gründen (Art. 103 Abs. 1 GG) die Beweiskraft nach § 314 ZPO.[41]

554 Problematisch ist die Rechtslage, wenn das Eingangsgericht über den Tatbestandsberichtigungsantrag entscheidet, diesen aber zu Unrecht zurückweist, seine unrichtige Darstellung des Vortrages also aufrechterhält. In solchen Fällen kann sich ein Widerspruch, der die Beweiskraft nach § 314 ZPO und die daraus resultierende Präklusion gem. § 531 Abs. 2 ZPO nach dem in Rn. 551 Gesagten beseitigt, auch aus der Begründung der Zurückweisung des Tatbestandsberichtigungsantrags ergeben.[42] Dies hat der BGH für das Revisionsverfahren namentlich angenommen, wenn die Darstellung eines Sachverhaltes im Berufungsurteil als unstreitig in dem Beschluss nach § 320 ZPO damit verteidigt wird, das Bestreiten sei unsubstantiiert oder beziehe sich nach einer (unzutreffenden) Schlussfolgerung des Berufungssenates nicht auf diesen Sachverhalt.[43] Denn hierdurch wird das Bestreiten bestätigt, dessen Einstufung als unsubstantiiert oder dessen Auslegung sind rechtliche bzw. tatrichterliche Würdigung, die als solche

---

38 BGHZ 140, 335, 339; BGH NJW-RR 2007, 1434, Tz. 11; Zöller/Feskorn, § 314 Rn. 5; Schultzky MDR 2016, 968, 969.
39 BGH NJW 2011, 1513, 1514, Tz. 12; BGH NJW 2011, 2292, Tz. 19; BGH NJW-RR 2014, 830, 831, Tz. 4; BGH NJW 2021, 1957, Tz. 21; Musielak/Voit/Ball, § 529 Rn. 6.
40 BGH NJW 2001, 448, juris-Tz. 21; OLG Karlsruhe NJW-RR 2003, 778, juris-Tz. 26; Musielak/Voit/Ball, § 529 Rn. 6; Schultzky MDR 2016, 968, 970.
41 BVerfG NJW 2005, 657, 658 f.; Zöller/Feskorn, § 314 Rn. 7, § 320 Rn. 14.
42 BGH NJW 2011, 1513, 1514, Tz. 12; BGH NJW-RR 2014, 830, 831, Tz. 4.
43 BGH NJW 2011, 1513, 1514, Tz. 13 f.; BGH NJW-RR 2014, 830, 831, Tz. 5 f.; dazu Schultzky MDR 2016, 968, 970 f.

gekennzeichnet werden müssen und nicht rechtfertigen, den Sachverhalt im Tatbestand als unstreitig darzustellen. Entsprechendes gilt, wenn das Eingangsgericht einen Tatbestandsberichtigungsantrag mit einer solchen Begründung zurückweist, dann auch für das Berufungsverfahren.

Teilweise wird vertreten, dass die Beweiskraft des Tatbestandes der erstinstanzlichen Entscheidung nach § 314 ZPO im Berufungsverfahren nur unter den im vorstehenden Absatz dargestellten, vom BGH zum Revisionsrecht anerkannten Voraussetzungen entfalle.[44] Diese Auffassung würde im Ergebnis dazu führen, dass das Eingangsgericht durch unzutreffende Wiedergabe des Parteivortrages in seinem Urteil und deren widerspruchsfreie Aufrechterhaltung im Beschluss nach § 320 ZPO einen unzutreffenden, zum Urteil aber passenden Tatbestand generieren könnte und dieser der Überprüfung durch das Berufungsgericht entzogen wäre. Dies ist mit dem Wesen des Berufungsverfahrens als zweiter Tatsacheninstanz ersichtlich unvereinbar. Abweichend vom Revisionsrecht[45] bestimmt deshalb § 529 Abs. 1 Nr. 1 ZPO, dass das Berufungsgericht an die vom Eingangsgericht festgestellten Tatsachen schon dann nicht mehr gebunden ist, wenn Zweifel an der Richtigkeit und Vollständigkeit dieser Feststellungen bestehen. Diese sind aber selbstverständlich auch und gerade bei einer Unrichtigkeit des Tatbestandes der angefochtenen Entscheidung begründet, so dass diese – allerdings erst nach erfolglosem Tatbestandsberichtigungsantrag – mit der Berufungsrüge nach § 520 Abs. 3 S. 2 Nr. 3 ZPO geltend gemacht werden können.[46] Im Ergebnis wird damit durch den Tatbestandsberichtigungsantrag – aber auch nur durch diesen und in dessen Umfang – die Bindungswirkung des Berufungsgerichts an den erstinstanzlichen Tatbestand beseitigt. Gerade deshalb ist es aber für den Rechtsanwalt von besonderer Bedeutung, diesen Antrag nach § 320 ZPO fristgerecht zu stellen.

b) Zulässigkeit neuer Angriffs- und Verteidigungsmittel

Neue Angriffs- und Verteidigungsmittel sind gem. § 531 Abs. 2 ZPO nur ausnahmsweise zuzulassen, wenn nämlich die Voraussetzungen eines der in S. 1 Nr. 1 bis 3 dieser Norm aufgeführten Tatbestände erfüllt sind. Dies gilt – anders als im Rahmen von § 296 ZPO – auch, wenn eine Berücksichtigung nicht zu einer Verzögerung des Rechtsstreits führen würde.[47]

aa) § 531 Abs. 2 S. 1 Nr. 1 ZPO

Gem. § 531 Abs. 2 S. 1 Nr. 1 ZPO sind neue Angriffs- und Verteidigungsmittel zunächst zu berücksichtigen, wenn sie einen Gesichtspunkt betreffen, der vom erstinstanzlichen Gericht erkennbar übersehen oder für unerheblich gehalten worden ist. Dies ist der Fall, wenn das Eingangsgericht die Rechtslage verkannt hat; dann kann in der Berufungsinstanz zu den Fragen, die nach dem erstinstanzlichen Urteil nicht

---

44 Schultzky MDR 2016, 968, 970 f.
45 Vgl. §§ 551 Abs. 3 Nr. 2, 559 ZPO, wonach die revisionsgerichtliche Überprüfung des Berufungsurteils auf Rechts- und Verfahrensfehler beschränkt ist.
46 Zutreffend: OLG Saarbrücken, Beschluss vom 4.9.2009, 4 W 220/09, juris-Tz. 16 = BeckRS 2009, 28889; Zöller/Feskorn, § 320 Rn. 5, 17; MünchKommZPO/Musielak, § 320 Rn. 1; in diesem Sinne wohl auch BGH NJW 2021, 1957, Tz. 21 und BGH NJW-RR 2012, 622, Tz. 18, worin für die Bindungswirkung der erstinstanzlichen tatbestandlichen Feststellungen nach § 529 Abs. 1 Nr. 1 ZPO darauf abgestellt wird, ob ein Tatbestandsberichtigungsantrag gestellt wurde, nicht aber, wie über diesen entschieden wurde.
47 Zöller/Heßler, § 531 Rn. 2; MünchKommZPO/Rimmelspacher, § 531 Rn. 1, 18; Rosenberg/Schwab/Gottwald § 139 Rn. 51.

streitentscheidend waren, dies nach der Rechtsauffassung des Berufungsgerichts aber sind, neu vorgetragen werden.[48]

558 Diesem Recht der Parteien korrespondiert eine entsprechende Hinweispflicht des Berufungsgerichts nach § 139 ZPO: Beurteilt dieses die Rechtslage abweichend vom Eingangsgericht und hält deshalb ergänzenden Vortrag oder Beweisantritt für erforderlich, hat es hierauf zur Wahrung des Anspruches auf rechtliches Gehör (Art. 103 Abs. 1 GG) und zur Vermeidung einer Überraschungsentscheidung hinzuweisen,[49] und zwar so rechtzeitig, dass die Parteien noch vor der Berufungsverhandlung durch Ergänzung ihres Vorbringens oder entsprechende Beweisantritte reagieren können.[50] Wird der Hinweis erst in der mündlichen Verhandlung erteilt, muss die Möglichkeit zur Stellungnahme ggf. durch Schriftsatznachlass gewährt werden. Selbst wenn ein solcher nicht beantragt wird, hat das Berufungsgericht in diesen Fällen auch einen nicht nachgelassenen Schriftsatz, der entscheidungserheblichen Vortrag oder erforderliche Beweisantritte enthält, zu berücksichtigen und die mündliche Verhandlung wieder zu eröffnen; das neue Vorbringen ist gem. § 531 Abs. 2 S. 1 Nr. 1 ZPO zuzulassen.[51]

559 Nach seinem Wortlaut könnte man § 531 Abs. 2 S. 1 Nr. 1 ZPO dahin gehend (miss)verstehen, dass neues Vorbringen des Berufungsbeklagten nach dieser Norm stets zuzulassen ist, weil er erstinstanzlich obsiegt hat, weitergehendes Vorbringen hierzu also nach der erstinstanzlichen Entscheidung nicht entscheidungserheblich gewesen sein kann, also unerheblich gewesen wäre. Weist beispielsweise das Landgericht die Anwaltshaftungsklage mit der Begründung ab, es könne dahingestellt bleiben, ob der beklagte Rechtsanwalt seine Pflichten verletzt habe, weil dem klagenden Mandanten hierdurch jedenfalls kein Schaden entstanden sei, lässt der Wortlaut des § 531 Abs. 2 S. 1 Nr. 1 ZPO die Auslegung zu, der Beklagte dürfe in zweiter Instanz zur Frage der Pflichtverletzung noch ergänzend vortragen, weil diese vom Landgericht für unerheblich gehalten worden sei. Dieses Verständnis wäre allerdings mit dem Zweck des § 531 Abs. 2 S. 1 Nr. 1 und 2 ZPO nicht zu vereinbaren, nach denen nur solches neues Vorbringen vom Novenverbot ausgenommen werden soll, das wegen eines Rechtsfehlers des Eingangsgerichts erstinstanzlich nicht erfolgen konnte und deshalb in die Berufungsinstanz verlagert wird. Deshalb ist § 531 Abs. 2 S. 1 Nr. 1 ZPO im Wege der teleologischen Reduktion um ein ungeschriebenes Tatbestandsmerkmal zu ergänzen: Diese Norm greift nur, wenn die objektiv fehlerhafte Rechtsansicht des Eingangsgerichts den erstinstanzlichen Vortrag der Partei beeinflusst hat und daher zumindest mitursächlich dafür geworden ist, dass das neue Vorbringen erstmalig in der Berufungsinstanz erfolgt. Diese Voraussetzung ist bereits gegeben, wenn das erstinstanzliche Gericht durch seine Prozessleitung oder seine erkennbare rechtliche Beurteilung die Partei davon abgehalten hat, zu bestimmten Gesichtspunkten (weiter) vorzutragen. Dies kann auf unterschiedliche Weise geschehen, etwa durch die Erteilung von Hinweisen oder sonstige Offenlegung der rechtlichen Beurteilung des Gerichts, die die Partei von weiterem Vorbringen in erster Instanz abhält, aber auch durch das

---

48 BGHZ 159, 254, 261 f.; Rosenberg/Schwab/Gottwald, § 139 Rn. 53; Zöller/Heßler, § 531 Rn. 27.
49 BVerfG NJW 2015, 1746, Tz. 17; BGH NJW-RR 2017, 672, 673, Tz. 8; BGH NJW 2015, 3453, Tz. 7; BGH VersR 2018, 1001, 1003, Tz. 15.
50 BGH, Beschluss vom 23.7.2013, II ZR 28/12, Tz. 8; BGH, Beschluss vom 26.6.2008, V ZR 225/07, Tz. 5 f.; BGH FamRZ 2005, 700, juris-Tz. 12.
51 BGH, aaO (vorangegangene Fußnote).

Unterlassen von Hinweisen, die das Eingangsgericht hätte erteilen müssen, wenn es die später vom Berufungsgericht für zutreffend erachtete Rechtsauffassung geteilt hätte.[52]

bb) § 531 Abs. 2 S. 1 Nr. 2 ZPO

Gem. § 531 Abs. 2 S. 1 Nr. 2 ZPO sind neue Angriffs- und Verteidigungsmittel zuzulassen, wenn sie infolge eines Verfahrensmangels im ersten Rechtszug nicht geltend gemacht wurden. Typischer Verfahrensmangel iS dieser Norm ist die Verletzung der Hinweispflicht nach § 139 ZPO. Angriffs- und Verteidigungsmittel, auf deren Fehlen oder Unzulänglichkeit das Eingangsgericht nach dieser Norm hätte hinweisen müssen (Rn. 431 ff.), können also auch in der Berufungsinstanz noch geltend gemacht werden.[53] Die Hinweispflicht des Eingangsgerichts hat damit für die Berufungsinstanz besondere Bedeutung: Ihre Verletzung begründet Zweifel an der Richtigkeit oder Vollständigkeit der erstinstanzlichen Feststellungen iSv § 529 Abs. 1 Nr. 1 ZPO (Rn. 538) und ermöglicht darüber hinaus gem. § 531 Abs. 2 S. 1 Nr. 2 ZPO neuen Vortrag zu der Frage, zu der der Hinweis hätte erteilt werden müssen. Ob eine Hinweispflicht des erstinstanzlichen Gerichts bestand, ist unter Zugrundelegung seiner Rechtsauffassung zu beurteilen; ist diese fehlerhaft, greift bereits § 531 Abs. 2 S. 1 Nr. 1 ZPO.[54]

Besondere Bedeutung für das Berufungsverfahren hat in diesem Zusammenhang auch § 139 Abs. 4 ZPO. Dessen S. 1 bestimmt, dass Hinweise nicht nur so früh wie möglich zu erteilen, sondern auch aktenkundig zu machen sind. Nach S. 2 derselben Bestimmung kann die Erteilung der gebotenen Hinweise nur durch den Inhalt der Gerichtsakte bewiesen werden, dh bei unterbliebener Dokumentation hat das Berufungsgericht davon auszugehen, dass das Eingangsgericht keinen Hinweis erteilt hat.[55] Anderweitiger Beweis (etwa durch Vernehmung des erstinstanzlich tätigen Richters als Zeuge im Berufungsverfahren) darf nicht erhoben werden, zulässig ist gem. § 139 Abs. 4 S. 3 ZPO lediglich der Nachweis der Fälschung der Gerichtsakte.[56] Die danach erforderliche Dokumentation kann in einem Hinweisbeschluss, einem Vermerk oder im Sitzungsprotokoll (§ 160 ZPO) erfolgen, darüber hinaus genügt auch, wenn sich die Erteilung des Hinweises und seines Inhaltes hinreichend präzise aus dem erstinstanzlichen Schriftsatz einer Partei ergibt.[57] Auch kann die Dokumentation vom Gericht im Urteil nachgeholt werden, dies allerdings nur, wenn sie zuvor lediglich versehentlich unterblieben ist und dies im Urteil zudem festgehalten wird.[58]

Weitere Verfahrensfehler, die neuen Vortrag in der Berufungsinstanz gem. § 531 Abs. 2 S. 1 Nr. 2 ZPO ermöglichen, liegen etwa vor, wenn das Eingangsgericht unzulässigerweise keinen Schriftsatznachlass (Rn. 404 ff.) gewährt, eine zu kurze Schriftsatzfrist bestimmt, innerhalb derer der Vortrag nicht möglich ist, oder gar sein Urteil schon vor Ablauf der Schriftsatzfrist verkündet.[59]

---

52 Vgl. zum Ganzen: BGH NJW-RR 2004, 927, juris-Tz. 19; BGH NJW-RR 2012, 341, Tz. 19 f.; BGH NJW-RR 2015, 1278, Tz. 10; BGH NJW 2015, 3455, Tz. 25; BGH VersR 2018, 1001, 1003, Tz. 20; BGH NJW-RR 2021, 249, Tz. 11; Hk-ZPO/Wöstmann, § 531 Rn. 7 mwN.
53 BGHZ 158, 295, 302; BGH NJW 2005, 2624 f.; BGH NJW 2014, 550, 552, Tz. 25.
54 Hk-ZPO/Wöstmann, § 531 Rn. 8; MünchKommZPO/Rimmelspacher, § 531 Rn. 23; Rosenberg/Schwab/Gottwald § 139 Rn. 54.
55 BGH NJW-RR 2005, 1518, Tz. 5; Zöller/Greger, § 139 Rn. 13a, 20.
56 BGH NJW-RR 2011, 1556, Tz. 5; Zöller/Greger, § 139 Rn. 13a; Hk-ZPO/Wöstmann, § 139 Rn. 10.
57 BGH FamRZ 2005, 1555, 1556, Tz. 15; Zöller/Greger, § 139 Rn. 13; Hk-ZPO/Wöstmann, § 139 Rn. 10.
58 BGHZ 164, 166, 172 f.; BGH NJW 2020, 2730, Tz. 21; gegen das Erfordernis eines gerichtlichen Versehens: Hk-ZPO/Wöstmann, § 139 Rn. 10; *einschränkend* auch Zöller/Greger, § 139 Rn. 13.
59 Zöller/Heßler, § 531 Rn. 28.

cc) § 531 Abs. 2 S. 1 Nr. 3 ZPO

563 Gem. § 531 Abs. 2 S. 1 Nr. 3 ZPO ist neues Vorbringen schließlich auch zuzulassen, wenn dieses in erster Instanz ohne Nachlässigkeit noch nicht geltend gemacht wurde. Dies gilt denknotwendig zunächst für alle Angriffs- und Verteidigungsmittel, die erst nach Schluss der erstinstanzlichen mündlichen Verhandlung entstanden sind.[60] In allen anderen Fällen liegt Nachlässigkeit nur vor, wenn die Partei erstinstanzlich gegen ihre Prozessförderungspflicht aus § 282 ZPO verstoßen hat.[61] Dies ist der Fall, wenn eine Partei erstinstanzlich Angriffs- und Verteidigungsmittel nicht geltend macht, deren Existenz und Entscheidungserheblichkeit sie kannte oder kennen musste und zu deren Geltendmachung sie imstande war.[62] Hierbei schadet jede Fahrlässigkeit der Partei, ihres gesetzlichen Vertreters (§ 51 Abs. 2 ZPO) oder ihres Prozessbevollmächtigten (§ 85 Abs. 2 ZPO).[63] Stets nachlässig ist, Vorbringen erstinstanzlich bewusst, insbesondere aus – wenig brillanten – „prozesstaktischen" Erwägungen zurückzuhalten.[64]

564 Allerdings begründet die Prozessförderungspflicht keine allgemeine Verpflichtung der Partei, ihr unbekannte Umstände zu ermitteln, eine solche kann vielmehr nur durch besondere Umstände begründet werden.[65] Dazu genügt nicht, dass die Partei die notwendigen Informationen ohne Weiteres auch schon früher hätte erlangen können; erforderlich ist vielmehr, dass sich die Notwendigkeit der konkreten Ermittlungsmaßnahme aus der ex ante-Perspektive aufdrängte.[66] Nur wenn dies der Fall ist, liegt mithin Nachlässigkeit iSv § 531 Abs. 2 S. 1 Nr. 3 ZPO vor.

565 Die Prozessförderungspflicht begründet auch keine Verpflichtung, Einwendungen gegen ein vom Eingangsgericht eingeholtes Sachverständigengutachten schon erstinstanzlich durch ein Privatgutachten zu untermauern. Die Partei handelt daher ohne Nachlässigkeit iSv § 531 Abs. 2 S. 1 Nr. 3 ZPO, wenn sie ein Privatgutachten erst in der Berufungsinstanz einholt und hierauf die Berufung stützt.[67] Zur prozessualen Bedeutung des Privatgutachtens gilt das vorstehend unter Rn. 240 Gesagte.

566 Auch die erstmalige Ausübung materiellrechtlicher **Gestaltungsrechte** (etwa eines Widerrufs- oder Kündigungsrechts) in der Berufungsinstanz soll nach einer Grundsatzentscheidung des VIII. Zivilsenates des BGH nicht der Präklusion unterliegen. Denn die zeitlichen Grenzen für die Erklärung eines solchen Rechts würden allein durch das materielle Recht vorgegeben. Solange diese eingehalten würden, stehe es im Belieben des Berechtigten, wann er von seinem Gestaltungsrecht Gebrauch mache. Da das Prozessrecht der Verwirklichung des materiellen Rechts diene und dessen Durchsetzung nicht

---

60 BGH NJW-RR 2012, 110, Tz. 12; Rosenberg/Schwab/Gottwald, § 139 Rn. 57; MünchKommZPO/Rimmelspacher, § 531 Rn. 26.
61 St. Rspr., vgl. nur BGH NJW-RR 2014, 85, Tz. 9; BGH NJW 2019, 80, 82 Tz. 32; Hk-ZPO/Wöstmann, § 531 Rn. 9.
62 BGHZ 159, 245, 253; BGH NJW 2019, 80, 82, Tz. 32; MünchKommZPO/Rimmelspacher, § 531 Rn. 28; Hk-ZPO/Wöstmann, § 531 Rn. 9; zu den Einzelheiten der Prozessförderungspflicht vgl. außerdem Rn. 443.
63 BGHZ 159, 245, 253; BGHZ 164, 330, 335; Hk-ZPO/Wöstmann, § 531 Rn. 9; MünchKommZPO/Rimmelspacher, § 531 Rn. 29.
64 BGHZ 220, 77 = NJW 2019, 80, 82, Tz. 32; BGH NJW-RR 2014, 85, Tz. 9; BGH NJW-RR 2011, 211, Rn. 28; Hk-ZPO/Wöstmann, § 531 Rn. 9; Zöller/Heßler, § 531 Rn. 31.
65 BGH NJW-RR 2021, 56, Tz. 15; BGH NJW-RR 2014, 85, Tz. 9; BGH NJW-RR 2011, 211, Tz. 28; BGH VersR 2009, 1683, 1684, Tz. 9; Hk-ZPO/Wöstmann, § 531 Rn. 9; Zöller/Heßler, § 531 Rn. 30; MünchKommZPO/Rimmelspacher, § 531 Rn. 28.
66 BGH NJW-RR 2021, 56, Tz. 16; **zu weitgehend** daher Zöller/Heßler, § 531 Rn. 29, wonach ein erst nach Schluss der erstinstanzlichen mündlichen Verhandlung aufgefundenes Beweismittel stets zuzulassen sein soll.
67 BGHZ 164, 330, 335; BGH NJW-RR 2015, 1109, Tz. 12; MünchKommZPO/Rimmelspacher, § 531 Rn. 28.

§ 21 Begründetheit der Berufung, Umfang der Überprüfung durch das Berufungsgericht

vermeidbar verhindern dürfe, falle die Erklärung der Ausübung des Gestaltungsrechts daher von vornherein nicht in den Anwendungsbereich der Präklusionsvorschrift des § 531 Abs. 2 ZPO. Dagegen würden der Vortrag und etwaige Beweisantritte zu den Voraussetzungen des Gestaltungsrechts von dieser Bestimmung zwar erfasst, jedoch seien diese nach § 531 Abs. 2 S. 1 Nr. 3 ZPO zuzulassen, weil eine Partei zu den Voraussetzungen eines Gestaltungsrechts vor dessen Ausübung nicht Stellung nehmen müsse und daher keine Nachlässigkeit vorliege, wenn dies erstmalig in der Berufungsinstanz nach der entsprechenden Gestaltungsklärung erfolge.[68]

ME ist dieser Entscheidung zu widersprechen. Der VIII. Zivilsenat[69] hat sich zu ihrer Begründung auf die Rspr. des VII. Zivilsenates[70] berufen, der zufolge die zur Stützung einer Werklohnklage erstmalig in der Berufungsinstanz vorgelegte, prüffähige Schlussrechnung nicht präkludiert sei, weil die Präklusionsvorschriften die Parteien lediglich dazu anhalten sollten, einen bereits vorliegenden Tatsachenstoff rechtzeitig vorzutragen, nicht aber, auf eine (beschleunigte) Schaffung der materiellrechtlichen Anspruchsvoraussetzungen hinzuwirken. Dies hat der VII. Zivilsenat aber gerade damit gerechtfertigt, dass die Rechtsfolgen einer Präklusion der neuen Schlussrechnung andere sind als in den Fällen der verspäteten Ausübung von Gestaltungsrechten. Da nämlich die prüffähige Schlussrechnung Fälligkeitsvoraussetzung der Werklohnforderung ist, wäre bei deren Präklusion die Klageforderung nicht fällig und die Klage damit als zur Zeit unbegründet abzuweisen, womit keine abschließende Klärung herbeigeführt, sondern im Gegenteil ein Folgeprozess über die neue Rechnung provoziert würde, was dem Ziel der Präklusionsvorschriften zuwiderläuft. In der Sache hat der VII. Zivilsenat damit eine teleologische Reduktion vorgenommen, die der vom VIII. Zivilsenat vorgenommenen Verallgemeinerung auf alle Veränderung der materiellen Rechtslage – wie etwa durch Ausübung von Gestaltungsrechten – nicht zugänglich ist.

Darüber hinaus ist der VIII. Zivilsenat, ohne hierauf einzugehen, von der bisher ganz hM abgewichen, die zutreffend darauf abstellt, dass das materielle Recht das Prozessrecht nicht verdrängt und daher ein materielles Recht im Zivilprozess nur durchgesetzt werden kann, wenn auch die Vorgaben des Prozessrechts eingehalten werden. Dieses beinhaltet aber, dass die Ausübung eines Gestaltungsrechtes, sobald dessen Voraussetzungen erfüllt sind, wie auch das Vorbringen zu dessen Begründung innerhalb der vom Gericht gesetzten Fristen (etwa der Klageerwiderungsfrist) und bei Unterbleiben diesbezüglicher gerichtlicher Anordnungen unter Beachtung der allgemeinen Prozessförderungspflicht erfolgen müssen.[71] Geschieht dies nicht, greifen daher richtigerweise die Präklusionsvorschriften des § 531 Abs. 2 ZPO wie auch des § 296 ZPO. Die

---

68 BGHZ 220, 77 = NJW 2019, 80, 82, Tz. 24 ff. zum Widerruf eines Haustürgeschäfts nach § 355 BGB, die Ausführungen des BGH beziehen sich aber ohne Differenzierung auf alle Gestaltungsrechte; *zustimmend*: Musielak/Voit/Ball, § 531 Rn. 19a; MünchKommZPO/Rimmelpacher, § 531 Rn. 26; Thomas/Putzo/Seiler, § 531 Rn. 12 a. E.; BeckOK-ZPO/Wulf, § 531 Rn. 13; *ablehnend dagegen*: Hk-ZPO/Wöstmann, § 531 Rn. 9; Lechner WM 2019, 765 ff.; Wieczorek/Schütze/Gerken, § 531 Rn. 22; *einschränkend* auch Zöller/Heßler, § 531 Rn. 20 aE.
69 a.a.O., Tz. 25 f.
70 BGH NJW-RR 2004, 167, juris-Tz. 17; BGH NJW-RR 2005, 1687, juris-Tz. 11 ff.
71 BGH NJW 2011, 2649, Tz. 18 (IX. Zivilsenat, obiter dictum); BGHZ 91, 293, 303 f. (VIII. Zivilsenat zur Aufrechnung); BAGE 44, 242, 245 (zur Anfechtung nach § 123 BGB); Hk-ZPO/Saenger, § 282 Rn. 8; Hk-ZPO/Wöstmann, § 531 Rn. 9; MünchKommZPO/Prütting, § 282 Rn. 16; Zöller/Heßler, § 531 Rn. 30; Musielak/Voit/Foerste, § 282 Rn. 5; eine Ausnahme wird nur angenommen, wenn Hauptzweck des Gestaltungsrechtes ist, dem Berechtigten die freie Wahl des Zeitpunktes der Ausübung zu überlassen, wie etwa bei einem vertraglichen Options- oder Rücktrittsrecht, vgl. MünchKommZPO/Prütting, § 282 Rn. 17 f.; Hk-ZPO/Saenger, a. a.O.; *a. A.*: MünchKommZPO/Rimmelpacher, a.a.O., wonach die Präklusion der Ausübung eines

abweichende Beurteilung des VIII. Zivilsenates des BGH steht darüber hinaus auch in einem unerklärlichen Widerspruch zur Entscheidung des großen Zivilsenates, der zufolge eine erstmalig in der Berufungsinstanz erhobene Verjährungseinrede nur berücksichtigt wird, wenn der Sachverhalt unstreitig ist, aus dem sich die Verjährung ergibt (Rn. 569); weshalb für die Ausübung von Gestaltungsrechten abweichendes gelten soll, ist nicht ersichtlich. Hinzu kommt schließlich, dass auch die Aufrechnung ein Gestaltungsrecht ist, so dass bei konsequenter Anwendung der vom VIII. Zivilsenat aufgestellten Regeln auch die erstmalig in der Berufungsinstanz erklärte Aufrechnung und der Vortrag zur Begründung ihrer Voraussetzungen nicht präkludiert wären,[72] was indes § 533 ZPO (Rn. 581) in Bezug auf die Aufrechnung obsolet werden ließe und daher mit dieser Bestimmung offensichtlich unvereinbar ist.

dd) Teleologische Reduktion: Berücksichtigung unstreitigen Vorbringens

569 Da das Gericht seiner Entscheidung nicht sehenden Auges einen falschen bzw. von keiner Partei vorgetragenen Sachverhalt zugrunde legen darf, ist unstreitiges Vorbringen nach Sinn und Zweck des § 531 Abs. 2 ZPO niemals präkludiert, selbst wenn durch dessen Berücksichtigung eine Beweisaufnahme zu einer Folgefrage erforderlich und damit das Verfahren verzögert wird.[73] Dasselbe gilt für die erstmalige Erhebung der Verjährungseinrede in der Berufungsinstanz, wenn der Sachverhalt, aus dem sich die Verjährung ergibt, unstreitig ist.[74]

3. Verspätetes Vorbringen in der Berufungsinstanz

570 Erstinstanzlich vorgetragene Angriffs- oder Verteidigungsmittel, die das Eingangsgericht zu Recht gem. § 296 ZPO zurückgewiesen hat, bleiben gem. § 531 Abs. 1 ZPO auch in der Berufungsinstanz ausgeschlossen. Zentrale Voraussetzung dieser Bestimmung ist, dass die Zurückweisung durch das Eingangsgericht „zu Recht" erfolgt ist. Fehlt es daran, dh wurde Vorbringen in der erstinstanzlichen Entscheidung als präkludiert zurückgewiesen, ohne dass sämtliche hierfür erforderlichen, eingehend bereits in Rn. 412–414 dargestellten Voraussetzungen erfüllt waren, ist das Vorbringen in der Berufungsinstanz zu berücksichtigen (Rn. 410). Zu beachten ist außerdem, dass das Berufungsgericht einen vom Eingangsgericht angenommenen Präklusionsgrund nicht durch einen anderen ersetzen darf; hat das Eingangsgericht beispielsweise einen Beweisantritt nach § 296 Abs. 1 ZPO zurückgewiesen, ohne dass die Voraussetzungen hierfür erfüllt sind, muss das Berufungsgericht den Beweis bei Entscheidungserheblichkeit erheben, auch wenn es der Auffassung ist, dass das Eingangsgericht die Präklusion zulässigerweise auf § 296 Abs. 2 ZPO iVm § 282 Abs. 1 oder 2 ZPO hätte stützen dürfen (Rn. 421 aE).

571 Erstinstanzlich bereits vorgetragene Angriffs- oder Verteidigungsmittel, die das Eingangsgericht nicht zurückgewiesen hat, muss das Berufungsgericht uneingeschränkt

---

Gestaltungsrechts nur in Betracht kommt, wenn dieses nach materiellem Recht zum frühestmöglichen Zeitpunkt ausgeübt werden muss.

72 Auf diese Auswirkung der Entscheidung des VIII. Zivilsenates weist zutreffend auch Lechner (WM 2019, 765, 768) hin; a. A.: Musielak/Voit/Ball, § 533 Rn. 15, wonach § 533 ZPO vorrangig vor § 531 Abs. 2 S. 1 Nr. 2 ZPO sein soll; dies trifft indes nicht zu, weil gem. § 533 Nr. 2 ZPO i. V. m. §§ 529 Abs. 1 Nr. 2, 531 Abs. 2 ZPO die Aufrechnung gerade zulässig ist, wenn keine Präklusion nach der letztgenannten Bestimmung greift.
73 BGHZ 161, 138, 142 ff.; BGH FamRZ 2005, 1555; BGH, NJW 2016, 3654, Tz. 32; BGH ZIP 2020, 2453, Tz. 28; BGH NJW-RR 2021, 1646, Tz. 7; Zöller/Heßler, § 531 Rn. 20; Hk-ZPO/Wöstmann, § 531 Rn. 5.
74 BGHZ 177, 212 (großer Zivilsenat); Zöller/Heßler, § 531 Rn. 20 mwN.

berücksichtigen, auch wenn es der Meinung ist, dass diese erstinstanzlich zulässigerweise hätten zurückgewiesen werden dürfen. Denn das Berufungsgericht darf eine vom Eingangsgericht unterlassene Zurückweisung nicht nachholen (Rn. 435).

Einen speziellen berufungsrechtlichen Präklusionsgrund normiert § 530 ZPO. Danach können Angriffs- und Verteidigungsmittel, die nicht innerhalb der Berufungsbegründungsfrist nach § 520 Abs. 2 ZPO oder nicht innerhalb einer vom Berufungsgericht nach § 521 Abs. 2 ZPO gesetzten Frist zur Berufungserwiderung oder Replik vorgetragen werden, nach § 296 Abs. 1 ZPO zurückgewiesen werden, wenn die in Rn. 414–434 dargestellten Voraussetzungen der letztgenannten Norm erfüllt sind. Da für erstinstanzliches Vorbringen die im vorstehenden Absatz dargestellten Regeln gelten, bleibt als Anwendungsbereich für § 530 ZPO zunächst neues Vorbringen in der Berufungsinstanz, soweit dieses nicht bereits nach § 531 Abs. 2 ZPO präkludiert ist.[75] Darüber hinaus soll § 530 ZPO auch anwendbar sein, wenn das Eingangsgericht erstinstanzliches Vorbringen zu Unrecht zurückgewiesen hat, innerhalb der vorgenannten Fristen aber nicht geltend gemacht wird, dass dieses gem. § 531 Abs. 1 ZPO in der Berufungsinstanz zu berücksichtigen ist.[76] Dieser Auffassung ist selbstverständlich aus anwaltlicher Vorsicht (Rn. 70) durch rechtzeitigen Vortrag Rechnung zu tragen, auch wenn ihr mE nicht zuzustimmen ist. Hält das Eingangsgericht nämlich das Vorbringen einer Partei unberechtigterweise für präkludiert, begründet dies Zweifel an der Richtigkeit und Vollständigkeit der erstinstanzlichen Feststellungen iSv § 529 Abs. 1 Nr. 1 ZPO; diesen hat bei zulässiger Berufung das Berufungsgericht von sich aus auch ohne dahin gehende Berufungsrüge nachzugehen (Rn. 530, 539).

572

Auch wenn keine der in § 530 ZPO aufgeführten Fristen missachtet, aber die allgemeine Prozessförderungspflicht in der Berufungsinstanz verletzt wird, kann das im vorstehenden Absatz behandelte Vorbringen vom Berufungsgericht gem. § 525 ZPO nach Maßgabe der §§ 296 Abs. 2, 282 ZPO zurückgewiesen werden.[77]

573

IV. Zusammenfassung

1. Ist die Berufung zulässig, prüft das Berufungsgericht im Rahmen der gestellten Berufungsanträge, ob die erstinstanzliche Entscheidung auf Rechtsverletzungen, dh auf Verletzungen des materiellen Rechts oder Verfahrensfehlern beruht. Letztere werden, soweit die Parteien auf die Einhaltung der Verfahrensvorschrift verzichten können, allerdings nur auf Berufungsrüge hin berücksichtigt (§ 529 Abs. 2 S. 1 ZPO).
2. Die Tatsachenfeststellungen des Eingangsgerichts sind für das Berufungsgericht bindend, soweit nicht Zweifel an deren Richtigkeit und Vollständigkeit begründet sind (§ 529 Abs. 1 Nr. 1 ZPO). Dies ist insbesondere (aber nicht nur) bei verfahrensfehlerhaften Tatsachenfeststellungen der Fall, was das Berufungsgericht auch ohne dahin gehende Berufungsrüge zu berücksichtigen hat.
3. Es gilt das Novenverbot: Angriffs- und Verteidigungsmittel, die – auch unter Berücksichtigung der Beweiskraft des Tatbestandes der erstinstanzlichen Entscheidung gem. § 314 ZPO – erstmalig in der Berufungsinstanz geltend gemacht werden

574

---

75 Rosenberg/Schwab/Gottwald, § 139 Rn. 64.
76 Hk-ZPO/Wöstmann, § 531 Rn. 4; Zöller/Heßler, § 530 Rn. 9; MünchKommZPO/Rimmelspacher, § 530 Rn. 7, § 531 Rn. 8, der zusätzlich sogar eine Berufungsrüge nach § 529 Abs. 2 S. 1 ZPO verlangt.
77 Hk-ZPO/Wöstmann, § 530 Rn. 2; Zöller/Heßler, § 530 Rn. 4; zu den Voraussetzungen des § 296 Abs. 2 ZPO vgl. Rn. 437 ff.

und damit „neu" sind, werden vom Berufungsgericht nur ausnahmsweise unter den Voraussetzungen des § 531 Abs. 2 S. 1 Nr. 1 – 3 ZPO berücksichtigt. Das Novenverbot gilt nicht für unstreitiges Vorbringen. Nach Auffassung des BGH sollen außerdem die erstmalige Ausübung eines Gestaltungsrechtes in der Berufungsinstanz und neues Vorbringen zu dessen Begründung nicht präkludiert werden; dieser Beurteilung kann indes nicht zugestimmt werden.

§ 22 Besonderheiten des Berufungsverfahrens

I. Berufungserwiderung

575 Gem. § 521 Abs. 2 ZPO können das Berufungsgericht oder dessen Vorsitzender eine Frist zur Berufungserwiderung setzen. Die Frist kann nach § 224 Abs. 2 ZPO verlängert werden.[1] Einen Mindestinhalt gibt die ZPO für die Berufungserwiderung – anders als nach § 520 Abs. 3 ZPO für die Berufungsbegründung – nicht vor.[2] Der Berufungsbeklagte darf selbstverständlich seinen erstinstanzlichen Vortrag wiederholen oder hierauf Bezug nehmen, er muss dies aber nicht einmal, weil dieser ohne Weiteres auch Gegenstand des Berufungsverfahrens wird.[3] Deshalb kann er sich in der Berufungserwiderung darauf beschränken, das erstinstanzliche Urteil zu verteidigen, etwaigem neuen Vorbringen der Berufung entgegenzutreten, soweit dieses nach seiner Darstellung unzutreffend ist, und schließlich ggf. eigene neue Angriffs- und Verteidigungsmittel vorzutragen, die natürlich nur unter den Voraussetzungen des § 531 Abs. 2 ZPO berücksichtigungsfähig sind.[4]

II. Anschlussberufung

576 Möchte der Berufungsbeklagte sich nicht darauf beschränken, die Zurückweisung der gegnerischen Berufung zu erwirken, sondern seinerseits eine Abänderung der erstinstanzlichen Entscheidung zu seinen Gunsten erreichen, kann er sich gem. § 524 Abs. 1 S. 1 ZPO der Berufung anschließen, dh Anschlussberufung einlegen. Hierbei kommt es auf die Bezeichnung nicht an. Eine Anschlussberufung kann auch stillschweigend dadurch eingelegt werden, dass der Berufungsbeklagte einen Antrag auf Abänderung der erstinstanzlichen Entscheidung stellt.[5] Eine Anschlussberufung ist auch notwendig, wenn der in erster Instanz in vollem Umfang erfolgreiche Berufungsbeklagte seine erstinstanzlichen Klageanträge erweitern oder auf einen neuen Klagegrund stützen will.[6] Andererseits ist keine Anschlussberufung erforderlich, wenn der Berufungsbeklagte zwar eine Abänderung der erstinstanzlichen Entscheidung erreichen will, die aber kein Mehr gegenüber der erstinstanzlichen Entscheidung darstellt und mit der auch kein neuer Anspruch im prozessualen Sinne geltend gemacht wird, etwa wenn der Kläger seinen erstinstanzlichen Klageantrag, dem das Landgericht stattgegeben hat,

---

1 Hk-ZPO/Wöstmann, § 521 Rn. 2; Zöller/Heßler, § 521 Rn. 12; zu § 224 Abs. 2 ZPO vgl. Rn. 325.
2 Zöller/Heßler, § 521 R 15.
3 BVerfG NJW 2015, 1746, Tz. 17; BVerfG NJW 2000, 131, juris-Tz. 12; BGH NJW-RR 2020, 1454, Tz. 7; BGH, Beschluss vom 18.11.2009, IV ZR 69/07, Tz. 5; BGH, Beschluss vom 31.7.2013, IV ZR 158/12, Tz. 16; Zöller/Heßler, § 521 Rn. 15; MünchKommZPO/Rimmelspacher, § 521 Rn. 11, § 538 Rn. 4; Hk-ZPO/Wöstmann, § 521 Rn. 2; vgl. außerdem auch Rn. 530 aE.
4 BVerfG und BGH, aaO (vorangegangene Fußnote); MünchKommZPO/Rimmelspacher, § 521 Rn. 11.
5 BGH GRUR 2012, 180, Tz. 26; Zöller/Heßler, § 524 Rn. 5; Hk-ZPO/Wöstmann, § 524 Rn. 13, alle mwN.
6 BGH NJW 2015, 1608, Tz. 12 mwN.

zur Ausräumung etwaiger Bedenken – vorzugswürdig in Form eines Hilfsantrags – in der Berufungsinstanz konkretisiert.[7]

Da die Anschlussberufung kein Rechtsmittel ist, sondern ein Angriffsmittel im Rahmen des vom Berufungsklägers eingelegten Rechtsmittels,[8] ist im Gegensatz zur Berufung für die Zulässigkeit der Anschlussberufung weder eine Beschwer erforderlich noch müssen die Voraussetzungen des § 511 Abs. 2 ZPO (Erreichen der Berufungssumme von 600 EUR oder Zulassung der Berufung durch das Eingangsgericht) erfüllt sein; deshalb können Gegenstand einer Anschlussberufung auch allein eine Klageerweiterung oder die Erhebung einer Widerklage sein.[9] In den letztgenannten Fällen müssen selbstverständlich zusätzlich die Voraussetzungen des § 533 ZPO erfüllt sein (Rn. 581).

577

Die Zulässigkeit der Anschlussberufung erfordert deren fristgerechte Einlegung und Begründung in demselben Schriftsatz (§ 524 Abs. 1 S. 2, Abs. 3 S. 1 ZPO). Hierfür gelten gem. § 524 Abs. 3 S. 2 ZPO die §§ 519 Abs. 2, 4, 520 Abs. 3 ZPO entsprechend. Dies bedeutet insbesondere, dass für die Begründung der Anschlussberufung dieselben inhaltlichen Anforderungen wie für die Berufungsbegründung gelten, nämlich die in § 520 Abs. 3 ZPO geregelten.[10] Die Frist für die Anschlussberufung entspricht der vom Berufungsgericht gesetzten (ggf. verlängerten) Frist zur Berufungserwiderung (§ 524 Abs. 2 S. 2 ZPO iVm § 521 Abs. 2 ZPO). Bei deren Versäumung ist eine Wiedereinsetzung in den vorigen Stand nicht möglich.[11] Wird eine Berufungserwiderungsfrist nicht oder nicht wirksam gesetzt, kann die Anschlussberufung bis zum Schluss der mündlichen Verhandlung vor dem Berufungsgericht eingelegt werden.[12] Legen beide Parteien gegen das erstinstanzliche Urteil Berufung ein (wechselseitige Berufung), ist aber eine dieser Berufungen unzulässig (etwa mangels fristgerechter Einlegung oder Begründung oder wegen Unterschreitung der Berufungssumme nach § 511 Abs. 2 ZPO), ist sie regelmäßig in eine Anschlussberufung umzudeuten, sofern die Einlegungsfrist dafür noch nicht abgelaufen ist.[13]

578

Da die Anschlussberufung kein Rechtsmittel ist (dazu vorstehend), kann sie auch unter innerprozessualen Bedingungen eingelegt werden (Hilfs-Anschlussberufung). Als zulässige Bedingungen kommen namentlich der Erfolg oder Misserfolg der gegnerischen Berufung in Betracht.[14] Prozesstaktisch kann sich ein solches Vorgehen namentlich zur Reduzierung des Kostenrisikos empfehlen.

579

Gem. § 524 Abs. 4 ZPO verliert die Anschlussberufung ihre Wirkung, wenn die Berufung gem. § 516 ZPO zurückgenommen, nach § 522 Abs. 1 ZPO als unzulässig ver-

580

---

7 BGH NJW 2015, 3576 Tz. 28; Hk-ZPO/Wöstmann, § 524 Rn. 2.
8 BGHZ 139, 12, 13; BGHZ 109, 41, 45; Zöller/Heßler, § 524 Rn. 3; Hk-ZPO/Wöstmann, § 524 Rn. 1; a. A.: Rosenberg/Schwab/Gottwald, § 138 Rn. 6.
9 BGHZ 4, 229, 234; BGH NJW 2011, 3298, Tz. 9; Hk-ZPO/Wöstmann, § 524 Rn. 7; MünchKommZPO/Rimmelspacher, § 524 Rn. 13; Rosenberg/Schwab/Gottwald, § 138 Rn. 16 f.
10 Hk-ZPO/Wöstmann, § 524 Rn. 15; Rosenberg/Schwab/Gottwald, § 138 Rn. 24; zu den Anforderungen des § 520 Abs. 3 ZPO im Einzelnen: BGH NJW 2019, 519 – 530. Wird mit der Anschlussberufung ausschließlich eine Klageerweiterung geltend gemacht oder Widerklage erhoben, können und müssen die Antragstellung und die Begründung denknotwendig nur den Anforderungen des § 253 Abs. 2 Nr. 2 ZPO entsprechen (zutreffend MünchKommZPO/Rimmelspacher, § 524 Rn. 40 f.).
11 BGH NJW 2022, 1620.
12 BGH GRUR 2012, 180, Tz. 31; BGH GRUR 2011, 831, Tz. 46; BGH NJW 2009, 515, Tz. 7; Hk-ZPO/Wöstmann, § 524 Rn. 8.
13 Vgl. nur BGH NJW-RR 2020, 1136, Tz. 11; BGH NJW-RR 2016, 445, Tz. 7; Hk-ZPO/Wöstmann, § 524 Rn. 11; Zöller/Heßler, § 524 Rn. 6, alle mwN.
14 BGH NJW 1984, 1240, 1241 f., juris-Tz. 18, 20; Hk-ZPO/Wöstmann, § 524 Rn. 9; Zöller/Heßler, § 524 Rn. 17; MünchKommZPO/Rimmelspacher, § 524 Rn. 28.

worfen oder durch Beschluss nach § 522 Abs. 2 ZPO zurückgewiesen wird. Zeichnet sich ab, dass das Berufungsgericht die Berufung für unbegründet, die Anschlussberufung dagegen für begründet erachtet, hat der Berufungskläger daher bis zur Verkündung eines solchen Berufungsurteils in der Hand, zumindest die damit verbundene reformatio in peius durch Rücknahme der Berufung zu vermeiden. Denn gem. § 516 ZPO ist die Rücknahme der Berufung bis zur Verkündung des Berufungsurteils möglich und bedarf auch nicht der Zustimmung des Berufungsbeklagten.

III. Klageänderung, Aufrechnung und Widerklage in der Berufungsinstanz

581 § 533 ZPO begrenzt die Möglichkeit, in der Berufungsinstanz eine Klageänderung oder Klageerweiterung[15] vorzunehmen, erstmalig eine (Hilfs-)Aufrechnung zu erklären[16] oder eine Widerklage zu erheben. Danach ist all dies nämlich nur zulässig, wenn diese Maßnahmen zum einen mit Einwilligung des Gegners erfolgen oder sachdienlich sind (§ 533 Nr. 1 ZPO) und zum anderen darüber hinaus ausschließlich auf Tatsachen gestützt werden, die das Berufungsgericht seiner Entscheidung nach § 529 ZPO (Rn. 536–569) zugrunde zu legen hat (§ 533 Nr. 2 ZPO). Eine Klageänderung, -erweiterung, Aufrechnung oder Widerklage, die auf neues und nicht ausnahmsweise gem. § 531 Abs. 2 ZPO zuzulassendes Vorbringen gestützt wird, ist damit von vornherein ausgeschlossen (§ 533 Nr. 2 ZPO iVm §§ 529 Abs. 1 Nr. 2, 531 Abs. 2 ZPO). Die durch § 533 Nr. 1 ZPO geschaffenen Hürden sind dagegen geringer: Die Einwilligung des Gegners kann auch konkludent oder durch rügelose Einlassung erteilt werden.[17] Die alternativ ausreichende Sachdienlichkeit liegt vor, wenn die Zulassung zur umfassenden Beilegung des Streits der Parteien beiträgt und einen weiteren Prozess vermeiden kann.[18] Zu beachten ist außerdem, dass eine zweitinstanzliche Klageerweiterung oder Widerklage, selbst wenn sie Aussicht auf Erfolg haben, eine Zurückweisung der Berufung durch Beschluss nach § 522 Abs. 2 ZPO (dazu Rn. 584) nicht hindern und in diesem Fall analog § 524 Abs. 4 ZPO ihre Wirkung verlieren.[19] Für die Aufrechnung gilt dies nicht; denn diese ist ein neues Verteidigungsmittel, eine Zurückweisung nach § 522 Abs. 2 ZPO ist aber nach dem erklärten Willen des Gesetzgebers[20] nur zulässig, wenn das Berufungsvorbringen unter Einschluss zulässiger neuer Angriffs- oder Verteidigungsmittel keine Aussicht auf Erfolg hat.[21]

IV. Entscheidung über die Berufung

582 In der Regel entscheidet das Berufungsgericht über die Berufung durch Urteil aufgrund mündlicher Verhandlung. Hierbei hat es gem. § 538 Abs. 1 ZPO die notwendigen

---

15 Die Klageerweiterung (zum Begriff vgl. Rn. 474) wird in § 533 ZPO nicht aufgeführt, aber gleichwohl hiervon erfasst, vgl. BGH NJW 2014, 3314, Tz. 16; BGH NJW 2009, 2886; MünchKommZPO/Rimmelspacher, § 533 Rn. 8.
16 § 533 ZPO greift nicht, wenn die Hilfsaufrechnung schon erstinstanzlich erklärt wurde, das Eingangsgericht über diese aber nicht entscheiden musste, weil es die Klageforderung bereits aus anderen Gründen für unbegründet erachtet hat, BGH NJW 1983, 931, juris-Tz. 13; Zöller/Heßler, § 533 Rn. 16, 25; a. A.: Hk-ZPO/Wöstmann, § 533 Rn. 6, der sich jedoch gleichfalls auf die vorgenannte Entscheidung des BGH stützt, diese also im Gegenteil verkehrt.
17 Hk-ZPO/Wöstmann, § 533 Rn. 3, 7, 10 mwN.
18 Zu den Einzelheiten: Hk-ZPO/Wöstmann, § 533 Rn. 4, 8, 11; Zöller/Heßler, § 533 Rn. 6, 10, 26 ff.
19 BGHZ 198, 315, Tz. 19 f.; BGH NJW-RR 2017, 56, Tz. 14 ff.; BGH NJW-RR 2022, 1433, Tz. 12 f.
20 BT-Drucks. 14/4722, S. 97; vgl. auch BGHZ 198, 315, Tz. 22.
21 Hk-ZPO/Wöstmann, § 522 Rn. 11.

Beweise zu erheben und in der Sache selbst zu entscheiden. Hierzu gelten folgende Ausnahmen:

In den in § 538 Abs. 2 S. 1 Nr. 1 – 7 ZPO abschließend aufgezählten Fällen darf das Berufungsgericht nach pflichtgemäßem Ermessen, statt selbst in der Sache zu entscheiden, das erstinstanzliche Urteil aufheben und die Sache an das Eingangsgericht zurückverweisen. Praktische Bedeutung haben insbesondere die Aufhebungsgründe, dass dem Eingangsgericht ein wesentlicher Verfahrensfehler (error in procedendo im Gegensatz zum error in iudicando, dh der materiellrechtlich fehlerhaften Beurteilung) zur Last fällt und deshalb eine umfangreiche oder aufwendige Beweisaufnahme notwendig wird (§ 538 Abs. 2 S. 1 Nr. 1 ZPO)[22] oder dass sich die Berufung gegen ein unzulässiges Teilurteil[23] richtet (§ 538 Abs. 2 S. 1 Nr. 7 ZPO iVm § 301 ZPO). Außer in diesem letztgenannten Fall darf die Aufhebung gem. § 538 Abs. 2 S. 1, 3 ZPO nur auf Antrag einer Partei – also nicht nur des Berufungsklägers – erfolgen, wobei dieser auch hilfsweise und bis zum Schluss der mündlichen Verhandlung gestellt werden kann.[24]

In den Fällen des § 522 ZPO kann über die Berufung ausnahmsweise durch Beschluss ohne mündliche Verhandlung entschieden werden. Dies gilt nach Abs. 1 dieser Bestimmung zunächst für die Verwerfung einer nicht statthaften oder nicht form- und fristgerecht eingelegten und begründeten Berufung als unzulässig. Nach § 522 Abs. 2 S. 1 Nr. 1 – 4 ZPO soll die Berufung unverzüglich durch Beschluss als unbegründet zurückgewiesen werden, wenn das Berufungsgericht einstimmig davon überzeugt ist, dass das Rechtsmittel offensichtlich keine Aussicht auf Erfolg hat, die Voraussetzungen für eine Zulassung der Revision nicht erfüllt sind und eine mündliche Verhandlung nicht geboten ist. Gem. § 522 Abs. 2 S. 2 ZPO hat das Berufungsgericht die Parteien zuvor durch begründeten Beschluss auf die beabsichtigte Zurückweisung der Berufung hinzuweisen und unter Fristsetzung rechtliches Gehör zu gewähren.[25] Gegen den die Berufung zurückweisenden Beschluss ist nach § 522 Abs. 3 ZPO die Nichtzulassungsbeschwerde zum BGH zulässig, wenn die Beschwer des Berufungsklägers 20.000 EUR übersteigt (§ 26 Nr. 8 S. 1 EGZPO). Verletzt das Berufungsgericht das Gebot der Gewährung rechtlichen Gehörs (Art. 103 Abs. 1 GG), etwa indem es den Vortrag einer Partei zu Unrecht als unsubstantiiert zurückweist, kann dies aufgrund des Subsidiaritätsgrundsatzes mit der Nichtzulassungsbeschwerde nur geltend gemacht werden, wenn der Beurteilung des Berufungsgerichts schon im Rahmen der Stellungnahme zum Hinweisbeschluss gem. § 522 Abs. 2 S. 2 ZPO dezidiert entgegengetreten wurde[26]; der Anwalt ist also auch hier gefordert.

V. Zusammenfassung

1. Der Berufungsbeklagte kann sich der Berufung anschließen und damit seinerseits eine Abänderung der erstinstanzlichen Entscheidung erwirken. Die Anschlussberufung muss innerhalb der Frist zur Berufungserwiderung eingelegt und begründet werden, wenn das Berufungsgericht eine solche Frist gesetzt hat; anderenfalls ist

---

22 Zu den Einzelheiten vgl. Hk-ZPO/Wöstmann, § 538 Rn. 8 ff.; Zöller/Heßler, § 538 Rn. 9 ff.
23 Dazu bereits Rn. 26, 472, 475; zu den Einzelheiten vgl. Hk-ZPO/Saenger, § 301 Rn. 2 ff.; Zöller/Feskorn, § 301 Rn. 3 ff.
24 Hk-ZPO/Wöstmann, § 538 Rn. 5; Zöller/Heßler, § 538 Rn. 4.
25 Eine Zurückweisung der Berufung vor Ablauf der Stellungnahmefrist verstößt gegen Art. 103 Abs. 1 GG, BGH NJW-RR 2020, 248, Tz. 4.
26 BGH NJW 2020, 1740, Tz. 14 ff.; allgemein zum Subsidiaritätsgrundsatz BGH NJW-RR 2021, 1455, Tz. 21, 24 f.

sie bis zum Schluss der mündlichen Verhandlung zulässig. Die Anschlussberufung kann prozesstaktisch unter innerprozessuale Bedingungen gestellt werden. Sie verliert ihre Wirkung, wenn die Berufung zurückgenommen oder durch Beschluss nach § 522 ZPO verworfen bzw. zurückgewiesen wird.
2. Klageänderung, Aufrechnung und Widerklage sind in der Berufungsinstanz nur unter den Voraussetzungen des § 533 ZPO zulässig. Insbesondere können sie nur auf Tatsachen gestützt werden, die das Berufungsgericht seiner Entscheidung zugrunde zu legen hat, auf neue Tatsachen also nur unter den strengen Voraussetzungen des § 531 Abs. 2 ZPO.

Teil VII
Besondere Verfahrensarten

§ 23 Selbständiges Beweisverfahren

Gegenstand des selbstständigen Beweisverfahrens (§§ 485 ff. ZPO) ist eine vorsorgliche Tatsachenfeststellung durch Beweisaufnahme außerhalb eines Streitverfahrens[1] zum Zwecke der Beweissicherung oder der Prozessverhinderung.[2] Besonders große praktische Bedeutung hat das selbstständige Beweisverfahren in baurechtlichen Auseinandersetzungen.

586

I. Voraussetzungen

1. Antrag

Die Einleitung eines selbstständigen Beweisverfahrens erfordert zunächst einen Antrag an das zuständige Gericht (§ 486 ZPO), der inhaltlich den Anforderungen des § 487 ZPO entsprechen muss. Gem. § 486 Abs. 4 ZPO kann der Antrag auch zu Protokoll der Geschäftsstelle erklärt werden; daraus folgt, dass kein Anwaltszwang besteht (§ 78 Abs. 3 ZPO). Gem. § 494 ZPO kann das Verfahren sogar ohne Beteiligung des Gegners durchgeführt werden, wenn der Antragsteller glaubhaft macht, dass er ohne sein Verschulden außerstande ist, den Gegner zu bezeichnen.

587

2. § 485 Abs. 1 ZPO

Gem. § 485 Abs. 1 ZPO kann ein selbstständiges Beweisverfahren vor oder während der Anhängigkeit eines Streitverfahrens durchgeführt werden. Zulässige Beweismittel sind danach nur Augenschein, Zeugen sowie die Begutachtung durch einen Sachverständigen. Außerdem verlangt § 485 Abs. 1 ZPO, dass entweder der Gegner der Durchführung des selbstständigen Beweisverfahrens zustimmt oder zu besorgen ist, dass das Beweismittel verloren geht oder seine Benutzung erschwert wird. Ein solches Beweissicherungsinteresse kann in Bezug auf einen Zeugen etwa bei einer schwerwiegenden Erkrankung bestehen, die besorgen lässt, dass er bis zu einer Vernehmung im Streitverfahren nicht mehr zur Verfügung stehen wird.[3] Die Einholung eines Sachverständigengutachtens ist zur Beweissicherung namentlich geboten, wenn eine Veräußerung oder Veränderung der zu begutachtenden Sache bevorsteht, etwa durch Fortschritt der Bauarbeiten oder Beseitigung der streitgegenständlichen Mängel oder Schäden, so beispielsweise bei der notwendigen Reparatur eines unfallgeschädigten Fahrzeugs oder der Beseitigung der Mängel an einem Bauwerk oder einer zahnärztlichen Prothetik, um diese zeitnah (wieder) bestimmungsgemäß nutzen zu können.[4] Das Beweissicherungsinteresse ist gem. § 487 Nr. 4 ZPO vom Antragsteller glaubhaft zu machen.

588

---

1 § 485 Abs. 1 ZPO bezeichnet als „Streitverfahren" das ordentliche Urteilsverfahren, also den Rechtsstreit, der auf Entscheidung durch Urteil gerichtet ist.
2 Rosenberg/Schwab/Gottwald, § 118 Rn. 1.
3 MünchKommZPO/Schreiber, § 485 Rn. 9; Zöller/Herget, § 485 Rn. 5.
4 MünchKommZPO/Schreiber, § 485 Rn. 10; Zöller/Herget, § 485 Rn. 5, beide mwN.

589 Auch im Rahmen von § 485 Abs. 1 ZPO kann über die in § 485 Abs. 2 S. 1 Nr. 1 – 3 ZPO aufgeführten Beweisthemen (dazu sogleich) Beweis erhoben werden, so dass neben reinen Tatsachen (beispielsweise Mängeln) auch deren Ursachen, die Verantwortlichkeit mehrerer Beteiligter, notwendige Beseitigungsmaßnahmen sowie die dabei anfallenden Kosten festgestellt werden können.[5]

3. § 485 Abs. 2 ZPO

590 § 485 Abs. 2 ZPO ermöglicht die Durchführung eines selbstständigen Beweisverfahrens unter teils strengeren, teils weiteren Voraussetzungen als § 485 Abs. 1 ZPO. So darf nach § 485 Abs. 2 ZPO zunächst – anders als im Rahmen von § 485 Abs. 1 ZPO – bei Einleitung des selbstständigen Beweisverfahrens noch kein Streitverfahren anhängig sein.[6] Außerdem kommt nach § 485 Abs. 2 ZPO nur die Einholung eines Sachverständigengutachtens in Betracht, und zwar nur zu den in § 485 Abs. 2 S. 1 Nr. 1 – 3 ZPO abschließend aufgezählten Beweisthemen, nämlich zum Zustand einer Person oder zum Zustand oder Wert einer Sache (Nr. 1), zur Ursache eines Personenschadens, Sachschadens oder Sachmangels (Nr. 2) oder zum Aufwand für die Beseitigung eines Personenschadens, Sachschadens oder Sachmangels (Nr. 3). Zu letzterem gehört auch die Frage, welche Maßnahmen zur Mängelbeseitigung erforderlich sind, wenn davon der Mängelbeseitigungsaufwand abhängt.[7]

591 Im Gegensatz zu § 485 Abs. 1 ZPO, der die Zustimmung des Gegners oder ein Beweissicherungsinteresse des Antragstellers verlangt, lässt § 485 Abs. 2 ZPO jedes rechtliche Interesse an der Beweiserhebung genügen. Gem. § 485 Abs. 2 S. 2 ZPO genügt dazu bereits, dass die Feststellung der Vermeidung eines Rechtsstreits dienen kann. Dies wird nicht dadurch ausgeschlossen, dass im selbstständigen Beweisverfahren nicht über alle Anspruchsvoraussetzungen Beweis erhoben werden soll oder kann, so dass eine abschließende Klärung nicht zu erreichen ist.[8] Auch steht der Zulässigkeit des selbstständigen Beweisverfahrens nach § 485 Abs. 2 S. 2 ZPO nicht entgegen, dass der Antragsgegner erklärt, unabhängig vom Ergebnis der Begutachtung seine Leistungspflicht keinesfalls anerkennen zu wollen, denn es ist nie auszuschließen, dass er trotz dieser Ankündigung bei einem für ihn negativen Ergebnis des selbstständigen Beweisverfahrens das Risiko eines Prozesses zur Hauptsache nicht mehr eingeht.[9] Zudem regelt § 485 Abs. 2 S. 2 ZPO die Anforderungen an das rechtliche Interesse an der Beweiserhebung nicht abschließend, dieses kann sich auch aus anderen Gesichtspunkten ergeben, etwa wegen drohender Verjährung.[10] Hohe Anforderungen sind nicht zu stellen, es genügt, dass es um die Feststellung einer anspruchsbegründenden Tatsache zu einem bestimmten Zeitpunkt geht.[11]

---

5 MünchKommZPO/Schreiber, § 485 Rn. 13 mwN; Zöller/Herget, § 485 Rn. 5.
6 Wird dagegen das Streitverfahren nach diesem Zeitpunkt anhängig, lässt dies den Fortgang des selbstständigen Beweisverfahrens unberührt, bis das Gericht der Hauptsache eine Beweisaufnahme für erforderlich hält und deshalb die Akte des selbstständigen Beweisverfahrens anfordert, vgl. BGH MDR 2005, 45.
7 OLG Hamm BauR 2014, 734; OLG Nürnberg MDR 2008, 997; a. A.: Zöller/Herget, § 485 Rn. 9.
8 BGHZ 153, 302; 198, 237 für Arzthaftungsprozess.
9 BGHZ 198, 237, 239 f., Tz. 19; Zöller/Herget, § 485 Rn. 7a.
10 Zöller/Herget, § 485 Rn. 7a; MünchKommZPO/Schreiber, § 485 Rn. 15.
11 MünchKommZPO/Schreiber, § 485 Rn. 14 aE.

4. Nicht erforderlich: Schlüssigkeit und Beweiserheblichkeit

Im Rahmen des selbstständigen Beweisverfahrens darf das Gericht nicht prüfen, ob vom Antragsteller ein Anspruch schlüssig dargelegt wurde oder das Beweisthema für diesen erheblich ist.[12] Beides ist daher grds. für die Anordnung des selbstständigen Beweisverfahrens nicht erforderlich und auch nicht Voraussetzung des rechtlichen Interesses iSv § 485 Abs. 2 ZPO; eine Ausnahme wird nur in völlig eindeutigen Fällen angenommen, wenn evident ist, dass der behauptete Anspruch keinesfalls bestehen kann.[13]

II. Taktische Ziele und Vorgehen

1. Verjährungshemmung

Gem. § 204 Abs. 1 Nr. 7 BGB wird die Verjährung durch die Zustellung des Antrags auf Durchführung eines selbstständigen Beweisverfahrens gehemmt.[14] Gem. § 167 ZPO tritt die Hemmung bereits mit der Einreichung des Antrags beim Gericht ein, wenn die Zustellung „demnächst" erfolgt.[15] Das selbstständige Beweisverfahren ist daher die „Methode der Wahl", wenn dem Anspruchsteller Verjährung droht, er aber (noch) keine Klage erheben kann, etwa weil ihm hierzu noch erforderliche Informationen fehlen (Rn. 595 ff.).

2. Beweissicherung

Vorzugswürdig ist ein selbstständiges Beweisverfahren auch, wenn dem Antragsteller der Verlust eines Beweismittels droht, dh dieses bis zum Zeitpunkt einer möglichen Beweiserhebung im Streitverfahren voraussichtlich oder möglicherweise nicht mehr vorhanden oder nicht mehr erreichbar sein wird (§ 485 Abs. 1, 2. Alt. ZPO). Mitunter bestehen zwar auch alternative Sicherungsinstrumente; so kann etwa der Antragsteller, statt im selbstständigen Beweisverfahren ein Sachverständigengutachten einholen zu lassen, eine Begutachtung durch einen Privatgutachter in Auftrag geben und diesen im Rechtsstreit als sachverständigen Zeugen benennen (§ 414 ZPO). Dabei besteht aber zum einen das Risiko, dass die Gegenseite Gegenzeugen benennt und die Beweisaufnahme mit einem non liquet endet (Rn. 159). Zum anderen hat eine Zeugenaussage (auch diejenige eines sachverständigen Zeugen) in aller Regel einen geringeren Beweiswert als ein Sachverständigengutachten. Wird letzteres im selbstständigen Beweisverfahren eingeholt, ist dieses in einem nachfolgenden Hauptsacheprozess uneingeschränkt als Beweismittel zu verwerten. Denn gem. § 493 Abs. 1 ZPO wirkt die in jedem – dh nicht nur in einem zur Beweissicherung durchgeführten – selbstständigen Beweisverfahren vorgezogene Beweisaufnahme wie eine im Hauptsacheverfahren selbst durchgeführte Beweiserhebung; daraus folgt auch, dass im sich anschließenden Rechtsstreit ein neues Gutachten nur unter den Voraussetzungen des § 412 ZPO eingeholt werden kann.[16]

---

12 BGH VersR 2017, 908, 909, Tz. 14.
13 BGH NJW 2018, 1749, Tz. 11; BGH NJW-RR 2010, 946, Tz. 6; BGH NJW 2004, 3488, juris-Tz 5; MünchKommZPO/Schreiber, § 485 Rn. 14; Hk-ZPO/Kießling, § 485 Rn. 16 f.
14 Zu den Einzelheiten MünchKommZPO/Schreiber, § 485 Rn. 25 ff., auch zur Dauer der Hemmung.
15 BGH NJW 2011, 594, Tz. 10; zu § 167 ZPO bereits Rn. 81 f.
16 BGH NJW 2018, 1171, Tz. 13 f.; zu diesen Voraussetzungen inhaltlich bereits Rn. 239 f.

3. Informationsbeschaffung

595 Auch im selbstständigen Beweisverfahren gilt das Verbot des Ausforschungsbeweises, dieses ist hier allerdings weniger streng ausgeprägt als im Streitverfahren (vgl. zu letzterem Rn. 141, 152). Denn die Darlegungs- und Substantiierungsanforderungen sind im selbstständigen Beweisverfahren aufgrund des mit ihm verfolgten Zwecks, ein Streitverfahren zu vermeiden, deutlich abgesenkt. Gefordert wird nur ein Minimum an Substantiierung in Bezug auf die Beweistatsachen, dh deren Angabe in groben Zügen; nur wenn es hieran fehlt, ist ein selbstständiges Beweisverfahren wegen Ausforschung unzulässig, so namentlich, wenn der Antragsteller ohne konkrete Anhaltspunkte die tatsächlichen Grundlagen für einen Anspruch ermitteln lassen möchte[17] oder wenn er eine Schadensschätzung nach §§ 252 S. 2 BGB, 287 ZPO über die Höhe eines Verdienstausfallschadens durchführen lassen möchte, ohne die hierfür erforderlichen Anknüpfungstatsachen darzulegen.[18]

596 Solange keine Ausforschung in dem vorstehend beschriebenen Sinne vorliegt, eröffnet das selbstständige Beweisverfahren durchaus Möglichkeiten, die prozesstaktisch zur Informationsbeschaffung genutzt werden können. So kann der Antragsteller beispielsweise ermitteln lassen, wer für einen bestimmten Baumangel verantwortlich ist (§ 485 Abs. 2 S. 1 Nr. 2 ZPO), welche Maßnahmen zur Mängelbeseitigung erforderlich sind und welche Kosten hierfür anfallen (§ 485 Abs. 2 S. 1 Nr. 3 ZPO). Dies ist im Streitverfahren ausgeschlossen, weil der Kläger dort gem. § 253 Abs. 2 Nr. 2 ZPO einen bestimmten, dh bezifferten Antrag stellen und im Übrigen substantiiert vortragen muss. Die hierzu erforderlichen Informationen können im Rahmen eines selbstständigen Beweisverfahrens also ermittelt werden.

597 Verfolgt der Antragsteller allerdings nur dieses prozesstaktische Ziel, sollte als Alternative stets die Einholung eines Privatgutachtens erwogen werden. Letzteres liegt nämlich in aller Regel deutlich schneller vor, als ein selbstständiges Beweisverfahren abgeschlossen werden kann. Dies beruht zunächst auf § 492 Abs. 1 ZPO, wonach die Beweisaufnahme nach den allgemeinen Regeln erfolgt. Dies bedeutet, dass das Gericht etwa nach Einholung eines schriftlichen Sachverständigengutachtens den Parteien die Möglichkeit zur Stellungnahme zu geben (§ 411 Abs. 4 ZPO) und danach uU ein oder sogar mehrere ergänzende schriftliche Gutachten des Sachverständigen einzuholen oder diesen mündlich zu vernehmen hat (§§ 412 Abs. 1, 411 Abs. 3 ZPO). Auch die Parteien können die Anhörung des Sachverständigen beantragen (§§ 402, 397 ZPO).[19] Zu weiteren Verzögerungen kann es dadurch kommen, dass der Gegner eigene Beweisfragen stellen, weitere Beweismittel beantragen oder Gegenbeweis antreten kann.[20] Schließlich sind bereits im selbstständigen Beweisverfahren eine Streitverkündung oder Nebenintervention zulässig,[21] so dass weitere Beteiligte denkbar sind, deren Verfahrensrechte gewahrt werden müssen. All dies führt dazu, dass ein selbstständiges Beweisverfahren lange Zeit, uU sogar mehrere Jahre andauern kann. Danach ist keinesfalls sichergestellt, dass sich ein nachfolgendes Streitverfahren um die Dauer des selbstständigen Beweisverfahrens verkürzt. Zum einen sind nämlich Einwendungen gegen das Sachverständigengutachten, die bereits im selbstständigen Beweisverfahren

---

17 BGH NJW-RR 2016, 63, Tz. 9 ff.; MünchKommZPO/Schreiber, § 487 Rn. 4 mwN.
18 BGH NJW-RR 2010, 946, Tz. 9 f.
19 BGHZ 164, 94 ff.
20 Zöller/Herget, § 485 Rn. 3, § 487 Rn. 4.
21 BGHZ 134, 190 ff.; BGHZ 194, 68, Tz. 6; BGHZ 207, 378, Tz. 9.

– ggf. nach Fristsetzung durch das Gericht – hätten geltend gemacht werden können, im Streitverfahren nach richtiger Auffassung nicht präkludiert, weil §§ 411 Abs. 4, 296 ZPO nicht verfahrensübergreifend angewandt werden können, sondern nur das Vorbringen innerhalb eines Verfahrens betreffen.[22] Darüber hinaus kann eine ergänzende Beweisaufnahme im Hauptsacheprozess auch deshalb erforderlich werden, weil zum einen nicht alle entscheidungserheblichen Fragen Gegenstand des selbstständigen Beweisverfahrens sein müssen und darüber hinaus das Gericht erst im Streitverfahren eine rechtliche Prüfung vornehmen darf (Rn. 591 f.), woraus sich weiterer Aufklärungsbedarf ergeben kann. Die Gesamtverfahrensdauer wird daher in aller Regel deutlich verkürzt, wenn der Anspruchsteller, statt ein zeitaufwendiges selbstständiges Beweisverfahren nur zum Zweck der Informationsbeschaffung durchzuführen, die für eine Klageerhebung erforderlichen Informationen durch ein – meist innerhalb weniger Wochen vorliegendes – Privatgutachten ermitteln lässt und darauf gestützt dann sofort die Klage erhebt.

4. Vergleichsbemühungen

Nach der gesetzgeberischen Konzeption, die etwa in §§ 485 Abs. 2 S. 2, 492 Abs. 3 ZPO zum Ausdruck kommt, dient das selbstständige Beweisverfahren auch der Vermeidung eines Streitverfahrens und der Herbeiführung einer gütlichen Einigung der Parteien. Zu diesem Zweck kann das Verfahren taktisch auch genutzt werden, indem zweifelhafte Anspruchsvoraussetzungen, an denen der Anspruch scheitern könnte, bewusst ausgespart werden. Verlangt beispielsweise der Käufer einer Altbauwohnung, die er unter Gewährleistungsausschluss erworben hat, Gewährleistung wegen eines angeblichen Sachmangels, muss er neben diesem im Streitverfahren die Arglist des Verkäufers beweisen (§ 444 BGB). Dieser Nachweis ist erfahrungsgemäß schwer zu führen. Da aber nicht sämtliche Anspruchsvoraussetzungen Gegenstand des selbstständigen Beweisverfahrens sein müssen (Rn. 591), könnte der Käufer sich in einem solchen darauf beschränken, nur die Einholung eines Sachverständigengutachtens zum Sachmangel zu beantragen, um durch dessen Feststellung den Verkäufer zumindest schon einmal moralisch ins Unrecht zu setzen und damit eine bessere Ausgangsposition für Vergleichsgespräche zu gewinnen.

598

Ein versierter anwaltlicher Vertreter des Verkäufers wird sich davon allerdings nicht beeindrucken lassen, so dass die Erfolgsaussichten einer solchen Taktik nicht allzu hoch sind.

599

III. Zusammenfassung

Das selbstständige Beweisverfahren ermöglicht eine Beweisaufnahme außerhalb eines Streitverfahrens. Die Einleitung eines solchen Verfahrens hemmt die Verjährung und ist sinnvoll zur Sicherung von Beweismitteln, die bis zur Beweiserhebung im Streitverfahren möglicherweise nicht mehr vorhanden oder erreichbar sind. Taktisch kann das selbstständige Beweisverfahren auch zur Informationsbeschaffung genutzt werden,

600

---

[22] Zutreffend MünchKommZPO/Schreiber, § 493 Rn. 3; a. A.: BGH NJW 2010, 2873, Tz. 27 (obiter dictum) und Zöller/Herget, § 492 Rn. 1, wonach eine Zurückweisung nach §§ 411 Abs. 4 S. 2, 296 Abs. 1 ZPO möglich ist, wenn die Voraussetzungen hierfür erfüllt sind.

da das Verbot des Ausforschungsbeweises hier weniger streng ausgeprägt ist als im Streitverfahren.

§ 24 Urkundenprozess

601 Der Urkundenprozess (§§ 592 ff. ZPO) ermöglicht durch Ausschluss aller Einwendungen des Beklagten, die nicht durch Urkunden oder Parteivernehmung nachgewiesen werden können (§ 595 Abs. 2, 598 ZPO), eine beschleunigte, wenn auch uU nur vorläufige Titulierung der Klageforderung durch Vorbehaltsurteil (§ 599 Abs. 1 ZPO). Deshalb sollte diese Klageform stets genutzt werden, wenn sie statthaft ist. Dies wird in der Praxis häufig übersehen, jedenfalls werden die Möglichkeiten des Urkundenprozesses nur selten genutzt.[1]

I. Statthaftigkeit des Urkundenprozesses

602 Der Urkundenprozess ist zunächst nur statthaft zur Durchsetzung der in § 592 ZPO bezeichneten Ansprüche, insbesondere solcher auf Zahlung einer bestimmten Geldsumme.

603 Zweite und wichtigste Voraussetzung der Statthaftigkeit des Urkundenprozesses ist gem. § 592 S. 1 ZPO, dass sämtliche zur Begründung des Anspruchs erforderlichen Tatsachen durch Urkunden bewiesen werden können. Welche Tatsachen dies sind, richtet sich nach den allgemeinen Regeln der Darlegungs- und Beweislast, dh es geht um die anspruchsbegründenden Tatsachen, die der Anspruchsteller darlegen und beweisen muss.[2] Hierzu wird zunächst auf Rn. 162 und die dort genannten Beispiele verwiesen. Exemplarisch lässt sich weiter anführen, dass der Dienstverpflichtete (etwa der Geschäftsführer einer GmbH) im Falle einer von ihm für unwirksam gehaltenen außerordentlichen Kündigung des Dienstberechtigten seine Vergütungsansprüche im Urkundenprozess geltend machen kann, wenn er den Abschluss des Anstellungsvertrages und die Voraussetzungen des Annahmeverzuges (§§ 615, 295 BGB) durch Urkunden nachweisen kann; die Unwirksamkeit der Kündigung zählt demgegenüber nicht zu den anspruchsbegründenden Tatsachen, deren Wirksamkeit ist vielmehr eine rechtsvernichtende Einrede.[3] Dagegen kann der Dienstverpflichtete seine Vergütungsansprüche aus einem ungekündigtem Dienstvertrag nicht im Urkundenprozess geltend machen, wenn streitig und nicht urkundlich belegt ist, dass er die von ihm geschuldeten Dienste erbracht hat; denn letzteres ist aufgrund der Vorleistungspflicht des Dienstverpflichteten gem. § 614 BGB eine anspruchsbegründende Tatsache.[4] Besteht dagegen, wie etwa beim Kaufvertrag nach der gesetzlichen Regelung, keine Vorleistungspflicht einer Partei, ist die Erfüllung der eigenen Vertragspflicht zwar keine Anspruchsvoraussetzung, sondern der Gegner muss die Nichterfüllung durch rechtshemmende Einrede

---

1 Vgl. Rosenberg/Schwab/Gottwald, § 164 Rn. 2; MünchKommZPO/Braun/Heiß, vor § 592 Rn. 21.
2 Rosenberg/Schwab/Gottwald, § 164 Rn. 11; MünchKommZPO/Braun/Heiß, § 592 Rn. 15, 18; Hk-ZPO/Siebert, § 592 Rn. 4; Musielak/Voit/Voit, § 592 Rn. 9; keines Beweises durch Urkunden bedürfen dagegen die von Amts wegen zu berücksichtigenden Prozessvoraussetzungen, vgl. Rosenberg/Schwab/Gottwald, § 164 Rn. 10; Zöller/Greger, § 592 Rn. 9.
3 KG NJW-RR 1997, 1059; OLG München AG 2012, 295, juris-Tz. 35 ff.; Musielak/Voit/Voit, § 592 Rn. 5, 9a; Lutter/Hommelhoff/Kleindiek, Anh. zu § 6 Rn. 50; zur Verteilung der Darlegungs- und Beweislast in solchen Fällen auch BGH NJW 1988, 1265.
4 OLG Schleswig MDR 2007, 292.

nach § 320 BGB geltend machen; geschieht dies aber, muss der Gläubiger beweisen, dass er seine eigene, im Gegenseitigkeitsverhältnis stehende Verpflichtung erfüllt hat, sofern nicht der Schuldner diese Leistung als Erfüllung angenommen und damit die Beweislastumkehr nach § 363 BGB herbeigeführt hat.[5] Deshalb können etwa Mietzinsansprüche im Urkundenprozess geltend gemacht werden, wenn der Vermieter den Abschluss und Inhalt des Mietvertrages durch Vorlage der Vertragsurkunde nachweist und darüber hinaus (etwa durch ein Übergabeprotokoll oder Kontoauszüge, denen zufolge die Miete zunächst ungemindert gezahlt wurde) urkundlich belegt wird oder unstreitig bleibt (dazu sogleich), dass der Mieter die ihm übergebene Mietsache als Erfüllung angenommen hat.[6]

Durch Urkunden nachgewiesen werden müssen allerdings nur solche anspruchsbegründenden Tatsachen, die überhaupt beweisbedürftig sind. Daran fehlt es bei unstreitigen, zugestandenen oder offenkundigen Tatsachen (§§ 138 Abs. 3, 288, 291 ZPO). Sind diese nicht urkundlich belegt, steht dies – außer bei Säumnis des Beklagten[7] – daher der Statthaftigkeit des Urkundenprozesses nicht entgegen.[8] Allerdings muss der Kläger sich stets auf mindestens eine Urkunde stützen können; ohne jegliche Urkunde als Beweismittel ist eine Klage im Urkundenprozess also stets unstatthaft, auch wenn alle anspruchsbegründenden Tatsachen unstreitig bleiben.[9]

604

Der Urkundenbegriff iSv § 592 ZPO ist mit demjenigen der §§ 415 ff. ZPO identisch.[10] Danach ist Urkunde jede schriftlich verkörperte Gedankenerklärung, die zum Beweis geeignet ist.[11] Es genügt, dass die Urkunde einen Indizienbeweis ermöglicht.[12] Der Urkunde muss auch keine bestimmte Beweiskraft eigen sein, so dass eine Klage im Urkundenprozess etwa auch auf Privaturkunden gestützt werden kann, die vom Aussteller nicht unterschrieben sind und daher keine formelle Beweiskraft nach § 416 ZPO entfalten, sondern ausschließlich der freien Beweiswürdigung nach § 286 ZPO unterliegen.[13] Dies gilt beispielsweise für Telefaxe.[14] Nicht zuzulassen sind demgegenüber solche Urkunden, die ein im Urkundenprozess unzulässiges Beweismittel – nämlich Sachverständigengutachten, Zeugenaussage oder Augenschein – ersetzen sollen.[15] So kann etwa das in einem selbstständigen Beweisverfahren eingeholte Sachverständigengutachten nicht als Urkunde iSv § 592 ZPO berücksichtigt werden,[16] ebenso wenig eine privatschriftliche Zeugenaussage, auch nicht in Form einer eidesstattlichen Ver-

605

---

5 Zur Beweislastverteilung bei § 320 BGB vgl. bereits Rn. 163; zu § 363 BGB vgl. Rn. 173.
6 BGH NJW 2009, 3099, Tz. 11 f.; BGH NJW 2007, 1061, Tz. 11; BGH NJW 2005, 2701.
7 Dazu und zu den sich daraus ergebenden taktischen Möglichkeiten des Beklagten nachfolgend Rn. 614.
8 Grundlegend BGHZ 62, 286, 289 ff.; aus neuerer Zeit: BGH NJW 2015, 475, Tz. 14; BGHZ 173, 366, 369, Tz. 13; Rosenberg/Schwab/Gottwald, § 164 Rn. 12; Hk-ZPO/Siebert, § 592 Rn. 4; Musielak/Voit/Voit § 592, Rn. 11; a. A. für nicht bestrittene Tatsachen: MünchKommZPO/Braun/Heiß, § 592 Rn. 22, 28 f.; im Ausgangspunkt auch: Zöller/Greger, § 592 Rn. 11.
9 BGHZ 62, 286, 292; Zöller/Greger § 592 Rn. 11.
10 Rosenberg/Schwab/Gottwald, § 164 Rn. 13; Zöller/Greger, § 592 Rn. 13; MünchKommZPO/Braun/Heiß, § 592 Rn. 31.
11 Vgl. nur BGHZ 65, 300, 301; Zöller/Feskorn, vor § 415 Rn. 2.
12 BGH NJW-RR 2006, 760; Zöller/Greger, § 592 Rn. 13; MünchKommZPO/Braun/Heiß, § 592 Rn. 35.
13 MünchKommZPO/Braun/Heiß, § 592 Rn. 31, 34; Musielak/Voit/Voit, § 592 Rn. 12; Stein/Jonas/Berger, § 592 Rn. 21; vgl. auch Rn. 243.
14 OLG Köln NJW 1992, 1774, juris-Tz. 41; MünchKommZPO/Braun/Heiß, § 592 Rn. 31, 35; Rosenberg/Schwab/Gottwald, § 164 Rn. 13; Musielak/Voit/Voit, § 592 Rn. 12; Stein/Jonas/Berger, § 592 Rn. 21.
15 BGHZ 1, 218, 220 f.; BGHZ 173, 366, 370 ff.; BGH NJW-RR 2012, 1242, Tz. 24; Hk-ZPO/Siebert, § 592 Rn. 4; MünchKommZPO/Braun/Heiß, § 592 Rn. 35; Musielak/Voit/Voit, § 592 Rn. 12.
16 BGHZ 173, 366, 371 ff.

sicherung.[17] Dagegen soll das Protokoll über die Vernehmung eines Zeugen oder Beschuldigten in einem anderen Zivilprozess oder Strafverfahren als Urkunde iSv § 592 ZPO mit der Maßgabe berücksichtigungsfähig sein, dass diese nur belegt, dass die Aussage entsprechend erfolgt ist, also nicht mit demselben Beweiswert wie die Aussage selbst.[18] Zur Begründung wird angeführt, dass ein solches Vernehmungsprotokoll im Zivilprozess als Urkunde verwertet werden kann. Letzteres trifft für das ordentliche Urteilsverfahren durchaus zu (Rn. 242), ändert aber nichts daran, dass die Verwertung eines Vernehmungsprotokolls im Wege des Urkundenbeweises den im Urkundenprozess nicht zulässigen Zeugenbeweis ersetzt und daher in dieser besonderen Verfahrensart aus denselben Gründen nicht zuzulassen ist, aus denen der BGH die Verwertung eines Sachverständigengutachtens aus einem selbstständigen Beweisverfahren abgelehnt hat.[19] Statthaft ist dagegen, eine Klage im Urkundenprozess auf ein Schiedsgutachten zu stützen, wenn – wie regelmäßig – dieses und die Schiedsgutachtenvereinbarung urkundlich nachgewiesen werden können.[20] Denn das Schiedsgutachten ersetzt kein Sachverständigengutachten, da die vom Schiedsgutachter auf der Grundlage der Schiedsgutachtenvereinbarung festgestellten Tatsachen im Rechtsstreit durch Vorlage des Schiedsgutachtens nachgewiesen werden[21] und damit keines weiteren Nachweises mehr bedürfen; dem Gegner obliegt vielmehr, die Unverbindlichkeit des Schiedsgutachtens wegen offenbarer Unrichtigkeit analog § 319 BGB als rechtsvernichtende Einrede nachzuweisen.[22]

606 Die Statthaftigkeit des Urkundenprozesses erfordert außerdem, dass die Echtheit der zum Nachweis der anspruchsbegründenden Tatsachen vorgelegten Urkunden entweder unstreitig ist oder gem. § 595 Abs. 2 ZPO ihrerseits durch Urkunden oder Parteivernehmung nachgewiesen wird.[23]

607 Schließlich kann der Urkundenbeweis gem. § 595 Abs. 3 ZPO nur durch Vorlage der Urkunde angetreten werden. Ein Antrag auf deren Vorlage durch den Beklagten oder gar einen Dritten (§§ 421 ff., 428 ff. ZPO, Rn. 247 f.) ist im Urkundenprozess also nicht zulässig. Befindet sich die Urkunde allerdings in einer Gerichtsakte des angerufenen Gerichts – nicht notwendigerweise desselben Spruchkörpers –, kann deren Beiziehung beantragt werden. Die Beiziehung der Akte eines anderen Gerichts oder einer Behörde ist dagegen ausgeschlossen.[24]

---

17 BGHZ 173, 366, 370; BGH NJW-RR 2012, 1242, Tz. 24; Zöller/Greger, § 592 Rn. 13; Stein/Jonas/Berger, § 592 Rn. 24.
18 OLG München, AG 2007, 361, juris-Tz. 25 ff.; Zöller/Greger, § 592 Rn. 13; Rosenberg/Schwab/Gottwald, § 164 Rn. 13.
19 Zutreffend Stein/Jonas/Berger, § 592 Rn. 24; Wieczorek/Schütze/Olzen, § 592 Rn. 45; wohl auch BGHZ 149, 222, 229.
20 OLG Brandenburg BauR 2005, 605 (die dagegen gerichtete Nichtzulassungsbeschwerde wurde zurückgewiesen durch Beschluss des BGH vom 9.12.2004, VII ZR 355/03); Zöller/Greger, § 592 Rn. 13; Musielak/Voit/ Voit, § 592 Rn. 12; Wieczorek/Schütze/Olzen, § 592 Rn. 45; vgl. auch BGH WM 1988, 276, 277, wonach ein Schiedsgutachten als Beweismittel im Urkundenprozess ungeeignet ist, wenn es offenbar unrichtig ist, was der BGH im entschiedenen Fall ohne Einholung eines Sachverständigengutachtens feststellen konnte, weil das Schiedsgutachten aus Rechtsgründen Systemfehler aufwies.
21 Vgl. BGH NJW-RR 2014, 492, 493, Tz. 28; BGH NJW-RR 2011, 1059, 1060, Tz. 13.
22 BGH NJW-RR 2003, 1355, 1356, juris-Tz. 15; zu den Einzelheiten vgl. auch: MünchHdbGesR/Schmitz-Herscheidt, § 51 Rn. 71 mwN.
23 BGH NJW 1995, 1683, juris-Tz. 24 ff.; Zöller/Greger, § 595 Rn. 7; Musielak/Voit/Voit, § 592 Rn. 12.
24 Vgl. zum Ganzen Zöller/Greger, § 595 Rn. 9.

II. Verfahren und taktisches Vorgehen

1. Sonderregeln des Urkundenprozesses

Der Kläger ist nicht verpflichtet, im Urkundenprozess vorzugehen, er kann auch das ordentliche Urteilsverfahren betreiben. Der Urkundenprozess findet nur statt, wenn die Klage die Erklärung enthält, dass im Urkundenprozess geklagt werde (§ 593 Abs. 1 ZPO).[25] In der Praxis geschieht dies regelmäßig, indem die Klageschrift mit „Klage im Urkundenprozess" überschrieben wird. Gem. § 593 Abs. 2 S. 1 ZPO müssen die Urkunden in Abschrift der Klage oder einem vorbereitenden Schriftsatz beigefügt und so gegenüber dem Beklagten offengelegt werden. Eine anwaltliche Beglaubigung der Abschriften bzw. Kopien sieht das Gesetz nicht vor, ist also richtigerweise nicht erforderlich[26], gleichwohl aber in der obergerichtlichen Rspr.[27] verlangt worden und daher aus anwaltlicher Vorsicht zu empfehlen. Die Originale der Urkunden müssen gem. § 595 Abs. 3 ZPO erst in der mündlichen Verhandlung vorgelegt werden; auch dies ist entbehrlich, wenn der Beklagte die Übereinstimmung der vorgelegten Abschriften mit den Originalen nicht bestreitet.[28]

608

Die wesentliche verfahrensrechtliche Besonderheit des Urkundenprozesses besteht in der **Beschränkung der Beweismittel**: Die anspruchsbegründenden Tatsachen können nur durch Urkunden nachgewiesen werden (§§ 592, 595 Abs. 3 ZPO, Rn. 603 ff.). Für alle anderen Tatsachen sind als Beweismittel gem. § 595 Abs. 2, 3 ZPO nur von der beweispflichtigen Partei vorzulegende Urkunden und die Parteivernehmung nach §§ 445, 447 ZPO[29] zulässig. Daraus folgt gem. § 598 ZPO insbesondere, dass Einwendungen des Beklagten, die nicht mit diesen Beweismitteln nachgewiesen werden können, im Urkundenprozess unberücksichtigt bleiben. „Einwendungen" iSv § 598 ZPO sind nicht nur Einreden im prozessrechtlichen Sinne, sondern auch Gegenvorbringen des Beklagten zu anspruchsbegründenden, urkundlich belegten Tatsachen.[30] Die Präklusion nach dieser Norm gilt allerdings nur für beweisbedürftige Tatsachen und damit nicht für offenkundige, zugestandene oder unstreitige Sachverhalte; Einwendungen, die sich aus letzteren ergeben, werden also auch im Urkundenprozess stets berücksichtigt.[31]

609

Eine weitere Besonderheit des Urkundenprozesses besteht gem. § 595 Abs. 1 ZPO darin, dass Widerklagen nicht statthaft sind, auch wenn sie gleichfalls im Urkundenprozess erhoben werden. Zulässig ist jedoch, gegen eine im ordentlichen Verfahren erhobene Klage Widerklage im Urkundenprozess zu erheben.[32]

610

---

25 BGHZ 69, 66 lässt jedenfalls in der 1. Instanz grundsätzlich einen nachträglichen Übergang in den Urkundenprozess zu, wenn die Voraussetzungen für eine Klageänderung nach § 263 ZPO erfüllt sind, betont dabei jedoch, dass Sachdienlichkeit iS dieser Norm wohl kaum denkbar ist und damit der Übergang nur mit Zustimmung des Gegners zulässig ist.
26 Zutreffend: Zöller/Greger, § 593 Rn. 5; Hk-ZPO/Siebert, § 593 Rn. 3; Rosenberg/Schwab/Gottwald, § 164 Rn. 18; Musielak/Voit/Voit, § 593 Rn. 4; MünchKommZPO/Braun/Heiß, § 593 Rn. 4.
27 OLG Düsseldorf MDR 1988, 504, juris-Tz. 2; OLG Frankfurt WM 1995, 2079, juris-Tz. 26.
28 Zöller/Greger, § 595 Rn. 9 iVm Zöller/Feskorn, § 435 Rn. 1 aE.
29 § 448 ZPO ist nicht anwendbar, vgl. nur Zöller/Greger, § 595 Rn. 6.
30 Musielak/Voit/Voit, § 598 Rn. 2; MünchKommZPO/Braun/Heiß, § 598 Rn. 1; zur Begrifflichkeit vgl. außerdem Rn. 165.
31 BGHZ 62, 286, 289.
32 BGHZ 149, 222.

2. Mögliche Verläufe des Urkundenprozesses

a) Unbegründete Klage

611 Gem. § 597 Abs. 1 ZPO wird die Klage durch Sachurteil (zum Begriff Rn. 44) als unbegründet abgewiesen, wenn das Gericht bereits im Urkundenprozess deren Unbegründetheit abschließend feststellen kann. Dies ist Fall, wenn die Klage unschlüssig ist (Rn. 330), oder wenn der Beklagte eine die Klageforderung ausschließende Einwendung geltend macht und deren Voraussetzungen unstreitig bleiben oder vom Beklagten mit den nach § 595 Abs. 2, 3 ZPO zugelassenen Mitteln nachgewiesen werden,[33] ohne dass der Kläger dieser Einwendung mit im Urkundenprozess ausgeschlossenen Mitteln entgegentritt.[34]

612 Gegen das klageabweisende Urteil nach § 597 Abs. 1 ZPO steht dem Kläger als Rechtsmittel die Berufung zu. Wird das Urteil rechtskräftig, ist die Klageabweisung endgültig, dh die Klageforderung kann auch im ordentlichen Urteilsverfahren nicht nochmals geltend gemacht werden.[35]

b) Im Urkundenprozess unstatthafte Klage

613 Ist der Urkundenprozess nicht statthaft, wird die Klage nicht endgültig als unbegründet, sondern gem. § 597 Abs. 2 ZPO durch Prozessurteil (zum Begriff Rn. 44) als im Urkundenprozess unstatthaft abgewiesen. Auch hiergegen steht dem Kläger das Rechtsmittel der Berufung zu. Wird das Urteil rechtskräftig, steht es nur einer erneuten Klageerhebung im Urkundenprozess bei unveränderter Beweislage entgegen, die Klageforderung kann aber, da über ihre Berechtigung kein Sachurteil ergangen ist, im ordentlichen Urteilsverfahren erneut geltend gemacht werden.[36]

aa) Taktische Möglichkeiten des Beklagten zur Herbeiführung der Unstatthaftigkeit des Urkundenprozesses

614 Im Urkundenprozess unstatthaft ist die Klage insbesondere, wenn sie zwar schlüssig ist (zum Begriff Rn. 330), vom Kläger aber nicht alle streitigen, anspruchsbegründenden Tatsachen durch Vorlage von Urkunden nachgewiesen werden (Rn. 603 f.). Da der Urkundenprozess auch statthaft ist, wenn einzelne Anspruchsvoraussetzungen zwar nicht durch Urkunden nachgewiesen werden, aber unstreitig bleiben (Rn. 604), kann der Beklagte dessen Unstatthaftigkeit herbeiführen, indem er urkundlich nicht belegte anspruchsbegründende Tatsachen bestreitet. Selbstverständlich ist dies aber nur unter Beachtung der prozessualen Wahrheitspflicht (§ 138 Abs. 1 ZPO, Rn. 6) zulässig. Ist dem Beklagten die Richtigkeit einer vom Kläger behaupteten, aber nicht urkundlich belegten Tatsache bekannt, darf er diese daher zwar nicht bestreiten, hat aber gleichwohl eine prozesstaktische Möglichkeit, die Unstatthaftigkeit des Urkundenprozesses herbeizuführen. Diese ergibt sich aus § 597 Abs. 2 ZPO. Danach müssen bei Säumnis des Beklagten alle anspruchsbegründenden Tatsachen urkundlich nachgewiesen werden, dh die Geständnisfiktion nach § 331 Abs. 1 S. 1 ZPO gilt nicht für diese Tatsachen, sondern nur für die Echtheit der vorgelegten Urkunden und die Übereinstimmung

---

33 Zöller/Greger, § 597 Rn. 1a; MünchKommZPO/Braun/Heiß, § 597 Rn. 11, 13; Hk-ZPO/Siebert, § 597 Rn. 4.
34 Zum gegenteiligen Fall nachfolgend Rn. 615.
35 Zöller/Greger, § 597 Rn. 3; MünchKommZPO/Braun/Heiß, § 597 Rn. 15; Hk-ZPO/Siebert, § 597 Rn. 4.
36 Zöller/Greger, § 597 Rn. 6; MünchKommZPO/Braun/Heiß, § 597 Rn. 9; Rosenberg/Schwab/Gottwald, § 164 Rn. 28; Hk-ZPO/Siebert, § 597 Rn. 6.

etwaiger nach § 593 Abs. 2 ZPO vorgelegten Abschriften mit den Originalen.[37] Dem Beklagten, der urkundlich nicht bewiesene Anspruchsvoraussetzungen nicht bestreiten kann, ist daher zur Säumnis zu raten, da er hierdurch die Unstatthaftigkeit des Urkundenprozesses herbeiführen kann, so dass die Klage durch kontradiktorisches Versäumnisurteil als im Urkundenprozess unstatthaft abgewiesen wird.[38] Der Prozessbevollmächtigte des Beklagten sollte allerdings gleichwohl zur mündlichen Verhandlung erscheinen und das Gericht auf die Rechtsfolgen des § 597 Abs. 2 ZPO bei Säumnis des Beklagten hinweisen. Die Säumnis kann er gem. § 333 ZPO herbeiführen, indem er keinen Antrag stellt und damit nicht verhandelt (Rn. 449).

Unstatthaft ist der Urkundenprozess auch, wenn der Beklagte die Voraussetzungen einer rechtserheblichen Einwendung urkundlich nachweist, der Kläger dieser Darstellung widerspricht, den Gegenbeweis aber nicht mit den nach § 595 Abs. 2, 3 ZPO zugelassenen Beweismitteln antreten kann.[39] Dasselbe gilt, wenn der Beklagte sich vorrangig mit einer rechtserheblichen, nach § 598 ZPO im Urkundenprozess aber nicht zu berücksichtigenden Einwendung verteidigt, hilfsweise aber die Aufrechnung mit einer urkundlich nachgewiesenen Gegenforderung erklärt.[40] Beide Alternativen führen zwar zur Klageabweisung, aber mit unterschiedlichen Auswirkungen auf die zur Aufrechnung gestellte Gegenforderung (Rn. 354). Wenn eine diesbezügliche Klärung mit den nach § 595 Abs. 2, 3 ZPO zugelassenen Beweismitteln nicht erfolgen kann, ist die Klage daher im Urkundenprozess unstatthaft.

615

bb) Gegenstrategie des Klägers: Abstandnahme vom Urkundenprozess

Da nach einer Klageabweisung als im Urkundenprozess unstatthaft die Klageforderung zwar im ordentlichen Urteilsverfahren erneut geltend gemacht werden kann, der Kläger aber mit den Kosten des Urkundenprozesses belastet bleibt, sollten er bzw. sein Prozessbevollmächtigter ein solches Urteil in jedem Fall vermeiden. Das prozesstaktische Instrumentarium hierzu eröffnet § 596 ZPO. Danach kann der Kläger, ohne dass dies der Einwilligung des Beklagten bedarf, bis zum Schluss der mündlichen Verhandlung vom Urkundenprozess Abstand nehmen. Die entsprechende Erklärung kann schriftsätzlich oder in der mündlichen Verhandlung erfolgen, muss aber eindeutig sein. Außerdem ist sie unwiderruflich und als Prozesshandlung bedingungsfeindlich, auch eine innerprozessuale Bedingung (etwa die Abstandnahme vom Urkundenprozess für den Fall, dass das Gericht diesen für unstatthaft hält) ist unzulässig,[41] da es sich um eine Bewirkungshandlung handelt (Rn. 308). Rechtsfolge der Abstandnahme vom Urkundenprozess ist, dass der Rechtsstreit gem. § 596 ZPO im ordentlichen Verfahren fortgesetzt wird, so dass die Beschränkungen aus §§ 592, 595 ZPO entfallen und die Parteien dementsprechend ergänzend vortragen und Beweis anbieten können. Wird die Abstandnahme im Termin zur mündlichen Verhandlung erklärt, hat der Beklagte, da er hiermit stets rechnen muss, allerdings keinen Anspruch auf Vertagung und muss daher, wenn das Gericht dies verlangt, sofort vortragen und Beweis antreten; nur auf neuen Vortrag des Klägers kann der Beklagte Schriftsatznachlass gem. § 283 ZPO verlangen.[42]

616

---

37 BGHZ 62, 286, 290; Zöller/Greger, § 597 Rn. 8; MünchKommZPO/Braun/Heiß, § 597 Rn. 7.
38 Zöller/Greger, § 597 Rn. 8; zum kontradiktorischen Versäumnisurteil vgl. außerdem Rn. 450 f.
39 Zöller/Greger, § 597 Rn. 1a; MünchKommZPO/Braun/Heiß, § 597 Rn. 5, 13; Hk-ZPO/Siebert, § 597 Rn. 5.
40 BGHZ 80, 97, 99; Zöller/Greger, § 598 Rn. 6; Hk-ZPO/Siebert, § 597 Rn. 5.
41 BGHZ 82, 200, 207 ff.; BGH NJW 1982, 2258, 2259; Hk-ZPO/Siebert, § 596 Rn. 2; Zöller/Greger, § 596 Rn. 1.
42 Zöller/Greger, § 596 Rn. 9; Hk-ZPO/Siebert, § 596 Rn. 5.

617 In der Berufungsinstanz ist eine Abstandnahme vom Urkundenprozess wie eine Klageänderung zu behandeln[43] und daher unter den Voraussetzungen der §§ 533, 263 ZPO zulässig. Konsequenterweise gilt damit auch § 533 Nr. 2 ZPO,[44] wonach die Klageänderung in der Berufungsinstanz nur zulässig ist, wenn sie auf Tatsachen gestützt wird, die das Berufungsgericht gem. § 529 ZPO zu berücksichtigen hat. Daraus folgt aber, dass eine nach der Abstandnahme vom Urkundenprozess regelmäßig beabsichtigte Ergänzung des Tatsachenvortrages und der zugehörigen Beweisantritte in der Berufungsinstanz an der Präklusion nach §§ 529 Abs. 1 Nr. 2, 531 Abs. 2 ZPO scheitert. Man wird hiergegen auch nicht argumentieren können, dass solche Ergänzungen erstinstanzlich aufgrund der Beschränkungen aus §§ 592, 595 ZPO nicht hätten geltend gemacht werden können und daher nach § 531 Abs. 2 S. 1 Nr. 3 ZPO zuzulassen seien, denn selbstverständlich hätte der Kläger schon erstinstanzlich nach § 596 ZPO vorgehen können und müssen.[45] Letztendlich ist damit eine Abstandnahme vom Urkundenprozess in der Berufungsinstanz nur zulässig, wenn der Kläger schon erstinstanzlich so umfassend und unter Beweisantritt vorgetragen hat, dass er nichts Neues mehr vorbringen muss, um den Rechtsstreit im ordentlichen Verfahren fortsetzen zu können. Dann ist nämlich dieses Vorbringen, auch wenn es gem. §§ 592, 595, 598 ZPO vom Eingangsgericht nicht berücksichtigt werden konnte, in der Berufungsinstanz nicht „neu" iSd §§ 529 Abs. 1 Nr. 2, 531 Abs. 2 ZPO,[46] so dass das Berufungsgericht unter Berücksichtigung des gesamten Prozessstoffes in der Sache zu erkennen hat; eine Aufhebung der erstinstanzlichen Entscheidung und die Zurückverweisung an das Eingangsgericht gem. § 538 Abs. 2 S. 1 Nr. 5 ZPO ist nicht zulässig.[47]

c) Vorbehaltsurteil und Nachverfahren

618 Der in § 598 ZPO geregelte **Ausschluss von Einwendungen**, die nicht mit den im Urkundenprozess zugelassenen Beweismitteln nachgewiesen werden können (Rn. 609), ermöglicht die schnelle Titulierung einer urkundlich nachweisbaren Forderung und begründet damit den taktischen Vorteil des Urkundenprozesses. Klagt beispielsweise der Verkäufer in dieser Prozessart unter Vorlage eines schriftlichen Kaufvertrages den darin vereinbarten Kaufpreis ein, sind die anspruchsbegründenden Tatsachen urkundlich nachgewiesen, so dass die Voraussetzungen des § 592 ZPO erfüllt sind. Wendet jetzt der beklagte Käufer ein, die ihm übergebene Kaufsache habe sich später als mangelhaft erwiesen, deshalb sei er wirksam vom Kaufvertrag zurückgetreten, wird diese Einrede, wenn sie nicht mit den nach § 595 Abs. 2, 3 ZPO zulässigen Beweismitteln nachgewiesen wird, im Urkundenprozess gem. § 598 ZPO nicht berücksichtigt. Dies führt dazu, dass der Beklagte gem. § 599 Abs. 1 ZPO durch Vorbehaltsurteil – dh unter dem Vorbehalt der Ausführung seiner Rechte im Nachverfahren, Rn. 621 ff. – zur

---

43 St. Rspr. seit BGHZ 29, 337, 339; vgl. aus neuerer Zeit: BGHZ 189, 182, 188, Tz. 24; BGH NJW 2012, 2662, Tz. 14; BGH NJW 2020, 2407, Tz. 13; BGH NJW-RR 2022, 1433, Tz. 8, 18 mit der Maßgabe, dass § 524 Abs. 4 ZPO (dazu Rn. 581) nicht analog gilt, so dass der Abstandnahme vom Urkundenprozess nicht entgegensteht, dass das Berufungsgericht bereits einen Hinweisbeschluss nach § 522 Abs. 2 S. 2 ZPO (dazu Rn. 584) erlassen hat.
44 Zutreffend Wieczorek/Schütze/Olzen, § 596 Rn. 9; Thomas/Putzo/Seiler, § 596 Rn. 2; a. A.: Stein/Jonas/Berger, § 596 Rn. 11; Musielak/Voit/Voit, § 596 Rn. 7; offen gelassen von: BGHZ 189, 182, 192, Tz. 34; BGH NJW 2012, 2662, Tz. 15; BGH NJW 2020, 2407, Tz. 26.
45 Zutreffend OLG Celle MDR 2006, 111.
46 BGHZ 189, 182, 188 ff.; BGH MDR 2012, 1184, Tz. 29 f.; BGH NJW 2012, 2662, Tz. 14 ff.; BGH, Urteil vom 24.1.2014, V ZR 36/13, BeckRS 2014, 05442.
47 BGH NJW 2020, 2407, Tz. 17 f. mwN; a. A.: MünchKommZPO/Braun/Heiß, § 596 Rn. 4 aE.

Kaufpreiszahlung verurteilt wird. Dieses Urteil ist gem. § 708 Nr. 4 ZPO ohne Sicherheitsleistung vorläufig vollstreckbar, jedoch bei Abwendungsbefugnis nach Maßgabe von § 711 ZPO. In der Regel kann der Beklagte dies auch nicht durchkreuzen, indem er seinerseits eine Klage auf Feststellung erhebt, dass das Vertragsverhältnis aufgrund des von ihm erklärten Rücktritts in ein Rückgewährschuldverhältnis umgewandelt wurde, und gleichzeitig die Aussetzung des Urkundenprozesses gem. § 148 ZPO bis zur rechtskräftigen Entscheidung über diese Feststellungsklage beantragt; denn das dem Gericht nach der letztgenannten Norm zustehende Ermessen gestattet aufgrund des Zwecks des Urkundenprozesses, dem Kläger schnell einen vollstreckbaren Titel zu verschaffen, dessen Aussetzung wegen einer Feststellungsklage über eine präjudizielle Vorfrage nur ausnahmsweise unter besonderen Voraussetzungen.[48]

Der Vorbehalt wird im Urteil – und zwar im Tenor,[49] möglich ist dies aber auch in den Entscheidungsgründen[50] – gem. § 599 Abs. 1 ZPO aber nur ausgesprochen, wenn der Beklagte der Klageforderung widersprochen hat. Eine Begründung dieses Widerspruches ist selbstverständlich zulässig, aber nicht erforderlich, erst recht muss sie nicht stichhaltig sein, es genügt vielmehr jede Verteidigung gegen die Klageforderung, etwa durch Beantragung der Klageabweisung; der Vorbehalt selbst muss also nicht (kann aber natürlich) beantragt werden.[51] Der Beklagte kann auch der Klageforderung widersprechen und sie gleichzeitig allein für den Urkundenprozess anerkennen, dann ergeht ein Anerkenntnisurteil als Vorbehaltsurteil (sog Anerkenntnis-Vorbehaltsurteil);[52] ein solches Vorgehen ist allerdings riskant und daher nicht empfehlenswert, weil zum einen auch ein solches Urteil Bindungswirkung für das Nachverfahren (dazu sogleich) in Bezug auf die Schlüssigkeit der Klage entfaltet,[53] und weil zum anderen das Anerkenntnisurteil nach § 708 Nr. 1 ZPO vorläufig vollstreckbar ist, so dass die Abwendungsbefugnis nach § 711 ZPO nicht besteht.

619

Wird der Vorbehalt im Urteil nicht ausgesprochen, kann und muss der Beklagte Urteilsergänzung gem. §§ 599 Abs. 2, 321 ZPO beantragen (Rn. 484 ff.) oder – was gem. § 599 Abs. 3 ZPO auch gegen das Vorbehaltsurteil möglich ist – Berufung einlegen. Unterbleibt beides, erwächst das Urteil bei fehlendem Vorbehalt in vollem Umfang in materielle Rechtskraft, womit auch ein Nachverfahren ausgeschlossen ist.[54]

620

Wird dem Beklagten die Ausführung seiner Rechte vorbehalten, ist das Vorbehaltsurteil nur vorläufiger Natur, gem. § 600 Abs. 1 ZPO bleibt der Rechtsstreit im ordentlichen Verfahren anhängig. Dies bedeutet, dass der Rechtsstreit nach Erlass des Vorbehaltsurteils vor dem Gericht, das dieses erlassen hat,[55] ohne die Beschränkungen des Urkundenprozesses im ordentlichen Verfahren unter Berücksichtigung aller hier zugelassenen Beweismittel fortgesetzt wird (sog **Nachverfahren**). Da streitig ist, ob das

621

---

48 BGH NJW-RR 2021, 638, Tz. 6 ff.
49 BGH NJW 1981, 393, 394.
50 Zöller/Greger, § 599 Rn. 6; MünchKommZPO/Braun/Heiß, § 599 Rn. 7.
51 Zöller/Greger, § 599 Rn. 2; MünchKommZPO/Braun/Heiß, § 599 Rn. 3.
52 Hk-ZPO/Siebert, § 599 Rn. 4; Zöller/Greger, § 599 Rn. 4; MünchKommZPO/Braun/Heiß, § 599 Rn. 5 mwN, auch zur Gegenmeinung.
53 OLG Brandenburg NJW-RR 2002, 1294, juris-Tz. 22; OLG Düsseldorf NJW-RR 1999, 68, 69, juris-Tz. 29.
54 OLG Karlsruhe NJW-RR 1991, 1151; MünchKommZPO/Braun/Heiß, § 599 Rn. 7; Zöller/Greger, § 599 Rn. 6.
55 Ergeht das Vorbehaltsurteil erst im Berufungsverfahren, bleibt das Berufungsgericht folglich auch sofort für das Nachverfahren zuständig (BGH NJW 2005, 2701, 2703), kann auf Antrag analog § 538 Abs. 2 S. 1 Nr. 5 ZPO allerdings an das Eingangsgericht zurückverweisen, vgl.; Zöller/Greger, § 600 Rn. 9; MünchKommZPO/Braun/Heiß, § 600 Rn. 6.

Gericht hierzu einen neuen Termin zur mündlichen Verhandlung von Amts wegen[56] oder nur auf Antrag einer Partei anzuberaumen hat,[57] ist letzterer zu empfehlen. Im Nachverfahren ist auch die Erhebung einer Widerklage zulässig.[58] Eine Präklusion von Angriffs- oder Verteidigungsmitteln nach § 296 Abs. 1 oder 2 ZPO im Urkundenverfahren wirkt für das Nachverfahren nicht fort.[59] Dagegen gelten ein im Urkundenprozess abgegebenes Geständnis oder die Anerkennung der Echtheit einer Urkunde auch im Nachverfahren.[60]

622 Darüber hinaus ist zu berücksichtigen, dass nach der st. Rspr. des BGH das Vorbehaltsurteil, soweit es nicht auf den eigentümlichen Beschränkungen der Beweismittel im Urkundenverfahren beruht, **Bindungswirkung** nach § 318 ZPO für das Nachverfahren entfaltet, so dass diejenigen Teile des Streitverhältnisses, die im Vorbehaltsurteil beschieden werden mussten, damit dieses überhaupt ergehen konnte, als endgültig beschieden dem Streit entzogen sind.[61] Dies bedeutet, dass das Gericht und dementsprechend auch der Beklagte im Nachverfahren das Vorliegen der Prozessvoraussetzungen und die Schlüssigkeit der Klage[62] nicht mehr in Frage stellen dürfen. Außerdem sind Einwendungen gegen die Klageforderung präkludiert, wenn das Gericht diese im Vorbehaltsurteil aus Rechtsgründen als unbegründet aberkannt[63] oder deren tatsächliche Voraussetzungen als endgültig widerlegt eingestuft hat.[64] Dasselbe gilt, wenn das Gericht die vom Kläger selbst vorgetragenen Voraussetzungen einer rechtserheblichen Einwendung – im entschiedenen Fall die AGB-rechtliche Unwirksamkeit der anspruchsbegründenden Vertragsklausel – rechtsfehlerhaft unberücksichtigt lässt und den Beklagten durch Vorbehaltsurteil verurteilt.[65] In solchen Fällen darf der Beklagte sich also nicht auf das Nachverfahren beschränken, sondern muss gegen das Vorbehaltsurteil Berufung einlegen. Dies verlangt dem Rechtsanwalt eine sorgfältige Prüfung des Vorbehaltsurteils ab, zumal dessen Bindungswirkung nicht davon abhängig ist, dass das Gericht ausdrücklich oder auch nur bewusst die Schlüssigkeit der Klage bejaht oder die Rechtserheblichkeit einer Einrede verneint hat, die Bindungswirkung tritt vielmehr auch ein, wenn das Gericht im Vorbehaltsurteil die Problematik rechtsfehlerhaft übersehen hat.[66] Dagegen hindert die Bindungswirkung des Vorbehaltsurteils den Beklagten nicht, anspruchsbegründende Tatsachen, wie etwa die Echtheit der Urkunde, erstmals im Nachverfahren zu bestreiten; dies folgt aus § 599 Abs. 1 ZPO, wonach der Beklagte, um sich die Geltendmachung seiner Rechte im Nachverfahren vorzubehalten, der Klageforderung nur widersprechen, sich aber nicht sachlich gegen diese

---

56 So Zöller/Greger, § 600 Rn. 8; MünchKommZPO/Braun/Heiß, § 600 Rn. 4.
57 So BGHZ 86, 267, 270; Stein/Jonas/Berger, § 600 Rn. 13; Musielak/Voit/Voit, § 600 Rn. 2; Hk-ZPO/Siebert § 600 Rn. 2.
58 Zöller/Greger, § 600 Rn. 18a; Hk-ZPO/Siebert, § 600 Rn. 2.
59 Zöller/Greger, § 600 Rn. 1, 18; MünchKommZPO/Braun/Heiß, § 600 Rn. 8.
60 Zöller/Greger, § 600 Rn. 1; MünchKommZPO/Braun/Heiß, § 600 Rn. 7.
61 BGHZ 82, 115, 117 f., 120; BGHZ 158, 69, 72; BGH NJW 1993, 668, juris-Tz. 11; BGH NJW 1973, 467, juris-Tz. 11; BGH WM 1968, 1228, juris-Tz. 6; a. A.: MünchKommZPO/Braun/Heiß, § 600 Rn. 19 ff.; Zöller/Greger, § 600 Rn. 20.
62 BGHZ 158, 69, 72; BGH WM 1968, 1228, juris-Tz. 6.
63 BGH WM 1994, 961, juris-Tz. 10; BGH NJW 1973, 467, juris-Tz. 12; BGH WM 1968, 1228, juris-Tz. 6.
64 RG Gruchot 43 (1899), 1243, 1244; Thomas/Putzo/Seiler, § 598 Rn. 3; Anders/Gehle/Gehle, § 600 Rn. 9 (Stichwort „Einwendung"), 14. Die „Endgültigkeit" der Widerlegung ist allerdings aus der Sicht des Nachverfahrens zu beurteilen; denn die Beweiswürdigung im rechtskräftigen Vorbehaltsurteil ist für das Nachverfahren nur bindend, wenn der Sachverhalt und die Beweismittel dort unverändert bleiben (zutreffend Bilda NJW 1983, 142, 145).
65 BGH NJW 1991, 1117, juris-Tz. 13 ff.
66 BGH WM 1968, 1228, juris-Tz. 9.

verteidigen muss.⁶⁷ Erst recht kann der Beklagte damit im Nachverfahren auch solche Einwendungen noch geltend machen, die er im Urkundenverfahren schon hätte geltend machen können, aber nicht geltend gemacht hat und über die dementsprechend im Vorbehaltsurteil nicht entschieden wurde.⁶⁸

Das Nachverfahren endet – typischerweise nach entsprechender Beweiserhebung – mit einem weiteren, nach den allgemeinen Regeln rechtsmittelfähigen Urteil. Erweist sich die Klage auch im Nachverfahren als begründet, wird in diesem Urteil das Vorbehaltsurteil für vorbehaltlos erklärt (so der Urteilstenor und dementsprechend auch der Antrag des Klägers nach Erlass des Vorbehaltsurteils), anderenfalls wird das Vorbehaltsurteil aufgehoben und die Klage abgewiesen.⁶⁹ Im letztgenannten Fall steht dem Beklagten gem. §§ 600 Abs. 4, 302 Abs. 4 S. 3 ZPO ein verschuldensunabhängiger Anspruch auf Ersatz des Schadens zu, der ihm durch die Vollstreckung des Vorbehaltsurteils oder durch eine Sicherheitsleistung zur Abwendung der Zwangsvollstreckung entstanden ist. Dieses Risiko muss dem Kläger bewusst sein, wenn er im Urkundenprozess vorgeht.

623

III. Zusammenfassung

1. Der Urkundenprozess ist statthaft zur Durchsetzung von Zahlungsansprüchen, wenn sämtliche anspruchsbegründenden Tatsachen durch Urkunden bewiesen werden können. Keines Nachweises bedürfen – außer bei Säumnis des Beklagten – allerdings unstreitige Tatsachen, jedoch muss der Kläger sich auf mindestens eine Urkunde stützen können.

624

2. Sind diese Voraussetzungen nicht erfüllt, kann der Kläger vom Urkundenprozess Abstand nehmen, anderenfalls wird seine Klage als im Urkundenprozess unstatthaft abgewiesen.

3. Ist der Urkundenprozess dagegen statthaft, werden nur solche Einwendungen des Beklagten berücksichtigt, deren Voraussetzungen dieser seinerseits durch Urkunden oder durch Parteivernehmung nachweisen kann (§§ 598, 595 Abs. 2 ZPO). Gelingt ihm dies nicht, wird er durch Vorbehaltsurteil, das ohne Sicherheitsleistung vorläufig vollstreckbar ist, verurteilt und auf das Nachverfahren verwiesen. Für dieses entfaltet das Vorbehaltsurteil jedoch Bindungswirkung gem. § 318 ZPO, soweit es nicht auf den Beschränkungen der Beweismittel im Urkundenprozess beruht.

§ 25 Mahnverfahren

I. Verfahren

Die Voraussetzungen der Zulässigkeit des Mahnverfahrens sind in § 688 ZPO geregelt. Hervorzuheben ist, dass Gegenstand eines solchen Verfahrens nur Geldforderungen sein können, deren Geltendmachung nicht von einer noch nicht erbrachten Gegenleistung abhängig ist (§ 688 Abs. 1, 2 Nr. 2 ZPO).¹

625

---

67 BGHZ 82, 115, 118 ff.; BGHZ 158, 69, 73.
68 BGH NJW 1993, 668, juris-Tz. 14.
69 Zöller/Greger, § 600 Rn. 10, 22 f.; MünchKommZPO/Braun/Heiß, § 600 Rn. 12, 24 f.
1 Wird im Mahnantrag bewusst wahrheitswidrig angegeben, dass der Anspruch nicht von einer Gegenleistung abhänge oder die Gegenleistung erbracht sei, kann sich der Antragsteller wegen Rechtsmissbrauchs nicht auf die Verjährungshemmung durch den Mahnbescheid berufen, BGH NJW 2012, 995, Tz. 7.

626 Ausschließlich zuständig ist gem. § 689 Abs. 2 S. 1 ZPO streitwertunabhängig das Amtsgericht, bei dem der Antragsteller seinen allgemeinen Gerichtsstand hat, wobei die Landesregierungen von ihrer Ermächtigung gem. § 689 Abs. 3 ZPO Gebrauch gemacht haben, die Bearbeitung der Mahnsachen durch Rechtsverordnung auf zentrale Mahngerichte zu konzentrieren.[2] Funktionell zuständig ist der Rechtspfleger (§ 20 Nr. 1 RPflG). Dieser führt – von Fällen offensichtlich nicht bestehender Forderungen abgesehen,[3] dh wenn der bezeichnete Anspruch die Zahlung eines Geldbetrages nicht rechtfertigen kann[4] – keine Prüfung der Schlüssigkeit des geltend gemachten Anspruchs durch, sondern prüft gem. § 691 Abs. 1 ZPO nur, ob der **Mahnantrag** den formellen Anforderungen der §§ 688, 689, 690, 702 Abs. 2, 703c Abs. 2 ZPO genügt. Ist dies der Fall, wird gem. §§ 692, 693 ZPO der **Mahnbescheid** erlassen und dem Antragsgegner zugestellt.

627 Gem. §§ 692 Abs. 1 Nr. 3, 694 Abs. 1 ZPO kann der Antragsgegner innerhalb von zwei Wochen nach Zustellung des Mahnbescheides, aber auch danach noch bis zum Erlass eines Vollstreckungsbescheides bei dem Gericht, das den Mahnbescheid erlassen hat, schriftlich **Widerspruch** erheben. Dazu wird dem Mahnbescheid von Seiten des Gerichts bereits ein Formular beigefügt, das zur Erhebung des Widerspruchs verwendet werden kann. Dieser bedarf keiner Begründung, kann aber auf Teile des mit dem Mahnbescheid geltend gemachten Anspruchs oder auf die Kostenerstattungspflicht (sog Kostenwiderspruch) beschränkt werden.

628 Wird Widerspruch erhoben, gibt das Mahngericht auf Antrag einer Partei den Rechtsstreit an das Gericht ab, das im Mahnantrag und -bescheid als für das streitige Verfahren zuständig bezeichnet wurde (Einzelheiten: § 696 Abs. 1 ZPO).[5] Dieses fordert den Antragsteller gem. § 697 Abs. 1 ZPO auf, den Anspruch binnen zwei Wochen in einer der Klageschrift entsprechenden Form zu begründen. Nach Eingang dieser Anspruchsbegründung ist gem. § 697 Abs. 2 ZPO wie nach Eingang einer Klage weiter zu verfahren, dh es wird das ordentliche Urteilsverfahren durchgeführt. Geht die Anspruchsbegründung nicht rechtzeitig ein, bleibt dies – solange keine Verjährung eintritt – zunächst folgenlos, da eine Zurückweisung nach § 296 Abs. 1 oder 2 ZPO wegen Versäumung der Frist nach § 697 Abs. 1 ZPO nicht in Betracht kommt.[6] Einen Termin zur mündlichen Verhandlung bestimmt das Gericht in diesen Fällen gem. § 697 Abs. 3 S. 1 ZPO nur auf Antrag des Gegners, setzt hierbei dem Kläger allerdings gem. § 697 Abs. 3 S. 2 ZPO eine weitere Frist zur Anspruchsbegründung, bei deren Versäumung dann § 296 Abs. 1 ZPO anzuwenden ist.

629 Soweit kein Widerspruch erhoben wird, kann der Antragsteller gem. § 699 Abs. 1 S. 2 ZPO nach Ablauf der zweiwöchigen Widerspruchsfrist (§ 692 Abs. 1 Nr. 3 ZPO) den Erlass eines **Vollstreckungsbescheides** beantragen. Dieser ergeht gem. § 699 ZPO nach erneuter Prüfung der formellen Voraussetzungen des Mahnverfahrens und der ordnungsgemäßen Zustellung des Mahnbescheides, aber ohne Prüfung der Schlüssig-

---

2 Einzelheiten unter www.mahngerichte.de; in Nordrhein-Westfalen ist beispielsweise das AG Hagen für die OLG-Bezirke Hamm und Düsseldorf zuständig, das AG Euskirchen für den OLG-Bezirk Köln.
3 Zöller/Seibel, § 691 Rn. 1; Musielak/Voit, Rn. 1094.
4 Rosenberg/Schwab/Gottwald, § 165 Rn. 23.
5 Das Mahngericht prüft nicht die Zuständigkeit des Gerichts, an das der Rechtsstreit abgegeben wird. Dementsprechend wird letzteres gem. § 696 Abs. 5 ZPO in seiner Zuständigkeit nicht gebunden, sondern hat seine Zuständigkeit selbstständig zu prüfen und bei deren Fehlen die Klage als unzulässig abzuweisen oder auf Antrag des Klägers nach § 281 ZPO an das zuständige Gericht zu verweisen (Rosenberg/Schwab/Gottwald, § 165 Rn. 46; Zöller/Seibel, § 696 Rn. 5, 11).
6 OLG Nürnberg NJW-RR 2000, 445; Zöller/Seibel, § 697 Rn. 10; MünchKommZPO/Schüler, § 697 Rn. 13 mwN.

keit der geltend gemachten Forderung, und steht gem. § 700 Abs. 1 ZPO einem Versäumnisurteil gleich. Daraus folgt, dass der Antragsteller mit dem Vollstreckungsbescheid einen Vollstreckungstitel erhält (§ 794 Abs. 1 Nr. 4 ZPO), aus dem er ohne Sicherheitsleistung die Zwangsvollstreckung betreiben kann (§ 708 Nr. 2 ZPO), gegen den der Antragsgegner allerdings innerhalb von zwei Wochen nach Zustellung noch **Einspruch** einlegen kann (§§ 338 ff. ZPO).[7] Geschieht dies, gibt das Mahngericht den Rechtsstreit an das Gericht ab, das im Mahnantrag und -bescheid als zuständig für das streitige Verfahren bezeichnet wurde. Dieses fordert den Antragsteller zur Begründung seines Anspruchs auf (Einzelheiten: § 700 Abs. 3 – 5 ZPO). Danach wird das streitige Verfahren wie nach Erlass eines Versäumnisurteils durchgeführt.

Wird gegen den Vollstreckungsbescheid kein fristgerechter Einspruch eingelegt, erwächst dieser in formelle und materielle **Rechtskraft**.[8]

II. Taktische Ziele und Vorgehen

1. Schnelle und kostengünstige Titulierung

Wenn der Antragsgegner keinen Widerspruch gegen den Mahnbescheid erhebt, ist das Mahnverfahren für den Antragsteller der schnellste und preisgünstigste Weg zur Titulierung einer Geldforderung. Denn dann kann nach Ablauf der nur zweiwöchigen Widerspruchsfrist mit dem Vollstreckungsbescheid ein Vollstreckungstitel erwirkt werden, der weitere zwei Wochen nach seiner Zustellung sogar rechtskräftig wird, wenn der Gegner keinen Einspruch einlegt. Im ordentlichen Urteilsverfahren erfolgt eine (rechtskräftige) Titulierung in aller Regel erst nach deutlich längerer Verfahrensdauer.[9] Auch sind die Gerichts- und Anwaltskosten im Mahnverfahren erheblich geringer als im ordentlichen Urteilsverfahren. So beschränken sich die Gerichtsgebühren für das Mahnverfahren auf eine 0,5 Gebühr (Nr. 1110 KV GKG), betragen also nur 1/6 der für ein ordentliches Urteilsverfahren anfallenden 3,0 Gebühren (Nr. 1210 KV GKG). Die Verfahrensgebühr für die anwaltliche Vertretung im Mahnverfahren beträgt 1,0 (Nr. 3305 VV-RVG), eine Terminsgebühr fällt in aller Regel nicht an, während im ordentlichen Urteilsverfahren der Rechtsanwalt stets eine 1,3 Verfahrensgebühr (Nr. 3100 VV-RVG) und bei Titulierung der Klageforderung auch eine Terminsgebühr (grds. 1,2 gem. Nr. 3104 VV-RVG, bei Säumnis des Beklagten 0,5 gem. Nr. 3105 VV-RVG) verdient.

Das Mahnverfahren ist daher die „Methode der Wahl", wenn zu erwarten ist, dass der Gegner sich gegen die geltend gemachte Forderung nicht verteidigen wird, dh wenn nicht mit einem Widerspruch gegen den Mahnbescheid und möglichst auch nicht mit einem Einspruch gegen den Vollstreckungsbescheid zu rechnen ist. Wird jedoch gegen den Mahnbescheid Widerspruch erhoben, entstehen durch das (dann erfolglose) Mahnverfahren zwar keine höheren Gerichts- und Anwaltskosten, als auch bei sofortiger Klageerhebung angefallen wären, hierdurch wird jedoch das Verfahren verlängert. Ist mit einem Widerspruch zu rechnen (etwa weil der Gegner die Ansprüche schon

---

[7] Legt der Antragsgegner gegen Mahnbescheid verspätet Widerspruch ein und ist bereits ein Vollstreckungsbescheid ergangen, gilt dieser Widerspruch gem. § 694 Abs. 3 ZPO als Einspruch gegen den Vollstreckungsbescheid.
[8] BGHZ 101, 380; 112, 54; Rosenberg/Schwab/Gottwald, § 165 Rn. 61; Musielak/Voit, Rn. 1096.
[9] Eine Ausnahme gilt allenfalls, wenn das schriftliche Vorverfahren (§ 276 ZPO) angeordnet wird, die Verteidigungsanzeige des Beklagten innerhalb der zweiwöchigen Notfrist nicht erfolgt (§ 276 Abs. 1 S. 1 ZPO), daraufhin gem. § 331 Abs. 3 ZPO auf Antrag Versäumnisurteil ergeht und hiergegen innerhalb von zwei Wochen nach dessen Zustellung kein Einspruch eingelegt wird (§§ 338 ff. ZPO).

außergerichtlich zurückgewiesen hat), sollte daher kein Mahnbescheid beantragt, sondern sofort Klage erhoben werden.

2. Verjährungshemmung
a) Vorteile und Risiken des Mahnverfahrens

633 Gem. § 204 Abs. 1 Nr. 3 BGB wird durch die Zustellung des Mahnbescheids die Verjährung des mit ihm geltend gemachten Anspruchs gehemmt. Gem. § 167 ZPO tritt diese Wirkung bereits mit Eingang des Mahnantrags beim Mahngericht ein, wenn die Zustellung demnächst bewirkt wird.[10] Dabei erfordert die Beantragung eines Mahnbescheids deutlich weniger Zeit und Mühen als die Erstellung einer Klageschrift. Denn der Mahnbescheid wird mit einem Formular beantragt, das Rechtsanwälte im automatisierten Mahnverfahren in maschinell lesbarer Form einzureichen haben (§§ 702 Abs. 2 S. 2, 703c ZPO) und in das die in § 690 Abs. 1 ZPO vorgesehenen Angaben eingetragen werden. Hierbei verlangt Nr. 3 dieser Bestimmung nur eine knappe Kennzeichnung des geltend gemachten Anspruchs und der verlangten Leistung, wobei zur Bezeichnung des Anspruchs genügt, dass dieser so individualisiert wird, dass der Schuldner selbst – also nicht einmal ein außenstehender Dritter – erkennen kann, um welche konkrete Forderung es geht.[11] Ausreichend ist eine schlagwortartige Bezeichnung wie etwa „Kaufpreisforderung aus Kaufvertrag vom ...." oder „Schadensersatz wegen Unfall/Vorfall vom ....". Auch kann zur Individualisierung der Forderung auf Rechnungen oder sonstige Unterlagen (insbesondere außergerichtliche Anspruchsschreiben) Bezug genommen werden; diese müssen dem Mahnantrag und -bescheid nicht beigefügt werden, wenn sie dem Antragsgegner bereits bekannt sind.[12] Eine weitergehende Begründung des Anspruchs oder dessen Substantiierung sind im Mahnantrag weder erforderlich noch möglich. Deshalb beantragen Rechtsanwälte nicht selten einen Mahnbescheid zur Verjährungshemmung, wenn sie bis zum Ablauf der Verjährungsfrist keine Klageschrift mehr anfertigen können, etwa weil sie erst kurz vor Fristablauf mandatiert wurden oder ihnen noch nicht alle für eine ordnungsgemäße Klagebegründung erforderlichen Informationen vorliegen.

634 Dieses Vorgehen ist allerdings nicht ohne Risiko. Denn die den Anforderungen des § 690 Abs. 1 Nr. 3 ZPO genügende Individualisierung des geltend gemachten Anspruchs ist zur Verjährungshemmung nach § 204 Abs. 1 Nr. 3 BGB ausreichend, aber auch erforderlich. Wird der Mahnbescheid – was gerade im automatisierten Mahnverfahren alles andere als ausgeschlossen ist – trotz unzureichender Individualisierung erlassen, hat er daher keine verjährungshemmende Wirkung.[13] Gerade dadurch, dass das automatisierte Mahnverfahren nur sehr knappe Bezeichnungen der geltend gemachten Forderungen zulässt und teilweise auch Formulierungen vorgibt, wird aber die

---

10 Zu den Voraussetzungen einer „demnächstigen" Zustellung iSv § 167 ZPO vgl. zunächst Rn. 81 f.; bei Mängeln des Mahnantrags sind nach der Wertung des § 691 Abs. 2 ZPO vom Antragsteller zu vertretende Verzögerungen unschädlich, wenn die Zustellung des Mahnbescheids innerhalb eines Monats nach Zugang der Zwischenverfügung des Mahngerichts erfolgt (BGHZ 150, 221, 225; Hk-ZPO/Gierl, § 693 Rn. 16; Einzelheiten str., vgl. MünchKommBGB/Grothe, § 204 Rn. 38 mwN).
11 St. Rspr., vgl. nur BGH GmbHR 2020, 476, 479, Tz. 34 f.; BGH MDR 2017, 847, Tz. 12; BGH NJW 2015, 3228, Tz. 63 f.; BGH NJW 2011, 613, Tz. 11; zu den Einzelheiten: Zöller/Seibel, § 690 Rn. 12 f.; Grüneberg/Ellenberger, § 204 Rn. 18; Staudinger/Peters/Jacoby, § 204 Rn. 55; MünchKommBGB/Grothe, § 204 Rn. 36.
12 Vgl. nur BGH NJW 2011, 613, Tz. 11 f.; BGH MDR 2017, 847, Tz. 12; BGH GmbHR 2020, 476, 479, Tz. 36.
13 Allgemeine Auffassung, vgl. nur BGH WM 2018, 2052, Tz. 11; BGH NJW 2016, 1083, Tz. 16; MünchKommBGB/Grothe, § 204 Rn. 36.

Gefahr einer unzureichender Individualisierung begründet. Besonders hoch ist dieses Risiko, wenn im Mahnverfahren nicht nur ein Anspruch (der sich auch aus verschiedenen Rechnungspositionen zusammensetzten kann), sondern mehrere Ansprüche im prozessualen Sinne (Rn. 259 f., 269) geltend gemacht werden sollen; in diesem Fall muss deren Bezeichnung im Mahnbescheid dem Schuldner nämlich ermöglichen, die Zusammensetzung des verlangten Gesamtbetrages aus für ihn unterscheidbaren Ansprüchen zu erkennen.[14] Noch höher ist das Fehlerpotential, wenn aus einem solchen Gesamtbetrag nur ein Teil verlangt wird, denn dann muss im Mahnbescheid für jede einzelne Forderung angegeben werden, welcher Teilbetrag hieraus geltend gemacht werden soll.[15] Unterbleiben diese Angaben (etwa weil übersehen wird, dass verschiedene Ansprüche im prozessualen Sinne vorliegen oder hieraus nur ein Teilbetrag geltend gemacht wird), tritt die Verjährungshemmung insgesamt nicht ein; sie kann dann auch im streitigen Verfahren durch Nachholung der zur Individualisierung erforderlichen Angaben nach Verjährungseintritt nicht mehr rückwirkend herbeigeführt werden.[16] Dies führt dazu, dass bei unübersichtlichen Forderungen und kurz bevorstehender Verjährung vom Mahnverfahren abzuraten[17] und die Klage vorzugswürdig ist. Auch diese erfordert zur Verjährungshemmung nach § 204 Abs. 1 Nr. 1 BGB nur, dass die Klageforderung in zweifelsfrei identifizierbarer Weise bezeichnet wird,[18] was selbst in einer wegen Zeitdrucks möglicherweise knapp gefassten Klageschrift deutlich weniger fehlerträchtig ist als im Formular für den Mahnantrag. Nicht erforderlich sind zur Verjährungshemmung demgegenüber die Schlüssigkeit der Klage oder die hinreichende Substantiiertheit des Vortrags, letztere können – bis zu den durch § 296 ZPO gezogenen Grenzen – auch in einem späteren Schriftsatz nach Verjährungseintritt noch herbeigeführt werden.[19] Außerdem kann im Falle einer Teilklage aus mehreren selbstständigen Ansprüchen die notwendige Zuordnung der Klageforderung zu den einzelnen Ansprüchen mit rückwirkend verjährungshemmender Wirkung nachgeholt werden (Rn. 317), was bei Beantragung eines Mahnbescheides nach dem vorstehend Gesagten nicht möglich ist. Zum Zwecke der Verjährungshemmung ist daher die Klage gegenüber dem Mahnverfahren der sicherere Weg.

b) Dauer der Verjährungshemmung und Gegenstrategien

Wird das Mahnverfahren gleichwohl gewählt, kann hierdurch – wenn der Antragsteller es hierauf anlegt – nach Erhebung eines Widerspruchs gegen den Mahnbescheid uU eine lange Verjährungshemmung bewirkt werden, bevor das streitige Verfahren beginnt. Wenn nämlich das Verfahren von den Parteien nicht betrieben wird und dadurch in Stillstand gerät, endet die Verjährungshemmung gem. § 204 Abs. 2 BGB erst sechs Monate nach der letzten Verfahrenshandlung der Parteien oder des Gerichts

---

14 BGH NJW 2008, 1220, Tz. 13, 19; BGH NJW 2016, 1083, Tz. 25; BGH WM 2018, 2052, Tz. 13.
15 BGH NJW 2009, 56, 57; BGH NJW 2011, 613, 614 Tz. 14; BGH NJW 2013, 3509, 3510, Tz. 17; BGH BKR 2015, 216, 217, Tz. 4; **beachte** allerdings BGH WM 2018, 2052, Tz. 16 ff., wonach hinreichende Individualisierung vorliegt, wenn der Antragsteller für den Antragsgegner erkennbar seine Ansprüche vollständig geltend machen will und nur versehentlich einen geringfügig zu niedrigen Gesamtbetrag angibt.
16 Allgemein BGH NJW 2016, 1083, Tz. 16; BGH WM 2018, 2052, Tz. 11; speziell für die Problematik der Teilklage aus mehreren Ansprüchen: BGH NJW 2009, 56, 57; BGH NJW 2011, 613, 614 Tz. 14; BGH NJW 2013, 3509, 3510, Tz. 17; BGH BKR 2015, 216, 217, Tz. 4; für nicht hinreichende Individualisierung der Einzelforderungen: MünchKommBGB/Grothe, § 204 Rn. 36.
17 Zutreffend Staudinger/Peters/Jacoby, § 204 Rn. 55 aE.
18 Staudinger/Peters/Jacoby, § 204 Rn. 30; Grüneberg/Ellenberger, § 204 Rn. 4.
19 Allgemeine Auffassung, vgl. nur Staudinger/Peters/Jacoby, § 204 Rn. 16; Grüneberg/Ellenberger, § 204 Rn. 5, beide mwN.

und beginnt erneut, wenn eine Partei das Verfahren weiter betreibt. Konkret ermöglicht dies für das Mahnverfahren folgendes Vorgehen: Wird gegen den Mahnbescheid Widerspruch erhoben, und hat – wie dies regelmäßig geschieht – der Antragsteller für diesen Fall schon im Mahnantrag die Durchführung des streitigen Verfahrens nach § 696 Abs. 1 ZPO beantragt, soll die Abgabe gem. § 12 Abs. 3 S. 3 GKG erst nach Einzahlung der für das streitige Verfahren anfallenden Gerichtsgebühren erfolgen. Deshalb fordert das Mahngericht den Antragsteller zunächst zur Einzahlung dieser Gerichtsgebühren auf. Werden diese nicht eingezahlt, liegt in dieser Aufforderung die letzte Verfahrenshandlung des Gerichts iSv § 204 Abs. 2 S. 2 BGB, nach der das Verfahren in Stillstand gerät, weil ohne die Einzahlung keine Abgabe erfolgt. Dies bedeutet aber, dass der Antragsteller sich ab Zugang dieser Aufforderung mit der Zahlung bis zu sechs Monate Zeit lassen kann, ohne dass Verjährung eintritt. Die Einzahlung des Gerichtskostenvorschusses lässt dann die Hemmung der Verjährung gem. § 204 Abs. 2 S. 3 BGB erneut beginnen[20] und veranlasst außerdem das Mahngericht zur Abgabe des Rechtsstreits an das Gericht zur Durchführung des streitigen Verfahrens gem. § 696 Abs. 1 ZPO. Dieses wiederum fordert den Kläger gem. § 697 Abs. 1 ZPO zur Begründung seines Anspruchs binnen zwei Wochen auf. Bleibt diese aus, wird gem. § 697 Abs. 3 ZPO nur auf Antrag des Beklagten terminiert; unterbleibt ein solcher, gerät das Verfahren folglich erneut in Stillstand. Letzte Verfahrenshandlung des Gerichts ist dann die Aufforderung zur Anspruchsbegründung nach § 697 Abs. 1 ZPO, so dass die Hemmung der Verjährung gem. § 204 Abs. 2 S. 2 BGB erst sechs Monate danach endet und dem Antragsteller damit dieser Zeitraum zur Anspruchsbegründung verbleiben, ohne dass Verjährung eintritt.[21] Mit der Begründung des Anspruchs wird das Verfahren weiter betrieben, so dass die Hemmung gem. § 204 Abs. 2 S. 3 BGB hierdurch erneut beginnt.[22] Im Ergebnis kann damit durch Einleitung eines Mahnverfahrens die Verjährung um mehr als ein Jahr gehemmt werden.

636 Der Antragsgegner kann eine solche Verzögerung des Verfahrens durchkreuzen, indem er schon im Mahnverfahren gem. § 696 Abs. 1 ZPO die Abgabe an das Gericht beantragt, das im Mahnantrag und -bescheid als für das streitige Verfahren zuständig bezeichnet wurde. In diesem Fall erfolgt die Abgabe an dieses Gericht, ohne dass der Antragsgegner hierfür Gerichtskosten einzahlen muss, er wird aber durch die Stellung des Antrages nach § 696 Abs. 1 ZPO zum Gerichtskostenschuldner gem. § 22 Abs. 1 S. 1 GKG,[23] muss also damit rechnen, für diese auch im Falle seines Obsiegens in Anspruch genommen zu werden, wenn sie beim Kläger nicht beigetrieben werden können. Dieses Risiko müssen der Antragsgegner und sein Anwalt bedenken, wenn die Bonität des Antragstellers nicht außer Frage steht.

637 Ist die Abgabe nach § 696 Abs. 1 ZPO erfolgt, kann sich der Beklagte gegen Verzögerungen bei der Anspruchsbegründung wehren, indem er gem. § 697 Abs. 3 ZPO die Terminierung zur mündlichen Verhandlung beantragt. Denn dann bestimmt das Gericht nicht nur einen entsprechenden Termin, sondern setzt dem Kläger auch eine weitere Frist zur Anspruchsbegründung, bei deren Versäumung – anders als bei der Frist nach § 697 Abs. 1 ZPO – gem. § 697 Abs. 3 S. 2 ZPO der Vortrag des Klägers

---

20 BGHZ 52, 47, 51; Staudinger/Peters/Jacoby, § 204 Rn. 133.
21 Dem Kläger droht hierdurch auch keine Präklusion nach § 296 ZPO, dazu bereits vorstehend Rn. 628.
22 Staudinger/Peters/Jacoby, § 204 Rn. 133.
23 OLG Celle NJW-RR 2020, 127; OLG Oldenburg JurBüro 2016, 419; OLG Karlsruhe MDR 2018, 597; OLG Hamm, Beschluss vom 17.11.2017, I-25 W 226/17, juris-Tz. 10 ff.; Zöller/Seibel, vor § 688 Rn. 19; a. A.: OLG Koblenz MDR 2015, 1096.

gem. § 296 Abs. 1, 4 ZPO zurückzuweisen ist, wenn die in Rn. 414 ff. dargestellten Voraussetzungen hierfür erfüllt sind. Auch bei diesem Vorgehen sollte allerdings wieder das Risiko bedacht werden, als Gerichtskostenschuldner gem. § 22 Abs. 1 S. 1 GKG in Anspruch genommen zu werden. Zwar erfolgt gem. § 12 Abs. 3 S. 3 GKG die Abgabe nach § 696 Abs. 1 ZPO idR erst, nachdem der Antragssteller die Gerichtskosten für die erste Instanz eingezahlt hat, so dass der Beklagte dann nicht mehr befürchten muss, hierfür in Anspruch genommen zu werden.[24] Unterliegt der Kläger allerdings erstinstanzlich und legt hiergegen Berufung ein, kann die Haftung des Beklagten nach § 22 Abs. 1 S. 1 GKG für die Gerichtskosten des Berufungsverfahrens wieder zum Tragen kommen, da dessen Durchführung gem. § 12 GKG nicht von der (Voraus-)Zahlung dieser Kosten durch den Berufungskläger abhängig ist.

III. Zusammenfassung

1. Das Mahnverfahren ermöglicht eine schnelle und kostengünstige Titulierung von Ansprüchen, wenn mit keinem Widerstand des Antragsgegners zu rechnen ist.
2. Anderenfalls hat das Mahnverfahren keine Vorteile, sondern birgt im Gegenteil das Risiko, durch nicht hinreichende Individualisierung der geltend gemachten Forderung(en) die Verjährung nicht zu hemmen. Außerhalb der in Ziff. 1 beschriebenen Fälle ist das Mahnverfahren daher nicht empfehlenswert.

638

§ 26 Einstweiliger Rechtsschutz

I. Arrest und einstweilige Verfügung

Bis im Hauptsacheverfahren[1] eine Klageforderung tituliert und damit zumindest vorläufig[2] vollstreckbar wird, vergehen selbst bei günstigstem Verfahrensverlauf in aller Regel zumindest mehrere Monate. Bei Rechtsstreitigkeiten, in denen überdurchschnittlich komplizierte Rechtsfragen zu beantworten oder Beweis zu erheben ist, muss schon für die erste Instanz mit einer Verfahrensdauer von mehr als einem Jahr gerechnet werden, spätestens mit der Berufungsinstanz sind mehrere Jahre keine Seltenheit. Es wäre mit dem verfassungsrechtlich garantierten Justizgewährungsanspruch bzw. dem Gebot effektiven Rechtsschutzes unvereinbar, den Anspruchsinhaber der Gefahr auszusetzen, nach einer solchen Verfahrensdauer sein Recht nicht mehr oder nur noch eingeschränkt realisieren zu können, insbesondere weil die Gegenseite in der Zwischenzeit irreversible Fakten geschaffen hat; dies zu verhindern, ist Gegenstand und Aufgabe des einstweiligen Rechtsschutzes.[3]

639

Das Gesetz unterscheidet insofern zwischen dem Arrest und der einstweiligen Verfügung. Ersterer ist gem. § 916 ZPO einschlägig, wenn es um die Sicherung von Zahlungsansprüchen geht, letztere betrifft alle anderen Ansprüche sowie die einstweilige

640

---

[24] Sicher ist dies allerdings nicht, da § 14 GKG Ausnahmen von der Vorschusspflicht zulässt. Vor Stellung eines Antrags nach § 697 Abs. 3 ZPO sollte daher auf jeden Fall durch Rückfrage beim Gericht geklärt werden, ob der Gerichtskostenvorschuss eingezahlt wurde.
[1] Als Hauptsacheverfahren wird das ordentliche Urteilsverfahren als Gegensatz zum einstweiligen Rechtsschutz bezeichnet.
[2] Nicht rechtskräftige Urteile sind nur vorläufig vollstreckbar (§ 704 ZPO), und zwar im Regelfall nur gegen Sicherheitsleistung (§ 709 ZPO, die Ausnahmen regelt § 708 ZPO).
[3] MünchKommZPO/Drescher, vor § 916 Rn. 1 ff.; Zöller/Vollkommer, vor § 916 Rn. 1.

Regelung eines streitigen Rechtsverhältnisses. Der Arrest ist in den §§ 916 ff. ZPO ausführlich geregelt, für die einstweilige Verfügung gelten diese Vorschriften gem. § 936 ZPO entsprechend, §§ 935 ff. ZPO regeln danach nur noch die Besonderheiten der einstweiligen Verfügung. Anders als diese gesetzliche Systematik vermuten lässt, hat der Arrest als solcher aber kaum praktische Bedeutung. Dies beruht darauf, dass dessen Erlass neben dem zu sichernden, materiellrechtlichen Zahlungsanspruch (**Arrestanspruch**) einen **Arrestgrund** erfordert. Letzterer besteht gem. § 917 ZPO für einen dinglichen Arrest[4] nur, wenn zu besorgen ist, dass ohne dessen Verhängung die Vollstreckung des Urteils vereitelt oder wesentlich erschwert werden würde. Dazu genügt die schlechte Vermögenslage des Schuldners oder eine drohende Zwangsvollstreckung anderer Gläubiger allein nicht, denn der dingliche Arrest soll dem Antragsteller keinen Vorsprung vor anderen Gläubigern verschaffen, sondern ihn vor unlauteren Handlungen des Schuldners schützen. Ein Arrestgrund besteht daher hauptsächlich nur, wenn zu besorgen ist, dass der Zahlungsschuldner sein Vermögen beiseiteschafft, verschleudert oder – auch rechtmäßigerweise – verbraucht und damit eine Vollstreckung nach erfolgter Titulierung im Hauptsacheverfahren objektiv gefährdet.[5] Da diese strengen Voraussetzungen nur selten erfüllt und schwer glaubhaft zu machen sind, kann ein dinglicher Arrest kaum bzw. nur in entsprechend deutlichen Fällen erwirkt werden. Deshalb konzentriert sich die nachfolgende Darstellung auf die einstweilige Verfügung, die in der Praxis im Gegensatz zum Arrest erhebliche Bedeutung hat.

II. Arten einstweiliger Verfügungen

641 Einstweilige Verfügungen können gem. § 935 ZPO zunächst zur Sicherung von Individualansprüchen ergehen, die auf Handlungen, Duldungen oder Unterlassungen gerichtet sind (**Sicherungsverfügung**).[6] Darüber hinaus lässt § 940 ZPO vorläufige Regelungen eines streitigen Rechtsverhältnisses durch einstweilige Verfügung zu (**Regelungsverfügung**). Traditionell werden Sicherungs- und Regelungsverfügung als unterschiedliche Grundtypen der einstweiligen Verfügung eingestuft, wobei erstere auf die Sicherung der späteren Rechtsverwirklichung beschränkt sei, während letztere darüber hinausgehende, vorläufige Regelungen ermögliche.[7] Die Grenzen sind jedenfalls, was von einigen Vertretern[8] dieser Auffassung sogar eingeräumt wird, fließend bzw. nicht scharf zu bestimmen. In der Praxis differenzieren die Instanzengerichte daher regelmäßig nicht, sondern ziehen §§ 935, 940 ZPO als einheitliche Rechtsgrundlage für den Erlass einstweiliger Verfügungen heran. Dies befürworten inzwischen auch Teile der Literatur.[9] Zu demselben Ergebnis führt eine weitere Auffassung, der zufolge § 935

---

[4] Der dingliche Arrest ermöglicht die Pfändung des beweglichen Vermögens (einschließlich Forderungen) des Schuldners (§ 930 ZPO) sowie die Eintragung von Sicherungshypotheken (§ 932 ZPO). Dagegen ist der persönliche Arrest gem. §§ 918, 933 ZPO auf die Beschränkung der persönlichen Freiheit bis hin zur Inhaftierung des Schuldners gerichtet, was jedoch nur zulässig ist, wenn dem Sicherungsinteresse des Gläubigers durch dinglichen Arrest nicht Genüge getan werden kann (Zöller/Vollkommer § 918 Rn. 1; MünchKommZPO/Drescher, § 918 Rn. 1). Deshalb hat der persönliche Arrest keine oder allenfalls kaum praktische Bedeutung.

[5] Zu den Einzelheiten vgl. MünchKommZPO/Drescher, § 917 Rn. 3 ff.; Zöller/Vollkommer, § 917 Rn. 5 ff., auch zum Sonderfall eines durch Naturereignisse oder Handlungen Dritter begründeten Arrestgrundes.

[6] MünchKommZPO/Drescher, § 935 Rn. 7.

[7] Jauernig ZZP 79 (1966), 321, 326 ff.; Gaul/Schilken/Becker-Eberhard, § 76 Rn. 1 f., 10; Musielak/Voit/Huber, § 935 Rn. 1 f.; Zöller/Vollkommer, § 935 Rn. 2; vgl. auch Brox/Walker, § 52 Rn. 50 f.

[8] Zöller/Vollkommer, § 935 Rn. 2; ebenso Brox/Walker, § 52 Rn. 19, 51.

[9] Schuschke/Walker//Kessen/Thole/Schuschke/Roderburg, vor § 935 Rn. 49; Stein/Jonas/Bruns, vor § 935 Rn. 26 f.; Wieczorek/Schütze/Thümmel, § 935 Rn. 4.

ZPO die Rechtsgrundlage für den Erlass jeder einstweiligen Verfügung bildet, während § 940 ZPO nicht deren Voraussetzungen regelt, sondern lediglich deren Inhalt, indem neben der Sicherung von Individualansprüchen nach § 935 ZPO durch § 940 ZPO auch die vorläufige Regelung von Rechtsverhältnissen zugelassen wird.[10] Allen letztgenannten Auffassungen ist gemein, dass danach für den Erlass von Sicherungs- und Regelungsverfügungen, insbesondere in Bezug auf den Verfügungsgrund, keine unterschiedlichen Anforderungen gelten.[11] Die Unterscheidung ist damit praktisch unerheblich.[12] Diese inzwischen hL ist allein schon deshalb zu begrüßen, weil eine exakte Abgrenzung zwischen Sicherungs- und Regelungsverfügung nicht möglich ist.

Einstweilige Verfügungen sind grds. vorläufig und dürfen daher nicht zu einer endgültigen Befriedigung des Antragstellers führen. Unter strengen Voraussetzungen (Rn. 646) werden Ausnahmen hierzu durch sog **Leistungsverfügung** (auch Befriedigungsverfügung genannt) zugelassen. Dogmatisch ist umstritten, ob es sich hierbei um einen Sonderfall der Regelungsverfügung oder um einen weiteren, durch Rechtsfortbildung geschaffenen Typus der einstweiligen Verfügung handelt oder ob diese ihre Rechtsgrundlage in § 938 ZPO findet.[13] Praktische Auswirkungen ergeben sich hieraus nicht.

III. Voraussetzungen und Inhalt der einstweiligen Verfügung

1. Verfügungsanspruch

Voraussetzung der Begründetheit des Antrags auf Erlass einer einstweiligen Verfügung ist zunächst, dass ein Verfügungsanspruch besteht. Dies ist der Fall, wenn der Anspruch, der durch die einstweilige Verfügung gesichert werden soll, nach den hierfür einschlägigen Regeln des materiellen Rechts in der Person des Antragstellers begründet ist. Dafür gelten dieselben materiellrechtlichen Kriterien wie für die Begründetheit der Klage im Hauptsacheverfahren.

2. Verfügungsgrund

a) Allgemeines

Voraussetzung für den Erlass einer einstweiligen Verfügung ist weiter das Bestehen eines Verfügungsgrundes. Umstritten ist, ob es sich hierbei um eine Frage der Zulässigkeit, nämlich eine besondere Form des Rechtsschutzinteresses und damit um eine Prozessvoraussetzung handelt[14] oder um eine Voraussetzung der Begründetheit des An-

---

10 MünchKommZPO/Drescher, § 935 Rn. 4.
11 MünchKommZPO/Drescher, § 935 Rn. 5, 16; Schuschke/Walker/Kessen/Thole/Schuschke/Kessen, § 940 Rn. 8; Stein/Jonas/Bruns, vor § 935 Rn. 26, § 935 Rn. 9, § 940 Rn. 7, 12; Wieczorek/Schütze/Thümmel, § 935 Rn. 4. *Dagegen* sollen nach der traditionellen Auffassung nicht nur die Rechtsschutzziele, sondern auch die Voraussetzungen von Sicherungs- und Regelungsverfügung insofern verschieden sein, als die Interessenabwägung (dazu sogleich Rn. 652 ff.) nur bei der Regelungsverfügung geboten und zulässig sei (Gaul/Schilken/Becker-Eberhard, § 76 Rn. 1, 12; Zöller/Vollkommer, § 940 Rn. 4).
12 Zutreffend Anders/Gehle/Becker, § 940 Rn. 1.
13 Vgl. zum Stand der Diskussion MünchKommZPO/Drescher, § 938 Rn. 11, der sich für die letztgenannte Beurteilung ausspricht.
14 So die überwiegende Rspr. zum Wettbewerbsrecht, vgl. nur OLG Köln GRUR-RR 2005, 228, juris-Tz. 11; OLG Frankfurt GRUR-RR 2002, 44, juris-Tz. 4; OLG Frankfurt GRUR 2005, 972, juris-Tz. 35 ff.; Berneke/Schüttpelz, Rn. 104 mwN.

trags auf Erlass der einstweiligen Verfügung.[15] Zustimmung verdient die letztgenannte Auffassung, der Streit hat aber keine praktischen Auswirkungen, da jedenfalls Einvernehmen darüber besteht, dass das Gericht das Vorliegen eines Verfügungsgrundes offenlassen darf, wenn es nach seiner Auffassung an einem Verfügungsanspruch fehlt.[16]

645 Die Notwendigkeit eines Verfügungsgrundes ergibt sich aus §§ 935, 940 ZPO und folgt letztendlich aus dem eingangs unter Rn. 639 angesprochenen Zweck des einstweiligen Rechtsschutzes und seinem Charakter als Eilverfahren: Grundsätzlich müssen die Parteien ihre Rechte im Hauptsacheverfahren durchsetzen. Eine frühere gerichtliche Intervention durch Erlass einer einstweiligen Verfügung darf nur erfolgen, wenn dies zur Effektivität des Rechtsschutzes erforderlich ist, weil objektiv die Besorgnis begründet ist, dass anderenfalls durch eine Veränderung des bestehenden Zustandes die Verwirklichung des Rechts des Gläubigers mittels des im Hauptsacheprozess erstrittenen Urteils bzw. dessen Vollstreckung vereitelt oder wesentlich erschwert werden könnte; diese besondere **Dringlichkeit** bzw. **Eilbedürftigkeit** wird als Verfügungsgrund bezeichnet.[17]

646 Besonders strenge Anforderungen werden an den Verfügungsgrund bei Leistungsverfügungen (Rn. 642) gestellt. Diese dürfen nur ergehen, wenn die Rechtslage eindeutig, der Gläubiger auf die Erfüllung – insbesondere zur Vermeidung einer Gefährdung seiner Existenz – dringend angewiesen ist und dessen Verweisung auf das Hauptsacheverfahren einer Rechtsverweigerung gleichkäme. In solchen Fällen kann beispielsweise der Schuldner durch einstweilige Verfügung zur Zahlung von Lohn, Gehalt oder Versicherungsleistungen verurteilt werden, allerdings nur in dem zur Vermeidung einer Notlage erforderlichen Umfang.[18]

b) Verfügungsgrund bei Unterlassungsverfügungen

647 Hohe praktische Bedeutung haben einstweilige Verfügungen, durch die dem Antragsgegner bestimmte Handlungen untersagt, dh Unterlassungspflichten ausgesprochen bzw. gesichert werden. Die grundsätzliche Zulässigkeit solcher **Unterlassungsverfügungen** ergibt sich explizit aus § 938 Abs. 2 ZPO. In Bezug auf ihre Rechtsnatur und dementsprechend die Voraussetzungen des Verfügungsgrundes ist wie folgt zu differenzieren: Wenn die Unterlassungsanordnung nur sichernde Funktion für einen anderen Anspruch hat (Beispiele Rn. 650), handelt es sich um eine Sicherungsverfügung, für den Verfügungsanspruch gelten dann keine Besonderheiten.[19] Bildet dagegen ein Unterlassungsanspruch den Verfügungsanspruch, wird dieser für die Dauer des Bestandes der Unterlassungsverfügung irreversibel erfüllt, so dass eine Leistungsverfügung vorliegt.[20] Ein Verfügungsgrund hierfür besteht nur, wenn die Versagung der Unterlassungsverfügung zu einem unzumutbaren, irreparablen Schaden auf Seiten des

---

15 So etwa OLG Frankfurt NJW 2002, 903, juris-Tz. 4; MünchKommZPO/Drescher, § 917 Rn. 2; Schuschke/Walker/Kessen/Thole/Walker/Kessen, § 917 Rn. 2; Stein/Jonas/Bruns, § 917 Rn. 2; Musielak/Voit/Huber, § 922 Rn. 2; *differenzierend* Zöller/Vollkommer, § 917 Rn. 1, § 940 Rn. 4, für die grds. eine Frage der Begründetheit, bei der Regelungsverfügung aber – wenig überzeugend – eine Prozessvoraussetzung annimmt.
16 OLG Köln GRUR-RR 2005, 228, juris-Tz. 11.
17 Zöller/Vollkommer, § 935 Rn. 10; MünchKommZPO/Drescher, § 935 Rn. 15; Schuschke/Walker/Kessen/Thole/Schuschke/Kessen, § 935 Rn. 14.
18 Vgl. zum Ganzen MünchKommZPO/Drescher, § 938 Rn. 9 f., 17 ff.; Zöller/Vollkommer, § 940 Rn. 6 mwN und Beispielen.
19 Zöller/Vollkommer, § 940 Rn. 1; MünchKommZPO/Drescher, § 938 Rn. 30; Jauernig ZZP 79 (1966), 321, 328.
20 OLG Frankfurt MDR 2004, 1019, juris-Tz. 4; Zöller/Vollkommer, § 940 Rn. 1 aE; MünchKommZPO/Drescher, § 938 Rn. 30 mwN; *a. A.*: Jauernig ZZP 79 (1966), 321, 328, 332 f., der eine Regelungsverfügung annimmt.

Antragstellers führen würde, während eine etwaige Schädigung des Antragsgegners bei deren späterer Aufhebung geringer oder allenfalls gleichschwer wiegt.[21] Dies ist namentlich bei Verletzungen des Persönlichkeitsrechts, anderer absoluter Rechte oder von Wettbewerbsverboten zu bejahen.[22] Der Verfügungsgrund für eine auf §§ 1004, 823 Abs. 1 BGB gestützte Unterlassungsverfügung ergibt sich außerdem noch nicht allein aus der Erstbegehungs- oder Wiederholungsgefahr[23], die eine materiellrechtliche Voraussetzung des Unterlassungsanspruchs (Rn. 180) und damit eine Frage des Verfügungsanspruchs ist, sondern erfordert die Feststellung konkreter Anhaltspunkte für eine bevorstehende Zuwiderhandlung gegen die Unterlassungspflicht.[24]

c) Wettbewerbsrechtliche Dringlichkeitsvermutung

Für wettbewerbsrechtsrechtliche Unterlassungsansprüche (§ 8 Abs. 1 UWG) begründet § 12 Abs. 1 UWG eine widerlegliche Vermutung des Verfügungsgrundes (**Dringlichkeitsvermutung**).[25] Diese führt dazu, dass einstweilige Verfügungen in wettbewerbsrechtlichen Streitigkeiten große Bedeutung haben. Allerdings kann die Vermutung der Dringlichkeit widerlegt werden, wenn der Antragsteller durch sein Verhalten zum Ausdruck bringt, dass ihm die Sache nicht eilig ist. Dieser Gesichtspunkt der Selbstwiderlegung ist auch außerhalb des Wettbewerbsrechts anwendbar, kann also auch einen dort ursprünglich bestehenden Verfügungsgrund entkräften.[26] Er greift insbesondere, wenn der Antragsteller nach Kenntniserlangung von der Gefährdung seiner Rechte mit der Beantragung der einstweiligen Verfügung zu lange zuwartet[27] oder das Verfahren nicht zügig betreibt, etwa wenn er – solange keine Beschlussverfügung ergangen ist – Terminsverlegung beantragt,[28] einer nicht ganz geringfügigen Vertagung zustimmt[29] oder in der Berufungsinstanz eine Verlängerung der Berufungsbegründungsfrist beantragt.[30] Diese Rechtslage verlangt dem Rechtsanwalt besondere Sorgfalt ab, da er schon durch vermeintlich kleine formale Fehler in der Mandatsführung sich selbst und den Mandanten um den Erfolg im einstweiligen Verfügungsverfahren bringen kann.

648

---

21 OLG Frankfurt, MDR 2004, 1019, juris-Tz. 4; MünchKommZPO/Drescher, § 938 Rn. 33 f.
22 MünchKommZPO/Drescher, § 938 Rn. 35.
23 OLG Nürnberg WRP 2019, 131, Tz. 12; Zöller/Vollkommer, § 935 Rn. 10, § 940 Rn. 1.
24 OLG Düsseldorf NJW 2015, 2050, juris-Tz. 3; MünchKommZPO/Drescher, § 935 Rn. 17; Stein/Jonas/Bruns, § 935 Rn. 12.
25 BGH NJW-RR 2000, 209, juris-Tz. 10.
26 KG ZMR 2014, 466, juris-Tz. 7; MünchKommZPO/Drescher, § 935 Rn. 18.
27 Welcher Zeitraum dem Antragsteller insofern zuzubilligen ist, lässt sich nicht allgemein bestimmen (MünchKommZPO/Drescher, § 935 Rn. 19) und wird namentlich für den Bereich des Wettbewerbsrechts regional sehr unterschiedlich beurteilt (dazu bereits Rn. 131). Gesichert ist nur, dass ein Zuwarten bis zu einem Monat ab Kenntniserlangung die Eilbedürftigkeit jedenfalls nicht beseitigt. Der sorgfältige Anwalt sollte daher – bei rechtzeitiger Mandatierung – innerhalb dieser Frist die einstweilige Verfügung beantragen.
28 OLG Hamm GRUR 1992, 864; OLG Hamm NJWE-WettbR 1996, 164; Berneke/Schüttpelz, Rn. 204; MünchKommZPO/Drescher, § 935 Rn. 22. Für den Anwalt bedeutet dies, dass er, solange noch keine einstweilige Verfügung ergangen ist, selbst bei Terminkollisionen oder Urlaub keine Terminsverlegung beantragen darf, sondern für eine Vertretung durch einen Sozius oder anderen Kollegen sorgen muss. Hiergegen kann nicht eingewandt werden, dies sei dem Anwalt unzumutbar, denn es kommt nicht auf diesen, sondern auf die Partei an; wenn dieser aber – wie für einen Verfügungsgrund erforderlich – die Angelegenheit eilig ist, wird sie sich rechtzeitig um einen Anwalt bemühen, der zum Gerichtstermin zur Verfügung steht und diesen nicht verlegen lassen muss, weil letzteres zwingend zu Verzögerungen des Verfahrens von unvorhersehbarer Dauer führt.
29 OLG München WRP 1971, 533; Berneke/Schüttpelz, Rn. 204.
30 KG MDR 2009, 888; OLG Düsseldorf GRUR-RR 2003, 31; MünchKommZPO/Drescher, § 935 Rn. 22.

3. Verbot der Vorwegnahme der Hauptsache

649 Aufgrund des vorläufigen Charakters des einstweiligen Rechtsschutzes darf – vom seltenen Ausnahmefall der Leistungsverfügung abgesehen – eine einstweilige Verfügung die Entscheidung im Verfahren zur Hauptsache nicht vorwegnehmen, dh keine endgültige und irreversible Befriedigung des Antragstellers herbeiführen.[31] Der Inhalt der einstweiligen Verfügung muss daher idR hinter dem Verfügungsanspruch zurückbleiben und sich in sachlicher wie zeitlicher Hinsicht auf den Umfang beschränken, der zu dessen Sicherung bis zum Abschluss des Hauptsacheverfahrens erforderlich ist. Deshalb kann beispielsweise durch einstweilige Verfügung grds. nicht die Herausgabe einer beweglichen oder unbeweglichen Sache an den Antragsteller angeordnet werden, sondern nur deren Herausgabe und Verwahrung durch den Gerichtsvollzieher; ist neben der schlichten Verwahrung auch eine Verwaltung der Sache erforderlich, kann das Gericht gem. § 938 Abs. 2 ZPO anordnen, dass diese durch einen Sequestor erfolgt.[32] Die Herausgabe an den Antragsteller ist nur anzuordnen, wenn die Voraussetzungen einer Leistungsverfügung vorliegen oder dem Antragsteller der Besitz durch verbotene Eigenmacht (§§ 858, 861 BGB) entzogen wurde; hierbei begründet der letztgenannte Tatbestand zugleich auch den Verfügungsgrund, weil verbotene Eigenmacht von der Rechtsordnung unter keinen Umständen geduldet wird und ihr daher durch einstweilige Verfügung zu begegnen ist.[33]

650 Unter Beachtung des Verbotes der Vorwegnahme der Hauptsache kann der dem Antragsteller eigentlich zustehende, nicht auf ein Unterlassen beschränkte Hauptsacheanspruch häufig durch eine Unterlassungsverfügung gesichert werden. So kann beispielsweise der Käufer einer Sache oder eines Rechtes, der befürchtet, dass der Verkäufer die Kaufsache nicht auf ihn, sondern auf einen Dritten überträgt, bei Bestehen eines entsprechenden Verfügungsgrundes gem. § 938 Abs. 2 ZPO eine einstweilige Verfügung mit dem Inhalt eines Veräußerungs- oder Verfügungsverbotes iSd §§ 135, 136 BGB erwirken.[34] Weitere Beispiele finden sich im Bereich gesellschaftsrechtlicher Streitigkeiten: So kann das Gericht aufgrund des Verbotes der Vorwegnahme der Hauptsache durch einstweilige Verfügung nicht die Nichtigkeit eines Gesellschafterbeschlusses feststellen oder diesen – bei Kapitalgesellschaften – gem. oder analog § 241 Nr. 5 AktG für nichtig erklären, wohl aber dessen Vollziehung bzw. Ausführung untersagen.[35] Beispielsweise kann eine GmbH bei Bestehen eines Verfügungsgrundes durch einstweilige Verfügung verurteilt werden, die Anmeldung eines nichtigen oder anfechtbaren Gesellschafterbeschlusses (etwa über eine Satzungsänderung oder die Bestellung oder Abberufung eines Geschäftsführers) zum Handelsregister oder (etwa nach streitiger Zwangseinziehung eines Geschäftsanteils nach § 34 GmbHG) die Einreichung einer fehlerhaften Gesellschafterliste gem. § 40 Abs. 1 GmbHG zu unterlassen.[36] Um-

---

31 Zöller/Vollkommer, § 938 Rn. 2; MünchKommZPO/Drescher, § 938 Rn. 8.
32 MünchKommZPO/Drescher, § 938 Rn. 25 ff.; Zöller/Vollkommer, § 938 Rn. 7 ff.
33 Vgl. zum Ganzen MünchKommZPO/Drescher, § 938 Rn. 24 f.; Zöller/Vollkommer, § 940 Rn. 8.19.
34 Vgl. MünchKommZPO/Drescher, § 938 Rn. 36, der auch zutreffend darauf hinweist, dass bei Ansprüchen auf Auflassung von Immobilien die Eintragung einer Vormerkung durch einstweilige Verfügung nach § 885 Abs. 1 BGB vorrangig und einfacher ist, weil danach der Verfügungsgrund nicht einmal der Glaubhaftmachung bedarf.
35 Weiterführend Saenger/Aderhold/Lenkaitis/Speckmann/Schmitz-Herscheidt, § 6 Rn. 297; MünchHdbGesR/Schmitz-Herscheidt, § 52 Rn. 33.
36 Richtungsweisend zu letzterem: BGHZ 222, 323, Tz. 37 ff., insbes. Tz. 39, im Anschluss an: Wagner GmbHR 2016, 463, 467 f.; Kleindiek GmbHR 2017, 815, 819 ff.; Lieder/Becker GmbHR 2019, 505, 508 ff.; a. A.: KG GmbHR 2016, 416.

gekehrt können ordnungsgemäß zustande gekommene Gesellschafterbeschlüsse auch durch Unterlassungsverfügung vorläufig durchgesetzt werden; so kann beispielsweise einem vormaligen Geschäftsführer, der seine Abberufung ignoriert, die weitere Geschäftsführung und Vertretung der GmbH untersagt werden,[37] gegenüber einem Gesellschafter-Geschäftsführer, der eine mindestens 50 %ige Beteiligung hält, besteht ein Verfügungsgrund hierfür allerdings nur, wenn der Gesellschaft – insbesondere durch strafrechtlich relevante Taten des Geschäftsführers – ganz erhebliche konkrete und unmittelbar bevorstehende Nachteile drohen.[38] Diese hohen Anforderungen an den Verfügungsgrund in den letztgenannten Fällen erklären sich daraus, dass ein solcher Gesellschafter-Geschäftsführer aufgrund seiner Beteiligung gegen seinen Willen nur aus wichtigem Grund abberufen werden kann, da er nur in diesem Fall einem Stimmverbot nach § 47 Abs. 4 GmbHG unterliegt; ist dieser Grund – wie regelmäßig – streitig, wird ein solcher Geschäftsführer durch den Abberufungsbeschluss an der Fortsetzung seiner Tätigkeit nicht gehindert, bis die Wirksamkeit der Abberufung im Hauptsacheverfahren rechtskräftig geklärt oder die Geschäftsführung durch einstweilige Verfügung untersagt wird.[39] Daraus folgt auch, dass ein solcher Gesellschafter-Geschäftsführer, wenn er nach seiner unberechtigten Abberufung an der Geschäftsführung gehindert wird, hiergegen durch Unterlassungsverfügung vorgehen kann.[40] Diese Möglichkeit haben ein Fremdgeschäftsführer und ein Gesellschafter-Geschäftsführer, der nur eine Minderheitsbeteiligung hält, dagegen nicht, weil deren Abberufung zum einen keinen wichtigen Grund erfordert[41] und zum anderen analog § 84 Abs. 3 S. 4 AktG als wirksam zu behandeln ist, bis ihre Nichtigkeit rechtskräftig feststeht, was nach hM einen Verfügungsanspruch für einstweiligen Rechtsschutz ausschließt.[42]

Die vorstehenden Ausführungen verdeutlichen, dass Rspr. und Literatur zu den Voraussetzungen und möglichen Inhalten einstweiliger Verfügungen detaillierte Spezialregeln für eine Vielzahl von Fallgruppen entwickelt haben, deren Inhalt sich auch aus einem Zusammenwirken mit den materiellrechtlichen Vorgaben des jeweiligen Rechtsgebietes erklärt. Dies gilt nicht nur für das Gesellschaftsrecht, sondern auch für andere Rechtsgebiete. Die Einzelheiten können deshalb an dieser Stelle nicht vertieft werden, insofern muss auf die einschlägige Kommentierung verwiesen werden.[43]

---

[37] KG GmbHR 2011, 1272, 1273; OLG München GmbHR 2013, 369; OLG München GmbHR 2013, 714; Scholz/Schneider/Schneider, § 38 Rn. 81; Noack/Servatius/Haas/Beurskens, § 38 Rn. 66; Liebscher/Alles ZIP 2015, 1, 4; ebenso OLG Hamm GmbHR 1993, 743 für den Fall der fehlerhaften Bestellung eines Geschäftsführers.
[38] OLG Stuttgart GmbHR 2006, 1258, 1261; MünchKommZPO/Drescher, § 935 Rn. 61 (der diese Anforderungen allerdings für jede Unterlassungsverfügung gegen einen abberufenen Geschäftsführer stellt); *dagegen* soll nach OLG Jena GmbHR 2015, 1267, 1270, juris-Tz. 58 schon genügen, dass der Abberufene weiterhin als Geschäftsführer auftritt und Rechtsgeschäfte tätigt, die die Gesellschaft grundlegend tangieren.
[39] Grundlegend BGHZ 86, 177 ff.
[40] OLG Stuttgart GmbHR 1997, 312, 313.
[41] Insofern gilt der Grundsatz der freien Abrufbarkeit (§ 38 Abs. 1 GmbHG), der bei Gesellschafter-Geschäftsführern durch die gesellschaftsrechtliche Treuepflicht eingeschränkt werden kann, allerdings nur dahin gehend, dass die Abberufung nicht willkürlich erfolgen darf, dh einen sachlichen, keinesfalls aber einen wichtigen Grund erfordert, vgl. BGH DStR 1994, 214 mAnm Goette; OLG Zweibrücken GmbHR 2003, 1206; OLG Saarbrücken GmbHR 2007, 143, 150; OLG Karlsruhe GmbHR 2017, 295, 297; Lutter/Hommelhoff/Kleindiek, § 38 Rn. 2, 7 aE; Noack/Servatius/Haas/Beurskens, § 38 Rn. 25.
[42] OLG Hamm GmbHR 2002, 327, 328; OLG Braunschweig GmbHR 1977, 61; Scholz/Schneider/Schneider, § 38 Rn. 79; MünchKommZPO/Drescher, § 935 Rn. 62; Liebscher/Alles ZIP 2015, 1, 5; *a. A.*: OLG Celle GmbHR 1981, 264, 265; Noack/Servatius/Haas/Beurskens, § 38 Rn. 62, 66; Lutter/Hommelhoff/Kleindiek, § 38 Rn. 36.
[43] Etwa Zöller/Vollkommer, § 940 Rn. 8 ff.; MünchKommZPO/Drescher, § 935 Rn. 28 – 163.

4. Interessenabwägung

652 Wie vorstehend bereits mehrfach angedeutet wurde, hat das Gericht bei Erlass einer einstweiligen Verfügung stets eine Abwägung der sich gegenüberstehenden Parteiinteressen vorzunehmen, wodurch ein gewisser Beurteilungsspielraum eröffnet wird. Dies gilt für Sicherungs- und Regelungsverfügungen gleichermaßen[44] und wirkt sich in mehrfacher Hinsicht aus:

653 Zunächst kann das Ergebnis der Interessenabwägung bereits zum Ausschluss des Verfügungsgrundes führen. Dies ist allerdings nur der Fall, wenn der Vorteil der einstweiligen Verfügung für den Antragsteller außer Verhältnis zu dem mit ihrem Erlass für den Antragsgegner verbundenen Nachteil steht.[45]

654 Darüber hinaus ist die Interessenabwägung maßgeblich für den Inhalt der einstweiligen Verfügung, den das Gericht gem. § 938 Abs. 1 ZPO nach freiem Ermessen zu bestimmen hat: Danach hat das Gericht unter den in Betracht kommenden Maßnahmen diejenige auszuwählen, die dem Sicherungsbedürfnis des Antragstellers noch gerecht wird und zugleich gegenüber dem Antragsgegner die mildeste Maßnahme ist.[46]

655 Darüber hinaus hängen auch die an den Grad der Glaubhaftmachung zu stellenden Anforderungen vom Ergebnis einer Interessenabwägung ab (Rn. 665).

IV. Verfahren

1. Zuständigkeit

656 Zuständig für den Erlass einstweiliger Verfügungen ist gem. § 937 Abs. 1 ZPO das Gericht der Hauptsache, dh dasjenige, bei dem die Hauptsache bereits anhängig ist, oder – falls diese noch nicht anhängig ist – jedes Gericht, das für die Hauptsache sachlich und örtlich zuständig ist.[47] Wie bei allen im 8. Buch der ZPO begründeten Gerichtsständen handelt es sich hierbei um eine ausschließliche Zuständigkeit (§ 802 ZPO). In dringenden Fällen, dh wenn bei Anrufung des Gerichts der Hauptsache ein nicht hinnehmbarer Rechtsverlust eintreten würde,[48] ist gem. § 942 Abs. 1 ZPO auch das Amtsgericht zuständig, in dessen Bezirk sich der Streitgegenstand befindet.

657 Zwischen mehreren örtlich zuständigen Gerichten kann der Antragsteller wählen (§ 35 ZPO). Hierbei ist nicht zu beanstanden, wenn er sich unter mehreren in Betracht kommenden Gerichten dasjenige oder ein solches aus dem Bezirk eines OLG auswählt, dessen Rechtsprechung für ihn besonders günstig ist (Rn. 132). In der Praxis wird mitunter versucht, diese Taktik dahin gehend zu „perfektionieren", dass in der Antragsschrift um einen – gern auch telefonischen – Hinweis des Gerichts gebeten wird, sollte dieses die einstweilige Verfügung nicht oder nicht ohne mündliche Verhandlung erlassen wollen; erfolgt ein solcher Hinweis, wird der Antrag zurückgenommen und

---

44 Schuschke/Walker/Kessen/Thole/Schuschke/Kessen, § 935 Rn. 16, § 940 Rn. 8; Stein/Jonas/Bruns, § 935 Rn. 9, § 940 Rn. 12; Wieczorek/Schütze/Thümmel, § 935 Rn. 4; *anders* dagegen die Vertreter der vorstehend unter Rn. 641 dargestellten, traditionellen Auffassung, die eine Interessenabwägung nur bei der Regelungsverfügung durchführen wollen, so Zöller/Vollkommer, § 940 Rn. 4; Gaul/Schilken/Becker-Eberhard, § 76 Rn. 12.
45 OLG Frankfurt OLGR 2002, 229, 233; OLG München OLGR 1999, 245; Zöller/Vollkommer, § 940 Rn. 4; iErg ebenso KG WM 1992, 1861, 1863, wonach hierin allerdings eine Frage des Verfügungsanspruchs liegen soll.
46 MünchKommZPO/Drescher, § 938 Rn. 3; Wieczorek/Schütze/Thümmel, § 935 Rn. 30.
47 Vgl. nur Zöller/Vollkommer, § 919 Rn. 3 ff., § 937 Rn. 1.
48 Zöller/Vollkommer, § 942 Rn. 1.

anschließend, solange die Eilbedürftig nicht durch Zeitablauf entfallen ist, bei einem anderen zuständigen Gericht erneut gestellt in der Hoffnung, dass dieses zu einer für den Antragsteller günstigeren Beurteilung gelangt. Nach der inzwischen hM ist ein solches „forum-(s)hopping" indes unzulässig, da es das Rechtsschutzinteresse für den zweiten Antrag entfallen lässt.[49] In der Vergangenheit hatte diese Taktik in der Praxis gleichwohl nicht selten Erfolg, weil weder der Antragsgegner noch das nachfolgend angerufene Gericht von dem vorangegangenen Verfahren Kenntnis erlangten. Darauf wird zukünftig nicht mehr spekuliert werden können, da nach der neueren Rspr. des BVerfG das Gericht aus verfassungsrechtlichen Gründen, nämlich aufgrund des Gebotes der prozessualen Waffengleichheit, jegliche dem Antragsteller erteilten Hinweise nicht nur dokumentieren, sondern auch dem Gegner mitteilen muss; denn ein einseitiges Geheimverfahren, in dem sich Gericht und Antragsteller austauschen, ohne den Antragsgegner einzubeziehen, ist mit den Verfahrensgrundsätzen des Grundgesetzes unvereinbar.[50]

2. Urteilsverfügung und Beschlussverfügung

a) Urteilsverfügung

Die einstweilige Verfügung kann in zwei Formen erlassen werden. Gem. § 937 Abs. 2 ZPO ist gesetzlicher Regelfall der Erlass durch Urteil nach mündlicher Verhandlung (**Urteilsverfügung**, §§ 922 Abs. 1, 936 ZPO). Die Terminierung erfolgt gem. § 216 Abs. 1, 2 ZPO unverzüglich und von Amts wegen.[51] Hierbei ist die zweiwöchige Einlassungsfrist gem. § 274 Abs. 3 ZPO nicht einzuhalten, wohl aber die einwöchige Ladungsfrist gem. § 217 ZPO.[52] Diese kann allerdings gem. § 226 ZPO auf Antrag abgekürzt werden,[53] ein entsprechender Antrag sollte daher bereits in der Antragsschrift vorsorglich gestellt werden. Mit der Terminsladung stellt das Gericht dem Antragsgegner auch die Antragsschrift zu, so dass dieser hierauf erwidern kann, was idR schriftsätzlich vor der mündlichen Verhandlung geschieht. Gegen die Urteilsverfügung steht der beschwerten Partei das Rechtsmittel der Berufung zu (§§ 511 ff. ZPO).

658

b) Beschlussverfügung, Schutzschrift und Widerspruch

Gem. § 937 Abs. 2 ZPO kann die einstweilige Verfügung in dringenden Fällen ohne mündliche Verhandlung ergehen, dies geschieht dann gem. §§ 922 Abs. 1, 936 ZPO durch Beschluss (**Beschlussverfügung**), der – vom Ausnahmefall der §§ 922 Abs. 1 S. 2, 936 ZPO abgesehen – keiner Begründung bedarf. Teilweise wird für den Erlass

659

---

[49] OLG Düsseldorf WRP 2019, 487, 488 f.; OLG Frankfurt WRP 2001, 716 und GRUR 2005, 972; OLG Hamburg GRUR 2007, 614, 615; OLG München WRP 2011, 364, 365; Zöller/Vollkommer, § 935 Rn. 5, § 937 Rn. 7; Teplitzky WRP 2013, 839 ff.; a. A.: OLG Düsseldorf GRUR-RR 2005, 102 und GRUR 2006, 782; OLG Hamburg GRUR-RR 2002, 226; OLG Karlsruhe WRP 1995, 649; Schmidhuber/Haberer WRP 2013, 436.
[50] BVerfG NJW 2018, 3631, Tz. 24; BVerfG NJW 2020, 2021, Tz. 19; BVerfG NJW 2020, 3032, Tz. 16; BVerfG GRUR 2020, 1236, Tz. 18; BVerfG NJW 2021, 615, Tz. 23, 26; BVerfG GRUR 2022, 429, Tz. 29; OLG Düsseldorf WRP 2019, 487, 489, Tz. 10; Zöller/Vollkommer, § 937 Rn. 7; Teplitzky GRUR 2008, 34, 39; a. A.: MünchKommZPO/Drescher, § 922 Rn. 3.
[51] Zöller/Vollkommer, § 922 Rn. 21; MünchKommZPO/Drescher, § 922 Rn. 23; Berneke/Schüttpelz, Rn. 313, 316; da in der Praxis manche Eingangsgerichte, wenn keine Beschlussverfügung ergeht, in Verkennung von § 216 Abs. 1 ZPO einen Antrag auf Durchführung der mündlichen Verhandlung erwarten, ist ein solcher aus Gründen anwaltlicher Vorsorge aber zu empfehlen.
[52] Zöller/Vollkommer, § 922 Rn. 21; Berneke/Schüttpelz, Rn. 316.
[53] MünchKommZPO/Drescher, § 922 Rn. 23.

einer Beschlussverfügung ein dahin gehender Antrag verlangt;[54] dafür gibt es zwar keine gesetzliche Grundlage, aus anwaltlicher Vorsorge sollte ein solcher Antrag aber in der Antragsschrift gestellt werden.[55] Dringlichkeit iSv § 937 Abs. 2 ZPO erfordert mehr als die für den Verfügungsgrund ohnehin notwendige Eilbedürftigkeit, sie liegt nur vor, wenn selbst eine schnellstmöglich terminierte mündliche Verhandlung nicht abgewartet werden kann oder wenn der Zweck der einstweiligen Verfügung gerade den Überraschungseffekt der Beschlussverfügung erfordert.[56] Lässt die Dringlichkeit nicht einmal mehr den Zusammentritt des an sich zuständigen Kollegialgerichts (etwa einer Kammer für Handelssachen) zu, kann die Beschlussverfügung gem. § 944 ZPO durch den Vorsitzenden erlassen werden.[57]

660 In der Praxis ergingen bisher Beschlussverfügungen in aller Regel ohne vorherige Anhörung des Antragsgegners durch das Gericht, eine solche wurde sogar als unzulässig angesehen.[58] Dies ist durch die neuere Rspr. des BVerfG[59] überholt. Denn danach verlangen der Grundsatz der prozessualen Waffengleichheit und das Recht auf Gehör (Art. 103 Abs. 1 GG) als „prozessuales Urrecht" grds., dass der Antragsgegner vor Erlass einer Beschlussverfügung die Möglichkeit hatte, auf das Vorbringen des Antragstellers zu erwidern. Als ausreichend sieht das BVerfG zur Wahrung dieser Rechte jedoch an, wenn der Antragsgegner vorprozessual unter Setzung einer angemessenen Frist abgemahnt wurde, die einstweilige Verfügung unverzüglich nach Fristablauf beantragt wird, hierbei dem Gericht die Abmahnung sowie – falls erfolgt – die Reaktion des Antragsgegners vollständig vorgelegt werden und schließlich Gegenstand und Begründung des Antrags auf Erlass einer einstweiligen Verfügung mit denjenigen der Abmahnung identisch sind. Sind diese Voraussetzungen nicht erfüllt, darf das Gericht eine Beschlussverfügung im Regelfall nicht ohne vorherige Anhörung des Antragsgegners erlassen. Abweichendes gilt nur, wenn sonst der Zweck des einstweiligen Verfügungsverfahrens vereitelt würde, d. h. wenn die Überraschung des Gegners zur Rechtsdurchsetzung erforderlich ist. Auf diesen Ausnahmetatbestand, den das BVerfG etwa im Presse- und Äußerungsrecht im Regelfall explizit ablehnt, sollte der anwaltliche Vertreter des Antragstellers nicht spekulieren, sondern die vorgenannten Voraussetzungen dafür schaffen, dass das Gericht die Beschlussverfügung ohne vorherige Anhörung des Antragsgegners erlassen kann.

661 Wie die zahlreichen, hierzu ergangenen Entscheidungen des BVerfG bestätigen, werden die vorstehend beschriebenen Regeln in der Praxis leider noch nicht durchgehend

---

54 Berneke/Schüttpelz, Rn. 310.
55 Nicht zulässig ist dagegen, eine einstweilige Verfügung nur für den Fall zu beantragen, dass das Gericht eine Beschlussverfügung erlässt; ein solcher Antrag hindert das Gericht also nicht, die mündliche Verhandlung anzuberaumen und erst danach zu entscheiden (MünchKommZPO/Drescher, § 922 Rn. 3).
56 BVerfG NJW 2018, 3631, Tz. 20; OLG Karlsruhe NJW-RR 1987, 1206; Zöller/Vollkommer, § 937 Rn. 5; MünchKommZPO/Drescher, § 937 Rn. 5. Nimmt das Gericht Dringlichkeit iSv § 937 Abs. 2 ZPO an, ist es trotz des missverständlichen Wortlautes der Norm („kann") verpflichtet, durch Beschlussverfügung zu entscheiden (MünchKommZPO/Drescher, § 937 Rn. 6 mwN). Für die Partei ist die Anordnung oder Ablehnung der mündlichen Verhandlung unanfechtbar (Zöller/Vollkommer, § 937 Rn. 8; MünchKommZPO/Drescher, § 937 Rn. 11).
57 Zöller/Vollkommer, § 937 Rn. 5, § 944 Rn. 1.
58 Berneke/Schüttpelz, Rn. 366.
59 BVerfG NJW 2018, 3631, Tz. 17 ff.; BVerfG NJW 2020, 2021, Tz. 16 ff.; BVerfG WRP 2020, 1177, Tz. 14; BVerfG NJW 2020, 3023, Tz. 13; BVerfG GRUR 2020, 1236, Tz. 17 ff.; BVerfG 2021, 615, Tz. 19 ff.; BVerfG NJW 2021, 2020, Tz. 21 ff.; BVerfG WRP 2021, 743, Tz. 20 ff.; BVerfG GRUR 2022, 429, Tz. 26 ff.; BVerfG, Beschluss vom 11.1.2022, 1 BvR 123/21, Tz. 35 ff.; zustimmend: OLG Düsseldorf WRP 2019, 773 f., Tz. 5 f. (zum Wettbewerbsrecht); MünchKommZPO/Drescher, § 937 Rn. 7.

beachtet.⁶⁰ Deshalb, aber auch unabhängig hiervon sollte der anwaltliche Vertreter des potenziellen Antragsgegners, um seinen Mandanten gegen den Erlass einer Beschlussverfügung zu schützen, stets in Betracht ziehen, eine **Schutzschrift** zu hinterlegen. Dies geschieht – für Rechtsanwälte gem. § 49c BRAO berufsrechtlich zwingend – durch Einreichung eines elektronischen Schriftsatzes (§ 130a ZPO) beim elektronischen Register für Schutzschriften (www.schutzschriftenregister.hessen.de). Gem. § 945a Abs. 2 ZPO gilt die dortige Hinterlegung als bei allen ordentlichen Gerichten bundesweit erfolgt, was insbesondere von Vorteil ist, wenn der Antragsteller gem. § 35 ZPO die Wahl zwischen mehreren örtlich zuständigen Gerichten hat. Das angerufene Gericht darf eine Beschlussverfügung nicht erlassen, ohne zuvor das Schutzschriftenregister einzusehen und eine dort eingestellte Schutzschrift zu berücksichtigen.⁶¹ Auf diesem Weg kann der Antragsgegner daher präventiv der von ihm erwarteten oder befürchteten Argumentation des potenziellen Antragstellers entgegentreten, insbesondere dessen Darstellung bestreiten und Mittel zur Glaubhaftmachung seines eigenen Vortrags vorlegen, um die Zurückweisung des Antrags auf Erlass einer einstweiligen Verfügung oder zumindest zu erreichen, dass über diesen nicht ohne mündliche Verhandlung entschieden wird.⁶² Zwar ist das Gericht nicht verpflichtet, bei Vorliegen einer Schutzschrift mündlich zu verhandeln, also keine Beschlussverfügung mehr zu erlassen; die Voraussetzungen für deren Erlass können jedoch durch die Schutzschrift beseitigt werden, wenn nämlich nach den dortigen Ausführungen oder den zu deren Glaubhaftmachung vorgelegten Mitteln das Gericht den Vortrag des Antragstellers nicht mehr als hinreichend glaubhaft gemacht ansieht.⁶³

662 Wird eine Beschlussverfügung erlassen, steht dem Antragsgegner hiergegen der **Widerspruch** nach §§ 924, 936 ZPO zu. Dieser ist an keine Frist gebunden, denkbar ist lediglich Verwirkung.⁶⁴ Über den Widerspruch wird vor dem Gericht, das die Beschlussverfügung erlassen hat, mündlich verhandelt, danach entscheidet dieses gem. §§ 925 Abs. 1, 936 ZPO durch Urteil; in diesem wird gem. §§ 925 Abs. 1, 936 ZPO die Beschlussverfügung ganz oder teilweise entweder bestätigt oder abgeändert oder aufgehoben, letzterenfalls unter gleichzeitiger Abweisung des Antrags auf Erlass der einstweiligen Verfügung.⁶⁵ Der durch dieses Urteil beschwerten Partei steht gegen dieses die Berufung (§§ 511 ff. ZPO) zu.

c) Zurückweisung des Antrags auf Erlass einer einstweiligen Verfügung

663 Wird der Antrag auf Erlass einer einstweiligen Verfügung zurückgewiesen, kann auch dies zunächst nach mündlicher Verhandlung durch Urteil geschehen, gegen das dann die Berufung statthaft ist. Alternativ kann der Antrag gem. § 937 Abs. 2 ZPO auch

---

60 Exemplarisch hierfür steht der Beschluss vom 1.12.2021 (GRUR 2022, 429), in dem das BVerfG feststellt, dass beim Pressesenat des OLG Hamburg „offenbar Missverständnisse hinsichtlich der Anforderungen der prozessualen Waffengleichheit bestehen", und deshalb auf die rechtliche Bindungswirkung seiner Entscheidungen für alle Gerichte (§ 31 Abs. 1 BVerfGG) hinweist.
61 MünchKommZPO/Drescher, § 945a Rn. 6.
62 Aufgrund des Vorbringens in der Schutzschrift darf der Verfügungsantrag nur zurückgewiesen werden, wenn dem Antragsteller zuvor die Gelegenheit zur Stellungnahme gegeben wurde (Berneke/Schüttpelz, Rn. 294 mwN). Dies geschieht zweckmäßigerweise, indem keine Beschlussverfügung mehr ergeht, sondern Termin zur mündlichen Verhandlung anberaumt wird. Mit der Terminsladung wird dem Antragsteller auch die Schutzschrift zugeleitet (Berneke/Schüttpelz, Rn. 295).
63 MünchKommZPO/Drescher, § 945a Rn. 7, § 920 Rn. 16.
64 Zöller/Vollkommer, § 924 Rn. 4, 10.
65 Zöller/Vollkommer, § 925 Rn. 5.

ohne mündliche Verhandlung durch – vom Gericht zu begründenden, dem Antragsgegner gem. §§ 922 Abs. 3, 936 ZPO nicht mitzuteilenden – Beschluss zurückgewiesen werden. Letzteres ist allerdings nur zulässig, wenn dem Erlass der einstweiligen Verfügung unbehebbare Hindernisse entgegenstehen.[66] Gegen den Beschluss steht dem Antragsteller die sofortige Beschwerde gem. § 567 Abs. 1 Nr. 2 ZPO zu. Wird die Beschlussverfügung vom Beschwerdegericht erlassen, ist hiergegen der Widerspruch des Antragsgegners nach §§ 924, 936 ZPO statthaft, über den zunächst allerdings wieder das Eingangsgericht zu entscheiden hat.[67]

3. Prozessuale Besonderheiten des einstweiligen Verfügungsverfahrens

a) Glaubhaftmachung und Beschränkung auf präsente Beweismittel

664 §§ 920 Abs. 2, 936 ZPO verlangen die Glaubhaftmachung des Verfügungsanspruchs und des Verfügungsgrundes. Hierin liegt eine Absenkung des Beweismaßes dergestalt, dass nicht der Vollbeweis iSv § 286 ZPO (Rn. 189) erforderlich ist, sondern die Feststellung der überwiegenden Wahrscheinlichkeit genügt, dh bei der erforderlichen umfassenden Würdigung aller Umstände des Einzelfalls muss mehr für die Richtigkeit der in Rede stehenden Behauptung sprechen als dagegen.[68] Die überwiegende Wahrscheinlichkeit genügt nur zur Tatsachenfeststellung; die rechtliche Prüfung, namentlich in Bezug auf die Schlüssigkeit des Antrags, unterliegt keinerlei Einschränkungen, hat also in derselben Weise wie im Hauptsacheverfahren zu erfolgen.[69]

665 Welcher Grad an Wahrscheinlichkeit zur Glaubhaftmachung erforderlich ist, hängt auch vom Ergebnis einer Interessenabwägung ab: Drohen dem Antragsgegner bei Erlass der einstweiligen Verfügung Nachteile, die deutlich gegenüber denjenigen überwiegen, die dem Antragsteller bei Abweisung seines Gesuches entstehen, können die Anforderungen an die Glaubhaftmachung des Verfügungsanspruchs und -grundes zu verschärfen sein; je gravierender also der Eingriff durch die einstweilige Verfügung ist, desto gesicherter muss die gerichtliche Entscheidungsgrundlage sein. Umgekehrt sind die Anforderungen an die Glaubhaftmachung umso geringer, je dringender der Antragsteller auf die beantragte Maßnahme angewiesen ist.[70]

666 Gem. § 294 Abs. 1 ZPO sind zur Glaubhaftmachung alle Beweismittel zugelassen; exemplarisch genannt wird in dieser Bestimmung die **eidesstattliche Versicherung**, der im einstweiligen Rechtsschutz eine hohe Bedeutung zukommt. Dies folgt auch daraus, dass die eidesstattliche Versicherung nicht nur von einer am Prozess nicht beteiligten Person (an Stelle einer Zeugenaussage), sondern auch von der Partei selbst abgegeben werden kann,[71] so dass diese die Möglichkeit erhält, ihre eigene Erklärung durch eidesstattliche Versicherung der Richtigkeit derselben als Mittel zur Glaubhaftmachung ihres Vortrags in den Prozess einzuführen. Die eidesstattliche Versicherung

---

66 KG WRP 1992, 34, 37; Berneke/Schüttpelz, Rn. 306; Zöller/Vollkommer, § 937 Rn. 6; vgl. auch: MünchKommZPO/Drescher, § 937 Rn. 10.
67 OLG Hamm MDR 1987, 593; OLG Düsseldorf MDR 1984, 324; KG NJW-RR 2008, 520; Zöller/Vollkommer, § 924 Rn. 6; a. A.: KG NJW-RR 2004, 1665, 1666.
68 Vgl. nur BGH NJW-RR 2011, 136, Tz. 7; MünchKommZPO/Drescher, § 920 Rn. 15, beide mwN.
69 MünchKommZPO/Drescher, § 920 Rn. 10; Zöller/Vollkommer, § 922 Rn. 7; Stein/Jonas/Bruns, § 935 Rn. 6, 8; Wieczorek/Schütze/Thümmel, vor § 916 Rn. 6; a. A.: Leipold ZZP 90 (1977), 266 ff.
70 Vgl. zum Ganzen: OLG Hamm NJW-RR 2001, 105, juris-Tz. 25; Stein/Jonas/Bruns, § 935 Rn. 9, § 940 Rn. 12; Wieczorek/Schütze/Thümmel, vor § 916 Rn. 6, § 935 Rn. 27; Schuschke/Walker/Kessen/Thole/Schuschke/Kessen, § 935 Rn. 16, 20.
71 Zöller/Greger, § 294 Rn. 4; MünchKommZPO/Drescher, § 920 Rn. 19.

kann schriftlich – auch per Telefax – oder mündlich zu Protokoll der mündlichen Verhandlung abgegeben werden.[72] Wichtig ist, dass sie eine eigene Darstellung der glaubhaft zu machenden Tatsachen enthalten muss, es genügt also nicht die in der Praxis immer wieder anzutreffende und von einigen Gerichten sogar akzeptierte Formulierung, dass die an Eides statt versichernde Person einen bestimmten Schriftsatz (oder ein anderes Schriftstück) kennt und die Richtigkeit der darin enthaltenen Darstellung pauschal bestätigt.[73] Als weiteres Mittel der Glaubhaftmachung kommt auch die – unter Bezugnahme auf die anwaltlichen Standespflichten erfolgende – **anwaltliche Versicherung** der Richtigkeit solcher Tatsachen in Betracht, die der Rechtsanwalt in dieser Eigenschaft selbst wahrgenommen hat.[74]

Gem. § 294 Abs. 2 ZPO ist eine Beweisaufnahme, die nicht sofort erfolgen kann, unstatthaft, dh zulässig sind **nur präsente Beweismittel**. Hierunter fallen etwa die Vorlage von eidesstattlichen Versicherungen (dazu vorstehend) sowie deren Abgabe zu Protokoll der mündlichen Verhandlung; hierbei ist letztere vorzugswürdig, da sie dem Gericht die Bildung eines persönlichen Eindrucks ermöglicht und ihr deshalb eine größere Glaubwürdigkeit zukommt als einer schriftlichen eidesstattlichen Versicherung.[75] Zulässig sind außerdem die Präsentation von Augenscheinsobjekten sowie die Vorlage von Vernehmungsprotokollen aus anderen Verfahren[76] oder sonstigen Urkunden. Nicht zulässig ist dagegen der Antrag, dem Gegner oder einem Dritten die Vorlage einer Urkunde aufzugeben (§§ 421 ff. ZPO oder § 142 ZPO).[77] Zeugen werden vom Gericht nicht geladen, sondern können nur vernommen werden, wenn sie in der mündlichen Verhandlung anwesend sind, also als präsente Zeugen (Rn. 446) von einer Partei gestellt werden.[78] Erst recht kann vom Gericht kein Sachverständigengutachten eingeholt werden. Zulässig ist dagegen, in anderen Verfahren bereits eingeholte Sachverständigengutachten oder auch Privatgutachten zum Zwecke der Glaubhaftmachung vorzulegen.[79] Der Beweiswert von Privatgutachten ist allerdings kritisch zu hinterfragen. Zur Glaubhaftmachung ist ein solches allenfalls geeignet, wenn es erkennbar – insbesondere durch einen renommierten Gutachter oder ein entsprechendes Institut – objektiv und ohne Rücksicht auf Parteiinteressen erstellt wurde. Außerdem scheitert die Glaubhaftmachung, wenn das Privatgutachten durch ein Gegengutachten der anderen Partei entkräftet wird oder auch nur Einwendungen der anderen Partei oder Bedenken des Gerichts gegen das Privatgutachten nicht ausgeräumt werden.[80]

667

Die Darlegung und Glaubhaftmachung des Verfügungsgrundes obliegt dem Antragsteller, wenn ihm keine widerlegliche Vermutung (etwa nach § 12 Abs. 2 UWG) zugutekommt oder die Glaubhaftmachung entbehrlich ist (wie etwa nach § 885 Abs. 1 S. 2 BGB oder § 16 Abs. 3 S. 5 GmbHG). In Bezug auf den Verfügungsanspruch ist wie folgt zu differenzieren: Bei Erlass einer Beschlussverfügung ohne vorherige Anhörung

668

---

72 Zöller/Greger, § 294 Rn. 4.
73 BGH NJW 1996, 1682, juris-Tz. 14; BGH NJW 1988, 2045, juris-Tz. 10; BGH VersR 1988, 860, juris-Tz. 15; Zöller/Greger, § 294 Rn. 4; MünchKommZPO/Prütting, § 294 Rn. 18.
74 BGH NJW-RR 2017, 1266, Tz. 14; MünchKommZPO/Prütting, § 294 Rn. 20; Zöller/Greger, § 294 Rn. 5.
75 Zöller/Vollkommer, § 920 Rn. 10; MünchKommZPO/Drescher, § 920 Rn. 19.
76 Zöller/Vollkommer, § 920 Rn. 10.
77 OLG Frankfurt NJW-RR 2010, 936, juris-Tz. 6; MünchKommZPO/Drescher, § 920 Rn. 19; Berneke/Schüttpelz, Rn. 322; zu §§ 421 ff., 142 ZPO vgl. Rn. 247 ff.
78 MünchKommZPO/Drescher, § 920 Rn. 20, § 922 Rn. 25; Zöller/Vollkommer, § 922 Rn. 21; Berneke/Schüttpelz, Rn. 234, 322, wonach eine Ausnahme allerdings für die bedürftige Partei gelten soll, die durch Armut gehindert ist, einen Zeugen zum Termin zu stellen.
79 Zöller/Vollkommer, § 920 Rn. 10; MünchKommZPO/Drescher, § 920 Rn. 20.
80 Vgl. zum ganzen Berneke/Schüttpelz, Rn. 240.

des Antragsgegners muss der Antragsteller auch die Einredefreiheit seines Anspruchs glaubhaft machen, wenn sich aus seinem Vortrag Anhaltspunkte für die Geltendmachung von Einreden ergeben. Ansonsten gelten für die Verteilung der Darlegungs- und Glaubhaftmachungslast dieselben Regeln wie für die Darlegungs- und Beweislast im Hauptsacheprozess.[81] Unstreitige oder nicht bestrittene Tatsachen bedürfen keiner Glaubhaftmachung, es gilt § 138 Abs. 3 ZPO.[82]

669 Auch für einen dem Antragsgegner obliegenden Gegenbeweis (Rn. 211) oder den Nachweis von Einreden gelten die in diesem Kapitel dargestellten Regeln der Glaubhaftmachung.[83] Hat allerdings eine Partei mit den Mitteln des Strengbeweises (etwa durch Urkunden oder die Aussage eines präsenten Zeugen) den Vollbeweis erbracht, ist auch der Gegenbeweis nur im Wege des Strengbeweises zulässig, die Glaubhaftmachung also nicht mehr ausreichend.[84] Auch vor diesem Hintergrund ist prozesstaktisch vorzugswürdig, einen präsenten Zeugen zum Termin zu stellen, statt nur dessen eidesstattliche Versicherung vorzulegen.

b) Verfahrensbeschleunigung

670 Für das einstweilige Verfügungsverfahren gelten einige prozessuale Besonderheiten, die dessen besonderem Charakter als Eilverfahren geschuldet sind und dessen Beschleunigung dienen.

671 Zunächst ist das Gericht in Bezug auf die mündliche Verhandlung zu keinen vorbereitenden Maßnahmen nach § 273 ZPO verpflichtet; die Parteien haben von sich aus dafür zu sorgen, dass Fragen des Gerichts im Termin beantwortet werden können und alle erforderlichen Mittel zur Glaubhaftmachung präsent sind.[85] Hier ist der Rechtsanwalt besonders gefordert.

672 In Verfahren des einstweiligen Rechtsschutzes gibt es nur einen Termin zur mündlichen Verhandlung, danach muss das Gericht entscheiden; aufgrund der Eilbedürftigkeit ist **keine Vertagung** zulässig.[86] Aus demselben Grund darf auch **kein Schriftsatznachlass** gewährt werden.[87] Schließlich gibt es auch **keine Zurückweisung wegen Verspätung** nach § 296 Abs. 1 oder 2 ZPO.[88] Da nämlich nur präsente Beweismittel zulässig sind, kann eine Berücksichtigung nicht zu einer Verzögerung des Rechtsstreits führen. Daraus folgt, dass einerseits Angriffs- und Verteidigungsmittel bis zum Schluss der erstinstanzlichen mündlichen Verhandlung uneingeschränkt vorgebracht werden können, sich andererseits aber auch jede Prozesspartei darauf einzurichten hat, unmittelbar in der mündlichen Verhandlung alle erforderlichen Angriffs- und Verteidigungsmittel

---

81 MünchKommZPO/Drescher, § 920 Rn. 21; Zöller/Vollkommer, vor § 916 Rn. 6a, beide mwN.
82 MünchKommZPO/Drescher, § 920 Rn. 12.
83 Zöller/Greger, § 294 Rn. 2.
84 OLG Köln MDR 1981, 765, juris-Tz. 12; Zöller/Vollkommer, § 920 Rn. 11; MünchKommZPO/Drescher, § 920 Rn. 20 aE.
85 Berneke/Schüttpelz, Rn. 322.
86 OLG Hamburg GRUR-RR 2009, 365, 367, juris-Tz. 18; OLG Hamm FamRZ 1998, 687; OLG Koblenz NJW-RR 1987, 509, 510; Zöller/Vollkommer, § 922 Rn. 21; Berneke/Schüttpelz, Rn. 324, 327.
87 OLG Hamburg GRUR-RR 2009, 365, 367, juris-Tz. 18; OLG Hamburg NJW-RR 1987, 36; LG Hamburg GRUR-RR 2014, 137, 139, juris-Tz. 42; Berneke/Schüttpelz, Rn. 324; Zöller/Vollkommer, § 922 Rn. 21; MünchKommZPO/Drescher, § 922 Rn. 25, allerdings mit der Einschränkung, dass Schriftsatznachlass gewährt werden kann, wenn anderenfalls das Gesuch zurückgewiesen werden müsste.
88 OLG Koblenz NJW-RR 1987, 509, 510; MünchKommZPO/Drescher, § 922 Rn. 25; Zöller/Vollkommer, § 922 Rn. 21, beide mwN; *a. A.*: MünchKommZPO/Prütting, § 296 Rn. 7.

sowie Glaubhaftmachungsmittel vorzulegen, und auch Vorsorge dafür zu treffen hat, auf neuen oder ergänzenden Vortrag der Gegenseite sofort reagieren zu können.[89]

Eine Einschränkung des vorstehend Gesagten ergibt sich jedoch aus dem Gebot der Gewährung rechtlichen Gehörs (Art. 103 Abs. 1 GG), dem zufolge das Gericht seiner Entscheidung nur solche Tatsachen zugrunde legen darf, zu denen die Parteien sich sachgerecht erklären konnten. Wird eine Partei im Termin durch neuen Vortrag des Prozessgegners überrascht, auf den sie auch bei Beachtung der gebotenen Sorgfalt (dazu vorstehend) ausnahmsweise nicht vorbereitet sein musste und zu dem sie sich nicht sofort erklären kann, weil sie nicht über die hierzu erforderlichen Kenntnisse verfügt, muss das Gericht daher zur Gewährung rechtlichen Gehörs die mündliche Verhandlung vertagen, einen (kurzen) Schriftsatznachlass gewähren oder das neue Vorbringen zurückweisen. Die beiden erstgenannten Möglichkeiten kommen aber nicht in Betracht, wenn es dem Prozessgegner möglich gewesen wäre, so rechtzeitig vorzutragen, dass eine abschließende Erklärung hierzu in der mündlichen Verhandlung erfolgen kann. In solchen Fällen ist das neue Vorbringen zur Verhinderung von Rechtsmissbrauch daher zurückzuweisen.[90] Wer versucht, Angriffs- und Verteidigungsmittel im einstweilen Rechtsschutz bis zuletzt zurückzuhalten in der Hoffnung, dass der Gegner sich hiergegen dann nicht mehr verteidigen kann, wird mit dieser „Taktik" daher scheitern.

673

Schließlich ist auch die Erhebung einer Widerklage bzw. die Beantragung einer „Gegenverfügung" unzulässig.[91]

674

c) Berufung und Instanzenzug

Für die Berufung in Verfahren des einstweiligen Rechtsschutzes gelten die allgemeinen Vorschriften der §§ 511 ff. ZPO. Dies umfasst auch das Novenverbot (§ 531 Abs. 2 ZPO),[92] allerdings gelten aufgrund des Eilcharakters dieser Verfahren für die Frage, welches Verhalten einer Partei als nachlässig iSv § 531 Abs. 2 S. 1 Nr. 3 ZPO anzulasten ist, weniger strenge Kriterien als im Hauptsacheverfahren.[93]

675

Der Instanzenzug endet beim Berufungsgericht. Eine Revision oder Nichtzulassungsbeschwerde ist gem. § 542 Abs. 2 ZPO im einstweiligen Rechtsschutz nicht zulässig. Dies führt dazu, dass der BGH nur selten über diesbezügliche Fragen zu entscheiden hat, so dass hier vieles umstritten ist, weil die Oberlandesgerichte hierzu unterschiedliche Auffassungen vertreten.

676

4. Vollziehung und Zustellung der einstweiligen Verfügung

Gem. §§ 936, 929 Abs. 2 S. 1 ZPO ist die Vollziehung der einstweiligen Verfügung nur innerhalb eines Monats statthaft. Die Frist beginnt bei Beschlussverfügungen mit

677

---

89 OLG Hamburg GRUR-RR 2009, 365, 367, juris-Tz. 18; OLG Koblenz NJW-RR 1987, 509, 510; LG Hamburg GRUR-RR 2014, 137, 139, juris-Tz. 42.
90 OLG Koblenz NJW-RR 1987, 509, 511; Zöller/Vollkommer, § 922 Rn. 21; Anders/Gehle/Becker, § 922 Rn. 16; Berneke/Schüttpelz, Rn. 327.
91 MünchKommZPO/Drescher, § 922 Rn. 24; Zöller/Vollkommer, § 922 Rn. 21; a. A.: Stein/Jonas/Bruns, vor § 935 Rn. 24.
92 OLG Karlsruhe DGVZ 2014, 127, juris-Tz. 28; OLG Jena OLG-NL 2004, 277; Zöller/Heßler, § 531 Rn. 1; a. A.: Zöller/Vollkommer, § 925 Rn. 10; MünchKommZPO/Drescher, § 922 Rn. 28; MünchKommZPO/ Rimmelspacher, § 531 Rn. 3.
93 Vgl. OLG Stuttgart BauR 2005, 1047, juris-Tz. 41; OLG Hamburg GRUR-RR 2003, 135, juris-Tz. 13.

deren Zustellung oder Aushändigung an den Antragsteller, bei Urteilsverfügungen mit deren Verkündung.[94] Unterbleibt die Vollziehung oder erfolgt diese nur mangelhaft, ist die einstweilige Verfügung allein aus diesem Grund aufzuheben. Dies kann vom Antragsgegner entweder durch Widerspruch (§§ 924, 936 ZPO) oder Berufung oder wahlweise auch durch Antrag auf Aufhebung wegen veränderter Umstände nach §§ 927, 936 ZPO erreicht werden.[95] Der Anwalt des Antragstellers muss daher auf die Vollziehung und deren Ordnungsgemäßheit besonderes Augenmerk richten, da er ansonsten schon mit geringfügigen formalen Fehlern den Erfolg des einstweiligen Verfügungsverfahrens zunichtemachen kann. Umgekehrt ist dem Anwalt des Antragsgegners, der einen Mangel der Vollziehung feststellt, nahezulegen, diesen möglichst erst nach Ablauf der Vollziehungsfrist geltend zu machen, um dem Antragsteller keine Möglichkeit zur „Nachbesserung" durch fehlerfreien Vollzug zu geben.

678 Was genau zur ordnungsgemäßen Vollziehung erforderlich ist, hängt vom Inhalt der einstweiligen Verfügung ab. Im praktisch wichtigen Fall der Unterlassungsverfügung sind folgende typische Fehlerquellen zu vermeiden:

1. Zur Vollziehung genügt zunächst die Zustellung der Unterlassungsverfügung, allerdings muss diese – bei Beschluss- und Urteilsverfügungen gleichermaßen – grds. im Parteibetrieb nach §§ 191 ff. ZPO erfolgen. Die Zustellung von Amts wegen durch das Gericht nach §§ 166 ff. ZPO genügt grds. nicht. Eine Ausnahme gilt nur, wenn der Gläubiger seinen Vollstreckungswillen innerhalb der Vollziehungsfrist in anderer Weise bekundet, namentlich indem er gem. § 890 Abs. 1 ZPO die Festsetzung von Ordnungsmitteln beantragt oder die zu duldende Handlung vornimmt.[96]
2. Die zuzustellende Unterlassungsverfügung muss als vollstreckungsrechtliches Element die Ordnungsmittelandrohung gem. § 890 Abs. 2 ZPO bereits enthalten. Fehlt sie, muss der Antragsteller einen gesonderten Beschluss nach § 890 Abs. 2 ZPO erwirken und innerhalb der Vollziehungsfrist gleichfalls zustellen.[97] Da letzteres praktisch kaum umzusetzen ist, muss aus anwaltlicher Sicht mit der Unterlassungsverfügung immer zugleich auch die Ordnungsmittelandrohung beantragt werden.
3. Die Zustellung hat grds. an den Antragsgegner persönlich zu erfolgen. Sobald sich für diesen – auch im Rahmen einer Schutzschrift – aber ein Prozessbevollmächtigter bestellt hat und dies dem Antragsteller bekannt ist, kann die Zustellung gem. §§ 172, 191 ZPO nur noch an diesen wirksam erfolgen.[98] Dazu genügt bereits, wenn der Antragsteller im Abmahnverfahren durch ein außergerichtliches Schreiben des Antragsgegners oder seines Prozessbevollmächtigten hinreichend sichere Kenntnis davon erlangt, dass letzterer auch für das einstweilige Verfügungsverfahren bevollmächtigt ist.[99] Bei Zustellung an den falschen Adressaten liegt keine wirksame Vollziehung vor.

---

94 Zöller/Vollkommer, § 929 Rn. 3a, 4.
95 MünchKommZPO/Drescher, § 929 Rn. 15; Zöller/Vollkommer, § 929 Rn. 23.
96 Vgl. zum Ganzen: Zöller/Vollkommer, § 929 Rn. 12, 18 mwN.
97 BGHZ 120, 73, 82; BGHZ 180, 72, 76 f.; BGH NJW 1990, 122, 123 f.; Zöller/Vollkommer, § 929 Rn. 18; a. A.: MünchKommZPO/Drescher, § 938 Rn. 47.
98 Zöller/Vollkommer, § 922 Rn. 14 mwN.
99 OLG Köln GRUR 2001, 456.

4. Früher wurde zur ordnungsgemäßen Vollziehung die Zustellung einer Ausfertigung der einstweiligen Verfügung verlangt.[100] Da jedoch seit dem 1.7.2014 den Parteien gem. §§ 317 Abs. 1 S. 1, 169 Abs. 2 S. 1, 329 Abs. 1 S. 2 ZPO im Regelfall nur noch eine vom Gericht beglaubigte Abschrift bzw. Kopie der Entscheidung erteilt wird, genügt auch deren Zustellung, wenn sie die Unterlassungsverfügung vollständig enthält.[101] Wird im Tenor der einstweiligen Verfügung zur Konkretisierung des Unterlassungsgebotes auf die Antragsschrift oder Anlagen zu derselben Bezug genommen oder ordnet das Gericht die Zustellung solcher Unterlagen an und macht sie damit zum Inhalt der einstweiligen Verfügung, sind auch diese Schriftstücke zuzustellen, wenn der Schuldner ohne diese nicht erkennen kann, was genau von ihm verlangt bzw. ihm untersagt wird.[102]

Ist nach der einstweiligen Verfügung eine Eintragung im Grundbuch vorzunehmen (etwa einer Auflassungsvormerkung gem. § 885 Abs. 1 BGB oder eines Widerspruchs gem. § 899 Abs. 2 BGB), ist zur Vollziehung der Eingang des Eintragungsantrags beim Grundbuchamt erforderlich und ausreichend.[103] In solchen Fällen sind zusätzlich §§ 929 Abs. 3, 936 ZPO zu beachten. Danach ist die Vollziehung zwar vor Zustellung der einstweiligen Verfügung zulässig, sie wird aber wirkungslos, wenn die Zustellung nicht innerhalb einer Woche nach der Vollziehung erfolgt. Wird diese Frist versäumt, ist eine erneute Vollziehung zwar möglich, allerdings nur innerhalb der Vollziehungsfrist nach §§ 929 Abs. 2, 936 ZPO. Unterbleibt dies, ist keine wirksame Vollziehung erfolgt.[104]

Eine weitere Fehlerquelle im Rahmen der Vollziehung ergibt sich schließlich daraus, dass diese uU im Laufe des Verfahrens mehrfach erfolgen muss: Dies ist zunächst der Fall, wenn das Eingangsgericht die durch Beschluss zunächst erlassene einstweilige Verfügung auf den Widerspruch des Antragsgegners aufhebt, diese vom Berufungsgericht dann aber wieder erlassen wird. Eine erneute Vollziehung ist auch erforderlich, wenn die einstweilige Verfügung durch die Entscheidung über den Widerspruch oder durch Berufungsurteil inhaltlich wesentlich verändert oder gar erweitert wird. Dies gilt aber nicht im Falle einer Teilaufhebung oder einer Abänderung zu einem inhaltlichen Minus.[105]

Abschließend sollte stets bedacht werden, dass jede Vollziehung das Risiko einer **Schadensersatzpflicht** begründet. Erweist sich nämlich die Anordnung einer einstweiligen Verfügung als von Anfang an ungerechtfertigt, ist der Antragsteller gem. § 945 ZPO verschuldensunabhängig verpflichtet, dem Antragsgegner den ihm durch deren Vollziehung, etwa durch Befolgung des Unterlassungsgebotes, entstandenen Schaden zu ersetzen. Ein solcher liegt allerdings nur vor, wenn der Verfügungsanspruch nach materiellem Recht nicht begründet war; dessen Voraussetzungen muss derjenige, der die einstweilige Verfügung erwirkt und vollzogen hat, im Schadensersatzprozess allerdings darlegen und beweisen, wobei ein im einstweiligen Verfügungsverfahren ergangenes

---

100 Vgl. nur OLG Düsseldorf WRP 1996, 1172, 1174, juris-Tz. 9; OLG Hamburg WRP 1994, 408, 409.
101 BGH NJW 2019, 1374, Tz. 9 ff.; Zöller/Vollkommer, § 929 Rn. 1; Schuschke/Walker/Kessen/Thole/Schuschke/Kessen, § 929 Rn. 30; Anders/Gehle/Becker, § 929 Rn. 18, Stichwort „Zustellung (Beglaubigte Abschrift)".
102 OLG Köln WRP 1987, 403, 404; OLG Nürnberg WRP 1991, 827 f.
103 Zöller/Vollkommer, § 929 Rn. 21.
104 Zöller/Vollkommer, § 929 Rn. 28; MünchKommZPO/Drescher, § 929 Rn. 21.
105 Vgl. zum Ganzen: Zöller/Vollkommer, § 929 Rn. 5; MünchKommZPO/Drescher, § 929 Rn. 8.

Urteil für den Schadensersatzprozess keinerlei Bindungswirkung entfaltet.[106] Daraus folgt, dass nicht jede spätere Aufhebung einer zunächst erlassenen einstweiligen Verfügung automatisch eine Schadensersatzpflicht nach § 945 ZPO begründet. Beruht die Aufhebung nämlich zB darauf, dass ein Verfügungsgrund fehlt oder der Verfügungsanspruch im Eilverfahren nicht mehr glaubhaft gemacht werden kann, bleibt dem Antragsteller dessen Nachweis im Schadensersatzprozess mit den dort zulässigen Beweismitteln unbenommen.

V. Zusammenfassung

682
1. Einstweilige Verfügungen können ergehen, wenn ein Verfügungsanspruch, dh der zu sichernde, materielle Anspruch begründet ist und ein Verfügungsgrund, dh Eilbedürftigkeit besteht. Letzteres ist der Fall, wenn ohne Erlass der einstweiligen Verfügung die Durchsetzung des Rechtes im Hauptsacheverfahren vereitelt oder wesentlich erschwert werden könnte. Eine Vorwegnahme der Hauptsache ist nicht zulässig.
2. Die einstweilige Verfügung kann nach mündlicher Verhandlung durch Urteil oder in dringenden Fällen durch Beschluss ohne mündliche Verhandlung ergehen. Im letztgenannten Fall kann der Antragsgegner gegen die Beschlussverfügung Widerspruch einlegen, über den mündlich verhandelt und sodann durch Urteil entschieden wird.
3. An Stelle des Beweises genügt im einstweiligen Verfügungsverfahren das abgesenkte Beweismaß der Glaubhaftmachung. Zulässig sind nur präsente Beweismittel, auch eidesstattliche Versicherungen (§ 294 ZPO).
4. Aufgrund des Eilcharakters des Verfahrens gibt es grds. keine Vertagung, keinen Schriftsatznachlass und – mangels Verzögerung des Rechtsstreits – auch keine Präklusion gem. § 296 ZPO, so dass alle Angriffs- und Verteidigungsmittel bis zum Schluss der mündlichen Verhandlung vorgetragen werden müssen und können. Eine Ausnahme gilt nur für rechtsmissbräuchlich zurückgehaltenes Vorbringen, zu dem sich der Gegner nicht mehr sachgerecht erklären kann.
5. Die einstweilige Verfügung muss innerhalb eines Monats vollzogen werden. Auf die hierfür geltenden Formalia muss der Rechtsanwalt besonderes Augenmerk richten. Stellt sich im Nachhinein heraus, dass ein Verfügungsanspruch nicht bestand, kann der Antragsgegner Ersatz des ihm durch den Vollzug der einstweiligen Verfügung entstandenen Schadens verlangen.

---

106 Zöller/Vollkommer, § 945 Rn. 8 f.

B. Verhandlungstaktik

Teil I
Einführung

Verhandeln gehört zum Tagesgeschäft eines Rechtsanwalts, mögen die Arten der Verhandlungen noch so unterschiedlich sein. Ob Vertragsverhandlungen oder Konfliktverhandlungen im Rahmen von streitigen Auseinandersetzungen, ein Großteil des anwaltlichen Berufslebens besteht aus Verhandlungen. So zeigt etwa die jährliche Verfahrenserhebung des Statistischen Bundesamtes, dass eine Vielzahl der rechtshängig gemachten Streitigkeiten am Ende nicht von einem Richter entschieden, sondern vergleichsweise erledigt wird. 2020 endeten etwa deutschlandweit erstinstanzlich vor den Landgerichten fast 1/4 der erledigten Verfahren durch gerichtlichen Vergleich (76.444 von 340.527 erledigten Verfahren insgesamt).)[1] Die durchschnittliche Verfahrensdauer belief sich dabei in der ersten Instanz auf 10,5 Monate.[2] Durch streitiges Urteil wurden demgegenüber 29,9 Prozent der erstinstanzlichen Verfahren entschieden (117.127 von 340.527 erledigten Verfahren insgesamt); mit einer um fast 1/3 längeren durchschnittlichen Verfahrensdauer.[3]

683

Schon seit langem ist bekannt, dass Rechtsanwälte einen Großteil aller Streitigkeiten, mit denen sie beruflich befasst sind, außergerichtlich beilegen.[4] Ein wesentlicher Grund hierfür ist, dass ein langwieriger Rechtsstreit (noch dazu über mehrere Instanzen) regelmäßig nicht im Interesse des Mandanten liegt. Konflikte sollen vielmehr häufig im Vorhinein zügig und effizient beigelegt werden. Oft stimmt auch die Interessenlage des Mandanten nicht mit der objektiven Rechtslage überein – und erst recht nicht mit dem, was ein Gericht mit seinen begrenzten Mitteln für Recht erkennt.[5] Nur selten geht es hingegen um Eilmaßnahmen, die Titulierung offensichtlich bestehender Ansprüche bzw. die Abwehr von offensichtlich unbegründeten Forderungen oder um Fragen von grundsätzlicher Bedeutung, die von einem Richter entschieden werden müssen.

684

Für einen guten Rechtsanwalt genügt es daher nicht, nur das materielle und prozessuale Recht zu beherrschen. Um den Mandanten sach- und interessengerecht beraten zu können, sollten Anwälte darüber hinaus auch gute Verhandler sein. Leider ist jedoch nicht jeder juristisch hervorragende Rechtsanwalt automatisch ein guter Verhandlungsführer. Denn Verhandlungen verlaufen nicht nach den vertrauten rechtlichen Regeln und Prinzipien. Im Gegenteil: Die in Studium und Referendariat mühsam erlernte juristische Methode, die Suche nach Ansprüchen, Einwendungen und Einreden, steht einem optimalen Verhandlungsergebnis häufig sogar entgegen. Statt nach gemeinsamen Lösungsmöglichkeiten für einen Konflikt zu suchen, sind Rechtsanwälte

685

---

1 Statistisches Bundesamt, Rechtspflege, Zivilgerichte, Fachserie 10, Reihe 2.1, 2020, S. 48, 52.
2 Statistisches Bundesamt, Rechtspflege, Zivilgerichte, Fachserie 10, Reihe 2.1, 2020, S. 56.
3 Statistisches Bundesamt, Rechtspflege, Zivilgerichte, Fachserie 10, Reihe 2.1, 2020, S. 48, 52, 56.
4 Vgl. etwa die empirischen Untersuchungen von Wasilewski, Streitverhütung durch Rechtsanwälte, 1990, S. 35.
5 Greger/von Münchhausen, Verhandlungs- und Konfliktmanagement für Anwälte, Rn. 1.

durch ihre Ausbildung darauf geschult, in der Vergangenheit Fehler der anderen Seite zu finden. Die Eskalation des Konflikts bis hin zur Einleitung eines Zivilprozesses ist zwangsläufig die Folge.[6] Anwälte, die ausschließlich unter rechtlichen Gesichtspunkten verhandeln, erzielen daher regelmäßig keine optimalen Ergebnisse für ihre Mandanten.

686 Geht es also nicht nur um die Wahrung objektiv bestehender Rechte, sondern um die Verwirklichung subjektiver Interessen des Mandanten, bedarf es einer anderen Vorgehensweise;[7] der **sachgerechten Verhandlung**. Hierauf ist der „fertige" Jurist nach Studium und Referendariat allerdings mitnichten vorbereitet. Die anwaltsspezifische Verhandlungsausbildung gehört bis heute nicht zum Pflichtstoff in der Juristenausbildung. Zwar zählen seit der Änderung des § 5a Abs. 3 Satz 1 DRiG im Jahr 2003 „Verhandlungsmanagement, Gesprächsführung, Rhetorik, Streitschlichtung, Mediation, Vernehmungslehre und Kommunikationsfähigkeit" zu den Schlüsselqualifikationen, die im Studium erworben werden sollen. Anders als in manch US-amerikanischer Law School sind entsprechende Angebote aber nur vereinzelt an deutschen Hochschulen zu finden. Der (angehende) Rechtsanwalt hat den Auf- und Ausbau seiner Verhandlungskompetenz daher selbst in der Hand.

687 Die gute Nachricht vorweg: Professionelles, sachgerechtes Verhandeln lässt sich lernen! So handelt es sich um einen (wenn auch verbreiteten) Irrglauben, dass man als guter Verhandlungsführer geboren sein müsse und dass man Verhandeln nicht lernen könne.[8] Ein wichtiger Baustein auf dem Weg zum erfolgreichen Verhandlungsführer ist, zu verstehen, wie man selbst und wie andere verhandeln, welche Strategien, Taktiken und Techniken es gibt, inwieweit sie aus welchen Gründen funktionieren oder auch nicht und wodurch der Erfolg einer Taktik beeinträchtigt wird.[9] Der zweite Abschnitt unseres Buches soll daher einen Einblick in den Bereich anwaltlicher Verhandlungen und die dahinterstehenden Taktiken und Strategien geben. Besondere Vorkenntnisse des Lesers sind nicht erforderlich. Ausreichend ist vielmehr das Interesse an dieser spannenden Materie.

688 Nun zur schlechten Nachricht: Wie ein Tennisspieler nicht allein durch die Lektüre von Büchern über Tennis sein eigenes Spiel verbessern wird, wird auch ein Rechtsanwalt seine Verhandlungsfertigkeiten durch bloßes Studium von Verhandlungsliteratur nicht steigern. Vieles im Bereich anwaltlicher Verhandlungen bedarf der praktischen Übung in Seminaren und Workshops sowie am „echten" Fall. In Ergänzung solcher Praxisübungen sollen die nachfolgenden Ausführungen jedoch das erforderliche theoretische Rüstzeug liefern, um die eigene Verhandlungskompetenz zu verbessern. Dabei kann dem interessierten Leser an dieser Stelle aus Platzgründen allerdings lediglich ein Einstieg in diese hochkomplexe Thematik gegeben werden. Für eine Vertiefung der mit diesem Buch gewonnenen Erkenntnisse sei auf die weiterführenden Literaturempfehlungen im Literaturverzeichnis verwiesen.

---

6 Ausführlich zu den Schwächen der juristischen Methode Ponschab/Schweizer, Kooperation statt Konfrontation, S. 3 ff., 25 ff.
7 Greger/von Münchhausen, Verhandlungs- und Konfliktmanagement für Anwälte, Rn. 2.
8 Weiss, The book of real-world negotiations, S. 16.
9 Jung/Krebs, Vertragsverhandlung, S. 5.

Teil II
Verhandlungsgrundlagen

§ 27 Verhandeln im anwaltlichen Bereich

I. Grundsatz; Definition

Ob Rechtsanwalt in einer Großkanzlei oder Einzelanwalt: Verhandlungen im Auftrag Dritter zu führen, zählt zu den Kernaufgaben eines jeden Rechtsanwalts. Verhandlungen sind immer dann erforderlich, wenn sich das Ziel des Mandanten nicht ohne eine andere Partei erreichen lässt. Verhandlungen sind kein Streitgespräch. Die bloße Kompetenz, im Gespräch mit anderen den eigenen Standpunkt überzeugend zu vertreten, genügt daher nicht.[1] Unter Verhandeln ist vielmehr „*die zwischenmenschliche Interaktion zu verstehen, bei der versucht wird, einen Ausgleich widerstreitender Interessen zu erzielen.*"[2] Bei Verhandlungen geht es also darum, durch zwischenmenschliche Kommunikation zu einer einvernehmlichen Lösung zu gelangen, welche die zwischen den Verhandlungsparteien bestehenden Interessengegensätze angemessen berücksichtigt.[3] Dementsprechend liegt keine Verhandlungssituation vor, wenn sämtliche Bedürfnisse der Verhandlungsparteien vollständig miteinander vereinbar sind, also kein Präferenzkonflikt besteht, oder wenn eine Partei ihre Verhandlungsbereitschaft nur vorgibt, tatsächlich aber kein Interesse an einer einvernehmlichen Lösung hat, ganz gleich, was die andere Partei ihr anbietet.[4]

689

II. Vertrags- und Konfliktverhandlungen

Rechtsanwälte werden von ihren Mandanten zum einen bei **Vertragsverhandlungen** zu Rate gezogen. Hierzu zählen etwa Verhandlungen über Austauschverträge wie Kauf-, Vertriebs- und Projektverträge oder Verhandlungen über Partnerschaften, Kooperationen und M&A-Transaktionen. Derartigen Verhandlungen ist gemein, dass sie zukunftsgerichtet sind und die Chancen und Risiken der geplanten Transaktion oder Partnerschaft im Vordergrund stehen.[5] Gegenstand anwaltlicher Tätigkeit sind zum anderen **Konfliktverhandlungen**, also Situationen, in denen bereits ein verfestigter, konflikthafter Interessengegensatz zwischen dem Mandanten und einer weiteren Partei besteht (etwa bei Gesellschafterstreitigkeiten, Ehescheidungen oder Schadensregulierungen).[6] Anders als Vertragsverhandlungen sind solche Verhandlungen vergangenheitsorientiert und regelmäßig stark von den Themen des Konflikts geprägt.[7] Häufig obliegt den Anwälten in beiden Fällen die Verhandlungsführung.

690

Werden Konfliktverhandlungen effektiv und effizient geführt, können sie eine erhebliche Hebelwirkung haben. Gegenüber einem streitigen Verfahren vor Gericht führen

691

---

1 Bühring-Uhle/Eidenmüller/Nelle, Verhandlungsmanagement, S. 4.
2 Greger/von Münchhausen, Verhandlungs- und Konfliktmanagement für Anwälte, Rn. 186.
3 Vgl. Rosner/Winheller, Gelingende Kommunikation, S. 185 ff.
4 Näher Rosner/Winheller, Gelingende Kommunikation, S. 188.
5 Egli, Anwaltliche Verhandlungsführung, S. 3.
6 Zur Unterscheidung zwischen Vertrags- und Konfliktverhandlungen s. Greger/von Münchhausen, Verhandlungs- und Konfliktmanagement für Anwälte, Rn. 186. Ausführlich auch Mnookin/Peppet/Tulumello, Beyond Winning, S. 97 ff.
7 Egli, Anwaltliche Verhandlungsführung, S. 3.

Verhandlungen meist zu wesentlich schnelleren und damit häufig auch zu kostengünstigeren Lösungen des Konflikts. Außerdem sind Verhandlungen nicht auf einen festgelegten Streitgegenstand beschränkt. Verhandlungen bieten daher einen deutlich größeren Gestaltungsspielraum als ein Rechtsstreit vor Gericht mit der Folge, dass sich Spannungen zwischen den Parteien nachhaltig reduzieren lassen.[8]

III. Zusammenfassung

691a 1. Verhandlungen im Auftrag Dritter zu führen, gehört zu den Kernaufgaben eines jeden Rechtsanwalts. So werden Rechtsanwälte von ihren Mandanten nicht nur bei Vertragsverhandlungen, sondern auch bei Konfliktverhandlungen zu Rate gezogen.

2. Eine Verhandlungssituation liegt immer dann vor, wenn es darum geht, durch zwischenmenschliche Kommunikation zu *einer einvernehmlichen Lösung zu gelangen, welche die zwischen den Verhandlungsparteien bestehenden Interessengegensätze angemessen berücksichtigt. Demgegenüber liegt keine Verhandlungssituation vor, wenn kein Präferenzkonflikt besteht oder wenn eine Partei ihre Verhandlungsbereitschaft nur vorgibt, tatsächlich aber keinerlei Interesse an einer einvernehmlichen Lösung hat.*

§ 28 Grundformen des Verhandelns

692 In der Verhandlungsforschung hat sich weitgehend die Unterscheidung zwischen zwei **grundlegenden Verhandlungsformen** durchgesetzt, dem **distributiven** und dem **integrativen** Verhandeln.[1] Damit ist indes nicht gemeint, dass Verhandlungen in der Praxis entweder ausschließlich distributiv oder integrativ geführt werden. Regelmäßig enthalten Verhandlungen vielmehr sowohl distributive als auch integrative Elemente. Nachfolgend sollen beide Grundformen daher näher dargestellt werden.

I. Distributives Verhandeln

1. Grundprinzip

693 Das distributive Verhandeln (auch **kompetitives Verhandeln** genannt) ist wohl die bekannteste und daher auch meist verbreitete Form der Verhandlungsführung. Ganz gleich, ob Hintergrund der Verhandlung eine Transaktion (zB der Abschluss eines Unternehmenskaufvertrages) ist, oder es inhaltlich um die Geltendmachung/Abwehr streitiger Rechtsansprüche geht, verfallen die Parteien regelmäßig in ein Muster, das dem Feilschen auf einem orientalischen Basar ähnelt: Jede Seite nimmt zu Beginn der Verhandlung eine Maximalforderung (Position) ein und verteidigt diese im weiteren Verlauf der Verhandlung, bis durch reziproke (dh wechselseitige) Zugeständnisse nach langer und ausgiebiger Verhandlung schließlich ein Kompromiss gefunden werden kann. Deshalb wird diese Form der Verhandlungsführung auch als *„intuitives Verhandeln"* bzw. als *„Basarverhalten"* bezeichnet.[2] Der US-amerikanische Mathematiker und Verhandlungsforscher *Howard Raiffa* hat für dieses Interaktionsmuster, das lang-

---

[8] Pfromm, Effektiver Verhandeln, Rn. 2.
[1] Statt aller Raiffa, The Art and Science of Negotiation, S. 33.
[2] So zB Haft, Verhandlung und Mediation, S. 20.

same Entgegenkommen der Parteien durch schrittweise wechselseitige Konzessionen, den treffenden Begriff „*Negotiation Dance*"[3] geprägt.

Kennzeichnend für distributive Verhandlungen ist es, dass die Verhandlungsparteien um die Verteilung eines (vermeintlich) **begrenzten Verhandlungsgegenstands** streiten. Bildich gesprochen geht es um die Aufteilung des sog. **Verhandlungskuchens**.[4] Die Verhandlung wird als **Verteilungskampf** empfunden, in dem jede Seite versucht, durch den Einsatz verschiedener Verhandlungstaktiken ihre Position auf Kosten der anderen Partei optimal durchzusetzen und so ein möglichst großes Stück des Verhandlungskuchens für sich zu gewinnen. Die Ausgangsforderungen (Positionen) der Parteien stehen sich dabei diametral und unvereinbar gegenüber.

▶ **BEISPIEL:** Der Verkäufer will einen möglichst hohen Kaufpreis erzielen, der potenzielle Käufer will für den Kaufgegenstand möglichst wenig bezahlen.
Die Partner eines Joint-Ventures streiten über die Beteiligungsquoten in der zu gründenden Gesellschaft. Jeder Gesellschafter will mehr als 50 Prozent der Anteile halten.
Der vom Amt als Geschäftsführer abberufene Geschäftsführer möchte eine möglichst hohe Abfindung erhalten, die Gesellschaft möchte demgegenüber möglichst wenig bezahlen. ◀

Die Verhandlung wird damit intuitiv zu einem „**Nullsummenspiel**", in dem der eine gewinnt, was der andere verliert. Die einzige Alternative zum Kompromiss ist der Abbruch der Verhandlung. Eine von den Ausgangsforderungen der Parteien unabhängige, dritte Lösung wird weder gesucht noch gefunden.[5] Kooperationsgewinne, also intelligente Lösungen, die den Verhandlungskuchen und damit den Gewinn beider Seiten vergrößern, bleiben tendenziell auf der Strecke.[6] Das Ergebnis sind suboptimale Lösungen.[7] Distributiv geführte Verhandlungen werden daher in der Verhandlungsliteratur auch „**Win-lose**"-Verhandlungen genannt.[8]

Weil aber das distributive Verhandeln in der Verhandlungswirklichkeit so verbreitet ist, kommt man nicht umhin, sich mit dieser Verhandlungsform und ihren maßgeblichen Taktiken intensiver auseinander zu setzen. Immer wieder sieht man sich als Rechtsanwalt Verhandlungssituationen ausgesetzt, die entweder rein distributiv sind (selten), oder in denen die andere Partei ausschließlich distributive Verhandlungstaktiken einsetzt (häufig).[9] Um in derartigen Situationen den eigenen Mandanten zielführend vertreten und beraten zu können, muss man daher verstehen, wie distributives Verhandeln und die entsprechenden Taktiken funktionieren und wie man ihnen am besten begegnen kann, wenn die andere Seite auf sie zurückgreift (Rn. 818 ff.).

2. Hartes und weiches Verhandeln

In der Praxis lassen sich regelmäßig zwei Stilarten distributiven Verhandelns beobachten, welche die Parteien mehr oder weniger konsequent verfolgen, das sog. „**weiche**" und das sog. „**harte**" **Verhandeln:**[10] Die wesentlichen Charakteristika dieser beiden

---

3 Raiffa, The Art and Science of Negotiation, S. 47.
4 Saner, Verhandlungstechnik, S. 41.
5 Risse, Wirtschaftsmediation, § 2 Rn. 25.
6 Walz, in Walz (Hrsg.), Verhandlungstechnik für Notare, S. 3. Siehe auch Mnookin/Peppet/Tulumello, Beyond Winning, S. 11 ff.
7 Rosner/Winheller, Mediation und Verhandlungsführung, S. 80.
8 Lewicki/Barry/Saunders, Essentials of Negotiation, S. 28. Kritisch zu dem Begriff indes Rosner/Winheller, Mediation und Verhandlungsführung, S. 100.
9 Lewicki/Barry/Saunders, Essentials of Negotiation, S. 29.
10 Fisher/Ury/Patton, Das Harvard Konzept, S. 36.

Verhandlungsstile haben *Fisher,* Ury und *Patton* in der folgenden Übersicht zusammengefasst:

Weiches Verhandeln	Hartes Verhandeln
Die Verhandlungsparteien betrachten sich als Freunde	Die Parteien sehen sich als Gegner
Ziel der Verhandlung ist es, eine Übereinkunft mit der Gegenseite zu erzielen	Ziel der Verhandlung ist der Sieg über die andere Verhandlungspartei
Konzessionen werden zur Verbesserung der Beziehung unterbreitet	Konzessionen des Gegenübers werden zur Voraussetzung der Beziehung selbst
Gütliche Einstellung zu den Menschen und Problemen	Harte Einstellung zu den Menschen und Problemen
Vertrauen zur anderen Verhandlungspartei	Misstrauen gegenüber der anderen Partei
Bereitwillige Änderung der Position	Beharren auf der eigenen Position
Angebote werden unterbreitet	Drohungen werden ausgesprochen
Offenlegen der eigenen Verhandlungslinie	Die eigene Verhandlungslinie wird nicht offenbart
Einseitige eigene Zugeständnisse werden um der Übereinstimmung willen in Kauf genommen	Einseitige eigene Gewinne werden von der anderen Verhandlungspartei als Preis für die Übereinkunft gefordert
Suche nach der einzigen Antwort, welche die andere Partei akzeptiert	Suche nach der einzigen Antwort, die man selbst akzeptiert
Bestehen auf einer Übereinkunft	Bestehen auf der eigenen Position
Willenskämpfe werden möglichst vermieden	Willenskämpfe müssen gewonnen werden
Druck wird nachgegeben	Druck wird ausgeübt

698 Der weiche Verhandlungsstil ist demnach maßgeblich von dem Wunsch geprägt, eine Übereinkunft mit der anderen Verhandlungspartei zu erzielen. Die andere Verhandlungspartei wird dabei nicht als Widersacher, sondern als **Partner** betrachtet, dem es zu trauen gilt und zu dem eine gute Beziehung aufzubauen und zu unterhalten ist. Um der Übereinstimmung willen werden zur Not auch einseitige Zugeständnisse unterbreitet. Die Konfrontation mit der anderen Verhandlungspartei wird möglichst vermieden.

699 Demgegenüber macht dem „harten" Verhandler die Konfrontation mit der anderen Verhandlungspartei nichts aus. Er sieht in ihr einen **Gegner**, den es zu besiegen gilt. Die Konfrontation mit dem Gegenüber wird aktiv gesucht, um die eigenen Positionen durchzusetzen. Anders als dem „weichen" Verhandler ist dem „harten" Verhandler die Beziehung zum Gegenüber egal.

700 Treffen in einer Verhandlung „harte" Verhandler auf „weiche" Verhandler, ist beim Streit um Positionen die harte Linie der weichen überlegen.[11] Passt der „weiche" Verhandler in diesem Fall seinen Verhandlungsstil nicht an den der anderen Verhandlungspartei an, wird er regelmäßig in der Verhandlung unterliegen. Die erzielte Übereinkunft wird bei einer einmaligen Verhandlung für den „harten" Positionskämpfer in

---

11 Fisher/Ury/Patton, Das Harvard Konzept, S. 37. Vgl. auch Craver, Effective Legal Negotiation and Settlement, S. 14.

der Regel vorteilhafter sein als für den „weichen".[12] Da durch „hartes" Verhandeln die Beziehung zum Gegenüber nachhaltig geschädigt werden kann, ist aber zweifelhaft, ob sich eine solche Herangehensweise an Verhandlungen auch auf Dauer auszahlt.

II. Integratives Verhandeln

Den Gegensatz zum distributiven, kompetitiven Verhandeln bildet das integrative Verhandeln, bei dem die Interessen der Verhandlungsparteien und damit die Vergrößerung des Gesamtertrags beider Seiten einen zentralen Teil der Verhandlungen ausmachen.

1. Grundprinzip

Anders als beim distributiven Verhandeln streben die Parteien beim integrativen Verhandeln (auch **kooperatives Verhandeln** genannt) nicht nur die Aufteilung des Verhandlungskuchens an. Vielmehr versuchen die Verhandlungsparteien zunächst, den Gesamtertrag für die Beteiligten – also den **Verhandlungskuchen** – zu **maximieren**, bevor sie ihn verteilen.[13] Anstatt lediglich einen Kompromiss zwischen unvereinbaren Ausgangspositionen zu schließen, geht es beim integrativen Verhandeln vielmehr um den Ausgleich der den Positionen zugrunde liegenden Interessen der Parteien.

In dem Standardwerk zur Verhandlungsführung „Getting to Yes" (in der deutschen Fassung: „Das Havard-Konzept", Rn. 709 ff.) haben die Autoren *Roger Fisher*, *William Ury* und *Bruce Patton* den Unterschied zwischen positionsorientiertem, distributivem Verhandeln und interessenorientiertem, integrativem Verhandeln anhand folgenden Beispiels eindrücklich aufgezeigt, in dem zwei Schwestern um eine Orange streiten:

> „Nachdem sie schließlich übereingekommen waren, die Frucht zu halbieren, nahm die erste ihre Hälfte, aß das Fleisch und warf die Schale weg; die andere warf stattdessen das Innere weg und benutzte die Schale, weil sie nämlich lediglich einen Kuchen backen wollte. (...) Viel zu viele Verhandlungen enden mit der halben Orange für jede Seite anstatt der ganzen Frucht für die eine und der ganzen Schale für die andere."[14]

Warum ist das so? Häufig erachten die Parteien einer Verhandlung den Kompromiss (im Orangenbeispiel die Halbierung der Orange), also den wechselseitigen Verzicht der Parteien auf einen Teil ihrer jeweiligen Ausgangsforderungen – teilweise ergänzt um eine faire Verfahrensgestaltung (zB „Die eine schneidet, die andere wählt.") – als bestmögliches Verhandlungsergebnis.[15] Das kann so sein, muss es aber nicht. Hätten die Schwestern sich in dem Beispielsfall gegenseitig gefragt, wozu die jeweils andere die Orange benötigt (dh nach ihren jeweiligen Interessen), hätte wohl keiner der beiden Schwestern ernsthaft eine hälftige Teilung der Orange vorgeschlagen. Im Gegenteil. Als einzig vernünftige Lösung wäre in Betracht gekommen, dass die eine Schwester die ganze Schale, die andere das gesamte Fruchtfleisch der Orange erhält. So hätten beide Schwestern jeweils zu 100 Prozent das bekommen, was sie tatsächlich gewollt hätten („**Win-win**"). Jede andere Aufteilung wäre nach Ermittlung der jeweiligen Interessen

---

12 Fisher/Ury/Patton, Das Harvard Konzept, S. 37.
13 Jung/Krebs, Vertragsverhandlung, S. 237.
14 Fisher/Ury/Patton, Das Harvard Konzept, S. 98. Dabei geht das Beispiel wohl ursprünglich auf den „Ugli Orange Case" von Robert J. House zurück, vgl. Rosner/Winheller, Mediation und Verhandlungsführung, S. 109 Fn. 352.
15 Vgl. Rosner/Winheller, Mediation und Verhandlungsführung, S. 110.

inakzeptabel gewesen, da damit beide Seiten auf Nutzen verzichtet hätten, ohne dass es der anderen Seite mehr Nutzen gebracht hätte.[16]

705 Das Orangenbeispiel zeigt, dass es in Verhandlungen häufig möglich ist, *„durch kreative Integration auf der Ebene der Interessen der Parteien eine Einigung zu erzielen, durch die Wertschöpfung betrieben wird, indem mehr ‚Verhandlungswert' verteilt wird, als bei einer reinen Basarverhandlung zu verteilen gewesen wäre. Dieser ‚Mehrwert zum beiderseitigen Nutzen' (mutual gain) ist der objektive Gewinn, der ein Win-Win-Ergebnis ausmacht. Voraussetzung dafür ist allerdings die Orientierung an den Interessen der Parteien."*[17]

706 Ziel des integrativen Verhandelns ist demzufolge die **Erzeugung eines Kooperationsgewinns** durch **wertschöpfendes** Verhandeln. Im Gegensatz zum distributiven Verhandeln entsteht der Gewinn der einen Verhandlungspartei nicht zwangsläufig auf Kosten der anderen Verhandlungspartei, sondern mit ihr. Diese Form der Verhandlungsführung setzt voraus, dass die Parteien sich von ihren vorgefassten Positionen, insbesondere von der Vorstellung eines begrenzten Verhandlungsgegenstands lösen und sich auf die hinter den Positionen stehenden **Interessen** konzentrieren und diese in der Verhandlung zu einem Ausgleich bringen.[18] Dabei beruht das Grundprinzip der integrativen Verhandlung auf der Annahme, dass in einer Vielzahl von Verhandlungssituationen „**Winwin**"-Lösungen möglich sind. Indem nicht nur über einen begrenzten Verhandlungsgegenstand verhandelt wird, sondern mehrere Themen gleichzeitig zum Gegenstand der Verhandlung gemacht werden (zB weil weitere Verhandlungsgegenstände hinzugefügt werden oder der ursprüngliche Verhandlungsgegenstand entflechtet wird[19]), kann jede Seite in einigen Punkten gewinnen und dafür in anderen nachgeben.[20]

▶ **Beispiel:** Anstatt nur über die Höhe des Kaufpreises verhandeln die Parteien auch über Lieferbedingungen, Zahlungsfristen etc.
Bei der Verhandlung über die Gründung des Joint-Ventures (Rn. 694) stellen die Parteien fest, dass es dem einen Gesellschafter primär um die Kontrolle über die Gesellschaft geht, während der andere Gesellschafter vor allem an den Erträgen aus der Gesellschaft interessiert ist. Anstatt ausschließlich über die Beteiligungsquoten zu streiten, trennen die Parteien Stimmrechte und Gewinnverteilung voneinander und nutzen so ihre unterschiedlichen Interessen für eine integrative Verhandlungslösung.[21]
Bei den Aufhebungsverhandlungen zwischen dem abberufenen Geschäftsführer und der Gesellschaft (Rn. 694) können die Parteien neben der Abfindungshöhe beispielsweise auch über den Zeitpunkt der Beendigung des Dienstverhältnisses, eine bezahlte Freistellung, die Behandlung eines nachvertraglichen Wettbewerbsverbots sowie die Entlastung und Generalbereinigung verhandeln.[22] ◀

707 Letztendlich bestimmen die **Kreativität** und **Geschicklichkeit** der Verhandlungsführer die Größe des zu verteilenden Verhandlungskuchens. Im Idealfall gelingt es den Partei-

---

16 Näher Rosner/Winheller, Mediation und Verhandlungsführung, S. 110 f.
17 Rosner/Winheller, Mediation und Verhandlungsführung, S. 111.
18 Fisher/Ury/Patton, Das Harvard Konzept, S. 76 ff.; Greger/von Münchhausen, Verhandlungs- und Konfliktmanagement für Anwälte, Rn. 190.
19 Im Orangen-Beispiel (Rn. 703) erfolgt die Entflechtung (das sog. „*Unbundling*"), indem der Verhandlungsgegenstand „eine Orange" in seine Komponenten „Fruchtfleisch" und „Orangenschale" zerlegt wird. Ausführlich zu den Wertschöpfungstaktiken Rn. 816 f.
20 Saner, Verhandlungstechnik, S. 41.
21 Vgl. zu dem Beispiel auch Pfromm, Effektiver Verhandeln, Rn. 69.
22 Vgl. Holthausen, GmbHR 2019, 634.

en, zusätzlichen **Mehrwert** für beide Seiten zu schaffen und damit den Verhandlungskuchen zum beiderseitigen Vorteil zu vergrößern, indem sie unterschiedliche Interessen, Präferenzen, Fähigkeiten oder Ressourcen ausnutzen (Rn. 800 ff.).

Integrativ zu verhandeln bedeutet allerdings nicht zwangsläufig, dass die gefundene Einigung der Parteien auch „**gerecht**" ist, also die Parteien gleichermaßen begünstigt.[23] Ist es den Verhandlungsparteien gelungen, den Verhandlungskuchen soweit wie möglich zu vergrößern (dh keine Gelegenheit zur Wertschöpfung wurde ausgelassen), spricht man von einem **effizienten** Ergebnis. Ein „gerechtes" Ergebnis würde hingegen beinhalten, dass jede Verhandlungspartei gleichviel dazubekommt; die Stücke des erweiterten Verhandlungskuchens also gleich groß sind. Dass sich aber in einer Verhandlung ein Ergebnis erzielen lässt, dass zugleich effizient und gerecht ist, ist äußerst unwahrscheinlich. Regelmäßig werden sich im Rahmen von integrativ geführten Verhandlungen vielmehr Lösungen finden lassen, die eine Partei mehr begünstigen als die andere. Die Parteien müssen sich folglich entscheiden, was ihnen wichtiger ist: Effizienz oder Gerechtigkeit. Integratives Verhandeln bietet jedoch die Chance, Verhandlungslösungen zu finden, die für beide Parteien besser sind als die möglichen Ergebnisse einer distributiven Verhandlung. Ist dies der Fall, kann auch eine ungerechte Einigung für beide Parteien vorteilhaft sein, solange die Parteien jeweils ein Resultat erzielen, das besser ist als ihre jeweilige beste Nichteinigungsalternative.

2. Exkurs: Sachbezogenes Verhandeln nach dem Harvard-Konzept

Das **Harvard-Konzept** ist eine von dem amerikanischen Rechtswissenschaftler *Roger Fisher* gemeinsam mit dem Sozialanthropologen *William Ury* entwickelte Methode integrativen/sachbezogenen Verhandelns. Das Konzept beruht auf dem an der Juristischen Fakultät der Harvard Universität angegliederten, 1979 gegründeten, interdisziplinären „*Harvard Negotiation Project*", bestehend aus einem Team von Juristen, Soziologen, Psychologen, Politikwissenschaftler, Historikern etc. Von den Mitgliedern dieses Forschungsprojekts wurden zahlreiche Verhandlungen aus den verschiedensten Bereichen (Geschäftsverhandlungen, Diplomatie, Mediation etc) wissenschaftlich untersucht und ausgewertet mit dem Ziel herauszufinden, wie sich Verhandlungen optimieren lassen.

Fisher und *Ury* veröffentlichten ihre Forschungsergebnisse 1981 (später zusammen mit *Bruce Patton*) in dem Buch „*Getting to Yes*", das in Deutschland unter dem Titel „*Das Harvard-Konzept*" erschienen ist und mittlerweile wohl mit Fug und Recht als das Standardwerk zum Thema Verhandeln bezeichnet werden kann. In ihrem Buch stellen sich die Autoren gegen das vorherrschende positionsbezogene Verhandeln – das Feilschen um Positionen – und bieten das **sachbezogene Verhandeln** als Alternative an.[24] Das Harvard-Konzept gehört heute zum Studienprogramm der Harvard Law School und ist nach wie vor Fundament der modernen Verhandlungslehre. Dabei ist das Harvard-Konzept heute weit mehr als das Buch aus dem Jahr 1981. Es umfasst vielmehr die Erkenntnisse zahlreicher weiterer bedeutender Verhandlungsforscher. *Rosner* und *Winheller* sprachen daher bereits 2012 zutreffend vom Harvard Konzept als „*Kanon, der sich ausgehend von Getting to Yes in den letzten 31 Jahren entwickelt hat*"[25].

---

23 Ausführlich hierzu Saner, Verhandlungstechnik, S. 95 ff.
24 Fisher/Ury/Patton, Das Harvard Konzept, S. 24 f., 38 ff.
25 Rosner/Winheller, Mediation und Verhandlungsführung, S. 94.

B. Teil II Verhandlungsgrundlagen

711 Das Harvard-Konzept besteht aus den folgenden **fünf aufeinander aufbauenden Prinzipien**: (1) Trennung von Sach- und Beziehungsebene (*„Seperate the people from the problem."*), (2) Fokussierung auf Interessen, nicht auf Positionen (*„Focus on interests, not positions."*), (3) gemeinsames Entwickeln kreativer Lösungsoptionen, ohne diese sogleich zu bewerten (*„Invent options for mutual gain."*), (4) Entscheidung auf Basis objektiver Kriterien (*„Insist on using objective criteria."*), (5) Heranziehen der BATNA (*„Develop your BATNA. Make a deal that beat your BATNA."*) Nach dem Harvard-Konzept sollen die Parteien einer Verhandlung also den Verhandlungsgegenstand, dh die Sachebene, und die Beziehungsebene voneinander trennen. Der Schwerpunkt in Verhandlungen soll dabei nicht auf den Positionen der Parteien, sondern auf ihren Interessen liegen. Bevor die Verhandlungsparteien sich vorschnell auf ein Verhandlungsergebnis einigen, sollen sie möglichst viele Einigungsoptionen entwickeln, die sie dann anhand objektiver Kriterien bewerten. Schließlich sollen die Parteien prüfen, ob das Verhandlungsergebnis mindestens so gut ist wie ihre jeweilige beste Nichteinigungsalternative (BATNA).

712 Diese Grundprinzipien und -ideen des Harvard-Konzepts sollen nachfolgend in der gebotenen Kürze dargestellt werden:

a) Trennung von Verhandlungsgegenstand und Beziehungsebene

713 Das gesamte Harvard-Konzept basiert zunächst auf dem Prinzip, Menschen und Probleme getrennt voneinander zu behandeln, also die persönliche Beziehung zum Verhandlungspartner und den Verhandlungsgegenstand gesondert zu betrachten.[26] Dahinter verbirgt sich die Erkenntnis, dass in Verhandlungen die persönlichen Beziehungen der Parteien häufig mit der sachlichen Auseinandersetzung vermengt werden, was zu negativen Auswirkungen auf das Verhandlungsergebnis führen kann.[27] So kann etwa eine gestörte Beziehung zwischen den Verhandlern zufriedenstellende Sachergebnisse verhindern.

714 Durch die **Trennung** von Menschen (**Beziehungsebene**) und Problemen (**Sachebene**) soll vermieden werden, dass Zugeständnisse auf der sachlichen Ebene allein aufgrund von Sympathie oder zur Verbesserung der persönlichen Beziehungen gemacht werden. Zudem sollen Wut oder andere negative Gefühle nicht zu einer unsachgemäßen Betrachtung der Lösungsoptionen führen; insbesondere sollen Lösungsoptionen nicht allein aus emotionalen Gründen abgelehnt werden.[28] Eine mögliche Einigung soll nicht an sachfremden persönlichen Dissonanzen der Verhandlungsparteien scheitern. *Fisher*, *Ury* und *Patton* schlagen daher vor, dass *„[v]or jeder Erörterung der Sachlage [...] das ‚menschliche Problem' abgelöst und getrennt davon behandelt werden [sollte]. Bildlich gesprochen sollten sich die Partner Seite an Seite sehen, wie sie gemeinsam das Problem angehen – und nicht, wie sie aufeinander losgehen."*[29]

b) Konzentration auf Interessen statt auf Positionen

715 Darüber hinaus verlangt das Harvard-Konzept, dass die Verhandlungsparteien nicht ihre jeweiligen Positionen, sondern ihre **Interessen** in den Mittelpunkt stellen.[30] Hierzu

---

26 Fisher/Ury/Patton, Das Harvard Konzept, S. 47 ff.
27 Fisher/Ury/Patton, Das Harvard Konzept, S. 50.
28 Jung/Krebs, Vertragsverhandlung, S. 217.
29 Fisher/Ury/Patton, Das Harvard Konzept, S. 40.
30 Fisher/Ury/Patton, Das Harvard Konzept, S. 40.

ist erforderlich, dass die Verhandlungsparteien zunächst ihre eigenen Interessen und die der Gegenseite erkunden und es vermeiden, Positionen zu beziehen.

Die Unterscheidung zwischen Positionen und Interessen ist dabei entscheidender Bestandteil des Harvard-Konzepts (zu den unterschiedlichen Begriffen Rn. 729 und Rn. 730). Nur wenn die Verhandlungsparteien ihre Beweggründe (die Interessen) hinter den erhobenen Positionen in Einklang bringen, lassen sich nach den Untersuchungen von *Fisher*, *Ury* und *Patton* vernünftige Verhandlungsergebnisse erzielen. So kann zum einen meist jedes Interesse durch mehrere mögliche Positionen befriedigt werden. Zum anderen ist der Ausgleich der Interessen der Verhandlungsparteien nützlicher als jeder bloße Kompromiss zwischen ihren Positionen, da in einer Verhandlung trotz gegensätzlicher Positionen für gewöhnlich mehr gemeinsame als gegensätzliche Interessen existieren.[31]

716

Feilschen die Parteien in einer Verhandlung hingegen lediglich um Positionen (zB die Höhe eines Preises), mag sich zwar ebenfalls eine Übereinkunft erzielen lassen. Das Verhandlungsergebnis ist für beide Seiten aber oftmals weniger befriedigend, als es tatsächlich möglich wäre.[32] Das Feilschen um Positionen ist zudem ineffizient. Je extremer die anfänglichen Positionen und je kleiner die Zugeständnisse im Laufe der Verhandlung sind, umso mehr Zeit und Mühe wird es kosten, herauszufinden, ob eine Einigung überhaupt möglich ist.[33] Schließlich birgt das Positionsgerangel auch erhebliche Gefahren für die künftigen Beziehungen der Verhandlungsparteien.[34]

717

c) Erarbeitung möglichst vieler Lösungsoptionen

Anstelle des Willenskampfes – dem Feilschen um Positionen – soll nach dem Harvard-Konzept die **gemeinsame Problemlösung** treten. Hierzu ist erforderlich, dass die Verhandlungsparteien unter Zuhilfenahme von Kreativtechniken (zB gemeinsames Brainstorming) möglichst **viele Lösungsoptionen** zur Befriedigung ihrer Interessen aufspüren, bevor sie sich für eine entscheiden.[35]

718

Dem liegt die Beobachtung zugrunde, dass Verhandler in der Praxis häufig dazu tendieren, zu schnell zur Verteilung des Verhandlungskuchens überzugehen, statt weitere und möglicherweise bessere Einigungsoptionen zu suchen und so den Verhandlungskuchen ggf. sogar zu vergrößern. So glauben die Parteien in streitigen Auseinandersetzungen häufig, dass sie die „richtige" Lösung schon kennen, und wollen ihre Sicht der Dinge – meist in Geldbeträgen ausgedrückt – durchsetzen. Bei Vertragsverhandlungen glauben beide Seiten oftmals, dass ihr jeweiliges Angebot vernünftig ist und angenommen werden sollte, ggf. mit einer kleinen Korrektur. Das Verhandlungsergebnis scheint daher auf einer geraden Linie zwischen den Positionen der Verhandlungsparteien zu liegen. Als einziger kreativer Weg, eine Einigung zu erzielen, kommt den Parteien in den Sinn, die Differenz zu halbieren.[36]

719

Eine solche Lösung mag zwar auf den ersten Blick „gerecht" sein. Effektiv ist sie jedoch nicht, da beide Seiten weniger bekommen, als sie bei kreativer Problemlösung hätten erreichen können. Nach der Auffassung von *Fisher*, *Ury* und *Patton* sind

720

---

31 Fisher/Ury/Patton, Das Harvard Konzept, S. 78 f.
32 Fisher/Ury/Patton, Das Harvard Konzept, S. 33.
33 Fisher/Ury/Patton, Das Harvard Konzept, S. 33.
34 Fisher/Ury/Patton, Das Harvard Konzept, S. 34.
35 Fisher/Ury/Patton, Das Harvard Konzept, S. 97 ff.
36 Fisher/Ury/Patton, Das Harvard Konzept, S. 98.

Verhandlungen daher umso erfolgreicher, je mehr Lösungsoptionen zuvor erarbeitet wurden. Eine entscheidende Rolle spielen hierbei wiederum die Interessen der Parteien;[37] und zwar von beiden. Denn es genügt nicht, dass nur eine Partei mit einer der gefundenen Optionen ausreichend zufrieden ist, die andere Partei muss es auch sein.[38]

d) Bestehen auf objektive Beurteilungskriterien

721 Dabei verkennt das Harvard-Konzept nicht, dass sich in Verhandlungen immer auch die **Verteilungsfrage** stellt, sei es, weil die Verhandlung schon ihrer Art nach keine Wertschöpfung zulässt (etwa, weil sich die Interessen der Verhandlungsparteien diametral widersprechen) oder am Ende des Wertschöpfungsprozesses der geschaffene Wert verteilt werden muss.[39]

722 Statt an dieser Stelle der Verhandlung wieder auf das kosten- und zeitintensive Feilschen um Positionen zu verfallen, sieht das Harvard-Konzept aber vor, auf Basis von **objektiven Kriterien** zu verhandeln.[40] Hierzu sollen die Parteien sich in einem ersten Schritt auf einen objektiven Standard einigen, anhand dessen die Aufteilung vorgenommen werden soll (zB Marktwert, frühere Vergleichsfälle, Entscheidung durch einen Dritten etc).[41] Im zweiten Schritt wenden die Parteien das gefundene Beurteilungskriterium sodann auf ihre Verhandlung an. Dieses Vorgehen garantiert zwar nicht, dass man selbst ein vorteilhaftes Ergebnis erzielt. Weil ein Machtkampf und Gesichtsverlust der unterlegenen Partei jedoch vermieden wird, lässt sich das Verhandlungsergebnis allerdings von beiden Seiten besser akzeptieren.

e) Heranziehen der BATNA

723 Um entscheiden zu können, ob der Verhandlungsabschluss oder der Abbruch der Verhandlung im Einzelfall für die jeweilige Verhandlungspartei günstiger ist, schlägt das Harvard-Konzept schließlich vor, das Verhandlungsergebnis nicht an einem festen internen Limit zu messen. Vielmehr sollten die Verhandlungsparteien stets prüfen, was sie tun würden, wenn es nicht zu einem Verhandlungsergebnis kommt. Gesucht ist dabei die *„Beste Alternative zur Verhandlungsübereinkunft"* (englisch Best Alternative To A Negotiated Agreement – kurz **BATNA**).[42]

▶ **Beispiel:** In einem Streit zwischen Gesellschaftern über die Höhe der Abfindung für einen eingezogenen Geschäftsanteil könnte der (vermeintliche) Anspruch auch im Rahmen eines Prozesses durchgesetzt werden (näher zur BATNA in Konfliktverhandlungen Rn. 777 ff.).
Anstatt einen Vertrag mit Anbieter A abzuschließen, könnte der Vertrag auch mit Anbieter B abgeschlossen werden.
Bei einer Verhandlung über den Verkauf eines Unternehmens könnte der Unternehmer alternativ das Unternehmen mit dem bestehenden Management weiterführen, das Unternehmen an die Börse bringen oder es liquidieren.[43] ◀

---

37 Fisher/Ury/Patton, Das Harvard Konzept, S. 116 ff.
38 Risse, Wirtschaftsmediation, § 2 Rn. 112.
39 Fisher/Ury/Patton, Das Harvard Konzept, S. 128 ff.
40 Fisher/Ury/Patton, Das Harvard Konzept, S. 129 ff.
41 Fisher/Ury/Patton, Das Harvard Konzept, S. 133 ff.
42 Fisher/Ury/Patton, Das Harvard Konzept, S. 151.
43 Allert, Erfolgreich Verhandeln, S. 44.

Die Ermittlung der eigenen BATNA soll also für den Fall eines möglichen Scheiterns einer Verhandlung vorab Klarheit schaffen, welche anderen Möglichkeiten die jeweilige Verhandlungspartei grundsätzlich hat und welche alternativen Vorgehensweisen sie verfolgen kann.[44] 724

Als Maßstab zur Beurteilung des eigenen **Verhandlungserfolgs** ist die eigene BATNA besser geeignet als ein internes Limit. Eine Verhandlung ist nur dann erfolgreich, wenn das erzielte Ergebnis besser ist als jede auf anderem Wege erreichbare Lösung. Im Gegensatz zu einem festen Limit bewahrt die BATNA nicht nur vor der Annahme allzu ungünstiger Bedingungen. Darüber hinaus kann sie die Verhandlungspartei auch davor bewahren, Konditionen abzulehnen, die sie besser hätte akzeptieren sollen.[45] 725

Je attraktiver die eigene beste Alternative zur Verhandlungsübereinkunft ist, umso größer ist schließlich auch die eigene Verhandlungsmacht.[46] Die BATNA ist dementsprechend ein wesentlicher Faktor für erfolgreiche Verhandlungen. 726

▶ **Beispiel:** Wer in einer Gehaltsverhandlung bereits eine konkrete Stellenzusage eines anderen Arbeitgebers hat, kann ganz anders auftreten als derjenige, der sich erst noch anderweitig bewerben müsste. ◀

III. Zusammenfassung

1. In der Verhandlungsforschung wird weitgehend zwischen zwei grundlegenden Verhandlungsformen unterschieden, dem distributiven und dem integrativen Verhandeln. 727
2. Beim distributiven Verhandeln streiten die Verhandlungsparteien um die Verteilung eines (vermeintlich) begrenzten Verhandlungsgegenstands. Jede Seite nimmt dabei zu Beginn der Verhandlung eine Maximalforderung ein und verteidigt diese im weiteren Verlauf der Verhandlung, bis durch wechselseitige Zugeständnisse nach langer und ausgiebiger Verhandlung schließlich ein Kompromiss gefunden werden kann. Diese Form der Verhandlungsführung wird auch als *„Basarverhalten"* bzw. als *„intuitives Verhandeln"* bezeichnet.
3. Beim integrativen Verhandeln geht es hingegen darum, durch wertschöpfendes Verhandeln den Verhandlungskuchen zunächst zu vergrößern, bevor es an dessen Verteilung geht. Voraussetzung hierfür ist, dass sich die Verhandlungsparteien von ihren Positionen, insbesondere von der Vorstellung eines begrenzten Verhandlungsgegenstands, lösen und sich auf die hinter den Positionen stehenden Interessen konzentrieren und diese in der Verhandlung zu einem Ausgleich bringen.
4. Eine bekannte Methode für sachbezogenes/integratives Verhandeln ist das sog. Havard-Konzept, das aus dem interdisziplinären *„Harvard Negotiation Project"* entstanden ist. Das Harvard-Konzept besteht dabei aus den folgenden fünf aufeinander aufbauenden Prinzipien: (1) Trennung von Sach- und Beziehungsebene, (2) Fokussierung auf Interessen, nicht auf Positionen, (3) gemeinsames Entwickeln

---

44 Vgl. Allert, Erfolgreich Verhandeln, S. 45.
45 Fisher/Ury/Patton, Das Harvard Konzept, S. 151.
46 Fisher/Ury/Patton, Das Harvard Konzept, S. 154 f. Näher hierzu Rn. 769.

kreativer Lösungsoptionen, ohne diese sogleich zu bewerten, (4) Entscheidung auf Basis objektiver Kriterien, (5) Heranziehen der BATNA.

§ 29 Grundbegriffe der Verhandlungsforschung

728 Bevor in Teil III dieses Abschnittes der (idealtypische) Ablauf von Verhandlungen beschrieben wird, erfordert die nähere Auseinandersetzung mit anwaltlichen Verhandlungen zunächst das Verständnis und den sicheren Umgang mit einigen feststehenden Fachbegriffen aus der Verhandlungsforschung. Um im Rahmen der weiteren Ausführungen in diesem Abschnitt unseres Buches mit dem Leser die gleiche Sprache sprechen zu können, umfasst dieses Kapitel einige Begriffsdefinitionen und theoretische Abhandlungen zu den wichtigsten Begriffen des Verhandlungsgeschehens:

I. Positionen und Interessen

729 Wie die vorstehenden Ausführungen bereits erkennen lassen, ist von grundlegender Bedeutung zunächst die Unterscheidung zwischen den Positionen und den Interessen der Verhandlungsparteien. **Positionen** sind Forderungen und konkretisierte Zielsetzungen. Juristisch gesprochen handelt es sich bei einer Position um einen Anspruch. Positionen beziehen sich demnach auf mögliche Ergebnisse einer Verhandlung.[1]

> In dem unter Rn. 703 geschilderten Streit um eine Orange fordern beide Schwestern jeweils die ganze Orange für sich. Beide Schwestern beharren daher auf der Position: „Ich will die Orange haben." Bleibt es bei diesem Streit um Positionen, kommt als Verhandlungslösung letztlich nur ein Kompromiss in Betracht: Jede Schwester erhält eine Hälfte der Orange.

730 Unter **Interessen** werden demgegenüber die Gründe oder Motive für eine bestimmte Position verstanden. Gedanklich liegen Interessen daher unter bzw. hinter den Positionen. Während es also bei Positionen darum geht, was eine Verhandlungspartei erreichen möchte, wird bei Interessen nach dem „Warum" einer bestimmten Forderung gefragt.[2]

> Hätten die Schwestern offengelegt, dass die eine die Frucht der Orange benötigt, weil sie Hunger hat, während es der anderen auf die Schale ankommt, weil sie einen Kuchen backen möchte, wäre auch ein interessengerechtes Verhandlungsergebnis möglich gewesen.

731 Die Unterscheidung zwischen Positionen und Interessen der Verhandlungsparteien ist wichtig, weil ein bestimmtes Interesse (zB der Wunsch eines Unternehmensmitarbeiters nach Anerkennung) regelmäßig auf unterschiedliche Weise befriedigt werden kann (zB durch eine Gehaltserhöhung, eine Beförderung, eine besondere Auszeichnung oder durch lobende Worte des Vorgesetzten etc). Gelingt es den Parteien in einer Verhandlung, die Positionsebene zu verlassen und die Interessen der Beteiligten in den Vordergrund zu rücken, wird die Menge allseits vorteilhafter Lösungsmöglichkeiten regelmäßig erheblich größer.[3]

---

1 Duve/Eidenmüller/Hacke/Fries, Mediation in der Wirtschaft, S. 158.
2 Duve/Eidenmüller/Hacke/Fries, Mediation in der Wirtschaft, S. 158.
3 Duve/Eidenmüller/Hacke/Fries, Mediation in der Wirtschaft, S. 159.

II. Maximalziel

In jeder Verhandlungssituation müssen sich die Verhandlungsparteien anhand ihrer Interessen überlegen, was für sie jeweils das **bestmögliche Ergebnis** der Verhandlung darstellen würde. Dieses Optimum wird auch **Maximalziel** oder **Aspirationspunkt** (englisch *„target point"* oder *„aspiration point"*) genannt.[4]

Die konkrete Festlegung des Maximalziels hängt dabei von einer Vielzahl von Faktoren ab (zB der Beziehung zum Verhandlungspartner, dem Verhandlungsgegenstand, der eigenen besten Nichteinigungsalternative, der Informationslage etc).[5] In der Praxis ist regelmäßig festzustellen, dass sich die Verhandlungsparteien hierbei in hohem Maße über- oder unterschätzen. Um nachteilige Auswirkungen auf die spätere Verhandlung zu vermeiden, sollte das Maximalziel jedoch so **realistisch** wie möglich sein, also weder zu überambitioniert noch zu unterambitioniert. Ein unterambitioniertes Maximalziel birgt nämlich die Gefahr, dass die Gegenseite den geforderten Bedingungen sofort zustimmt und den unterambitionierten Verhandler daher der „Fluch des Gewinners" ereilt.[6] Wird ein Maximalziel einer Partei in einer Verhandlung zu schnell und leicht erreicht, sollte dies daher Anlass sein, das eigene Maximalziel kritisch zu überprüfen, ob es nicht zu niedrig angesetzt wurde.[7] Wird das Maximalziel hingegen zu hoch angesetzt, führt dies meist auch zu überambitioniertem Verhalten in der Verhandlung und im schlimmsten Fall gar zu ihrem Scheitern.[8]

III. Minimalziel („deal-breaker")

Wie ihr Maximalziel sollten die Verhandlungsparteien auch vorab einen Punkt festlegen, an dem sie bei fehlender Einigung die Verhandlung abbrechen würden. Dieses Minimalziel wird auch „deal-breaker" oder **Reservationspunkt** genannt.[9] Dabei hat das Minimalziel nichts damit zu tun, welchen Preis bzw. welche Bedingungen sich eine Verhandlungspartei als günstig, akzeptabel oder fair vorstellt. Das Minimalziel markiert vielmehr den Punkt, an dem eine Verhandlungspartei bereit wäre, den Verhandlungstisch zu verlassen, weil die eigene **„Schmerzgrenze"** in der Verhandlung erreicht wurde. Der Reservationspunkt entscheidet also darüber, ob die Wertschöpfung in der Verhandlung oder außerhalb der Verhandlung stattfindet.[10] Das Minimalziel ist demnach der Wert bzw. das Ergebnis, dem eine Verhandlungspartei gerade noch zustimmen würde. Jede Einigung auf einen Betrag bzw. ein Ergebnis unterhalb des Minimalziels wäre hingegen schlechter als überhaupt keine Einigung zu erzielen.[11]

▶ **Beispiel:** Im Falle eines Verkaufs kann der Reservationspunkt des Verkäufers zB den niedrigsten Preis darstellen, zu dem der Verkäufer zum Verkauf bereit wäre. Lässt sich dieser Preis in einer Verhandlung nicht erzielen, muss der Verkäufer auf seine beste Nichteinigungsalternative zurückgreifen und sich zB einen anderen Käufer suchen oder den Gegenstand selbst weiter nutzen. Umgekehrt markiert der Reservationspunkt des Käufers den höchsten Preis, den dieser zu zahlen bereit ist.

---
4 Thompson, The Mind and Heart of the Negotiator, S. 35.
5 Jung/Krebs, Vertragsverhandlung, S. 61.
6 Thompson, The Mind and Heart of the Negotiator, S. 35. Zum *„winner's curse"* siehe Rn. 886 ff.
7 Jung/Krebs, Vertragsverhandlung, S. 61.
8 Thompson, The Mind and Heart of the Negotiator, S. 36.
9 Thompson, The Mind and Heart of the Negotiator, S. 38; Jung/Krebs, Vertragsverhandlung, S. 135. Siehe auch Raiffa, The Art and Science of Negotiation, S. 45 f., 126.
10 Allert, Erfolgreich Verhandeln, S. 46 f.
11 Raiffa, The Art and Science of Negotiation, S. 126.

Neben dem Kaufpreis kann es aber auch andere „deal-breaker" in einer Verhandlung geben, wie etwa Lieferbedingungen, Garantien, Haftungsklauseln etc, die von der einen Seite nicht mehr akzeptiert werden bzw. welche die andere Partei zwingend vereinbart wissen will ◀

735 Die Festlegung eines Minimalziels führt zur Klarheit der Parteien und kann helfen, langwierige und erfolglose Verhandlungen zu vermeiden.[12] Allerdings sollte der Reservationspunkt keinesfalls willkürlich festgelegt werden. Denn anders all das Maximalziel oder der Marktwert hat einzig das Minimalziel unmittelbare Auswirkungen auf das finale Verhandlungsergebnis. Wird der Reservationspunkt nicht sorgfältig bestimmt, kann dies etwa dazu führen, dass Verhandlungsparteien einem Verhandlungsergebnis zustimmen, das schlechter als ihre beste Nichteinigungsalternative ist, oder ein Angebot ablehnen, das besser als ihre beste Nichteinigungsalternative wäre.[13] Minimalziel und BATNA hängen daher eng zusammen.

736 Oft stimmen BATNA und Minimalziel sogar überein. So ist die Ermittlung des Reservationspunkts einfach, wenn einer Verhandlungspartei eine sichere Alternative zur Übereinkunft offen steht.

▶ **Beispiel:** Hat ein Verkäufer ein verbindliches Alternativangebot eines potenziellen Käufers, sollte das Minimalziel in einer Verhandlung mit einem anderen Kaufinteressenten dem Alternativangebot entsprechen. ◀

737 Doch was, wenn ungewiss ist, ob sich etwaige Nichteinigungsalternativen tatsächlich realisieren lassen? Ist dies der Fall, bietet sich für die Ermittlung des eigenen Minimalziels folgende Vier-Stufen-Methode an:[14]

Stufe 1: Die entsprechende Verhandlungspartei sollte zunächst eine **Liste** aller Alternativen zu einer Einigung (Nichteinigungsalternativen) erstellen und diesen einen Wert zuweisen:

Findet der Verkäufer eines Gebrauchtwagens niemanden, der bereit ist, seine Maximalforderung in Höhe von EUR 10.000 zu erfüllen, könnte der Verkäufer den geforderten Preis zunächst auf EUR 9.000 (Alternative A), wenn auch das nicht hilft, auf EUR 8.000 (Alternative B) reduzieren. Schließlich könnte der Verkäufer den Wagen auch selbst weiternutzen und so die Kosten für den ÖPNV in Höhe von jährlich EUR 1.000 sparen (Alternative C). Der Wert der Alternative A beträgt dementsprechend EUR 9.000, der Wert der Alternative B EUR 8.000 und der Wert der Alternative C EUR 1.000.

Stufe 2: Sodann sollte jeder Nichteinigungsalternative eine **Wahrscheinlichkeit ihres Eintritts** zugewiesen werden, die allerdings nicht willkürlich bestimmt sein darf, sondern auf Fakten beruhen muss. Dabei müssen sich die Wahrscheinlichkeiten stets auf 100 Prozent summieren, da keine denkbare Nichteinigungsalternative ausgelassen werden darf.

In dem Ausgangsfall könnte der Verkäufer zB recherchieren, mit welcher Wahrscheinlichkeit vergleichbare Gebrauchtwagen für einen Preis von EUR 9.000 bzw. EUR 8.000 in der Vergangenheit verkauft wurden. Unterstellt, dass 50 Prozent davon verkauft wurden, wenn sie zu EUR 9.000 angeboten wurden, und 90 Prozent, wenn sie zu EUR 8.000 angeboten wurden, besteht für den

---

12 Jung/Krebs, Vertragsverhandlung, S. 135.
13 Thompson, The Mind and Heart of the Negotiator, S. 38.
14 Vgl. Thompson, The Mind and Heart of the Negotiator, S. 39.

Verkäufer eine 40 prozentige Wahrscheinlichkeit, dass es ihm gelingt, den Wagen für einen Preis zwischen EUR 8.000 und EUR 9.000 zu verkaufen (90 %-50 %=40 %). Dass es dem Verkäufer nicht gelingt, den Gebrauchtwagen für EUR 8.000 oder mehr zu verkaufen und er ihn daher behält ist danach zu 10 Prozent wahrscheinlich.

Stufe 3: In einem dritten Schritt gilt es nun, auf dieser Grundlage den jeweiligen **Erwartungswert der Nichteinigungsalternativen** zu berechnen, indem der Wert jeder Alternative mit ihrer Wahrscheinlichkeit multipliziert wird.
- *Erwartungswert Alternative A = EUR 9.000 x 0,5 = EUR 4.500*
- *Erwartungswert Alternative B = EUR 8.000 x 0,4 = EUR 3.200*
- *Erwartungswert Alternative C = EUR 1.000 x 0,1 = EUR 100*

Stufe 4: Der Reservationspunkt, also der Preis, unter dem der Verkäufer in unserem Beispielsfall den Gebrauchtwagen im Zeitpunkt der Verhandlung nicht verkaufen sollte, ist die **Summe** der einzelnen Erwartungswerte (in unserem Beispielsfall also EUR 7.800). Bietet ein Käufer mehr als diesen Betrag, wäre es für den Verkäufer vorzuziehen, das Angebot anzunehmen, als auf den Eintritt einer seiner unsicheren Nichteinigungsalternativen zu vertrauen. Bietet der Käufer weniger, sollte der Verhandlungsführer auf seine beste Nichteinigungsalternative (dh die Alternative mit dem höchsten Wert[15] – hier: Alternative A) zurückgreifen.

Bei der Ermittlung des Reservationspunkts ist entscheidend, dass dieser nicht willkürlich geschätzt wird, sondern auf **Fakten** beruht. In vielen Verhandlungen lässt sich jedoch beobachten, dass die Verhandlungsparteien in die Verhandlungen gehen, ohne zuvor ein echtes Minimalziel bestimmt zu haben. Häufig neigen sie dazu, ihre Entscheidungen an einem willkürlichen Wert zu messen, der sich lediglich als Reservationspunkt ausgibt. Dieser willkürliche, nicht auf Fakten beruhende Punkt wird *„focal point"* genannt und kann zu einer verzerrten Perspektive der jeweiligen Verhandlungspartei oder gar zum Scheitern der Verhandlungen führen.[16]

IV. Der Einigungsbereich (ZOPA)

Der Einigungsbereich (auch Zone Of Possible Agreement – **ZOPA** – oder Verhandlungskuchen genannt) beschreibt den Bereich zwischen den jeweiligen Minimalzielen der Verhandlungsparteien.[17]

Überschneiden sich die Minimalziele der Verhandlungsparteien, müsste es in der Theorie auch eine Einigung zwischen den Parteien geben. Die Verhandlungsforschung spricht dann von einem **positiven Einigungsbereich**. Jede Übereinkunft zwischen den Parteien innerhalb dieses objektiv möglichen Einigungsbereichs wäre besser als die jeweilige BATNA der Parteien.

▶ **Beispiel:** Bei einer Gesellschafterauseinandersetzung möchte der ausgeschlossene Gesellschafter eine Abfindung von mindestens EUR 300.000 erhalten; die Gesellschaft nicht mehr als EUR 400.000 bezahlen. Im Bereich zwischen EUR 300.000 und EUR 400.000 wür-

---

15 Thompson, The Mind and Heart of the Negotiator, S. 39.
16 Näher Thompson, The Mind and Heart of the Negotiator, S. 38.
17 Raiffa, The Art and Science of Negotiation, S. 45 f.

den beide Parteien eine gütliche Einigung einer gerichtlichen Auseinandersetzung vorziehen.[18]

741 Überschneiden sich die Minimalziele der Verhandlungsparteien hingegen nicht, spricht man von einem **negativen Einigungsbereich**. Eine Einigung ist in diesen Fällen nicht möglich. Die Parteien sollten auf ihre beste Nichteinigungsalternative zurückgreifen.

▶ **Beispiel:** Möchte der Gesellschafter im obigen Beispiel mindestens EUR 600.000 als Abfindung erhalten, die Gesellschaft aber weiterhin nicht mehr als EUR 400.000 bezahlen und ist die Höhe der Abfindung der einzige Verhandlungsgegenstand (siehe zu etwaigen Wertschöpfungsquellen Rn. 805 ff.), wird sich eine Einigung im Verhandlungswege nicht erzielen lassen. Der Gesellschafter wird vor Gericht ziehen und die Gesellschaft verklagen müssen. ◀

Was in der Theorie einleuchtend klingt, ist in der Praxis ungleich schwerer umzusetzen. Regelmäßig wissen die Parteien einer Verhandlung nicht, ob ein positiver Einigungsbereich vorhanden ist oder nicht. Keine Partei wird der anderen Seite unter normalen Umständen ihr Minimalziel offenlegen, da sie sonst befürchten muss, in der Verhandlung auch nicht mehr als ihr Minimalziel zu erhalten. Anstatt den objektiv vorhandenen Einigungsspielraum sukzessive durch das Teilen von Informationen aufzudecken, verfallen die Parteien häufig in distributive Verhandlungsmuster. Sie überzeichnen ihre wirklichen Forderungen erheblich und versuchen diese überzogenen Forderungen durch entsprechende Argumente zu verteidigen oder mit Drucktaktiken durchzusetzen. In der Folge scheitern viele Verhandlungen, obwohl eine Einigung objektiv möglich gewesen wäre.[19]

§ 30 Herausforderungen in (anwaltlichen) Verhandlungen

742 Unabhängig davon ob das Ziel einer Verhandlung darin besteht, einen Vertrag zu schließen oder einen Streitfall (außergerichtlich) beizulegen, stellen sich in (anwaltlichen) Verhandlungen typischerweise eine Reihe von Herausforderungen, die es zu bewältigen gilt.[1] Hierzu gehört insbesondere das sog. **Verhandlungsdilemma**, auf das im Folgenden näher eingegangen werden soll:

I. Das Verhandlungsdilemma – Das Spannungsverhältnis zwischen Wertschöpfung und Wertbeanspruchung

743 Eine wesentliche Herausforderung, vor der (anwaltliche) Verhandler in Verhandlungen regelmäßig stehen, betrifft die Frage, wie sich in einer Verhandlung eine gemeinsame Wertschöpfung effektiv erreichen lässt, wenn doch jede Partei gleichzeitig das natürliche Interesse hat, für sich selbst ein möglichst gutes Ergebnis auf der Verteilungsebene zu erzielen. Betroffen ist also das **Spannungsverhältnis zwischen Wertschöpfung und Wertbeanspruchung**. So stehen nicht selten die für effektive Wertschöpfung erforderlichen Verhaltensweisen (Rn. 816 ff.) in direktem Widerspruch zu dem optimalen

---

18 Zur gerichtlichen Auseinandersetzung als BATNA in Konfliktverhandlungen siehe Rn. 777 ff. Hierzu auch Mnookin/Peppet/Tulumello, Beyond Winning, S. 101 ff.
19 Näher Risse, Wirtschaftsmediation, § 2 Rn. 38.
1 Ausführlich Mnookin/Peppet/Tulumello, Beyond Winning, S. 9 ff. Siehe auch Greger/von Münchhausen, Verhandlungs- und Konfliktmanagement für Anwälte, Rn. 200–203.

Verhandlungsverhalten für Verteilungsverhandlungen (Rn. 827).[2] Dieser Widerspruch zeigt sich vor allem beim Umgang mit **Informationen**. Während gemeinsamer Nutzen sich am besten dann erzielen lässt, wenn möglichst sämtliche Informationen (Interessen und Präferenzen der Parteien, etc) offen und ehrlich ausgetauscht werden, ist es im Rahmen der Wertbeanspruchung regelmäßig zielführender, mit Informationen taktisch umzugehen, sie also zunächst zurückzuhalten und die eigenen Interessen und Präferenzen zu verschleiern.[3]

II. Das Verhandlungsdilemma als Grundproblem von Verhandlungen

Beim Verhandlungsdilemma handelt es sich um ein **Grundproblem** von Verhandlungen. Es geht zurück auf das sog. Gefangenendilemma, einem mathematischen Problem der Spieltheorie:

744

> Zwei Beschuldigte werden von der Polizei verdächtigt, gemeinsam einen Raub begangen zu haben. Die Polizei verhört die Beschuldigten hierzu getrennt. Die Strafe der Beschuldigten hängt davon ab, wie sie sich zu der Tat einlassen. Leugnen beide ihre Beteiligung, werden sie wegen Hehlerei zu jeweils einem Jahr Freiheitsstrafe verurteilt. Gesteht nur einer der Beschuldigten und kann der andere gerade deswegen überführt werden, profitiert der mit der Polizei kooperierende Beschuldigte von einer Kronzeugenregelung und geht straffrei aus, während sein Komplize zu einer Freiheitsstrafe von fünf Jahren verurteilt wird. Gestehen aber beide, entfällt die Kronzeugenregelung, die Strafe für beide wird allerdings wegen kooperativen Verhaltens jeweils um ein Jahr auf vier Jahre gemildert.[4]

Das Dilemma, in dem sich die beiden Beschuldigten befinden, besteht nun darin, dass sich jeder Beschuldigte entscheiden muss, entweder zu schweigen oder zu gestehen. Im Gesamtergebnis wäre es am besten, beide Beschuldigte würden schweigen. Die aufaddierte Gesamtstrafe für beide Beschuldigte würde dann zwei Jahre (jeweils ein Jahr für Hehlerei) betragen. Hierzu müssen sich die Beschuldigten aber vertrauen oder zumindest Informationen über ihr beabsichtigtes Verhalten austauschen, was allerdings hier nicht möglich ist. Tun sie dies nicht, werden sie gestehen, um in den Genuss der Kronzeugenregelung (falls der andere nicht gesteht) bzw. zumindest der Strafmilderung (falls der andere auch gesteht) zu kommen. Die spieltheoretisch dominante Strategie für beide Beschuldigten ist es daher zu gestehen. Denn egal wie sich der andere Beschuldigte entscheidet, ist das eigene Ergebnis im Falle eines eigenen Geständnisses immer besser als bei Tatleugnung. Gesteht der Komplize ebenfalls, verringert das eigene Geständnis die Gefängnisstrafe gegenüber dem Leugnen von fünf auf vier Jahre. Leugnet der Komplize sogar, führt das eigne Geständnis zur Freiheit (anstatt zu einem Jahr Gefängnis beim beiderseitigen Leugnen).

745

Das Paradoxon in dem Gefangenendilemma besteht darin, dass im Falle unterschiedlicher Entscheidungen jeder Beschuldigte sein individuelles Ergebnis verbessern kann, wenn er gesteht und der andere schweigt (keine Haft statt fünf Jahre Freiheitsstrafe), aber im Falle einer gleichen Entscheidung das Ergebnis für beide besser ist, wenn beide schweigen statt zu gestehen (ein Jahr Haft statt vier Jahre Freiheitsstrafe). Strategisch betrachtet, gibt es für jeden Beschuldigten einen erheblichen Anreiz zu gestehen. Im

746

---

2 Rosner/Winheller, Mediation und Verhandlungsführung, S. 211.
3 Rosner/Winheller, Mediation und Verhandlungsführung, S. 211.
4 Nach Risse, Wirtschaftsmediation, § 2 Rn. 66 ff. Ähnlich Rosner/Winheller, Mediation und Verhandlungsführung, S. 214 f.

Ergebnis landen dann allerdings beide Akteure bei einem gemeinsamen Ergebnis, das schlechter ausfällt, als wenn sie sich jeweils für die individuell weniger attraktive Option (leugnen) entschieden hätten.[5]

747 Übertragen auf die Verhandlungssituation bedeutet dies: Beide Verhandlungsparteien würden oftmals davon profitieren, integrativ zu verhandeln, also vorhandenes Wertschöpfungspotential auszunutzen, indem sie ihre jeweiligen Interessen offenlegen. Aus Angst, übervorteilt zu werden, schrecken die Parteien hiervor jedoch häufig zurück und verhandeln rein distributiv. Verhandelt nämlich nur eine Seite integrativ und die andere distributiv, ist das Verhandlungsergebnis für die distributiv verhandelnde Seite meist signifikant besser.[6] So riskiert etwa diejenige Verhandlungspartei, die ihre eigenen Interessen und Präferenzen einseitig offenlegt, von der anderen Partei ausgenutzt zu werden.[7] Das Dilemma in Verhandlungen besteht folglich darin, dass einseitig kooperatives Verhandeln (zB durch einseitiges Offenlegen von Informationen), sofern dieses von der anderen Verhandlungspartei nicht erwidert wird, von der Gegenseite dazu genutzt werden kann, die kooperativ verhandelnde Partei zu übervorteilen.[8] Andererseits führt beidseitiges distributives Verhandeln regelmäßig dazu, dass die Parteien Wert ungenutzt auf dem Verhandlungstisch liegen lassen und hierdurch insgesamt schlechtere Verhandlungsergebnisse erzielen, als objektiv möglich gewesen wären.

III. Management des Verhandlungsdilemmas

748 Das Spannungsverhältnis zwischen Wertschöpfung und Wertbeanspruchung tritt in nahezu jeder Verhandlung auf und hat **Dilemmacharakter**.[9] Für den professionellen Verhandler gilt es zu verstehen, dass das Verhandlungsdilemma in der konkreten Verhandlung nicht aufgelöst, sondern allenfalls konstruktiv und professionell **gemanagt** werden kann.[10] Die Wahl der „richtigen" Strategie hängt dabei vom Kontext der Verhandlungen ab. So haben einige Verhandlungen vorwiegend Verteilungscharakter und bieten nur geringe Möglichkeiten für „gemeinsamen Nutzen". Bei anderen Verhandlungen ist dagegen das Wertschöpfungspotential, dh die Möglichkeit für „gemeinsamen Nutzen" erheblich.[11]

Indizien für distributive Verhandlungen	Indizien für kooperative Verhandlungen
ein einzelner Verhandlungsgegenstand;	mehrere Verhandlungsgegenstände;
feste Transaktionskosten;	variable Transaktionskosten;
keine längerfristigen Beziehungen zwischen den Verhandlungsparteien	Längerfristige wichtige Beziehungen zwischen den Verhandlungsparteien

749 Sofern Kooperationsgewinne möglich sind, empfiehlt es sich, zunächst kooperativ, dh mit **Vertrauensvorschuss** zu verhandeln (zB als erster Informationen offenzulegen und für ein kooperatives Miteinander zu werben). Dabei sollte allerdings darauf geachtet

---

5 Rosner/Winheller, Mediation und Verhandlungsführung, S. 215.
6 Pfromm, Effektiver Verhandeln, Rn. 5.
7 Mnookin/Peppet/Tulumello, Beyond Winning, S. 17.
8 Vgl. Rosner/Winheller, Mediation und Verhandlungsführung, S. 213 ff.
9 Mnookin/Peppet/Tulumello, Beyond Winning, S. 42.
10 Mnookin/Peppet/Tulumello, Beyond Winning, S. 27; Rosner/Winheller, Mediation und Verhandlungsführung, S. 212.
11 Rosner/Winheller, Mediation und Verhandlungsführung, S. 229.

werden, dass die offengelegten Informationen nicht allzu sensibel sind, die Gefahr, dass die andere Partei die Informationen ausnutzt, also eher gering ist. Abhängig von der Reaktion der anderen Verhandlungsseite kann dann weiterverhandelt werden. Wird das Kooperationsangebot von der Gegenseite erwidert, können etwa Zug-um-Zug weitere, sensiblere Informationen offengelegt werden. Wird hingegen das eigene Kooperationsangebot nachhaltig nicht erwidert, ist eine deutliche Sanktion unvermeidbar. Um Ausbeutungsgefahren zu minimieren, gilt es in solchen Fällen, die eigenen Interessen konsequent abzusichern und auf eine (weitere) Offenlegung von Informationen zu verzichten. Auf keinen Fall sollte nach einem unkooperativen Verhalten der anderen Verhandlungspartei ein Zugeständnis erfolgen, da man dieses Verhalten ansonsten belohnen und verstärken würde. Erst wenn die Gegenseite klare Signale für eine grundsätzliche Kooperationsbereitschaft sendet, ist die eigene Rückkehr zu einer kooperativen Verhandlungsstrategie wieder vorstellbar.[12]

IV. Zusammenfassung

1. Grundproblem nahezu jeder Verhandlung ist das sog. Verhandlungsdilemma. Hierbei handelt es sich um das Spannungsverhältnis zwischen Wertschöpfung und Wertbeanspruchung, vor dem (anwaltliche) Verhandler in Verhandlungen regelmäßig stehen. So stehen die für effektive Wertschöpfung erforderlichen Verhaltensweisen typischerweise in direktem Widerspruch zum optimalen Verhalten in Verteilungsverhandlungen.

2. Im Ergebnis kann das Verhandlungsdilemma nicht aufgelöst, sondern allenfalls konstruktiv und professionell gemanagt werden. Die Wahl der „richtigen" Strategie hängt dabei maßgeblich davon ab, inwieweit die Verhandlung Möglichkeiten für das Erzielen von Kooperationsgewinnen bietet.

---

[12] Ausführlich Rosner/Winheller, Mediation und Verhandlungsführung, S. 229 ff.

B.

Teil III
Planung und Ablauf von Verhandlungen

751 Nachdem in Teil II die theoretischen Grundlagen gelegt wurden, widmet sich Teil III nun der Planung und dem (idealtypischen) Ablauf von Verhandlungen. Verhandlungen im anwaltlichen Bereich beginnen nicht erst dann, wenn die Parteien zusammenkommen und in die Sachthemen einsteigen. Verhandlungen sind vielmehr ein **Prozess**, der in verschiedenen Phasen abläuft.[1] Die genaue Anzahl der **Phasen** unterscheidet sich zwar in der Verhandlungsliteratur. Wichtige Schritte sind aber in jedem Fall:

1. die Verhandlungsvorbereitung;
2. der Verhandlungseinstieg;
3. die Kernphase der Verhandlung bestehend aus Informationsphase, Wertschöpfungs- und Wertbeanspruchungsphase;
4. der Abschluss der Vereinbarung;
5. die Umsetzung des Vereinbarten sowie
6. die Nachbereitung der Verhandlung.[2]

752 Freilich wird in der anwaltlichen Praxis nicht jede Verhandlung diesen **idealtypischen** Verlauf nehmen können. Gleichwohl ist es sinnvoll, einen solchen Verlauf anzustreben und die verschiedenen Abschnitte einer Verhandlung mit ihren unterschiedlichen Inhalten und Anforderungen an die Verhandlungsführer zu kennen und voneinander zu unterscheiden. Professionelle anwaltliche Verhandlungsführer sollten stets einordnen können, in welcher Phase der Verhandlung sie sich gerade befinden, und welche Maßnahmen und Verhaltensweisen in dieser Phase von ihnen und den Mandanten gefragt sind.

§ 31 Verhandlungsvorbereitung

753 Der Schlüssel für eine erfolgreiche Verhandlung ist die **gründliche, systematische und strukturierte Vorbereitung**. Die Vorbereitung ist ein essenzieller Bestandteil der Verhandlung. Nicht ohne Grund misst etwa die amerikanische Verhandlungsforscherin *Leigh L. Thompson* der Verhandlungsvorbereitung eine viermal so große Bedeutung zu wie der eigentlichen Verhandlungsführung (sog. 80–20-Regel).[1] Unabhängig davon, ob diese exakte Quantifizierung zutreffend ist, verdeutlicht die Regel jedoch, dass Vorbereitung notwendig ist und nicht gründlich genug erfolgen kann. Ohne sorgfältige Vorbereitung sollte sich daher kein Rechtsanwalt auf eine Verhandlung einlassen.

754 Und doch lässt sich in der Praxis recht häufig beobachten, dass ohne ausreichende Vorbereitung „drauflos" verhandelt wird. Woran liegt das? Regelmäßig unterschätzen die Parteien einer Verhandlung sowie (leider auch) ihre anwaltlichen Berater fatalerweise, welche signifikante Bedeutung die sorgfältige Vorbereitung für den Erfolg der

---

1 Craver, Effective Legal Negotiation and Settlement, S. 2 f.
2 Vgl. Jung/Krebs, Vertragsverhandlung, S. 396.
1 Thompson, The Mind and Heart of the Negotiator, S. 34.

Verhandlung hat. Auch wenn der Ablauf eine Verhandlung nie exakt planbar sein wird, ist die Vorstellung, dass die Dinge sich in einer Verhandlung von selbst ergeben, verfehlt. Anders als im Zivilprozess gibt es in Verhandlungen nämlich keinen Richter, der den Parteien helfen kann, Versäumnisse bei der Vorbereitung auszubügeln.[2] Fehler bei der Verhandlungsvorbereitung haben daher meist unmittelbare Folgen für das Verhandlungsergebnis.

Der unmittelbare Zusammenhang zwischen sorgfältiger Vorbereitung und Verhandlungserfolg beruht dabei auf dem Umstand, dass Wissen im Verhandlungskontext **Macht** bedeutet. Je besser ihre Vorbereitung ist, desto sicherer agieren die Verhandlungsparteien inmitten der zwangsläufigen Unsicherheit einer Verhandlung. So stellen sorgfältig vorbereitete Verhandlungsführer ihre eigenen Positionen im Laufe der Verhandlung tendenziell weniger in Frage und lassen sich auch weniger von Argumenten oder Verhandlungstaktiken der Gegenseite beeinflussen.[3]

Dieses Kapitel widmet sich daher der **strukturierten Vorbereitung** von Verhandlungen. Erfolgreiches Verhandeln setzt voraus, dass der Rechtsanwalt nicht nur den Sachverhalt kennt und die Rechtslage zutreffend eruiert hat. Der anwaltliche Berater einer Verhandlungspartei muss zudem wissen, worauf es seinem Mandanten in der Verhandlung wirklich ankommt. Nicht immer stimmt der vom Mandanten erteilte Auftrag oder die Rechtsposition, die der Rechtsanwalt aus dem geschilderten Sachverhalt ableitet, mit der Interessenlage des Mandanten überein.[4] Der Rechtsanwalt muss daher insbesondere die Interessen und Bedürfnisse des Mandanten in Erfahrung bringen und sich Gedanken über die möglichen Interessen und Bedürfnisse der anderen Partei machen. Gleiches gilt bezüglich etwaiger Nichteinigungsalternativen (insbesondere der BATNA) des eigenen Mandanten und der Gegenseite sowie den jeweiligen Minimal- und Maximalzielen.

Eine gründliche, systematische und strukturiert Vorbereitung erfordert, dass zunächst die von der Verhandlung betroffenen Parteien und Personen sowie die relevanten Themen und Interessen identifiziert werden. In einem weiteren Schritt sind im Rahmen der Vorbereitung sodann die jeweiligen Maximal- und Minimalziele der Verhandlungsparteien unter besonderer Berücksichtigung ihrer jeweiligen Nichteinigungsalternativen zu analysieren und anschließend etwaige wertschöpfende Optionen und Lösungsmöglichkeiten herauszuarbeiten. Ferner sind die Prioritäten und Bewertungskriterien des Mandanten im Hinblick auf jeden Verhandlungsgegenstand zu bestimmen und eine Konzessionsstrategie festzulegen, bevor schließlich Überlegungen zur Verhandlungslogistik, dem Verhandlungsteam und der Gesamtstrategie angestellt werden.[5]

I. Analyse der Parteien und Beteiligten der Verhandlung

Am Anfang einer strukturierten Vorbereitung steht die Analyse der Parteien und Beteiligten, also sämtlicher „Stakeholder", die in irgendeiner Form von der Verhandlung betroffen sin könnten. Hierbei gilt es in einem ersten Schritt, das **Beziehungsgeflecht** zwischen den Verhandlungsparteien, sonstigen Beteiligten oder Interessierten mit ihren

---

2 Hiermit soll freilich nicht gesagt sein, dass ein Rechtsanwalt unvorbereitet in eine mündliche Verhandlung im Zivilprozess gehen sollte.
3 Craver, Effective Legal Negotiation and Settlement, S. 55.
4 Greger/von Münchhausen, Verhandlungs- und Konfliktmanagement für Anwälte, Rn. 204.
5 Pfromm, Effektiver Verhandeln, Rn. 109.

jeweiligen Interessen und ihrem jeweiligen Einfluss auf die Verhandlung zu **entschlüsseln**.

- Wer ist der wertvollste Verhandlungspartner?
- Sind Dritte vorhanden, die potenziell Einfluss auf die andere Verhandlungspartei nehmen können (zB Gesellschafter, Ehepartner)?
- Wer kann den internen Entscheidungsprozess oder den späteren Zustimmungsprozess zu einer Einigung beschleunigen, verzögern oder gar blockieren (zB Betriebsrat)?
- Sind an der Verhandlung Personen beteiligt, deren Individualinteressen von den Interessen der vertretenen Partei abweichen (zB Rechtsberater, Rn. 763)?
- Wer muss letztlich die Einigung umsetzen?[6]

759 Nachdem kritisch analysiert wurde, wer alles in die Verhandlung einzubeziehen ist und welche Beteiligten möglichst von der Verhandlung auszuschließen sind (etwa weil sie den Verhandlungsprozess stören könnten oder weil sonst zu viele Personen an der Verhandlung teilnehmen würden), sollten in einem zweiten Schritt unter Nutzung sämtlicher verfügbarer Quellen möglichst **umfangreiche** Informationen zu den Parteien, Beteiligten und ihren jeweiligen Verhandlungsführern zusammengetragen werden.[7]

- Gibt es bereits eine Geschäftsbeziehung zwischen dem Mandanten und der Gegenseite?
- Welche Interaktionen sind in der Vergangenheit erfolgt?
- Liegen Erkenntnisse über die Unternehmensstrategie und -grundsätze der Parteien vor?
- Welche Charakteristika und Eigenarten der jeweiligen Verhandlungsführer sind bekannt?

Als **Informationsquellen** können dabei insbesondere das Internet (zB der Webauftritt der Gegenseite), die sozialen Netzwerke sowie die veröffentlichten Geschäftsberichte und Pressemitteilungen der Gegenseite dienen.[8]

II. Verhandlungsthemen, Positionen und Interessen

760 Nachdem die Parteien und weiteren Beteiligten der Verhandlung in Erfahrung gebracht wurden, sollten in einem zweiten Vorbereitungsschritt die **voraussichtlichen Themen** der Verhandlung, die jeweiligen diesbezüglichen **Positionen** des Mandanten, der Gegenseite und etwaiger relevanter Dritter sowie deren jeweilige **Interessen** identifiziert und sorgfältig analysiert werden.[9] Hierbei handelt es sich allerdings nicht um einen einmaligen statischen Vorgang im Rahmen der Verhandlungsvorbereitung. Im Gegenteil: Da sich sowohl die Verhandlungsthemen als auch die Interessen der beteiligten Personen im Laufe der Verhandlungsvorbereitung als auch während der Verhandlung selbst jederzeit ändern können (so kann zB eine Partei aufgrund der fortgeschrittenen

---

6 Ausführlich hierzu Pfromm, Effektiver Verhandeln, Rn. 110.
7 Pfromm, Effektiver Verhandeln, Rn. 110.
8 Pfromm, Effektiver Verhandeln, Rn. 114.
9 Pfromm, Effektiver Verhandeln, Rn. 118. Vgl. auch Craver, Effective Legal Negotiation and Settlement, S. 56 ff. Zur Unterscheidung zwischen Positionen und Interessen siehe Rn. 729 ff.

Zeit gar die Lust am „Deal" verlieren), sollte die Analyse **kontinuierlich** mit der gebotenen Aufmerksamkeit und Gründlichkeit **wiederholt** werden.[10]

Der an dieser Stelle besprochene Vorbereitungsschritt, die Analyse der Verhandlungsthemen, Positionen und Interessen, beginnt mit der **Sammlung der Verhandlungsthemen**, also der Kernpunkte, die später Gegenstand der Verhandlung werden sollen.

761

▶ BEISPIEL: Bei einer Kaufvertragsverhandlung können etwa neben der Höhe des Kaufpreises auch Zahlungsfristen, Zahlungsarten (Barzahlung, Überweisung etc) oder andere rechtliche Rahmenbedingungen (Garantien, Zusicherungen, Gewährleistungen, Freistellungen etc) Gegenstand der Verhandlung sein. ◀

Die in einer Liste zusammengestellten Verhandlungsthemen sollten sodann **priorisiert** werden. Hierzu ist erforderlich, dass der anwaltliche Berater durch entsprechende Nachfragen in Erfahrung bringt, welche der einzelnen Themen für den Mandanten wichtig/unwichtig sind und welche Themen gegebenenfalls derart miteinander verbunden sind, dass eine Einigung nur möglich ist, wenn auch beide Themen zur Zufriedenheit des Mandanten gelöst werden.[11]

762

Für jeden an der Verhandlung Beteiligten sollte im Rahmen der Verhandlungsvorbereitung schließlich die Frage beantwortet werden, was er in der Verhandlung wirklich erreichen möchte, was seine **langfristigen Ziele** sind und wie eine Einigung zu seiner Strategie passt. Dabei ist zu berücksichtigen, dass die Interessen der Parteien (zB der in einem Rechtsstreit befindlichen Unternehmen) äußerst vielfältig sein können und nicht notwendigerweise deckungsgleich mit den Interessen ihrer jeweiligen (internen) Vertreter (zB Syndikusanwälte oder Vertriebsmitarbeiter) und den externen Beratern und Vertretern (zB Rechtsanwälte, M&A-Berater) sein müssen. Auch sind die Interessen innerhalb eines Unternehmens (Geschäftsführung, Rechtsabteilung, Personal-, Einkaufs-, Produktions-, Forschungs-, Finanz- und Strategieabteilung) häufig keineswegs gleich. All dies kann zu sog. *„hidden agendas"* auf beiden Verhandlungsseiten führen, die den Verhandlungsprozess erblich beeinflussen und verkomplizieren können.[12] Hierauf gilt es im Rahmen der Verhandlungsvorbereitung besonders zu achten.

763

Ziel der Analyse der Interessen ist es, die Bedürfnisse, Wünsche und Prioritäten des eigenen Mandanten, der Gegenseite sowie etwaiger Dritter besser zu verstehen und so **vorhandenes Wertschöpfungspotential** zu **identifizieren** und den Lösungsraum zu erweitern (Rn. 800 ff.). Um den Mandanten in der Verhandlung interessengerecht beraten und vertreten zu können, muss der anwaltliche Berater jederzeit en détail wissen, wie sein Mandant zu jedem einzelnen Verhandlungsthema steht und was dessen diesbezüglichen Ziele, Prioritäten und Mindesterwartungen sind.[13] Der Prozess erfordert ein **ständiges kritisches Hinterfragen** durch den beratenden Rechtsanwalt.[14] Denn zum einen ist sich der Mandant seiner Interessen häufig nicht bewusst oder versteckt sie gar gezielt. Zum anderen unterliegen Verhandlungsparteien oft der Fehlvorstellung, dass es ihnen oder der anderen Seite ausschließlich um monetäre Erwägungen gehe,[15] es sich

764

---

10 Vgl. Duve/Eidenmüller/Hacke/Fries, Mediation in der Wirtschaft, S. 176; Pfromm, Effektiver Verhandeln, Rn. 121.
11 Lewicki/Barry/Saunders, Essentials of Negotiation, S. 97 ff.
12 Pfromm, Effektiver Verhandeln, Rn. 122.
13 Pfromm, Effektiver Verhandeln, Rn. 124.
14 Vgl. zu den Methoden der Interessenerforschung Duve/Eidenmüller/Hacke/Fries, Mediation in der Wirtschaft, S. 166 ff.
15 Vgl. Craver, Effective Legal Negotiation and Settlement, S. 56; Pfromm, Effektiver Verhandeln, Rn. 123.

bei der Verhandlung daher um ein Nullsummenspiel handele (zur Nullsummenannahme Rn. 867 ff.). Andere Aspekte der Verhandlung (wie zB wertschöpfende Optionen sowie die persönlichen Wertvorstellungen der Parteien) werden häufig nicht oder nicht hinreichend identifiziert, was regelmäßig der Grund dafür ist, dass die Parteien später in distributiv geführten Verhandlungen verharren und ein wertschöpfendes Verhandeln nicht möglich ist. Es ist daher von erheblicher Bedeutung, dass der Rechtsanwalt seinen Mandanten fortlaufend darin unterstützt, dessen wahre Interessen zu erkennen und sie entsprechend zu gewichten.[16] Keinesfalls darf der Rechtsanwalt die Interessen und Bedürfnisse des Mandanten ohne Weiteres mit seinen eigenen gleichsetzen.[17]

III. Maximalziele, Minimalziele und Nichteinigungsalternativen der Parteien

765 Sind die Verhandlungsthemen sowie die Positionen und Interessen der Parteien in Erfahrung gebracht und priorisiert, gilt es in einem dritten Vorbereitungsschritt die (möglichen) Maximal- und Minimalziele der Verhandlungsparteien sowie ihre jeweiligen Nichteinigungsalternativen zu identifizieren.

1. Maximal- und Minimalziele

766 Wie bereits unter Rn. 732 ff. ausgeführt, sollten die Parteien vor Beginn der eigentlichen Verhandlung ihre jeweiligen Maximal- und Minimalziele **konkret** festlegen. Die Verhandlungsparteien müssen sich hierzu anhand ihrer Interessen (ggf. mit anwaltlicher Hilfe) überlegen, was für sie das jeweils bestmögliche Verhandlungsergebnis darstellen würde bzw. an welchem Punkt sie die Verhandlung bei fehlender Einigung abbrechen würden. Aufgrund ihrer Bedeutung für den Erfolg/Misserfolg der Verhandlung sollten das Maximalziel und das Minimalziel jedoch **keinesfalls willkürlich** bestimmt werden (ausführlich zur Bedeutung von Maximal- und Minimalzielen Rn. 732 f. und Rn. 734 ff.).

2. Nichteinigungsalternativen

767 Besonderes Augenmerk sollten die Verhandlungsparteien in diesem Zusammenhang auf die Ermittlung ihrer jeweiligen Nichteinigungsalternativen legen.

a) Bedeutung

768 Im Laufe einer Verhandlung wird jede Partei irgendwann vor der Frage stehen, ob sie auf einen Einigungsvorschlag der anderen Seite eingehen oder diesen lieber ablehnen soll. Diese Entscheidung kann eine Verhandlungspartei nur dann verständig treffen, wenn sie sich ihrer eigenen Nichteinigungsalternativen bewusst ist („*Welche Handlungsmöglichkeiten habe ich, wenn eine Verhandlung scheitert?*").[18] **Nichteinigungsalternativen** sind ein wesentlicher Aspekt bei der Abwägung, ob es für eine Partei günstiger ist, die mögliche Einigung mit der anderen Partei zu akzeptieren oder diese abzulehnen, weil die eigenen Alternativen den Interessen der Partei besser gerecht werden als das im Raum stehende Verhandlungsergebnis.[19] Gemeinsam mit ihrem Mandanten müssen anwaltliche Berater im Rahmen der Verhandlungsvorbereitung

---

16 Vgl. Craver, Effective Legal Negotiation and Settlement, S. 57.
17 Craver, Effective Legal Negotiation and Settlement, S. 57 f. Vgl. auch Pfromm, Effektiver Verhandeln, Rn. 125.
18 Duve/Eidenmüller/Hacke/Fries, Mediation in der Wirtschaft, S. 219.
19 Pfromm, Effektiver Verhandeln, Rn. 127.

daher mögliche Nichteinigungsalternativen der Parteien identifizieren und die beste unter mehreren möglichen Alternativen (die BATNA) bestimmen. Andernfalls besteht die Gefahr, dass im Eifer des Gefechts der Verhandlung eine Vereinbarung getroffen wird, die im Ergebnis schlechter ist als die beste Nichteinigungsalternative der Partei.[20]

Die Bestimmung der besten Nichteinigungsalternativen (BATNA) der Parteien im Vorfeld der Verhandlung ist dabei unabhängig davon von Bedeutung, ob die Verhandlung später distributiv oder integrativ geführt wird.[21] Immer beeinflusst die jeweilige BATNA maßgeblich die **objektive Verhandlungsstärke** der Parteien.[22] Denn je besser die beste Nichteinigungsalternative einer Verhandlungspartei ist, desto geringer ist ihre Abhängigkeit von dem Ausgang der Verhandlung. Und je geringer die Abhängigkeit einer Partei von dem Verhandlungsergebnis ist, desto größer ist wiederum ihre Verhandlungsmacht.[23] Unabhängig von der Art der Verhandlung lässt sich daher die eigene **Verhandlungsmacht steigern**, wenn es gelingt die eigene beste Nichteinigungsalternative zu verbessern bzw. – soweit mit legalen Mitteln möglich – die BATNA der anderen Seite zu verschlechtern.[24] Dabei ist zu berücksichtigen, dass Nichteinigungsalternativen auch durch externe Einflüsse beeinflusst werden. So lässt sich etwa durch Presse- und Öffentlichkeitsmaßnahmen, durch die Einbeziehung Dritter (wie zB Versicherer und Banken der anderen Partei), prozessuale Handlungen (zB Erhebung einer Widerklage) oder die Anregung/Einleitung regulatorischer oder behördlicher Verfahren usw zusätzlicher – zum Teil auch erheblicher – Druck auf die andere Verhandlungspartei aufbauen, der ihre Nichteinigungsalternative schwächt und ihre Einigungs- oder Vergleichsbereitschaft steigert.[25]

b) Arten von Nichteinigungsalternativen

Nichteinigungsalternativen sind selten einfach gegeben. Sie müssen oftmals erst von den Verhandlungsparteien (ggf. unter Mithilfe ihrer anwaltlichen Berater) **entwickelt** werden.[26] Als mögliche Nichteinigungsalternativen kommen regemäßig ein anderes Vorgehen mit demselben Gegenüber (ggf. auch nur ein späterer Vertragsschluss), eine Einigung mit anderen Verhandlungspartnern, die Beibehaltung des status quo (zB durch Abwarten und nichts unternehmen) sowie ein Alleingang der Verhandlungspartei in Betracht.[27]

Vor allem in Konfliktverhandlungen mag es angezeigt sein, den Verhandlungsweg (vorübergehend) zu verlassen und zB ein Gerichtsverfahren anzustrengen oder fortzuführen und auf diesem Wege zu versuchen, den (vermeintlichen) Anspruch gegen die andere Partei durchzusetzen. Ganz allgemein kann die Eskalation des Konflikts durch Einschaltung höherer Instanzen (etwa der Geschäftsleitung oder auch eines Richters) dazu beitragen, einerseits Druck auf das Gegenüber aufzubauen (Rn. 769) und andererseits eine Entscheidung zu erlangen, die vorteilhafter ist als das bisherige Angebot

---

20 Vgl. Craver, Effective Legal Negotiation and Settlement, S. 59 f.
21 Lewicki/Barry/Saunders, Essentials of Negotiation, S. 101.
22 Jung/Krebs, Vertragsverhandlung, S. 78.
23 Pfromm, Effektiver Verhandeln, Rn. 127.
24 Fisher/Ury/Patton, Das Harvard Konzept, S. 261 f.
25 Pfromm, Effektiver Verhandeln, Rn. 132.
26 Duve/Eidenmüller/Hacke/Fries, Mediation in der Wirtschaft, S. 221.
27 Jung/Krebs, Vertragsverhandlung, S. 78. Näher auch *Bühring-Uhle/Eidenmüller/Nelle*, Verhandlungsmanagement, S. 30 f. Vgl. auch Pfromm, Effektiver Verhandeln, Rn. 126.

der anderen Verhandlungspartei.[28] Konfliktorientierte Streiterledigungsmechanismen stehen dementsprechend gleichwertig neben der Verhandlungsführung und stellen ebenfalls Mittel zur Interessenwahrnehmung und -durchsetzung dar. In Konfliktsituation gilt es daher stets genau zu analysieren, welcher Weg im konkreten Einzelfall als erfolgsversprechender erscheint.[29]

c) Bewertung von Nichteinigungsalternativen

772 Nicht alle denkbaren Nichteinigungsalternativen sind gleich gut. Unter all den ernsthaft in Betracht kommenden Nichteinigungsalternativen gilt es daher, die **bestmögliche Alternative** zu finden, also diejenige, mit der die eigenen Interessen möglichst optimal verwirklicht werden.[30] Hierzu ist eine Bewertung der Nichteinigungsalternativen unabdingbar (siehe zur Bewertung von Nichteinigungsalternativen bereits Rn. 735 ff.).

aa) Grundsätzliches

773 Eine **rationale Bewertung** der Nichteinigungsalternativen setzt zunächst voraus, dass diese **hinreichend konkret** ausgestaltet und **umsetzungsfähig** sind.[31] Eine bloß vage oder sogar nur nebulöse Vorstellung davon, was eine Partei alles machen könnte, sofern die Verhandlung scheitern sollte, genügt nicht. Der anwaltliche Berater sollte in diesem Fall kritisch nachfragen, damit sich der Mandant konkreter über ihre tatsächlichen Nichteinigungsalternativen, ihre Realitätsnähe ihrer und ihren konkreten Bezug zu den Interessen der Partei bewusst wird.

▶ **Beispiel:** „Auf welchen Zulieferer weichen Sie aus, wenn die Zusammenarbeit mit Ihrem jetzigen Partner endet? Wie schnell ginge das? Gibt es schon einen Vorvertrag? Wie schätzen Sie Ihren möglichen neuen Partner im Hinblick auf Qualität und Termintreue ein? Worauf gründet sich Ihre Einschätzung?"[32] ◀

774 Da Verhandlungsparteien häufig dazu neigen, ihre eigenen Nichteinigungsalternativen zu optimistisch einzuschätzen (zum sog. **Selbstüberschätzungseffekt** (*„overconfidencebias"*) (Rn. 878 f.), sollte der anwaltliche Berater dieses Phänomen kennen und in der Lage sein, die überoptimistische Wahrnehmung des Mandanten kritisch zu hinterfragen.

775 Noch schwieriger als die eigene BATNA zu bestimmen, gestaltet sich häufig die Bestimmung der besten Nichteinigungsalternative der anderen Verhandlungspartei. Diese wird ihre Alternativen regelmäßig nicht offen kommunizieren und der anderen erst recht nicht mitteilen, welche nun die Beste ist. Selbst wenn dies im konkreten Fall anders sein sollte, gilt es, derartige Informationen mit Vorsicht zu genießen. Sie müssen nicht zwingend richtig sein.[33] Da die BATNA der anderen Verhandlungspartei für ihre objektive Verhandlungsstärke entscheidend ist (Rn. 726), ist es aber allemal lohnend, hierzu Informationen zu beschaffen, soweit dies mit vertretbarem Aufwand möglich ist.[34] Hierzu kann in einem ersten Schritt im Rahmen der Verhandlungsvorbereitung zB auf allgemein zugängliche Quellen sowie Informationen Dritter zurückgegriffen

---

28 Bühring-Uhle/Eidenmüller/Nelle, Verhandlungsmanagement, S. 31.
29 Wyss, Die Kunst der Verhandlungsführung, S. 341. Siehe hierzu auch Rn. 777 ff.
30 Vgl. Bühring-Uhle/Eidenmüller/Nelle, Verhandlungsmanagement, S. 31.
31 Vgl. Bühring-Uhle/Eidenmüller/Nelle, Verhandlungsmanagement, S. 31.
32 Duve/Eidenmüller/Hacke/Fries, Mediation in der Wirtschaft, S. 225.
33 Jung/Krebs, Vertragsverhandlung, S. 79.
34 Jung/Krebs, Vertragsverhandlung, S. 79.

werden. Im Laufe der Verhandlung lassen sich (weitere) Informationen zudem häufig durch „**offene Fragen**" erlangen (Rn. 861 ff.).

Aller Bemühungen zum Trotz wird regelmäßig eine große Unsicherheit sowohl bezüglich der eigenen als auch der fremden **objektiv vorhandenen BATNA** verbleiben.[35] Für die Verhandlung und das tatsächliche Verhandlungsverhalten der Parteien sind daher nicht allein die objektiven, sondern immer auch die jeweils geschätzten oder gar gefühlten (**subjektiven**) **BATNAs** relevant.[36] Dies bedeutet, dass nicht nur auf die tatsächliche (objektive) BATNA, sondern auch auf die subjektive BATNA Einfluss genommen werden kann und sollte, um den Verhandlungsverlauf zu beeinflussen (zB durch besondere Betonung von Risiken).

776

bb) Exkurs: Prozessrisikoanalyse als Instrument zur Bewertung von Nichteinigungsalternativen in Konfliktverhandlungen

In Konfliktverhandlungen besteht die beste Alternative für den Fall, dass es nicht zu einer Einigung im Verhandlungswege kommt, regelmäßig in der (Fort-)Führung eines Rechtsstreits. Den Prozessaussichten der Parteien kommt daher im Hinblick auf die Bewertung ihrer jeweiligen Nichteinigungsalternativen eine entscheidende Rolle zu. Es ist insofern Kernaufgabe des beratenden Rechtsanwalts die Sach- und Rechtslage zunächst zutreffend zu ermitteln und den Mandanten sodann auf dieser Basis über die Erfolgsaussichten einer etwaigen Prozessführung aufzuklären.[37]

777

Zur realitätsnahen Bewertung der Chancen und Risiken einer streitigen Auseinandersetzung hat gerade in komplexen Wirtschaftsstreitigkeiten das Instrument der **Prozessrisikoanalyse** an Bedeutung gewonnen. Dabei handelt es sich um den Versuch, auf entscheidungstheoretischer Grundlage zu einer möglichst präzisen Abschätzung der Prozessaussichten der Parteien zu gelangen.[38] Der Grundgedanke der Prozessrisikoanalyse besteht darin, die Prozessführung als Entscheidung unter Unsicherheit zu begreifen und den Gesamterwartungswert der Prozessführung zu berechnen. Hierzu werden in einem dreischrittigen Verfahren zunächst (i.) die maßgeblichen Weichenstellungen des jeweiligen Falles (grob: Anspruch entstanden, Anspruch nicht untergegangen, Anspruch durchsetzbar) in einem sog. **Entscheidungsbaum** abgebildet. Sodann wird (ii.) für jede Weichenstellung (**Entscheidungsknoten**) die jeweilige Eintrittswahrscheinlichkeit beziffert (zB Wie wahrscheinlich ist es, dass ein Gericht eine Rechtsfrage so oder so entscheidet?). Schließlich kann (iii.) die Werthaltigkeit der Forderung (**Gesamterwartungswert**) in Euro und Cent ermittelt werden. Dies geschieht, indem die einzelnen Äste des Entscheidungsbaums ausmultipliziert und die so gefundenen Einzelerwartungswerte jedes Astes addiert werden.[39]

778

Gegenüber der in der Praxis leider häufig anzutreffenden Bewertung der Prozessrisiken anhand des „Bauchgefühls" des beratenden Rechtsanwalts hat die Prozessrisikoanalyse den Vorteil, dass mit ihr der Konflikt strukturell erfasst und die entscheidungsrelevanten Aspekte des Falls in dem Entscheidungsbaum in leicht verständlicher Form

---

35 Jung/Krebs, Vertragsverhandlung, S. 81.
36 Jung/Krebs, Vertragsverhandlung, S. 81. Vgl. auch Duve/Eidenmüller/Hacke/Fries, Mediation in der Wirtschaft, S. 222.
37 Vgl. OLG Koblenz, Urt. v. 12.6.2006 – 12 U 315/05, NJW-RR 2006, 1358, 1360.
38 Duve/Eidenmüller/Hacke/Fries, Mediation in der Wirtschaft, S. 227.
39 Wagner, GmbHR 2018, R 52. Ausführlich zur Prozessrisikoanalyse Risse/Morawietz, Prozessrisikoanalyse. Eingehend auch Duve/Eidenmüller/Hacke/Fries, Mediation in der Wirtschaft, S. 227 ff.

sichtbar gemacht werden. Indem sich der Anwender hierdurch zwingt, sich mit den eigenen Argumenten und den möglichen Gegenargumenten der anderen Partei intensiv auseinanderzusetzen, trägt die Prozessrisikoanalyse zudem zu einer **Verbesserung des Risikobewusstseins** bei.[40]

779 Allein die Berechnung des Prozesserwartungswerts genügt jedoch regelmäßig nicht, um eine Entscheidung über das „Ob" der Prozessführung oder die Annahme eines etwaigen (vorprozessualen) Vergleichsangebots der Gegenseite treffen zu können. So sind immer auch der Zeitwert des Geldes, die Risikoneigung der Parteien sowie die mit den Handlungsalternativen Prozessführung einerseits oder Vergleichsschluss andererseits jeweils verbundenen unterschiedlich hohen Transaktionskosten zu berücksichtigen.[41] Der Prozesserwartungswert geht damit im Ergebnis in eine **komplexe Kosten/Nutzen-Abwägung** ein, welche die Basis für eine verständige Entscheidung zwischen einem möglichen Vergleichsschluss auf der einen Seite und der Fort-)Führung eines Prozesses als Nichteinigungsalternative auf der anderen Seite ermöglicht.[42]

IV. Identifizierung von Wertschöpfungsquellen und Entwicklung von Handlungsoptionen und Alternativlösungen

780 Verhandlungen führen häufig erst dann zu einer Einigung, wenn es den Parteien gelingt, ihre Fixierung auf den konkreten Verhandlungsgegenstand zu durchbrechen und den Blick auf alternative Lösungen zu lenken.[43] Im vierten Schritt der Verhandlungsvorbereitung geht es daher um das Aufdecken potenzieller Wertschöpfungsquellen und die Entwicklung denkbarer Handlungsoptionen und Alternativlösungen für die spätere Verhandlung. Während die Strategien, Techniken und Taktiken der Wertschöpfung ausführlich unter Rn. 800 ff. beschrieben werden, hat dieser Abschnitt den Prozess als solchen zum Inhalt: So gilt es in der Vorbereitungsphase anhand der zuvor identifizierten Interessen des eigenen Mandanten und der möglichen Interessen der anderen Partei sowie etwaiger Gemeinsamkeiten und Unterschiede zwischen den Verhandlungsparteien (zB im Hinblick auf Präferenzen, Zeithorizont und Risikoaversion) möglichst kreativ eine Vielzahl von **Handlungsoptionen und Alternativlösungen** zu entwickeln, welche das Erreichen der Ziele und die Befriedigung der Interessen der Partei unterschiedlich gut ermöglichen. Diese Optionen sind die Grundlage für das spätere wertschöpfende Verhandeln.[44] Erfahrene Verhandlungsführer entwickeln daher in der Vorbereitungsphase fast doppelt so viele mögliche Handlungsoptionen je Verhandlungsgegenstand wie unerfahrene Verhandlungsführer.[45]

781 Jeder Rechtsanwalt sollte sich im Vorfeld der Verhandlung also Gedanken über solche Optionen und Alternativlösungen machen. Ob und wie er diese vorab mit dem Mandanten berät, hängt dabei von den konkreten Gegebenheiten des Einzelfalls ab. Gerade in Konfliktverhandlungen, in denen der Streit der Parteien bereits eskaliert ist, kann es sein, dass die emotionale Belastung durch den Konflikt im Zeitpunkt der Verhandlungsvorbereitung so hoch ist, dass der Mandant sich konstruktiven Gedanken (zunächst noch) völlig verschließt, während er in einem späteren Stadium der

---

40 Wagner, GmbHR 2018, R 52, R 54.
41 Gerade die unterschiedlichen Zeitpräferenzen und Transaktionskosten können hervorragende Quellen zum wertschöpfenden Verhandeln darstellen (siehe Rn. 805 ff.).
42 Duve/Eidenmüller/Hacke/Fries, Mediation in der Wirtschaft, S. 231.
43 Greger/von Münchhausen, Verhandlungs- und Konfliktmanagement für Anwälte, Rn. 207.
44 Näher Pfromm, Effektiver Verhandeln, Rn. 134.
45 Pfromm, Effektiver Verhandeln, Rn. 155 mwN.

Verhandlung, wenn bereits erkennbar geworden ist, dass die Durchsetzung seiner Positionen schwierig wird, offener für solche Handlungsoptionen und Alternativlösungen ist.[46] Diese Handlungsoptionen und Alternativlösungen dürfen dann nicht durch eine vorschnelle vorherige Ablehnung des Mandanten bereits vom „Verhandlungstisch" sein.

V. Festlegen der Prioritäten, Bewertungskriterien und der Eröffnungsposition; Ableitung einer Konzessionsstrategie

In einem fünften Schritt der Verhandlungsvorbereitung sollten die Prioritäten und Bewertungskriterien des eigenen Mandanten in Erfahrung gebracht, die Eröffnungsposition festgelegt sowie eine Konzessionsstrategie für die spätere Verhandlung abgeleitet werden. 782

Die Prioritäten des Mandanten bestimmen das eigentliche Ziel der Verhandlung.[47] Jede Verhandlungspartei sollte sich daher während der Vorbereitung auf die Verhandlung fragen, in welchem **Prioritätsverhältnis** die einzelnen Verhandlungsgegenstände bzw. Verhandlungsaspekte zueinander stehen und welche hiervon der Partei besonders wichtig sind und daher zwingend umgesetzt werden müssen bzw. welche ihr weniger wichtig sind, ein Nachgeben daher eher in Betracht kommt. Um in der späteren Verhandlung nicht so leicht den Überblick zu verlieren (insb. beim sog. *„logrolling"*, Rn. 817), lohnt es sich, eine Liste **interner Bewertungskriterien** zu erstellen, anhand derer in der Verhandlung fortlaufend der Gesamtwert der jeweils diskutierten Verhandlungslösung ermittelt werden kann.[48] Schließlich sollten mit dem Mandanten die eigene **Eröffnungsposition** (Rn. 822 f.) festgelegt sowie abgestimmt werden, welche Zugeständnisse der anderen Verhandlungspartei im Laufe der Verhandlung im Einzelnen gemacht werden können und welche von ihr gefordert werden sollen. Hieraus lässt sich dann in einem weiteren Schritt die eigene **Konzessionsstrategie** ableiten, die sowohl die Größe der einzelnen Zugeständnisse als auch den Zeitpunkt ihrer Unterbreitung umfassen sollte.[49] 783

VI. Verhandlungslogistik

Der sechste Schritt der Verhandlungsvorbereitung betrifft die **Verhandlungslogistik**. Hiermit sind die weiteren Aspekte gemeint, die zur Vorbereitung einer Verhandlung gehören und die den Erfolg der Verhandlung bzw. die eigene Verhandlung beeinflussen können.[50] Hierzu gehören u. a. folgende Aspekte, die es im Rahmen der Verhandlungsvorbereitung abzuklären gilt:[51] 784

---

46 Greger/von Münchhausen, Verhandlungs- und Konfliktmanagement für Anwälte, Rn. 207.
47 Vgl. Pfromm, Effektiver Verhandeln, Rn. 138.
48 Lewicki/Barry/Saunders, Essentials of Negotiation, S. 99 f.
49 Näher zu Konzessionsstrategien Thompson, The Mind and Heart of the Negotiator, S. 70 f.
50 Pfromm, Effektiver Verhandeln, Rn. 146.
51 Näher Pfromm, Effektiver Verhandeln, Rn. 147.

Verhandlungsmandat	Verfügen sämtliche Beteiligten an der Verhandlung über entsprechende (umfassende oder teilweise) **Entscheidungskompetenz**? Ist ein Abschluss im Rahmen der Verhandlung beabsichtigt und soll das Ergebnis der Verhandlung für alle Beteiligten verbindlich sein?
Verhandlungsort	Soll die Verhandlung bei einer der Parteien oder an einem neutralen Ort stattfinden? Ist die ggf. erforderliche Prozessunterstützung (Sekretariat, Dolmetscher, technische Ausstattung etc) am Verhandlungsort gewährleistet? Sofern die Verhandlung nicht beim eigenen Mandanten oder in den eigenen Kanzleiräumlichkeiten erfolgen soll, drohen ortsbezogene Taktiken der anderen Verhandlungspartei?
Agenda	Wer entwirft die Agenda für die Verhandlung? Steht dieses bereits fest oder ist sie noch verhandelbar? (zur Bedeutung der Agenda für den Erfolg von Verhandlungen Rn. 792)

VII. Zusammenstellen des Verhandlungsteams; Rollenverteilung

785 Außer bei sehr kleinen Verhandlungen werden Verhandlungen in der anwaltlichen Praxis oft im Team geführt. Je nach Komplexität und Wert der Verhandlung besteht ein **Verhandlungsteam** dabei aus zwei oder mehr Personen, die im Idealfall über ergänzende Fähigkeiten und Fertigkeiten verfügen (zB ein Verhandler mit Kompetenz für die technischen/inhaltlichen Fragen und einer für die juristischen Fragen) und einen gemeinsamen Zweck, ein gemeinsames Ziel und einen kompatiblen Verhandlungsansatz verfolgen.[52] Insofern gilt: Je besser qualifiziert die einzelnen Mitglieder des Verhandlungsteams sind, desto besser sind generell die Ergebnisse, die durch das Team erzielt werden können.[53]

786 Nach dieser Maßgabe ist nun als vorletzter Schritt der Verhandlungsvorbereitung das Verhandlungsteam zusammenzustellen und die **Rollenverteilung** im Team festzulegen. Das eigene Verhandlungsteam ist so zu organisieren, dass die Chancen für eine erfolgreiche Verhandlung „am Tisch" maximiert werden.[54] Sofern also auf der eigenen Seite mehrere Personen zu der Verhandlung hinzugezogen werden sollen, muss mit diesen vorab geklärt werden, wer das Wort führt und welche Beiträge die anderen Teilnehmer leisten (etwa als Experte oder Verhandlungsbeobachter). Unkoordiniertes Vorgehen (wie zB das offene Austragen von internen Meinungsverschiedenheiten) sowie ungewollte Informationspreisgaben gilt es zwingend zu verhindern. Für Verhandlungsteams sollten daher bereits im Rahmen der Verhandlungsvorbereitung klare Rollen verteilt sowie Grundsätze der **teaminternen Kommunikation** definiert werden. Etwa kann für den Fall, dass teaminterne Meinungsverschiedenheiten während der Verhandlung auftreten, vereinbart werden, dass um eine Unterbrechung der Verhandlung gebeten und eine teaminterne Klärung herbeigeführt werden soll.[55]

787 Ob auch der eigene Mandant bzw. bei einem Unternehmen als Auftraggeber der Entscheider/Prinzipal an der Verhandlung teilnehmen sollte, ist von Fall zu Fall zu entscheiden. Für dessen Teilnahme können beispielsweise Effizienzgesichtspunkte sprechen. Strittige Fragen lassen sich möglicherweise hierdurch schneller klären mit der

---

52 Vgl. Jung/Krebs, Vertragsverhandlung, S. 399 f.
53 Jung/Krebs, Vertragsverhandlung, S. 399.
54 Bühring-Uhle/Eidenmüller/Nelle, Verhandlungsmanagement, S. 181.
55 Näher zum Ganzen Greger/von Münchhausen, Verhandlungs- und Konfliktmanagement für Anwälte, Rn. 212 ff.; Pfromm, Effektiver Verhandeln, Rn. 148 ff.

Folge, dass eine Einigung mit der anderen Verhandlungspartei schneller erzielt werden kann. Regelmäßig erleichtert die Teilnahme der Entscheider auch das interessenorientierte Verhandeln. Die (anwaltlichen) Vertreter der Parteien haben nämlich häufig kein so umfassendes und differenziertes Bild der Interessen ihrer Auftraggeber, dass sie alle Wertschöpfungsmöglichkeiten erkennen können.[56] Andererseits ist in die Überlegung einzubeziehen, dass der anwaltliche Verhandler sich durch die **Teilnahme des eigenen Mandanten** an der Verhandlung der Flexibilität begibt, unter Verweis auf die Ablehnung des Mandanten in gesichtswahrender Weise von einer zunächst vertretenen Position abrücken oder nach Rücksprache mit der Mandantschaft mehr fordern zu können.[57] Ist absehbar, dass die andere Verhandlungspartei lediglich einen Vertreter ohne Abschlussvollmacht entsendet, sollte der eigenen Mandant an der Verhandlung möglichst nicht teilnehmen, um der anderen Seite diesen taktischen Vorteil nicht ohne Not zuzugestehen.

VIII. Gesamtstrategie

Auf Grundlage der vorgenannten Vorbereitungsschritte kann schließlich eine **Gesamtstrategie** für die Verhandlung geplant werden, die insbesondere die Festlegung folgende Punkte umfassen sollte:

- Eröffnungsposition;
- Strategie zur Informationsgewinnung;
- Etwaige externe Beeinflussungshandlungen zur Stärkung der eigenen und Schwächung der anderen Verhandlungsmacht (zB prozessuale Schritte, Öffentlichkeitsarbeit, Gespräche mit Wettbewerbern);
- Wertschöpfungs-, Konzessions- und Wertbeanspruchungsstrategien.[58]

IX. Zusammenfassung

1. Eine gründliche, systematische und strukturierte Vorbereitung ist der wesentliche Erfolgsfaktor für das eigene Abschneiden in der Verhandlung.
2. Hierfür ist erforderlich, dass zunächst die von der Verhandlung betroffenen Parteien und Personen sowie die relevanten Themen und Interessen identifiziert werden. Ferner sind die jeweiligen Maximal- und Minimalziele der Verhandlungsparteien unter besonderer Berücksichtigung ihrer jeweiligen Nichteinigungsalternativen zu analysieren sowie etwaige Wertschöpfungsquellen zu identifizieren und Handlungsoptionen und Alternativlösungen zu entwickeln. Zudem gilt es, die Prioritäten und Bewertungskriterien des Mandanten im Hinblick auf den Verhandlungsgegenstand zu bestimmen sowie eine Konzessionsstrategie festzulegen. Schließlich sind noch

---

56 Bühring-Uhle/Eidenmüller/Nelle, Verhandlungsmanagement, S. 185 f.
57 Pfromm, Effektiver Verhandeln, Rn. 153.
58 Pfromm, Effektiver Verhandeln, Rn. 155.

Überlegungen zur Verhandlungslogistik, dem Verhandlungsteam und der Gesamtstrategie anzustellen.

§ 32 Verhandlungseinstieg („Warmlaufphase")

I. Kennenlernphase; Beziehungsaufbau

789 Der Einstieg in die Verhandlungen ist vor allem geprägt durch das **gegenseitige Kennenlernen** der Verhandlungsparteien sowie den **Beziehungsaufbau**. Diese Phase wird zu Recht auch „Warmlaufphase"[1] genannt. Verfehlt wäre es daher, gleich mit der Tür ins Haus zu fallen. Die Verhandlungsparteien sollten den Einstieg in die Verhandlungen vielmehr dazu nutzen, sich kennenzulernen und mit der räumlichen und inhaltlichen Situation vertraut zu machen.[2]

790 Verhandlungen werden ganz erheblich durch die persönlichen Beziehungen der Verhandlungsparteien geprägt.[3] So wie eine positive Beziehung für das Erzielen einer Übereinkunft förderlich sein kann, kann eine negative Beziehung zwischen den Verhandlungsparteien den objektiv angemessenen Abschluss der Verhandlung verhindern.[4] Gerade zu Anfang einer Verhandlung sollten die Parteien sich daher um den Aufbau einer harmonischen Beziehung bemühen, sei es durch Small Talk oder die Betonung von Gemeinsamkeiten der Parteien. *Fritjof Haft* spricht insofern von einem „Sympathiepolster", das es in der Eröffnungsphase aufzubauen gilt und auf dem sich die Parteien in der späteren Verhandlungsphase immer wieder ausruhen können.[5] Besonderer Bedeutung kommt hierbei dem ersten Eindruck zu, den die Parteien im Rahmen der Begrüßung hinterlassen.[6] Diese dient nicht nur der allgemeinen Höflichkeit, sondern kann helfen, etwaigen Stress abzubauen und ein Klima der Übereinkunft zu schaffen.[7]

II. Der äußere Rahmen und die Verhandlungsagenda

791 Nach Begrüßung, Vorstellung und Aufwärmgespräch gilt es, den **äußeren Rahmen der Verhandlung** festzulegen, insbesondere den Anlass der konkreten Verhandlung und das zu erreichende Ziel zu besprechen sowie Einigkeit über den zeitlichen Rahmen der Verhandlung herzustellen. Ist bereits beim Verhandlungseinstieg eine Vertagung absehbar, sollte auch hierüber gesprochen werden. In diesem Zusammenhang sollte zudem das **Verhandlungsmandat** sowie – bei Mehrpersonenverhandlungen – die **Rollenverteilung der Teilnehmer** geklärt werden.[8]

792 Von nicht zu vernachlässigender Bedeutung für den Verhandlungserfolg ist schließlich die Festlegung der Tagesordnung für die Verhandlung (**Agenda**). Unterbleibt die Themenbestimmung zu Beginn der Verhandlung, besteht die Gefahr, dass die Parteien

---

1 Saner, Verhandlungstechnik, S. 161.
2 Saner, Verhandlungstechnik, S. 161.
3 Ausführlich zur Bedeutung der Beziehungsebene in Verhandlungen: Lewicki/Barry/Saunders, Essentials of Negotiation, S. 203 ff.
4 Jung/Krebs, Vertragsverhandlung, S. 94.
5 Vgl. Haft, Verhandlung und Mediation, S. 127.
6 Näher Jung/Krebs, Vertragsverhandlung, S. 158 f.
7 Pfromm, Effektiver Verhandeln, Rn. 161.
8 Greger/von Münchhausen, Verhandlungs- und Konfliktmanagement für Anwälte, Rn. 248; Haft, Verhandlung und Mediation, S. 129 ff.; Pfromm, Effektiver Verhandeln, Rn. 163.

in der Folge aneinander vorbeireden.⁹ Die Agenda strukturiert demgegenüber den Verhandlungsprozess, indem sie festlegt, ob und was, wann und bis zu einem gewissen Grad sogar wie die einzelnen Punkte der Verhandlung behandelt werden.¹⁰ Freilich kann jeder Zeit von der Agenda abgewichen werden, wenn und soweit dies für den Verlauf der Verhandlung hilfreich ist. Aufgrund der hohen Bedeutung der Agenda für den Erfolg der Verhandlung ist es grundsätzlich empfehlenswert, diese selbst zu erstellen und zu versenden. Hierdurch kann bereits zu einem frühen Zeitpunkt der Verhandlung die Verhandlungsführung übernommen werden.¹¹

Nicht selten versuchen schließlich die Parteien im Rahmen der Warmlaufphase „erste Pflöcke einzuschlagen" und sich hierdurch als stärkere Verhandlungspartei zu positionieren.¹² Auf derartige Machtspiele und -demonstrationen gilt es sich einzustellen, um hierauf angemessen zu reagieren.¹³

III. Zusammenfassung

1. Der Verhandlungseinstieg dient hauptsächlich dem Beziehungsaufbau, etwa durch Small Talk oder die Betonung von Gemeinsamkeiten der Verhandlungsparteien.
2. Besonderes Augenmerk ist sodann darauf zu legen, den äußeren Rahmen der Verhandlung abzustecken und insbesondere die Verhandlungsagenda festzulegen.

§ 33 Kernphase der Verhandlung

Dem Verhandlungseinstieg folgt die Kernphase der Verhandlung, in der die einzelnen Aspekte verhandelt und Lösungen gefunden werden (müssen). Dieser substantielle Teil der Verhandlung sollte dabei möglichst aus drei Unterphasen bestehen: (I.) der Informationsphase, (II.) der Wertschöpfungsphase (*„value creation"*) sowie (III.) der Wertbeanspruchungsphase (*„value claiming"*).¹

I. Informationsphase

Dem Verhandlungseinstieg schließt sich regelmäßig die **Informationsphase** an. Ihr Beginn lässt sich meist daran erkennen, dass die Parteien von scheinbar harmlosem Small Talk zu Fragen betreffend die Präferenzen, Wünsche, Ziele und Vorstellungen der jeweils anderen Verhandlungspartei übergehen.²

Ziel der Informationsphase ist in erster Linie **Informationen zu beschaffen**, daneben aber auch die **Überprüfung von Annahmen** sowie die **Beeinflussung der Gegenseite** über die offengelegten eigenen Informationen.³ Informationen der anderen Verhandlungsseite lassen sich am besten in Erfahrung bringen, indem dieser **Fragen** gestellt werden. Geübte Verhandlungsführer verbringen deshalb regelmäßig doppelt so viel

---

9 Haft, Verhandlung und Mediation, S. 132.
10 Jung/Krebs, Vertragsverhandlung, S. 41.
11 Pfromm, Effektiver Verhandeln, Rn. 166.
12 Pfromm, Effektiver Verhandeln, Rn. 167.
13 Siehe im Einzelnen Jung/Krebs, Vertragsverhandlung, S. 17.
1 Vgl. zu den einzelnen Unterphasen auch Craver, Effective Legal Negotiation and Settlement, S. 87 ff.; 115 ff.; 151 ff.
2 Craver, Effective Legal Negotiation and Settlement, S. 87.
3 Pfromm, Effektiver Verhandeln, Rn. 168.

Zeit damit, der anderen Seite Fragen zu stellen als weniger geübte Verhandler.[4] Ziel der Fragen kann dabei zum einen die Tatsachen- und Sachverhaltsaufklärung sein. Zum anderen lassen sich durch gezielte Fragen auch die Interessen, Bedürfnisse und Präferenzen der anderen Verhandlungspartei in Erfahrung bringen (ausführlich zu Fragen als Kommunikationstechnik in Verhandlungen Rn. 861 ff.).

798 Die in der Informationsphase und im Laufe der Verhandlungen gewonnenen Informationen helfen beiden Verhandlungsparteien sowohl bei der Wertschöpfung als auch bei der Wertbeanspruchung sowie bei der fortlaufenden Bewertung der eigenen und gegnerischen Nichteinigungsalternativen. Die Informationsbeschaffung ist daher nicht nur am Anfang der Verhandlung von nicht zu vernachlässigender Bedeutung. Sie bleibt bis zum Abschluss der Verhandlung eine **zentrale Aufgabe der Verhandlungsparteien**, die maßgeblich für den Erfolg der Verhandlungen ist.[5]

799 Der eigene Informationsfluss sollte indes zwingend so gesteuert werden, dass nicht ungewollt relevante und vertrauliche Informationen an die andere Verhandlungspartei preisgegeben werden bzw. anderweitig „durchsickern".[6] Hierzu bedarf es einer entsprechenden Absprache mit dem eigenen Mandanten und einer entsprechenden **Informationskontrolle**.[7]

II. Wertschöpfungsphase („value creation")

800 Die Wertschöpfungsphase dient sodann dazu, gemeinsam mit der anderen Verhandlungspartei und im Rahmen eines iterativen und kollaborativen Prozesses Möglichkeiten zur Wertschöpfung zu identifizieren.[8]

801 Wie das Orangenbeispiel (Rn. 703) eindrücklich zeigt, verbessern Kooperationsgewinne das Ergebnis beider Verhandlungsparteien zugleich oder lassen zumindest eine Partei etwas gewinnen, ohne dass das Gegenüber notwendigerweise etwas verlieren oder aufgeben muss. Ziel einer jeden Verhandlung muss es daher sein, durch wertschöpfendes Verhandeln **Kooperationsgewinne** soweit wie möglich aufzudecken und für beide Verhandlungsparteien fruchtbar zu machen.[9] Die wenigsten Verhandlungssituationen im anwaltlichen Kontext sind reine Nullsummenspiele, in denen es lediglich um die Verteilung des vorhandenen und nicht erweiterbaren Wertes zwischen den Parteien geht. Im Gegenteil: In den meisten Verhandlungslagen steckt **Wertschöpfungspotential**.[10] Nur in den seltensten Fällen ist es nicht möglich, durch kooperatives Verhandeln entweder das Verhandlungsergebnis für beide Parteien zugleich zu verbessern oder zumindest für eine Partei, ohne dass die andere Seite dabei etwas verlieren oder aufgeben muss. Den Verhandlungsparteien gelingt es häufig allerdings in der konkreten Verhandlungssituation nicht, dieses Wertschöpfungspotential auch aufzudecken; entweder, weil sie mögliche Kooperationsgewinne schlicht übersehen, oder sie vorschnell davon ausgehen, dass sich in ihrer konkreten Verhandlung eine Wertschöpfung nicht erzielen lässt (zur **Nullsummenannahme** Rn. 867 f.). Dies hat zur Folge, dass die Parteien suboptimale Verhandlungsergebnisse erzielen. Sie lassen bildlich gesprochen Wert auf

---

4 Craver, Effective Legal Negotiation and Settlement, S. 87.
5 Jung/Krebs, Vertragsverhandlung, S. 233.
6 Pfromm, Effektiver Verhandeln, Rn. 42, 45.
7 Näher hierzu Jung/Krebs, Vertragsverhandlung, S. 234 f.; Pfromm, Effektiver Verhandeln, Rn. 44.
8 Pfromm, Effektiver Verhandeln, Rn. 169.
9 Kapfer, MittBayNot 2001, 558.
10 Thompson, The Mind and Heart of the Negotiator, S. 92.

dem Verhandlungstisch liegen. Kernaufgabe des anwaltlichen Beraters ist es daher, den Blick für mögliche Kooperationsgewinne der Parteien zu schärfen und das Augenmerk in der Verhandlung auf etwaige mögliche beiderseitige Vorteile zu richten.[11]

Die Wertschöpfungsphase hat zum Ziel, den insgesamt zu verteilenden Verhandlungskuchen zu vergrößern und so das Potential des objektiv vorhandenen Einigungsbereichs möglichst voll auszuschöpfen. Dabei ist die Wertschöpfung kein Ersatz für die Wertbeanspruchung, sondern geht dieser lediglich voraus.[12]

Doch wie lassen sich nun solche Kooperationsgewinne in einer Verhandlung praktisch erzielen? Wertschöpfendes Verhandeln setzt voraus, dass die Parteien über mehr als einen Verhandlungsgegenstand verhandeln,[13] entweder weil sie von vornherein mehrere Punkte identifiziert haben oder es ihnen nachträglich gelingt, weitere Punkte in die Verhandlung einzuführen.[14]

▶ **Beispiel:** Im Orangenbeispiel (Rn. 703) wurde lediglich über die Orange im Ganzen als ein einzelner Verhandlungsgegenstand verhandelt. Wäre es den Schwestern gelungen, den Verhandlungsgegenstand vor dem Hintergrund ihrer unterschiedlichen Interessen in zwei oder mehrere Gegenstände zu teilen (Schale und Fruchtfleisch), hätten sie wertschöpfend verhandeln können. ◀

Etwaige Kooperationsgewinne entstehen sodann durch einen „**Tausch**" zwischen verschiedenen Themen/Interessen mit unterschiedlicher Wertigkeit.[15]

Im Folgenden werden mögliche Wertschöpfungsquellen (Rn. 805 ff.) sowie Taktiken für das wertschöpfende Verhandeln (Rn. 816 ff.) aufgezeigt.

1. Wertschöpfungsquellen

Potenzielle Quellen für eine mögliche Wertschöpfung liegen zusammengefasst zum einen in den **Unterschieden** zwischen den beteiligten Parteien, zum anderen aber auch in ihren **Gemeinsamkeiten**. Eine dritte Möglichkeit zur Wertschöpfung in Verhandlungen bietet das Ausnutzen von **Größenvorteilen** und **Verbundeffekten**. Schließlich kann der Verhandlungskuchen auch dadurch vergrößert werden, dass es den Verhandlungsführern gelingt, die **Transaktionskosten** für den Abschluss einer Vereinbarung zu reduzieren.[16]

a) Unterschiede zwischen den Parteien

Dass Unterschiede zwischen den Verhandlungsparteien zur Wertschöpfung beitragen können, ist kontraintuitiv. Oft herrscht in Verhandlungen der (Irr-)Glaube vor, dass gerade die Unterschiede eine mögliche Einigung zwischen den Parteien erschweren, wenn nicht sogar verhindern. Viele Verhandlungsparteien sind gar der Meinung, dass nur die Suche nach Gemeinsamkeiten ein für beide Seiten positives Ergebnis ermöglichen würde.[17] Anstatt die Unterschiede zu betonen, spielen die Parteien diese daher herunter

---

11 Vgl. Kapfer, MittBayNot 2001, 558, 561.
12 Pfromm, Effektiver Verhandeln, Rn. 64.
13 Thompson, The Mind and Heart of the Negotiator, S. 92 ff.; Rosner/Winheller, Mediation und Verhandlungsführung, S. 166.
14 Thompson, The Mind and Heart of the Negotiator, S. 92 f.
15 Rosner/Winheller, Mediation und Verhandlungsführung, S. 195.
16 Mnookin/Peppet/Tulumello, Beyond Winning, S. 13 ff., 25 ff. Vgl. auch Bühring-Uhle/Eidenmüller/Nelle, Verhandlungsmanagement, S. 60 ff.; Fisher/Ury/Patton, Das Harvard Konzept, S. 119 ff.
17 Kapfer, MittBayNot 2001, 558.

oder ignorieren sie ganz.[18] Damit lassen sie eine wichtige Wertschöpfungsquelle ungenutzt. Denn häufig ergibt sich Wertschöpfungspotential in Verhandlungen nämlich vor allem aus den unterschiedlichen Interessen und Präferenzen der Parteien, ihren unterschiedlichen Ressourcen, Fähigkeiten und Kosten sowie individuellen Prognosen und Zeit- und Risikopräferenzen. Erst die Differenzen zwischen den beteiligten Parteien lassen kreative Lösungen zu, die einen allseitigen Gewinn in sich bergen.[19] Dies liegt in erster Linie daran, dass die Unterschiede zwischen den Parteien Tauschgeschäfte ermöglichen und so zu Kooperationsgewinnen führen können.[20]

aa) Unterschiedliche Interessen und Präferenzen

807 Das Orangenbeispiel (Rn. 703) verdeutlicht, dass die Parteien einer Verhandlung häufig sich voneinander unterscheidende Interessen in Hinblick auf einen bestimmten Verhandlungsgegenstand verfolgen bzw. ihnen verschiedene Verhandlungsgegenstände nicht im selben Maße wichtig sind. Diese unterschiedlichen Interessen/Präferenzen der Parteien bergen für den allseitigen Erfolg einer Verhandlung erhebliche Chancen. Sie lassen sich zur Wertschöpfung ausnutzen, weil jeder der Parteien etwas anders will bzw. wertschätzt und damit Tauschpotential entsteht.

▶ **Beispiel:** Bei der Auseinandersetzung einer Erbengemeinschaft ist die gleichmäßige Verteilung aller Gegenstände des Nachlasses auf alle zu gleichen Teilen berechtigten Erben selten die beste Lösung. Regelmäßig lassen sich für alle vorteilhaftere Ergebnisse erzielen, wenn jeder Erbe diejenigen Gegenstände aus dem Nachlass erhält, die ihm am meisten bedeuten.[21] ◀

bb) Unterschiedliche Ressourcen, Fähigkeiten und Kosten

808 Daneben kann sich Wertschöpfungspotential aus den divergierenden Ressourcen, Fähigkeiten und Kosten der Parteien ergeben. Häufig hat eine Verhandlungspartei Zugang zu Ressourcen, über welche die andere Seite nicht verfügt. Unterschiedliche Fähigkeiten der Parteien lassen sich im Wege der Arbeitsteilung wertschöpfend ausnutzen. Schließlich kann es im Sinne einer Wertschöpfung sinnvoll sein, dass die Verhandlungspartei mit den geringsten Finanzierungskosten die Finanzierung übernimmt.[22]

▶ **Beispiel:** Ein Verkäufer mit besserer Bonität könnte dem Käufer zum Beispiel ein Verkäuferdarlehen gewähren. Die gegenüber einer Bankfinanzierung eingesparten Finanzierungskosten könnten dann zwischen den Verhandlungsparteien aufgeteilt werden.
Bei der Gründung einer Gesellschaft könnte ein Gesellschafter die von ihm gehaltenen Patente, ein anderer Gesellschafter die erforderlichen Finanzmittel einbringen. Ein weiterer Gesellschafter könnte seine Arbeitskraft zur Verfügung stellen usw. ◀

cc) Unterschiedliche Prognosen

809 Wertschöpfung lässt sich häufig auch daraus erzielen, dass die Verhandlungsparteien bestimmte zukünftige Entwicklungen unterschiedlich einschätzen und beurteilen.[23] In

---

18 Thompson, The Mind and Heart of the Negotiator, S. 107.
19 Kapfer, MittBayNot 2001, 558.
20 Mnookin/Peppet/Tulumello, Beyond Winning, S. 14.
21 Bühring-Uhle/Eidenmüller/Nelle, Verhandlungsmanagement, S. 61.
22 Bühring-Uhle/Eidenmüller/Nelle, Verhandlungsmanagement, S. 61 f.
23 Mnookin/Peppet/Tulumello, Beyond Winning, S. 14.

derartigen Verhandlungssituationen bietet sich eine Einigung an, die jeder Seite Vorteile bringt, wenn sich die eigene Zukunftserwartung nicht jedoch die der anderen Verhandlungspartei bewahrheitet.

▶ **Beispiel:** Bei Unternehmenskäufen divergieren gewöhnlich die Erwartungen der Parteien bzgl. der zukünftigen Ertragskraft des zu verkaufenden Unternehmens. Der Verkäufer hält sein Unternehmen für eine Perle, die in Zukunft große Erträge abwerfen wird, der Käufer ist hingegen skeptisch. Damit der Unternehmenskauf nicht platzt, einigen sich die Parteien auf sog. Earn-Out-Klauseln, wonach der Käufer zunächst einen geringeren Basiskaufpreis bezahlt. Entwickelt sich die Ertragskraft des Unternehmens sodann wie vom Verkäufer prognostiziert, erhält der Verkäufer zu einem späteren Zeitpunkt einen erfolgsabhängigen Zusatzkaufpreis.
Vertraut ein GmbH-Geschäftsführer auf den Erfolg seiner Tätigkeit, kann er sich in der Vergütungsverhandlung mit einem relativ niedrigen Festgehalt zufriedengeben, wenn ihm daneben eine ergebnisabhängige Zusatzvergütung (Tantieme) zugesagt wird.[24] ◀

Häufig führen Verhandlungen erst dann zum Erfolg, wenn es den Parteien gelingt, ihre unterschiedlichen Zukunftserwartungen fruchtbar zu machen. So kann etwa im obigen Beispiel die GmbH bei ihrer derzeitigen Ertragslage außerstande sein, ein höheres Festgehalt zu bezahlen. Besteht der Geschäftsführer gleichwohl auf ein hohes Festgehalt und verhandeln die Parteien rein distributiv, werden die Verhandlungen wahrscheinlich scheitern.

dd) Individuelle Zeit- und Risikopräferenzen

Schließlich lassen sich auch die unterschiedlichen Zeit- oder Risikopräferenzen der Parteien ausnutzen, um den Verhandlungskuchen zu vergrößern.[25] Insbesondere die unterschiedlichen Zeitpräferenzen der Parteien bieten in nahezu jeder Verhandlung erhebliches Wertschöpfungspotential.

810

▶ **Beispiel:** Beim Erwerb einer Immobilie mag zB der Käufer an einer früheren Übergabe interessiert sein. Sofern dem Käufer ein früher Einzug mehr nutzt, als es den Verkäufer kostet, lässt sich durch eine entsprechende Gestaltung Wert schöpfen.
Umgekehrt kann auch dem Verkäufer daran gelegen sein, in der zu verkaufenden Immobilie noch so lange wohnen bleiben zu können, bis die von ihm erworbene Folgeimmobilie bezugsfertig ist. Der Käufer mag sich hierauf einlassen, wenn er dafür im Gegenzug einen geringeren Kaufpreis zu entrichten hat oder eine angemessene Nutzungsentschädigung erhält.[26]
Beinhaltet die Verhandlung eine Geldzahlung, lässt sich fast immer durch (partielle) Stundungen bzw. die zeitliche Staffelung von Zahlung ein Wertschöpfungseffekt gegenüber einer sofortigen Zahlung erzielen.[27] So akzeptiert der Verkäufer ggf. spätere Bezahlung, wenn er dafür einen höheren Preis erhält.[28] Umgekehrt bieten vielen Unternehmen ihren Kunden ein „Skonto" an, dh dass Kunden, die besonders schnell bezahlen und die Zahlungsfrist nicht ausschöpfen, weniger bezahlen müssen. Für die Unternehmen ist die Skontoge-

---

24 Kapfer, in Walz (Hrsg.), Verhandlungstechnik für Notare, S. 10.
25 Mnookin/Peppet/Tulumello, Beyond Winning, S. 14 f.; Fisher/Ury/Patton, Das Harvard Konzept, S. 121 f.
26 Kapfer, in Walz (Hrsg.), Verhandlungstechnik für Notare, S. 13.
27 Bühring-Uhle/Eidenmüller/Nelle, Verhandlungsmanagement, S. 64 f.
28 Fisher/Ury/Patton, Das Harvard Konzept, S. 121.

währung von Vorteil, weil sie den Zahlungsbetrag schneller zur Verfügung haben und sie so Kosten für das Forderungsmanagement (zB Mahnkosten) sparen können.[29] ◄

In Wirtschaftsverhandlungen lassen sich die individuellen Zeitpräferenzen immer dann ausnutzen, wenn aus der Gestaltung, wann Leistung und Gegenleistung zu erbringen sind, bilanzielle oder steuerliche Vorteile erwachsen können, benötigte Ressourcen auf unterschiedliche Jahresbudgets verteilt oder Vorteile im Cash Management erzielt werden können.[30]

Neben den individuellen Zeitpräferenzen können auch etwaige Unterschiede in der Einstellung der Verhandlungspartei zu Risiken ein Potenzial für Kooperationsgewinne bilden. So bevorzugen manche Verhandlungsparteien etwa eine niedrigere, dafür aber garantierte Leistung, andere ziehen demgegenüber eine flexible risikoabhängige Leistung vor.[31] Gelingt es nun in der Verhandlung, der risikofreudigeren Verhandlungspartei das Risiko zu allseits akzeptablen Bedingungen aufzubürden, lässt sich ein Kooperationsgewinn erzielen.[32]

b) Gemeinsamkeiten zwischen den Verhandlungsparteien

811 Neben den Unterschieden der Verhandlungsparteien können auch gewisse Gemeinsamkeiten eine wichtige Quelle der Wertschöpfung sein. Dies ist dann der Fall, wenn die Parteien gemeinsame Interessen haben, die nicht miteinander konkurrieren. Existiert zwischen den Parteien etwa eine persönliche oder geschäftliche Verbindung, können sie Wert schaffen, indem sie ihre Beziehung im Rahmen der Verhandlung verbessern. Gleiches gilt, wenn die Parteien gemeinsame verfahrensbezogene Interessen haben.

▶ **Beispiel:** Regelmäßig haben Eltern ein gemeinsames Interesse am Wohlergehen ihrer Kinder. Daher schaffen im Falle einer Scheidung Vereinbarungen, die dem Wohl des Kindes zugutekommen, gemeinsame Vorteile für beide Elternteile.[33]
Bei erbrechtlichen Auseinandersetzungen zwischen Verwandten existiert häufig ein gemeinsames Interesse, die Auseinandersetzungsvereinbarung möglichst erträglich zu gestalten, da das Verwandtschaftsverhältnis über die Verhandlung hinaus fortbestehen wird.[34]
In einer streitigen Auseinandersetzung haben die Parteien nicht selten ein gemeinsames Interesse daran, bestimmte Informationen geheim zu halten. In diesem Fall lässt sich Wert zum Beispiel durch die Vereinbarung eines Streitbelegungsverfahrens abseits der ordentlichen Gerichtsbarkeit schöpfen.[35] ◄

Ein gemeinsames Interesse besteht regelmäßig darin, dass beide Verhandlungsparteien mit der Übereinkunft zufrieden sind. Nur dann wird das Vereinbarte auch auf Dauer von beiden Seiten getragen werden. Ein Verhandlungsergebnis, bei dem eine Partei keinerlei Gewinn hat, wird daher auf lange Sicht häufig auch für die scheinbar alles gewinnende Partei ungünstiger sein als ein Ergebnis, das beide Verhandlungsparteien zufriedenstellt.[36]

---

29 Rosner/Winheller, Mediation und Verhandlungsführung, S. 196 f.
30 Rosner/Winheller, Mediation und Verhandlungsführung, S. 197.
31 Rosner/Winheller, Mediation und Verhandlungsführung, S. 199.
32 Vgl. Kapfer, MittBayNot 2001, 558, 559.
33 Mnookin/Peppet/Tulumello, Beyond Winning, S. 16.
34 Bühring-Uhle/Eidenmüller/Nelle, Verhandlungsmanagement, S. 67.
35 Bühring-Uhle/Eidenmüller/Nelle, Verhandlungsmanagement, S. 67 f.
36 Kapfer, in Walz (Hrsg.), Verhandlungstechnik für Notare, S. 14 f.

c) Größenvorteile und Verbundeffekte

Eine weitere Möglichkeit, den Verhandlungskuchen zu vergrößern, liegt im Ausnutzen von Größenvorteilen (*„economies of scale"*) und Verbundeffekten (*„economies of scope"*).[37] Die Ausnutzung solcher Effekte ermöglicht, dass der an Dritte geleistete Aufwand bzw. die an Dritte gezahlten Kosten den Parteien als zu verteilende Verhandlungsmasse zur Verfügung stehen.[38]

Beispiele hierfür sind Vertriebskooperationen oder Joint-Ventures bei Forschungs- oder Produktionsvorhaben. Die Verhandlungsparteien sollten daher prüfen, ob sich nicht möglicherweise durch die Veränderung der hergestellten bzw. vertriebenen Menge eines bestimmten Verhandlungsgegenstands Geld sparen und damit Wert schöpfen lässt.[39]

▶ **Beispiel:** Zwei Unternehmen können ihre Produktionskosten senken, indem sie in einem Joint-Venture eine große gemeinsame Produktionsstätte betreiben anstatt jeweils alleine eine kleine. ◀

d) Reduzierung der Transaktionskosten

Schließlich lässt sich in Verhandlungen Wert regelmäßig auch schaffen, wenn es den Parteien gelingt, durch die Verhandlung Transaktionskosten einzusparen.[40] Hierbei handelt es sich um einen besonders häufigen und daher besonders zu erwähnenden Fall der Erzielung eines Kooperationsgewinns.[41]

Bei Konfliktverhandlungen kann etwa die Überlegung, welche Kosten und zeitlicher Aufwand im Falle eines Rechtsstreits entstehen, dazu führen, dass die Parteien die Vermeidung hoher Kosten sowie die Minimierung des Zeitfaktors als gemeinsame Vorteile erkennen und daher versuchen, ihren Konflikt außergerichtlich im Verhandlungswege zu lösen (Rn. 691).

2. Wertschöpfungstaktiken

Wenn Wertschöpfungsoptionen erst einmal herausgearbeitet worden sind, erscheinen sie „logisch" und „selbstverständlich". Das heißt aber nicht, dass es eine Selbstverständlichkeit ist, dass die Verhandlungsparteien solche Optionen auch finden.[42] Inwiefern sich die oben genannten unterschiedlichen Wertschöpfungsquellen in der jeweiligen Verhandlung konkret zur Vergrößerung des Verhandlungskuchens ausnutzen lassen, hängt im Wesentlichen vom **Geschick der Verhandlungsparteien** ab.

Die optimale Verhandlungslösung in integrativ geführten Verhandlungen ist dabei nicht der Kompromiss oder eine Aufteilung 50/50,[43] da – wie das Orangenbeispiel (Rn. 703) eindrücklich zeigt – bei solchen Verhandlungsergebnissen der Nutzen für beide Parteien nicht maximiert wird. Integratives Verhandeln bedeutet vielmehr, dass zunächst im Rahmen eines **kreativen Verhandlungsprozesses** sämtliche vorhandenen

---

[37] Mnookin/Peppet/Tulumello, Beyond Winning, S. 16.
[38] Kapfer, in Walz (Hrsg.), Verhandlungstechnik für Notare, S. 16.
[39] Bühring-Uhle/Eidenmüller/Nelle, Verhandlungsmanagement, S. 68.
[40] Mnookin/Peppet/Tulumello, Beyond Winning, S. 25 ff.
[41] Kapfer, in Walz (Hrsg.), Verhandlungstechnik für Notare, S. 16.
[42] Rosner/Winheller, Mediation und Verhandlungsführung, S. 178.
[43] Thompson, The Mind and Heart of the Negotiator, S. 92, 96.

Wertschöpfungsquellen zur Vergrößerung des Verhandlungskuchens ausgenutzt werden[44]. Hierfür haben sich in der Praxis folgende Taktiken bewährt:

Bezeichnung	Funktionsweise
a) Perspektivwechsel	Integrativ zu verhandeln setzt voraus, sich gedanklich in die Situation der anderen Verhandlungspartei zu versetzen.[45] Sackgassen in Verhandlungen lassen sich häufig dadurch vermeiden, dass die Parteien versuchen, die Verhandlungssituation aus dem Blickwinkel ihres jeweiligen Gegenübers zu betrachten. Bereits durch einen solchen Perspektivwechsel kann es gelingen, verborgene Wertschöpfungsoptionen aufzutun.[46]
b) Interessen und Prioritäten des Gegenübers erfragen	Um die Gemeinsamkeiten und Unterschiede zwischen den Parteien sowie die Beweggründe, Ziele und Wahrnehmungen des Gegenübers identifizieren zu können, ist zudem der Einsatz von Fragen unerlässlich. Dies betrifft vor allem gezielte Fragen nach den Interessen und Prioritäten der anderen Verhandlungspartei.[47]
c) Reziproke Informationspreisgabe	Wer die Interessen und Prioritäten der anderen Verhandlungspartei in Erfahrung bringen möchte, muss bereit sein, Informationen über die eigenen Interessen und Prioritäten zu teilen. Es ist ein Irrglaube, dass in Verhandlungen möglichst wenig eigene Informationen preisgegeben werden sollten.[48] Lediglich sollte die Preisgabe nicht einseitig, sondern stets wechselseitig erfolgen. Hierzu empfiehlt es sich, zunächst eher unwesentliche Informationen offen zu legen. Je nach Reaktion des Gegenübers können dann weitere Informationen mit steigendem Informationsgehalt Zug um Zug ausgetauscht werden. Dabei gilt es, die erhaltenen Informationen regelmäßig zu überprüfen und im Falle des Ausbleibens einer Antwort oder bei erkennbar fehlerhaften Informationen, dies anzusprechen und auf den Prozess und die Risiken eines rein distributiven Verhandelns hinzuweisen.[49]
d) „Unbundling"	Eine zentrale Taktik zur Wertschöpfung im Rahmen von integrativ geführten Verhandlungen ist das sog. *„Unbundling"*, also das Zergliedern und Erweitern des zentralen Verhandlungsgegenstands in mehrere Themen.[50] Streiten die Parteien in einer Verhandlung lediglich über ein einzelnes Thema (wie zB die Höhe des Kaufpreises), ist wertschöpfendes Verhandeln nicht möglich. Denn was der eine gewinnt, verliert der andere. Eine wertschöpfende Übereinkunft lässt sich erst dann erzielen, wenn es den Parteien gelingt, aus der distributiven Ein-Themen-Verhandlung eine Mehr-Themen-Verhandlung zu machen, indem sie etwa das Thema Kaufpreiszahlung in seine einzelnen Bestand-

---

44 Thompson, The Mind and Heart of the Negotiator, S. 70; Pfromm, Effektiver Verhandeln, Rn. 9.
45 Greger/von Münchhausen, Verhandlungs- und Konfliktmanagement für Anwälte, Rn. 268.
46 Thompson, The Mind and Heart of the Negotiator, S. 97 f.
47 Thompson, The Mind and Heart of the Negotiator, S. 98: „Negotiators who ask the counterparty about their preferences are much more likely to reach integrative agreements than negotiators who do not ask the other party about his or her priorities.".
48 Thompson, The Mind and Heart of the Negotiator, S. 100: „It is a fallacy to believe that negotiators should never provide information to the counterparty. Negotiations would not go anywhere if negotiators did not communicate their interests to the other party.".
49 Pfromm, Effektiver Verhandeln, Rn. 70.
50 Rosner/Winheller, Mediation und Verhandlungsführung, S. 180. Thompson, The Mind and Heart of the Negotiator, S. 101: „Skilled negotiators are adept at expanding the set of negotiable issues. Adding issues, unbundling issues, and creating new issues can transform a single-issue, fixed-pie negotiation into an integrative, multi-issue negotiation with win-win potential.".

teile zergliedern (zB Zahlungsfrist, Währung, Höhe, Zahlungsweg etc) und diese jeweils explizit verhandeln.[51] Insofern sollten sich die Verhandlungsparteien vergegenwärtigen, dass nahezu jede Leistung, über die verhandelt wird, regelmäßig aus mindestens vier gestaltbaren Faktoren besteht:

1. Leistungshöhe (wie viel?),
2. Leistungszeit (wann? in Raten?),
3. Leistungsart (wie) und
4. „Währung" der Leistung (was? womit?).[52]

e)	*„Logrolling"* – Austauschverhältnisse nutzen	Existieren in einer Verhandlung mehrere Themen, lässt sich der Verhandlungskuchen unter Umständen durch sog. *„logrolling"* vergrößern. Bei dieser Taktik geben die Verhandlungsparteien ihrem Gegenüber wechselseitig in Punkten nach, die für sie selbst weniger bedeutend sind als für ihr Gegenüber. Von diesem wechselseitigen, asymmetrischen Austausch von Zugeständnissen können beide Seiten profitieren, indem sie ihre unterschiedlichen Interessen/Prioritäten in Bezug auf einen Verhandlungsgegenstand miteinander verknüpfen.[53] Die Verhandlungsparteien sollten sich daher stets fragen, (i.) welche Themen für sie und ihr Gegenüber eine höhere/niedrigere Priorität haben und (ii.) welche ihrer Top-Prioritäten ihrem Gegenüber nicht so wichtig sind – und umgekehrt.[54]
f)	*„Bridging"* – Verhandlungsthemen kreativ verbinden	Beim sog. *„Bridging"* geht es darum, wertschöpfende Verhandlungslösungen zu finden, indem die einzelnen Themen einer Verhandlung kreativ so miteinander verbunden werden, dass jede Partei ihre Interessen befriedigen kann (in dem Orangenbeispiel –Rn. 703 – etwa, indem die Schwestern die Orange nicht hälftig teilen, sondern entsprechend ihrer Interessen die eine Schwester die Orangenschale, die andere das Fruchtfleisch erhält). *„Bridging"* entsteht dabei durch kreatives Brainstorming anhand der Frage, wie die jeweiligen Top-Prioritäts-Interessen der Parteien durch eine kreative Lösung miteinander vereinbart werden können.[55]
g)	Pakete schnüren versus „Salami-Technik"	Die für die Wertschöpfung erforderlichen Tauschgeschäfte werden häufig dadurch behindert, dass die Parteien bei Verhandlungen, die eine Vielzahl von Themen beinhalten, jeden Themenbereich einzeln und nacheinander abarbeiten und einer separaten Einigung zuführen (sog. *„single issue negotiating"* bzw. Salami-Technik).[56] Nicht nur fällt es den Verhandlungsparteien hierdurch schwerer, Wertschöpfungspotentiale zu erkennen und zu entwickeln. Es besteht zudem die Gefahr, dass die Parteien jede einzelne Frage als distributive Verhandlung begreifen und sie daher jeweils um Positionen feilschen.[57] Die Salami-Technik führt nicht selten zu dem irrationalen und wenig interessengerechten Ergebnis, dass eine Verhandlungspartei nicht aus sachlichen Gründen auf ihrer Forderung beharrt, sondern allein aus psychologischen Gründen,

---

51 Rosner/Winheller, Mediation und Verhandlungsführung, S. 180.
52 Rosner/Winheller, Mediation und Verhandlungsführung, S. 173.
53 Jung/Krebs, Vertragsverhandlung, S. 261.
54 Rosner/Winheller, Mediation und Verhandlungsführung, S. 173 f.
55 Rosner/Winheller, Mediation und Verhandlungsführung, S. 176 ff.
56 Rosner/Winheller, Mediation und Verhandlungsführung, S. 185; Thompson, The Mind and Heart of the Negotiator, S. 103.
57 Rosner/Winheller, Mediation und Verhandlungsführung, S. 185 f.

weil sie „nicht schon wieder nachgeben will".[58] Die Verhandlung gerät ins Stocken.

Zielführender im Sinne einer wertschöpfenden Verhandlung ist meist das Paket-Verhandeln. Hierbei werden alle relevanten Fragen offengehalten und gleichzeitig verhandelt mit dem Ziel, eine Verhandlungslösung zu finden, durch die unter Berücksichtigung der unterschiedlichen Prioritätensetzung der Parteien sämtliche Themen gleichzeitig gelöst werden.[59] Das Paket-Verhandeln hat den Vorteil, dass die verschiedenen Wertschöpfungsquellen voll genutzt werden. Die Parteien werden in die Lage versetzt, ein „Paket" zu schnüren, das die Interessen beider Seiten maximalmöglich berücksichtigt und die Chancen für gemeinsamen Mehrwert konsequent nutzt.[60] Aufgrund seiner hohen Ziel- und Prioritätenorientierung ermöglicht das Paket-Verhandeln eine integrative Verhandlungsführung und gemeinsame Wertschöpfung.[61] Gegenüber der Salami-Technik hat es allerdings den Nachteil, dass die Verhandlung aufgrund der Vielzahl von gleichzeitig zu behandelnden Themen wesentlich komplexer wird, was die an der Verhandlung beteiligten Personen schnell überfordern kann.[62]

h) MESO-Technik – Gleichzeitiges Unterbreiten mehrerer gleichwertiger Angebote

Die Wertschöpfung kann schließlich optimiert werden, indem eine Verhandlungspartei anstelle eines Angebots mehrere (am besten drei) Paket-Angebote gleichzeitig unterbreitet, die für sie den gleichen Wert haben, es der anbietenden Partei daher egal ist, welches dieser Angebote die andere Seite bevorzugt.[63] Diese sog. MESO[64]-Technik zielt darauf ab, dass die andere Verhandlungspartei durch ihre Reaktion auf die unterschiedlichen Angebote ihre Interessen, Präferenzen und Wünsche offenbart.[65] MESOs sind daher eine Alternative zu anderen Formen der Informationsgewinnung.

Empirische Studien belegen, dass die MESO-Technik (i.) das Risiko des Scheiterns von Verhandlungen vermindert, (ii.) die Beziehung zur anderen Verhandlungspartei verbessert, (iii.) die Wertschöpfungspotentiale besser ausschöpft und (iv.) das eigene Verhandlungsergebnis maximiert.[66] Entscheidend für den Erfolg dieser Taktik ist allerdings, dass der Anbietende bei der Präsentation seiner Angebote klar macht, dass die Angebote nur im jeweiligen Paket gelten, ein „Rosinenpicken" durch die andere Partei daher nicht zulässig ist.[67]

III. Wertbeanspruchungsphase („value claiming")

818 Neben der Wertschöpfung ist es unerlässlich, dass die Verhandlungsparteien sich auch ihren **persönlichen Anteil an dem Verhandlungskuchen sichern**. Dies geschieht in der Wertbeanspruchungsphase, die ein unvermeidlicher Teil jeder Verhandlung ist. Selbst in integrativen Verhandlungen muss der von den Verhandlungsparteien vergrößerte

---

58 Rosner/Winheller, Mediation und Verhandlungsführung, S. 186.
59 Rosner/Winheller, Mediation und Verhandlungsführung, S. 186.
60 Rosner/Winheller, Mediation und Verhandlungsführung, S. 186.
61 Rosner/Winheller, Mediation und Verhandlungsführung, S. 186 f.
62 Hierzu näher Rosner/Winheller, Mediation und Verhandlungsführung, S. 187.
63 Thompson, The Mind and Heart of the Negotiator, S. 104 f. Ebenso Rosner/Winheller, Mediation und Verhandlungsführung, S. 188 ff.
64 Das Akronym „MESO" steht für *„multiple equivalent simultaneous offers"* (auf Deutsch: mehrere gleichwertige gleichzeitige Angebote).
65 Jung/Krebs, Vertragsverhandlung, S. 266.
66 Ausführlich Rosner/Winheller, Mediation und Verhandlungsführung, S. 188 ff. mwN.
67 Thompson, The Mind and Heart of the Negotiator, S. 105.

§ 33 Kernphase der Verhandlung

Verhandlungskuchen irgendwann aufgeteilt werden.[68] Die Parteien können also gar nicht anders, als in einer Verhandlung auch distributiv zu verhandeln. Sie müssen es gar.[69] Aus diesem **Nebeneinander von integrativem und distributivem Verhandeln** ergibt sich das unter Rn. 743 ff. näher beschriebene Spannungsverhältnis, das für den Verhandlungsverlauf sowie die für die Ergebnisse, welche die Verhandlungsparteien erzielen, äußerst schädlich sein kann.[70]

Während es in der Wertschöpfungsphase darum geht, den Verhandlungskuchen gemeinsam zu vergrößern (Rn. 800 ff.), verfolgen in der Wertbeanspruchungsphase beide Verhandlungsparteien das strategische Ziel, ihren jeweiligen Anteil am Verhandlungskuchen möglichst zu optimieren. Das Optimum einer Partei kann dabei je nach Verhandlungssituation und langfristiger Verhandlungsperspektive in dem größten Stück des Verhandlungskuchens liegen, muss es aber nicht.[71]

819

1. Grundlagen der Wertbeanspruchung

Um den eigenen Anteil an der Gesamtverhandlungsmasse zu maximieren, müssen die Verhandlungsparteien abschätzen, was das jeweilige Minimalziel (Rn. 734 ff.) der anderen Seite ist, wie groß also der vorhandene Einigungsbereich (die ZOPA, Rn. 739 ff.) ist. Nur so lässt sich aus Sicht der Verhandlungspartei sicherstellen, dass kein unnötiger Wert an die andere Seite verloren wird.[72] Eine gelungene **Wertverteilungsstrategie** umfasst dabei insbesondere Zeitpunkt, Reihenfolge und Höhe der eigenen Ausgangsforderung, mögliche Reaktionen auf Forderungen der anderen Verhandlungspartei sowie eine auf die konkrete Verhandlung angepasste Konzessionsstrategie.[73] Zentrale Aufgabe ist es dabei, durch die eigenen Forderungen und das eigene Verhalten, den (wahrgenommenen) Einigungsbereich zu den eigenen Gunsten fortlaufend zu beeinflussen.[74]

820

2. Techniken der Wertbeanspruchung

a) Einigungsbereich abschätzen

Das Abschätzen des vorhandenen Einigungsbereichs (die ZOPA) stellt die Parteien einer Verhandlung regelmäßig vor eine große Herausforderung. Oftmals fehlt es ihnen nämlich an ausreichend belastbaren Informationen über das Minimalziel der jeweils anderen Partei. Da keine verständige Partei der anderen Seite ihr Minimalziel offenbaren wird, da sie sonst befürchten muss, nicht mehr als ihr Minimalziel zu erhalten, wissen die Parteien noch nicht einmal, ob überhaupt ein positiver Einigungsbereich vorhanden ist. Dies gilt selbst in solchen Verhandlungssituationen, in denen immerhin Anhaltspunkte für das Minimalziel des Gegenübers bestehen (etwa durch vorhandene Vergleichsfälle, Rechtsprechungspraxis, Tabellen der Versicherer o. ä.). Den Verhandlungsparteien bleibt daher nichts anderes übrig, als sich langsam in den Einigungsbereich „**hinein zu verhandeln**",[75] indem sie die Verhandlung mit Maximalforderungen

821

---

68 Thompson, The Mind and Heart of the Negotiator, S. 60, 80. Vgl. auch Fisher/Ury/Patton, Das Harvard Konzept, S. 128.
69 Bühring-Uhle/Eidenmüller/Nelle, Verhandlungsmanagement, S. 89.
70 Bühring-Uhle/Eidenmüller/Nelle, Verhandlungsmanagement, S. 89.
71 Pfromm, Effektiver Verhandeln, Rn. 71.
72 Pfromm, Effektiver Verhandeln, Rn. 72.
73 Pfromm, Effektiver Verhandeln, Rn. 74.
74 Bühring-Uhle/Eidenmüller/Nelle, Verhandlungsmanagement, S. 72; Pfromm, Effektiver Verhandeln, Rn. 74.
75 Pfromm, Effektiver Verhandeln, Rn. 75.

beginnen und sich anschließend durch wechselseitige (reziproke) Zugeständnisse einander annähern.

b) Die gegenseitigen Ausgangsforderungen

822 In der Verhandlungsliteratur ist umstritten, ob es sich empfiehlt, die Verhandlung selbst mit einem **Eröffnungsangebot** zu beginnen, oder ob die Parteien lieber auf das Eröffnungsangebot der anderen Seite warten sollten, um dieses dann kontern zu können.[76] Als Daumenregel gilt Folgendes. Ist sich eine Verhandlungspartei über den Wert des Verhandlungsgegenstands sicher, sollte sie das erste Angebot unterbreiten. Hierdurch lässt sich nämlich der sog. **Ankereffekt** (Rn. 872 ff.) ausnutzen. Hat eine Partei in einer Verhandlung indes keinerlei Vorstellung vom angemessenen Wert des Verhandlungsgegenstands, sollte sie lieber die andere Partei dazu bringen, das erste Angebot zu unterbreiten. Der hierdurch gesetzte Anker kann dann an der eigenen Zielvorstellung und am eigenen Reservationspunkt gemessen werden. Ergänzend sollte die andere Partei gebeten werden, ihr Angebot näher zu begründen, soweit noch nicht geschehen.[77] Daraufhin sollte dann – soweit möglich – unmittelbar ein entsprechend niedriger **Gegenanker** gesetzt werden.[78]

823 Doch wie hoch sollte das erste Angebot bzw. die erste Forderung nun sein? Eine zu hohe Forderung bzw. ein zu niedriges Angebot birgt die Gefahr, dass die andere Verhandlungspartei die Verhandlung sofort entrüstet abbricht. *Roger Fisher, Wiliam J. Ury* und *Bruce Patton* empfehlen daher, mit der höchsten Zahl zu beginnen, die so gerade noch gerechtfertigt werden kann.[79] Andere wiederum verweisen auf die sog. **30-Prozent-Regel**, wonach das erste Angebot ca. 30 Prozent vom eigenen Minimalziel entfernt liegen sollte.[80] Diese Empfehlungen können allerdings nur Daumenregeln sein. Grundsätzlich sollte die Höhe des ersten Angebots stets unter Berücksichtigung der konkreten Umstände des Einzelfalls erfolgen, wobei das erste Angebot jedenfalls oberhalb des eigenen Minimalziels, besser sogar oberhalb des eigenen Maximalziels liegen sollte.[81] Keinesfalls sollte es jedoch willkürlich sein. Entsprechendes gilt für das erste Gegenangebot.

c) Die Annäherung durch wechselseitige Konzessionen

824 Nach Austausch von erstem Angebot und Gegenangebot folgt die gegenseitige Annäherung der Parteien. Um die eigene Flexibilität in dieser Phase möglichst hoch zu halten, sollten Verhandlungen bis zur finalen Übereinkunft möglichst im **Konjunktiv** geführt werden.[82] In der Praxis lässt sich insofern oftmals beobachten, dass Zwischenergebnisse nur in „eckigen Klammern" getroffen und festgehalten werden. Dies soll

---

76 Craver, Effective Legal Negotiation and Settlement, S. 93 ff. mwN. Vgl. auch Jung/Krebs, Vertragsverhandlung, S. 187.
77 Näher hierzu Siedel, Negotiation for Success, S. 67 f. Ausführlich hierzu auch Jung/Krebs, Vertragsverhandlung, S. 51.
78 Thompson, The Mind and Heart of the Negotiator, S. 69.
79 Fisher/Ury/Patton, Das Harvard Konzept, S. 240.
80 Zit. nach Jung/Krebs, Vertragsverhandlung, S. 187.
81 Jung/Krebs, Vertragsverhandlung, S. 187. Vgl. auch Lewicki/Barry/Saunders, Essentials of Negotiation, S. 30 ff.
82 Pfromm, Effektiver Verhandeln, Rn. 79.

verdeutlichen, dass sie unter dem Vorbehalt stehen, dass es keine (Teil-)Einigung gibt, bis es eine (Gesamt-)Einigung gibt.[83]

Die gegenseitige Annäherung (der **Verhandlungstanz**) setzt voraus, dass die Parteien wechselseitig Zugeständnisse machen. Ohne solche gegenseitigen Konzessionen ist wertverteilendes Verhandeln nicht möglich. Beharrt eine Partei nämlich auf ihrer Ausgangsforderung und ist zu keinerlei Zugeständnissen bereit, kann die andere Partei entweder kapitulieren oder die Verhandlungen geraten zwangsläufig in eine Sackgasse.[84]

825

Konzessionen sollten aber niemals aus dem hohlen Bauch heraus erfolgen. Erforderlich ist vielmehr eine **konkrete Konzessionsstrategie**, mit der zum einen sichergestellt wird, dass Zugeständnisse nicht einseitig gewährt werden, sondern stets an Bedingungen und ein Entgegenkommen der anderen Verhandlungspartei geknüpft werden.[85] Zum anderen sollten auch die Sequenz und Größe der zu gewährenden Zugeständnisse sowie der Zeitpunkt ihrer jeweiligen Gewährung akribisch geplant werden.[86]

826

3. Typische Wertbeanspruchungstaktiken

Taktiken im Bereich der Wertbeanspruchung zielen regelmäßig darauf ab, die Wahrnehmung der anderen Verhandlungspartei zu beeinflussen sowie psychologische Effekte auszunutzen, um das eigene Verhandlungsergebnis möglichst zu maximieren.[87] Im Folgenden soll daher die Funktionsweise einiger ausgewählter **typischer Wertbeanspruchungstaktiken** überblickartig vorgestellt werden. Eine umfassendere Darstellung (auch mit entsprechenden Gegenmaßnahmen) findet sich zB in den Werken von *Charles B. Craver*[88] und *Rene A. Pfromm*[89].

827

Bezeichnung	Funktionsweise
a) Aggressives Verhalten	Durch aggressives Verhalten (zB durch Sarkasmus und Spott) wird Druck und Stress auf die Gegenseite ausgeübt. Das Ziel dieser Taktik besteht darin, die Verhandlungssituation für die andere Partei so unangenehm zu machen, dass diese zu weiteren Zugeständnissen bereit ist, nur um der Situation entfliehen zu können.
b) Lowball/Highball	Die Verhandlungspartei beginnt die Verhandlung mit einem extremen Angebot/Gegenangebot. Hiermit soll die andere Partei dazu gebracht werden, ihr eigenes Eröffnungsangebot zu überdenken und sich ihrem Minimalziel anzunähern.
c) Good Cop/Bad Cop	Ein Mitglied des Verhandlungsteams (der „bad cop") verhandelt aggressiv und irrational, ein anderes Teammitglied (der „good cop") verhandelt hingegen freundlich und verständnisvoll. Durch diese weit verbreitete Taktik soll die Zustimmungsbereitschaft der anderen Verhandlungspartei zu den Vorschlägen des „good cop" gesteigert werden.

---

83 Vgl. Pfromm, Effektiver Verhandeln, Rn. 79.
84 Lewicki/Barry/Saunders, Essentials of Negotiation, S. 45.
85 Pfromm, Effektiver Verhandeln, Rn. 80.
86 Thompson, The Mind and Heart of the Negotiator, S. 70 f. Siehe hierzu auch Rn. 783.
87 Pfromm, Effektiver Verhandeln, Rn. 88.
88 Craver, Effective Legal Negotiation and Settlement, S. 165 ff.
89 Pfromm, Effektiver Verhandeln, Rn. 89.

Bezeichnung	Funktionsweise
d) Columbo	Durch eine zusätzliche Forderung kurz vor oder nach bereits erfolgter Einigung soll der anderen Verhandlungspartei ein weiteres Zugeständnis ohne eine eigene angemessene Gegenleistung abgerungen werden.
e) Marathon-Verhandlung	Verzögerung der Verhandlung, um die andere Verhandlungspartei zu ermüden und sie dadurch zu größeren Zugeständnissen zu bewegen.

IV. Zusammenfassung

828 1. Idealerweise besteht die Kernphase der Verhandlung aus den folgenden drei Unterphasen: (I.) der Informationsphase, (II.) der Wertschöpfungsphase sowie (III.). der Wertbeanspruchungsphase.
2. Die Informationsphase dient im Wesentlichen dazu, Informationen über die andere Verhandlungspartei zu gewinnen und die eigenen Annahmen zu überprüfen. Die Informationsbeschaffung bleibt bis zum Abschluss der Verhandlung eine zentrale Aufgabe der Verhandlungsparteien. Den eigenen Informationsfluss gilt es indes zwingend so zu steuern, dass nicht ungewollt relevante und vertrauliche Informationen preisgegeben werden.
3. Ziel der Wertschöpfungsphase ist es sodann, gemeinsam mit der anderen Verhandlungspartei durch den Einsatz von geeigneten Taktiken im Rahmen eines iterativen und kollaborativen Prozesses Möglichkeiten zur Wertschöpfung zu identifizieren und so den Verhandlungskuchen zu vergrößern. Wertschöpfungsquellen können dabei zum einen in den Unterschieden zwischen den Verhandlungsparteien liegen, zum anderen aber auch in ihren Gemeinsamkeiten. Gegebenenfalls lassen sich auch Größenvorteile oder Verbundeffekte ausnutzen oder die Transaktionskosten reduzieren.
4. In der Wertbeanspruchungsphase geht es schließlich darum, sich den eigenen Anteil am Verhandlungskuchen durch den Einsatz geeigneter Wertbeanspruchungstechniken zu sichern.

§ 34 Der Abschluss der Verhandlung

829 Nach Durchlaufen der Wertschöpfungs- (Rn. 800 ff.) und Wertbeanspruchungsphase (Rn. 818 ff.) wird das **mögliche Verhandlungsergebnis** zunehmend sichtbarer. In der Abschlussphase, die Gegenstand dieses Kapitels ist, müssen sich die Parteien fragen, (i.) ob die sich abzeichnende Einigungsoption besser als ihr jeweiliges Minimalziel ist und (ii.) ob sämtliche Wertschöpfungspotentiale ausgeschöpft sind.[1]

830 Je nachdem wie die Antworten der Parteien auf diese Fragen ausfallen, kommen folgende Entscheidungsoptionen über den Fortgang des Verhandlungsprozesses in Betracht: (I.) Abbruch der Verhandlung, (II.) Einigung, (III.) Weiterverhandlung und (IV.) Vorläufiger Abschluss und Nachverhandlungsvereinbarung.

---

[1] Vgl. Rosner/Winheller, Mediation und Verhandlungsführung, S. 198.

§ 34 Der Abschluss der Verhandlung

I. Abbruch der Verhandlung

Falls sämtliche Wertschöpfungspotentiale ausgeschöpft sind, die sich abzeichnende Einigung aber trotzdem schlechter als das eigene Minimalziel ist, sollte die Verhandlung abgebrochen werden. So ist jedes Verhandlungsergebnis unterhalb des Minimalziels schlechter, als keine Einigung zu erzielen (Rn. 734). Vor dem **Verhandlungsabbruch** sollte das eigene Minimalziel allerdings noch einmal kritisch auf seine Angemessenheit überprüft werden. So können im Verlauf der Verhandlung gewonnene Informationen oder auch eine veränderte Sachlage die Anpassung des Minimalziels gebieten oder zumindest rechtfertigen.[2] Allerdings sollte eine Verhandlungspartei keinesfalls nur deshalb an der Fortführung der Verhandlung festhalten, um bereits getätigte Investitionen (zB in Geld, Zeit, Anstrengung o. ä.) nicht abschreiben zu müssen (zur sog. *„sunk costs bias"* Rn. 869 ff.).

831

Sofern der Verhandlungsspielraum noch nicht vollständig ausgeschöpft ist und die Parteien nicht allzu weit auseinander liegen, kann der Gegenseite in Abstimmung mit dem eigenen Mandanten ein bedingtes letztes Angebot unterbreitet werden. Dieses **finale Angebot** sollte dann allerdings nicht mehr auf der Verteilungsebene nachverhandelt werden.[3] Ist auch das letzte Angebot nicht erfolgreich, sollte die Verhandlung *„konsequent aber wertschätzend auf der persönlichen Ebene"*[4] abgebrochen werden. Weiterer Aufwand sollte zur Vermeidung zusätzlicher Transaktionskosten nicht in die Verhandlung investiert werden.

832

II. Einigung

Sofern sich eine Einigung abzeichnet, die besser als das eigene Minimalziel einer Partei ist, sollte jene die Verhandlung nicht mehr scheitern lassen. Vielmehr gilt es in diesem Fall, die andere Verhandlungspartei zur Annahme des ausgehandelten Ergebnisses zu bewegen. Dies wird jedoch nur dann gelingen, wenn die andere Verhandlungspartei mit dem Ergebnis der Verhandlung ebenfalls zufrieden ist. Maßgeblich für die Bereitschaft zu einem positiven Verhandlungsabschluss sind dabei üblicherweise folgende drei Faktoren: (i.) **rational**, mindestens das eigene Minimalziel erreicht zu haben, (ii.) **psychologisch**, das bestmögliche Ergebnis erzielt zu haben, und (iii.) **reputativ**, das Ergebnis sowohl intern als auch extern gesichtswahrend vertreten zu können und nicht ungerecht behandelt worden zu sein.[5]

833

Bis zum rechtsverbindlichen Abschluss einer Übereinkunft existiert die ausgehandelte Lösung nur in den Köpfen der Verhandler. Etwaige (Schadensersatz-)Ansprüche aus *culpa in contrahendo* oder einer *Break up fee*-Klausel einmal außen vor gelassen,[6] können die Entscheider ihre Zustimmung zu der Vereinbarung jederzeit, dh auch noch im letzten Moment zurückziehen, etwa weil sich die Verhältnisse in der Zwischenzeit geändert haben.[7] Damit später keine Unstimmigkeiten über den genauen Inhalt der erzielten Übereinkunft auftreten, sollte die Vereinbarung aus Beweis- und Dokumentationszwecken schließlich in einem **schriftlichen Vertrag** festgehalten werden. Wie

834

---

2 Jung/Krebs, Vertragsverhandlung, S. 103.
3 Rosner/Winheller, Mediation und Verhandlungsführung, S. 192.
4 Rosner/Winheller, Mediation und Verhandlungsführung, S. 192.
5 Ausführlich Pfromm, Effektiver Verhandeln, Rn. 91.
6 Hierzu Jung/Krebs, Vertragsverhandlung, S. 104, 128 ff.
7 Vgl. Saner, Verhandlungstechnik, S. 165.

dies zu geschehen hat (dh die Vertragsgestaltung), ist jedoch nicht Gegenstand dieses Werkes.[8]

III. Weiterverhandeln

835 Solange die Parteien den Verhandlungskuchen noch nicht maximal vergrößert haben, weil sie das Wertschöpfungspotential noch nicht vollständig ausgeschöpft haben, sollten sie konsequent weiterverhandeln und keine Abschlussstimmung aufkommen lassen.[9] Das Hauptaugenmerk der Parteien sollte dabei allerdings nicht auf der Wertverteilung, sondern auf der Wertschöpfung liegen (sog. „**Wertschöpfungs-Loop**"). Denn häufig kommen erst im Laufe der Verhandlung aufgrund gestiegenen gegenseitigen Vertrauens die wirklich attraktiven Angebote und Optionen zur Sprache.[10]

836 Das eigene Verhandlungsergebnis lässt sich nur dann optimieren, wenn sich die Parteien auch in dieser Phase der Verhandlung konsequent anspruchsvolle Ziele setzen und ihre Erwartungen hochhalten. Insbesondere sollten die Parteien der Tendenz widerstehen, die erstbeste Einigungsoption, die innerhalb der ZOPA liegt, anzunehmen. Andernfalls besteht die Gefahr, dass sie das objektiv vorhandene Wertschöpfungspotential nicht vollständig ausschöpfen und daher kein optimales Verhandlungsergebnis erzielen.[11]

IV. Vorläufige Übereinkunft samt Nachverhandlungs-Vereinbarung

837 Sind die Parteien zu einer allseits akzeptierten Übereinkunft gelangt, können sie die Verhandlung abschließen (Rn. 833). In manchen Fällen kann es sich aber empfehlen, dass die Parteien sich in ihrer Vereinbarung zur kooperativen Nachverhandlung nach bestimmten definierten Spielregeln verpflichten (sog. *„Post-Settlement-Settlement"* – Nachverhandlungs-Vereinbarung). Die Parteien vereinbaren dementsprechend, dass die von ihnen erzielte Übereinkunft nur solange verbindlich sein soll, wie die Parteien sich nicht im gegenseitigen Konsens auf andere (bessere) Konditionen verständigen. Nach Abschluss der Übereinkunft führen die Parteien sodann kooperative Nachverhandlungen mit dem Ziel, (weiteren) Mehrwert zu beiderseitigem Nutzen zu schaffen und dadurch zusätzlichen Wert zu kreieren, der zwischen den Parteien aufgeteilt werden kann und beide Parteien gegenüber der ursprünglichen Vereinbarung besserstellt.[12]

838 Das Konzept des Post-Settlement-Settlement beruht maßgeblich auf den Arbeiten von *Howard Raiffa*.[13] Es mag zwar kontraintuitiv und sogar geradezu kontraproduktiv erscheinen, die Verhandlungen wieder aufzunehmen, sobald eine akzeptable Einigung einmal erzielt worden ist. Zur Verbesserung der Qualität der ausgehandelten Vereinbarung ist die Strategie aber bemerkenswert effektiv, da die Parteien – ggf. anders als in der Ursprungsverhandlung – im Rahmen der Nachverhandlung nicht befürchten müssen, dass etwaige von ihnen offengelegte sensible Informationen von der jeweils ande-

---

8 Hierzu ausführlich Aderhold/Koch/Lenkaitis, Vertragsgestaltung; Heussen/Pischel, Handbuch Vertragsverhandlung und Vertragsmanagement.
9 Rosner/Winheller, Mediation und Verhandlungsführung, S. 194.
10 Rosner/Winheller, Mediation und Verhandlungsführung, S. 194.
11 Näher Rosner/Winheller, Mediation und Verhandlungsführung, S. 194.
12 Rosner/Winheller, Mediation und Verhandlungsführung, S. 314.
13 Raiffa, The Art and Science of Negotiation.

ren Partei zu ihrem Nachteil ausgenutzt werden.[14] Die ursprünglich getroffene Übereinkunft bietet insofern eine sichere Rückfallposition, die dieses Risiko minimiert.[15]

V. Zusammenfassung

1. In der Abschlussphase gilt es zu eruieren, ob (i.) die sich abzeichnende Einigung besser als das eigene Minimalziel ist und ob (ii.) sämtliche Wertschöpfungspotentiale bereits ausgeschöpft wurden.
2. Je nachdem wie die Antworten auf diese Fragen ausfallen, kommen folgende Handlungsalternativen in Betracht: (I.) Abbruch der Verhandlung, (II.) Einigung, (III.) Weiterverhandeln, (IV.) Erzielung einer vorläufigen Übereinkunft samt Nachverhandlungs-Vereinbarung.

§ 35 Die Umsetzung des Vereinbarten

Das Erzielen einer Übereinkunft ist jedoch nicht das Ende der Verhandlung, sondern lediglich der Beginn ihrer Umsetzung. Gerade bei komplexen Großprojekten (wie zB Bauprojekten) stellt die Umsetzung des Vereinbarten eine große Herausforderung dar.[1] Schwierigkeiten in der Umsetzungsphase bis hin zum vollständigen Scheitern des Projekts sind dabei keine Seltenheit. Die Verhandlung ist daher erst dann vorüber, wenn die Parteien die vereinbarten Leistungen jeweils vollständig erbracht haben.[2]

Typische Bestandteile der Umsetzungsphase sind (i.) die **Implementierung des Vereinbarten** (dh die operationelle Umsetzung des Vereinbarten), (ii.) die fortlaufende Überprüfung, ob sämtliche vereinbarten Leistungen fehlerfrei erbracht wurden (das sog. **Compliance-Monitoring**), sowie (iii.) etwaige erforderliche **Anpassungen und Nachverhandlungen,** falls sich Umstände geändert oder im Rahmen des Compliance-Monitorings Umsetzungsschwächen gezeigt haben sollten.[3] Hierfür sehen Vereinbarungen nicht selten sog. **Eskalationsklauseln** vor, die für Streitigkeiten in der Umsetzungsphase verschiedene Stufen kennen (typischerweise 1. Verhandlung, 2. Mediation, 3. (Schieds-)Gerichtliches Verfahren).[4] Dabei stehen Rechtsanwälte gerade bei Nachverhandlungen vor der Herausforderung, die zwischen den Parteien aufgetretenen Konflikte zu entschärfen, indem sie anstelle von gegenseitigen Schuldzuweisungen und Haftungsfragen den Fokus zunächst auf die Wiederherstellung der fehlerfreien Erfüllung des ursprünglich Vereinbarten richten.[5]

§ 36 Interne Nachbereitung der Verhandlung

Mit dem Abschluss der Verhandlung (Rn. 829 ff.) und ggf. dem Umsetzen des Vereinbarten (Rn. 840 f.) ist es allerdings noch nicht getan. Am Ende jeder Verhandlung

---

14 Thompson, The Mind and Heart of the Negotiator, S. 110.
15 Rosner/Winheller, Mediation und Verhandlungsführung, S. 195.
1 Jung/Krebs, Vertragsverhandlung, S. 25.
2 Pfromm, Effektiver Verhandeln, Rn. 175. Vgl. für M&A-Transaktionen Allert, Erfolgreich Verhandeln, S. 388.
3 Ausführlich Pfromm, Effektiver Verhandeln, Rn. 175 ff. Vgl. auch Jung/Krebs, Vertragsverhandlung, S. 25.
4 Jung/Krebs, Vertragsverhandlung, S. 176.
5 Pfromm, Effektiver Verhandeln, Rn. 180.

sollten die Verhandlungsparteien zudem intern ihre jeweiligen Leistungen **kritisch überprüfen** und **analysieren**, was sie gut gemacht haben und was sie in zukünftigen Verhandlungen verbessern können. Ohne entsprechende Nachbereitung der Verhandlung werden die Parteien kaum aus ihren Erfahrungen lernen. Wahrscheinlicher ist es sogar, dass sie die gleichen Fehler zukünftig wiederholen werden.[1]

843 Ganz gleich ob sie in der Verhandlung gut oder schlecht abgeschnitten haben, sollten sich die Parteien und ihre anwaltlichen Berater daher am Ende jeder (zumindest aber jeder wichtigen) Verhandlung die Zeit nehmen für eine kurze Manöverkritik anhand folgender Fragen:

- War die Vorbereitung auf die Verhandlung ausreichend?
- Wie lief der Einstieg in die Verhandlungen?
- Ist es gelungen, eine gute Beziehung zur anderen Verhandlungsseite aufzubauen?
- Wie lief die Informationsphase? Wurden ausreichend Fragen gestellt? Wurden versehentlich Informationen offengelegt, die besser geheim geblieben wären?
- Wie hat sich die Verhandlungsphase entwickelt?
- Ist es den Parteien gelungen, Wert zu schaffen oder haben sie rein distributiv verhandelt?
- Wer hat das erste Angebot unterbreitet und wie wurde hierauf reagiert?
- Welche Verhandlungstechniken haben gut funktioniert, welche weniger gut?
- Was hat die Partei schließlich veranlasst, die vereinbarten Bedingungen zu akzeptieren bzw. das finale Angebot der Gegenseite abzulehnen?
- Falls keine Einigung erzielt wurde, was hätte hinsichtlich der Vorbereitung bzw. des weiteren Verhandlungsprozesses anders ablaufen können, um ein anderes Ergebnis zu erzielen?
- Hat die Partei bzw. ihr anwaltlicher Berater in der Verhandlung etwas unternommen, was sie im Nachhinein lieber gelassen hätten?

844 Nur durch eine solche **eingehende Analyse jeder Verhandlungsphase** lassen sich die eigenen Verhandlungsfertigkeiten kontinuierlich verbessern.[2] Dementsprechend nehmen sich nach eigener Aussage über 75 Prozent der erfahrenen Verhandlungsführer die Zeit für eine interne Nachbereitung, von den unerfahrenen Verhandlungsführern sind es weniger als 50 Prozent.[3]

---

1 Craver, Effective Legal Negotiation and Settlement, S. 201.
2 Ausführlich zur Nachbereitung von Verhandlungen samt entsprechender Checkliste: Craver, Effective Legal Negotiation and Settlement, S. 201 ff.
3 Pfromm, Effektiver Verhandeln, Rn. 173 mwN.

Teil IV
Psychologische Aspekte der Verhandlung

Anwaltliche Verhandlungen sind komplexe soziale, kommunikative Rituale. Da Verhandlungen stets von Menschen durchgeführt werden, spielen immer auch psychologische Aspekte und Emotionen eine zentrale Rolle. Am Ende unseres Buches wollen wir daher einen kurzen Überblick über die Grundprinzipien menschlicher Kommunikation, verschiedene Kommunikationstechniken sowie die Auswirkungen von Heuristiken, kognitiven Verzerrungen und Emotionen auf den Verhandlungsprozess geben.

§ 37 Die Verhandlung als Kommunikationsprozess

Verhandlungen sind **anspruchsvolle Kommunikationsprozesse**, da in Verhandlungen nicht nur Informationen ausgetauscht werden, sondern regelmäßig entgegengesetzte Positionen aufeinandertreffen.[1] Zur Verbesserung der eigenen Verhandlungsfähigkeiten ist es daher erforderlich, sich neben den theoretischen Grundlagen der Verhandlungsführung auch mit den Grundprinzipien der menschlichen Kommunikation zu befassen. Dies geschieht im ersten Teil dieses Kapitels. Im zweiten Teil werden sodann Techniken vorgestellt, mit denen sich die Kommunikation in Verhandlungen verbessern lässt.

I. Grundprinzipien menschlicher Kommunikation
1. Verbale und nonverbale Kommunikation

Von dem Kommunikationsforscher *Paul Watzlawick* stammt das Zitat: *„Man kann nicht nicht kommunizieren, denn jede Kommunikation (nicht nur mit Worten) ist Verhalten und genauso wie man sich nicht nicht verhalten kann, kann man nicht nicht kommunizieren."*[2]

Übertragen auf die Verhandlungssituation bedeutet dies Folgendes: Will eine Verhandlungspartei der anderen Seite etwa mitteilen, dass sie aktuell nicht weiterverhandeln will, muss sie das nicht explizit aussprechen. Sie kann es auch dadurch tun, dass sie schweigt, indem sie zB auf Nachrichten des Gegenübers schlicht nicht reagiert. Es liegt dann im Ermessen des Empfängers, diesen schweigenden Kommunikationsakt richtig zu interpretieren.[3]

Kommunikation findet in Verhandlungen nicht nur **verbal**, sondern auch **nonverbal** über die Mimik, Gestik und Körpersprache sowie **paraverbal** über die Stimme statt.[4] Der Kommunikationsvorgang in einer Verhandlung ist nicht auf das geschriebene oder gesprochene Wort der Verhandlungsparteien begrenzt. Von überragender Bedeutung ist darüber hinaus der nonverbale Bereich, erfolgt doch ein großer Teil der Kommunikati-

---

1 Greger/von Münchhausen, Verhandlungs- und Konfliktmanagement für Anwälte, Rn. 114.
2 https://www.paulwatzlawick.de/axiome.html [zuletzt abgerufen am 7.6.2022].
3 Allert, Erfolgreich Verhandeln, S. 56.
4 Bühring-Uhle/Eidenmüller/Nelle, Verhandlungsmanagement, S. 123.

on auf dieser Ebene.[5] Es kommt in einer Verhandlung daher nicht nur darauf an, *was* die Verhandlungsparteien sagen, sondern vor allem auch darauf, *wie* sie es sagen.

850 Oftmals wird jedoch gerade der Bereich der nonverbalen Kommunikation von den Verhandlungsparteien unterschätzt. Die Parteien sind so darauf fokussiert, was ihr Gegenüber ihnen mitteilt, dass sie die **nonverbalen Signale** der anderen Seite übersehen und ihnen damit wesentliche Informationen entgehen.[6] So können Verhandlungsführer häufig mehr über die andere Seite erfahren, wenn sie deren nonverbalen Signale richtig verstehen und deuten.[7] Umgekehrt sollten sich Verhandlungsführer stets bewusst sein, welche Wirkung ihre eigenen nonverbalen Signale haben und wie sie diese in einer Verhandlung erfolgreich nutzen können. So können Körpersprache, Gestik und Mimik etwa den Gesprächspartner in einer Verhandlung provozieren oder locken, für eine gute Atmosphäre sorgen oder die Stimmung zwischen den Verhandlungsparteien verderben.

851 Selbst wenn eine Partei in einer Verhandlung schweigt, ist ihr Körper niemals „stumm".[8] Im Gegenteil: Der Eindruck, der durch die nonverbalen Signale des Körpers vermittelt wird, ist wirkungsmächtig. Worte haben es häufig schwer, sich ihm gegenüber durchzusetzen.[9] Sich der eigenen Körpersprache, **Gestik und Mimik** bewusst zu werden und diese – soweit möglich – gezielt zu steuern, ist zur Verbesserung der eigenen Verhandlungsfertigkeiten daher von nicht zu vernachlässigender Bedeutung.[10]

2. Die vier Seiten einer Nachricht

852 Nach dem vom deutschen Psychologen und Kommunikationsforscher *Friedemann Schulz von Thun* entwickelten *„Vier-Seiten-Modell"*, das auch als *„Kommunikationsquadrat"* bekannt ist, erfolgt Kommunikation auf verschiedenen Ebenen. Jede menschliche Äußerung enthält danach vier Botschaften gleichzeitig, nämlich (i.) eine **Sachinformation** (worüber der Sender informiert), (ii.) eine **Selbstkundgabe** (was der Sender von sich selbst zu erkennen gibt), (iii.) einen **Beziehungshinweis** (was der Sender vom Empfänger hält und wie er zu ihm steht) und (iv.) einen **Appel** (was der Sender beim Empfänger erreichen möchte).[11]

▶ **Beispiel:** Die Äußerung des Verkäufers in einer Verhandlung, dass der vom Käufer gebotene Kaufpreis zu niedrig sei, kann vom Verkäufer als rein sachlicher Hinweis darauf gemeint sein, dass seine Kaufpreiserwartung größer ist als der angebotene Preis. Vom Kaufinteressenten kann dieselbe Äußerung allerdings auch auf dem Beziehungsohr „gehört" und als Misstrauensvotum gegen seine Verhandlungsführung empfunden werden.[12] ◀

853 Das Beispiel zeigt, dass **Kommunikationsstörungen** immer dann zustande kommen, wenn Sender und Empfänger einer Nachricht die vier Ebenen unterschiedlich deuten und gewichten, also der Empfänger die Nachricht anders interpretiert als der Sender. Dies kann zu Missverständnissen und in der Folge zu Konflikten führen. Für die

---

5 Craver, Effective Legal Negotiation and Settlement, S. 35.
6 Vgl. Craver, Effective Legal Negotiation and Settlement, S. 36.
7 Bühring-Uhle/Eidenmüller/Nelle, Verhandlungsmanagement, S. 123.
8 Bühring-Uhle/Eidenmüller/Nelle, Verhandlungsmanagement, S. 124.
9 Bühring-Uhle/Eidenmüller/Nelle, Verhandlungsmanagement, S. 124.
10 Ausführlich hierzu Craver, Effective Legal Negotiation and Settlement, S. 35 ff.
11 https://www.schulz-von-thun.de/die-modelle/das-kommunikationsquadrat [zuletzt abgerufen am 7.6.2022].
12 Allert, Erfolgreich Verhandeln, S. 66.

§ 37 Die Verhandlung als Kommunikationsprozess

Verhandlungsparteien folgt hieraus, dass sie sich dieses Umstands stets bewusst sein sollten. Die sendende Partei muss beim Abfassen ihrer Nachricht bedenken, wie der Empfänger sie verstehen könnte. Umgekehrt sollte sich der Empfänger fragen, welche über die Sachinformationen hinausgehenden Botschaften die Nachricht der sendenden Partei enthält.[13] In Zweifelsfällen müssen die Verhandlungsparteien durch entspreche Nachfragen für Klarheit über die eigentliche Botschaft sorgen.[14] Nicht selten sind nämlich gerade Fehlinterpretationen der gegenseitigen Nachrichten dafür verantwortlich, dass Verhandlungslösungen nicht gefunden werden und der Konflikt zwischen den Verhandlungsparteien eskaliert.[15]

II. Kommunikationstechniken

Zu den wichtigsten Techniken zur Verbesserung der Kommunikation zwischen den Verhandlungsparteien gehören das **(aktive) Zuhören**, verständige Zusammenfassung (**Paraphrasieren** und **Verbalisieren**) sowie verschiedene **Fragetechniken**.[16]

1. (Aktives) Zuhören

„Gute Kommunikation beginnt beim Zuhören."[17] Was einfach klingt, wird in der Verhandlungspraxis leider oft verkannt. Die Erfahrung zeigt, dass die meisten Verhandler in erster Linie versuchen, zu argumentieren und ihr Gegenüber so zu überzeugen. Sie reden viel und hören nur wenig zu.[18] Viel entscheidender für den Verhandlungserfolg ist aber, der anderen Partei **zuzuhören** und ihr Fragen zu stellen, da nur so ein Maximum an Informationen gewonnen werden kann.[19] Nur wenn die Parteien einander zuhören, können sie in Erfahrung bringen, was die jeweils andere Seite bewegt.

Das sog. „aktive Zuhören" ist dabei eine spezielle Form des Zuhörens. Im Unterschied zum „**passiven Zuhören**", also der schweigenden Aufnahme des von der anderen Verhandlungspartei Gesagten,[20] geht es beim aktiven Zuhören darum, dem Gegenüber durch bestimmte Gesten (Blickkontakt, zugewandte Körperhaltung), Handlungen (Anfertigung von Notizen, der Visualisierung des Gesagten auf Flipcharts) oder verbale Äußerungen („Erklären Sie mir das bitte noch näher.") Aufmerksamkeit zu signalisieren.[21] Zudem geht es darum, dem Gegenüber eine Rückmeldung zu geben, dass das von ihm Gesagte aufgenommen und wie es verstanden wurde.[22] Während permanentes passives, schweigendes Zuhören die andere Verhandlungspartei uU sogar frustrieren kann, weil sie den Eindruck gewinnt, sie rede ins Leere, kann aktives Zuhören die Kommunikationsatmosphäre und so den Informationsfluss nachhaltig verbessern.[23]

---

13 Greger/von Münchhausen, Verhandlungs- und Konfliktmanagement für Anwälte, Rn. 121 f.
14 Allert, Erfolgreich Verhandeln, S. 66; Bühring-Uhle/Eidenmüller/Nelle, Verhandlungsmanagement, S. 128.
15 Greger/von Münchhausen, Verhandlungs- und Konfliktmanagement für Anwälte, Rn. 122.
16 Vgl. Duve/Eidenmüller/Hacke/Fries, Mediation in der Wirtschaft, S. 139.
17 Duve/Eidenmüller/Hacke/Fries, Mediation in der Wirtschaft, S. 139.
18 Bühring-Uhle/Eidenmüller/Nelle, Verhandlungsmanagement, S. 129. Jung/Krebs, Vertragsverhandlung, S. 430 bezeichnen dies als *„aktives Verhandeln"*.
19 Jung/Krebs, Vertragsverhandlung, S. 430.
20 Vgl. Jung/Krebs, Vertragsverhandlung, S. 45.
21 Bühring-Uhle/Eidenmüller/Nelle, Verhandlungsmanagement, S. 129; Duve/Eidenmüller/Hacke/Fries, Mediation in der Wirtschaft, S. 140.
22 Greger/von Münchhausen, Verhandlungs- und Konfliktmanagement für Anwälte, Rn. 132.
23 Vgl. Bühring-Uhle/Eidenmüller/Nelle, Verhandlungsmanagement, S. 129. Vgl. auch Jung/Krebs, Vertragsverhandlung, S. 45, 302.

857 Allerdings bedeutet aktives Zuhören nicht, dass man mit dem Inhalt der Aussage des Gegenübers einverstanden sein muss. Es geht lediglich darum, Verständnis zu bekunden, ohne zugleich Einverständnis zum Ausdruck zu bringen.[24]

2. Paraphrasieren und Verbalisieren

858 Weitere wichtige Techniken zur Verbesserung der Kommunikation in Verhandlungen sind das „Paraphrasieren" und das „Verbalisieren".

859 Beim **Paraphrasieren** geht es darum, bereits Geschriebenes oder Gesagtes des Gegenübers mit neuen – eigenen, anderen – Worten sinngemäß zusammenzufassen[25] und die Kernaussagen des Gesprächspartners auf den Punkt zu bringen.[26] Dieses Zusammenfassen der Äußerungen der anderen Partei wird auch als „**Spiegeln**" bezeichnet.[27] Das Paraphrasieren dient zum einen der Sicherstellung, dass eine Aussage richtig verstanden wurde. Zum anderen hilft es, das Gegenüber an seiner Aussage festzuhalten.[28] Durch die ernsthafte Befassung mit der Kernaussage des Gegenübers unterstützt diese Kommunikationstechnik den Verhandlungsführer zudem beim Aufbau einer vertrauensvollen Beziehung mit der anderen Verhandlungspartei. Gerade im Zusammenspiel mit „offenen Fragen" (Rn. 862) kann das Paraphrasieren ein effektives Verhandeln fördern und so das Erzielen von guten Verhandlungsergebnissen erleichtern. Anwaltliche Verhandler tun daher gut daran, den Ablauf „offene Frage – Paraphrase – offene Frage – Paraphrase…" einzuüben und zu verinnerlichen.[29]

860 Neben dem inhaltlichen Paraphrasieren gilt die **Verbalisierung von Emotionen** der anderen Verhandlungspartei als wesentliche Kommunikationstechnik. Beim Verbalisieren werden die Äußerungen der anderen Verhandlungspartei auf einer adäquaten Abstraktionsebene zusammengefasst, indem Reizwörter, die eine Verhandlung in eine negative Richtung führen können, neutralisiert werden und so eine Eskalation verhindert wird.[30]

▶ **Beispiel:**[31] Verhandlungspartei 1:
„Wir haben die Schnauze voll. Wenn das so weitergeht, sollten wir die Verhandlungen abbrechen."
Verhandlungspartei 2:
„Ich verstehe Ihre Äußerung so, dass Sie im Moment mit dem Verlauf der Verhandlung äußerst unzufrieden sind und Sie Zweifel haben, ob wir noch auf dem richtigen Weg sind. Wie sollten wir nach Ihrer Vorstellung weiter verfahren?" ◀

---

24 Duve/Eidenmüller/Hacke/Fries, Mediation in der Wirtschaft, S. 140.
25 Jung/Krebs, Vertragsverhandlung, S. 300.
26 Greger/von Münchhausen, Verhandlungs- und Konfliktmanagement für Anwälte, Rn. 132.
27 Duve/Eidenmüller/Hacke/Fries, Mediation in der Wirtschaft, S. 140.
28 Jung/Krebs, Vertragsverhandlung, S. 300.
29 Bühring-Uhle/Eidenmüller/Nelle, Verhandlungsmanagement, S. 131 f.
30 Duve/Eidenmüller/Hacke/Fries, Mediation in der Wirtschaft, S. 141.
31 Entnommen aus Duve/Eidenmüller/Hacke/Fries, Mediation in der Wirtschaft, S. 141.

§ 37 Die Verhandlung als Kommunikationsprozess

3. Fragetechniken

Ein zentrales Kommunikationsmittel in Verhandlungen sind schließlich Fragen. Nicht zu Unrecht heißt es: „Wer fragt, führt."[32] Dabei gilt es allerdings, die „richtigen" Fragen zu stellen.[33]

„Richtige" Fragen im vorgenannten Sinne sind vor allem die sog. „offenen Fragen", also Fragen, die im Gegensatz zu „geschlossenen Fragen" nicht mit „Ja" oder „Nein" beantwortet werden können.[34] Während „geschlossene Fragen" dazu dienen, präzise Informationen zu einem bestimmten Thema zu erlangen oder diesbezügliche Annahme zu verifizieren bzw. zu falsifizieren,[35] animieren **„offene Fragen"** – wer, was, wann, wie viel, warum, wozu etc – den Gefragten darüber hinaus zum Nachdenken[36] und zum Reden und so zum Preisgeben von Informationen. „Offene Fragen" sind so effektiv, weil die Antwort sich oft nicht auf die eigentliche Frage beschränkt, sondern weit über sie hinausgeht und dabei wertvolle Nebeninformationen gegeben werden.[37] Sie beleben zudem das Gespräch und signalisieren dem Gefragten Interesse und Einfühlungsvermögen des Fragenden.[38] Offene Fragen sind insbesondere bei der Erforschung der Interessen und der Entwicklung von Lösungsmöglichkeiten hilfreich.[39] Nicht unproblematisch sind in diesem Zusammenhang aber Fragen, mit denen die Haltung des Gegenübers erfragt wird (warum, weshalb). Zwar lassen sich insbesondere **„Warum-Fragen"** gut dazu einsetzen, die Interessen und Präferenzen einer Verhandlungspartei in Erfahrung zu bringen (Rn. 730). Andererseits können solche Fragen von der Gegenseite auch leicht als Angriff verstanden werden, weil sie den Gefragten einem gewissen Rechtfertigungsdruck aussetzen.[40] „Warum- und Weshalb-Fragen" sollten daher mit Bedacht eingesetzt und ggf. durch „Wozu"-Fragen ersetzt werden. Anders als „Warum?" ist „Wozu?" in die Zukunft gerichtet und daher oft konstruktiver als die Begründungsfrage „Warum?"

„Geschlossene Fragen" – Ja/Nein-Fragen, Oder-Fragen – können demgegenüber dazu dienen, die **Verhandlungsführung** zu übernehmen, insbesondere wenn die Parteien in der Verhandlung vom Thema abgekommen sind oder – was in der Praxis nicht selten vorkommt – die andere Verhandlungspartei zu weitschweigen Ausführungen neigt.[41] „Geschlossene Fragen" empfehlen sich zudem insbesondere dann, wenn es um die gezielte Aufklärung bestimmter Sachverhaltsfragen, um die abschließende Bewertung von Einigungsoptionen oder um das Festhalten des Verhandlungsergebnisses geht.[42]

---

32 Bühring-Uhle/Eidenmüller/Nelle, Verhandlungsmanagement, S. 130.
33 Greger/von Münchhausen, Verhandlungs- und Konfliktmanagement für Anwälte, Rn. 137.
34 Bühring-Uhle/Eidenmüller/Nelle, Verhandlungsmanagement, S. 130.
35 Bühring-Uhle/Eidenmüller/Nelle, Verhandlungsmanagement, S. 130.
36 Duve/Eidenmüller/Hacke/Fries, Mediation in der Wirtschaft, S. 147.
37 Jung/Krebs, Vertragsverhandlung, S. 295.
38 Duve/Eidenmüller/Hacke/Fries, Mediation in der Wirtschaft, S. 147.
39 Duve/Eidenmüller/Hacke/Fries, Mediation in der Wirtschaft, S. 147.
40 Bühring-Uhle/Eidenmüller/Nelle, Verhandlungsmanagement, S. 131; Jung/Krebs, Vertragsverhandlung, S. 295.
41 Duve/Eidenmüller/Hacke/Fries, Mediation in der Wirtschaft, S. 147.
42 Duve/Eidenmüller/Hacke/Fries, Mediation in der Wirtschaft, S. 147. Ausführlich zu „geschlossenen Fragen" Jung/Krebs, Vertragsverhandlung, S. 208.

III. Zusammenfassung

864   1. Verhandlungen sind anspruchsvolle Kommunikationsprozesse, in denen Kommunikation nicht nur verbal, sondern auch nonverbal über die Mimik, Gestik und Körpersprache sowie paraverbal über die Stimme stattfindet. Gerade der nonverbalen Kommunikation kommt in Verhandlungen eine überragende Bedeutung zu. So kommt es in einer Verhandlung nicht nur darauf an, *was* die Verhandlungsparteien sagen, sondern vor allem auch darauf, *wie* sie es sagen.
   2. Verhandlungsführer sollten stets darauf achten, dass die eigenen Äußerungen nicht nur Sachinformationen enthalten, sondern darüber hinaus auch eine Selbstkundgabe, einen Beziehungshinweis und einen Appel. Hier kann es leicht zu Kommunikationsstörungen kommen, wenn Sender und Empfänger einer Nachricht die vier Ebenen unterschiedlich deuten und gewichten. Derartige Fehlinterpretationen können zur Eskalation führen und einer Verhandlungslösung im Wege stehen.
   3. Zu den wichtigsten Techniken zur Verbesserung der Kommunikation zwischen den Verhandlungsparteien gehören das (aktive) Zuhören, das Paraphrasieren und Verbalisieren sowie der Einsatz von Fragetechniken.

§ 38 Heuristiken und kognitive Verzerrungen

865   Bereits einfachste Verhandlungen, wie der Kauf eines Gebrauchtwagens, beinhalten **komplexe Informationsverarbeitungs- und Entscheidungsprozesse.** Verhandlungsführer müssen gleichzeitig eine Vielzahl von Informationen verarbeiten (zB die Stimmung des Gegenübers, dessen Vertrauenswürdigkeit, Alternativangebote etc) und in kurzer Zeit immer wieder komplexe Entscheidungen treffen (zB Bestimmung des ersten Angebots, Größe von Zugeständnissen, alternative Verhandlungsstrategien etc). Um diesen Anforderungen Herr werden zu können, greifen Verhandlungsführer dabei häufig (unterbewusst) auf Heuristiken zurück. Hiermit sind vereinfachende Denkstrategien („*mental shortcuts*" – **Daumenregeln**) gemeint, die es den Verhandlungsführern ermöglichen, mit geringem kognitiven Aufwand Entscheidungen zu treffen. Dies kann teilweise nützlich sein, führt in Verhandlungen aber schnell auch zu schwerwiegenden Fehlern. Mit Heuristiken gehen nämlich auch unbewusste, systematisch fehlerhafte Neigungen beim Wahrnehmen, Erinnern, Denken und Urteilen (sog. kognitiven Verzerrungen bzw. **Denkfallen**) einher.[1]

866   Um zu verhindern, dass diese kognitiven Verzerrungen in Verhandlungen auf der eigenen Seite zu Fehlern oder irrationalen Entscheidungen führen, sollten sich Verhandlungsführer im Vorfeld mit dieser Thematik auseinandersetzen. Auf der anderen Seite können Heuristiken und die daraus erwachsenden kognitiven Verzerrungen auch zum eigenen Vorteil ausgenutzt werden, wenn sich die Gegenseite ihrer nicht bewusst ist. Einige der in Verhandlungen am häufigsten anzutreffenden Heuristiken und kognitiven Verzerrungen sollen daher in diesem Kapitel beschrieben werden. Wegen der führenden Forschung der USA in diesem Bereich werden in den Überschriften zuvorderst die englischsprachigen Begriffe genannt.

---

1 Hierzu überblickartig auch Wyss, Die Kunst der Verhandlungsführung, S. 121 ff.

I. Fixed-pie assumption – Nullsummenannahme

Der Glaube, dass die Verhandlungsmasse nicht erweiterbar ist (sog. *„fixed pie assumption"*-Nullsummenannahme), ist die in Verhandlungen wohl meist verbreitete kognitive Verzerrung. Immer wieder gehen Verhandlungsführer bereits vor der Verhandlung davon aus, dass die Interessen der Parteien entgegengesetzt sind und sie hinsichtlich der Verhandlungsgegenstände die gleichen Präferenzen haben, der Nutzen für die eine Verhandlungspartei also zwingend zum Schaden für die Gegenpartei führen muss.[2] Jeglicher Versuch, zu einer integrativen Lösung zu gelangen, wird daher im Keim erstickt.[3]

867

Erfahrungsgemäß sind jedoch nur die wenigsten Verhandlungen Nullsummenspiele und daher rein distributiv. Regelmäßig bieten Verhandlungen durchaus Raum für integrative Lösungen (selbst bei Preisverhandlungen kann der Verhandlungsgegenstand häufig etwa um Zahlungsziele und Lieferbedingungen erweitert werden). Die Aufgabe des Rechtsanwalts in einer Verhandlung ist es daher, zusammen mit dem Mandanten auszuloten, ob die Interessen der Gegenseite tatsächlich den Interessen des Mandanten diametral gegenüberstehen und wo noch weiteres Verhandlungspotenzial steckt.[4]

868

II. Escalation of Commitment, Sunk Costs Bias

Eine weitere kognitive Verzerrung, die es in Verhandlungen zu beachten gilt, sind die sog. *„sunk costs"*. Hierunter versteht man den Effekt, dass Verhandlungsführer nur deshalb an ihrer Vorgehensweise festhalten, um bereits getätigte Investitionen (zB in Geld, Zeit, Anstrengung o. ä.) nicht abschreiben zu müssen.[5] Hierbei handelt es sich um ein Beispiel für ein psychologisches Phänomen, das als *„escalation of commitment"* bekannt ist, also die mangelnde Bereitschaft zum Abbruch von Verhandlungen, obwohl offensichtlich ist, dass das Verhalten des Verhandlungsführers nicht funktioniert und sich die Verhandlungssituation verschlechtert.[6]

869

Unterliegt die andere Verhandlungspartei dieser kognitiven Verzerrung kann sich dies durchaus verhandlungsfördernd auswirken. Schafft man es etwa, das Gegenüber in möglichst lange, aufwändige Verhandlungen einzubinden, steigt generell auch dessen Abschlussbereitschaft an. Denn die Verhandlungsparteien möchten ihren bisherigen Aufwand meist nicht „umsonst" getätigt haben. Vielmehr sind sie regelmäßig bereit, an der Verhandlung festzuhalten und weiter zu investieren (zB in Form eines „(aller)letzten Angebots"). Nach langen, aufwändigen Verhandlungen ist die andere Partei daher häufig gewillt, weitere Zugeständnisse zu unterbreiten, um den Abschluss der Verhandlungen nicht insgesamt zu gefährden, selbst wenn sie mit dem erzielten Ergebnis nicht vollkommen zufrieden ist.[7]

870

Auf der eigenen Seite gilt es, sich dieser Verzerrung bewusst zu machen und sich in Verhandlungen weder von den eigenen noch von den versunkenen Kosten des Gegenübers beeinflussen zu lassen. Da diese Kosten unabhängig vom Ausgang der

871

---

2 Thompson, The Mind and Heart of the Negotiator, S. 30.
3 Lewicki/Barry/Saunders, Essentials of Negotiation, S. 151.
4 Siedel, Negotiation for Success, S. 64.
5 Jung/Krebs, Vertragsverhandlung, S. 362.
6 Ausführlich hierzu Brockner/Rubin, Entrapment in Escalating Conflicts; Thompson, The Mind and Heart of the Negotiator, S. 325 ff.
7 Jung/Krebs, Vertragsverhandlung, S. 363. Vgl. auch Craver, Effective Legal Negotiation and Settlement, S. 256.

Verhandlung entstehen, dürfen sie bei der eigenen rationalen Entscheidung, ob eine Verhandlung abgebrochen oder fortgesetzt werden soll, keine Rolle spielen. Der anwaltliche Verhandlungsführer sollte als Kotrollinstanz daher stets hinterfragen, ob ein Fortführen der Verhandlungen tatsächlich im Interesse des eigenen Mandanten ist. Auf keinen Fall sollte eine Verhandlungspartei ein Angebot unterbreiten oder akzeptieren, das schlechter als die eigene BATNA ist.[8]

III. Anchoring and adjustment – Der Ankereffekt

872   Unter *„anchoring"* wird in der Verhaltenspsychologie das Phänomen verstanden, dass Menschen sich bei bewusst gewählten Zahlenwerten von momentan vorhandenen Umgebungsinformationen beeinflussen lassen, ohne dass sie sich dieses Effekts bewusst sind. Ausgehend von diesem (zufälligen) Anker machen sie Schätzungen, die kontinuierlich angepasst werden, um zu einem (vermeintlich) vernünftigen Urteil zu gelangen. Regelmäßig sind diese Anpassungen (*„adjustments"*) aber unzureichend, so dass bei der gleichen Problemstellung unterschiedliche Anker zu unterschiedlichen Ergebnissen führen.[9] In einer Studie wiesen die Wissenschaftler *Amos Tversky* und *Daniel Kahneman* nach, dass selbst ein willkürlich gesetzter Anker Auswirkungen auf den Entscheidungsprozess haben kann:

> In einem Experiment wurden die Teilnehmer etwa nach dem prozentualen Anteil der afrikanischen Länder in den Vereinten Nationen gefragt. In ihrem Beisein wurde dann an einem Glücksrad gedreht, das zuvor so manipuliert worden war, dass es entweder bei der Zahl „10" oder bei der Zahl „65" stoppte. Anschließend sollten die Teilnehmer zunächst angeben, ob die angezeigte Zahl höher oder niedriger als der prozentuale Anteil der afrikanischen Länder sei. Sodann sollten sie den prozentualen Anteil schätzen. Hierbei zeigte sich, dass die Zahl auf dem Glücksrad die Schätzungen signifikant beeinflusste. Der Median abgegebener Schätzungen von Teilnehmern, deren Glücksradzahl 65 war, lag bei 45 Prozent. Teilnehmer, die einen Anker von 10 erhielten, schätzten den Anteil der afrikanischen UN-Mitgliedsländer auf durchschnittlich nur 25 Prozent.[10]

873   In Verhandlungen, in denen regelmäßig **Unsicherheit** über die Zielvorstellung und den Reservationspunkt des Gegenübers vorherrscht, äußert sich der Ankereffekt etwa darin, dass das von der anderen Verhandlungspartei genannte Angebot (der Anker) sich **unbewusst** auf das eigene Gegenangebot auswirkt, selbst wenn der Anker auf falschen oder unvollständigen Informationen beruht.[11] Auch die eigenen Erwartungen der Parteien an die Verhandlung können bewusst oder unbewusst als Anker wirken. Gleiches gilt für etwaige Marktwerte oder für Informationen aus früheren Verhandlungen.[12]

---

8   Thompson, The Mind and Heart of the Negotiator, S. 328. Zur BATNA siehe Rn. 723 ff.
9   Tversky/Kahneman, Judgement under Uncertainty: Heuristics and Biases, in Science, Vol. 185, 27 September 1974, 1124 (1128 ff.). Vgl. auch Epley/Gilovich, The Anchoring-and-Adjustment Heuristic: Why the Adjustments are Insufficient., in Psychological Science, Vol. 17, No. 4, 311 ff.
10 Tversky/Kahneman, Judgement under Uncertainty: Heuristics and Biases, in Science, Vol. 185, 27 September 1974, 1124 (1128 ff.).
11 Lewicki/Barry/Saunders, Essentials of Negotiation, S. 151; Jung/Krebs, Vertragsverhandlung, S. 50. Ausführlich zum ersten Angebot als Anker Galinsky/Mussweiler, First Offers as Anchors. The Role of Perspective-Taking and Negotiator Focus, in Journal of Personality and Social Psychology, 2001, Vol. 81, No. 4, 657 ff.
12 Lewicki/Barry/Saunders, Essentials of Negotiation, S. 151.

Verhandlungsführer sollten sich des Ankereffekts bewusst sein. Gezielt eingesetzt, lässt sich hierdurch das eigene Verhandlungsergebnis positiv beeinflussen. Besteht in einer Verhandlung etwa Unsicherheit über den gerechten Preis, kann dies durch Setzen eines entsprechenden Ankers ausgenutzt werden.[13] Der Ankereffekt kann mit anderen Worten helfen, eine Forderung durchzusetzen.

Unterbreitet hingegen die andere Seite das erste Angebot, sollte dem Ankereffekt soweit möglich entgegengewirkt werden. Eine weit verbreitete Taktik besteht insofern darin, den Anker der Gegenseite als unrealistisch zu **diskreditieren** und die andere Verhandlungspartei so dazu zu bringen, einen neuen Anker zu setzen.[14] Gelingt dies nicht, sollten, bevor das Gegenangebot unterbreitet wird, zunächst gezielt Argumente gegen den Anker der Gegenseite und seine Relevanz gesucht werden. Beim Formulieren des **Gegenankers** sollte zudem berücksichtigt werden, dass in Verhandlungen regelmäßig die Tendenz besteht, die Mitte zwischen den beiden Ankern als fairen Kompromiss zu empfinden.[15] Um nicht als wenig kompromissbereit oder gar als unseriös zu wirken, sollte der Gegenanker allerdings nicht ohne ausreichende Begründung zu weit vom begründeten Erstanker entfernt gesetzt werden. Andernfalls sinken die Chancen auf eine Einigung bzw. auf eine positive Wirkung des Gegenankers erheblich.[16]

Ob es in einer Verhandlung nun vorteilhaft ist, das erste Angebot zu unterbreiten, hängt trotz des Ankereffekts vom konkreten Einzelfall ab. Zwar legen wissenschaftliche Untersuchungen nahe, dass diejenige Verhandlungspartei, die das erste Angebot unterbreitet, regelmäßig auch ökonomisch vorteilhafte Ergebnisse erzielt.[17] Gleichwohl ist sie häufig mit dem Verhandlungsprozess und dem -ergebnis subjektiv unzufriedener als Verhandlungsführer, die nicht das erste Angebot gemacht haben.[18]

Als **Daumenregel** gilt daher Folgendes: Hat in einer Verhandlung eine Partei keinerlei Vorstellung vom angemessenen Wert des Verhandlungsgegenstands, sollte sie die andere Partei bitten, das erste Angebot zu unterbreiten. Der hierdurch gesetzte Anker kann dann an der eigenen Zielvorstellung und am eigenen Reservationspunkt gemessen werden. Ergänzend sollte die andere Partei gebeten werden, ihr Angebot näher zu begründen, soweit noch nicht geschehen. Daraufhin kann dann ein entsprechend niedriger Gegenanker gesetzt werden. Ist sich eine Verhandlungspartei über den Wert des Verhandlungsgegenstands hingegen sicher, sollte sie den Ankereffekt ausnutzen und das erste Angebot unterbreiten.[19]

IV. Overconfidence-Bias – Selbstüberschätzungseffekt

Eine weitere kognitive Verzerrung ist der Selbstüberschätzungseffekt (*„overconfidence-bias"*). Unter diesem Begriff wird die in Verhandlungen häufig zu beobachtende Neigung der Verhandlungsparteien beschrieben, ihr eigenes Können und/oder ihre eigenen

---

13 Vgl. Galinsky/Mussweiler, First Offers as Anchors. The Role of Perspective-Taking and Negotiator Focus, in Journal of Personality and Social Psychology, 2001, Vol. 81, No. 4, 657, 658.
14 Jung/Krebs, Vertragsverhandlung, S. 50.
15 Jung/Krebs, Vertragsverhandlung, S. 50.
16 Jung/Krebs, Vertragsverhandlung, S. 50.
17 Galinsky/Mussweiler, First Offers as Anchors. The Role of Perspective-Taking and Negotiator Focus, in Journal of Personality and Social Psychology, 2001, Vol. 81, No. 4, 657, 665.
18 Ausführlich Rosette/Kopelman/Abbott, Good Grief! Anxiety Sours the Economic Benefits of First Offers, Group Decision and Negotiation 3, 2014, 629–647.
19 Näher hierzu Siedel, Negotiation for Success, S. 67 f. Ausführlich auch Jung/Krebs, Vertragsverhandlung, S. 51.

Kompetenzen systematisch zu überschätzen. In Konfliktverhandlungen führt diese kognitive Verzerrung regelmäßig dazu, dass die Verhandlungsparteien ihre Erfolgschancen in einem möglichen Prozess überbewerten. Die eigene BATNA (Rn. 723 ff.) wird jeweils zu optimistisch eingeschätzt mit der Folge, dass die ZOPA (zur ZOPA Rn. 739 ff.) subjektiv kleiner ausfällt, als sie tatsächlich ist. Der Selbstüberschätzungseffekt stellt in Konfliktverhandlungen daher oft das **entscheidende Einigungshindernis** dar.[20] Aber auch in Vertragsverhandlungen kann der Selbstüberschätzungseffekt dazu führen, dass die Verhandlungsführer Positionen vertreten, die falsch oder unangemessen sind.[21]

879 Wie lässt sich das Risiko, in einer Verhandlung dem Selbstüberschätzungseffekt zu unterliegen, nun minimieren? Es hilft bereits, wenn sich die Verhandlungsparteien regelmäßig selbst hinterfragen und in Betracht ziehen, dass die eigenen Annahmen nicht zutreffend sein können. Hierzu kann zum Beispiel ein Mitglied aus dem eigenen Verhandlungsteam gebeten werden, die Rolle des *Advocati Diaboli* einzunehmen.[22] Allerdings sollte man nicht so weit gehen, jedweden Optimismus in der Verhandlung von vornherein zu unterdrücken. Wissenschaftliche Untersuchungen zeigen, dass gerade in distributiven Verhandlungen optimistisch eingestellte Verhandler bessere Ergebnisse erzielen als Verhandler mit einer Tendenz zum Pessimismus, was die eigenen Annahmen betrifft.[23]

V. Reactive Devaluation – Reaktive Abwertung

880 Einher mit der überoptimistischen Selbsteinschätzung (Rn. 878 f.) geht häufig eine reaktive Abwertung (*„reactive devaluation"*) der Vorschläge und Argumente der Gegenseite.[24] Hiermit ist die Tendenz gemeint, Vorschläge und Argumente allein deshalb abzuwerten, weil sie nicht von einem selbst, sondern von der anderen Partei kommen.[25] Eine inhaltliche Prüfung des Arguments oder des Vorschlags erfolgt dabei nicht. Vielmehr erhält alles, was von der anderen Verhandlungspartei kommt, von vornherein eine negative Färbung. Die reaktive Abwertung von Argumenten oder Vorschlägen beruht dabei auf der fehlerhaften Annahme: *„Mit ihren Argumenten und Vorschlägen will die Gegenseite ihre eigene Position durchsetzen. Was aber im Interesse meines Kontrahenten liegt, kann unmöglich in meinem Interesse liegen. Deshalb ist es richtig, wenn ich allem, was meine Kontrahenten sagen, mit größter Skepsis begegne oder es gar nicht erst zur Kenntnis nehme."*[26]

881 In Verhandlungen lässt sich diese kognitive Verzerrung vor allem dann beobachten, wenn die andere Verhandlungspartei weniger als Partner, denn als Gegner wahrgenommen wird. Die reaktive Abwertung führt dann im Ergebnis dazu, dass Verhandler das Ausmaß eines Entgegenkommens des Gegenübers nicht erkennen, ihrerseits nicht mit einem Zugeständnis gleicher Größe reagieren oder gar weitere Zugeständnisse vom Gegenüber verlangen.[27]

---

20 Risse, Wirtschaftsmediation, § 2 Rn. 196.
21 Lewicki/Barry/Saunders, Essentials of Negotiation, S. 153 f.
22 Siedel, Negotiation for Success, S. 72.
23 Lewicki/Barry/Saunders, Essentials of Negotiation, S. 154.
24 Risse, Wirtschaftsmediation, § 2 Rn. 205.
25 Lewicki/Barry/Saunders, Essentials of Negotiation, S. 156.
26 Risse, Wirtschaftsmediation, § 2 Rn. 205.
27 Lewicki/Barry/Saunders, Essentials of Negotiation, S. 156.

Minimieren lässt sich der Effekt auf der eigenen Seite allerdings dadurch, dass ein unbeteiligter Dritter (zB ein Rechtsanwaltskollege) hinzugezogen und um eine **objektive Beurteilung** des Vorschlags der anderen Verhandlungspartei gebeten wird.[28] Weicht dessen Einschätzung merklich von der eigenen Beurteilung ab, sollte sich der Verhandler fragen, ob die eigene Bewertung des gegnerischen Vorschlags nicht durch den Effekt der reaktiven Abwertung beeinträchtigt ist.

Um zu verhindern, dass die Gegenseite die eigenen Vorschläge abwertet, kann es empfehlenswert sein, diese so zu formulieren, dass sie als **eigene oder gemeinsam entwickelte Ideen** wahrgenommen werden,[29] zB indem ein Vorschlag nur angedeutet wird, so dass ihn die andere Verhandlungspartei weiterentwickeln kann.[30]

VI. Endowment-Effect – Der Besitztumseffekt

Der Besitztumseffekt (*„endowment effect"*) beschreibt das verhaltensökonomische Phänomen, dass Menschen ein Gut deutlich höher bewerten, wenn sie es besitzen oder wenn sie glauben, es zu besitzen. Wer einen Gegenstand besitzt, hält ihn regelmäßig für wertvoller als derjenige, der ihn erst erwerben will. Dieser Effekt wird darauf zurückgeführt, dass die Hinzunahme als Gewinn empfunden wird, während die Abgabe einem Verlust gleichkommt, der mehr schmerzt. Die Bewertung eines Gegenstands hängt demnach auch davon ab, ob er in Verbindung mit einem Gewinn oder Verlust gesehen wird.[31]

In Verhandlungen kann der Besitztumseffekt im schlimmsten Fall dazu führen, dass ein positiver Verhandlungsspielraum nicht erkannt wird, weil die abgebende Partei den Verhandlungsgegenstand wesentlich höher bewertet als die erwerbende Partei. In Verhandlungen geht es außerdem oftmals um einen virtuellen oder potenziellen Besitz, der entsteht, weil Parteien steigende Wertschätzung und Verbundenheit zu einem bestimmten Verhandlungselement entwickeln. Der endowment effect lässt sich durch neutrale Bewertungen, denen die Gegenseite vertrauen kann, abmildern.[32]

VII. The winner's curse

Der sog. *„winners' curse"* (Fluch des Gewinners) tritt häufig in kompetitiven Verhandlungen, insbesondere bei Auktionen (so zB auch in Bieterverfahren bei M&A-Transaktionen) auf. Mit dem Begriff wird das Phänomen beschrieben, dass der Meistbietende in Versteigerungen bei unvollständiger Informationslage oft der wahre Verlierer ist, weil er zu viel für das von ihm ersteigerte Stück bezahlt hat.

Die Ökonomen *Max Bazerman* und *William Samuelson* haben diesen Effekt 1983 in einem Experiment nachgewiesen. Sie versteigerten unter ihren Studenten einen mit Münzen gefüllten Krug. Zwar lag das durchschnittliche Gebot aller Studenten unter dem Wert des Kruges, doch das durchschnittliche Gebot, das die Auktion gewann,

---

28 Lewicki/Barry/Saunders, Essentials of Negotiation, S. 156.
29 Risse, Wirtschaftsmediation, § 2 Rn. 206.
30 Jung/Krebs, Vertragsverhandlung, S. 324.
31 Ausführlich Kahneman/Knetsch/Thaler, Anomalies. The Endowment Effect, Loss Aversion, and Status Quo Bias, in The Journal of Economic Perspective, Vol. 5, No. 1, 1991, S. 193–206. Jung/Krebs, Vertragsverhandlung, S. 169.
32 Jung/Krebs, Vertragsverhandlung, S. 169.

Wagner

überstieg dessen Wert deutlich. Die Meistbietenden der Auktionen zahlten also regelmäßig zu viel für den ersteigerten Krug.³³

888 Um dem Fluch des Gewinners nicht zu unterliegen, sollten sich Verhandler vor Abgabe ihres Angebots vorstellen, wie sie sich fühlen würden, wenn ihr Gegenüber ihr Angebot sogleich akzeptieren würde. Wahrscheinlich hätten sie das Gefühl, ein schlechtes Geschäft gemacht zu haben. Je größer die Bewertungsunsicherheit ist, desto geringer sollte daher das eigene Angebot sein. Zwar besteht dann die Möglichkeit, dass die Verhandlung nicht fortgeführt wird. Zugleich sinkt aber die Gefahr, überteuert einzukaufen. Letztlich lässt sich nur mit einer **sorgfältigen Vorbereitung** und der damit einhergehenden Verbesserung der eigenen Informationslage verhindern, dass ein überhöhtes Angebot abgegeben wird, das nachher bereut wird.³⁴

VIII. Framing

889 Schließlich beeinflusst in Verhandlungen auch die Art der Darstellung von Informationen das Beurteilungs- und Entscheidungsverhalten des Gegenübers.³⁵ Die Wissenschaftler *Amos Tversky* und *Daniel Kahneman* haben diesen sog. **Framing-Effekt 1981** grundlegend in einer Reihe von Studien nachgewiesen.³⁶ In einer davon sollten sich die Teilnehmer vorstellen, dass eine unbekannte asiatische Krankheit ausgebrochen sei, die 600 Leben fordern könnte. Der US-Regierung sei es zwischenzeitlich gelungen, verschiedene Alternativen für den Umgang mit der Krankheit zu entwickeln. Die Teilnehmer der Studie sollten entscheiden, welche Alternative sie bevorzugen würden.

890 Die erste Gruppe von Teilnehmern konnte zwischen Programm A und Programm B wählen. Programm A versprach, dass 200 von 600 Personen gerettet werden. Bei Programm B bestand hingegen eine Wahrscheinlichkeit von einem Drittel, dass 600 Personen gerettet werden, allerdings auch eine zwei Drittel Wahrscheinlichkeit, dass niemand gerettet wird. 72 Prozent der Befragten bevorzugten Programm A. Lediglich 28 Prozent entschieden sich für Programm B.

891 Die zweite Gruppe sollte sich zwischen Programm C und D entscheiden. Für den Fall, dass Programm C zur Anwendung kommen sollte, würden 400 Menschen sterben. Bei Programm D bestand eine Wahrscheinlichkeit von einem Drittel, dass niemand sterben würde, aber auch eine zwei Drittel Wahrscheinlichkeit, dass 600 Menschen sterben würden. Obwohl die Programme A und C sowie B und D inhaltlich identisch waren,³⁷ entschieden sich hier 78 Prozent der Teilnehmer für Programm D und nur 22 Prozent für Programm C.

892 *Tversky* und *Kahneman* folgerten hieraus, dass ein sicherer Gewinn gegenüber der Chance auf einen höheren Gewinn bevorzugt werde (A gegenüber B), während der

---

33 Bazerman/Samuelson, I won the auction but I don't want the prize, in: Journal of conflict resolution, Vol. 27, No. 4, 1983, S. 618–634. Vgl. auch Thaler, Anomalies: The Winners' Curse, in: Journal of Economic Perspectives, Vol. 2, No. 1, 1988, S. 191–202 (193).
34 Lewicki/Barry/Saunders, Essentials of Negotiation, S. 153.
35 Vgl. Jung/Krebs, Vertragsverhandlung, S. 195.
36 Tversky/Kahneman, The Framing of Decisions and the Psychology of Choice, in: Science, Vol. 211, 30 January 1981, 453 ff.
37 Das Zahlenverhältnis von 200 Überlebenden zu 400 Todesopfern ist bei den Optionen A und C sowie B und D gleich. Die jeweiligen Programmpaare unterscheiden sich lediglich in der Art ihrer Präsentation. Während bei den Programmen A und B die Rettung von Menschen im Vordergrund steht, geht es bei C und D um die Zahl der Todesopfer.

sichere Verlust gemieden und die Chance auf einen geringeren Verlust gesucht werde (D gegenüber C).[38]

Übertragen auf eine Verhandlungssituation bedeutet diese Erkenntnis, dass die Einstellung des Verhandlers zum Verhandlungsgegenstand und dessen Herangehensweise an die Verhandlung stark davon abhängen können, wie ihm Informationen – unabhängig von ihrem Inhalt – präsentiert werden. So tendieren Menschen dazu, sich bei einem **positiven** *framing* (die positiven Folgen werden hervorgehoben) risikoavers zu verhalten, während ihre Risikobereitschaft bei einem **negativen** *framing* steigt.[39] Verhandler in einem *gain frame* neigen etwa häufiger dazu, sich auf ein Angebot einzulassen, während Verhandler in einem *loss frame* eher geneigt sind, ein Risiko einzugehen und die Verhandlung fortzusetzen. Der Einsatz einer geeigneten Framing-Strategie kann daher erheblichen Einfluss auf das Verhandlungsergebnis haben.

IX. Zusammenfassung

1. Verhandlung beinhalten komplexe Informationsverarbeitungs- und Entscheidungsprozesse. Verhandlungsführer greifen daher häufig (unbewusst) auf Heuristiken zurück, mit denen nicht selten kognitive Verzerrungen einhergehen.
2. Hierzu zählen vor allem die folgenden: (I.) Fixed-pie assumption, (II.) escalation of commitment, (III.) der Ankereffekt, (IV.) der Selbstüberschätzungseffekt, (V.) die reaktive Abwertung, (VI.) der Besitztumseffekt und (VII.) der Fluch des Gewinners.
3. Schließlich beeinflusst in Verhandlungen auch die Art der Darstellung von Informationen das Beurteilungs- und Entscheidungsverhalten des Gegenübers. Der Einsatz einer geeigneten Framing-Strategie kann daher erheblichen Einfluss auf das Verhandlungsergebnis haben.

§ 39 Emotionen in Verhandlungen

Verhandlungen sind alles andere als ein rein rational ablaufender Prozess. Verschiedene wissenschaftliche Untersuchungen zeigen, dass die Emotionen der Verhandlungsparteien einen wesentlichen Einfluss auf den Ablauf von Verhandlungen haben.[1] Auch wenn es in Verhandlungen im anwaltlichen Bereich regelmäßig um materielle Dinge wie Geld geht, handelt niemand ohne Emotionen.[2] Es ist ein Irrglaube, dass Gefühle nur in familienrechtlichen Auseinandersetzung eine Rolle spielen. Im Gegenteil: Emotionen können in jedweden Rechtsstreitigkeiten und Vertragsverhandlungen hochkochen.[3] In sämtlichen Verhandlungen im anwaltlichen Kontext handeln nicht anonyme Vertreter „der anderen Seite", sondern reale Menschen mit realen Gefühlen und Werten.[4] Daher gilt hier wie dort: Emotionen sind Teil des Lebens. Genauso wie Menschen nicht aufhören können, Gedanken zu haben, können sie nicht aufhören, Emotionen zu unterliegen.[5] (Anwaltliche) Verhandlungen sind oft schon voller Emotionen, bevor

---

38 Tversky/Kahneman, The Framing of Decisions and the Psychology of Choice, in: Science, Vol. 211, 30 January 1981, S. 453.
39 Jung/Krebs, Vertragsverhandlung, S. 195.
1 Ausführlich Craver, Effective Legal Negotiation and Settlement, S. 157 ff.
2 Vgl. Duve/Eidenmüller/Hacke/Fries, Mediation in der Wirtschaft, S. 128.
3 Mnookin/Peppet/Tulumello, Beyond Winning, S. 166.
4 Duve/Eidenmüller/Hacke/Fries, Mediation in der Wirtschaft, S. 128.
5 Fisher/Shapiro, Building agreement: using emotions as you negotiate, S. IX.

sich die Parteien überhaupt an den Verhandlungstisch begeben haben. Anstatt also zu versuchen, Emotionen zu unterdrücken und möglichst aus Verhandlungen raus zu halten, was nahezu unmöglich ist, sollte lieber aktiv mit ihnen umgegangen werden.

896 Nach den Verhandlungsforschern *Roger Fisher* und *Daniel Shapiro* sind Emotionen „gefühlte Erfahrungen" (*„felt expericence"*), die sich darauf auswirken, wie jemand in einer Situation denkt und sich verhält.[6] Während **positive Emotionen** dazu genutzt werden können, die Beziehung zur anderen Verhandlungspartei zu verbessern und gegenseitig vorteilhafte Vereinbarungen zu finden, können **negative Emotionen** die Fähigkeit einer Verhandlungspartei beeinträchtigen, vernünftige Entscheidungen zu treffen, ferner die Beziehungen zur anderen Partei verschlechtern und schließlich gar einer Einigung entgegenstehen.[7]

897 Bei Verhandlungen sollte daher immer auf die eigenen Emotionen und die der anderen Seite, insbesondere auf die des Verhandlungsführers, aber auch die anderer an der Entscheidung beteiligter Personen geachtet werden. Angesichts der immensen Auswirkungen, die negative Emotionen auf den Erfolg einer Verhandlung haben können, gibt das nachfolgende Kapitel einen Überblick, wie in einer Verhandlung negative Emotionen erkannt werden können und wie mit ihnen umgegangen werden sollte. Zudem wird auf mögliche Auslöser für negative Emotionen eingegangen.

I. Negative Emotionen und ihre Auswirkungen

898 Nach *Fisher* und *Shapiro* können negative Emotionen (wie zB Ungeduld, Angst, Ärger, Wut, Enttäuschung, Zorn) im Wesentlichen in zweierlei Hinsicht dazu führen, dass Verhandlungen scheitern: erstens, indem sie bei den Parteien einen **Tunnelblick** hervorrufen, und zweitens, indem sie den Verhandlungsführer dazu bringen, die Kontrolle über sich und über das Verhandlungsgeschehen zu verlieren (**Kontrollverlust**).[8] Dabei lenken negative Emotionen nicht nur die Aufmerksamkeit der Verhandlungsparteien von dem ab, was in der Verhandlung wirklich wichtig ist. Sie können auch die Kontrolle über das Verhalten der Parteien übernehmen und ihre Beziehung nachhaltig beschädigen.

899 Negative Emotionen sind ansteckend und wirken sich häufig auf das jeweilige Gegenüber aus. In Verhandlungen haben negative Emotionen regelmäßig folgende Effekte:[9]

Beziehungen	Die Beziehung der Verhandlungsparteien verschlechtert sich, was schließlich dazu führen kann, dass sich die Parteien nicht mehr trauen.
Kommunikation	Die Kommunikation zwischen den Parteien nimmt ab und wird konfrontativer.
Interessen	Die Verhandlungsparteien ignorieren ihre eigenen Interessen und die des Gegenübers und verfallen auf Maximalforderungen.

---

6 Fisher/Shapiro, Building agreement: using emotions as you negotiate, S. 4.
7 Vgl. Craver, Effective Legal Negotiation and Settlement, S. 158.
8 Fisher/Shapiro, Building agreement: using emotions as you negotiate, S. 146.
9 Vgl. Fisher/Shapiro, Building agreement: using emotions as you negotiate, S. 10; Craver, Effective Legal Negotiation and Settlement, S. 159 f.

Optionen	Die Parteien zweifeln, ob Kooperationsgewinne möglich sind. Sie fangen an, die Verhandlung als Nullsummenspiel zu sehen, indem es nur zwei Möglichkeiten gibt: entweder setzt sich die eine Partei mit ihrer Position durch oder die andere.
Legitimität	Die Parteien beginnen darüber zu streiten, wer im Recht und wer im Unrecht ist.
BATNA	Die Verhandlungsparteien brechen die Verhandlung ab, auch wenn ihre BATNA schlechter ist.
Vertragsreue	Die Verhandlungsparteien bereuen, eine Einigung erzielt zu haben.

Gleichwohl sind negative Emotionen in Verhandlungen nicht per se schlecht. Verärgerung, Wut und andere negative Emotionen können auch als **Warnsignal** dienen und so die Parteien dazu bringen, sich dem Problem zu stellen und nach einer Lösung zu suchen.[10] Gezielt eingesetzt, können negative Emotionen daher uU auch ein taktisches Mittel sein (Rn. 904 f.).

II. Umgang mit eigenen negativen Emotionen

Um sich in einer Verhandlung nicht von eigenen negativen Emotionen nachteilig beeinflussen zu lassen, sollten Verhandlungsführer regelmäßig ihren emotionalen Zustand überprüfen, selbst dann, wenn die Verhandlung (noch) harmonisch verläuft. *Fisher* und *Shapiro* beschreiben diese Technik mit dem schönen Begriff *„taking your emotional temperature"*[11]. Danach sollten die Verhandlungsparteien sich regelmäßig hinterfragen, ob ihre Emotionen beherrschbar sind, sich zu erhitzen beginnen oder drohen überzukochen.

Zeigt sich – um im Bild zu bleiben –, dass die Temperatur steigt, ist es für die jeweilige Verhandlungspartei an der Zeit, **Gegenmaßnahmen** zu ergreifen (etwa die Änderung der Körperhaltung in eine entspanntere Position, mehrmaliges tiefes Ein- und Ausatmen, stilles Zählen von 1 bis 10, bevor geantwortet wird, das Bitten um eine kurze Unterbrechung der Verhandlung, etc). Von Vorteil ist es, wenn sich die jeweilige Verhandlungsführer bereits im Vorfeld der Verhandlung geeignete **Strategien** zurechtgelegt haben, um zu verhindern, dass in der Hitze der Emotion Sachen gesagt werden, die rückblickend besser ungesagt geblieben wären. Nimmt der eigene Mandant an der Verhandlung teil, sollten diese Strategien vorab abgesprochen sein. In der Praxis erfolgt eine solche Absprache leider viel zu selten, mit der Folge, dass die eigenen Mandanten oft verdutzt bis verärgert reagieren, wenn der eigene Rechtsanwalt etwa um eine kurze Unterbrechung der Verhandlung bittet.

III. Umgang mit fremden negativen Emotionen

Was aber tun, wenn die andere Verhandlungspartei emotional reagiert, ihre Gefühle gar in einer verletzenden Art und Weise zum Ausdruck bringt? Nicht selten reagieren Verhandlungsparteien auf Gefühlsausbrüche des Gegenübers mit Zugeständnissen, um eine (weitere) Eskalation zu vermeiden. Durch ihr Nachgeben schaffen sie jedoch lediglich einen für sie nachteiligen Präzedenzfall und verringern den Gesamtwert des möglichen Verhandlungsergebnisses. Das eigentliche Problem hinter dem Gefühlsaus-

---

10 Craver, Effective Legal Negotiation and Settlement, S. 161.
11 Fisher/Shapiro, Building agreement: using emotions as you negotiate, S. 148.

bruch lösen sie hierdurch nicht. Anstatt die Probleme auf der emotionalen Ebene durch ein Nachgeben auf der inhaltlichen Ebene lösen zu wollen, schlägt die Verhandlungsforscherin *Babara Gray* folgende alternative Vorgehensweise vor:[12]

(1) In einem ersten Schritt sollte die Emotion von der Art und Weise, wie sie zum Ausdruck gebracht wurde, getrennt werden. Was könnte die andere Partei bewogen haben, auf diese Art und Weise zu reagieren? Welches Interesse könnte für sie so wichtig sein, dass es ihr Verhalten rechtfertigt?

(2) Um diese Fragen beantworten zu können, ist es erforderlich, sich in das Gegenüber hineinzuversetzen. Dies bedeutet nicht, dass das unangemessene Verhalten akzeptiert werden sollte. Der emotionale Ausbruch sollte jedoch als Ausdruck eines legitimen Interesses verstanden werden, das in der Verhandlung angesprochen werden sollte.

(3) Häufig sind starke Emotionen lediglich ein Versuch, sich Gehör zu verschaffen. Im Falle eines unangemessenen Gefühlsausbruchs sollte der anderen Seite daher vermittelt werden, dass sie mit ihrem Anliegen gehört wird. Das heißt nicht automatisch, dass man mit dem Anliegen einverstanden sein muss oder gar zu Zugeständnissen bereit ist. Das Gegenüber wird lediglich als Mensch mit Gefühlen akzeptiert. Nicht selten kommt es der anderen Verhandlungspartei gerade hierauf an.

(4) In einem vierten Schritt sollte schließlich das hinter dem Gefühlsausbruch steckende Interesse durch gezielte Nachfragen erforscht werden. Erst wenn das eigentliche Anliegen bekannt ist, ist es möglich, von der emotionalen Ebene zur Sachebene überzugehen und das eigentliche Anliegen der anderen Verhandlungspartei zum Gegenstand der Verhandlungen zu machen.

IV. Taktischer Einsatz von negativen Emotionen

904 Angesichts des nicht zu vernachlässigenden Einflusses, den starke Emotionen wie Wut und Enttäuschung auf das Gegenüber in einer Verhandlung haben können, lassen sich Emotionen durchaus auch **als taktisches bzw. manipulatives Mittel** in einer Verhandlung einsetzen.[13] Nicht selten versuchen Verhandlungsführer durch echte oder vorgetäuschte Gefühlsausbrüche ihr Gegenüber dazu zu bringen, Zugeständnisse zu gewähren oder andere Maßnahmen zu ergreifen. Die Strategie dahinter ist denkbar einfach: Die starken Emotionen sollen die andere Verhandlungspartei unter Druck setzen und ein Entgegenkommen erzwingen.

905 Wissenschaftliche Studien zeigen jedoch, dass derartige Taktiken auch nach hinten losgehen können. Insbesondere wenn für die andere Verhandlungspartei wenig auf dem Spiel steht, haben zum Beispiel Wut und Verärgerung wenig bis keinen positiven Einfluss auf das eigene Verhandlungsergebnis.[14] Im Gegenteil: Übertriebene Emotionen können die Verhandlung sogar ruinieren. Eine Studie an der *University of New Hampshire* zeigt etwa, dass gerade gespielter Ärger zum Scheitern der Verhandlungen führen

---

12 Gray, Negotiating with Your Nemesis, in: Negotiation Journal 2003, 19, 4, S. 299–310 (307 f.).
13 Craver, Effective Legal Negotiation and Settlement, S. 162.
14 Vgl. Craver, Effective Legal Negotiation and Settlement, S. 162 mwN.

kann. Wut zu heucheln, ist nach Auffassung des Forscherteams Ressourcenverschwendung. Besser sei es, sachbezogen zu verhandeln.[15]

V. Zusammenfassung

1. Verhandlungen sind kein rein rational ablaufender Prozess. Im Gegenteil: Die Emotionen der Verhandlungsparteien haben einen wesentlichen Einfluss auf den Verhandlungsablauf.
2. So können negative Emotionen zum einen dadurch zum Scheitern der Verhandlungen führen, indem sie bei den Verhandlungsparteien einen Tunnelblick hervorrufen. Zum anderen können negative Emotionen dazu führen, dass ein Verhandlungsführer die Kontrolle über sich und das Verhandlungsgeschehen verliert.
3. Verhandlungsführer sollten daher fortlaufend ihren emotionalen Zustand überprüfen und sich fragen, ob ihre Emotionen beherrschbar sind, sich zu erhitzen beginnen oder drohen überzukochen. Je nachdem sollten geeignete Gegenmaßnahmen ergriffen werden.
4. Auf Gefühlsausbrüche der anderen Verhandlungspartei sollte nicht mit Zugeständnissen reagiert werden. Vielmehr sollte das eigentliche Problem hinter dem Gefühlsausbruch erforscht werden. Ist das eigentliche Anliegen des Gegenübers bekannt ist, kann von der emotionalen Ebene zur Sachebene übergegangen werden.

---

15 Campagna/Mislin/Kong/Bottom, Strategic consequences of emotional misrepresentation in negotiation: The blowback effect., in: Journal of Applied Psychology, Vol 101(5), May 2016, S. 605–624.

Stichwortverzeichnis

Die Angaben verweisen auf die Randnummern des Buches.

30-Prozent-Regel 823
Abtretung 90
– Gegenstrategien 94
– Gewinnung von Zeugen 92 f.
Agenda 784, 792
Aktives Zuhören 856
Aktivlegitimation 85
– Ermittlung des Anspruchsinhabers 88
Anbeweis 253
Anchoring 872 ff.
Anerkenntnis der Klageforderung 355 f.
– Sofortiges Anerkenntnis 77, 324, 357 f.
Anerkenntnisse, materiellrechtliche 185 ff.
Anhängigkeit 10
Ankereffekt 872 ff.
– erstes Angebot 874 ff.
– Gegenanker 875 ff.
Anscheinsbeweis 198 ff.
Anspruch im prozessualen Sinne 260
Anwaltliche Pflichten 63 ff.
– Beratung über Rechtsmittel 488 f.
– Empfehlungen des Gerichts 68
– Informationsbeschaffung 74 ff.
– sicherster Weg 70
– umfassende Beratung 64 ff., 172
– Vergleichsabschluss 386 f.
– Weisungsgebundenheit 71
Arrest 640
Aspiration point 732
Aufrechnung
– Hilfsaufrechnung 349, 354
– Präklusion wegen Verspätung 351 ff.
– Prozessaufrechnung 349 ff.
– Rücknahme oder Änderung der Tilgungsreihenfolge 351 ff.
Ausforschungsbeweis 141, 152, 595 f.
Auskunft, amtliche 218

Ausländisches Recht 69, 231
Basarverhalten 693
BATNA 711, 723 ff., 768
– Bestimmung 769
– Bewertung 737
– Selbstüberschätzung 878
– Verhandlungserfolg 725 f.
– Verhandlungsmacht 726
Bedingungen, innerprozessuale 308 f.
Begrüßung 790
Beibringungsgrundsatz 4, 140
Bereicherungsrecht 168 f.
Berufung 511 ff.
– Anschlussberufung 576 ff.
– Anträge 519 ff., 533
– Aufhebung und Zurückverweisung 583
– Aufrechnung 581
– Begründung 516 ff.
– Berufungserwiderung 575
– Berufungsgründe 523 ff.
– Beschwer 512 ff.
– Beweisaufnahme 542 ff.
– Beweiswürdigung 540
– Einlegung 515
– Hilfs-Anschlussberufung 579
– Hinweispflicht 558
– Klageänderung 581
– materiellrechtliche Gestaltungsrechte 566
– Nachlässigkeit 563 ff.
– Neuheit von Angriffs- und Verteidigungsmitteln 548 ff.
– Novenverbot 21, 528, 547 ff.
– Novenverbot, Ausnahmen 556 ff.
– Rechtsverletzungen 524 f., 534 f., 557
– Tatsachenfeststellungen 526 f., 536 ff.
– Unstreitiges Vorbringen 569
– Verfahrensfehler 537 ff., 560 ff.
– Vertragsauslegung 541
– Widerklage 581

– Zurückweisung durch Beschluss 584
Besitztumseffekt 884 f.
Bestreiten 333 ff.
– Bestreiten mit Nichtwissen 339 ff.
– einfaches und qualifiziertes Bestreiten 335 ff.
– pauschales Bestreiten 334
Beweis
– Beweisaufnahme 391 ff.
– Beweiserleichterungen, gesetzliche 190 ff.
– Beweisvereitelung 206
– Beweisverwertungsverbote 216
– Beweiswürdigung, antizipierte 153, 209, 226, 229a
– Erschöpfung der Beweismittel 208
– Freibeweis 219
– Gegenbeweis 210 ff., 343
– Indizienbeweis 214 f.
– Strengbeweis 217
– Unmittelbarkeit der Beweisaufnahme 223
– Vollbeweis 189
Beweiskraft des Urteilstatbestandes 482, 549 ff.
Bewertungskriterien 782
Beziehungsaufbau 789 f.
Beziehungsebene 711, 713
Bridging 817

Darlegungs- und Beweislast
– Aufrechnung 349
– Bedeutung 159
– Beweislastumkehr 173 ff.
– Günstigkeitsprinzip 161
– Negative Feststellungsklage 301
– reguläre Verteilung 162 ff.
– sekundäre Darlegungslast 166 ff.
Daumenregeln 865
Deal-breaker 734 ff.
Dispositionsmaxime 3
Distributives Verhandeln
– Grundprinzip 693
– Stilarten 697
Effizienz 708

Einigungsbereich 739 ff., 820, 821
– negativer 741
– positiver 740
Einigungsoptionen 711, 719
Einreden 163
– Begriff 165
– Formalia 348
– Geltendmachung 347 f.
Einstweiliger Rechtsschutz 639
Einstweilige Verfügung
– Berufung 675
– Beschlussverfügung 659 ff.
– Darlegungs- und Glaubhaftmachungslast 668 f.
– Dringlichkeitsvermutung im Wettbewerbsrecht 648
– forum-(s)hopping 657
– Gegenverfügung 674
– Gesellschaftsrecht 650
– Herausgabe 649
– Interessenabwägung 652 ff.
– Leistungsverfügung 642
– Novenverbot 675
– Regelungsverfügung 641
– Schadensersatz 681
– Schriftsatznachlass 672 f.
– Schutzschrift 661
– Sicherungsverfügung 641
– Unterlassungsverfügung 647
– Urteilsverfügung 658
– Verfügungsanspruch 643
– Verfügungsgrund 644 ff.
– Vertagung 672 f.
– Vollziehung 677 ff.
– Vorwegnahme der Hauptsache 649 ff.
– Widerspruch 662
– Zurückweisung wegen Verspätung 672 f.
– Zuständigkeit 656 f.
Emotionen 895 ff.
– negative Emotionen 898 ff.
– taktischer Einsatz 904 f.
Endowment-Effect 884 f.
Entscheidung nach Aktenlage 462 ff.
Erbenhaftung 328

Stichwortverzeichnis

Erledigung des Rechtsstreits 355 f.
- Begriff 490
- Einseitige Erledigungserklärung 491
- Erledigung vor Rechtshängigkeit 497
- Hilfsweise Erledigungserklärung 493
- Taktisches Vorgehen 492
- Übereinstimmende Erledigungserklärung 490

Erstes Angebot 822 f., 874 ff.

Escalation of Commitment 869 ff.

Eskalationsklausel 841

falsa demonstratio non nocet 181, 225

Feststellungsklage 290 ff.
- Feststellungsinteresse 295
- Negative Feststellungsklage 94, 299 ff., 318
- Schadensersatzpflicht 296 ff.
- Vorrang der Leistungsklage 297 f.
- Zwischenfeststellungsklage 302 f.

Finales Angebot 832

Fixed pie assumption 867 f.

Fluch des Gewinners 733

Flucht in die Klageänderung oder -erweiterung 474 ff.

Flucht in die Klagerücknahme 478 f.

Flucht in die Säumnis 448 ff.
- Gegenstrategien 460 ff.
- Taktisches Vorgehen 453 ff.

Flucht in die Widerklage 470 ff.

Focal point 738

Fragen 797

Fragetechniken 861 ff.
- geschlossene Fragen 863
- offene Fragen 862

Framing 889 ff.

Früher erster Termin 12 ff.
- Klageerwiderungsfrist 14

Gain frame 893

Gefangenendilemma 744 ff.

Gerechtigkeit 708

Gerichtsstand
- Allgemeiner Gerichtsstand 123 f.
- Ausschließlicher Gerichtsstand 121
- Erbschaft 127

- Erfüllungsort 128
- gerichtliche Bestimmung 135
- Mitgliedschaft 126
- taktische Erwägungen 131 f.
- Unerlaubte Handlung 129
- Wettbewerbsrecht 130

Geschlossene Fragen 863

Gesellschaft bürgerlichen Rechts
- Aktivprozess 86
- Passivprozess 103 f.

Gespräche unter vier Augen 94, 255 ff.

Gestaltungsklagen 304 f.

Geständnis
- Geständnisfiktion 332
- Rechtsfolgen 344
- Vermeidung 346
- Voraussetzungen 345 f.

Getting to Yes 710

Glaubhaftmachung 220, 664 ff.
- Anwaltliche Versicherung 666
- Eidesstattliche Versicherung 666

Good cop/bad cop 827

Güteverfahren 79

Hartes Verhandeln 697, 699

Harvard-Konzept 709 ff.

Harvard Negotiation Project 709

Haupt- und Hilfsanspruch 315 f.

Haupt- und Hilfsvortrag 154 ff.

Heuristiken 865 ff.

Hidden agendas 763

Hilfsantrag 310 ff.
- Änderung der Reihenfolge 312
- echter und unechter Hilfsantrag 313

Hinweispflicht des Gerichts 151, 227, 430 ff.
- Dokumentation 561

Information 743

Informationsbeschaffung 797

Informationskontrolle 799

Informationsphase 796 ff.

Integratives Verhandeln 701
- Grundprinzip 702

Interessen 702, 705 f., 715 ff., 730, 763 f.
Interessenausgleich 716
Interessenorientiertes Verhandeln 702
Intuitives Verhandeln 693
iura novit curia 4, 67, 412

Kaufrecht 171
Klageänderung 312
- Objektive Klageänderung 474
- Sachdienlichkeit 476
- Subjektive Klageänderung 101, 370
Klageantrag 259 ff., 270 ff.
- Bestimmtheit 271
- Freistellung 278 ff.
- Herausgabe 277
- Unterlassung 281 ff.
- Zahlungsanträge, bezifferte 273 f.
- Zahlungsanträge, unbezifferte 275 f.
- Zug-um-Zug-Verurteilung 284 ff.
Klageerweiterung
- Objektive Klageerweiterung 474
- Subjektive Klageerweiterung 101
Klageerwiderung
- Antrag 326 ff.
- Frist, Verlängerung 325
- Verteidigungslinien 329
Klagehäufung
- Alternative Klagehäufung 316
- Eventualklagehäufung 311, 315 f.
- objektive Klagehäufung 314
- subjektive Klagehäufung 23
Klagerücknahme 478 f., 494 ff.
- Kosten 496
- schuldrechtliche Verpflichtung 498
Kognitive Verzerrungen 865 ff.
Kommunikation 846 ff.
- Kommunikationsquadrat 852 f.
- nonverbal 847 ff., 849 ff.
- paraverbal 849
- Störungen 853
- Techniken 854 ff.
- verbal 847 ff., 849
- Vier-Seiten-Modell 852 f.
Kommunikationsquadrat 852 f.
Kommunikationsstörungen 853

Kommunikationstechniken 854 ff.
- aktives Zuhören 856 f.
- Fragen 861 ff.
- Paraphrasieren 859
- Verbalisieren 860
- Zuhören 855 ff.
Kompetitives Verhandeln 693
Kompromiss 695, 704, 729
Konfliktverhandlung 690, 771
Konzessionen 824 ff.
- Größe 826
- Sequenz 826
- Strategie 826
Konzessionsstrategie 782 f.
Kooperationsgewinn 706, 801 ff., 803

Logrolling 817
Loss frame 893
Lösungsoptionen 718
Lowball/Highball 827

Mahnung 77 f.
Mahnverfahren 625 ff.
- Einspruch 629
- Mahnbescheid 626
- Risiken 634
- Taktik 631 ff.
- Verjährungshemmung 633 ff.
- Vollstreckungsbescheid 629
- Widerspruch 627 f.
Maximalforderung 693
Maximalziel 732 f., 766, 820
- Festlegung 733
Mehrwert 707
Mental shortcuts 865
MESO-Technik 817
Minimalziel 734 ff., 766, 820
- Ermittlung 737
Mündliche Verhandlung 16 ff., 375 ff.
- Ergebnis der Beweisaufnahme 400 ff.
- Güteverhandlung 380 f.
- kurzfristige Verhinderung 377
- persönliches Erscheinen 388 ff.
- Rechtsgespräch 383 f.

Stichwortverzeichnis

- Schluss der mündlichen Verhandlung 403
- Terminsverlegung 376
- Vergleichsgespräche 385 ff.
- Videokonferenz 17
- Wiedereröffnung 408

Mutual gain 705

Nachbereitung 842 ff.

Nachverhandlung 837 f.

Nebenintervention
- Interventionsgrund 32 ff.
- Nebeninterventionswirkung 44 ff.
- streitgenössische Nebenintervention 48 f.
- Unterstützung der Partei 38 ff.
- Verfahren 35
- Zwischenstreit 36

Negotiation Dance 693

ne ultra petita 263

Nichteinigungsalternative 711, 737, 767 ff.
- Arten 770 f.
- Bedeutung 768
- Bewertung 772 ff.
- in Konfliktverhandlungen 777

non liquet 45, 159

Nonverbale Kommunikation 850 f.

Notfrist 13

Nullsummenannahme 867 f.

Nullsummenspiel 695, 764, 801

obiter dictum 45, 329

Objektive Beurteilungskriterien 721 f.

Offene Fragen 862

Orangenbeispiel 703 ff., 801, 807, 817

Overconfidence Bias 774, 878 f.

Paraphrasieren 859

Parteivernehmung 250 ff.

Parteivortrag, äquipolenter 157

Passives Zuhören 856

Passivlegitimation 99

Positionen 693 f., 706, 715 ff., 729

Post-Settlement-Settlement 837 f.

Präklusion wegen Verspätung
- Berufungsinstanz 410, 570 ff.
- Entscheidungsreife 423 f.
- Fristversäumung 415 f.
- grobe Nachlässigkeit 441
- keine Entschuldigung 417 f.
- Materiellrechtliche Gestaltungsrechte 566
- Rechtsfolgen 410, 435 f., 442
- schlüssiger, entscheidungserheblicher Vortrag 425
- Streitiger Vortrag 426 f.
- Verbot der Überbeschleunigung 420 ff.
- Verzögerung des Verfahrens 419 ff.
- Verzögerungsbegriff, absoluter 420
- Voraussetzungen 412 ff.

Präsente Beweismittel 446 ff., 667

Prinzipal 787

Prioritäten 764, 782

Privatgutachten 240, 597

Prozessförderungspflicht der Parteien 438 ff., 564 ff.

Prozessförderungspflicht des Gerichts
- Terminsvorbereitung 428 f.

Prozesshandlungen
- Auslegung 87, 261
- Zulässigkeit von Bedingungen 306 ff.

Prozessrechtsverhältnis
- Bedingungsfeindlichkeit 307

Prozessrisikoanalyse 778 ff.
- Eintrittswahrscheinlichkeit 778
- Entscheidungsbaum 778
- Gesamterwartungswert 778

Prozessstandschaft 96 f.

Prozesstaktik, Begriff 5

Prozessurteil 44

Prozessvergleich 500 ff.
- Druckvergleich 359
- Nichtigkeit 504
- Verfallklausel 359
- Widerrufsvergleich 505 f.
- Zwangsvollstreckung 507 ff.

Psychologische Aspekte der Verhandlung 845 ff.

Reaktive Abwertung 880 ff.
Rechtshängigkeit 11
- anderweitige 264
Rechtskraft
- persönliche und zeitliche Reichweite 268
- Rechtsfolgen 266
- sachliche Reichweite 267
Rechtstatsachen 76
Rechtsweg 110
reformatio in peius 533, 580
Reservationspunkt 734 ff., 737
- Berechnung 736 ff.
Sachbezogenes Verhandeln 709 ff.
Sachebene 711, 713
Sachurteil 44
Sachverständiger 231 ff.
- Obergutachten 239
- Vernehmung 399
Salami-Technik 817
Schiedsgericht 111
Schlüssigkeit der KlageErheblichkeit der VerteidigungRelationstechnik 330
Schmerzgrenze 734
Schriftliches Vorverfahren 12 ff.
- Fristen 324
- Klageerwiderungsfrist 13
- Versäumnisurteil 13
- Verteidigungsanzeige 13
Schriftsatznachlass 19
- auf gegnerischen Vortrag 405 ff.
- zu gerichtlichen Hinweisen 404
- zum Ergebnis der Beweisaufnahme 402
Selbstständiges Beweisverfahren 586 ff.
- Beweissicherung 588, 594
- Informationsbeschaffung 595 ff.
- Vergleichsbemühungen 598 f.
- Verjährungshemmung 593
- Voraussetzungen 587 ff.
Selbstüberschätzungseffekt 774, 878
Streitgegenstand 259 ff.
- Bedeutung 262 ff.

Streitgenossen 23
- einfache Streitgenossen 25 f.
- notwendige Streitgenossen 27 ff.
Streitverkündung
- Nebeninterventionswirkung 52
- Reaktionen des Streitverkündeten 58 ff.
- taktisches Ziel 50 ff.
- Verfahren 56 f.
- Verjährungshemmung 52
- Voraussetzungen 55
Stufenklage 287 ff.
Substantiierungsanforderungen 141 ff.
- Bezugnahme auf Anlagen 150
- Wechselwirkung mit gegnerischem Vortrag 148 f.
Sunk Costs Bias 869 ff.
Target point 732
Tatbestandsberichtigung 482 f., 552 ff.
Tatsache, doppelrelevante 129
Teilklage 317 ff.
- bedingte Erweiterung 319 ff.
Teilurteil 26, 472, 583
Überraschungsentscheidung 401, 431
Unbundling 817
Unterlassungsverpflichtung, strafbewehrte 180, 356
Urkundenbeweis
- Beweiskraft 240a
- Blankounterschrift 244
- Öffentliche Urkunden 241 f.
- Privaturkunden 243 ff.
- Vorlage durch Gegner oder Dritte 247 ff.
Urkundenprozess 601 ff.
- Abstandnahme 616 f.
- Beschränkung der Beweismittel 609
- Nachverfahren 621 ff.
- Präklusion von Einwendungen 609, 618
- Statthaftigkeit 602 ff., 613 ff.
- Vorbehaltsurteil 618 ff.
- Vorbehaltsurteil, Bindungswirkung 622
- Widerklage 610

Stichwortverzeichnis

Urteilsberichtigung wegen offenbarer Unrichtigkeit 481
Urteilsergänzung 484 ff.
Value claiming 818 ff.
Verbalisieren 860
Verhandlung
– Ablauf 751 f.
– Abschluss 829 ff.
– Arten 690
– Definition 689
– distributives Verhandeln 693
– Emotionen 895 ff.
– Grundbegriffe 728
– Grundformen 692
– integratives Verhandeln 701
– intuitives Verhandeln 693
– Kernphase 795
– Nachbereitung 842 ff.
– Planung 751 f.
– Umsetzung 840
– win-lose 695
Verhandlungsabschluss 829 ff.
– Abbruch 831 f.
– Einigung 833 f.
– Nachverhandlungs-Vereinbarung 837 f.
– vorläufige Übereinkunft 837 f.
– Weiterverhandeln 835 f.
Verhandlungsdilemma 743 ff.
– Grundproblem 744 ff.
– Management 748 f.
– Spannungsverhältnis 748
Verhandlungsebene 711
Verhandlungseinstieg 789 ff.
Verhandlungserfolg 725
Verhandlungsgegenstand 713, 803
Verhandlungskuchen 694, 702, 739 ff., 802
– Vergrößern 707
Verhandlungsmacht 726, 769
Verhandlungsmandat 784
Verhandlungsort 784
Verhandlungsphasen 751
Verhandlungsstil
– hartes Verhandeln 699

– weiches Verhandeln 698
Verhandlungstanz 825
Verhandlungsteam 785 ff.
– Mandantenteilnahme 787
– Rollenverteilung 786
– Zusammenstellung 786
Verhandlungsthemen 761 f.
Verhandlungsvorbereitung 753 ff.
– 80–20-Regel 753
– Analyse der Themen, Positionen und Interessen 760 ff.
– Entwicklung von Handlungsoptionen und Alternativlösungen 780 f.
– Gesamtstrategie 788
– Identifikation von Wertschöpfungsquellen 780
– Konzessionsstrategie 782 f.
– Logistik 784
– Maximal- und Minimalziel 766
– Nichteinigungsalternativen 767 ff.
– Parteianalyse 758 f.
– Prioritäten und Bewertungskriterien 782 f.
– Team 785 ff.
Verjährung 80
– Hemmung 265
Vermutungen
– Beratungsgerechtes Verhalten 183 f., 203 ff.
– Gesetzliche 174 ff.
– Tatsächliche 179 ff.
– Unwiderlegliche 178
– Vollständigkeit und Richtigkeit der Urkunde 181, 243
– Wiederholungsgefahr 180
– Wucherähnliches Rechtsgeschäft 182
Versäumnisurteil
– Echtes Versäumnisurteil 450
– Einspruch 451 f.
– Kontradiktorisches Versäumnisurteil 450
– Säumnis 449
– Zweites Versäumnisurteil 458 f.
Verteilung 721
Verteilungskampf 694
Vertragsverhandlung 690

Stichwortverzeichnis

Vorschuss 170
Vortrag „ins Blaue hinein" 152
Wahrheitspflicht 6, 153, 342, 389
Warmlaufphase 789 ff.
Weiches Verhandeln 697, 698
Wertbeanspruch
- erstes Angebot 822 f.
Wertbeanspruchung 743, 818 ff.
- Annäherung 824
- Ausgangsforderungen 822
- Einigungsbereich abschätzen 821
- Grundlagen 820 ff.
- Taktiken 827
- Techniken 821 ff.
- Verhandlungstanz 825
- Zugeständnisse 825
Wertbeanspruchungsphase 818 ff.
Wertbeanspruchungstaktiken 827
- aggressives Verhalten 827
- Columbo 827
- good cop/bad cop 827
- Lowball/Highball 827
- Marathon-Verhandlung 827
Wertschöpfendes Verhandeln 706
Wertschöpfung 743, 800 ff.
- Quellen 805 ff.
- Taktiken 816 ff.
Wertschöpfungs-Loop 835
Wertschöpfungsphase 800 ff.
Wertschöpfungsquellen 780, 805 ff.
- Gemeinsamkeiten 811
- Größenvorteile 812
- individuelle Risikopräferenzen 810
- individuelle Zeitpräferenzen 810
- Transaktionskosten 814 f.
- unterschiedliche Interessen 807
- unterschiedliche Präferenzen 807
- unterschiedliche Prognosen 809
- unterschiedliche Ressourcen, Fähigkeiten und Kosten 808
- Verbundeffekte 812
Wertschöpfungstaktiken 816 ff.
- Briding 817
- Fragen 817
- Logrolling 817

- MESO-Technik 817
- Pakete schnüren 817
- Perspektivwechsel 817
- Reziproke Informationspreisgabe 817
- Unbundling 817
Widerklage 470 ff.
- Bedeutung 361
- Drittwiderklage 370 ff.
- Drittwiderklage, isolierte 94, 371 ff.
- Eventualwiderklage 318, 366 ff.
- Örtliche Zuständigkeit 363 ff.
- Zulässigkeit 362
Win-lose 695
Winner's curse 733, 886 ff.
Win-win 704, 706
Zeugen
- Beweisantritt 225 ff.
- Beweisthema 222 f.
- Beweiswürdigung 229
- Glaubhaftigkeit der Aussage 229
- Glaubwürdigkeit 229
- „Herausschießen" 101, 373
- parteiischer Zeuge 229 ff.
- Protokollierung der Aussage 393
- Sachverständiger Zeuge 222
- Vereidigung 398
- Zeugenbefragung 394 ff.
- Zeugenvernehmung 392 ff.
- Zeuge vom Hörensagen 223
- Zeugnisfähigkeit 224
ZOPA 739 ff., 820, 821
Zugeständnisse 693, 824 f.
Zuständigkeit
- Funktionelle Zuständigkeit 115 ff.
- Gerichtsstandsvereinbarungen 133 f.
- Handelssachen 116 ff.
- Örtliche Zuständigkeit, s. Gerichtsstand 120 ff.
- Rügelose Verhandlung 136 f.
- Sachliche Zuständigkeit 112 ff.
- Verweisung 138
Zustellung demnächst 81 f.
- Anschrift des Beklagten 106
- Gerichtskostenvorschuss 82
- Vertretungsverhältnisse 107